福 島 県

〈収録内容〉

便利な DL コンテンツは右の QR コードか

解答用紙　過去年度　リスニング ⇒

※データのダウンロードは 2025 年 3 月末日まで。
※データへのアクセスには、右記のパスワードの入力が必要となります。 ⇒ 059075

〈 各教科の平均点 〉

	数 学	英 語	理 科	社 会	国 語
2024年度	23.9	25.7	22.5	24.0	24.6
2023年度	22.4	22.3	27.4	25.3	29.8
2022年度	24.2	24.2	22.4	27.1	25.8
2021年度	24.2	23.2	25.5	25.7	27.0
2020年度	21.8	26.2	25.0	26.4	27.8
2019年度	22.6	26.4	26.7	27.5	28.0

※各50点満点。

本書の特長

POINT 1　解答は全問を掲載、解説は全問に対応！

POINT 2　英語の長文は全訳を掲載！

POINT 3　リスニング音声の台本、英文の和訳を完全掲載！

POINT 4　出題傾向が一目でわかる「年度別出題分類表」は、約 10 年分を掲載！

実戦力がつく入試過去問題集

▶ 問題 …………… 実際の入試問題を見やすく再編集。

▶ 解答用紙 …… 実戦対応仕様で収録。

▶ 解答解説 …… 重要事項が太字で示された、詳しくわかりやすい解説。
※採点に便利な配点も掲載。

合格への対策、実力錬成のための内容が充実

▶ 各科目の出題傾向の分析、最新年度の出題状況の確認で、入試対策を強化！

▶ その他、志願状況、公立高校難易度一覧など、学習意欲を高める要素が満載！

解答用紙ダウンロード	解答用紙はプリントアウトしてご利用いただけます。弊社ＨＰの商品詳細ページよりダウンロードしてください。トビラのＱＲコードからアクセス可。
リスニング音声ダウンロード	英語のリスニング問題については、弊社オリジナル作成により音声を再現。弊社ＨＰの商品詳細ページで全収録年度分を配信対応しております。トビラのＱＲコードからアクセス可。
famima PRINT	原本とほぼ同じサイズの解答用紙は、全国のファミリーマートに設置しているマルチコピー機のファミマプリントで購入いただけます。※一部の店舗で取り扱いがない場合がございます。詳細はファミマプリント（http://fp.famima.com/）をご確認ください。
UD FONT	見やすく読みまちがえにくいユニバーサルデザインフォントを採用しています。

福島県公立高校難易度一覧

目安となる偏差値	公立高校名
75 ~ 73	
72 ~ 70	
69 ~ 67	安積，福島 磐城
66 ~ 64	安積黎明 白河(理数)，橘 会津
63 ~ 61	郡山，相馬(理数)，福島南(文理) 磐城桜が丘
60 ~ 58	郡山東，福島東 郡山(英語)，須賀川桐陽(数理科学) 葵，白河，須賀川桐陽，福島西，福島南(国際文化／情報会計)
57 ~ 55	平工業(情報工学) いわき光洋(文理)，原町 福島工業(情報電子)
54 ~ 51	福島西(デザイン科学) いわき湯本，郡山商業(情報処理)，福島商業(情報ビジネス) 会津学鳳(総合)，郡山商業(流通経済／会計)，福島商業(会計ビジネス) 福島商業(経営ビジネス)
50 ~ 47	あさか開成(国際科学)，安達，郡山北工業(情報技術／建築)，白河旭，平工業(制御工学)，福島工業(建築)，若松商業(情報ビジネス) 白河実業(情報ビジネス)，清陵情報(情報電子／電子機械／情報処理／情報会計)，相馬，平工業(機械工学／電気工学)，平商業(オフィス会計／情報システム)，福島工業(電気)，若松商業(会計ビジネス) いわき総合(総合)，喜多方，郡山北工業(機械／電子)，平工業(土木環境工学)，平商業(流通ビジネス)，福島工業(機械／環境化学) 会津工業(建築インテリア／電気情報)，郡山北工業(電気／化学工学)
46 ~ 43	会津工業(機械／セラミック化学)，小高産業技術(ビジネスパイオニア)，光南(総合)，須賀川創英館，伊達，田村，勿来工業(機械／建築)，福島北(総合) 白河実業(電子／建築)，勿来工業(電気／工業化学)，ふたば未来学園(総合) 磐城農業(生活科学)，小高産業技術(機械／電気／電子制御)，喜多方桐桜(経営マネジメント)，白河実業(機械／電気)，相馬総合(総合)，二本松実業(情報システム) 会津西陵，小高産業技術(環境化学)，二本松実業(機械システム)，福島明成(食品科学)
42 ~ 38	福島明成(生産情報)，本宮(情報会計)，好間 磐城農業(食品流通)，小野(総合)，喜多方桐桜(機械)，修明(情報ビジネス)，田村(スポーツ)，二本松実業(都市システム)，福島明成(生物生産／環境土木)，本宮 小名浜海星，川俣，喜多方桐桜(電気･電子／建設)，四倉 会津農林(食品科学)，猪苗代，磐城農業(園芸／緑地土木)，小名浜海星(商業／海洋／情報通信／食品システム／海洋工学)，川口，修明(食品科学)，勿来，二本松実業(生活文化)，船引，南会津 会津農林(生産科学／環境科学／地域創生)，石川，修明(文理探究)，相馬農業(食品科学)，只見，西会津
37 ~	岩瀬農業(ヒューマンサービス／生物生産／園芸科学／環境工学／食品科学／アグリビジネス)，湖南，修明(地域資源)，相馬農業(生産環境／環境緑地) 修明(生産流通)

＊(　)内は学科・コースを示します。特に示していないものは普通科(普通・一般コース)，または全学科(全コース)を表します。

＊データが不足している高校，または学科・コースなどにつきましては掲載していない場合があります。

＊公立高校の入学者は，「学力検査の得点」のほかに，「調査書点」や「面接点」などが大きく加味されて選抜されます。上記の内容は想定した目安ですので，ご注意ください。

＊公立高校入学者の選抜方法や制度は変更される場合があります。また，統廃合による閉校や学校名の変更，学科の変更などが行われる場合もあります。教育委員会などの関係機関が発表する最新の情報を確認してください。

2024年度/福島県公立高校全日制前期選抜志願状況

学校名・学科名		募集定員	特色枠人数	志願者数		志願倍率	
				特色	志願学科人数	特色	志願学科人数
福島	普通	280	14	11	293	0.79	1.05
橘	普通	280	14	12	310	0.86	1.11
福島商	情報ビジネス	80	32	26	71	0.81	0.89
	経営ビジネス	80	32	41	92	1.28	1.15
	会計ビジネス	80	32	24	77	0.75	0.96
福島明成	生物生産	80	8	3	80	0.38	1.00
	環境土木	40	4	1	26	0.25	0.65
	食品科学	40	4	2	40	0.50	1.00
	生産情報	40	4	2	27	0.50	0.68
福島工	機械	80	24	25	83	1.04	1.04
	電気	40	12	8	42	0.67	1.05
	情報電子	40	12	8	37	0.67	0.93
	建築	40	12	9	40	0.75	1.00
	環境化学	40	12	11	31	0.92	0.78
福島西	普通	160	32	40	209	1.25	1.31
	デザイン科学	40	18	40	47	2.22	1.18
福島北	総合	120	36	29	104	0.81	0.87
福島東	普通	240	24	25	268	1.04	1.12
福島南	文理	80	20	20	89	1.00	1.11
	国際文化	40	10	7	41	0.70	1.03
	情報会計	40	10	15	54	1.50	1.35
川俣	普通	40	16	5	16	0.31	0.40
伊達	普通	200	80	34	130	0.43	0.65
安達	普通	160	24	15	153	0.63	0.96
二本松実	機械システム	40	10	9	38	0.90	0.95
	情報システム	40	10	2	35	0.20	0.88
	都市システム	40	10	6	34	0.60	0.85
	生活文化	40	4	2	33	0.50	0.83
本宮	普通	40	20	14	29	0.70	0.73
	情報会計	40	20	11	30	0.55	0.75
安積	普通	280	28	29	332	1.04	1.19
安積黎明	普通	280	28	37	351	1.32	1.25
郡山東	普通	240	19	22	327	1.16	1.36
郡山商	流通経済	80	40	57	109	1.43	1.36
	会計	80	40	41	94	1.03	1.18
	情報処理	80	40	46	91	1.15	1.14
郡山北工	機械	80	16	18	81	1.13	1.01
	電気	40	8	8	39	1.00	0.98
	電子	40	8	3	32	0.38	0.80
	情報技術	40	8	5	43	0.63	1.08
	建築	40	8	8	49	1.00	1.23
	化学工学	40	8	4	49	0.50	1.23
郡山	普通	200	20	41	287	2.05	1.44
	英語	40	8	10	48	1.25	1.20
あさか開成	国際科学	160	12	31	206	2.58	1.29
湖南	普通	40	4	2	22	0.50	0.55
須賀川創英館	普通	240	72	52	215	0.72	0.90
須賀川桐陽	普通	200	30	20	211	0.67	1.06
	数理科学	40	16	12	30	0.75	0.75
清陵情報	情報電子	40	16	20	40	1.25	1.00
	電子機械	80	32	17	50	0.53	0.63
	情報処理	80	32	22	59	0.69	0.74
	情報会計	40	16	14	35	0.88	0.88
岩瀬農	ヒューマンサービス	40	8	4	34	0.50	0.85
	生物生産	40	8	5	33	0.63	0.83
	園芸科学	40	8	7	38	0.88	0.95
	環境工学	40	8	4	31	0.50	0.78
	食品科学	40	8	11	47	1.38	1.18
	アグリビジネス	40	8	9	42	1.13	1.05
光南	総合	200	100	123	190	1.23	0.95
白河	普通	200	40	54	171	1.35	0.86
	理数	40	8	7	39	0.88	0.98
白河旭	普通	160	24	19	155	0.79	0.97
白河実	機械	80	40	22	46	0.55	0.58
	電気	40	20	14	29	0.70	0.73
	電子	40	20	13	41	0.65	1.03
	建築	40	20	14	32	0.70	0.80
	情報ビジネス	40	20	13	26	0.65	0.65
修明	文理探究	40	6	0	9	0.00	0.23
	生産流通	40	6	4	43	0.67	1.08
	食品科学	40	6	1	45	0.17	1.13
	地域資源	40	6	0	18	0.00	0.45
	情報ビジネス	40	6	0	22	0.00	0.55
石川	普通	40	10	5	23	0.50	0.58
田村	普通	120	48	43	131	0.90	1.09
	スポーツ	40	32	50	50	1.56	1.25
船引	普通	80	32	16	90	0.50	1.13
小野	総合	80	32	0	20	0.00	0.25
会津	普通	240	12	13	219	1.08	0.91
葵	普通	200	20	19	196	0.95	0.98
会津学鳳	総合	200	*22	24	126	1.09	1.06
若松商	会計ビジネス	80	24	17	92	0.71	1.15
	情報ビジネス	80	24	25	105	1.04	1.31

学校名・学科名		募集定員	特色枠人数	志願者数		志願倍率	
				特色	志願学科人数	特色	志願学科人数
会津工	機械	80	16	17	88	1.06	1.10
	建築インテリア	40	8	4	47	0.50	1.18
	セラミック化学	40	8	4	39	0.50	0.98
	電気情報	40	8	9	52	1.13	1.30
喜多方	普通	160	16	5	129	0.31	0.81
喜多方桐桜	機械	40	8	1	42	0.13	1.05
	電気・電子	40	8	0	25	0.00	0.63
	建設	40	8	1	17	0.13	0.43
	経営マネジメント	40	8	1	33	0.13	0.83
猪苗代	普通	40	20	2	19	0.10	0.48
西会津	普通	40	8	1	12	0.13	0.30
会津西陵	普通	160	24	4	92	0.17	0.58
川口	普通	40	20	14	32	0.70	0.80
会津農林	生産科学	40	8	1	37	0.13	0.93
	環境科学	40	8	4	26	0.50	0.65
	食品科学	40	8	5	42	0.63	1.05
	地域創生	40	8	0	23	0.00	0.58
南会津	総合	120	48	4	52	0.08	0.43
只見	普通	40	8	2	27	0.25	0.68
磐城	普通	280	14	18	303	1.29	1.08
磐城桜が丘	普通	240	24	44	258	1.83	1.08
平工	機械工学	80	8	8	67	1.00	0.84
	電気工学	40	4	6	49	1.50	1.23
	制御工学	40	4	5	29	1.25	0.73
	土木環境工学	40	4	10	37	2.50	0.93
	情報工学	40	4	2	37	0.50	0.93
平商	オフィス会計	40	12	11	34	0.92	0.85
	流通ビジネス	80	24	20	71	0.83	0.89
	情報システム	40	12	7	23	0.58	0.58
いわき総合	総合	200	50	32	203	0.64	1.02
いわき光洋	文理	200	40	39	229	0.98	1.15
いわき湯本	普通	240	48	48	241	1.00	1.00
小名浜海星	普通	40	16	0	22	0.00	0.55
	商業	40	16	2	22	0.13	0.55
	海洋	20	8	8	25	1.00	1.25
	情報通信	20	8	5	19	0.63	0.95
	食品システム	40	16	11	44	0.69	1.10
	海洋工学	40	16	6	31	0.38	0.78
磐城農	食品流通	40	10	8	45	0.80	1.13
	園芸	40	10	2	47	0.20	1.18
	緑地土木	40	10	5	36	0.50	0.90
	生活科学	40	10	5	37	0.50	0.93
勿来	普通	40	4	1	28	0.25	0.70
勿来工	機械	40	4	7	48	1.75	1.20
	電気	40	4	4	45	1.00	1.13
	建築	40	4	5	33	1.25	0.83
	工業化学	40	4	6	44	1.50	1.10
好間	普通	80	32	8	41	0.25	0.51
四倉	普通	80	24	3	39	0.13	0.49
ふたば未来学園	総合	160	*45	55	111	1.22	1.05
相馬	普通	120	12	7	102	0.58	0.85
	理数	40	4	1	36	0.25	0.90
相馬総合	総合	200	50	8	165	0.16	0.83
原町	普通	160	32	30	136	0.94	0.85
相馬農	生産環境	40	12	4	33	0.33	0.83
	環境緑地	40	12	0	17	0.00	0.43
	食品科学	40	12	3	33	0.25	0.83
小高産業技術	機械	40	16	12	34	0.75	0.85
	電気	40	16	5	21	0.31	0.53
	(環境化学)	20	8	2	13	0.25	0.65
	(電子制御)	20	8	3	11	0.38	0.55
	(ビジネスパイオニア)	40	16	14	43	0.88	1.08

(注)1. 会津学鳳高校の志願学科人数の志願倍率は，同中学校からの入学予定者81名を減じた数に対する志願倍率。

2. ふたば未来学園高校の志願学科人数の志願倍率は，同中学校からの入学予定者54名を減じた数に対する志願倍率。

3. 白河実業高校（機械，電子），南会津高校，ふたば未来学園高校，相馬総合高校の志願学科人数及び志願倍率には，連携型選抜の志願者が含まれる。

数学 出題傾向の分析と合格への対策

出題傾向とその内容

〈最新年度の出題状況〉

本年度の出題数は，大問が7題，小問数にして22題と，例年通りであった。また，やや図形分野が多いが中学数学の全領域からかたよりなく出題されており，前半は基本的な問題を中心に，後半は数学的思考力や応用力を試す問題が出題されているが，小問を有効に活用するとスムーズに解答できるようになっている場合もある。

出題内容は，大問1が数・式の計算，平方根，式の展開の小問群，大問2は文字を使った式，一次関数，角度，資料の散らばり・代表値，作図からなる小問群，大問3は図形と確率，規則性，式による証明，大問4は連立方程式の応用，大問5は合同を利用した図形の記述式証明問題，大問6は図形と関数・グラフの融合問題，大問7は相似の性質や三平方の定理を使って，線分の長さや面積，体積を計量する空間図形の総合問題となっている。

〈出題傾向〉

ここ数年は，以下のような出題傾向が定着している。

大問数は7題出題されている。出題内容は，大問1が数・式，平方根に関する計算を中心とした基本問題が5問，大問2は文字式の立式，方程式の計算，式の展開，比例関数，図形の計量，作図等から基本問題が5～6問，大問3は比例関数，一次関数，関数$y=ax^2$，確率，資料の散らばり・代表値，規則性等から4～6問，大問4は方程式の応用問題，大問5は証明問題を含む平面図形，大問6は図形と関数・グラフの融合問題，大問7は空間図形を題材とした線分の長さ，面積，体積等の計量問題である。

来年度の予想と対策

来年度も，問題量・レベルとも，例年と大きく変わることはないと思われる。出題範囲は広く，記述形式の問題も出題されるため，大問1，2のような基本問題はできるだけ速く正確に解き，応用問題や証明問題にじっくり取り組めるよう，時間配分に気を配るとよい。

まず，教科書で各分野の基本事項を確実に理解し，身につけよう。このとき，数や式の計算，方程式の計算が正確にできるようにしておこう。次に，問題集で基本問題を中心に，くり返し演習して基礎を固めておき，その後に入試問題集などから，方程式の応用，関数と図形の計量などにもチャレンジし，判断力，洞察力などを身につけよう。その際，問題を解く条件などを見落とさないように注意し，論理的思考力を養おう。また，図形範囲からの出題がやや多いので，図形には力を入れておこう。

与えられた時間に対して，若干ではあるが，問題数が多いように思われる。「速く，正確に」解く能力が必要となるので，その点を意識しておこう。さらに，大学入試制度の改革と共に，全国的に「思考力」をテーマとした問題が増えている。このことから，普段から何でもパターンに充てはめるような勉強ではなく，しっかり理解し，「なぜそうなるのか」ということを考えながら，勉強にとり組むとよい。

⇨学習のポイント

- 授業や学校の教材を中心に全分野の基礎力を身につけよう。
- 過去問や問題集を使って図形の証明や図形と関数・グラフとの融合問題への対策を立てよう。

年度別出題内容の分析表　数学

※　　は出題範囲縮小の影響がみられた内容

出題内容			27年	28年	29年	30年	2019年	2020年	2021年	2022年	2023年	2024年
数と式	数の性質											
	数・式の計算		○	○	○	○	○	○	○	○	○	○
	因数分解						○					
	平方根		○	○	○	○	○	○	○	○	○	○
方程式・不等式	一次方程式			○			○	○	○	○	○	○
	二次方程式		○		○		○	○	○	○	○	○
	不等式						○			○		
	方程式の応用		○	○	○	○	○	○	○	○	○	○
関数	一次関数		○	○	○	○	○	○	○	○		○
	関数 $y = ax^2$		○	○	○	○	○	○	○	○	○	○
	比例関数		○	○			○	○			○	
	関数とグラフ		○	○	○	○	○	○	○	○	○	○
	グラフの作成								○			
図形	平面図形	角度	○	○	○		○		○	○		○
		合同・相似	○	○	○	○	○	○	○	○	○	○
		三平方の定理					○	○	○	○	○	○
		円の性質	○	○	○	○	○	○			○	○
	空間図形	合同・相似	○	○	○	○					○	
		三平方の定理	○	○	○	○		○	○	○		
		切断			○	○						○
	計量	長さ	○	○	○	○	○	○	○	○	○	○
		面積			○	○	○	○	○	○	○	○
		体積		○	○	○	○	○	○	○	○	○
	証明		○	○	○	○	○	○	○	○	○	○
	作図		○	○		○	○	○			○	○
	動点					○						
データの活用	場合の数			○		○	○	○	○	○		
	確率		○	○	○	○	○	○	○	○	○	○
	資料の散らばり・代表値(箱ひげ図を含む)		○		○	○	○		○	○	○	○
	標本調査			○				○				
融合問題	図形と関数・グラフ		○	○	○	○	○	○	○	○	○	○
	図形と確率											○
	関数・グラフと確率											
	その他											
その他										○	○	○

— 福島県公立高校 —

英語 ●●●• 出題傾向の分析と合格への対策 •●●●

出題傾向とその内容

〈最新年度の出題状況〉

本年度の大問構成は，リスニングが1題，語句・文法問題が2題，会話文問題が1題，長文問題が1題の計5題であった。

リスニング問題は，対話文の内容に関する質問の答えを絵で選ぶもの，対話の最後に入る応答を選ぶもの，聞きとった内容をもとに英文の空所を埋めるものの3問であった。

語句・文法問題は，適語選択，語句の並べ換え，短い対話文を完成させる問題(語句を補充する問題と文を完成させる問題)が出題された。

会話文・長文問題では，文の挿入や語句補充，英問英答問題など，さまざまな形式の問題が出題された。会話文では，資料が示され，与えられた情報を読み取る力が必要とされた。長文問題は，さまざまな考えを受け入れることをテーマにしたスピーチであった。

幅広い文法知識と表現力が要求される出題であった。

〈出題傾向〉

出題傾向は年によってわずかながら変化があるが，大筋では変わっていない。

リスニングは，最初の問題1が，最も英文・質問文の分量があるため注意してほしい。また，英単語を書かせる問題が必ず出題されている。なお，教科書の本編以外で用いられた語も出題される可能性がある。

語句・文法問題は基本的な知識を問うものが大半で，中学英語の各分野から偏りなく出題されている。会話表現も例年出題される。また，今年度は仮定法が出題された。

中心となる読解問題は，「書かせる」問題が多いのが特徴である。英語の質問に英語で答えるもの，語句を補充するものなどが毎年出されている。高得点を狙うならばこういった「書かせる」問題の準備がカギとなる。

来年度の予想と対策

来年度もおそらく，本年度と大きく傾向は変わらないであろう。中学校レベルの英語の知識を確実に身につけておくことが大切である。

放送による問題はあらかじめ問題用紙に目を通し，選択肢から設問を想定しておくと効率的である。対策としては，日頃からまとまった英語を聞いて，リスニング問題を解くことをすすめる。

文法に関しては，重要例文を頭に入れて，基礎をしっかりと固めておくことが重要である。とくに文を完成させる問題や条件作文に慣れておくこと。

読解問題への対策としては，やはり英語の文章に慣れることが大切である。多くの英文を読んで，まとまった英語の文章を読んでその内容をつかむ訓練をするのがよい。また，会話文は毎年出題されているので，会話特有の表現に慣れておくことも必要である。

⇨学習のポイント

- 「書く」ことを中心に，中学英語の基礎をしっかり固めよう。英単語のつづりにも注意。
- さまざまな英語の文章，多様な問題形式に触れておこう。

年度別出題内容の分析表　英語

※　　は出題範囲縮小の影響がみられた内容

		出題内容	27年	28年	29年	30年	2019年	2020年	2021年	2022年	2023年	2024年
設問形式	リスニング	絵・図・表・グラフなどを用いた問題	○	○	○	○	○	○	○	○	○	○
		適文の挿入				○	○					
		英語の質問に答える問題	○	○	○	○	○	○	○	○	○	○
		英語によるメモ・要約文の完成	○	○	○	○	○	○	○			
		日本語で答える問題										
		書き取り										
	語い	単語の発音										
		文の区切り・強勢										
		語句の問題	○	○	○	○	○	○	○	○	○	○
	読解	語句補充・選択（読解）	○	○	○	○	○	○	○	○	○	○
		文の挿入・文の並べ換え	○	○	○	○	○	○	○	○	○	○
		語句の解釈・指示語	○	○	○	○	○	○	○	○	○	○
		英問英答（選択・記述）	○	○	○	○	○	○	○	○	○	○
		日本語で答える問題	○	○	○							
		内容真偽	○	○	○	○	○	○	○	○	○	○
		絵・図・表・グラフなどを用いた問題	○	○	○	○	○	○	○	○	○	○
		広告・メール・メモ・手紙・要約文などを用いた問題	○				○	○	○			
	文法	語句補充・選択（文法）	○	○	○	○	○	○	○	○	○	○
		語形変化										
		語句の並べ換え	○	○	○	○	○	○	○	○	○	○
		言い換え・書き換え										
		英文和訳										
		和文英訳	○	○	○	○	○	○	○			
		自由・条件英作文					○	○	○	○	○	○
文法事項		現在・過去・未来と進行形	○	○		○	○	○	○	○	○	○
		助動詞	○				○	○	○	○	○	○
		名詞・冠詞・代名詞	○	○	○	○	○	○	○	○	○	○
		形容詞・副詞	○	○			○	○	○	○	○	○
		不定詞	○	○	○	○	○	○	○	○	○	○
		動名詞	○	○				○	○	○	○	○
		文の構造（目的語と補語）	○	○		○	○	○	○	○	○	○
		比較		○	○		○	○	○	○	○	○
		受け身	○		○		○				○	○
		現在完了	○	○	○		○	○	○	○	○	○
		付加疑問文										
		間接疑問文	○			○			○			
		前置詞	○	○		○	○	○	○	○	○	○
		接続詞	○	○		○		○	○	○	○	○
		分詞の形容詞的用法	○		○	○	○	○	○			
		関係代名詞	○	○			○	○	○	○	○	○
		感嘆文										
		仮定法										○

理科 出題傾向の分析と合格への対策

出題傾向とその内容

〈最新年度の出題状況〉

出題数は大問8題であり，生物，地学，化学，物理の順に大問が各2題ずつという構成となっている。ほとんどの問題は標準的なもので，比較的解きやすい内容となっていたが，何問か思考力を要する問いも見受けられた。決して難解な問題ではないので，落ち着いて解答すればよい。

〈出題傾向〉

出題内容分類表からもわかるように，広い範囲から偏りなく出題され，内容は基本から応用まで，知識と考察がバランス良く出題されている。

実験・観察を中心にした設問が目立ち，基本的な知識を問う記述問題が出題されている。実験結果を利用する問題は，日ごろからの実験に対する理解度が試される。一見やさしそうでも，問題の設定を正しく把握しながら読み進めるとよい。

前半に2分野，後半に1分野が集まって構成されているので，2分野を得意とする生徒には取りかかりやすい印象があったかも知れない。

物理的領域　小問ごとに条件の確認が必要なため，問題設定を確実に理解することが要求された。理科的な思考力を要する問題群であったが原理原則に忠実に考察すれば正解を得られた良問であった。

化学的領域　いくつかの実験とデータや資料をもとに考察を進める形の大問構成であった。そのため，条件や資料の意味を正しく理解することが必要である。標準的な練習問題に繰り返し取り組んでいれば，難なく解けたであろう。

生物的領域　特に難解な内容ではないが，詳細な知識力が問われる出題であった。基本的内容が理解できていれば，解きやすい内容であった。

地学的領域　問題文と資料の読みこみが大切であったが，いずれの問題も，原理・原則に着実に，基礎的な内容を把握し適用させていけば十分解答できる良問であった。

来年度の予想と対策

問題数は大問8問になると思われる。出題範囲が比較的広いため，苦手な分野をつくらないように，全分野にわたって学習しておく必要がある。問題数が多い上に，記述式の解答や用語記入もあることから，解ける問題から着手し，時間が足らず手をつけずに残すことがないようにしたい。難しい問題は時間をかけてじっくり解くようにしたい。

実験・観察問題は，問題文をよく読みこむようにしよう。基礎をいくつか組み合わせたものが多いので，問われていることを意識しながら検討すること。そのためには，実験・観察問題を数多く解き，慣れておくこと。まちがえた問題は正答を教科書などで調べて覚えよう。

⇨学習のポイント

・計算問題であせらないよう，事前に多くの問題を練習し，主な出題パターンを解いておこう。
・解答時間を短縮するため，全単元における基礎事項は，確実に把握しておこう。

年度別出題内容の分析表　理科

※★印は大問の中心となった単元／　　は出題範囲縮小の影響がみられた内容

分野	学年	出題内容	27年	28年	29年	30年	2019年	2020年	2021年	2022年	2023年	2024年
第一分野	第1学年	身のまわりの物質とその性質									○	○
		気体の発生とその性質	★				○			○		○
		水溶液		○	○	★	○			★	○	○
		状態変化		○								★
		力のはたらき(2力のつり合いを含む)	○					○	○			○
		光と音		★			★		★		★	
	第2学年	物質の成り立ち	○	○	○	○				○		○
		化学変化，酸化と還元，発熱・吸熱反応		○	○	★	○	★	○	○		
		化学変化と物質の質量		★		○	★	★	★	○		
		電流(電力，熱量，静電気，放電，放射線を含む)	○	○	★	★				★		★
		電流と磁界	★	○			★		○			
	第3学年	水溶液とイオン，原子の成り立ちとイオン			★		○					★
		酸・アルカリとイオン，中和と塩		★	○		○	○	★			
		化学変化と電池，金属イオン	★				○				★	
		力のつり合いと合成・分解(水圧，浮力を含む)	★				○	○		★		★
		力と物体の運動(慣性の法則を含む)		★				★			○	
		力学的エネルギー，仕事とエネルギー		○	★	○			★		★	
		エネルギーとその変換，エネルギー資源	○		○		○					
第二分野	第1学年	生物の観察と分類のしかた		○						○		
		植物の特徴と分類	○	○		○		○		○		○
		動物の特徴と分類		○	○		○	○	○		○	
		身近な地形や地層，岩石の観察			○	○	○			○	○	
		火山活動と火成岩	○		★					○		
		地震と地球内部のはたらき		★					★			★
		地層の重なりと過去の様子				○	★			★	★	
	第2学年	生物と細胞(顕微鏡観察のしかたを含む)			○		○	○		○	○	○
		植物の体のつくりとはたらき		○	★	★	★		★	★	★	
		動物の体のつくりとはたらき	★	★	○	○	○	★	★	○	○	★
		気象要素の観測，大気圧と圧力		★	○	★	★	○		○	★	
		天気の変化	○			★				○		
		日本の気象	★				○	★		★		
	第3学年	生物の成長と生殖			○	○		★		○		
		遺伝の規則性と遺伝子	★				○			○		○
		生物の種類の多様性と進化					○					
		天体の動きと地球の自転・公転		○	★	★	○	○	○			★
		太陽系と恒星，月や金星の運動と見え方	★					★	○			
		自然界のつり合い		★		○					○	
自然の環境調査と環境保全，自然災害												
科学技術の発展，様々な物質とその利用			○								○	
探究の過程を重視した出題			○	○	○	○	○	○	○	○	○	○

―福島県公立高校―

社会　出題傾向の分析と合格への対策

出題傾向とその内容

〈最新年度の出題状況〉

本年度の出題数は大問6題，小問38題である。解答形式は，記号選択が21題，語句記入が11題，記述問題も6題出題されている。大問は，日本地理1題，世界地理1題，歴史2題，公民2題となっている。地理，歴史，公民からほぼ同量出題されている。小問数は各分野のバランスがとれており，内容的には，基本事項の理解を求めるものが中心となっている。

地理的分野では，地形図や略地図・表・グラフなどを用いた問題が中心で，諸地域の特色や産業についての問題が出題されている。

歴史的分野では，略年表や写真・資料などを用いて，時代の流れや基本用語を理解しているかを確認する問題が多く出題されている。

公民的分野では，基礎事項を正しく簡潔に説明することができるかを問うものなど，幅広い範囲から出題されている。特に，基本的人権，国の政治の仕組み，財政・消費生活について，深い理解を求める問題が出題されている。

〈出題傾向〉

地理的分野では，地形図・統計資料・グラフなどを読み取らせることで，基本知識の定着度を確認している。また，記述問題を通して，簡潔に説明する力も試されていると言えるだろう。

歴史的分野では，テーマ別通史という形で出題することにより，各時代の特徴をきちんと把握しているかを確認している。また，記述問題を通して，その出来事に対する理解の定着度も確認している。

公民的分野では，今日の日本社会に対する理解の程度を問うており，基礎知識を幅広く問う内容となっている。また，記述問題を通して，説明する力の確認もしていると言えるだろう。

来年度の予想と対策

来年度も今年度と同様に，基本的な内容を確認する出題が予想される。また，記述問題が出題されるので，普段から重要事項の説明を簡潔にまとめる練習をしておくことも大切である。

地理的分野では，地図帳で重要な国・都道府県・都市・地域の位置を確認し，また，貿易などの問題に備えて，統計資料にも目を通しておくと良いだろう。

歴史的分野では，年表を利用して時代の流れを大きく把握するようにしたい。さらに，できごとの原因・結果・影響などを理解しておくことも必須と言えるだろう。

公民的分野では，教科書に出てくる基本事項の理解を徹底することが必要である。この時，新聞やテレビのニュースなどを通して，時事的な内容に触れれば，理解が深まるはずである。

⇨学習のポイント

- 地理的分野では，地図や統計資料から，諸地域の特色を読みとる問題に慣れておこう！
- 歴史的分野では，教科書で基本的事項を整理し，テーマ別略年表の問題に慣れておこう！
- 公民的分野では，政治・経済一般の基礎を整理し，地方自治・国際社会にも目を配ろう！

年度別出題内容の分析表　社会

※░は出題範囲縮小の影響がみられた内容

分野	区分	出題内容	27年	28年	29年	30年	2019年	2020年	2021年	2022年	2023年	2024年
地理的分野	日本	地形図の見方			○		○	○	○		○	○
		日本の国土・地形・気候	○	○	○	○	○	○	○	○	○	○
		人口・都市	○	○	○			○	○	○		○
		農林水産業	○	○	○	○	○	○	○	○	○	○
		工業	○	○		○	○	○	○		○	○
		交通・通信				○						
		資源・エネルギー								○		○
		貿易				○			○	○		
	世界	人々のくらし・宗教	○		○			○	○		○	○
		地形・気候	○	○	○	○	○	○	○	○	○	○
		人口・都市	○	○						○		○
		産業	○		○	○			○	○	○	○
		交通・貿易	○	○		○	○	○	○			○
		資源・エネルギー		○			○			○		
	地理総合											
歴史的分野	日本史―時代別	旧石器時代から弥生時代				○						○
		古墳時代から平安時代	○	○	○	○	○	○	○	○	○	○
		鎌倉・室町時代	○		○	○	○	○	○	○	○	○
		安土桃山・江戸時代	○		○	○	○	○	○	○	○	○
		明治時代から現代	○	○	○	○	○	○	○	○	○	
	日本史―テーマ別	政治・法律	○	○	○	○	○	○	○	○	○	○
		経済・社会・技術	○	○	○	○	○	○	○	○	○	
		文化・宗教・教育	○	○		○	○	○		○	○	○
		外交	○	○	○	○	○	○	○	○	○	○
	世界史	政治・社会・経済史			○	○	○		○		○	○
		文化史				○	○					
		世界史総合										
	歴史総合											
公民的分野		憲法・基本的人権	○	○	○	○	○	○	○	○	○	○
		国の政治の仕組み・裁判	○	○	○	○	○	○	○	○	○	○
		民主主義										○
		地方自治	○	○	○		○	○		○	○	○
		国民生活・社会保障		○			○		○			
		経済一般	○	○	○	○	○	○	○	○	○	
		財政・消費生活	○	○	○	○	○	○	○	○	○	○
		公害・環境問題	○									
		国際社会との関わり		○	○	○	○	○	░		○	○
時事問題												
その他												

— 福島県公立高校 —

国語 ●●●• 出題傾向の分析と合格への対策 •●●●

出題傾向とその内容

〈最新年度の出題状況〉

今年度は，大問6題，小問数は30問であった。

一は，漢字の読み書きと画数に関する問題であった。

二は，短歌で，表現や内容理解を問うものであった。

三は，漢文の書き下し文が示され，仮名遣いの知識や内容に関する問題が出題された。

四は，小説の読解問題。登場人物の心情の読み取りを中心に構成されている。

五は，論説文の読解問題。内容理解が中心で，品詞についても出題された。

六の作文は，「ボランティア活動の案内方法」についての生徒の意見が示され，自分の考えや意見を150～200字で書くものであった。

〈出題傾向〉

漢字や文法などの知識，現代文読解，古典読解，韻文読解，作文と多岐にわたっての出題である。

漢字の読み書きは必出。語句・文法は，分野は特定できないが，何らかの形で出題される。本年度は，漢字の画数や品詞について出題された。

現代文読解は，文学的文章は心情理解中心，説明的文章は内容理解中心である。いずれも記述問題が含まれ，読み取った内容を端的にまとめる力が必要となる。

古典は，古文や漢文が出題される。仮名遣いの知識は必須。本年度は漢字の書き下し文が示され，生徒の会話を手がかりに内容理解を深める問題が出題されている。

韻文は，詩・俳句・短歌のいずれかが出題される。基本的な表現技法などの知識は，内容吟味の手がかりにもなるので，おさえておきたい。

作文は，150～200字。資料を読み取る力や，自分の考えを表現する力が必要である。

来年度の予想と対策

来年度も，広範囲な出題が予想される。また，時間内に問題を解く訓練も必要となろう。

文学的文章では，場面や登場人物の心情を把握すること。説明的文章では，段落相互の関係に注意して文脈を把握し，内容を簡潔にまとめられるようにしておきたい。現代文は，指定の字数で内容をまとめる記述問題が多いので，充分な対策が必要である。

古典・韻文は，読み慣れるために，問題集などで，多くの作品にあたっておきたい。歴史的仮名遣いや，古典文法などの知識も必要となる。

漢字・語句・文法など国語の基本的な知識については，教科書の内容をしっかり身につけること。

作文に関しては，ふだんから問題意識をもつとともに，簡潔な文章にまとめる練習を積んでおきたい。原稿用紙の正しい使い方についても，あらかじめきちんと確認しておく。

⇨学習のポイント

- 多くの読解問題に取り組み，問題に慣れよう。
- 文章を読んで，そこから読み取れることを書き出す練習を。

年度別出題内容の分析表　国語

※　　は出題範囲縮小の影響がみられた内容

		出題内容	27年	28年	29年	30年	2019年	2020年	2021年	2022年	2023年	2024年
内容の分類	読解	主題・表題	○	○	○							
		大意・要旨	○									
		情景・心情	○	○	○	○	○	○	○	○	○	○
		内容吟味	○	○	○	○	○	○	○	○	○	○
		文脈把握	○	○	○	○	○	○	○	○	○	○
		段落・文章構成	○	○	○	○	○	○	○	○		○
		指示語の問題		○								
		接続語の問題										
		脱文・脱語補充	○	○	○	○	○	○	○	○	○	
	漢字・語句	漢字の読み書き	○	○	○	○	○	○	○	○	○	○
		筆順・画数・部首										○
		語句の意味										
		同義語・対義語										
		熟語		○			○			○		
		ことわざ・慣用句・四字熟語		○					○			
		仮名遣い	○	○	○	○	○	○	○	○	○	○
	表現	短文作成										
		作文(自由・課題)	○	○		○	○	○	○	○	○	○
		その他		○	○							
	文法	文と文節										
		品詞・用法	○		○	○	○		○	○	○	○
		敬語・その他				○					○	
	古文の口語訳											
	表現技法・形式		○	○	○				○			
	文学史											
	書写							○				
問題文の種類	散文	論説文・説明文	○	○	○	○	○	○	○	○	○	○
		記録文・実用文										
		小説・物語・伝記	○	○	○	○	○	○	○	○	○	○
		随筆・紀行・日記										
	韻文	詩			○						○	
		和歌(短歌)	○			○			○			○
		俳句・川柳		○			○			○		
	古文		○		○	○		○	○	○	○	
	漢文・漢詩			○	○		○			○		○
	会話・議論・発表											
	聞き取り											

— 福島県公立高校 —

MEMO

大切なことはメモしておこうネ！

福島県公立高等学校

2024年度

★★★★★★★★★★★★★★★★★★★★★★★

入 試 問 題

●くわしい解説……47ページ

＜数学＞

時間　50分　　満点　50点

【注意】 1　答えに$\sqrt{}$ が含まれるときは，$\sqrt{}$ をつけたままで答えなさい。
ただし，$\sqrt{}$ の中はできるだけ小さい自然数にしなさい。
2　円周率はπを用いなさい。

1　次の(1)，(2)の問いに答えなさい。

(1)　次の計算をしなさい。

①　$-5+9$

②　$\frac{2}{5}\div\left(-\frac{8}{15}\right)$

③　$7x-3y+2x+y$

④　$3\sqrt{6}\times\sqrt{3}$

(2)　$(x+y-1)(x+y+1)$ を展開しなさい。

2　次の(1)～(5)の問いに答えなさい。

(1)　a円の黒ペン5本とb円の赤ペン2本を買うと，代金は1020円になる。このときの数量の間の関係を，等式で表しなさい。

(2)　1次関数 $y=5x+2$ について，xの値が1から4まで増加するときのyの増加量を求めなさい。

(3)　右の図で，3点A，B，Cは円Oの周上の点である。
このとき，$\angle x$の大きさを求めなさい。

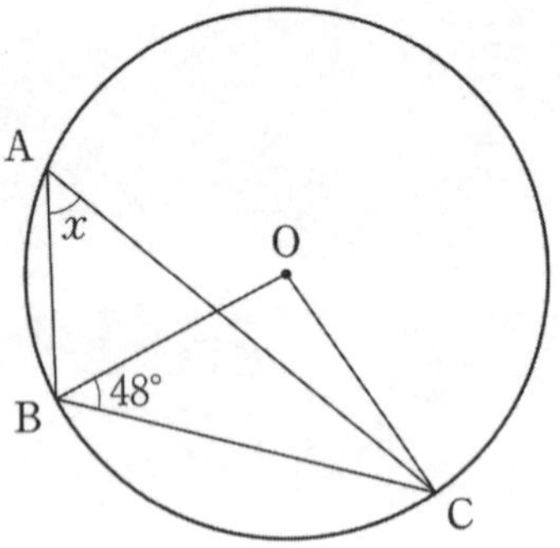

(4)　次のデータは，ある店の1日のケーキの販売数を9日間調べ，左から少ない順に整理したものである。このデータについて，第3四分位数を求めなさい。

76，85，88，98，102，114，118，122，143

（単位：個）

(5)　右の図に，円Oの周上の点Pを通る接線を作図しなさい。
ただし，作図に用いた線は消さずに残しておきなさい。

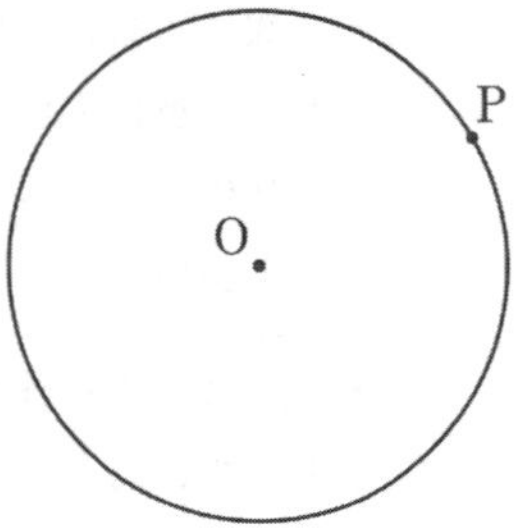

3　次の(1)，(2)の問いに答えなさい。

(1)　下の**図**のように，正六角形があり，1つの頂点をAとする。1から6までの目がある大小2つのさいころを同時に1回投げて，次の＜**操作**＞を行う。
　ただし，それぞれのさいころについて，どの目が出ることも同様に確からしいものとする。

＜操作＞
・　Aを出発して，大きいさいころの出た目の数だけ**反時計回り**に頂点を移動し，とまった位置をPとする。
・　Aを出発して，小さいさいころの出た目の数だけ**時計回り**に頂点を移動し，とまった位置をQとする。
　例えば，大きいさいころの出た目の数が2で，小さいさいころの出た目の数が3であるとき，**例**のようになる。

図

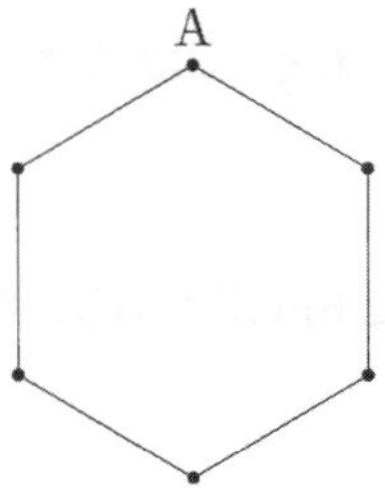

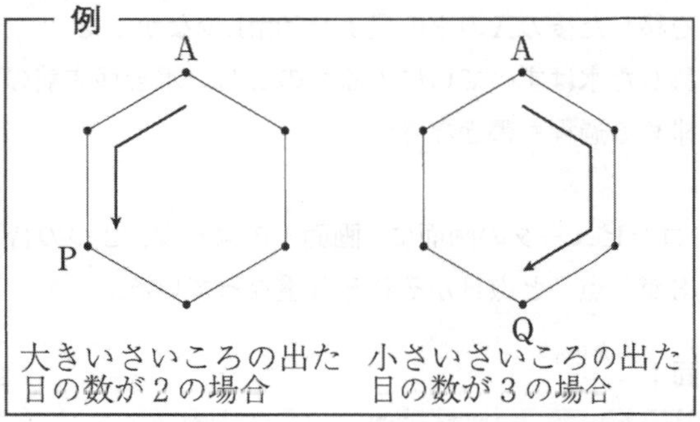

①　PとQが同じ位置になる確率を求めなさい。

②　3点A，P，Qを結んだ図形が二等辺三角形になる確率を求めなさい。

(2)　次のページの図のように，垂直に交わる半直線OA，OBの間に，次の＜**作業**＞にしたがい，同じ大きさの正方形のタイルをしく。

＜作業＞
・　点Oと半直線OA，OBに辺が重なるように1枚のタイルをしいたものを，1番目の図形とする。

・　次に1番目の図形を囲むように新たなタイルをしき，全部で4枚のタイルをしいたものを2番目の図形とする。続けて2番目の図形を囲むように新たなタイルをしき，全部で9枚のタイルをしいたものを3番目の図形とする。
・　1番目，2番目，3番目，…のように，規則的にタイルをしいてn番目の図形をつくる。

下の図はこの＜**作業**＞にしたがい，タイルをしいたときの図である。ただし，タイル1枚を□で表している。

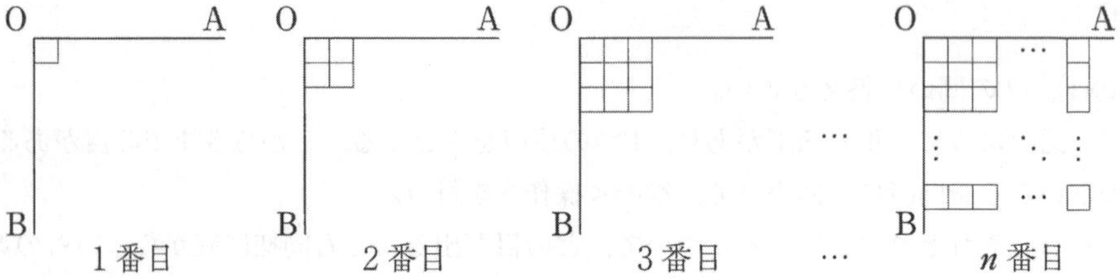

①　23番目の図形は，全部で何枚のタイルがあるか求めなさい。

②　$(n-1)$番目の図形を囲むように新たなタイルをしき，n番目の図形をつくる。このとき，新たに必要なタイルの枚数は**奇数**である。

この理由を，nを使った式で表し，説明しなさい。ただし，nは2以上の整数とする。

4　3つの容器A，B，Cがある。A，Bには合わせて820mLの水が入っており，Cは空《から》である。容器に入っている水の量について，Aの$\frac{1}{4}$とBの$\frac{1}{3}$をCに移す。水を移した後のCの水の量は，水を移した後のAの水の量より60mL少なかった。

移した水はすべてCに入るものとし，水を移す前のAとBの水の量をそれぞれ求めなさい。

求める過程も書きなさい。

5　コンピュータの画面に，**画面1**のような，2つの合同な長方形ABCDとEFGHがあり，点Bと点Eが，点Cと点Hがそれぞれ重なっている。

画面1

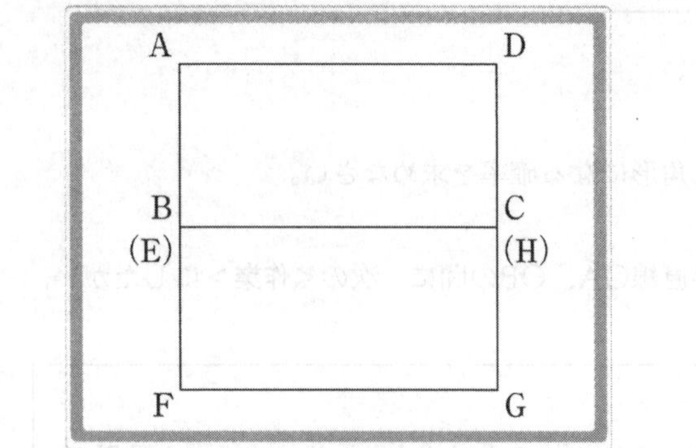

画面2

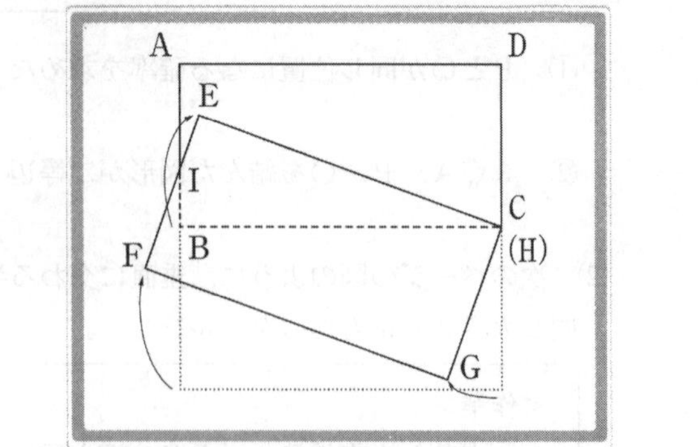

画面2は点C（H）を固定し，Hを中心として長方形EFGHを時計回りに回転させている途中である。また，辺ABと辺EFとの交点をＩとする。

画面3は長方形EFGHを回転させ続け，対角線AC上に点Ｅが，対角線HF上に点Ｂが同時に重なった場面である。

画面3のとき，EI＝BIとなることを証明しなさい。

画面3

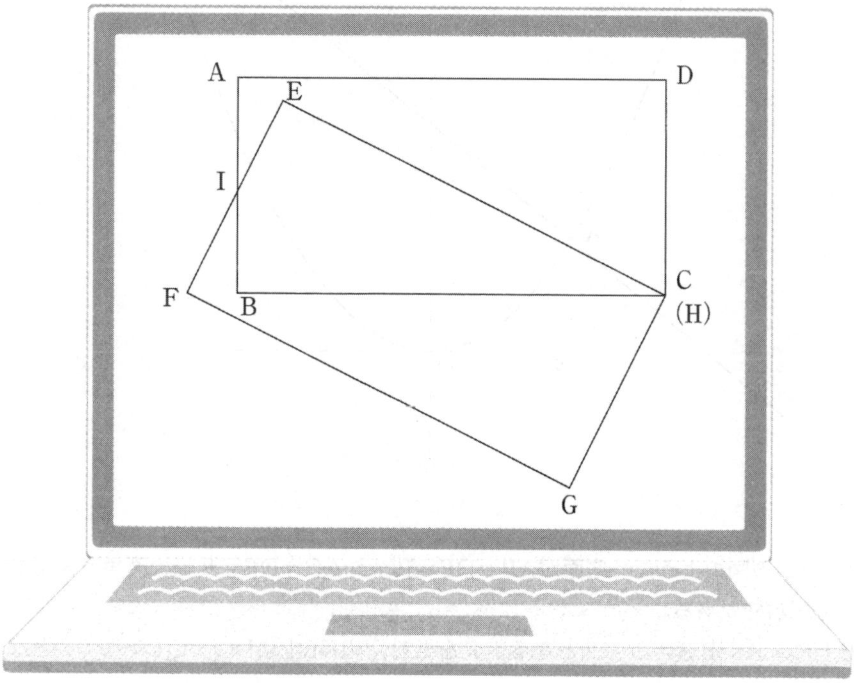

6　次のページの図のように，関数が$y=\frac{1}{4}x^2$のグラフと直線ℓがあり，２点A，Bで交わっている。A，Bのx座標はそれぞれ−2，6である。

このとき，次の(1)～(3)の問いに答えなさい。

(1)　点Aのy座標を求めなさい。

(2)　２点A，Bを通る直線の式を求めなさい。

(3)　関数$y=\frac{1}{4}x^2$のグラフ上に点Ｐをとり，Ｐのx座標をtとする。ただし$0<t<6$とする。

また，Ｐを通りy軸に平行な直線をmとする。mとℓとの交点をQ，mとx軸との交点をRとする。

QP＝PRとなるtの値を求めなさい。

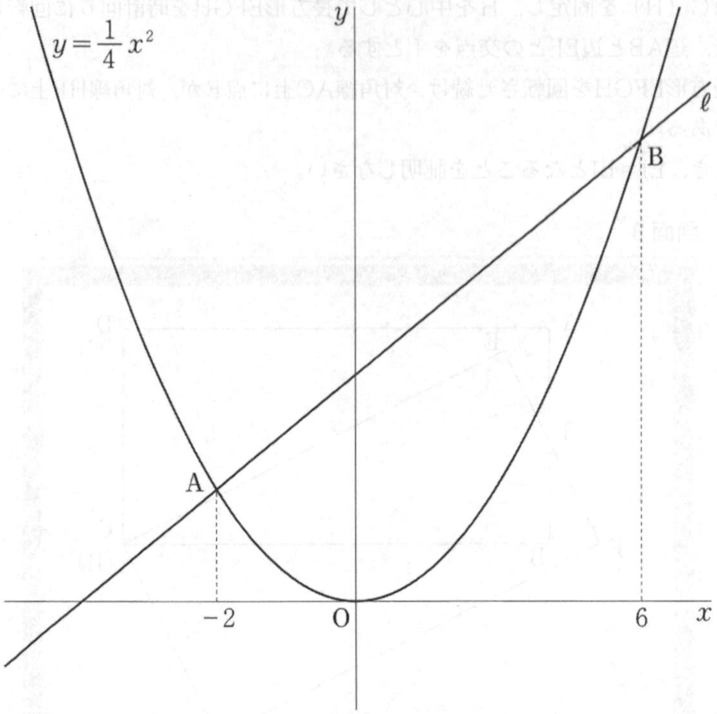

7　次のページの図のような，底面がAB＝DE＝10㎝，AC＝DF＝８㎝の直角三角形で，高さが $3\sqrt{2}$ ㎝の三角柱がある。

辺AB上にＡＰ：ＰＢ＝１：２となる点Ｐをとり，辺DE上にDQ：QE＝１：２となる点Ｑをとる。

このとき，次の(1)，(2)の問いに答えなさい。

(1)　辺EFの長さを求めなさい。

(2)　点Ｐを通り辺ACに平行な直線と辺BCとの交点をＲ，点Ｑを通り辺DFに平行な直線と辺EFとの交点をＳとする。

①　四角形PRSQの面積を求めなさい。

②　線分ASと線分CQの交点をＴとするとき，５点Ｔ，Ｐ，Ｒ，Ｓ，Ｑを結んでできる四角錐《すい》の体積を求めなさい。

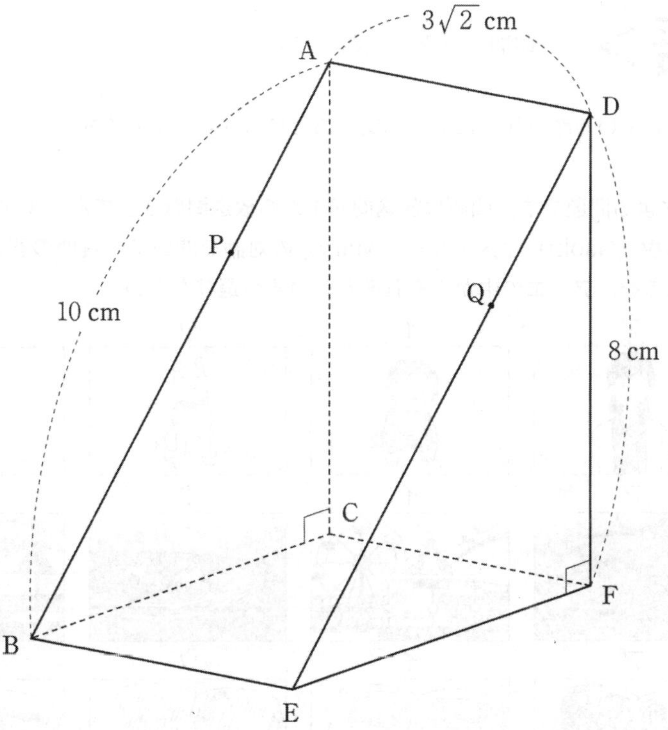
$3\sqrt{2}$ cm
A
D
P
Q
10 cm
8 cm
C
F
B
E

＜英語＞　時間　50分　　満点　50点

【注意】　＊印のついている語（句）には，本文のあとに〔注〕があります。

1　これは放送による問題です。問題は**放送問題1**から**放送問題3**まであります。

放送問題1　直樹（Naoki）とメアリー（Mary）の対話を聞いて，質問の答えとして最も適当なものを，ア～エの中からそれぞれ一つずつ選びなさい。

No. 1　ア　イ　ウ　エ

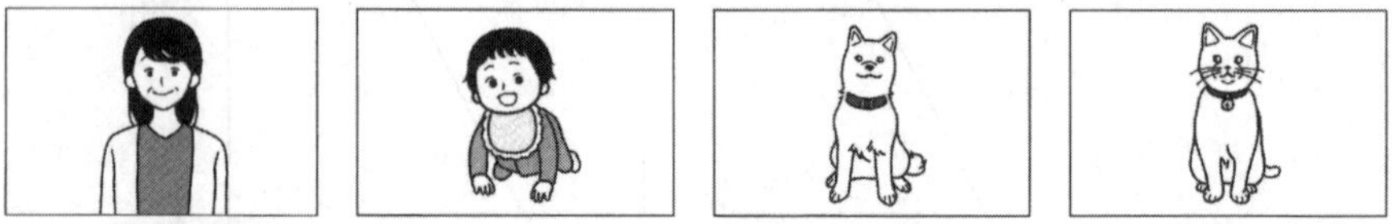

No. 2　ア　イ　ウ　エ

No. 3　ア　イ　ウ　エ

No. 4　ア　イ　ウ　エ

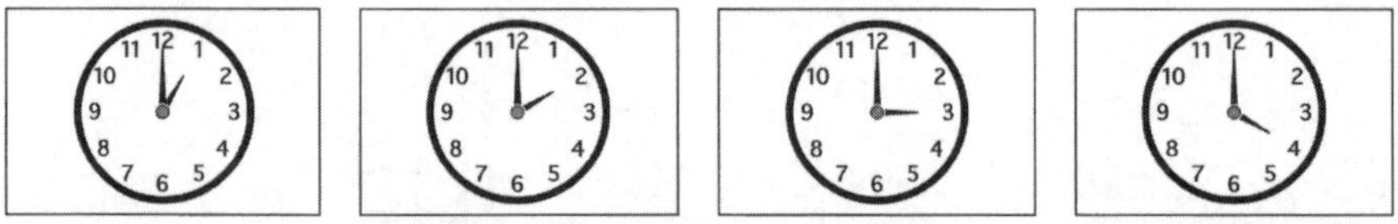

No. 5　ア　イ　ウ　エ

放送問題2　二人の対話の最後の応答部分でチャイムが鳴ります。そのチャイムの部分に入る最も適当なものを，ア～エの中からそれぞれ一つずつ選びなさい。

No. 1　ア　It's on your desk.　　　イ　It's green.

　　　ウ　That's too bad.　　　エ　That's interesting.

No. 2　ア　Yes.　I was doing my homework.

　　　イ　No.　You can't eat all of them.

　　　ウ　You will.　You can be a good teacher.

　　　エ　You should.　You'll like it.

放送問題3　雄太（Yuta）が英語の授業で発表した内容を聞きながら，①～⑤の英文の空欄に入る最も適当な**英語1語**を書きなさい。

① Last week, Yuta (　　) shopping with his family.
② The elderly woman was standing because the bus was (　　) of people.
③ When the bus stopped, Yuta stood up and said to the elderly woman, "Please (　　) here."
④ Yuta's father said to Yuta, "It's important to help a (　　) in need."
⑤ Yuta thought he would try to help people who have (　　) around him in the future.

2 次の(1)～(3)の問いに答えなさい。

(1) 次の①～③は，それぞれAとBの対話です。(　) に入る最も適当なものを，ア～エの中からそれぞれ一つずつ選びなさい。

① 〔*At home*〕
A：Where is my (　　)? I want to read it again.
B：I saw it under the table.
ア magazine　イ guitar　ウ shirt　エ pen

② 〔*In a classroom*〕
A：You always look happy. Why is that?
B：Because I try to smile every day. I believe smiles (　　).
ア take positive me　イ take me positive
ウ keep positive me　エ keep me positive

③ 〔*At a station*〕
A：I don't know where to buy a train ticket.
B：(　　). Let's ask the woman over there.
ア No, thank you　イ I don't know, either
ウ You're welcome　エ Here you are

(2) 次は，AとBの対話です。(　) 内の語を正しく並べかえて，文を完成させなさい。

〔*At host family's house*〕
A：I got a present from my friend. But what is this?
B：It's a *furoshiki*. It (in / be / can / used / various) ways. Shall I show you how to use it?

(3) 次は，AとBの対話です。[1] ～ [4] に入る最も適当なものを，次のページのア～エの中からそれぞれ一つずつ選びなさい。

〔*After the birthday party*〕
A：Thank you for cooking for me, Grandma. [1]
B：I'm glad to hear that. [2]
A：I liked your vegetable pizza. [3]
B：Of course. Next time, [4]
A：Really? I can't wait to eat it!

ア	I will make it with different vegetables.
イ	I really enjoyed the food you made.
ウ	Which one did you like the best?
エ	Can you make it again for me?

3 ホストファミリーのジョン（John）と敦（Atsushi）がホームステイの最終日に話をしています。対話は①～⑤の順で行われています。④のイラストは敦が話している内容です。自然な対話となるように，(1)，(2)の問いに答えなさい。

(1) [A] に入る適当な英語２語を書きなさい。

(2) [B] に入る適当な英語を書き，イラストと対話の流れに合うように文を完成させなさい。

4 ホームステイ中の留学生である，高校生のロナルド（Ronald）が，ホストファミリーの中学生である卓也（Takuya）と話をしています。以下の会話を読んで，(1)～(6)の問いに答えなさい。

Ronald: Hey, what are you doing on your *tablet, Takuya? Are you playing a game?

Takuya: No, I'm not. I'm using my *digital textbook on my tablet to study. I'm studying English now. You know, I can easily listen to the English in the textbook when I use this digital textbook.

Ronald: Oh, you're using a digital textbook. That's cool! I haven't used a digital textbook like that. I studied with paper textbooks when I was a junior high school student. Do you use digital textbooks for all subjects in your junior high school?

Takuya: No, I don't. For many subjects, we use [A] textbooks, too.

Ronald: I see. The progress of technology is amazing. Are digital textbooks *popular in Japan now?

Takuya: Umm, I don't know. After I finish studying, I'll look for information on the internet. I'll tell you when I find some information.

Ronald: Thank you. I look forward to it.

[An hour later]

Takuya: Hi, Ronald. I found some information on the internet. Look at this data.

What *percentage of schools have digital textbooks for students or for teachers?				
*School Year	2019	2020	2021	2022
For students (%)	7.9	6.2	36.1	87.9
For teachers (%)	56.7	67.4	81.4	87.4

（文部科学省資料により作成）

Ronald: Oh, I can see that from 2019 to 2021, the percentage of digital textbooks for teachers *increased by more than 10 *points every year. Surprisingly, the percentage of digital textbooks for students increased by about 80 points from 2020 to 2022. It shows that digital textbooks have spread to schools around Japan *over the past few years.

Takuya: That's right. Actually, a few years ago, we didn't have our own digital textbooks at our school. Only teachers had digital textbooks, and they often used the *projector in the classroom to show them to us. But now, we use [B].

Ronald: So, now you have a new way to study, right? How do you usually use your digital textbooks?

Takuya: Well, first, I often make some parts of textbooks larger. Then, I can clearly see small photos or words in them. Also, I often write notes in the digital textbooks by touching the *screen with my finger or using a digital pen. Even if you *make a mistake, you can easily *correct it. So, you can feel free to write many things in the digital textbook. Besides, you can visit links and watch videos. For example, you can watch video examples of speaking or listening activities at home.

Ronald: That's very useful for studying. Then, do you want to study all subjects with digital textbooks?

Takuya: No, I don't. If I use them in all subjects, my eyes will be very tired! Moreover, my tablet is too small to see the whole page *at a glance like paper textbooks. In fact, I can read the paper textbooks more quickly and find the things that I have to study again easily.

Ronald: I see. Both paper and digital textbooks have their good things. You can choose different ways to use them when you have different *purposes, right?

Takuya: Yes. For example, I use digital textbooks when I want to see pictures and watch videos that help me understand. But, I use paper textbooks when I need to read them quickly. I think that learning how to use both paper and digital textbooks effectively is important.

Ronald: I agree. If you learn how to do so, textbooks will become more helpful!

注：tablet タブレット端末　digital デジタルの　popular 広く普及した　percentage 割合
School Year 年度　increased by ～ ～増えた　points ポイント
over the past few years 過去数年で　projector プロジェクター　screen 画面
make a mistake 間違いをする　correct （誤りなどを）訂正する　at a glance 一目で
purposes 目的

(1) 本文中の A に入る英語として最も適当なものを，ア～エの中から一つ選びなさい。

ア digital　イ paper　ウ English　エ technology

(2) 本文や表の内容に合うように，次の①と②の英文の ＿＿ に入る最も適当なものを，ア～エの中からそれぞれ一つずつ選びなさい。

① Between 2021 and 2022, the percentage of digital textbooks for students increased by about ＿＿ points.

ア 10　イ 30　ウ 50　エ 80

② In ＿＿, the percentage of digital textbooks for students is larger than the percentage of digital textbooks for teachers.

ア 2019　イ 2020　ウ 2021　エ 2022

(3) 本文中の B に入る英語として最も適当なものを，ア～エの中から一つ選びなさい。

ア our digital textbooks on our tablets
イ our digital textbooks on their tablets
ウ only paper textbooks at our school
エ only digital textbooks at their school

(4) 本文の内容に合っているものを，ア～エの中から一つ選びなさい。

ア Takuya has finished studying English and is using his tablet to play a game.
イ Ronald studied with digital textbooks when he was in junior high school.
ウ Takuya can use his finger or a digital pen to write notes in his digital textbooks.
エ Ronald says that paper textbooks are more important than digital textbooks.

(5) 次の英文は，本文の内容の一部を示したものです。本文の内容に合うように， ＿＿ に入る適当な英語７語を書き，文を完成させなさい。

Ronald thinks that textbooks will become more helpful if you learn how to ＿＿＿＿.

(6) 次のページの問題は，あなたの考えを英語で書く問題です。次の Question に対するあなたの考えを適当な**英語**で書き，Answerの文を完成させなさい。ただし，あとの**条件**に従うこと。

Question: Some people buy books on the internet. What do you think about that?

Answer: (I agree / I disagree) with the idea because ________________.

条件

① （　）内の2つのうち，どちらか一方を〇で囲むこと。

② 下線部には，主語と動詞を含む**8語以上**の英語を書くこと。なお，I'm のような短縮形は1語として数え，符号（, / ! /. など）は語数に含めない。

5 次の英文は，ジョアン（Joan）が書いたスピーチの原稿です。これを読んで，(1)～(6)の問いに答えなさい。

What would you do if you were in a difficult *situation in a new environment? Maybe you don't have an answer to this question, but in this situation, I think you need to have courage to *take a step forward. Today, I would like to tell you how I faced my problems and built relationships with new people.

I was born in the Philippines and lived there for fourteen years. One day, my father said to me, "Joan, we are going to move to Japan next month for my work." When I heard that, I was excited, but a little nervous. I was looking forward to going abroad for the first time. But I was also [A] to say goodbye to my friends in the Philippines.

For the first few weeks in Japan, I was only thinking about the things I lost. I was so shy that I couldn't talk to anyone at my new school. Many classes were taught in Japanese and were too difficult to understand. Also, the way to eat was new to me. For example, in the Philippines, I eat with a *fork in my left hand and a *spoon in my right hand. In Japan, people usually use *chopsticks. I was not good at using them. [B].

One day, one of my classmates, Natsuko came to me and said, "Joan, your English is really good. I like English, but it's difficult to speak." She was trying hard to communicate with me in English. I replied quietly, "Oh, I see." Actually, it was not easy for me to understand what the teachers were saying in Japanese during classes. But English class was easier because most people in the Philippines speak English. I have been using English in the Philippines since I was a child. I could answer the teacher's questions quickly only in English class and enjoy English *conversation with the teacher. Natsuko knew <u>that</u>.

I was happy that she talked to me, but I didn't know what to say to her next. After a while, I said to her with all my courage, "If you want to improve your

English, I can help you." She said, "Really? Thank you so much!" So, we began to practice English conversation together, and soon we became good friends.

After a few days, I thought, "Can I help not only Natsuko, but also other students?" I said to Natsuko, "I'm thinking about starting an English conversation practice for more of our classmates. What do you think?" She replied, "That's a good idea. Let's start Joan's English Class together."

The next day, I started the English practice with Natsuko and her friends after lunch. Even now, we practice English conversation together almost every day. Natsuko said, "Thank you for teaching us English, Joan." "*Doitashimashite" I replied in Japanese. Though my Japanese is still not good, I try to *express my ideas in Japanese, too. When that doesn't work, I use *body language. I said to Natsuko, "Actually, I'm not good at *kanji. Can you teach me how to read and write it?" "Of course!" Then, Natsuko and her friends taught me kanji. Learning languages with my friends is a lot of fun.

Now, my school life is much easier and I have a great time with my friends. Helping Natsuko has changed my life in Japan and changed myself. I feel that my friends accept me, so now I have my place in Japan. From this experience, I learned that a little courage to take a step forward can connect us to more people and make our lives brighter.

注：situation 状況　take a step forward 一歩踏み出す　fork フォーク　spoon スプーン
chopsticks 箸　conversation 会話　*Doitashimashite* どういたしまして
express ～を表現する　body language 身振り　*kanji* 漢字

⑴ 本文中の A に入る英語として最も適当なものを，ア～エの中から一つ選びなさい。

ア excited　イ interested　ウ sad　エ surprised

⑵ 本文中の B に入る英語として最も適当なものを，ア～エの中から一つ選びなさい。

ア I had to go back to the Philippines because of my father's work
イ I felt that life in Japan was very different from life in the Philippines
ウ Eating Japanese food with chopsticks was easy for me
エ I was looking forward to going to Japan for the first time very much

⑶ 本文中の下線部thatの内容を示した英文として最も適当なものを，ア～エの中から一つ選びなさい。

ア Joan could answer the teacher's questions quickly in English class and enjoy English conversation with the teacher.
イ English class in Japan was very difficult for Joan and she had to study English hard every day.
ウ Natsuko and her friends couldn't speak English and they wanted to join Joan's English Class after lunch.
エ Joan was good at English and she wanted to help Natsuko and her friends study English after lunch.

(4) 本文の内容に合っているものを，ア～エの中から一つ選びなさい。

ア Joan was a little nervous to hear that she was going to move to Japan alone.

イ Joan usually used chopsticks in the Philippines and she didn't want to use a fork and a spoon in Japan.

ウ Natsuko couldn't speak English very well and she always talked to Joan in Japanese.

エ Joan asked Natsuko to teach how to read and write *kanji* because Joan was not good at it.

(5) 本文の内容に合うように，次の①と②の Question に答えなさい。ただし，答えは Answer の下線部に適当な**英語**を書きなさい。

① Question: How did Joan and Natsuko become good friends?
Answer: They became good friends by ＿＿＿＿＿＿ together.

② Question: When does Joan use body language?
Answer: She uses it when she ＿＿＿＿＿＿＿＿＿＿.

(6) 次は，ジョアンのスピーチを聞いた生徒が，スピーチの内容を要約した文章です。本文の内容に合うように，下線部に**9語以上**の適当な**英語**を書きなさい。なお，I'm のような短縮形は1語として数え，符号（, / ! /. など）は語数に含めない。

Joan enjoys her school life with her friends. After she helped Natsuko, she became more positive. She feels that she now has ＿＿＿＿＿＿＿＿＿＿. From her experience, she learned that a little courage can connect us to more people and make all the difference in our lives.

＜理科＞

時間 50分 満点 50点

1 次の観察について，(1)~(4)の問いに答えなさい。

観 察

図１のように，水の入ったチャック付きぶくろにメダカを生きたまま入れ，尾ひれの一部をa顕微鏡で観察し，スケッチした。

結 果

図２のように，血管や骨などが見られた。血管内には，一定のリズムでb小さな丸い粒が流れていた。このことから，血液がc心臓の拍動によって送り出されていることがわかった。

図１

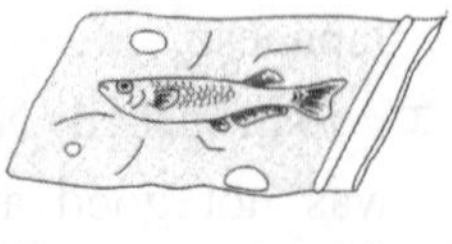

図２

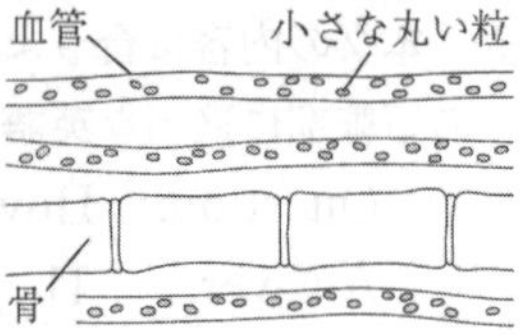

(1) 下線部aについて，次の文は，顕微鏡の使い方の一部である。X，Yにあてはまることばの組み合わせとして最も適当なものを，右のア～エの中から１つ選びなさい。

接眼レンズをのぞき，対物レンズとプレパラートを［ X ］ながらピントを合わせる。ピントを合わせた後，［ Y ］を回して，観察したいものが最もはっきり見えるようにする。

	X	Y
ア	近づけ	しぼり
イ	近づけ	調節ねじ
ウ	遠ざけ	しぼり
エ	遠ざけ	調節ねじ

(2) 下線部bについて，次の①，②の問いに答えなさい。

① この粒は酸素の運搬を行っている。この粒を何というか。書きなさい。

② 次の文は，血液によって運ばれてきた物質が細胞に届けられるしくみについて述べたものである。［　　］にあてはまることばを，**毛細血管**，**組織液**という２つのことばを用いて書きなさい。

この粒が運んできた酸素は，酸素が少ないところでこの粒からはなれる。また，血しょうには，さまざまな養分もとけこんでいる。血しょうは［　　　　］ことで，細胞のまわりを満たす。こうして，毛細血管の外にある細胞に酸素や養分が届けられる。

(3) 下線部cについて，メダカのような魚類には，心室と心房は１つずつしかない。心室と心房を血液が通過する順番はヒトの心臓と同じであり，心臓内部の弁の役割は，ヒトの静脈の弁と同じである。魚類の心臓の模式図と血液が流れるようすとして最も適当なものを，次のア～エの中から１つ選びなさい。ただし，ア～エの図の中の矢印は血液の流れる向きを示している。

ア

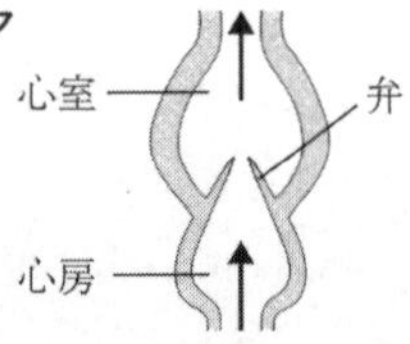

イ

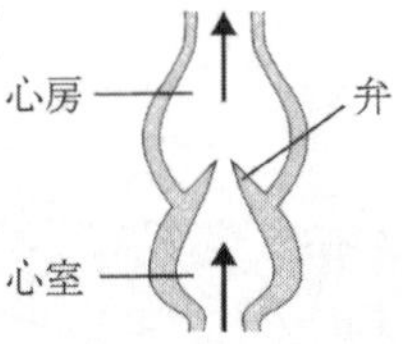

ウ

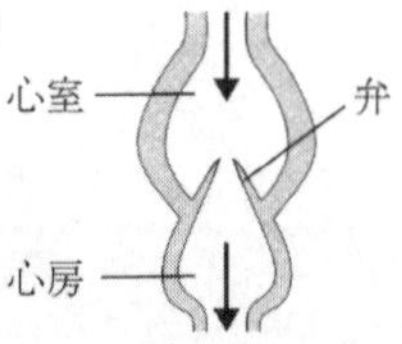

エ

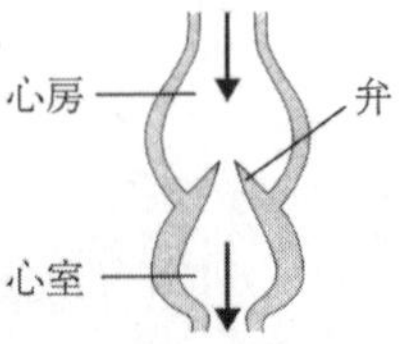

(4)　次の文は，ヒトの血液の循環における尿素の排出について述べたものである。P ~ S にあてはまることばの組み合わせとして最も適当なものを，右のア～クの中から１つ選びなさい。

血液は，酸素や養分以外に，尿素などの不要な物質も運んでいる。生命活動により全身の細胞で生じた［ P ］は［ Q ］で尿素に変えられる。全身をめぐる尿素をふくむ血液の一部が［ R ］に運ばれると，尿素はそこで血液中からとり除かれ，体外へ排出される。したがって，［ R ］につながる動脈と静脈のうち，尿素をより多くふくむ血管は［ S ］である。

	P	Q	R	S
ア	グリコーゲン	肝臓	じん臓	動脈
イ	グリコーゲン	肝臓	じん臓	静脈
ウ	グリコーゲン	じん臓	肝臓	動脈
エ	グリコーゲン	じん臓	肝臓	静脈
オ	アンモニア	肝臓	じん臓	動脈
カ	アンモニア	肝臓	じん臓	静脈
キ	アンモニア	じん臓	肝臓	動脈
ク	アンモニア	じん臓	肝臓	静脈

2　次の観察とメンデルの実験について，(1)～(5)の問いに答えなさい。

観　察

エンドウの花と，受粉後につくられた果実を観察した。図１は花の断面を，図２は受粉後につくられた果実と種子のようすをそれぞれスケッチしたものである。

エンドウの種子の中には２つに分かれている子葉が見られ，エンドウが a 双子葉類に分類されることも確認できた。

図１

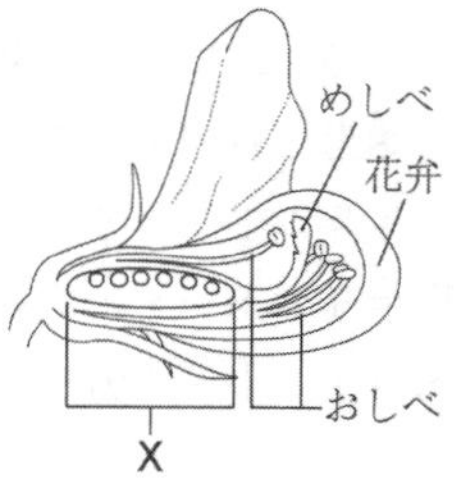

図２

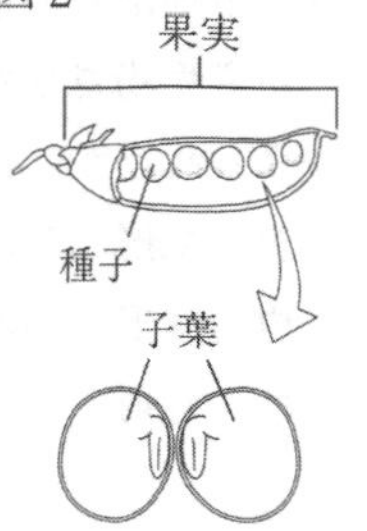

メンデルの実験

エンドウの種子の形には丸形としわ形があり，これらは対立形質である。また，エンドウはその花の形状から，自然状態では b 自家受粉のみを行う。

丸形の種子をつくる純系のエンドウの花粉を，しわ形の種子をつくる純系のエンドウのめしべに受粉させてできた種子を観察したところ，c 全て丸形の種子になった。このようにして得られた種子を全て育て，自家受粉させたときにできる丸形の種子としわ形の種子の数の比は，d 丸形：しわ形＝３：１となった。

(1)　図１の X は，図２の果実になる部分である。X を何というか。書きなさい。

(2)　下線部 a について，双子葉類の葉脈と根のようすの組み合わせとして最も適当なものを，右のア～エの中から１つ選びなさい。

	葉脈のようす	根のようす
ア	網目状	主根と側根
イ	網目状	ひげ根
ウ	平行	主根と側根
エ	平行	ひげ根

(3) 下線部bについて，自家受粉とはどのように受粉することか。「花粉が,」という書き出しに続けて，めしべということばを用いて書きなさい。

(4) 丸形の遺伝子をR，しわ形の遺伝子をrとして，次の①，②の問いに答えなさい。

① 次の文は，下線部cについて述べたものである。Y，Zにあてはまることばの組み合わせとして最も適当なものを，右のア～カの中から1つ選びなさい。

> 丸形の純系としわ形の純系のエンドウを交配したときにできる受精卵の遺伝子の組み合わせは［Y］である。この受精卵が種子になると，形は全て丸形になる。対立形質の遺伝子の両方が子に受けつがれたときに，丸形のように子に現れる形質を［Z］形質という。

	Y	Z
ア	RRのみ	潜性
イ	RRとRr	潜性
ウ	Rrのみ	潜性
エ	RRのみ	顕性
オ	RRとRr	顕性
カ	Rrのみ	顕性

② 下線部dについて，丸形としわ形で合わせて400個の種子が得られたとすると，このうち，遺伝子の組み合わせがRrの種子は何個あると考えられるか。最も適当なものを，次のア～カの中から1つ選びなさい。

ア 50個　イ 100個　ウ 150個　エ 200個　オ 250個　カ 300個

(5) 下線部dの種子の中から，しわ形の種子だけを全てとり除き，丸形の種子だけを全て育てて自家受粉させた。このときに生じる丸形の種子としわ形の種子の数の比はどのようになると考えられるか。最も適当なものを，次のア～カの中から1つ選びなさい。

ア 丸形：しわ形＝3：1　イ 丸形：しわ形＝4：1
ウ 丸形：しわ形＝5：1　エ 丸形：しわ形＝5：3
オ 丸形：しわ形＝7：1　カ 丸形：しわ形＝7：2

3 次の文は，地震について述べたものである。(1)～(3)の問いに答えなさい。

> 地震は地下で発生する。地震が発生した場所を震源という。図は，震源，a震源の真上の地点，観測点の関係を模式的に表したものである。
>
> 図
>
> 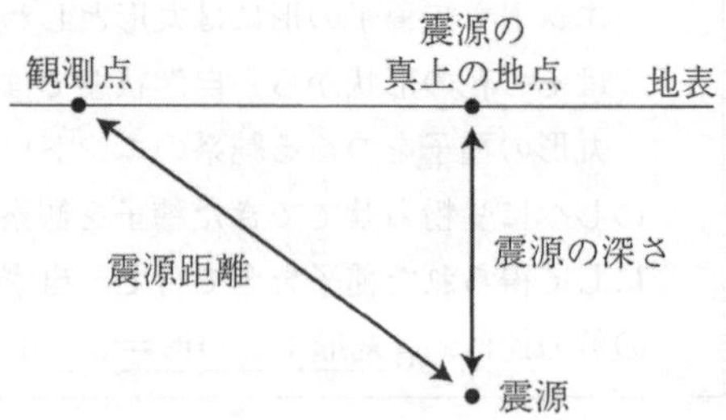
>
>
> 地震によるゆれの大きさは，日本では震度で表され，地震の規模はbマグニチュードで表される。
>
> 地震のゆれを地震計で記録すると，初めに初期微動が記録され，その後に主要動が記録される。初期微動を伝える波をP波，主要動を伝える波をS波という。
>
> c緊急地震速報は，地震が発生したときに生じるP波を，震源に近いところにある地震計でとらえて分析し，S波の到着時刻や震度を予想してすばやく知らせる予報・警報である。

(1) 下線部aについて，震源の真上の地点のことを何というか。書きなさい。

(2) 下線部bについて，次のⅠ，Ⅱの文は，マグニチュードについて述べたものである。これらの文の正誤の組み合わせとして正しいものを，右の**ア**～**エ**の中から１つ選びなさい。

Ⅰ　マグニチュードの値が２大きいと，エネルギーは1000倍になる。

Ⅱ　同じ震源の地震では，マグニチュードの値が大きいほど，ゆれが伝わる範囲はせまくなる。

	Ⅰ	Ⅱ
ア	正	正
イ	正	誤
ウ	誤	正
エ	誤	誤

(3)　下線部**c**について，次の文は，ある場所で発生した地震について述べたものである。下の①～③の問いに答えなさい。ただし，Ｐ波とＳ波は，それぞれ一定の速さで伝わるものとする。

表は，観測点**A**～**C**において，初期微動と主要動が始まった時刻をまとめたものである。地震が起こると，震源で［　X　］する。表から，この地震でのＰ波の速さは，［　Y　］km/ｓであった。この地震では，15時32分14秒に各地に緊急地震速報が伝わった。

表

観測点	震源距離	初期微動が始まった時刻	主要動が始まった時刻
A	30 km	15時32分07秒	15時32分12秒
B	［ Z ］km	15時32分10秒	15時32分18秒
C	60 km	15時32分12秒	15時32分22秒

①　**X**，**Y**にあてはまることばと数値の組み合わせとして最も適当なものを，右の**ア**～**カ**の中から１つ選びなさい。

②　**Z**にあてはまる数値を求めなさい。

③　この地震において，震源距離が54kmの観測点で主要動が始まったのは，緊急地震速報が伝わってから何秒後か。求めなさい。

	X	Y
ア	Ｐ波が発生した後にＳ波が発生	3
イ	Ｐ波が発生した後にＳ波が発生	6
ウ	Ｐ波とＳ波が同時に発生	3
エ	Ｐ波とＳ波が同時に発生	6
オ	Ｓ波が発生した後にＰ波が発生	3
カ	Ｓ波が発生した後にＰ波が発生	6

4　日本のある地点で，太陽の１日の動きを観察し，透明半球を天球に，厚紙を地平面に見立てて記録した。(1)～(4)の問いに答えなさい。

観　察

図１は，次のⅠ～Ⅳの手順で，夏至の日と冬至の日に，８時から16時まで，１時間ごとの太陽の位置を透明半球上に記録したものである。

Ⅰ　厚紙に透明半球と同じ大きさの円をかき，中心を点**O**とした。点**O**で直交する直線を引き，透明半球と厚紙を固定した。

図１

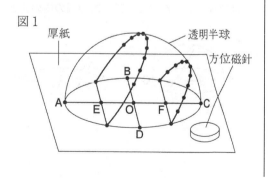

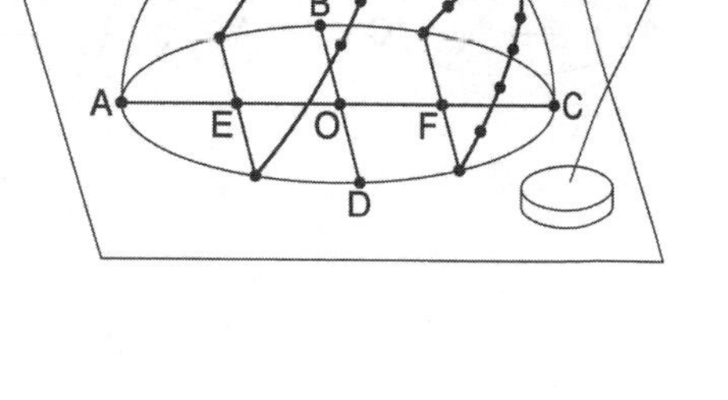

Ⅱ　直交する直線と東西南北を合わせ，透明半球と厚紙を日当たりのよい水平な場所に置いた。点A～Dは，点Oから見た，東西南北いずれかの方位にある円周上の点である。

Ⅲ　夏至の日と冬至の日に，1時間ごとの太陽の位置を透明半球上に点で記録し，それらの点をなめらかな線で結んだ。その後，結んだ線を透明半球のふちまで延長し，日の出と日の入りのおよその位置を表す点を厚紙にかいた。

Ⅳ　透明半球を外して，日の出と日の入りのおよその位置を表す点を直線で結び，その直線とACとの交点を，それぞれ点E，点Fとした。

(1)　地上から見た太陽の1日の見かけの動きを，太陽の何というか。書きなさい。

(2)　次の文は，Ⅱ，Ⅲについて述べたものである。下の①，②の問いに答えなさい。

図1のとき，点Oから見て，東の方位にあるのは，［ X ］である。太陽の位置を透明半球上に記録するとき，サインペンの先のかげを点Oに重ねる。これは，点Oに［ Y ］が位置すると考えるためである。1時間ごとに記録した点の間の距離がどこでも等しかったことから，太陽は天球上を［ Z ］ことがわかる。

①　X，Yにあてはまることばの組み合わせとして最も適当なものを，右のア～エの中から1つ選びなさい。

②　Zにあてはまることばを書きなさい。

	X	Y
ア	点B	観測者
イ	点B	太陽
ウ	点D	観測者
エ	点D	太陽

(3)　図2は，図1の透明半球における，ACを通り厚紙に対して垂直な断面図である。点Gは天頂，点Hと点Iは，夏至の日と冬至の日のいずれかに太陽が南中するときの位置を表している。夏至の日の太陽の南中高度を表すものとして最も適当なものを，次のア～クの中から1つ選びなさい。

図2

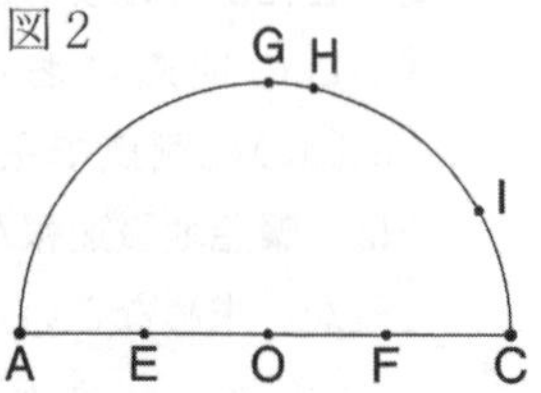

ア　∠CEG　　イ　∠COG　　ウ　∠CEH　　エ　∠COH
オ　∠CFH　　カ　∠CEI　　キ　∠COI　　ク　∠CFI

(4)　日本が夏至の日のとき，南半球にあるシドニーで太陽の1日の動きを観察すると，記録した点を結んだ線はどのようになると考えられるか。最も適当なものを，次のア～エの中から1つ選びなさい。ただし，ア～エの図の中のAとCは，図1と同じ方位であるものとする。

ア
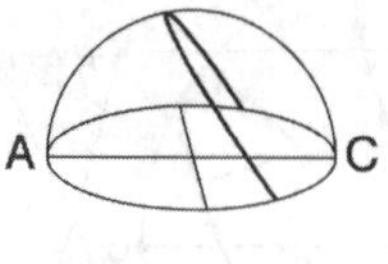

イ
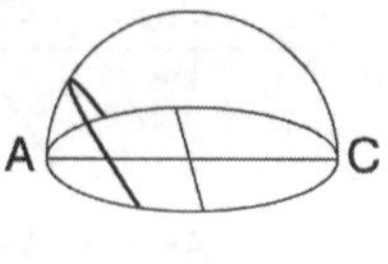

ウ
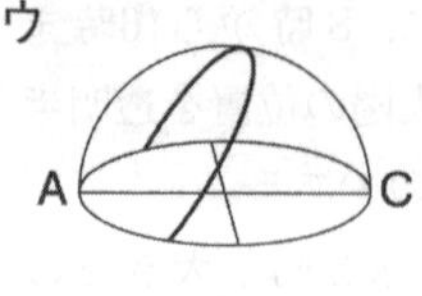

エ
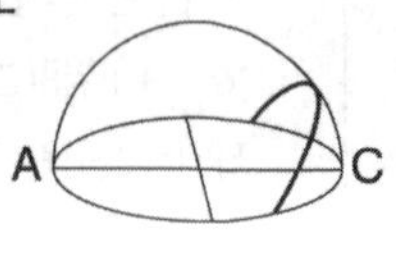

5　次の実験について，(1)～(4)の問いに答えなさい。

実験１

図１のように，液体のエタノールが入ったポリエチレンぶくろの口を輪ゴムできつく閉じ，90℃の湯をかけた。すると，ポリエチレンぶくろが大きくふくらんだ。

図１

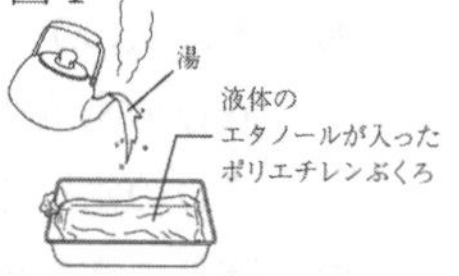

実験２

Ⅰ　図２の装置で，水とエタノールの混合物を加熱した。加熱後しばらくすると，液体が試験管に出始めた。混合物の温度は，沸騰し始めてからもゆるやかに上昇を続けた。出てきた液体を少量ずつ順に３本の試験管に集め，集めた順に液**A**，液**B**，液**C**とした。液**A**～**C**を25℃にしてからそれぞれ質量と体積を測定し，密度を求めた。

Ⅱ　液**A**～**C**をそれぞれ蒸発皿に移し，小さく切ったろ紙をそれぞれの蒸発皿に入っている液体にひたした。液体にひたしたろ紙にマッチの火を近づけ，火がつくかどうかを調べた。

結果

	液**A**	液**B**	液**C**
質量〔g〕	4.20	5.06	5.04
体積〔cm^3〕	5.00	5.50	5.20
密度〔g/cm^3〕	0.84	0.92	0.97
火を近づけたときのようす	火がついた。	火がついた。	火はつかなかった。

図２

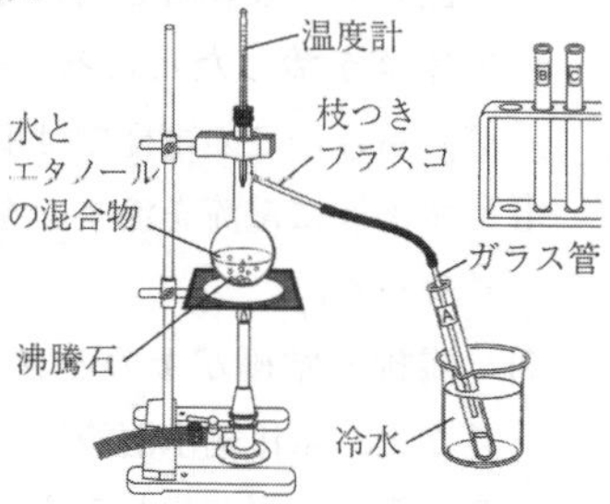

(1)　実験１に関連して，物質の姿が固体⇔液体，液体⇔気体，気体⇔固体と，温度によって変わることを何というか。**漢字４字**で書きなさい。

(2)　下線部の変化についてエタノールの粒子に着目したとき，粒子の数と，粒子どうしの間隔は湯をかける前と比べてどうなるか。正しい組み合わせとして最も適当なものを，右の**ア**～**カ**の中から１つ選びなさい。

	粒子の数	粒子どうしの間隔
ア	多くなる。	広がる。
イ	多くなる。	変わらない。
ウ	少なくなる。	広がる。
エ	少なくなる。	変わらない。
オ	変わらない。	広がる。
カ	変わらない。	変わらない。

(3)　実験２の結果から，エタノールを多くふくむ液体が先に出てきたことがわかる。水とエタノールの混合物の蒸留で，エタノールを多くふくむ液体が先に出てくる理由を，「**水よりもエタノールの方が，**」という書き出しに続けて書きなさい。

(4)　水とエタノールの割合を変えて混合し，25℃にすると，混合物の密度は表のようになる。実験２の結果と表を用いて，次のページの①，②の問いに答えなさい。

表

水〔g〕	2.0	4.0	5.0	6.0	8.0
エタノール〔g〕	8.0	6.0	5.0	4.0	2.0
密度〔g/cm^3〕	0.84	0.89	0.91	0.93	0.97

① 水とエタノールを1：1の質量の比で混合し，25℃にした混合物を液Dとする。液Dにひたしたろ紙にマッチの火を近づけると，どのように観察されると考えられるか。最も適当なものを，次のア～カの中から1つ選びなさい。

ア 液Dの密度の値が，液Aの密度の値より小さいので，火がつく。

イ 液Dの密度の値が，液Aの密度の値と液Bの密度の値の間なので，火がつく。

ウ 液Dの密度の値が，液Aの密度の値と液Bの密度の値の間なので，火はつかない。

エ 液Dの密度の値が，液Bの密度の値と液Cの密度の値の間なので，火がつく。

オ 液Dの密度の値が，液Bの密度の値と液Cの密度の値の間なので，火はつかない。

カ 液Dの密度の値が，液Cの密度の値より大きいので，火はつかない。

② Ⅰで集めた液Aにふくまれているエタノールの質量は何gか。求めなさい。

6 次の実験について，(1)～(4)の問いに答えなさい。

実 験

Ⅰ 図のような装置を用いて，塩化銅水溶液に電圧を加えて電流を流したところ，一方の電極では赤色の銅が生じ，もう一方の電極では塩素が生じた。

Ⅱ 水溶液に電流を流すのをやめると，銅や塩素は生じなくなった。

Ⅲ 陽極と陰極がⅠのときと逆になるように導線をつなぎかえ，塩化銅水溶液に電圧を加えて電流を流したところ，銅と塩素が生じる電極はⅠのときと逆になった。

図

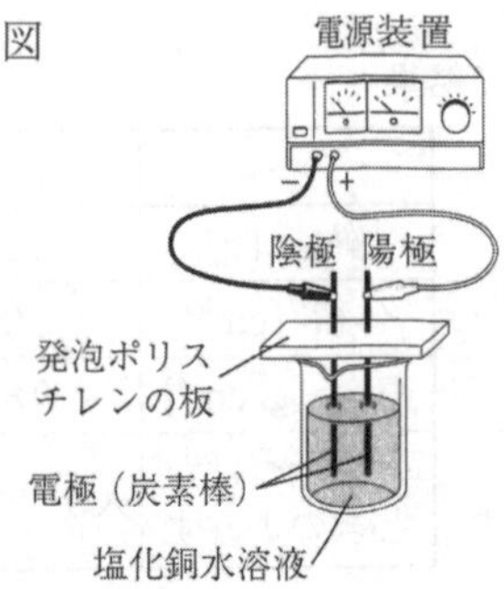

(1) 銅や塩素のように，1種類の元素からできている物質を何というか。書きなさい。

(2) 塩素の性質として最も適当なものを，次のア～エの中から1つ選びなさい。

ア 漂白作用がある。 **イ** 水によく溶け，その水溶液はアルカリ性を示す。

ウ 物質を燃やすはたらきがある。 **エ** 石灰水を白くにごらせる。

(3) 次の文は，実験で起こった現象について述べたものである。下の①，②の問いに答えなさい。

Ⅰから，塩化銅水溶液の中には，銅原子や塩素原子のもとになる粒子があると考えられる。また，Ⅲから，これらの粒子はそれぞれ決まった種類の電気を帯びていることがわかる。陽極付近では X 原子のもとになる粒子が引かれて X 原子になる。陰極付近では Y 原子のもとになる粒子が引かれて Y 原子になる。このとき， Z 原子は2個結びついて分子になる。

① X～Zにあてはまることばの組み合わせとして最も適当なものを，右のア～エの中から1つ選びなさい。

	X	Y	Z
ア	銅	塩素	銅
イ	銅	塩素	塩素
ウ	塩素	銅	銅
エ	塩素	銅	塩素

② 塩化銅が銅と塩素に分解する化学変化を，化学反応式で書きなさい。

(4) グラフは，図のような装置を用いて，塩化銅水溶液に電流を流したときに生じる銅と塩素の質量の関係を表している。質量パーセント濃度が3.0％の塩化銅水溶液140 g に電流を流し続けて，全ての塩化銅が銅と塩素に分解されたとき，何 g の銅が生じるか。求めなさい。

グラフ

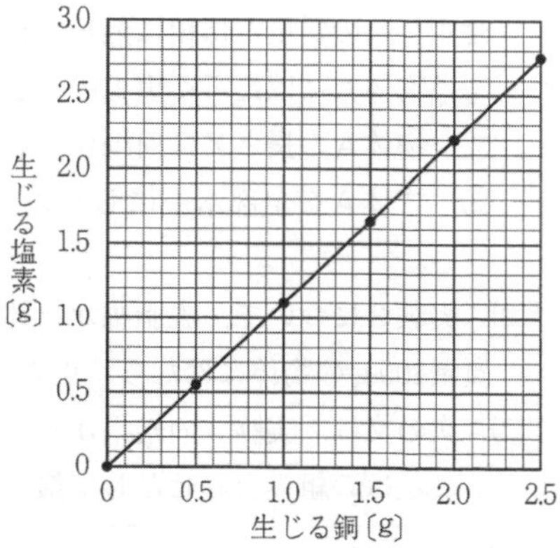

7 次の実験について，(1)～(3)の問いに答えなさい。

実験 1

図 1 のように，円柱形で長さ**X**cmの物体**A**を．底面が水面につかない状態でばねばかりに糸でつるした。ばねばかりの目盛りを見ながら，物体**A**をゆっくりと下げていき，ビーカーに入れた水の中にしずめていった。グラフは，物体**A**を下げた距離と，ばねばかりの値の関係を表したものである。

図 1

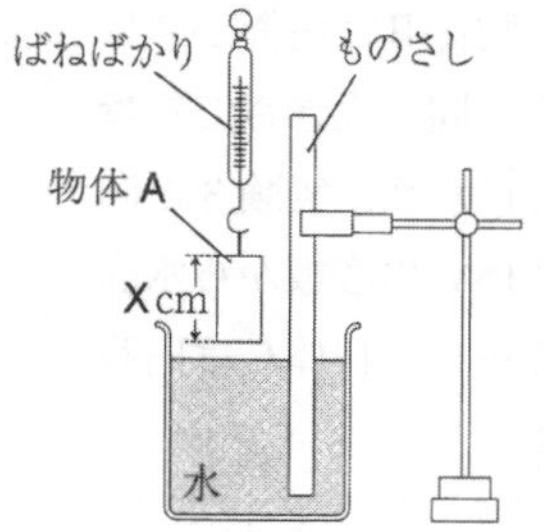

グラフ

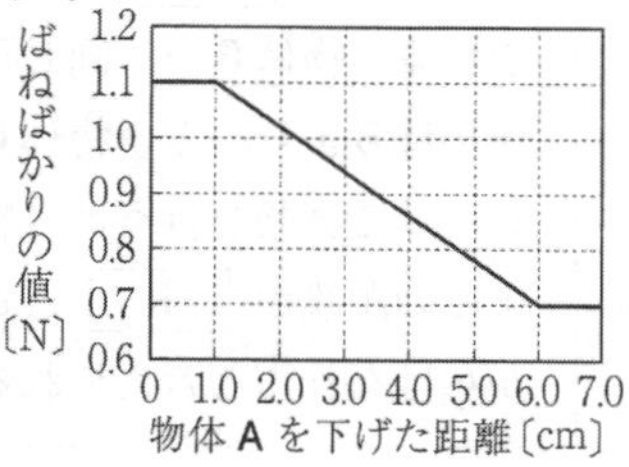

実験 2

図 2 のような，円柱形のおもりの下にうすい円形の底板が接着されている物体**B**がある。物体**B**の底板を下にして平らな脱脂綿の上に置いたところ，図 3 のように脱脂綿がくぼんだ。物体**B**の質量は110 g であり，底板の底面積は55cm²であった。

図 2

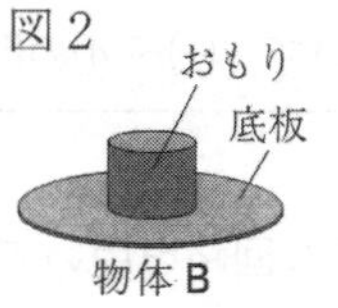

図 3

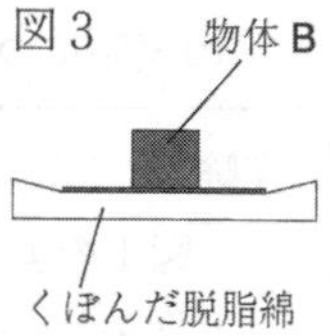

実験 3

円筒を用意し，物体**B**を円筒に手で押し当てたまま，中に水が入らないようにして，円筒と物体**B**を水の中にしずめた。水平にした物体**B**の底板から水面までの距離をものさしで測り，底板から水面までの距離が 5 cmのところで，物体**B**から手をはなした。

図 4 のように，底板から水面までの距離が 5 cmのところでは，物体**B**は円筒からはなれなかった。その後，円筒を水面に対して垂直にゆっくりと引き上げていくと，図 5 のように，底板から水面までの距誰が 2 cmのところで，物体**B**が円筒からはなれた。

図 4

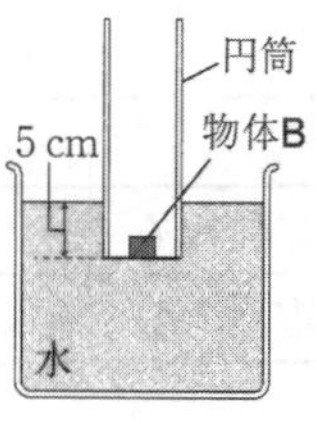

図 5

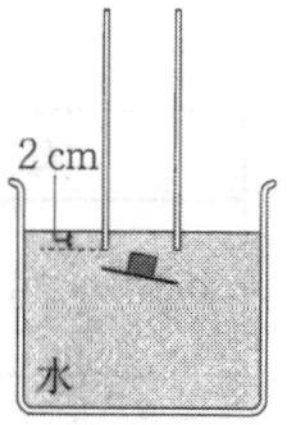

物体 B が円筒からはなれるようす

(1) 実験１について，次の①～③の問いに答えなさい。ただし，物体Aをつるした糸はのび縮みせず，糸の質量と体積は無視できるものとする。

① 物体Aにはたらく重力の大きさは何Nか。答えなさい。

② 物体Aの長さXは何cmか。求めなさい。

③ 物体Aを全部水中にしずめたとき，物体Aにはたらく浮力の大きさは何Nか。求めなさい。

(2) 実験２について，脱脂綿が物体Bから受ける圧力の大きさは何Paか。求めなさい。ただし，質量100 gの物体にはたらく重力の大きさを１Nとする。

(3) 次の文は，実験３の結果から考えられることについて述べたものである。P～Rにあてはまることばの組み合わせとして最も適当なものを，右のア～エの中から１つ選びなさい。

水中で物体Bが円筒からはなれるかどうかは，物体Bにはたらく重力による「下向きの力」と周囲の水から受ける力による「上向きの力」の大小関係で決まる。「上向きの力」が「下向きの力」より［P］場合，物体Bは円筒からはなれない。一方，「上向きの力」が「下向きの力」より［Q］場合，物体Bは円筒からはなれる。物体Bを，同じ形，同じ大きさで質量が物体Bより小さい物体Cにかえ，実験３と同じ手順で実験を行うと，物体Cの底板から水面までの距離が［R］ところで，物体Cは円筒からはなれると考えられる。

	P	Q	R
ア	大きい	小さい	2 cmより小さい
イ	大きい	小さい	2 cmより大きい
ウ	小さい	大きい	2 cmより小さい
エ	小さい	大きい	2 cmより大きい

8 次の実験について，(1)～(4)の問いに答えなさい。

実験１

図１のような回路を用いて，電熱線Aに加える電圧を１Vずつ大きくしていき，各電圧での電熱線Aに流れる電流の値を測定した。その後，電熱線Aを電熱線Bにかえ，同様の手順で実験を行った。

図１

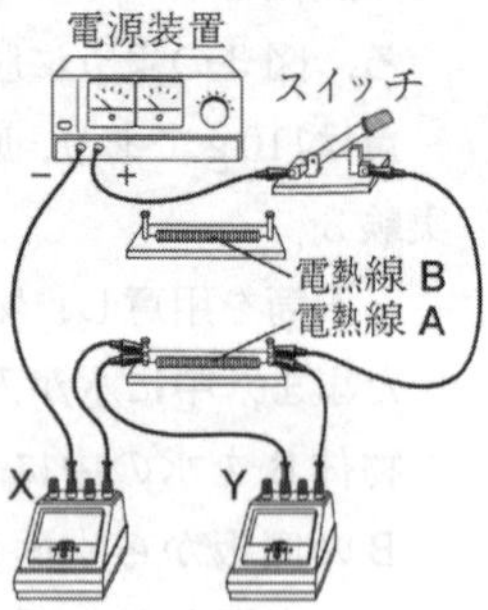

結果１

電圧〔V〕		0	1	2	3
電流〔mA〕	電熱線A	0	80	160	240
	電熱線B	0	120	240	360

実験２

Ⅰ 図２のように，電熱線Cを用いた回路をつくり，発泡ポリスチレンのカップに室温と同じ22.0℃の水を入れた。電熱線Cに３Vの電圧を加え，1.5Aの電流を４分間流し，容器内の水をかき混ぜながら，水の温度変化を測定した。

Ⅱ　Ⅰと同じ質量，同じ温度の水を別の発泡ポリスチレンのカップに入れ，電熱線Cに9Vの電圧を加え，4.5Aの電流を4分間流し，容器内の水をかき混ぜながら，水の温度変化を測定した。

図2

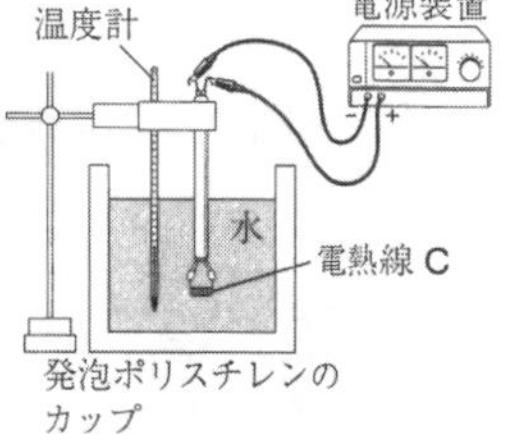

結果2

経過時間〔分〕		0	1	2	3	4
水温〔℃〕	電圧3V	22.0	22.5	23.0	23.5	24.0
	電圧9V	22.0	26.5	31.0	35.5	40.0

(1)　図1のXとYは電流計と電圧計のどちらかである。電流計はXとYのどちらか。また，回路に流れる電流の大きさがわからないとき，－端子は図3のaとbのどちらに接続して実験を開始するか。答えの組み合わせとして最も適当なものを，右のア～エの中から1つ選びなさい。

図3

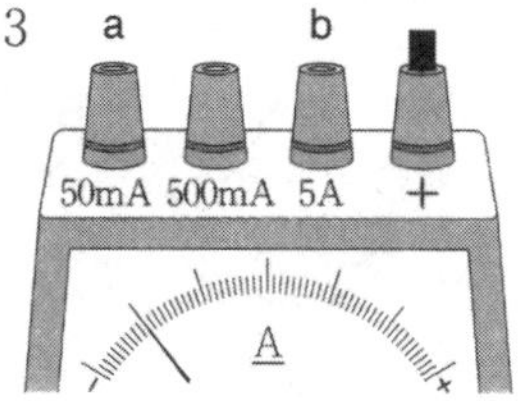

	電流計	－端子
ア	X	a
イ	X	b
ウ	Y	a
エ	Y	b

(2)　電熱線Aと電熱線Bの電気抵抗の大きさをそれぞれR_A，R_Bとする。R_AとR_Bの関係はどのようになるか。最も適当なものを，次のア～ウの中から1つ選びなさい。

ア　$R_A < R_B$　　イ　$R_A = R_B$　　ウ　$R_A > R_B$

(3)　電熱線Aに3Vの電圧を5分間加えたとき，電熱線Aで消費される電力量は何Jになるか。求めなさい。ただし，電熱線Aに流れる電流は5分間，結果1の値のまま変化しなかったものとする。

(4)　実験2について，次の①，②の問いに答えなさい。ただし電熱線Cで発生した熱は全て容器内の水の温度上昇に使われたものとする。

①　次の文は，結果2について考察したものである。P～Rにあてはまる数値の組み合わせとして最も適当なものを，右のア～クの中から1つ選びなさい。

> 電圧が3Vのとき，電熱線Cで消費される電力は［ P ］Wであり，9Vのときは40.5Wである。また，4分後の水の上昇温度を比べると，3Vでは2.0℃，9Vでは［ Q ］℃である。これらのことから，電熱線に加える電圧が3倍になると，電熱線の消費電力は［ R ］倍になる。また，容器内の水の上昇温度は電力に比例するので，水の上昇温度も［ R ］倍になる。

	P	Q	R
ア	4.5	9.0	3
イ	4.5	18.0	3
ウ	4.5	9.0	9
エ	4.5	18.0	9
オ	9.0	9.0	3
カ	9.0	18.0	3
キ	9.0	9.0	9
ク	9.0	18.0	9

②　電熱線Cに電圧6Vを加え続けたとき，4分後の容器内の水温は何℃になるか。求めなさい。ただし，使用した装置や容器内の水の量は実験2と同じであり，電圧を加え始めたときの容器内の水温を22.0℃とする。

＜社会＞

時間　50分　　満点　50点

1　次の地図のXは緯線を，A～Dは国を，E～Gは都市を表している。(1)～(5)の問いに答えなさい。

地図

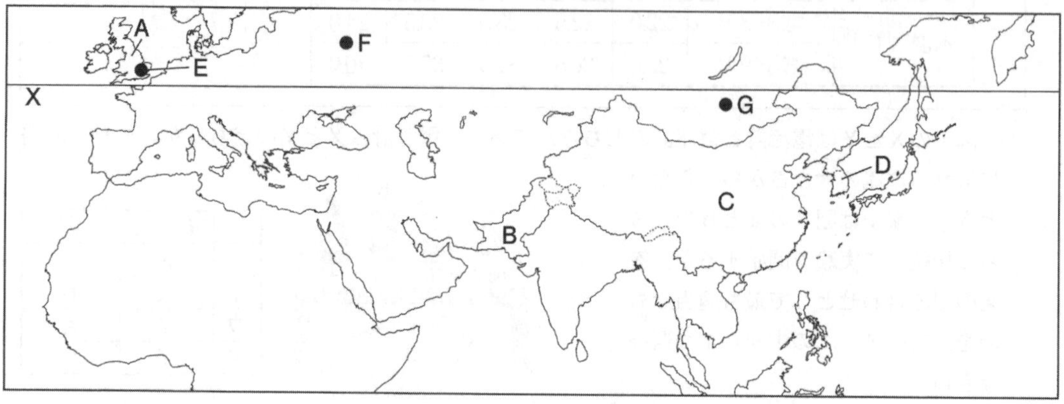

(1)　Xが示す緯度として適当なものを，次のア～エの中から一つ選びなさい。

ア　北緯20度　　イ　北緯30度　　ウ　北緯40度　　エ　北緯50度

(2)　次の雨温図m～oは，都市E～Gのいずれかのものである。都市E～Gと雨温図m～oの組み合わせとして適当なものを，下のア～カの中から一つ選びなさい。

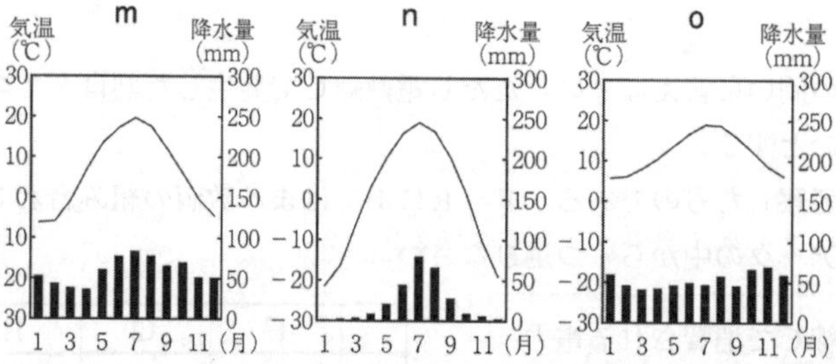

（理科年表2023年版により作成）

	ア	イ	ウ	エ	オ	カ
E	m	m	n	n	o	o
F	n	o	m	o	m	n
G	o	n	o	m	n	m

(3)　次のグラフⅠは，A国，B国，D国における米と小麦の生産量を表しており，グラフⅠ中のs～uは，A国，B国，D国のいずれかである。A国，B国，D国とグラフⅠ中のs～uの組み合わせとして適当なものを，下のア～カの中から一つ選びなさい。

グラフⅠ　A国，B国，D国における米と小麦の生産量（2021年）

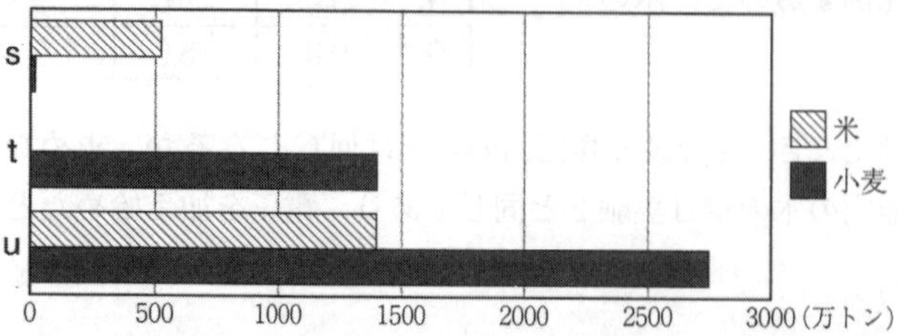

（世界国勢図会2023/24年版により作成）

	ア	イ	ウ	エ	オ	カ
A国	s	s	t	t	u	u
B国	t	u	s	u	s	t
D国	u	t	u	s	t	s

(4)　右の表Ⅰは，A～C国における，ある宗教の信者数が総人口に占める割合を表している。この宗教の名称を書きなさい。

表Ⅰ　A～C国における，ある宗教の信者数が総人口に占める割合（%）

A国	B国	C国
4.4	96.5	1.8

（世界国勢図会 2023/24 年版により作成）

(5)　C国について，次の①，②の問いに答えなさい。

①　次の表Ⅱは，A～D国から日本への輸出上位３品目と日本への総輸出額を表している。C国として適当なものを，表Ⅱのア～エの中から一つ選びなさい。

表Ⅱ　A～D国から日本への輸出上位３品目と日本への総輸出額（2021 年）

	日本への輸出上位３品目			日本への総輸出額（億円）
	1位	2位	3位	
ア	機械類	医薬品	自動車	7580
イ	機械類	石油製品	鉄鋼	35213
ウ	機械類	衣類	金属製品	203818
エ	衣類	揮発油	綿糸	294

（日本国勢図会 2023/24 年版などにより作成）

②　次のグラフⅡは，C国における1970年と2020年の人口ピラミッドである。C国では，人口増加を抑制する政策を1980年頃から行ってきたが，2010年代に見直した。C国が行ってきた**この政策の名称**を明らかにして，人口ピラミッドの着色部分に着目しながら，C国の**人口構成の変化**について，「**C国では**」の書き出しに続けて書きなさい。

グラフⅡ　C国における 1970 年と 2020 年の人口ピラミッド

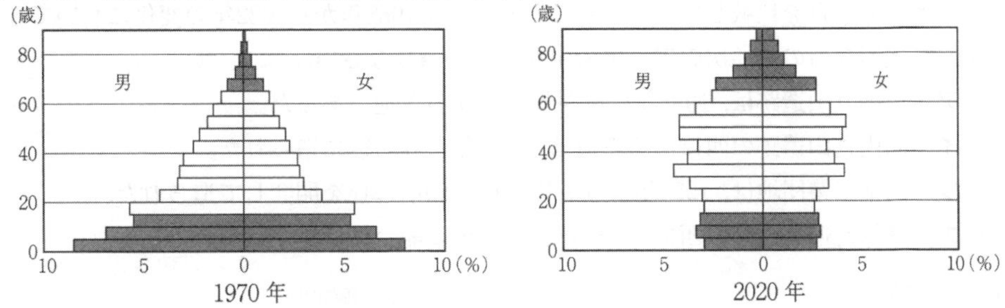

（国連資料により作成）

2　右の地図Ⅰの A は海峡を，B～G は都市を，H は県を表している。(1)～(5)の問いに答えなさい。

地図Ⅰ

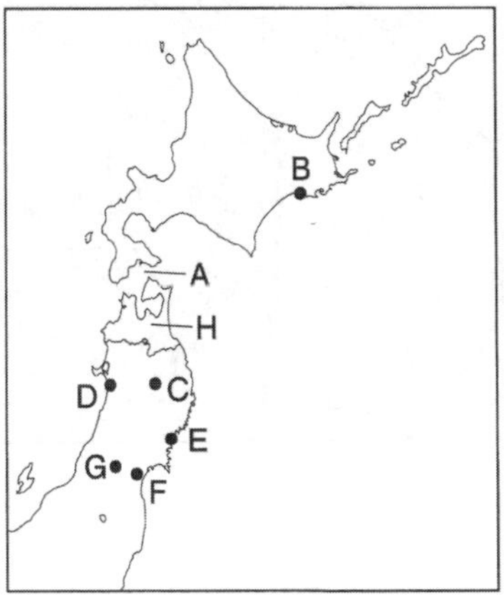

(1)　海峡Aの名称を書きなさい。

(2)　都市Bの自然環境について述べた文として最も適当なものを，次のア～エの中から一つ選びなさい。

ア　寒流の影響で，夏に濃霧が発生しやすい。

イ　オホーツク海沿岸にあり，流氷が押し寄せる。

ウ　暖流の影響で，夏より冬の降水量が多い。

エ　十勝平野にあり，火山灰で覆われた土地が広がる。

(3) 都市C～Gについて，その名称と特色がともに正しく表されているものを，次のア～オの中から一つ選びなさい。

	都市	名称	特色
ア	C	盛岡	豊作を祈る竿燈《かんとう》まつりが有名で，多くの観光客が訪れる。
イ	D	秋田	南部鉄器の生産が有名で，海外へも輸出されている。
ウ	E	仙台	人口100万人を超え，東北地方の中心的な役割を担《にな》っている。
エ	F	気仙沼	沖合いに潮目（潮境）があり，水揚げ量の多い漁港がある。
オ	G	天童	伝統的工芸品に指定された将棋駒の生産が有名である。

(4) 下の地図Ⅱ，Ⅲは，H県の同じ範囲を表す２万５千分の１地形図の一部であり，地図Ⅱは2022年発行，地図Ⅲは1988年発行のものである。次の①，②の問いに答えなさい。

① 次の文は，地図Ⅱに描かれている三内丸山遺跡について説明したものである。また，右の写真は，この遺跡で出土した土器である。Xにあてはまることばを**漢字２字**で書きなさい。

写真

> 当時の人々が，大型のたて穴住居などの建物をすぐれた技術で造っていたことがわかる， X 文化の遺跡である。右の写真のような X 土器や貝塚などが見つかっている。

② 地図Ⅱ，Ⅲを比較して読み取ることができる1988年から2022年の変化について述べた文として適当なものを，次のア～エの中から一つ選びなさい。

ア　三内丸山遺跡は，1988年には茶畑が広がる台地であった。

イ　三内丸山遺跡の西にある鉄道は，1988年よりも後に造られた。

ウ　西部工業団地は，1988年よりも後に標高80mの丘を開発して造られた。

エ　県総合運動公園の西に，1988年よりも後に総合体育館が造られた。

地図Ⅱ　2022年

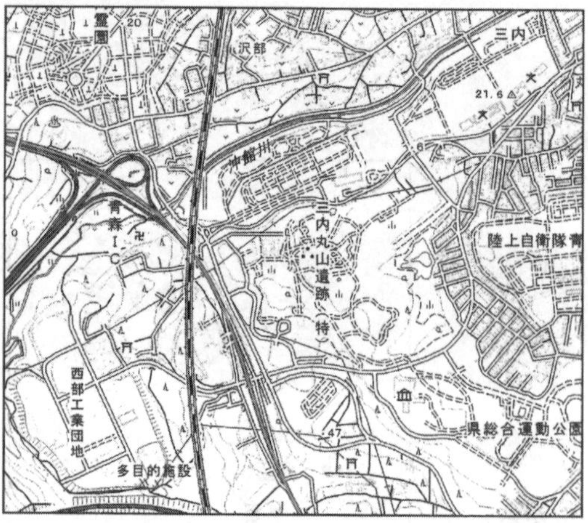

地図Ⅲ　1988年

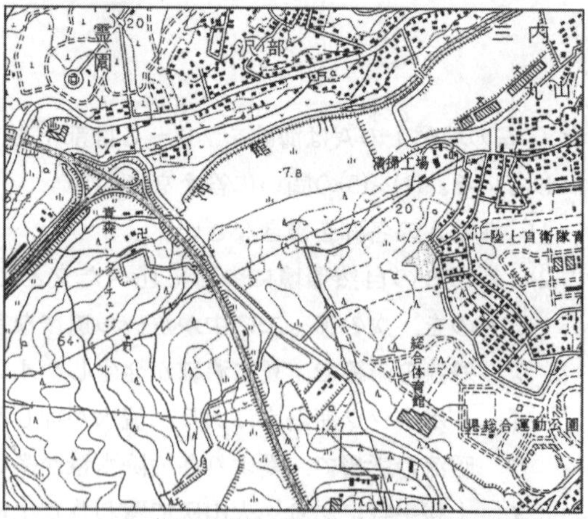

（国土地理院２万５千分の１地形図により作成）

（※編集の都合により，85％に縮小してあります。）

(5)　北海道と東北各県について，地図Ⅳは米の栽培面積を，地図Ⅴは各道県のすべての作物の栽培面積に占める米の栽培面積の割合を表している。次の①，②の問いに答えなさい。

①　北海道の石狩平野は，かつて農業に不向きな土地とされていたが，稲作に適する土を運びこむなどして，現在では日本有数の米の生産地となった。作物を育てるのに適した土を他の場所から運びこむことを何というか。**漢字2字**で書きなさい。

②　北海道は，地図Ⅳでは上位に表されるが，地図Ⅴでは下位に表される。この理由について述べた次の文の**Y**にあてはまることばを，下の**二つの語句**を用いて書きなさい。

北海道は［Y］の割合が大きいから。

東北各県　　栽培面積

地図Ⅳ　米の栽培面積（2020年）　　地図Ⅴ　各道県のすべての作物の栽培面積に占める米の栽培面積の割合（2020年）

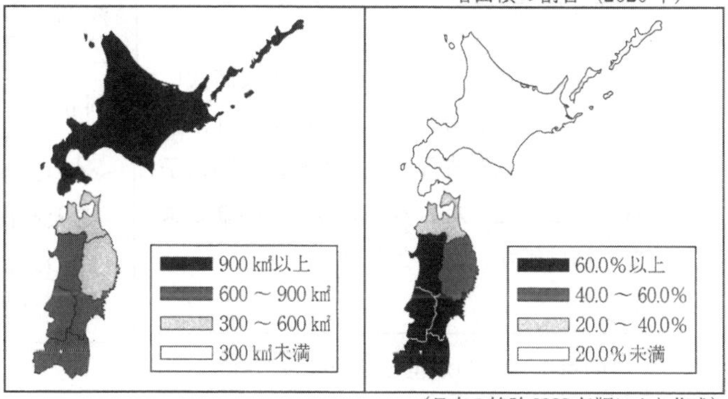

（日本の統計2023年版により作成）

3　次の年表は，古代から近世における日本の決まりに関するおもなできごとについて，ある班がまとめたものの一部である。(1)～(6)の問いに答えなさい。

年	おもなできごと
603	**a** 聖徳太子らが冠位十二階の制度を定めた
701	朝廷が **b** 大宝律令を作った
794	桓武天皇が **c** 平安京に都を移した
1232	北条泰時が **d** 御成敗式目を定めた
1588	**e** 豊臣秀吉が刀狩令を出した
1825	幕府が **f** 異国船打払令を出した

(1)　次の文は，下線部**a**の人物について述べたものである。**W**と**X**にあてはまる語句の組み合わせとして適当なものを，下の**ア**～**エ**の中から一つ選びなさい。

聖徳太子は，推古天皇のもとで，［W］と協力しながら新しい政治の仕組みを作ろうとした。また，中国の進んだ制度や文化を取り入れようと，小野妹子らを［X］として派遣した。

ア　W　蘇我馬子　X　遣隋使　　**イ**　W　蘇我馬子　X　遣唐使
ウ　W　中大兄皇子　X　遣隋使　　**エ**　W　中大兄皇子　X　遣唐使

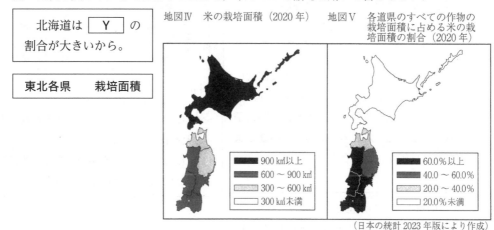

(2)　下線部 **b** に関して，次の文は，右の資料Ⅰについて説明したものである。資料Ⅰと文中の **Y** に共通してあてはまる語句を**漢字2字**で書きなさい。

> 資料Ⅰは，大宝2（702）年に作成された［ Y ］の一部で，一人一人の姓名や年齢などが記されている。
> ［ Y ］は6年ごとに作成され，登録された6歳以上の人々には性別や身分に応じて口分田が与えられた。

資料Ⅰ

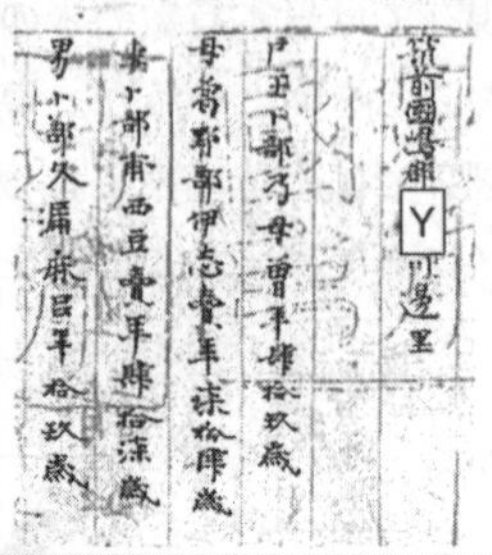

筑前国《ちくぜんのくに》嶋《しま》郡《ぐん》［ Y ］川辺里《かわべり》
戸主《こしゅ》卜部乃母曽《うらべのもそ》　年《とし》肆拾玖（四十九）歳《さい》
母葛野部伊志売《かどのべいしめ》　年漆拾肆（七十四）歳
妻卜部甫西豆売《ほしずめ》　年肆拾漆（四十七）歳
男卜部久漏麻呂《くろまろ》　年拾玖（十九）歳

(3)　下線部 **c** に関して，次の歌は，平安時代によまれたものである。また，右の資料Ⅱは，この歌がよまれた背景と歌をよんだ人物の子どもに関して述べたものである。この歌をよんだ人物は誰か。書きなさい。

歌

> この世をば　わが世とぞ思ふ《う》
> 望月《もちづき》の　欠けたることも　無しと思へ《え》ば

資料Ⅱ

> ・この歌は，この人物の娘が天皇の后《きさき》になることを祝う席でよまれた。
> ・この人物の子は，極楽浄土をこの世に再現しようと平等院鳳凰堂を造った。

(4)　下線部 **d** について，この決まりの内容の一部として適当なものを，次の**ア**～**エ**の中から一つ選びなさい。

ア　本拠である朝倉館のほか，国内に城を構えてはならない。全ての有力な家臣は，一乗谷に引っ越し，村には代官を置くようにしなさい。

イ　諸国の守護の職務は，国内の御家人を京都の警備に当たらせること，謀反《むほん》や殺人などの犯罪人を取り締まることである。

ウ　所領の質《しち》入れや売買は，御家人の生活が苦しくなるもとなので，今後は禁止する。

エ　この安土の町は楽市としたので，いろいろな座は廃止し，さまざまな税や労役は免除する。

(5)　下線部 **e** の人物について述べた文として適当なものを，次の**ア**～**エ**の中から一つ選びなさい。

ア　倭寇を取り締まるため，勘合を用いた貿易を始めた。
イ　朝廷から征夷大将軍に任命され，江戸に幕府を開いた。
ウ　東北地方の年貢米などを大阪へ運ぶ，西廻り航路を開いた。
エ　明の征服を目指し，朝鮮に軍を派遣した。

(6)　右の資料Ⅲは，下線部 **f** の一部であり，絵はアヘン戦争の様子を描いたものである。また，次の文は，幕府が1842年に下線部 **f** に代わる新たな命令を出したことについて述べたものである。**Z** にあてはまることばを，

資料Ⅲ

> どこの港でも，外国船が入港するのを見たなら，有無を言わさず，いちずに打ち払え。もし強引に上陸したら，捕まえるか，または打ち殺しても構わない。

アヘン戦争の結果と，**新たに出された命令の内容**を明らかにして，下の**二つの語句**を用いて書きなさい。

> 幕府は，入港する外国船を打ち払うように命じていたが，アヘン戦争で［ Z ］ことにした。

敗れ続けた　　まきや水など

絵

4　次のレポートと年表は，「日本の祝日がいつ，誰によって，なぜつくられたのか」をテーマにして，ある班がまとめたものの一部である。(1)～(6)の問いに答えなさい。

レポート

探究結果　日本の祝日について

◇祝日のはじまり
- 国王の誕生日などを国民が祝う欧米の習慣を踏まえて，a 明治政府が命令によって祝日を定めた。
- b 国民という自覚や人々が国民として一つにまとまる意識が，c 学校教育などを通して生まれていった。

◇現在の祝日
- ［ X ］
- d 歴史的なできごとに関係する祝日の他に季節や自然に関係する祝日が設けられた。

年表

年	関連するできごと	
1873	明治政府が祝日に関する取り決めを出す	
		A
1889	大日本帝国憲法が２月11日に発布される	
		B
1904	日露戦争がはじまる	
		C
1939	e 第二次世界大戦がはじまる	
		D
1946	日本国憲法が11月３日に公布される	
1948	国民の祝日に関する法律が制定される	
1964	東京オリンピック・パラリンピックが開催される	
1966	法律の改正により「体育の日」が追加される	
2018	法律の改正により「体育の日」が「スポーツの日」と改められる	

(1)　下線部 a について，西郷隆盛や岩倉具視などにより，天皇を中心とする政府の樹立が宣言された。このことを何というか。次の**ア～エ**の中から一つ選びなさい。

ア　大政奉還　　**イ**　五箇条の御誓文　　**ウ**　王政復古の大号令　　**エ**　廃藩置県

(2)　下線部 b について，次の資料Ⅰは，明治の初めに出版された「学問のすゝ(す)め」を現代の表記に改めたものの一部である。資料Ⅰに関して述べた下の文ⅰ・ⅱについて，その正誤の組み合わせとして適当なものを，下の**ア～エ**の中から一つ選びなさい。

資料Ⅰ

> 「天は人の上に人を造らず，人の下に人を造らず」と言われている。（中略）大事なことは，人としての当然の感情に基づいて，自分の行動を正しくし，熱心に勉強し，広く知識を得て，それぞれの社会的役割にふさわしい知識や人間性を備えることだ。

ⅰ　この著者は，欧米の思想を日本に紹介した福沢諭吉である。

ⅱ　この著者は，この著書の中で「民本主義」に基づき，政治に民衆の考えを反映すべきと主張している。

ア　ⅰ 正　ⅱ 正　　**イ**　ⅰ 正　ⅱ 誤　　**ウ**　ⅰ 誤　ⅱ 正　　**エ**　ⅰ 誤　ⅱ 誤

(3) 下線部cに関して，日本の学校教育について述べた次のア～エを，年代の古い順に左から並べて書きなさい。

ア 小学校は，国民学校となり，軍国主義的な教育が強められた。

イ 天皇への忠義や親への孝行を基本とした教育勅語が発布された。

ウ 学制が公布され，満６歳の男女を小学校に通わせることが義務となった。

エ 民主主義教育の基本となる考え方が示された教育基本法が制定された。

(4) 下線部dに関連して，次は，ある生徒がフランスと韓国における歴史的なできごとに関係する祝日についてまとめたものの一部である。下の①，②の問いに答えなさい。

〔フランス〕７月14日：革命記念日…民衆がバスチーユ牢獄《ろうごく》を襲い f フランス革命が始まった日。
〔韓　　国〕３月１日：三一節………g アメリカ大統領ウイルソンなどが示した民族自決という考え方に影響を受けた人々が，日本の植民地支配に抵抗し，京城（ソウル）で独立を宣言した日。

① 次の資料Ⅱは，下線部fのできごとの最中に出された人権宣言の一部である。また，右の絵Ⅰは，フランス革命前の社会の様子を風刺したものである。絵の中の平民の上にある「石」は何の例えか，資料Ⅱのア～エの中から最も適当なものを一つ選びなさい。

資料Ⅱ

第１条　人は生まれながらに，自由で平等なア権利をもつ。
第３条　イ主権の源は，もともと国民の中にある。
第13条　公的強制力の維持および行政の支出のために，共同のウ租税が不可欠である。
第16条　権利の保障が確保されず，権力の分立が定められていないすべての社会は，エ憲法をもたない。

絵Ⅰ

② 下線部gのできごとが起きた時期として正しいものを，年表中のA～Dの中から一つ選びなさい。

(5) 次の資料Ⅲは，福島県出身のある女性が，下線部eのできごとの前後に存在したY国に移住したときの様子を回想したものである。また，右の絵Ⅱは，Y国建国１周年を記念して発行されたポスターの一部である。資料Ⅲと絵ⅡのYに共通してあてはまる語句を漢字２字で書きなさい。

資料Ⅲ

私たちが［　Y　］国に入植したのは，昭和14（1939）年だった。以後，開拓に努力し，昭和19（1944）年春から開拓地が個人経営になった。（中略）前途の希望を語りながらの生活だった。（中略）しかし，昭和20（1945）年８月９日にはソ連の参戦があり，私たちは住みなれた家を離れて，避難した。産後間もない乳児をかかえ，もうひとり生後２年８か月の男児を連れての悲しい避難だった。　（「明治・大正・昭和の郷土史７　福島県」より）

絵Ⅱ

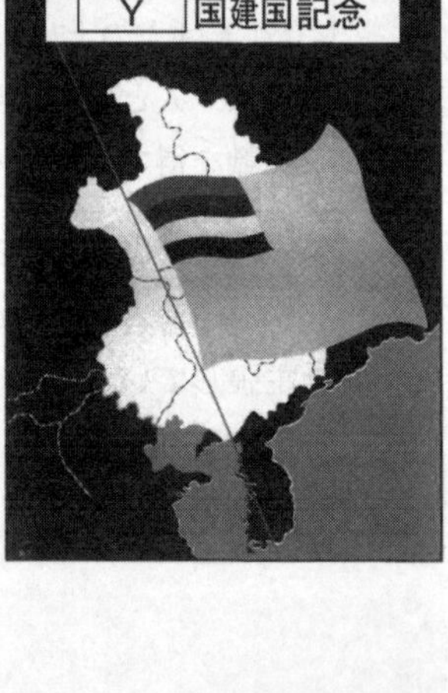

(6) この班は，第二次世界大戦後に祝日がもつ意味が変化したことに気づき，レポート中の空欄 X を次のようにまとめた。Zにあてはまることばを，**第二次世界大戦後に主権のあり方がどう変わったか**，**どの機関が祝日を定めたか**という2点を明らかにして，「法律」という語句を用いて書きなさい。

> 大日本帝国憲法から日本国憲法に改正され， Z によって祝日を定めた。「よりよき社会，より豊かな生活を築きあげるため」に，国民がお祝いできる「こどもの日」などが新たに設けられた。

5 次の対話は，グローバル化が私たちの生活に与える影響について取り上げた授業の場面である。(1)～(6)の問いに答えなさい。

> 先生　人や物，お金や情報などの移動が，国境をこえて地球規模に広がっていくグローバル化の進展は，私たちの生活にどのような影響を与えるでしょうか。
>
> 生徒　a買い物をする際，外国の商品を簡単に買うことができ，生活がより豊かになると思います。
>
> 生徒　新聞でb商品や燃料の価格が上がっているという記事を読みました。価格の変化にはc日本だけではなく世界のできごとが関係していると思います。
>
> 先生　グローバル化の進展は私たちの生活に様々な影響を与えるようです。人々の暮らしを便利で豊かにするのが経済ですが，国民の生活が安定するように様々なd政策が行われ，政府はe私たちが納めた税金を使って生活を支えています。f世界の国々との結び付きが強まる中，グローバル化の進展は生活にどのような影響を与えているのか考えていきましょう。

(1) 下線部aに関して，右の図は，売買契約が成立するしくみについてまとめたものである。次のⅠ～Ⅳの売買に関する場面について述べた文のうち，売買契約が成立した場面を述べた文の組み合わせとして適当なものを，下の**ア**～**カ**の中から一つ選びなさい。

> Ⅰ　レストランでメニューを見た。
> Ⅱ　自動販売機で飲み物を購入した。
> Ⅲ　洋服店で店員に商品の説明を頼んだ。
> Ⅳ　電話でピザの宅配を注文した。

図　売買契約が成立するしくみ

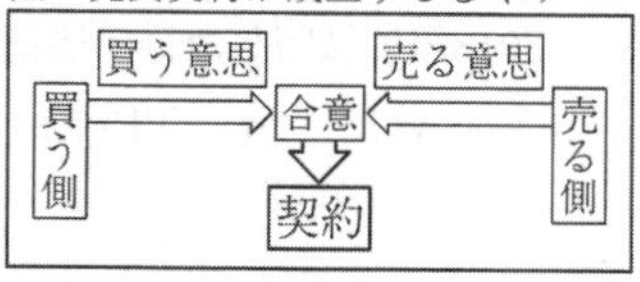

ア　ⅠとⅡ　　**イ**　ⅠとⅢ　　**ウ**　ⅠとⅣ　　**エ**　ⅡとⅢ　　**オ**　ⅡとⅣ　　**カ**　ⅢとⅣ

(2) 下線部bに関して，消費が増えて商品の需要が供給を上回ることなどにより価格が上昇すると，全体的に物価が上がり続ける現象が起こる。これを何というか。**カタカナ8字**で書きなさい。

(3) 下線部cに関して，日本のエネルギー供給は，様々なできごとの影響を受けて変化してきた。次のページの表は，日本のエネルギー供給の割合を表しており，表の**ア**～**ウ**は，1970年，2000年，2020年のいずれかである。**ア**～**ウ**を年代の古い順に左から並べて書きなさい。

表 日本のエネルギー供給の割合（%）

	ア	イ	ウ
石油	36.4	69.9	49.2
石炭	24.6	21.3	18.5
天然ガス	23.8	1.3	13.5
水力	3.7	6.0	3.3
原子力	1.8	0.4	12.6
その他	9.7	1.1	2.9

＊その他とは太陽光，太陽熱，風力，バイオマスなどである。
（日本国勢図会 2022/23 年版により作成）

(4) 下線部dに関して，景気の安定を目的に，一般的に不景気の時期に行われる政府の財政政策をA，Bから，日本銀行の金融政策をC，Dからそれぞれ一つずつ選び，その組み合わせとして適当なものを，下のア～エの中から一つ選びなさい。

政府の財政政策		日本銀行の金融政策	
A	公共投資を減らして私企業の仕事を減らす。	C	一般の銀行から国債を買い取る。
B	公共投資を増やして私企業の仕事を増やす。	D	一般の銀行に国債を売る。

ア AとC　イ AとD　ウ BとC　エ BとD

(5) 下線部eについて，日本の税制は，複数の税金をうまく組み合わせることで，全体として公平性が保たれている。次は，日本の税金のうち所得税と消費税の特徴をまとめたものである。Xにあてはまることばを，下の**二つの語句**を用いて書きなさい。

【所得税】直接税の一つで，所得が高い人ほど，所得に対する税金の割合を高くする累進課税という方法を採用している。

【消費税】間接税の一つで，所得に関係なく，すべての人が同じ金額の商品の購入に対して同じ金額の税を負担する。この場合，所得が低い人ほど，［ X ］という逆進性が指摘されている。

割合　所得

(6) 下線部fに関して，日本が，アジア・太平洋地域の国々との間で経済関係を強化するため，2018年に調印した経済連携協定の略称として適当なものを，次のア～エの中から一つ選びなさい。

ア AU　イ TPP11　ウ UNESCO　エ BRICS

6 次のA～Cのカードは，現代日本の諸課題について生徒がまとめたものである。(1)～(6)の問いに答えなさい。

A 人権の保障
日本国憲法では，すべての国民は［ X ］として尊重されている。また，a違憲審査制によって政治の権力を制限し，国民の人権を守るしくみがある。人権の保障は社会的に弱い立場に置かれやすい人々にとって，より大切なものである。

B 積極的な政治参加
民主主義では，国民一人一人が政治の主役であり，政治に積極的に参加することが求められる。b選挙で投票するだけでなく，c国や地方公共団体に意見を伝えたり，身近な地域でまちづくりや住民運動に加わったりすることも政治参加である。

C 持続可能な社会の実現
現在の国際社会には，d貧困問題やe地球環境問題などの諸課題がある。こうした課題の解決には，現在の世代の利益だけでなく将来の世代のことを考える，持続可能な社会の実現に向けた取り組みが求められ，私たち一人一人の意識と行動が重要である。

(1) カードAのXには，次に示した日本国憲法条文のXと同じ語句が入る。Xにあてはまる語句を書きなさい。

> 第13条　すべて国民は， X として尊重される。生命，自由及《およ》び幸福追求に対する国民の権利については，公共の福祉に反しない限り，立法その他の国政の上で，最大の尊重を必要とする。

(2) 下線部aについて，日本には，憲法によって政治の権力を制限し，国民の人権を守るという立憲主義の考えに基づき，法律などが合憲か違憲かを審査する違憲審査制がある。日本の違憲審査制において，最終決定権を持っている機関はどこか。書きなさい。

(3) 下線部bについて，現在の日本の選挙について述べた次の文Ⅰ・Ⅱの正誤の組み合わせとして適当なものを，下のア～エの中から一つ選びなさい。

> Ⅰ　どの政党や候補者に投票したかを他人に知られないように，有権者は無記名で投票する。
> Ⅱ　衆議院議員の総選挙では，一つの選挙区から一人の代表を選ぶ小選挙区制と，全国を11のブロックに分けて政党に投票する比例代表制を組み合わせた，小選挙区比例代表並立制が採られている。

ア　Ⅰ正　Ⅱ正　　**イ**　Ⅰ正　Ⅱ誤　　**ウ**　Ⅰ誤　Ⅱ正　　**エ**　Ⅰ誤　Ⅱ誤

(4) 下線部cについて，次の表は，国と地方公共団体の役割分担を表している。Yにあてはまる語句を**漢字3字**で書きなさい。

表　国と地方公共団体の役割分担

種類	おもに担当している仕事
国	国際社会での日本の立場に関する仕事や，全国的な規模や視点が必要な仕事。
都道府県	多くの高等学校の設置や警察など，複数の Y や特別区にまたがる仕事。
Y ，特別区	多くの小・中学校の設置や住民が出すごみの収集など，住民にとってより身近な仕事。

(5) 下線部dについて，貧困を解決するために途上国の人々が生産した農産物や製品を，その労働に見合う公正な価格で取り引きする取り組みを何というか。適当なものを次のア～エの中から一つ選びなさい。

ア　リデュース　　**イ**　セーフティネット　　**ウ**　ダイバーシティ　　**エ**　フェアトレード

(6) 下線部eについて，右のグラフは，日本の2000年，2010年，2020年における部門別二酸化炭素排出量の推移を表したものである。また，次の文は，グラフをもとに，生徒がまとめた意見の一部である。Zにあてはまる，**この生徒の意見の根拠**をグラフから読み取り，下の**二つの語句**を用いて書きなさい。

グラフ　日本の2000年，2010年，2020年における部門別二酸化炭素排出量の推移

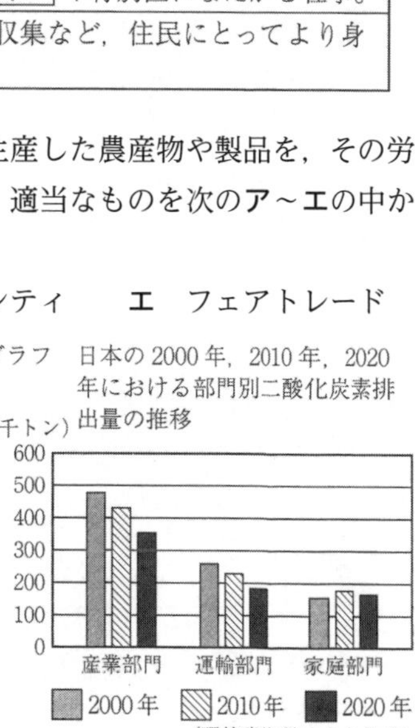

(環境省資料により作成)

> 地球温暖化は，二酸化炭素などの温室効果ガスが増えることで起こるとされている。日本の部門別二酸化炭素排出量の推移をみると， Z ことから，地球温暖化問題の解決に向けて，家庭から排出される二酸化炭素をどのように減らすことができるか考えていきたい。

産業部門　　運輸部門

【会話】

（Aさん）

急ぎの話なんだけど、地域の方から、来週の土曜日に行われるボランティア活動への参加について、ぜひ中学校でも呼びかけてほしいと依頼があったんだって。
それで、先生とも相談したんだけど、生徒会でこの呼びかけに協力しようと思うんだよね。これが先生から聞いた内容の【メモ】なんだけど、これを全校生徒にどうお知らせしたらいいかな？

（Bさん）

この内容だね。私は、校内放送で全校生徒に案内するのがいいと思うけど、どうかな。

（Cさん）

僕は、案内文書なんかを作って、全校生徒に配るのがいいと思うよ。

【メモ】

○日時　6/8(土) 9:00 ~ 10:30
○集合場所
　わかばコミュニティーセンター構内広場
　　　（住所：西福島市若葉町 3-2)
○活動内容
　町内のゴミ拾い、草むしりなど
○持ち物　軍手・水筒・タオル
○その他
　・雨天中止
　・動きやすい服装で
　・参加は任意（希望者）

条件
1　二段落構成とすること。
2　前段では、BさんとCさんの意見を踏まえて、「ボランティア活動の内容をどのような方法で案内するとよいか」についてのあなたの考えや意見を具体的に書くこと。
3　後段では、そのように考える理由を、文字や音声の具体的な特徴に触れながら書くこと。
4　全体を百五十字以上二百字以内でまとめること。
5　氏名は書かないで、本文から書き始めること。
6　原稿用紙の使い方に従って、文字や仮名遣いなどを正しく書き、漢字を適切に使うこと。

4　本文における12段落の働きとして最も適当なものを、次の**ア**～**オ**の中から一つ選びなさい。

ア　人間の複数性という話題を提示することで、社会のあり方の変化は予測が不可能であるという筆者の意見を補強している。

イ　テクノロジーの発展と同様に社会の変化も予測が困難である原因を明確にすることで、前の段落までの内容をまとめている。

ウ　社会の変化における人間の複数性についてまとめることで、人間の活動の予測は不可能だという主張への反論を示している。

エ　人間の複数性に関する具体例をくわしく説明することで、人間の価値観の変化を論じる後ろの段落に文章をつないでいる。

オ　社会の変化の予測が困難であるということの実例を示すことで、現代社会における予見の必要性への問題提起を行っている。

5　次の会話は、3「未来の予見」について授業で話し合ったときの内容の一部である。あとの(1)、(2)の問いに答えなさい。

Aさん「未来を予見するということを、筆者はどのように説明しているのかな。」

Bさん「ア未来に起こることを正確に予見することはできない、というところから筆者の考えは始まっているよね。」

Cさん「そうだね。でも正確ではなくても、イ未来に何が起こるか把握していないと対応できないから、予見は必要だよ。」

Bさん「だから、ウ未来を考えるときには、想像力を使う予見の結果のみを出発点にするべきだということだよね。」

Cさん「その未来のために筆者は予測の話もしていたと思うのよ。エ天気の変化を知るために予測が使われているのも、予見より信頼できるという特徴があるからだろうね。」

Bさん「そうだね。それでも、オ私たちにとって未来を想像することは必要であるということが、本文では述べられていたはずだよ。」

Aさん「じゃあ、そのことについて、もう一度本文を確かめてみようよ。」

(1)　会話の中の――線をつけた部分が、本文から読み取れる内容と**異なっているもの**を、**ア**～**オ**の中から一つ選びなさい。

(2)　Aさんは、「未来の予見」について次のようにノートにまとめた。□にあてはまる最も適当な言葉を、本文中から**十四字**でそのまま書き抜きなさい。

筆者は、未来を予見することで□をするという考えを述べている。だから、これからの人々のために、私たちは先々のことまで心に思い描くことが大切になると考えられる。

六

次の**【会話】**は、ボランティア活動の案内方法について、生徒会で話し合っている場面の一部である。また、**【メモ】**は、ボランティア活動の内容について、Aさんが先生から聞き取ったものである。**【会話】**と**【メモ】**を読み、「**ボランティア活動の内容をどのような方法で案内するとよいか**」についての**あなたの考えや意見**と、**そのように考える理由**を、あとの**条件**に従って書きなさい。

9 だからこそ、これからどんなテクノロジーが世に送り出されるのか、どのようにテクノロジーが進歩を遂げるのかを予測することは、ほとんど不可能である。私たちには、これからどんなエジソンが出現するのか、そして未来のエジソンが何を発明するのかを、知り得ないのである。

10 一方で、社会のあり方の変化は、それよりもさらに予測の困難な領域であると言える。人間の価値観は、さまざまな要因の複雑な絡《から》まり合いの中で、日々変化している。一〇〇年前の日本の価値観と、現在の日本の価値観を比較してみれば、その変化を予見することがいかに無謀なことかが分かるだろう。

11 もちろん、そうした[2]社会の変化のうちにも法則性があると考える立場もあり得るかもしれない。例えば、歴史はよい方向に進歩する、と考える進歩史観がそうだ。しかし、これまでの人類の歴史を眺めれば、そうした歴史観を素朴に信じることはできない。人類は、愚行を繰り返したり、道徳的に退行したりする。しかしそうかと思えば、誰にも予想できなかった革命的な出来事が起き、私たちに希望を抱かせることも起きるのである。

12 政治思想家のハンナ・アーレントは、社会の変化が法則性に基づいていないように見える理由を、公的領域[注4]において活動する人間の複数性に見出《みいだ》した。複数性とは、人間がかけがえのない個人としてこの世界に出生し、これまで存在していた誰とも、いま存在している誰とも、そしてこれから存在するだろう誰とも異なった存在である、ということだ。人間が複数性を有するということは、人間をある法則性のもとに還元[注5]することができないということである。だからこそ人間の活動は予測不可能なのである。

13 したがって、未来において生じ得る課題を、まるで天気予報をするかのように予測することは、そもそも不可能である。私たちはそれを出発点としなければならないだろう。

14 ただしこのことは、だから未来を予測しようとすることが無意味である、ということを意味するわけではない。科学的な実証性に基づくのとは別の仕方で、未来を予測することも可能であるからだ。それはすなわち、[3]シミュレーションするのではなく、未来を想像するという仕方による未来の予見である。

（戸谷　洋志「未来倫理」より。一部省略がある）

注1　テクノロジー：科学技術。
注2　イノベーション：技術革新。
注3　エジソン：アメリカの発明家。
注4　公的領域：人々がともにある場。
注5　還元する：戻す。

1　次の各文中の――線をつけた言葉が、1段落の「未来倫理で」の「で」と同じ意味・用法のものを、**ア～オ**の中から一つ選びなさい。

ア　努力するために必要なものは目標である。
イ　山の上は空気がさわやかで気持ちがよい。
ウ　今年から彼が部長で彼女が副部長になった。
エ　いつも協力して掃除に取り組んでいる。
オ　人とのつながりで重要なのは思いやりだ。

2　[1]「シミュレーション」とあるが、本文における「シミュレーション」とはどのような方法か。**法則**という語を用いて**三十字以内**で書きなさい。

3　[2]「社会の変化のうちにも法則性がある」とあるが、筆者はこの考えを否定するために、人類の歴史に対する筆者のどのような見方を述べているか。**六十字以内**で書きなさい。

の心情の変化が強調されている。

オ　話し言葉が会話文以外にも多用されることで、読者が登場人物の一人のように描かれている。

五

次の文章を読んで、あとの問いに答えなさい。（1〜14は各段落に付した段落番号である。）

1　現代社会は日々複雑化している。数年後のことはおろか、来年に起こることも正確に予見することはできない。それなのに、未来倫理で私たちが考慮しなければならない未来は、一〇〇年後、一〇〇〇年後、一万年後にまで及ぶ。それほど遠い未来のことを予見することなど、ほとんど不可能であるように思える。

2　しかし、未来において何が起こるのかが把握されていなければ、未来世代が直面し得る脅威に対応することもできないだろう。そうである以上、たとえどれほど困難であるように思えたとしても、未来の予見は未来倫理の実践にとって必要不可欠なのである。

3　私たちは、未来を正確に、科学的に予見することなど不可能だ、ということを認めよう。その上で、それでも未来世代に対する倫理的な配慮をするために、不完全ではあったとしても未来を予見するためには、何が求められるのだろうか。そうした予見はどのようなものである必要があるのだろうか。

4　本書では、科学的な実証性に基づいて未来を見通すことを、「予測」と呼ぶことにする。予測が成立するためには一つの条件がある。それは、予測される現象が何らかの法則性に基づいていなければならない、ということだ。

5　例えば天気予報は、現実の気象の運動の中に一定の法則を見抜き、その法則の中で気象がどのように変化するのかを予測する行為である。気象が法則に従って変化するということは、言い換えるなら天気が滅茶苦茶《めちゃくちゃ》に変わったりしないということだ。何の前触れもなく突然雨が降ることはない。雨が降り出したのなら、その背後には常に何らかの気象的な原因がある。その原因と結果の関係を明らかにすることで、別の状況において、これから雨が降り出すか否《いな》かを判断できるようになる。これが、天気を予測するということに他ならない。

6　これは一般に1シミュレーションと呼ばれる方法である。例えば、気候変動の影響の推定はシミュレーションなしには不可能であるし、交通・経済・人口など、一定の法則性に従って変化する事象に対しても同様の方法による予測が行われる。

7　一方で、法則性に基づかないで生じる出来事に対しては、基本的にシミュレーションを行うことができない。そして困ったことに、未来世代に脅威をもたらすような出来事、テクノロジー[注1]と社会の関係の変化は、多くの場合そうした出来事として引き起こされる。

8　例えばテクノロジーの進歩は新技術の発明やイノベーション[注2]によって促進される。それまで誰も思いつかなかったようなことを、突然、発明家や科学者や設計者が思いつくことによって、偶然が生み出される。そこには法則性が存在しないように見える。法則性に基づいている、ということは、同じ条件に置かれたら誰であっても同じようなものを発明できる、ということを意味する。しかし、みんながそのことに気づけたはずなのに、誰も気づけなかったことに気づけるからこそ、発明やイノベーションを引き起こした人々は称《たた》えられるのだ。エジソン[注3]と同じ環境で生活していたとしても、彼と同じようにさまざまな発明品を世に送り出すことなど、誰にもできないだろう。

注1 小畑先輩：美術部の先輩。
注2〜4 ウサギ王子、エビユ、本多くん：剣道部員。
注5 ガハク：画伯のこと。

1 [1]「黒野くん……私の中で、見えていなかったなにかがつながっていく。」とあるが、それはどういうことか。最も適当なものを、次の**ア**〜**オ**の中から一つ選びなさい。

ア 私と早緑をなかなおりさせる努力を、黒野はたった一人で続けていたのだと、六花が考えるようになったということ。

イ 私となかなおりできない早緑を冷やかし、けんかを長引かせたのは黒野かもしれないと、六花が疑いを抱いたということ。

ウ 早緑が私となかなおりすることを決心したのは、黒野に何度も説得されたからなのだろうと、六花が察したということ。

エ 私が早緑となかなおりするために、黒野がこれからも力を尽くしてくれるはずだと、六花が確信をもったということ。

オ 私と早緑のなかなおりにとって、黒野が大きな存在になっているのではないかと、六花が思い始めたということ。

2 [2]「自分の声が、どこかとげとげしてる」とあるが、早緑の声がとげとげしているのはなぜか。最も適当なものを、次の**ア**〜**オ**の中から一つ選びなさい。

ア 黒野が六花の努力を認めている一方で、自分のことは少しも認めてくれないことが不満だったから。

イ 六花が美術部で孤立していると黒野から聞き、六花の事情を知らなかった自分が情けなくなったから。

ウ 自分の力で六花との関係を修復したいのに、横から口出しをしてくる黒野がうっとうしかったから。

エ 六花がまじめに部活動をしていると黒野に言われ、自分と六花の差を感じておもしろくなかったから。

オ 自分と六花がけんかをしているのに、黒野が六花の肩をもったため黒野のことを敵だと感じたから。

3 [3]「走ることに打ちこむ自分のことが、好きになっていた。」とあるが、早緑がそう思うようになったのはなぜか。回想部分の内容を踏まえて**六十字以内**で書きなさい。

4 [4]「でも、それだけじゃ、だめだったんだね。」とあるが、このときの六花の心情を次のように説明するとき、Ⅰ、Ⅱにあてはまる内容について、あとの(1)、(2)の問いに答えなさい。

> 六花は、心に抱えていた Ⅰ を早緑にわかってほしかった。だがそれだけではなく、Ⅱ からがんばれないと思っている早緑の気持ちにも気づくべきだったという思いをかみしめている。

(1) Ⅰ にあてはまる最も適当な言葉を、本文中から**五字**でそのまま書き抜きなさい。

(2) Ⅱ にあてはまる内容を**三十字以内**で書きなさい。

5 本文の構成・表現についての説明として最も適当なものを、あとの**ア**〜**オ**の中から一つ選びなさい。

ア 過去の出来事と現在の出来事が何度も入れ替わることで、新たな問題が明らかにされている。

イ 視点となる語り手が変わることで、登場人物の心情に変化を起こした出来事が強調されている。

ウ 登場人物の様子が客観的に描かれることで、登場人物二人の対照的な心情が表現されている。

エ 物語の結末部分に倒置法が連続して使われることで、登場人物

夕日の光を浴びて、早緑は言った。
「やっぱり、がんばらなきゃだめだ、って。今、ここで逃げたくない。あたしには、まだ六花に話しかける資格がないや、って。そのときの自分は、六花に誇れるような自分じゃなかったから。だから、がんばろう、って。次に六花と話すときは、胸を張れるような自分でいたかったから。そうなりたいと思えたから。」
　早緑は笑った。きらきらと、かがやくような顔で、笑った。
「それから、すこしずつ、あたし、陸上が好きになった。走ることが、っていうか、3走ることに打ちこむ自分のことが、好きになっていた。だから。」
　涙ですっかり塩っ辛い顔になった私に、早緑は言った。
「だから、今のあたしがあるのは、六花のおかげ。」
　私はうなずく。「今は、じゃあ、楽しい？」
「うん。すっごく。胸を張って、そう言えるよ。だからさ。」
なかなおりしよう。
照れたように、でもまっすぐにそう言った早緑の瞳の色に、私は思いだす。
　あの日、早緑が話しかけてきてくれたときのことを。
　そして、ついさっき、ようやく気づいたほんとうの気持ち――私の心をとらえていたシロクマの正体を。
　――早緑の「ガハクじゃん！」注5って言葉がなければ、きっと今の私もないよ。
「……うん。そうだね。そうしよう。」
だけど、それは隠して、平気な顔で私は言った。すると、早緑はふきだした。
「六花、泣きやんだのはいいけど、いつもどおりになるのが急すぎるでしょ。」
　超絶塩対応じゃん。そう言ってけらけら笑っている。
　私ははずかしくなって、そっと眼鏡のつるにふれる。その手を早緑が、指先でつんつんしてきた。私はあわてて手をおろす。
「ふふ、そのくせ、変わってないね。」
　いたずらっぽく笑う早緑。急に顔が熱くなるのを私は感じた。
　早緑は私のことなんてぜんぶお見通しみたいな、そんな表情で言った。
「ねえ、今日、藤棚のところで、スケッチしてたよね？　見せて？」
「……やっぱり、気づかれてたんだ。」
　そうこぼしたら、どこかから声が聞こえた気がした。
　それは、前髪の長い男子の、からかうような、だけどやさしい声。
　――気づいてもらいたかったんじゃないのか？
　そうだよ。私は気づいてほしかった。早緑にわかってほしかった。
　4でも、それだけじゃ、だめだったんだね。
　私はスケッチブックを開く。それから、早緑の目をまっすぐ見た。
　あの日からずっと、私の心は寒々とした冬の中にあって、だけど、それは私だけじゃなかった。自分の痛みにとらわれて、ひとりぼっちでかなしみに酔っていた私には、だれよりも大切な人の気持ちが見えずにいた。
　ずっとあなたに気づいてほしかった。ほんとうは、私が気づくべきだったのに。

（村上　雅郁「きみの話を聞かせてくれよ」より）

だねって、ほめたこと。六花の顔がパッと明るくなって、それがびっくりするほどかわいらしくて。友だちになりたいって、思ったこと。」
　それから私をまっすぐに見て、言った。
「体育館のすみで、そんなことを考えてたら——ほら、おなじクラスのさ、黒野っているじゃん？　剣道部の。幽霊部員。前髪の長い、ちょっとひねくれた感じのやつ。」
　[1]黒野くん……私の中で、見えていなかったなにかがつながっていく。
「あいつがふらっと歩いてきて、あたしに言ったんだ。」
　なにも言えないでいる私に、早緑はうなずいた。
「えらいよな、白岡六花。美術部、ゆるい部活なのに、ひとりだけ毎日スケッチして、先生に意見聞いて。ほかの部員たちに煙たがられても、負けないでまじめにやってる。」
　あたしはうなずいて、ちいさな声で言った。
「……[2]六花は、絵を描くのが、ほんとうに好きだから。」
だけど、自分の声が、どこかとげとげしてる気がして、いやになった。そしたら、黒野のやつ、こんなことを言ったの。
「好きだから努力できるのか、努力できるから好きなのか……鶏が先か卵が先か、みたいな話だよな。」
　あたし、よくわからなくって。どういうことって、たずねたの。
　黒野、笑って言った。
「ほら、好きだから続けられる。だからうまくなるっていうのはたしかにあるけどさ、そもそも、ある程度うまくないと、好きにはなれないじゃん？　自分でへたくそだなあって思って、人から向いてないって言われて、それでも絵を描くのが好きとかさ。ちょっとむずかしいよな。苦手なことに立ち向かうのは、それだけでストレスだろ。」
　そんなふうに。
　その言葉が、すごく響いた。なんだろ、いくら走っても、みんなに追いつけない自分のことを言われているみたいに、思えた。
　あたし、なんで走ってるのかな。
　急に、そんなことを考えた。走ることが得意だと思ったから？　たぶんそう。人よりはちょっぴり、得意だと思ったから。
　ほんとはそれほど、好きじゃなかったのに。
「好きなものがない人は、得意なものがない人は、どうしたらいいんだろう……。」
　言ってから、なんか、情けないなって、自分でも思った。
だけど、黒野は肩をすくめて、こう言ったの。
「べつになくてもいいと思うけど。」って。
　なにそれ、と思って、あたし、食いさがったの。
「あたしは、ほしいよ。好きなもの。得意なもの。」
「じゃあ、そうしたら？」
「え？」
「好きなものがほしい。得意なものがほしい。じゃあ、そのために努力すればいいだろ。ちゃんと、それは努力の理由になるよ。」
「だけど、努力すれば……なんとかなるのかな。」
　そしたら黒野はさ、まぶしそうに六花のほうを見たんだ。
「白岡六花がコンクールで賞をとったのだって、ああやって努力を続けているからだろ。」
「だからさ、あたしは思ったの。」
　公園のすみっこ。並んですわったベンチ。

部分に表れているということかな」

Cさん「そうだね。そして、師涓が現れたとき、師曠の考えていた通りの結果になったんだね。」

Bさん「こうして考えると、師曠は［Ⅲ］だと言えそうだね。だから、鐘を作り直すべきだと言ったということだね。」

(1) ［Ⅰ］にあてはまる最も適当な言葉を、本文（文語文）中から**十一字**でそのまま書き抜きなさい。

(2) ［Ⅱ］にあてはまる内容を、**三十字以内**で書きなさい。

(3) ［Ⅲ］にあてはまる最も適当な言葉を、次の**ア**～**オ**の中から一つ選びなさい。

ア 少しの音程のずれも許さず、納得できるまで何度も音を確かめる人物

イ 演奏技術の向上のために、毎日の楽器の練習を欠かさず続ける人物

ウ 先々のことまで配慮して、必要だと思うことをしっかり意見する人物

エ どんな相手に対しても、自分の考えに必ず同意させようとする人物

オ 音楽のことでは他者の意見に耳を傾けず、自分の信念を曲げない人物

四

次の文章を読んで、あとの問いに答えなさい。

（中学二年生の白岡六花《しらおかりっか》は美術部に所属している。陸上部の春山早緑《はるやまさみどり》とは、小学生の頃に早緑にシロクマの絵をほめられてから友人となった。一年生の二学期、六花が、まじめに活動しない他の美術部員のことを「まじめにやらないならやめたらいいのに。」と早緑に話したところ、その言葉に反発され、けんかになってしまう。二年生のある日、六花はクラスメイトの黒野良輔《くろのりょうすけ》に話しかけられ、そこでけんかの話をした。その日の帰り道に、早緑が六花に気持ちを打ち明けてきた。）

「……もっと、もっとはやく言ってよ。」

うらみがましく、私はつぶやく。そんなことを言う資格、ひとつもないのに。

私のせいなのに。

「なに、それ。」

「何度も言おうと思ったよ。だけど、うん……やっぱりさ、こういうのって、しかるべきときってもんがあるじゃん?」

ちいさくはなをすする私に、早緑はうなずいた。

「一年の三学期に、決めたの。その日、六花に会いに行こうと思った。ちゃんと、話をしなきゃって。だけど、美術部に行ってもいなくてさ。[注1]小畑《おばた》先輩が、体育館に行ったよ、って教えてくれて。で、行ったんだけど、やっぱり話しかけられなかった。」

早緑は思いだすような目をした。

「体育館で、剣道部が練習してて。ほら、[注2]ウサギ王子とかといっしょに、[注3]エビユや[注4]本多《ほんだ》くんが大声出しながら竹刀でばしばしやってて。で、すみっこで、それを見ながらさ、一心不乱って感じで、六花は絵を描いてた。もうさあ、眼鏡のおくて、目がぎらぎらしてて。あたし、思いだしたんだ。」

「なにを?」

早緑は照れたように笑った。

「はじめて、六花に話しかけたときのこと。シロクマの絵がじょうず

この短歌は、しなやかに流れ続ける川の動きに合わせてきらめく日ざしを印象的に捉えたあとで、「［Ⅰ］」に見立てた目に見えない空気の流れが川に軽く触れながら過ぎてゆくさまを描写することで、作者が感じ取った自然の様子を表現している。

また別の短歌は、活力にあふれた春の訪れに対する祝福を豊かな感性でうたいあげている。「［Ⅱ］」という言葉を、短歌に軽やかなリズムが生み出されるように用いると同時に、ひらがなで表すことによって作品にやわらかな感じを与えている。

(1) ［Ⅰ］にあてはまる最も適当な言葉を、その短歌の中から**四字**でそのまま書き抜きなさい。

(2) ［Ⅱ］にあてはまる最も適当な言葉を、その短歌の中から**四字**でそのまま書き抜きなさい。

三

次の文章を読んで、あとの問いに答えなさい。

注1晋《しん》の平公《へいこう》、鋳《い》て大鐘を為《つく》り、注2工をして之《これ》を聴かしむ（楽工たちに鐘の音を聴かせた）。皆以《もっ》て調へりと為《な》す（音程は合っていると答えた）。注3師《し》曠《くわう》曰《い》はく、「調はず。請《こ》ふ更《あらた》めて之を鋳ん（どうかもう一度鐘を鋳なおしてください）。」と。平公曰はく、「工皆以て調へりと為す。」と。師曠曰はく、「後世音を知る者有らば、将《まさ》に（きっと）鐘の調はざるを知らんとす（見抜くでしょう）。臣窃《ひそ》かに（私は内心で）君の為《ため》に之を恥づ。」と。注4師《し》涓《けん》に至りて、果たして鐘の調はざるを知れり。是《こ》れ師曠の善《よ》く鐘を調へんと欲《ほっ》せしは、後世の音を知る者を以為《おも》へばなり（思ったからである）。

（「呂氏春秋《りょししゅんじゅう》」より）

注1　晋の平公：中国にあった晋の国を治めていた人物。

注2　工：楽工。音楽を演奏する人。

注3、4　師曠、師涓：それぞれ、国の音楽に関する仕事をしていた人物。

1 「請《こ》ふ」の読み方を、現代仮名遣いに直してすべてひらがなで書きなさい。

2 次の会話は、本文について授業で話し合ったときの内容の一部である。あとの(1)～(3)の問いに答えなさい。

Aさん「平公が鐘の音を聴かせてみると、楽工たちは鐘の音程は合っていると答えたんだね。」

Bさん「でも、師曠は音程は合っていないと言っているよ。平公はどう考えたんだろう。」

Cさん「平公は楽工たちに賛成したと思うよ。『［Ⅰ］』と師曠に答えているからね。」

Bさん「そうだね。だけど、それでも師曠は平公に対して発言しているよね。どうしてかな。」

Cさん「師曠は自分の耳に自信があったんだと思う。だから、［Ⅱ］ことになるという予想を平公に伝えて、そんなことになったら平公の名前に傷がつくことになると心配したんじゃないかな。」

Aさん「そうか。その気持ちが、『君の為に之を恥づ。』という

＜国語＞

時間　五〇分　満点　五〇点

【注意】　字数指定のある問題の解答については、**句読点も字数に含めること。**

一　次の1、2の問いに答えなさい。

1　次の各文中の――線をつけた漢字の読み方を、ひらがなで書きなさい。また、＝＝線をつけたカタカナの部分を、漢字に直して書きなさい。

(1)　友人を励ます。
(2)　公園は憩いの場所だ。
(3)　農作物を収穫する。
(4)　自然の恩恵を受ける。
(5)　思いを胸にヒめる。
(6)　困っている友人に手をカす。
(7)　全国大会でユウショウする。
(8)　モゾウ紙に発表内容をまとめる。

2　次の行書で書かれた漢字を楷書で書いたとき、総画数が同じになる漢字はどれか。あとのア～オの中から一つ選びなさい。

ア　棒　イ　脈　ウ　輸　エ　磁　オ　版

二　次の短歌を読んで、あとの問いに答えなさい。

A　注1四万十《しまんと》に光の粒をまきながら川面《かわも》をなでる風の手のひら　俵《たわら》　万智《まち》

B　注2絵日傘をかなたの岸の草になげわたる小川よ春の水ぬるき　与謝野《よさの》　晶子《あきこ》

C　睡蓮《すいれん》の円錐《えんすい》形の蕾《つぼみ》浮く池にざぶざぶと鍬《くわ》洗ふなり　石川《いしかわ》　不二子《ふじこ》

D　注3たぎちつつ岩間を下る渓川《たにがわ》の濁りもうれし春となる水　太田《おおた》　青丘《せいきゅう》

E　水風呂《みずぶろ》にみずみちたればとっぷりとくれてうたえるただ麦畑　村木《むらき》　道彦《みちひこ》

F　注4蝌蚪《くわと》生《あ》れし水のよろこび水の面《も》に触れてかがやく風のよろこび　雨宮《あめみや》　雅子《まさこ》

注1　四万十：四万十川。
注2　絵日傘：絵柄のある日傘。
注3　たぎちつつ：水が激しく流れ続けて。
注4　蝌蚪生れし：おたまじゃくしが生まれた。

1　目にしたものをわかりやすく形容した光景から一転して、音を印象的に表現した言葉を用いて労働のあとの何気ない作業の様子を描写している短歌はどれか。A～Fの中から一つ選びなさい。

2　心情を表す言葉を用いずに春の明るい気分を表現しながら、身の回りの物の取り上げ方によってもあたたかさが感じられる短歌はどれか。A～Fの中から一つ選びなさい。

3　次のページの文章は、A～Fの中の二つの短歌の鑑賞文である。この鑑賞文を読んで、あとの(1)、(2)の問いに答えなさい。

MEMO

大切なことはメモしておこうネ！

2024年度

解　答　と　解　説

《2024年度の配点は解答用紙集に掲載してあります。》

＜数学解答＞

1　(1)　①　4　②　$-\frac{3}{4}$　③　$9x-2y$　④　$9\sqrt{2}$

(2)　$x^2+2xy+y^2-1$

2　(1)　$5a+2b=1020$　(2)　15　(3)　42度

(4)　120個　(5)　右図

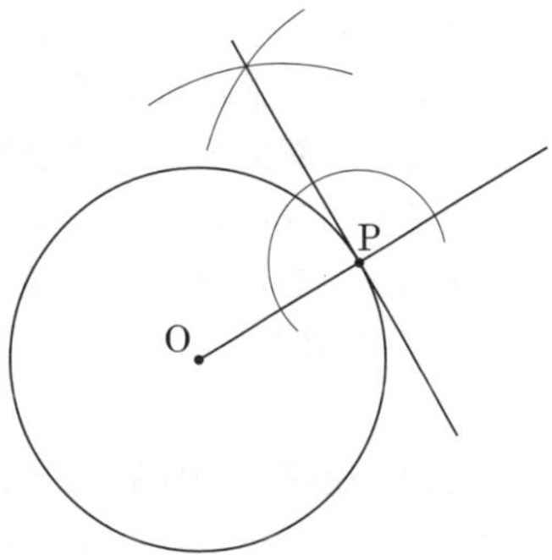

3　(1)　①　$\frac{1}{6}$　②　$\frac{2}{9}$　(2)　①　529枚

②　解説参照

4　水を移す前のAの水の量400mL
水を移す前のBの水の量420mL　(求める過程は解説参照)

5　解説参照　**6**　(1)　1　(2)　$y=x+3$　(3)　$t=1+\sqrt{7}$

7　(1)　6cm　(2)　①　$16\sqrt{2}\,\text{cm}^2$　②　$\frac{64\sqrt{2}}{15}\text{cm}^3$

＜数学解説＞

1　(数・式の計算，平方根，式の展開)

(1)　①　**異符号の2数の和の符号は絶対値の大きい方の符号で，絶対値は2数の絶対値の大きい方から小さい方をひいた差**だから，$-5+9=(-5)+(+9)=+(9-5)=4$

②　**異符号の2数の商の符号は負で，絶対値は2数の絶対値の商**だから，$\frac{2}{5}\div\left(-\frac{8}{15}\right)=-\left(\frac{2}{5}\div\frac{8}{15}\right)=-\left(\frac{2}{5}\times\frac{15}{8}\right)=-\frac{3}{4}$

③　$7x-3y+2x+y=7x+2x-3y+y=(7+2)x+(-3+1)y=9x-2y$

④　$3\sqrt{6}\times\sqrt{3}=3\times\sqrt{6}\times\sqrt{3}=3\times\sqrt{6\times3}=3\times\sqrt{2\times3\times3}=3\times3\times\sqrt{2}=9\sqrt{2}$

(2)　$(x+y-1)(x+y+1)$　$x+y=M$とおくと，$(x+y-1)(x+y+1)=(M-1)(M+1)$　**乗法公式$(a+b)(a-b)=a^2-b^2$**より，$(M-1)(M+1)=M^2-1^2=M^2-1$　Mを$x+y$にもどして，**乗法公式$(a+b)^2=a^2+2ab+b^2$**より，$M^2-1=(x+y)^2-1=x^2+2xy+y^2-1$

2　(文字を使った式，一次関数，角度，資料の散らばり・代表値，作図)

(1)　a円の黒ペン5本の代金はa(円)×5(本)$=5a$(円)，b円の赤ペン2本の代金はb(円)×2(本)$=2b$(円)で，これらを合わせた代金は$5a+2b$(円)である。これが1020円になるから，このときの数量の間の関係は$5a+2b=1020$である。

(2)　**一次関数$y=ax+b$では，変化の割合は一定で，aに等しい**から，**(変化の割合)$=\frac{(y\text{の増加量})}{(x\text{の増加量})}=a$**より，**($y$の増加量)$=a\times$($x$の増加量)**が成り立つ。これより，一次関数$y=5x+2$について，$x$の値が1から4まで増加するとき，$x$の増加量$=4-1=3$だから，$y$の増加量$=5\times3=15$である。

(3)　△OBCはOB＝OCで，∠OBC＝∠OCBの二等辺三角形だから，$\angle\text{BOC}=180^\circ-2\angle\text{OBC}=180^\circ-2\times48^\circ=84^\circ$　$\overset{\frown}{\text{BC}}$に対する**中心角と円周角の関係**から，$\angle x=\frac{1}{2}\angle\text{BOC}=\frac{1}{2}\times84^\circ=42^\circ$

(4)　**四分位数**とは，全てのデータを小さい順に並べて4つに等しく分けたときの3つの区切りの値を表し，小さい方から順に，**第1四分位数，第2四分位数，第3四分位数**という。これより，問題のデータについて，第1四分位数は小さい方から2番目と3番目の**平均値**$\frac{85+88}{2}=86.5$(個)，第2四分位数は小さい方から5番目の102個，第3四分位数は大きい方から2番目と3番目の平均値$\frac{118+122}{2}=120$(個)である。

(5)　(着眼点)**接線と接点を通る半径は垂直に交わる**から，半径OPを延長した半直線OPに対して，点Pを通る垂線が，円Oの接線となる。　(作図手順)次の①～③の手順で作図する。　①　半直線OPを引く。　②　点Pを中心とした円を描き，半直線OP上に交点をつくる。　③　②でつくったそれぞれの交点を中心として，交わるように半径の等しい円を描き，その交点と点Pを通る直線(点Pを通る半直線OPの垂線)を引く。

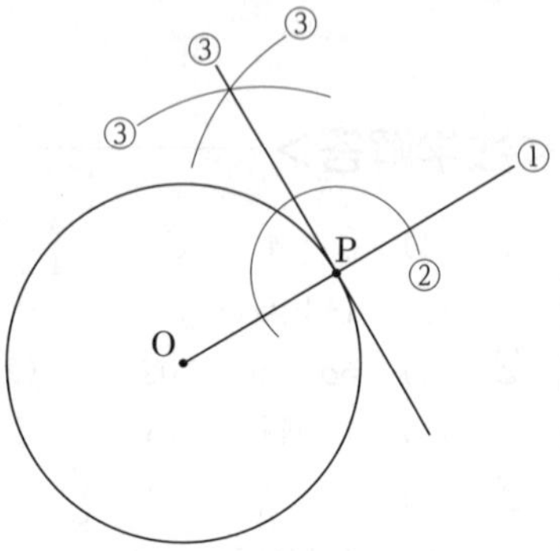

3　(図形と確率，規則性，式による証明)

(1)　①　大小2つのさいころを同時に1回投げるとき，全ての目の出方は$6\times6=36$(通り)。このうち，PとQが同じ位置になるのは，$(a,\ b)=(1,\ 5)$，$(2,\ 4)$，$(3,\ 3)$，$(4,\ 2)$，$(5,\ 1)$，$(6,\ 6)$の6通り。よって，求める確率は$\frac{6}{36}=\frac{1}{6}$

②　3点A，P，Qを結んだ図形が二等辺三角形になるのは，$(a,\ b)=(1,\ 1)$，$(1,\ 4)$，$(2,\ 2)$，$(2,\ 5)$，$(4,\ 1)$，$(4,\ 4)$，$(5,\ 2)$，$(5,\ 5)$の8通り。よって，求める確率は$\frac{8}{36}=\frac{2}{9}$

(2)　①　1番目の図形は全部で$1^2=1$(枚)のタイルがあり，2番目の図形は全部で$2^2=4$(枚)のタイルがあり，3番目の図形は全部で$3^2=9$(枚)のタイルがある。この規則性から，23番目の図形は，全部で$23^2=529$(枚)のタイルがある。

②　(説明)　(例)$(n-1)$番目の図形のタイルは全部で$(n-1)^2$枚，n番目の図形のタイルは全部でn^2枚と表すことができる。n番目の図形をつくるとき，新たに必要なタイルの枚数は$n^2-(n-1)^2=n^2-(n^2-2n+1)=2n-1$　nは2以上の整数であるから，$2n-1$は**奇数**である。よって，新たに必要なタイルの枚数は奇数である。

4　(方程式の応用)

(求める過程)　(例)水を移す前のAの水の量をx mL，水を移す前のBの水の量をy mLとする。合わせて820mLの水が入っていたことから，$x+y=820$…①　それぞれの容器に入っている水の量について，Aの$\frac{1}{4}$とBの$\frac{1}{3}$をCに移したことから，水を移した後のCの水の量は，$\frac{1}{4}x+\frac{1}{3}y$と表すことができる。また，水を移した後のCの水の量は，水を移した後のAの水の量より60mL少なかったことから，$\frac{3}{4}x-60$と表すことができる。どちらも，Cの水の量を表していることから，$\frac{1}{4}x+\frac{1}{3}y=\frac{3}{4}x-60$…②　①，②を連立方程式として解いて，$x=400$，$y=420$　これらは問題に適している。

5　(図形の証明)

(証明)　(例1)線分CIをひく。△CIEと△CIBにおいて　CIは共通…①　仮定から　∠CEI＝∠CBI＝90°…②　仮定から　CE＝CB…③　①，②，③より　直角三角形で，斜辺と他の1辺がそれぞれ等しいから　△CIE≡△CIB　**合同な図形の対応する辺は等しい**から　EI＝BI　(例2)対角線AC，

CFをひく。△IEAと△IBFにおいて　**対頂角は等しい**から　∠AIE＝∠FIB…①　仮定から　∠AEI＝∠FBI＝90°…②　**三角形の内角の和は180°**であるから　∠IAE＝180°－∠AIE－∠AEI…③　∠IFB＝180°－∠FIB－∠FBI…④　①，②，③，④から　∠IAE＝∠IFB…⑤　合同な長方形の対応する辺は等しいから　CB＝CE…⑥　また，合同な長方形の対角線は等しいから　CA＝CF…⑦　EA＝CA－CE…⑧　BF＝CF－CB…⑨　⑥，⑦，⑧，⑨から　EA＝BF…⑩　②，⑤，⑩より　1組の辺とその両端の角がそれぞれ等しいから　△IEA≡△IBF　合同な図形の対応する辺は等しいから　EI＝BI

6 （図形と関数・グラフ）

(1)　点Aは$y=\frac{1}{4}x^2$上にあるから，そのy座標は$y=\frac{1}{4}\times(-2)^2=1$　よって，A$(-2,\ 1)$

(2)　同様にして，点Bのy座標は$y=\frac{1}{4}\times6^2=9$　よって，B$(6,\ 9)$　これより，直線ABの傾きは$\frac{9-1}{6-(-2)}=1$だから，直線ABの式を$y=x+b$とおくと，点Aを通るから，$1=-2+b$　$b=3$　よって，直線ABの式は$y=x+3$である。

(3)　3点P，Q，Rの座標をtを用いて表すと，P$\left(t,\ \frac{1}{4}t^2\right)$，Q$(t,\ t+3)$，R$(t,\ 0)$である。これより，QP$=(t+3)-\frac{1}{4}t^2=-\frac{1}{4}t^2+t+3$，PR$=\frac{1}{4}t^2-0=\frac{1}{4}t^2$だから，QP＝PRとなるのは，$-\frac{1}{4}t^2+t+3=\frac{1}{4}t^2$より，$t^2-2t-6=0$　**解の公式**を用いて，$t=\frac{-(-2)\pm\sqrt{(-2)^2-4\times1\times(-6)}}{2\times1}=\frac{2\pm\sqrt{4+24}}{2}=\frac{2\pm\sqrt{28}}{2}=\frac{2\pm2\sqrt{7}}{2}=1\pm\sqrt{7}$　$0<t<6$より，$t=1+\sqrt{7}$のときである。

7 （空間図形，線分の長さ，面積，体積）

(1)　△DEFに**三平方の定理**を用いると，EF$=\sqrt{\mathrm{DE}^2-\mathrm{DF}^2}=\sqrt{10^2-8^2}=6$(cm)

(2)　四角形PRSQは長方形である。PR//ACより，**平行線と線分の比についての定理**を用いると，PR：AC＝PB：AB＝2：(1＋2)＝2：3　PR$=\mathrm{AC}\times\frac{2}{3}=8\times\frac{2}{3}=\frac{16}{3}$(cm)だから，四角形PRSQの面積はPR×RS$=\frac{16}{3}\times3\sqrt{2}=16\sqrt{2}$(cm^2)である。

(3)　右図のように，点Tを通り線分QSに平行な直線と線分CSとの交点をU，点Uを通り辺BCに平行な直線と線分RSとの交点をVとすると，四角錐T－PRSQの底面を長方形PRSQとしたときの高さは，線分UVに等しい。平行線と線分の比についての定理を用いると，CR：RB＝AP：PB＝1：2より，CR$=\mathrm{BC}\times\frac{1}{1+2}=6\times\frac{1}{3}=2$(cm)　また，SU：UC－QT：TC＝QS：AC$=\frac{16}{3}:8=2:3$より，UV：CR＝SU：SC＝2：(2＋3)－2：5だから，UV$=\mathrm{CR}\times\frac{2}{5}=2\times\frac{2}{5}=\frac{4}{5}$(cm)である。

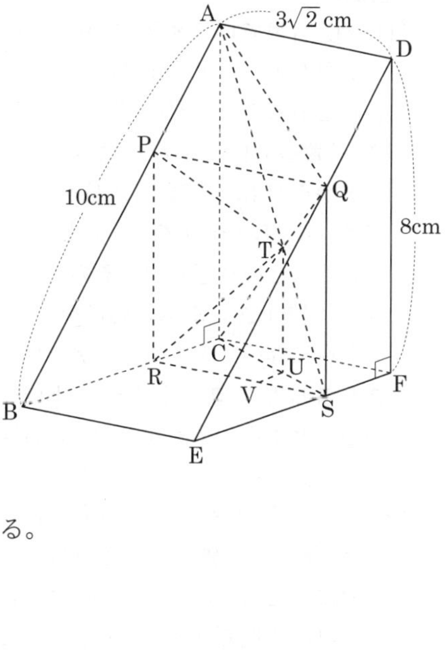

以上より，四角錐T－PRSQの体積は，$\frac{1}{3}\times$(長方形PRSQの面積)×UV$=\frac{1}{3}\times16\sqrt{2}\times\frac{4}{5}=\frac{64\sqrt{2}}{15}$(cm^3)である。

<英語解答>

1 放送問題1 No.1 ア No.2 エ No.3 イ No.4 ウ No.5 ア
放送問題2 No.1 イ No.2 エ
放送問題3 ① went ② full ③ sit ④ person ⑤ trouble

2 (1) ① ア ② エ ③ イ (2) can be used in various
(3) 1 イ 2 ウ 3 エ 4 ア

3 (1) (例)could stay (2) (例)enjoyed swimming in the sea and playing basketball with you

4 (1) イ (2) ① ウ ② エ (3) ア (4) ウ (5) (例)use both paper and digital textbooks effectively (6) (例)(I agree / I disagree) with the idea because I can choose from a lot of books and I can receive the books at home. (I agree / I disagree) with the idea because I like to find new books at bookstores, buy them, and go home with them.

5 (1) ウ (2) イ (3) ア (4) エ (5) ① (例)practicing English conversation ② (例)cannot express her ideas in Japanese (6) (例)her place in Japan because her friends accept her

<英語解説>

1 (リスニング)

放送台本の和訳は，55ページに掲載。

2 (会話文：語句の問題，語句補充・選択，文の挿入，語句の並べ換え，不定詞，文の構造，形容詞・副詞，受け身，助動詞，関係代名詞，現在・過去・未来と進行形，名詞・冠詞・代名詞，前置詞)

(1) ① ［家で］A：私の(ア雑誌)はどこにあるの？ もう一度それを読みたい。／B：テーブルの下で見たよ。 ア 雑誌(○) イ ギター ウ シャツ エ ペン 「もう一度それを読みたい」とあるのでアが適当。

② ［教室で］A：あなたはいつも幸せそうに見えるね。それはなぜ？／B：毎日笑顔を心掛けているからだよ。笑顔は(エ私を前向きな気持ちに保ってくれる)と信じているんだ。 take A B では「AをBへ連れて行く」という意味があり，keep A B では「AをBという状態のままにしておく」という意味があるのでエが適当。

③ ［駅で］A：電車の切符をどこで買うのかわからない。／B：(イ私にもわからない。)向こうの女性に聞いてみよう。 ア いいえ，ありがとう イ 私にもわからない(○) ウ どういたしまして エ どうぞ Bはキップを買う場所を聞かれて，「あの女性に聞こう」と言っていることから，その前の空欄には文脈からイが適当。選択肢イの either は「…もまた」という意味で使われている。

(2) ［ホストファミリーの家で］A：友達からプレゼントをもらったんだ。でも，これは何かな？／B：風呂敷だよ。それは(さまざまな使い方ができる)んだ。それをどうやって使うのか，きみに見せようか？ (解答)It(can be used in various)ways. 文中の be used in～は受け身の表現で「～で使われる」という意味になる。

(3)　〔誕生日パーティーの後〕A：私に料理を作ってくれてありがとう，おばあちゃん。$_1$[イおばあちゃんが作った食べ物，本当に楽しみました。]／B：そう言ってくれてうれしいよ。$_2$[ウ一番好きだったのはどれ？]／A：おばあちゃんの野菜ピザが好きだったよ。$_3$[エもう一度私に作ってくれる？]／B：もちろん。次は$_4$[ア別の野菜でピザを作ってあげるね。]／A：本当に？　それを食べるのを待ちきれない！　ア　私は別の野菜でそれを作ります。(4)　イ　私はあなたが作った食べ物を本当に楽しみました。(1)　ウ　どれが一番好きでしたか？(2)　エ　もう一度それを私に作ってくれますか？(3)　各選択肢の文の意味を理解し，文脈に合う文を空欄に入れたい。選択肢イの the food you made の food と you の間には**関係代名詞** which が省略されていて，「あなたが作った食べ物」という意味になる。

3 (会話文：語句補充・選択，自由・条件英作文，仮定法，動名詞，比較)

ジョン：①明日はきみのホームステイの最後の日だね。寂しくなるね。／敦：②ぼくも。ぼくは，もっと長くここに$_A$[滞在できたらいいのに]と思っている。／ジョン：③ぼくもそう思っている。滞在中，楽しい時間を過ごせた？／敦：④うん。特にぼくは$_B$[きみと一緒に海で泳ぐことや，バスケットボールをすることが楽しかった。]／ジョン：⑤ぼくたちは，本当にそれらのことをして楽しんだ。どうぞまた戻ってきて，もう一度一緒に楽しいことをしよう。

(1)　(例)I wish I $_A$[could stay] here longer.（もっと長くここに滞在できたらいいのに）

空欄Aの文は「もっと長くここに…だったらいいのに」という内容だと考えられるので，「長くいることができればいいのに」として，解答例では空欄に could stay の2語を入れている。空欄の前には I wish とあるので，仮定形の文型<主語＋wish＋主語＋could＋動詞の原形>としている。

(2)　(例)I especially $_B$[enjoyed swimming in the sea and playing basketball with you.]（私は，特に海で泳ぐことや一緒にバスケットボールをすることが楽しかったです）。　空欄Bの下のイラストには，「水泳をしている場面」と「バスケットボールをしている場面」が描かれているので，これを参考に英文を作りたい。swimming はswim の ing 形で動名詞の働きをして「泳ぐこと」という意味になる。

4 (会話文：絵・図・表・グラフなどを用いた問題，英問英答，語句補充・選択，内容真偽，自由英作文，動名詞，現在完了，接続詞，比較，不定詞，助動詞，形容詞・副詞)

(全文訳)　ロナルド：ねえ，タブレット端末で何をしてるの，卓也？　ゲームをしてるの？

卓也　　：いや，していないよ。勉強するために自分のタブレット端末のデジタル教科書を使っているんだ。今は英語の勉強をしている。ええと，このデジタル教科書を使うと，教科書の英語を簡単に聞くことができるんだ。

ロナルド：ああ，きみはデジタル教科書を使ってるんだ。すごいね！　ぼくはそんな風にデジタル教科書を使ったことがないな。ぼくが中学生の時は，紙の教科書で勉強していた。きみの中学校では，すべての科目でデジタル教科書を使うの？

卓也　　：いや，そうではないけど。多くの科目では，$_A$[紙]の教科書も使っているよ。

ロナルド：なるほど。技術の進歩はすごいな。デジタル教科書は今，日本で広く普及しているの？

卓也　　：うーん，わからない。勉強が終わったら，インターネットで情報を探してみる。何か情報を見つけたら，きみに教えるね。

ロナルド：ありがとう。楽しみにしてるよ。

[1 時間後]

卓也　　：こんにちは，ロナルド。インターネットでいくつかの情報を見つけた。このデータを見て。

どのくらいの割合の学校が生徒向けまたは教師向けのデジタル教科書を持っているのか？				
年度	2019	2020	2021	2022
学生向け(%)	7.9	6.2	36.1	87.9
教師向け(%)	56.7	67.4	81.4	87.4

ロナルド：ああ，2019年から2021年には，教師向けデジタル教科書の割合が毎年10ポイントより多く増えていることがわかるね。驚くことに，生徒向けデジタル教科書の割合は2020年から2022年までに約80ポイント増えている。これは，デジタル教科書が過去数年で日本中の学校に広まったことを示しているね。

卓也　　：その通り。実際，数年前にぼくたちの学校では，自分たち自身のデジタル教科書を持っていなかった。先生だけがデジタル教科書を持っていて，先生たちはぼくたちにそれらを見せるために，教室のプロジェクターをよく使っていた。でも今は，ぼくたちはB自分たちのタブレット端末で自分たちのデジタル教科書を使っている。

ロナルド：だから，今きみは新しい勉強の方法があるんだね？　普段はどのようにデジタル教科書を使ってるの？

卓也　　：ええと，まず，教科書の一部をより大きくすることがよくある。そうすると，それらの中にある小さい写真や単語もはっきり見ることができるね。また，指やデジタルペンを使って画面に触れることで，デジタル教科書にメモを書いたりすることもよくあるね。間違いをしても簡単に訂正できる。だから，気にせずにデジタル教科書へたくさん書き込むことができる。それに，リンクをたどったり，動画を見たりもできるんだ。例えば，家でスピーキングやリスニングの勉強のサンプル動画を見ることができる。

ロナルド：それは勉強のためにとても役立つね。それで，すべての科目をデジタル教科書で勉強したいの？

卓也　　：いいや，そうではないかな。もしすべての科目でそれらを使うと，目がとても疲れてしまうだろうね！しかも，ぼくのタブレット端末はあまりにも小さすぎて，紙の教科書のようにページの全部を一目で見ることができない。実際，紙の教科書のほうが早く読むことができて，もう一度勉強しなければならないことを簡単に見つけることができる。

ロナルド：なるほど。紙の教科書とデジタル教科書の両方に，良いところがあるんだ。さまざまな目的がある時には，それらをつかうためのそれぞれの方法を選ぶことができるんだね？

卓也　　：そうだね。例えば，ぼくが理解するための手助けになるように絵や動画を見たいときは，デジタル教科書を使う。でも，早く読む必要がある場合は紙の教科書を使う。紙の教科書とデジタル教科書の両方の効果的な使い方を学ぶことが大切だと思う。

ロナルド：同感だよ。どのようにそうするのか学べば，教科書はもっと役に立つようになるね！

(1)　ア　デジタル　　イ　紙(○)　　ウ　英語　　エ　技術　　空欄Aの前のロナルドの発話の最後の文 Do you use～では，「すべての科目でデジタル教科書を使うの？」と聞いていて，これに対して卓也は「そうではなく，多くの科目はA□の教科書を使っている」と答えていることから，文脈からすると選択肢イの「紙」が適当。

(2)　①　(問題文と解答訳)2021年と2022年の間に，生徒向けデジタル教科書の割合は約50ポイント増加した。問題本文の表を参照すると，2021年と2022年の間に生徒向けのデジタル教科書の割合は 51.8 ポイント増加していることから，選択肢ではウ(50)が適当。　②　(問題文と解答訳)2022年には，生徒向けデジタル教科書の割合は，教師向けデジタル教科書の割合よりも大きくなっている。問題本文中の表を参照すると，生徒向けデジタル教科書の割合が教師向け割合より大きい数字になっている年は 2022 年なので，選択肢エ(2022)が適当。

(3)　ア　私たちのタブレット端末で私たちのデジタル教科書(○)　イ　彼らのタブレット端末で私たちのデジタル教科書　ウ　私たちの学校で紙の教科書だけ　エ　彼らの学校でデジタル教科書だけ　空欄Bの前の文 Only teachers had～には，「先生だけがデジタル教科書を持っていた」とあり，空欄の文「でも今は…」に続くので，文脈から検討すると選択肢アが適当。

(4)　ア　卓也は英語の勉強を終えて，ゲームをするために彼のタブレット端末を使っています。イ　ロナルドは中学生の時にデジタル教科書で勉強しました。　ウ　卓也は彼のデジタル教科書にメモを書くために，指やデジタルペンを使うことができます。(○)　エ　ロナルドは紙の教科書の方が，デジタル教科書よりもより大切だと言っています。問題本文第 12 番目の卓也の発話第3文 Also, I often～には，「指やデジタルペンを使って画面に触れて，デジタル教科書にメモを書く」とあるので，選択肢ウが適当。選択肢アの Takuya has finished studying English の has finished(すでに終わらせた)は現在完了形で，studying(勉強すること) は動名詞形なので，この文は「卓也は勉強することをすでに終わらせていた」という意味になる。

(5)　(解答例)Ronald thinks that textbooks will become more helpful if you learn how to use both paper and digital textbooks effectively.(ロナルドは，紙の教科書とデジタル教科書の両方の効果的な使い方を学べば，教科書はより役に立つと考えています。)　問題本文の最後から一つ前の卓也の発話の最後の文 I think that～では，「紙の教科書とデジタル教科書の両方の効果的な使い方を学ぶことが大切だ」とあり，それに続くロナルドの最後の発話 I agree. If～では「同感。うまく使いこなすことで，教科書はもっと役に立つようになる」と言っていることから，解答例の内容が適当。解答例の文は，前述の卓也の発話の文 I think that～を参考に作成されている。

(6)　(質問)インターネットで本を買う人もいます。あなたはそれについてどう思いますか？
(解答例)(I agree / I disagree)with the idea because <u>I can choose from a lot of books and I can receive the books at home</u>.　(その考えに私は同意します，なぜならたくさんの本から選ぶことができ，また自宅で本を受け取ることができるからです。)　(I agree / I disagree)with the idea because <u>I like to find new books at bookstores, buy them, and go home with them</u>.　(私はその考えには反対です。なぜなら私は本屋で新しい本を見つけて，それらを買って，家に持ち帰るのが好きだからです。)　because は接続詞なので，これには主語＋動詞… という文の形を続けることに注意したい。

5 (長文読解：語句補充・選択，適文の挿入，語句の解釈・指示語，内容真偽，自由・条件英作文，助動詞，不定詞，接続詞，動名詞，形容詞・副詞，関係代名詞)

(全文訳)　もし新たな環境で困難な状況になったら，みなさんはどうしますか？　みなさんにはこの質問の答えがないかもしれませんが，そのような状況では，みなさんは一歩踏み出すための勇気を持つ必要があると，私は思います。今日は，私がどのように問題に立ち向かい，どのように新しい人たちと関係を築いたかについて話したいと思います。

私はフィリピンで生まれ，14年間そこで暮らしていました。ある日，父が私に「ジョアン，私の仕事のために，来月私たちは日本に引っ越すことになった」と言いました。それを聞いたとき，私は興奮しましたが，少し緊張しました。私は初めて海外に行くことを楽しみにしていました。でも，フィリピンの友達に別れを告げることも$_A$悲しかった。

日本に来て最初の数週間は，私は失ったものばかりを考えていました。私はとても恥ずかしがり屋だったので，新しい学校では誰とも話すことができませんでした。多くの授業が日本語で教えられて，とても難しすぎて理解できませんでした。また，私にとって食べ方も新しいものでした。例えば，フィリピンでは左手にフォーク，右手にスプーンを持って食べます。日本では，人々は普通箸を使います。私は箸を使うのが苦手でした。B[日本での生活は，フィリピンとはとても違うと感じました。]

ある日，クラスメイトの一人，ナツコが私のところに来て，「ジョアン，あなたの英語は本当に上手ね。私は英語が好きだけれども，話すことは難しい」と言いました。彼女は英語で私と会話しようとがんばっていました。私は静かに「ああ，そっか」と答えました。実は，授業中に先生が日本語で何を言っているのかを理解することは，私にとって簡単ではなかったのです。でも，英語の授業はより簡単でした，なぜなら，フィリピンではほとんどの人々が英語を話すからです。私は子供の頃からフィリピンで英語を使ってきました。英語の授業だけは先生の質問にすばやく答えることができ，先生と英会話を楽しむことができました。ナツコはそれを知っていました。

私は彼女と話すことができてうれしかったのですが，次に彼女へ何を言えばいいのか分かりませんでした。しばらくして，私は勇気を振り絞って彼女に「もし英語を上達させたいなら，私が手伝えるよ」と言いました。彼女は「本当に？　ありがとう！」と言いました。それから，私たちは一緒に英会話の練習を始めて，すぐに私たちは仲良しになりました。

数日後，私は「ナツコだけでなく，他の生徒たちも手伝うことができる？」と考えました。私はナツコへ「より多くのクラスメイトへ，英会話の練習を始めることを考えているの。どう思う？」と言いました。彼女は「いいアイデアね。一緒にジョアンの英語教室を始めよう」と答えました。

翌日，昼食後に私はナツコと彼女の友達と一緒に，英会話の練習を始めました。今でもほぼ毎日，私たちは一緒に英会話の練習をしています。ナツコは「私たちに英語を教えてくれてありがとう，ジョアン」と言いました。「*どういたしまして*」私は日本語で答えました。まだ私の日本語は上手ではありませんが，私も日本語で自分の考えを表現しようと努力しています。それがうまくいかないとき，私は身振りを使います。私はナツコに「実は漢字が得意ではないんだけど。それの読み方や書き方を，私に教えてくれる？」と言いました。「もちろん！」そして，ナツコと彼女の友達が私に漢字を教えてくれました。友達と一緒にことばを学ぶことは，とても楽しいです。

今では，学校生活もずっと楽になり，友達と素晴らしい時間を過ごしています。ナツコを手助けすることが私の日本での生活を変えて，私自身を変えました。友達が私を受け入れてくれるのを感じているので，私は日本に自分の場所があります。この経験から，一歩踏み出すための少しの勇気が，私たちをより多くの人と結びつけて，私たちの生活を明るくすることができるのだと学びました。

(1)　ア　刺激された　イ　興味を持った　ウ　悲しい(○)　エ　驚いた　空欄Aの前の文 I was looking～「初めて海外に行くことが楽しみだ」に，空欄の文 But, I was～「でも，友達に別れを言うのも A[　　]」が続くので，文脈から検討すると選択肢ウが適当。

(2)　ア　私は父の仕事のために，フィリピンに戻らなければなりませんでした。　イ　私は日本での生活は，フィリピンでの生活とはとても違うと感じました。(○)　ウ　私にとって，箸で日本の食べ物を食べることは簡単でした。　エ　私は初めて日本に行くことをとても楽しみにしていました。　空欄Bのある第3段落には，「日本語で話すこと，箸を使うこと」といったフィリピンでの生活と日本での生活の違いが描かれている。そして空欄の文につながることから，文脈から検討すると選択肢イが適当。選択肢アの had to は have/has to～(～する必要がある，～しなければならない)の過去形。

(3)　ア　ジョアンは英語の授業で先生の質問にすばやく答えることができ，先生と英会話を楽しむことができました。(○)　イ　ジョアンは日本の英語の授業がとても難しく，彼女は毎日一生懸命に英語を勉強しなければなりませんでした。　ウ　ナツコと彼女の友達は英語が話せず，昼食後にジョアンの英語教室に参加したいと思っていました。　エ　ジョアンは英語が得意で，ナツコと彼女の友達が昼食後に英語を勉強するのを手伝いたいと思っていました。　下線のある文の前の2文 I have been～と I could answer～には，ジョアンは「子供の頃から英語を使っていたので，英語の授業では先生の質問にすばやく答えることができ，先生との英会話を楽しめた」とあり，続く文の下線 that はこの部分を指していると考えられる。したがって，選択肢ではアが適当。選択肢ウとエにある want to join / help は to **不定詞**の名詞用法で，「参加することをしたい／助けることをしたい」という意味になる。

(4)　ア　ジョアンは彼女が一人で日本に引っ越すことを聞いて，少し緊張していました。　イ　ジョアンはフィリピンでは普段から箸を使っていて，日本ではフォークやスプーンを使いたくありませんでした。　ウ　ナツコは英語があまり上手ではなく，いつもジョアンと日本語で話しました。　エ　ジョアンは漢字の読み書きがうまくなかったので，ナツコにそれを教えてくれるよう頼みました。(○)　第7段落第8文 I said to～では「ジョアンは漢字が得意ではないので，ナツコに漢字の読み方書き方を教えてほしい」と言っていることから，選択肢エが適当。選択肢エの was not good at～は be good at～(～が得意だ)の過去形の否定形で「得意ではなかった」。

(5)　①　(解答例)practicing English conversation　(問題と解答例訳)質問：ジョアンとナツコはどのように仲良しになったのですか？　答え：彼女たちは一緒に<u>英会話の練習をする</u>ことで仲良しになりました。　問題本文第5段落最後の文 So, we began～には，「私たちは一緒に英会話の練習を始めて，すぐに仲良しになった」とあるので，この文を参考に解答を作成したい。解答例の practicing は practice の ing 形で，動名詞「練習すること」として by のあとに続けている。　②　(解答例)cannot express her ideas in Japanese　(問題と解答例訳)質問：ジョアンはいつ身振りを使いますか？　答え：彼女が<u>自分の考えを日本語で表現できない時に</u>，彼女は身振りを使います。　問題本文第7段落第6文 Though my Japanese～と次の文 When that doesn't～に「(ジョアンは)日本語で自分の考えを表現しようと努力するが，うまくいかないときには身振りを使う」とあり，解答例ではこの第6文を参考に文を作成している。

(6)　(解答例)her place in Japan because her friends accept her　(解答例と問題文訳)ジョアンは彼女の友達との学校生活を楽しんでいます。彼女がナツコを手助けした後，彼女はより前向きになりました。彼女は今，<u>彼女を友達が受け入れてくれるので，日本での自分の場所</u>があると感じています。彼女の経験から，少しの勇気が私たちをより多くの人々とつなげ，私たちの人生においてすべてを変えることができると学びました。

2024年度英語　リスニングテスト

〔放送台本〕

これから，放送によるテストを行います。問題は放送問題1から放送問題3まであります。放送を聞いている間に，メモを取ってもかまいません。

はじめに，問題用紙の放送問題1を見なさい。これは，直樹(ナオキ)と留学生のメアリーの対話を聞いて答える問題です。対話が放送されたあとに，クエスチョンと言って質問をします。質問は，No.1からNo.5まで五つあります。その質問の答えとして最も適当なものを，ア，イ，ウ，エの中から一つずつ選びなさい。対話，クエスチョンの順に2回読みます。それでは，始めます。

Naoki: Hi, Mary.
Mary: Hi, Naoki.
Naoki: Do you have any plans tomorrow?
Mary: Yes. My host mother is going to take me to some famous places.
Naoki: Oh, that's nice. Where are you going to visit?
Mary: First, we are going to visit a temple in this town. Then, we are going to go to the lake and have lunch at a cafe near the lake.
Naoki: Those places are beautiful. Please take some pictures. I'd like to see them later.
Mary: Of course! I'll take a lot.
Naoki: Great! What time will you come home?
Mary: By 2 p.m., maybe. Why?
Naoki: My drama club is going to have a performance at our school gym. It's going to start at 3 p.m. Do you want to come?
Mary: Yes. I really want to see it!
Naoki: OK, great! How will you come to school?
Mary: It's only 10 minutes on foot, so I will walk there.
Naoki: Sounds good! See you tomorrow.
Mary: See you tomorrow.

Question No. 1 Who is going to take Mary to some famous places?
Question No. 2 Where is Mary going to have lunch?
Question No. 3 What does Naoki want to see?
Question No. 4 What time is the performance going to start?
Question No. 5 How will Mary go to the school?

〔英文の訳〕

直樹　　：こんにちは，メアリー。
メアリー：こんにちは，直樹。
直樹　　：明日何か予定はある？
メアリー：ええ。ホストマザーが私をいくつかの有名な場所に連れて行ってくれるの。
直樹　　：ああ，それはいいね。どこへ行くの？
メアリー：まず，この町のお寺に行く。それから，湖に行って湖の近くのカフェで昼食をとるの。
直樹　　：それらの場所は美しいよね。写真を何枚か撮ってきて。後で見たいから。
メアリー：もちろん！　たくさん撮るよ。
直樹　　：いいね！　何時に家に帰るの？
メアリー：たぶん午後2時までに。なぜ？
直樹　　：ぼくの演劇部が学校の体育館で公演をするんだ。午後3時に始まる。来たい？
メアリー：ええ，本当にそれを見たい！
直樹　　：わかった，すごいや！　どうやって学校に来るの？
メアリー：歩いて10分ぐらいだから，歩いて学校へ行く。

直樹　　：いいね！　明日会おう。
メアリー：また明日。
質問1：メアリーをいくつかの有名な場所に連れて行くのは誰ですか？
　　答えは，ア(ホストマザー)
質問2：メアリーはどこで昼食をとりますか？
　　答えは，エ(湖の近くで)
質問3：直樹は何を見たいですか？
　　答えは，イ(写真)
質問4：公演は何時に始まりますか？
　　答えは，ウ(午後３時)
質問5：メアリーはどのように学校に行きますか？
　　答えは，ア(歩いて)

〔放送台本〕

放送問題2に移ります。問題用紙の放送問題2を見なさい。これは，二人の対話を聞いて，対話の続きを答える問題です。対話はNo.1とNo.2の二つあります。それぞれの対話の最後の応答部分でチャイムが鳴ります。そのチャイムの部分に入る最も適当なものを，ア，イ，ウ，エの中から一つずつ選びなさい。対話はNo.1，No.2の順に2回ずつ読みます。それでは，始めます。

No.1 Woman: What's wrong?
Boy: I've lost my umbrella. I'm looking for it.
Woman: What color is it?
Boy: (チャイム)

No. 2 Boy: Have you watched this movie yet?
Girl: Yes. It was really nice. How about you?
Boy: No. I haven't watched it yet, but I'd like to.
Girl: (チャイム)

〔英文の訳〕

No.1 女性：どうしたの？
少年：傘をなくしました。探しています。
女性：それは何色なの？
少年：(イ)緑色です。

No.2 少年：この映画をもう見た？
少女：ええ。本当にすてきだった。あなたはどう？
少年：いいえ。まだ見ていないけど，見てみたい。
少女：(エ)そうするべきね。たぶん気に入るだろうね。

〔放送台本〕

放送問題3に移ります。問題用紙の放送問題3を見なさい。これから読む英文は，雄太(ユウタ)が英語の授業で発表した内容です。英文を聞きながら，①から⑤の英文の空欄に入る最も適当な英語1語を書きなさい。英文は2回読みます。それでは，始めます。

Last week, I went shopping with my family. When we were on the bus, I saw an elderly woman with many shopping bags. She was standing because the bus was full of people. When the bus stopped, I stood up and said to her, "Please sit here." She said, "Thank you. You are so kind." After we came home, my father said to me, "It's important to help a person in need. You did a good job." I was happy to hear that, and I thought I would try to help people who have trouble around me in the future.

〔英文の訳〕

先週，私は家族と一緒に買い物に行きました。私たちがバスに乗っていると，私はたくさんの買い物袋を持った年配の女性を見ました。バスは混んでいたので，彼女は立っていました。バスが停まった時，私は立ち上がって彼女に「ここに座ってください」と言いました。彼女は「ありがとう。あなたはとても親切ですね」と言いました。私たちが家に帰った後，父は私に「必要としている人を助けることは大切だね。君は良いことをしたよ」と言いました。それを聞いてうれしかったし，将来，私の周りで困っている人々を助けようと思いました。

① 先週，雄太は家族と一緒に買い物に行きました(went)。

② バスが人でいっぱい(full)だったので，年配の女性は立っていました。

③ バスが止まった時，雄太は立ち上がってその年配の女性に「ここに座って(sit)ください」と言いました。

④ 雄太の父は雄太に「必要とする人(person)を助けることは大切だ」と言いました。

⑤ 雄太は将来，自分の周りで困って(trouble)いる人を助けようと思いました。

＜理科解答＞

1 (1) ウ　(2) ① 赤血球　② (例)毛細血管からしみ出て組織液となる　(3) ア　(4) オ

2 (1) 子房　(2) ア　(3) (例)花粉が，同じ個体のめしべについて受粉すること。　(4) ① カ　② エ　(5) ウ

3 (1) 震央　(2) イ　(3) ① エ　② 48[km]　③ 6[秒後]

4 (1) (太陽の)日週運動　(2) ① ア　② (例)一定の速さで動いている　(3) エ　(4) イ

5 (1) 状態変化　(2) オ　(3) (例)水よりもエタノールの方が，沸点が低いため。　(4) ① イ　② 3.36[g]

6 (1) 単体　(2) ア　(3) ① エ　② $CuCl_2 \rightarrow Cu + Cl_2$　(4) 2.0[g]

7 (1) ① 1.1[N]　② 5.0[cm]　③ 0.4[N]　(2) 200[Pa]　(3) ア

8 (1) イ　(2) ウ　(3) 216[J]　(4) ① エ　② 30.0[℃]

＜理科解説＞

1 (動物の体のつくりとはたらき)

(1) 観察中の器具の破損を防ぐため，顕微鏡のピントを合わせるときは，対物レンズとプレパラートを遠ざけながらピントを合わせる。

(2) ① 血液成分のうち，酸素の運搬を行っているのは，赤血球である。② 血液の液体成分である血しょうは，毛細血管からしみ出して細胞のまわりを満たす組織液となる。

(3)　弁の向きから，血液は図の下から上へ流れていることがわかる。このとき，血液が全身から流れ込む部屋が心房で，心房から出た血液が流れ込む部屋が心室である。

(4)　細胞の活動により発生するアンモニアは有害なため，**肝臓で無害な尿素につくり変えられる**。尿素は不要物であるため，じん臓で血液中からこし出され，尿となって体外に排出される。

2 (花のつくりと植物の分類，遺伝の規則性)

(1)　胚珠が入っているめしべのもとの部分なので，子房である。

(2)　双子葉類の葉脈はすべて網目状で，根は主根と側根からなる。

(3)　他の株の花で生じた花粉が受粉することを他家受粉といい，同じ株の花で生じた花粉によって受粉することを自家受粉という。

(4)　①　丸形の純系の個体がもつ遺伝子の組み合わせはRRであるため，その生殖細胞に含まれる遺伝子はすべてR，しわ形の純系の個体がもつ遺伝子の組み合わせはrrであるため，その生殖細胞に含まれる遺伝子はすべてrである。よって，これらの生殖細胞の受精によってできる受精卵の遺伝子の組み合わせはRrとなる。Rrの遺伝子の組み合わせをもつ個体は，顕性形質の遺伝子Rをもつため，形質は丸形となる。　②　Rrの自家受粉によって得られた個体の遺伝子の組み合わせは，RR：Rr：rr＝1：2：1となる。よって，Rrの遺伝子の組み合わせの種子は，全体の半分である。

(5)　Rrの自家受粉によって4個の子が生じた場合，それぞれの子の遺伝子の組み合わせは，RR，Rr(1個目)，Rr(2個目)，rrと表せる。このうち，丸形であるRR，Rr(1個目)，Rr(2個目)の遺伝子をもつ個体において自家受粉を行う場合を考える。各自家受粉で得られる種子の数を4個とすると，RRの自家受粉ではRRの遺伝子の組み合わせをもつ子のみが4個生じる。Rr(1個目)，Rr(2個目)の自家受粉で生じる各4個の個体の遺伝子の組み合わせは，どちらもRR：Rr：rr＝1：2：1となる。よって，自家受粉の結果得られる個体の遺伝子の組み合わせは，RR＝4＋1＋1＝6[個]，Rr＝2＋2＝4[個]，rr＝1＋1＝2[個]となる。したがって，丸形(RR＋Rr)：しわ形(rr)＝6＋4：2＝10：2＝5：1となる。

3 (地震)

(1)　震源の真上の地表の地点を，震央という。

(2)　マグニチュードの値が，1大きくなるとエネルギーは約32倍，2大きくなるとエネルギーは1000倍になる。また，マグニチュードが大きくなるほど，ゆれが伝わる範囲は広くなる。

(3)　①　P波は初期微動を起こす波である。よって，観測点AとCの記録から，60－30＝30[km]を伝わるのに12－7＝5[秒]かかることがわかる。このことから，P波の速さは，30[km]÷5[秒]＝6[km/s]である。　②　震源から観測点AまでP波が伝わるのにかかる時間は，30[km]÷6[km/s]＝5[s]より，地震発生時刻は観測点Aで初期微動が始まった15時32分07秒の5秒前の15時32分02秒である。観測点Bで初期微動が始まった時刻は15時32分10秒なので，6km/sのP波が震源から観測点Bまで伝わった距離は，6[km/s]×(10－2)[s]＝48[km]　③　観測点AとCの記録から，S波の秒速は，(60－30)[km]÷(22－12)[s]＝3[km/s]　よって，震源から54kmの地点で主要動が発生するのは，54[km]÷3[km/s]＝18[s]より，地震発生時刻15時32分02秒の18秒後の15時32分20秒である。この地震では，15時32分14秒に緊急地震速報が発表されているので，発表から主要動が起こるまでの時間は，20－14＝6[秒]となる。

4 (太陽の動き)

(1)　太陽は，1日の間に東からのぼり，南を通って西に沈むように見える。これは太陽の見かけの動きであり，日周運動という。

(2)　①　透明半球では，点Oに観測者がいると考える。また，Cが太陽の南中する方向であるから，Cが南，Aが北，Bが東，Dが西となる。　②　太陽が1時間ごとに動く距離はすべて等しいことから，太陽が天球上を動く速さは常に一定であるといえる。

(3)　夏至の日と冬至の日を比べると，**夏至の日のほうが太陽の南中高度は高い**。南中高度は，C－O－(太陽が南中したときの位置)を結んだ角で表す。

(4)　南半球での太陽の動きは，東から北を通り，西へ向かう動きとなる。また，日本が夏至のとき，シドニーは冬至なので，1年のうちで昼の長さが最も短い。

5　(状態変化)

(1)　物質は，温度によって固体，液体，気体にすがたを変える。これを状態変化という。

(2)　状態変化では物質の粒子の数は変わらないが，粒子どうしの間隔が状態によって変化する。液体と気体を比べると，気体のときのほうが粒子どうしの間隔が広くなるため，液体から気体へ状態変化すると体積が増加する。

(3)　水の沸点は100℃，エタノールの沸点は78℃である。

(4)　①　表から，液Dの密度は$0.91g/cm^3$とわかり，この密度は液Aと液Bの間の密度に等しい。よって，液Dのエタノールの濃度は液Aよりうすいが，液Bより濃いと考えられ，液Dには火がつくと考えられる。　②　液Aの密度は$0.84g/cm^3$であることから，表より，水とエタノールが2.0：8.0＝1：4の割合で混合した液体と考えられる。よって，液A$5.00cm^3$中にふくまれるエタノールの質量は，$0.84[g/cm^3]\times 5.00[cm^3]\times \frac{8.0[g]}{8.0+2.0[g]}=3.36[g]$

6　(塩化銅の電気分解)

(1)　1種類の元素からなる物質を単体という。

(2)　塩素は刺激臭のある有毒な気体で水溶液は酸性を示し，漂白作用がある。

(3)　①・②　塩化銅を電気分解すると，陽極では陰イオンの塩化物イオンをもととする変化が起こり，塩素が発生する。陰極では陽イオンの銅イオンをもとにする変化が起こり，銅が発生する。

(4)　グラフから，銅が2.0g生じると塩素は2.2g発生している。質量パーセント濃度3.0％の塩化銅水溶液140gにふくまれる塩化銅の質量は，$140[g]\times 0.03=4.2[g]$であるから，この塩化銅から生じる銅の質量は，$4.2[g]\times \frac{2.0[g]}{2.0+2.2[g]}=2.0[g]$

7　(水圧と浮力)

(1)　①　グラフから，物体Aを下げた距離が0～1.0cmの間は，ばねばかりの値に変化がない。このときのばねばかりの値は空気中での物体Aの重さを表している。　②　物体Aが水中に沈み始めてからすべて沈み終わるまでの間，物体Aの水中にある体積がしだいに大きくなるため浮力も徐々に大きくなる。物体Aを下げたときの距離が1.0～6.0cmのときに浮力の影響を受けてばねばかりの値がしだいに小さく変化しているので，物体Aの高さは6.0－1.0＝5.0[cm]である。
③　浮力[N]＝空気中でのばねばかりの値[N]－水中でのばねばかりの値[N]より，1.1－0.7＝0.4[N]

(2)　$圧力[Pa]=\frac{力の大きさ[N]}{力がはたらく面積[m^2]}$より，$\frac{1.1[N]}{0.0055[m^2]}=200[Pa]$

(3)　質量の小さい物体を筒に入れると，板が円筒からはなれないように水が板をおし上げる力も小さくてすむ。水が板をおし上げる力は水圧によって生じているので，板の水深を浅くして水圧を小さくすれば，水が板をおし上げる力も小さくなる。

8 (電流のはたらき)

(1)　Xは回路に対して直列に接続されているので電流計である。回路に流れる電流の値が不明な場合は，最も大きな電流を測定できる5Aの－端子を用いる。

(2)　**抵抗[Ω]＝電圧[V]÷電流[A]**より，電熱線Aの抵抗は，3[V]÷0.24[A]＝12.5[Ω]，電熱線Bの抵抗は，3[V]÷0.36[A]＝8.33…[Ω]　よって，電熱線Aの抵抗は電熱線Bの抵抗よりも大きい。

(3)　**電力量[J]＝電力[W]×時間[s]**より，3[V]×0.24[A]×(5×60)[s]＝216[J]

(4)　①　電力は，電圧と電流の積で表される。オームの法則より，電圧と電流は比例するため，電圧を3倍にすれば流れる電流も3倍となり，その結果，電力は3×3＝9[倍]となる。

②　電圧が3Vの場合，水温は4分間で24.0－22.0＝2.0[℃]上昇した。電圧を2倍にすると，オームの法則によって回路を流れる電流も2倍となるため，電力は2×2＝4[倍]となる。発生する熱量と電力は比例するので，電力が4倍になれば熱も4倍発生し，4分間に上昇する温度は2.0[℃]×4＝8.0[℃]となる。もとの水温が22.0℃であるため，電圧を2倍の6Vにして4分間電流を流したときの水温は，22.0＋8.0＝30.0[℃]となる。

<社会解答>

1 (1) エ　(2) オ　(3) エ　(4) イスラム(教)　(5) ① ウ　② (例)C国では一人っ子政策によって少子高齢化が進んだ。

2 (1) 津軽(海峡)　(2) ア　(3) オ　(4) ① 縄文　② イ　(5) ① 客土　② (例)東北各県と比べて，米以外の作物の栽培面積

3 (1) ア　(2) 戸籍　(3) 藤原道長　(4) イ　(5) エ　(6) (例)清がイギリスに敗れ続けたことを知ると，外国船にまきや水などを与える

4 (1) ウ　(2) イ　(3) ウ→イ→ア→エ　(4) ① ウ　② C　(5) 満州　(6) (例)天皇主権から国民主権に改められたことを踏まえ，国会が法律

5 (1) オ　(2) インフレーション　(3) イ→ウ→ア　(4) ウ　(5) (例)所得に占める税金の割合が高くなる　(6) イ

6 (1) 個人　(2) 最高裁判所　(3) ア　(4) 市町村　(5) エ　(6) (例)産業部門と運輸部門の二酸化炭素排出量は減少しているが，家庭部門は変化が小さい

<社会解説>

1 (地理的分野―世界―人々のくらし・宗教，地形・気候，人口・都市，産業，交通・貿易)

(1)　イベリア半島やイタリア半島，日本の東北地方などを通る**北緯40度**線より北に描かれている高緯度に位置することから判断する。

(2)　イギリスに位置する都市Eは温帯の西岸海洋性気候，ロシアの内陸に位置する都市Fは冷帯(亜寒帯)気候，モンゴルに位置する都市Gは乾燥帯のステップ気候であることから判断する。

(3)　A国はイギリス，B国はパキスタン，D国は韓国。グラフⅠ中のsは小麦の生産量の割に米の生産量が多いことから米を主食とする東アジアの韓国，tは米の生産がほぼ見られないことからヨーロッパに位置するイギリス，uは米・小麦ともに生産量が多いことから人口が多いパキスタンと判断する。

(4)　中央アジアに位置するB国での割合が高いことから判断する。**イスラム教**は中央アジアのほか，西アジアやアフリカ大陸北部，東南アジアの一部地域などに信者が多い。

(5)　①　C国は中国。**日本の最大貿易相手国が中国**であることから判断する。アがイギリス，イが韓国，エがパキスタン。　②　1970年の中国では，子供の割合が高く高齢者の割合が低い富士山型の人口ピラミッドだったのに対して，2020年は子供の割合が低く高齢者の割合が高いつぼ型に変化した。少子高齢化が急速に進んだ中国では，2016年に一人っ子政策が廃止された。

2 (地理的分野―日本―地形図の見方，日本の国土・地形・気候，人口・都市，農林水産業，工業，歴史的分野―日本史―時代別―旧石器時代から弥生時代，日本史―テーマ別―文化・宗教・教育)

(1)　津軽海峡の海底には**青函トンネル**がはしり，本州と北海道を結んでいる。

(2)　都市Bは釧路市。寒流の**千島海流(親潮)**の影響で夏に海上で発生した濃霧が南東季節風によって運ばれてくるため，日照時間が短く夏でもあまり気温が上がらない。

(3)　将棋駒の生産がさかんな天童市は山形県に位置する。　ア　竿燈まつりは秋田市で行われる。　イ　南部鉄器は岩手県で生産される。　ウ・エ　都市Eが気仙沼市，都市Fが仙台市。

(4)　①　**三内丸山遺跡**は青森県に位置する縄文時代の代表的な遺跡で，土偶や貝塚，竪穴住居跡などが発掘されている。　②　三内丸山遺跡の西にある鉄道が地形図Ⅲ中に見られないことから判断する。　ア　地図Ⅲ中の，のちに三内丸山遺跡がひらかれる地域に茶畑の地図記号は見られない。　ウ　地図Ⅲ中の，のちに西部工業団地が造られる地域の標高は，最も高い場所でも50mほど。　エ　地図Ⅲ中に総合体育館が見られることから，1988年以前に造られたことがわかる。

(5)　①　客土を行うより以前の石狩平野は**泥炭地**であったことから，稲作には不向きであった。　②　北海道は稲作以外に畑作などもさかんであるのに対して，東北地方で特に稲作がさかんな日本海側の地域は豪雪地帯が多いため**水田単作地帯**が広がる。

3 (歴史的分野―日本史―時代別―古墳時代から平安時代，鎌倉・室町時代，安土桃山・江戸時代，日本史―テーマ別―政治・法律，外交)

(1)　仏教に深く帰依した**聖徳太子**は，古墳時代に大陸から伝来した仏教を広めることに賛成した蘇我氏と協力して政治を行った。中大兄皇子は，聖徳太子の死後に中臣鎌足らとともに**大化の改新**を行った。

(2)　文中の「一人一人の姓名や年齢などが記されている」「6年ごとに作成」などから判断する。

(3)　「この世をば…」の歌は望月の歌とよばれ，**摂関政治**の全盛期をほこった藤原道長がみずからの権力の強さを詠んだもの。資料Ⅱの平等院鳳凰堂を造った人物は**藤原頼通**。

(4)　**御成敗式目**は武士の慣習に基づいて定められた日本初の武家法で，裁判の基準などを示した。　ア　戦国時代の分国法の一つ(『朝倉孝景条々』)。　ウ　1297年に定められた永仁の徳政令。　エ　織田信長が定めた楽市楽座令。

(5)　豊臣秀吉は朝鮮に二度出兵した。一度目を**文禄の役**，二度目を**慶長の役**という。アが足利義満，イが徳川家康について述べた文。

(6)　清がアヘン戦争に敗北したことを知った江戸幕府は，異国船打払令を撤廃して**天保の薪水給与令**を出した上で鎖国を続行する決断を下した。

4 (歴史的分野―日本史―時代別―安土桃山・江戸時代，明治時代から現代，日本史―テーマ別―政治・法律，文化・宗教・教育，世界史―政治・社会・経済史)

(1)　問題文中の「天皇を中心とする政府の樹立を宣言」などから判断する。**徳川慶喜**によって**大政奉還**がなされた後に王政復古の大号令が行われ，明治政府が樹立した後に明治天皇によって**五箇条の御誓文**が発表された。

(2)　民本主義は，大正時代に**吉野作造**が主張した。

(3)　アが1941年，イが1890年，ウが1872年，エが1947年。

(4)　①　革命前のフランスでは聖職者と貴族には免税特権があり，平民のみに重税が課されていた。　②　下線部gの直前の「〔韓国〕3月1日」，下線部g中の「日本の植民地支配に抵抗し，京城(ソウル)で独立を宣言」などから，1919年の**三・一独立運動**のことと判断する。

(5)　資料Ⅲ中の「1945年8月9日にはソ連の参戦があり」，その影響で避難したとあることから，Y国は**ソ連と国境を接していた**と考えられる。また，絵Ⅱから，Y国の南側に**朝鮮半島が隣接**していることが読み取れる。これらの情報から，Y国が現在の中国東北区に当たる位置に存在したと判断する。

(6)　第二次世界大戦以前は主権者が天皇であったのに対して，大戦後は国民へと変化した。日本国憲法第41条には「国会は国権の最高機関であり，**国の唯一の立法機関**である。」と定められている。

5 (地理的分野―日本―資源・エネルギー，公民的分野―財政・消費生活，国際社会との関わり)

(1)　図から，買う側の買う意思が明確に示されている場合のみに売買契約が成立することが読み取れる。Ⅰ・Ⅲは，商品を購入するか決めかねている場面。

(2)　物価が上がり続ける現象をインフレーションというのに対して，物価が下がり続ける現象を**デフレーション**という。

(3)　日本で**エネルギー革命**がおこったのが1960年代であることから，1970年の主要エネルギーは石油であると考えられる。その後石油危機を経て，石油依存率を下げるために原子力や再生可能エネルギーなど，エネルギー源の多様化を進める政策に転換した。**東日本大震災(2011年)**以前は原子力発電が推進されたが，震災以降は多くの原子力発電所の稼働を停止した。近年は再生可能エネルギーの需要が高まりつつある。

(4)　不景気のときは通貨量を増やす政策がとられることから判断する。

(5)　本来は所得が低い人ほど所得に占める税金の割合が低くなるのが理想だが，Xの直後に「逆進性」という言葉が見られることから，間接税の特徴を判断する。

(6)　TPPとは環太平洋パートナーシップ協定の略称。2017年にアメリカが離脱して加盟国が11か国になった。アがアフリカ連合，ウが国連教育科学文化機関の略称。エはブラジル，ロシア，インド，中国，南アフリカ共和国の頭文字を並べたもの。

6 (公民的分野―憲法・基本的人権，国の政治の仕組み・裁判，民主主義，地方自治，国際社会との関わり)

(1)　日本国憲法第13条は，新しい人権を保障する根拠となる**幸福追求権**を定めている。

(2)　日本の違憲審査における最終決定権を持っていることから，最高裁判所を「**憲法の番人**」とよぶ。

(3)　参議院議員選挙では，都道府県選挙区制と**全国を一つのブロック**とする比例代表制を組み合わせて行われる。

(4)　市町村は，議会や首長がおかれる日本の行政区画としては最も小さな単位。

(5)　ア　循環型社会形成のための3Rの一つで，ごみを減らす取り組み。　イ　さまざまな要因による経済的な困窮に備える社会保障のしくみ。　ウ　人種や性別，障害などのさまざまな属性をもった人々が，組織の中で共存する多様性のこと。

(6)　文中から，生徒の意見が「家庭から排出される二酸化炭素を減らす工夫を考える」であることが読み取れる。その根拠として，グラフから，2000年から2020年にかけての二酸化炭素排出量について，産業部門と運輸部門は減少し続けているのに対して，家庭部門のみ減少していないことが読み取れる。

＜国語解答＞

一　1　(1)　はげ(ます)　(2)　いこ(い)　(3)　しゅうかく　(4)　おんけい　(5)　秘(める)　(6)　貸(す)　(7)　優勝　(8)　模造　2　エ

二　1　C　2　B　3　(1)　手のひら　(2)　よろこび

三　1　こう　2　(1)　工皆以て調へりと為す。　(2)　(例)音が正確にわかる人に鐘の音程が合っていないことを見抜かれる　(3)　ウ

四　1　オ　2　エ　3　(例)好きなものがほしいという理由で努力しようと決心し，まじめに陸上に取り組むことで，六花に胸を張れる自分に近づけたから。　4　(1)　自分の痛み　(2)　(例)陸上部のみんなに追いつけず，走ることもそれほど好きではない　5　イ

五　1　オ　2　(例)現象の中から見抜いた法則に基づいて事象の変化を見通す方法。
3　(例)人類の歴史は常によい方向に進歩するわけではなく，また予想外の革命的な出来事によって希望が生まれることもあるという見方。　4　ア　5　(1)　ウ　(2)　未来世代に対する倫理的な配慮

六　(例)　私は，案内文書を作って全校生徒に配るというCさんの意見に賛成である。
　音声は個人の感覚に依存するその場限りのものであるため，校内放送だと聞いていなかった人には情報が伝わらないし，聞いた人でも細かい内容まで全部覚えることは難しい。これに対し，文字は後に残るものなので，案内文書を配ればいつでもどこでも正確な内容を確認することができ，他の人と情報を共有することも容易だからである。

＜国語解説＞

一　(知識―漢字の読み書き，筆順・画数・部首)

1　(1)　「**励**」の音読みは「レイ」で，「奨励」「激励」などの熟語を作る。　(2)　「**憩い**」は，のんびりとくつろぐこと。　(3)　「**収穫**」は，田や畑で作ったものを取り入れること。　(4)　「**恩恵**」は，受ける人に利益や幸福をもたらすもの。　(5)　「**秘める**」は，外側からは見えないように内側に持っているという意味。　(6)　「**貸す**」と「借りる」を混同しないように注意する。
(7)　「**優勝**」は，細かい部分の形や画数に注意して丁寧に書く。　(8)　「**模造**」の「模」を，形の似ている「漠」などと書き間違えないようにする。

2　それぞれの漢字の画数は，「**閣**」＝**14画**，ア「棒」＝12画，イ「脈」＝10画，ウ「輸」＝16画，エ「**磁**」＝14画，オ「版」＝8画である。

二　**(短歌―内容吟味，文脈把握)**

1　Cは，上の句で睡蓮のつぼみの形を「**円錐形**」とわかりやすく形容し，下の句で「**ざぶざぶ**」という擬音語を用いて労働のあとの作業の様子を描写している。

2　Bは，心情を表す言葉を用いていないが，「**絵日傘**」という身の回りのものを「**なげわたる**」動作などによって，春の明るい気分やあたたかさを表現している。

3　(1)　Aは，川の動きに合わせてきらめく日ざしを「光の粒」にたとえ，目に見えない空気の流れを「**手のひら**」に見立てている。　(2)　Fは，喜びを「**よろこび**」とひらがなで表すことによってやわらかな感じを与え，この言葉を繰り返してリズムを生み出している。

三　**(漢文―内容吟味，文脈把握，仮名遣い)**

〈口語訳〉　晋の平公は，金属を溶かして大鐘を作り，楽工たちに音を聴かせた。皆，音程は合っていると答えた。(しかし,)師曠が言うことには，「音程が合っていない。どうかもう一度鐘を鋳なおしてください。」と。平公が言うことには，「楽工たちは皆音程は合っていると言った。」と。師曠が言うことには，「後の時代に音が正確にわかる人がいたら，きっと鐘の音程が合っていないことを見抜くでしょう。私は内心で，あなたのためにこのことを恥ずかしく思うのです。」と。(後の時代に)師涓が現れて，予想通り鐘の音程が合っていないことを見抜いた。師曠が正しく鐘の音程を合わせたいと思ったのは，後の時代の音が正確にわかる人のことを思ったからである。

1　「**ふ**」を「**う**」に直して「**こう**」と書く。

2　(1)　平公が楽工たちに賛成していることは，師曠の言葉に対して，楽工たちの言葉を引用する形で「**工皆以て調へりと為す。**」と言っていることからわかる。　(2)　「**後世音を知るもの有らば，将に鐘の調はざるを知らんとす**」をもとに，30字以内の現代語で書く。　(3)　師曠の提言が「**後世**」を意識したものであったことを指摘するウが正解。他の選択肢は，「後世」に触れていないので，不適当である。

四　**(小説―情景・心情，内容吟味，文脈把握，段落・文章構成)**

1　冒頭の(　　)の文章から，その日，六花が黒野に早緑とのけんかの話をしていたことがわかる。六花は，早緑から黒野の話が出たとき，**黒野の存在が自分と早緑との関係に変化をもたらすのではないかと感じた**のである。ただし，本文には黒野の行動や意図としてアの「努力」，イの「冷やかし」，ウの「説得」は書かれていないし，エの六花の「確信」も読み取れない。

2　「とげとげ」という表現から，早緑の怒りやいらだちを読み取る。早緑は，黒野の**六花に対する「まじめにやってる」というほめ言葉**を聞いて，陸上部の練習に打ちこめない自分への当てつけのように感じたのである。正解はエ。アは，早緑が六花と同じ程度に努力していることを前提とした説明であり，不適当。イの「自分が情けなくなった」は，文脈に合わない。黒野の言葉は早緑と六花の関係についてのものではない，ウとオは誤りである。

3　早緑は，黒野に**好きなものがほしいから努力する**というのも努力の理由になると言われ，現状を変えようと思った。六花に胸を張れるような自分になるためにも，逃げずに**走る努力をしようと決意**したのである。その結果，早緑は「走ることに打ちこむ自分」という好きなものを見出し，**六花に胸を張れるような自分に近づく**ことができた。このことを踏まえ，制限字数に注意して「好きなものがほしいという理由で努力しようと決心し，まじめに陸上に取り組むことで，六花に胸を張れる自分に近づけたから。」(58字)などと書く。

4　(1)　本文の最後の場面の「**自分の痛み**にとらわれて，ひとりぼっちで悲しみに酔っていた私」から書き抜く。　(2)　早緑は「いくら走っても，**みんなに追いつけない**」という状況で走る意味を見出せず「ほんとはそんなに**好きじゃなかった**」からがんばれないと感じていたのに，六花はその気持ちにまったく気づかなかった。制限字数と前後の語句に注意して「陸上部のみんなに追いつけず，走ることもそれほど好きではない」(29字)などと書く。

5　本文は，**六花の視点**から描かれている場面から**早緑の視点**で描かれている場面に転じ，再び**六花の視点**から描かれている場面に戻ることで，**早緑の心情に変化**を起こした黒野との会話が強調されているので，イが正解。アは「新たな問題」が本文と合わない。ウは「客観的」が不適当。エは，結末部分の倒置法は1箇所だけで「連続」していないので誤り。オは，「読者が登場人物の一人のように描かれている」が不適当である。

五　(論説文－内容吟味，文脈把握，段落・文章構成，品詞・用法)

1　「未来倫理で」の「で」は，**場所や状況などを示す格助詞**。ア「目標である」は断定の助動詞「だ」の連用形，イ「さわやかで」は形容動詞「さわやかだ」の連用形活用語尾，ウ「部長で」は断定の助動詞の連用中止法，エ「取り組んでいる」は接続助詞「て」が濁音化したもの，オ**「つながりで」**は場所や状況などを示す格助詞である。

2　[5]段落の「現実の気象の運動の中に一定の**法則を見抜き，その法則の中で気象がどのように変化するのかを予測する行為**」は，天気予報で用いられるシミュレーションを具体的に説明したものである。これを一般化し，字数条件に合わせて「現象の中から見抜いた法則に基づいて事象の変化を見通す方法。」(29字)などと書く。

3　傍線部2の考え方の例として，筆者はこの後に「**歴史はよい方向に変化する**，という進歩史観」を挙げ，これに**反論**する形で人類が「愚行を繰り返したり，道徳的に退行したり」することや「**革命的な出来事が起き，私たちに希望を抱かせる**」という見方を述べているので，この内容を60字以内で「人類の歴史は常によい方向に進歩するわけではなく，また予想外の革命的な出来事によって希望が生まれることもあるという見方。」(59字)などと書く。

4　[10]・[11]段落では，「**社会の変化は予測が困難**である」という筆者の意見が示されている。[12]段落では，その理由を「**人間の複数性**」に見出すハンナ・アーレントの説を紹介して筆者の意見を補強しているので，アが正解となる。[12]段落はテクノロジーについては述べていないので，イは不適当。ウは「反論」が誤り。エの「具体例」やオの「実例」にあたる内容は12段落には書かれていない。

5　(1)　アは，3段落の「私たちは，未来を正確に，科学的に予見することなど不可能だ」と一致する。イは，2段落の「未来において何が起こるのかが把握されていなければ，未来世代が直面し得る脅威に対応することもできないだろう」「未来の予見は未来倫理の実践にとって必要不可欠なのである」と一致する。ウの「想像力を使う予見の結果**のみ**を出発点にする」は，4・5段落で述べられた「**科学的な実証性に基づいて未来を見通す**こと」，すなわち「予測」を無視した発言である。エは，5段落の内容と一致する。オは，2段落の「未来の予見は未来倫理の実践にとって必要不可欠なのである」と一致する。したがって，ウが本文から読み取れる内容と異なるものである。　(2)　筆者が「未来の予見」の目的について述べている部分を探すと，3段落に「**未来世代に対する倫理的な配慮**をするために，不完全ではあったとしても未来を予見する」とあるので，ここから抜き出す。

六　(作文)

与えられた**条件**を満たして書くこと。**2段落構成**で，**全体を150～200字**でまとめる。

○前段…Bさんと Cさんの意見を踏まえて，「ボランティア活動の内容をどのような方法で案内するとよいか」についての自分の意見や考えを具体的に書く。解答例では，案内文書を全校生徒に配るというCさんの意見に賛成している。

○後段…前段のように考える**理由**を，**文字や音声の具体的な特徴**に触れながら書く。解答例では，音声がその場限りのものであるのに対し，文字は後に残るという特徴に触れて書いている。**書き終わったら必ず読み返して**，誤字・脱字や表現の不自然なところは書き改めること。

MEMO

大切なことはメモしておこうネ！

福島県公立高等学校

2023年度

★★★★★★★★★★★★★★★★★★★★★★★

入　試　問　題

●くわしい解説……49ページ

＜数学＞　時間　50分　満点　50点

【注意】 1　答えに$\sqrt{\ \ }$が含まれるときは，$\sqrt{\ \ }$をつけたままで答えなさい。
ただし，$\sqrt{\ \ }$の中はできるだけ小さい自然数にしなさい。
2　円周率はπを用いなさい。

1　次の⑴，⑵の問いに答えなさい。

⑴　次の計算をしなさい。

①　$(-21)\div 7$

②　$-\frac{3}{4}+\frac{5}{6}$

③　$(-3a)\times(-2b)^3$

④　$\sqrt{8}-\sqrt{18}$

⑵　ある球の半径を２倍にすると，体積はもとの球の体積の何倍になるか，求めなさい。

2　次の⑴～⑸の問いに答えなさい。

⑴　桃の果汁が31％の割合で含まれている飲み物がある。この飲み物 a mLに含まれている桃の果汁の量は何mLか，a を使った式で表しなさい。

⑵　等式　$3x+2y-4=0$　を y について解きなさい。

⑶　右の図のような，△ＡＢＣがある。
辺ＡＣ上にあって，辺ＡＢ，ＢＣまでの距離が等しい点Ｐを，定規とコンパスを用いて作図によって求め，Ｐの位置を示す文字Ｐも書きなさい。
ただし，作図に用いた線は消さずに残しておきなさい。

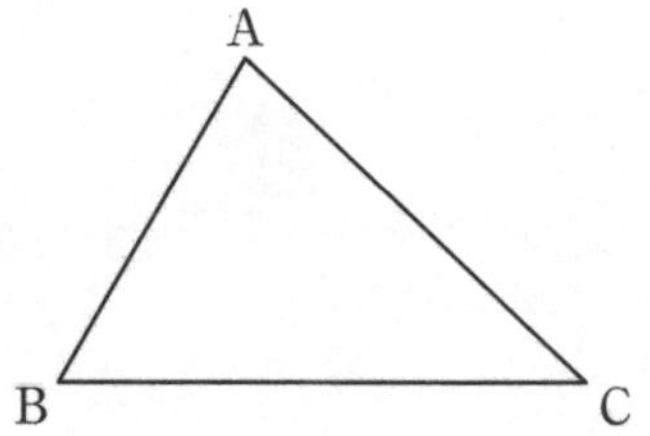

⑷　関数　$y=x^2$　について，x の値が１から４まで増加するときの変化の割合を求めなさい。

⑸　**図１**は，ある学級の生徒30人について，先月の図書館の利用回数を調べ，その分布のようすをヒストグラムに表したものである。例えば，利用回数が２回以上４回未満の生徒は３人であることがわかる。また，**図２**の**ア**～**エ**のいずれかは，この利用回数の分布のようすを箱ひげ図に表したものである。その箱ひげ図を**ア**～**エ**の中から１つ選び，記号で答えなさい。
（**図１**，**図２**は次のページにあります。）

図１

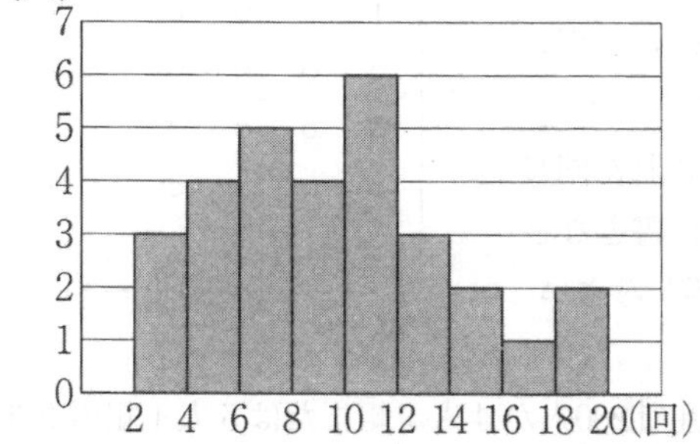

図２

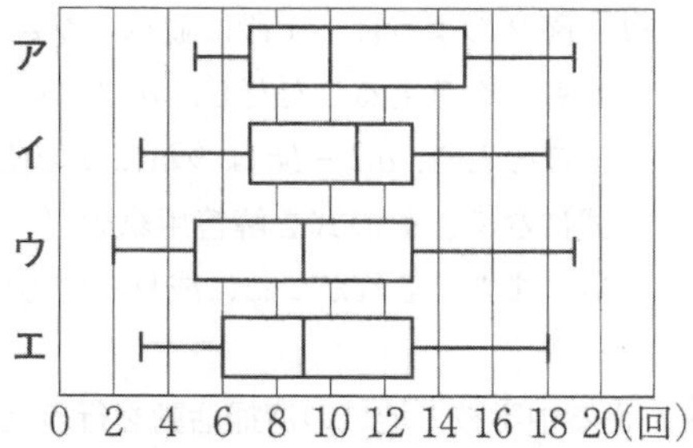

3　次の⑴，⑵の問いに答えなさい。

⑴　右の図のように，袋の中に1，2，3の数字が１つずつ書かれた３個の玉が入っている。 A，Ｂの２人が，この袋の中から，**＜取り出し方のルール＞**の㋐，㋑のいずれかにしたがって，１個ずつ玉を取り出し，書かれた数が大きいほうの玉を取り出した人が景品をもらえるゲームを考える。書かれた数が等しい場合には２人とも景品はもらえない。ただし，どの玉を取り出すことも同様に確からしいものとする。

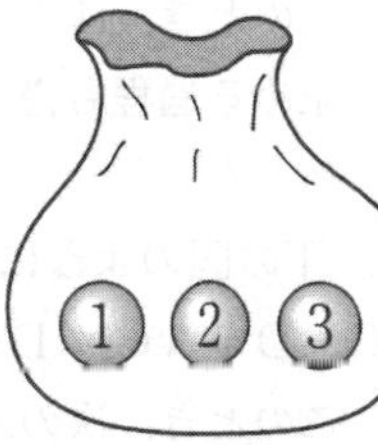

＜取り出し方のルール＞

㋐　はじめにＡが玉を取り出す。次に，その取り出した玉を袋の中にもどし，よくかき混ぜてからＢが玉を取り出す。

㋑　はじめにＡが玉を取り出す。次に，その取り出した玉を袋の中にもどさず，続けてＢが玉を取り出す。

①　ルール㋐にしたがったとき，Ａが景品を**もらえる**確率を求めなさい。

②　Ａが景品を**もらえない**確率が大きいのは，ルール㋐，㋑のどちらのルールにしたがったときか。ア，イの記号で答え，その確率も書きなさい。

⑵　**図１**のように，整数を１から順に１段に７つずつ並べたものを考え，縦，横に２つずつ並んでいる４つの整数を四角形で囲む。ただし，○は整数を省略したものであり，囲んだ位置は例である。

このとき，囲んだ４つの整数を

a	b
c	d

とすると，$ad - bc$ はつねに同じ値になる。

図１

1	2	3	4	5	6	7
8	9	10	11	12	13	14
15	16	17	18	19	20	21
⋮	⋮	⋮	⋮	⋮	⋮	⋮
○	○	○	○	○	○	○
○	○	○	○	○	○	○
⋮	⋮	⋮	⋮	⋮	⋮	⋮

①　$ad-bc$の値を求めなさい。

②　図２のように，１段に並べる整数の個数をnに変えたものを考える。ただし，nは２以上の整数とする。

　このとき，$ad-bc$はつねにnを使って表された同じ式になる。その式を解答用紙の（　）の中に書きなさい。また，それがつねに成り立つ理由を説明しなさい。

図２

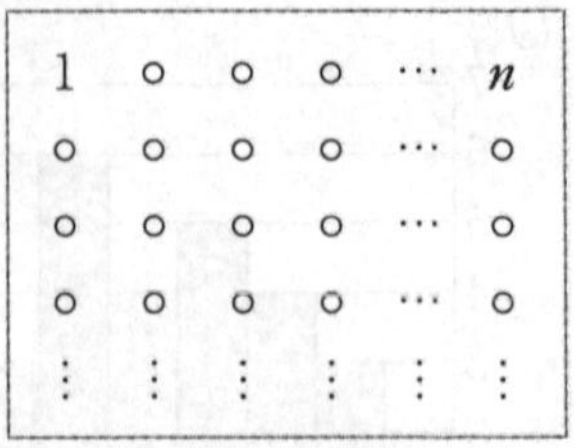

4　ある中学校で地域の清掃活動を行うために，生徒200人が４人１組または５人１組のグループに分かれた。ごみ袋を配るとき，1人１枚ずつに加え，グループごとの予備として４人のグループには２枚ずつ，５人のグループには３枚ずつ配ったところ，配ったごみ袋は全部で314枚であった。

　このとき，４人のグループの数と５人のグループの数をそれぞれ求めなさい。
　求める過程も書きなさい。

5　下の図のように，線分ＡＢを直径とする円Ｏの周上に，直線ＡＢに対して反対側にある２点Ｃ，ＤをＡＣ∥ＤＯとなるようにとる。また，線分ＡＢと線分ＣＤとの交点をＥとする。

　このとき，次の⑴，⑵の問いに答えなさい。

⑴　△ＥＤＯ∽△ＥＢＤとなることを証明しなさい。

⑵　ＡＣ：ＤＯ＝７：９であるとき，△ＥＤＯと△ＥＢＤの相似比を求めなさい。

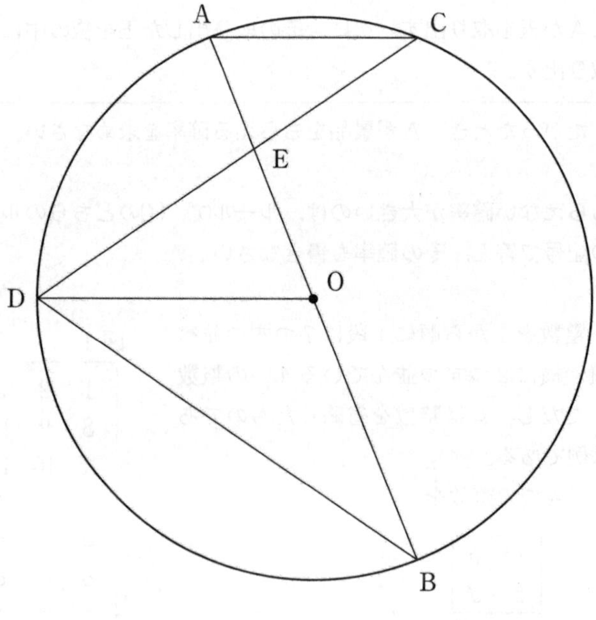

6　**図１**のように，反比例 $y=\dfrac{a}{x}$ （$x>0$）のグラフ上に２点Ａ，Ｂがあり，Ａの y 座標は６，Ｂの x 座標は２である。また，比例 $y=ax$ のグラフ上に点Ｃ，x 軸上に点Ｄがあり，ＡとＤの x 座標，ＢとＣの x 座標はそれぞれ等しい。ただし，$0<a<12$とする。

次の［会話］は，花子さんと太郎さんが四角形ＡＤＢＣについて考察し，話し合った内容である。

図１

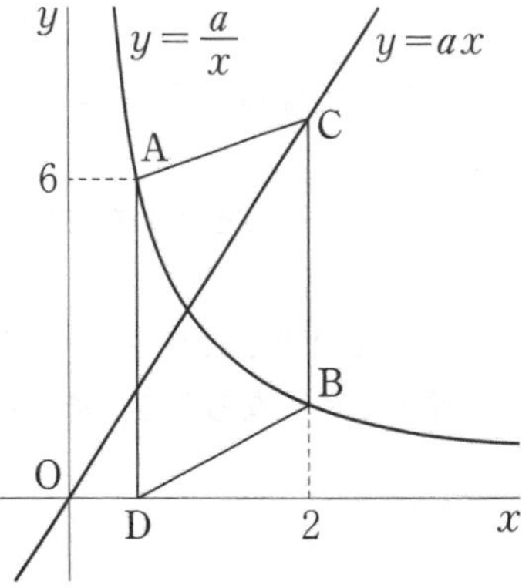

［会話］

花子さん：a の値を１つとると，２つのグラフが定まり，４つの辺と面積も定まるね。点Ａの座標は，反比例の関係 $xy=a$ から求めることができそうだよ。

太郎さん：例えば，$a=1$ のときの四角形について調べてみようか。

・・・・・・・・・・・・・

太郎さん：形を見ると，いつでも台形だね。平行四辺形になるときはあるのかな？

花子さん：私は，面積についても調べてみたよ。そうしたら，$a=1$のときと面積が等しくなる四角形が他にもう１つあることがわかったよ。

このとき，次の⑴～⑶の問いに答えなさい。

⑴　**図２**は，**図１**において，$a=1$ とした場合を表している。このとき，線分ＢＣの長さを求めなさい。

⑵　四角形ＡＤＢＣが平行四辺形になるときの a の値を求めなさい。

⑶　［会話］の下線部について，四角形ＡＤＢＣの面積が $a=1$ のときの面積と等しくなるような a の値を，$a=1$ の他に求めなさい。

図２

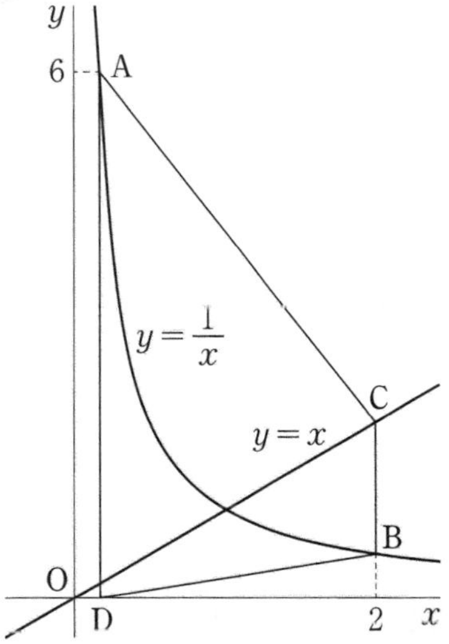

7　次のページの図のように，底面が１辺２㎝の正方形で，高さが$\sqrt{15}$㎝の正四角柱と，正方形ＥＦＧＨのすべての辺に接する円Ｏを底面とする円錐《すい》があり，それらの高さは等しい。また，線分ＥＦと円Ｏとの接点Ｉから円錐の側面にそって１周してＩにもどるひもが，最も短くなるよう

にかけられている。ただし，円錐において，頂点と点Oを結ぶ線分は底面に垂直である。

このとき，次の⑴～⑶の問いに答えなさい。

⑴　円錐の母線の長さを求めなさい。

⑵　ひもの長さを求めなさい。ただし，ひもの太さや伸び縮みは考えないものとする。

⑶　ひもの通る線上に点Pをとる。Pを頂点とし，四角形ＡＢＣＤを底面とする四角錐の体積が最も小さくなるとき，その体積を求めなさい。

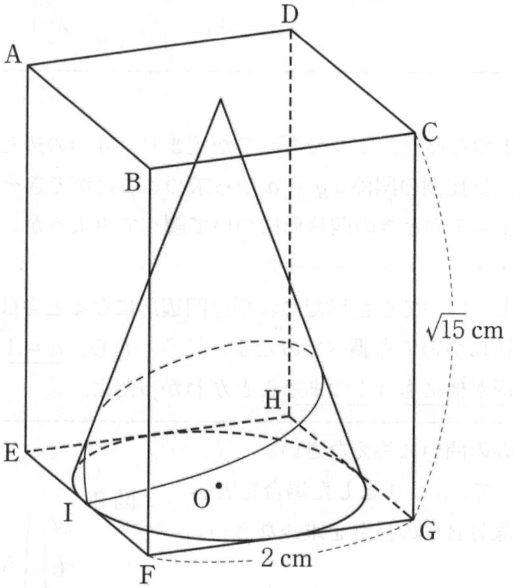

＜英語＞

時間　50分　　満点　50点

【注意】 ＊印のついている語 (句) には，本文のあとに〔注〕があります。

1　これは放送による問題です。問題は**放送問題1**から**放送問題3**まであります。

放送問題1　香織 (Kaori) とベン (Ben) の対話を聞いて，質問の答えとして最も適当なものを，ア～エの中からそれぞれ一つずつ選びなさい。

No. 1　ア　イ　ウ　エ

No. 2　ア　イ　ウ　エ

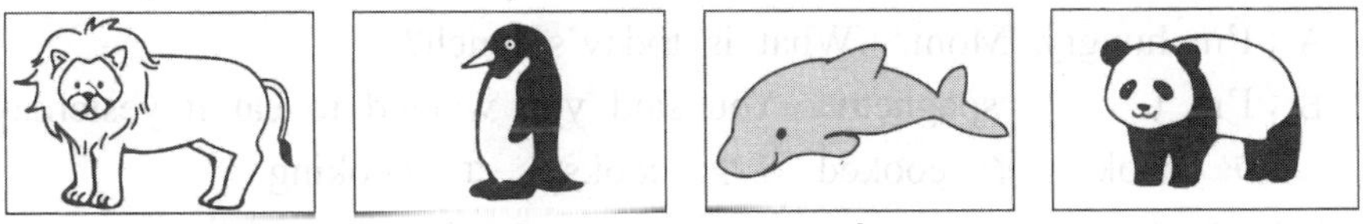

No. 3　ア　イ　ウ　エ

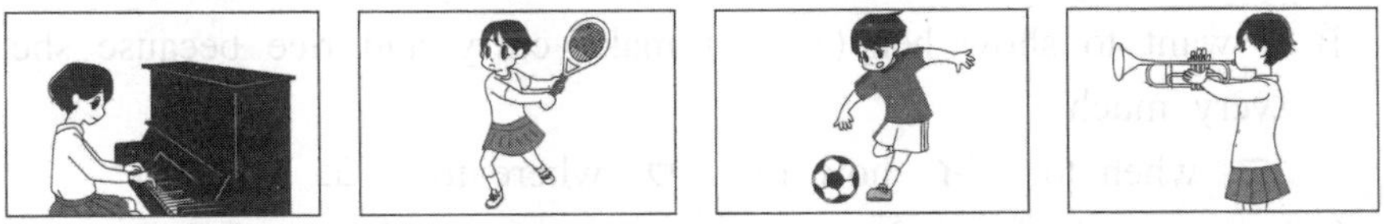

No. 4　ア　イ　ウ　エ

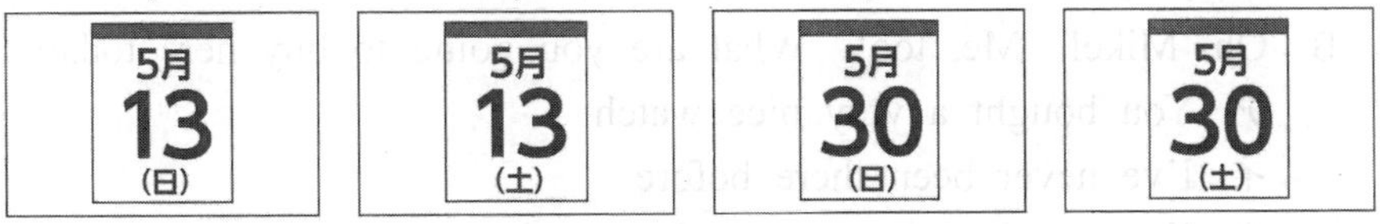

No. 5　ア　イ　ウ　エ

放送問題2　二人の対話の最後の応答部分でチャイムが鳴ります。そのチャイムの部分に入る最も適当なものを，ア～エの中からそれぞれ一つずつ選びなさい。

No. 1　ア　OK.　I'm coming.　　イ　Yes, it's mine.
ウ　No, I didn't cook dinner.　　エ　You are welcome.

No. 2　ア　I see.　I'm very busy today.　　イ　Good.　How much is it?
ウ　Yes.　It's nice to see you.　　エ　OK.　I'll call her again.

放送問題３　春香（Haruka）が英語の授業で発表した内容を聞きながら，①～⑤の英文の空欄に入る最も適当な**英語１語**を書きなさい。

① Haruka joined the English (　　　) contest last year.

② Haruka didn't want to join the contest because she didn't like speaking in (　　　) of many people.

③ At the contest, Haruka said to herself, "Trust yourself. You have (　　　) everything you could."

④ Through this experience, Haruka got (　　　) than before.

⑤ Haruka wants to say to her teacher, "Thank you for (　　　) me."

2　次の⑴～⑶の問いに答えなさい。

⑴　次の①～③は，それぞれＡとＢの対話です。（　）に入る最も適当なものを，**ア**～**エ**の中からそれぞれ一つずつ選びなさい。

①　[*In a house*]

Ａ：I'm hungry, Mom. What is today's lunch?

Ｂ：I'm (　　　) spaghetti. You said you wanted to eat it yesterday.

ア cook　**イ** cooked　**ウ** cooks　**エ** cooking

②　[*In a classroom*]

Ａ：What do you want to do when you visit your friend, Jane, in Australia?

Ｂ：I want to show her (　　　) make curry and rice because she likes it very much.

ア when to　**イ** how to　**ウ** where to　**エ** what to

③　[*At a shopping mall*]

Ａ：Hey, Steve. (　　　).

Ｂ：Oh, Mike! Me, too! What are you going to buy here today?

ア You bought a very nice watch

イ I've never been there before

ウ I'm surprised to see you here

エ You took a lot of pictures there

⑵　次は，ＡとＢの対話です。（　）内の語を正しく並べかえて，文を完成させなさい。

[*At a library*]

Ａ：Excuse me. Which book is better to learn about the history of our city?

Ｂ：Let's see. I think this one (you / can / understand / it / help) better.

⑶　次は，ＡとＢの対話です。[1] ～ [4] に入る最も適当なものを，次のページの**ア**～**エ**の中からそれぞれ一つずつ選びなさい。

[*At school*]

Ａ：You have been practicing soccer so hard. [1]

Ｂ：Next week. [2]

A：I see. [3]
B：Wakaba Junior High School. They are a very good team.
A：[4] Good luck.

ア　It'll be our last one.
イ　What school are you going to play against first?
ウ　I'm sure your team will win the game,
エ　When is your next tournament?

3　留学生のエミリー (Emily) と純也 (Junya) が話をしています。対話は①～⑤の順で行われています。④のイラストは純也が話している内容です。自然な対話となるように，(1)，(2)の問いに答えなさい。

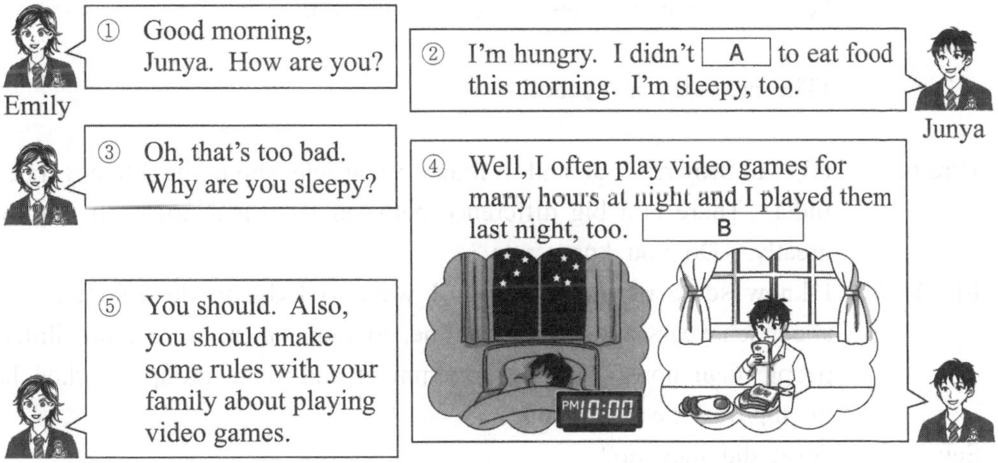

Emily
① Good morning, Junya. How are you?
Junya
② I'm hungry. I didn't [A] to eat food this morning. I'm sleepy, too.
③ Oh, that's too bad. Why are you sleepy?
④ Well, I often play video games for many hours at night and I played them last night, too. [B]
PM 10:00
⑤ You should. Also, you should make some rules with your family about playing video games.

(1)　[A] に入る適当な**英語２語**を書きなさい。
(2)　イラストと対話の流れに合うように，[B] に入る適当な**英語**を**１文**で書きなさい。

4　中学生の広人 (Hiroto) が，彼の家にホームステイしている留学生のサイ (Sai) と話をしています。以下の会話を読んで，あとの(1)～(6)の問いに答えなさい。

Sai:　Hey, Hiroto. What are you doing?
Hiroto:　I'm looking for information about *literacy rates on the internet.
Sai:　Literacy rates? The *rate of people who can read or write in each country?
Hiroto:　Yes. Kaito, my younger brother, didn't try to do his homework yesterday. Then my mother told him, "You should study hard. Many people in the world have a lot of trouble because they cannot read or write." So, I became interested in this problem.
Sai:　Oh, I see.

[Twenty minutes later]

Sai: Look! I found an article about the literacy rate in my country, India!

The Literacy Rate in India (15 years old and older)				
Year	1970	1995	2006	2018
Rate (%)	33.1	52.0	62.8	74.4

（ユネスコ資料により作成）

Sai: In 1970, only about 30 percent could read or write.

Hiroto: But, in 2018, more than 70 percent could read or write! It improved *by about 40 points between 1970 and 2018. It improved a lot! What happened during these years?

Sai: I'm not sure. [A] I think he worked in India as a *volunteer before. He may know something about it.

[The next day at school]

Hiroto: Hi, Mr. Brown. Sai and I found an article about the literacy rate in India. There is a big difference between 1970 and 2018. It improved greatly. Do you know why?

Mr. Brown: I know some of the reasons. I went to India to do volunteer work about ten years ago. At that time, in India, there were more illiterate people than now. So, the government and some groups worked hard to improve the *situation.

Sai: What did they do?

Mr. Brown: They did various things. For example, they *built a lot of school buildings because there weren't enough. Also, they *expanded the *school lunch program. Thanks to these efforts, more children can go to school now.

Hiroto: That's very nice!

Mr. Brown: However, in some countries, some people still cannot go to school even if they want to do so.

Hiroto: They cannot do so because such countries don't have enough schools, right?

Mr. Brown: Right. But there are other reasons, too. Some children have to stop going to school to help their parents with their work.

Sai: I guess it's difficult for people who cannot go to school to get some types of jobs because they cannot read or write.

Mr. Brown: That's right. Because of that, some of them cannot earn enough money to live. Also, they cannot read important *explanations about *medications or receive various services in their daily lives. As a result, [B].

Hiroto: These are serious problems. If I were illiterate, I couldn't learn many things from books or websites.

Mr. Brown: I'm sure learning things can *lead to a better life and save our lives.

Hiroto: I agree. I can go to school and learn many things now. I'm very sad that it's difficult for people in some countries to do those things.

Sai: I'm sad, too. I'm *thankful that I can enjoy learning many things. I want to study harder and learn more things!

Hiroto: Me, too! Let's try various things together!

注：literacy rates　識字率　　rate　割合　　by about 40 points　約40ポイント分
volunteer　ボランティア　　situation　状況　　built ～　～を建てた
expanded ～　～を拡大した　　school lunch program　給食制度　　explanations　説明
medications　薬　　lead to ～　～につながる　　thankful that ～　～ということに感謝して

(1)　本文中の [A] に入る英文として最も適当なものを，ア～エの中から一つ選びなさい。

ア　Why don't we ask Mr. Brown, our ALT, tomorrow?
イ　When did you learn how to read or write Japanese?
ウ　Who knows the reasons for the trouble very well?
エ　How did you know that Mr. Brown is our new teacher?

(2)　本文や表の内容に合うように，次の①と②の英文の [　　] に入る最も適当なものを，ア～エの中からそれぞれ一つずつ選びなさい。

①　In 1995, [　　] percent of people in India could read or write.
　ア　33.1　　イ　52.0　　ウ　62.8　　エ　74.4

②　Hiroto realized the literacy rate in India improved greatly for about [　　] years.
　ア　five　　イ　eight　　ウ　thirty　　エ　fifty

(3)　本文中の [B] に入る英語として最も適当なものを，ア～エの中から一つ選びなさい。

ア　they can get enough money
イ　they cannot read or write
ウ　their lives are in danger
エ　their lives are safe and easy

(4)　次の英文は，本文の内容の一部を示したものです。本文の内容に合うように，[　　] に入る適当な英語４語を書き，文を完成させなさい。

Hiroto feels sad that it's difficult for people in some countries [　　] and learn many things now.

(5)　本文の内容に合っているものを，あとのア～エの中から一つ選びなさい。

ア　Hiroto did his homework because his mother told him to do so.
イ　Sai didn't go to junior high school in his country to help his parents.
ウ　Sai says that learning things can lead to a better life and save people's

lives.

エ Hiroto and Sai want to study harder and learn more things.

(6) 次の Question に対するあなたの考えを英語で書き，Answer の文を完成させなさい。ただし，あとの条件に従うこと。

Question: Which is better for you, studying in Japan or studying abroad?

Answer: (Studying in Japan / Studying abroad) is better for me because ________.

> 条件
> ① （ ）内の２つのうち，どちらか一方を◯で囲むこと。
> ② 下線部には，主語と動詞を含む８語以上の英語を書くこと。なお，I'm のような短縮形は１語として数え，符号（,/!/. など）は語数に含めない。

5 次の英文は，明（Akira）が書いたスピーチの原稿です。これを読んで，(1)～(6)の問いに答えなさい。なお，文中の[1]～[6]は，段落の番号を示しています。

[1] Do you think accepting different ideas is easy? This may not be easy for most of us. However, if we can accept them, we can do an important thing.

[2] We have a traditional festival in our village. Every summer, children in our village start practicing the *_hue_, the *_taiko_ and the *dance for the festival. My *grandfather teaches the group of children how to play the _hue_ and the _taiko_. I'm one of the group members [A] are learning how to play the _hue_ from him. He once said to us, "This festival is very important to the people in our village. We must preserve it with our own hands." He loves the festival and always thinks about it.

[3] One day, my grandfather looked very sad. So, I asked him, "Are you OK?" He said, "The number of group members has been decreasing. I'm *afraid that the festival may disappear." This was true. There were only ten group members. We needed more children for the festival. I had to do something to solve <u>this problem</u>, but I didn't know what to do.

[4] The next day, I had a *chance to talk with my classmate, Saori, after school. She moved to our village from Tokyo last spring. When I told her about the festival and our group, she said, "Wow! I'm interested in the festival. My sister and I can play the *flute. Can we join your group?" I was happy to hear that, but I thought, "What will my grandfather and other members say?"

[5] That night, I went to the *community center to practice for the festival. When the *practice finished, I told all the members and my grandfather about Saori and her sister. Many of the members said that we should accept them. One member said, "If we accept them, we can get new members to play together for the festival." But my grandfather and a few members said we should not. One

of them said, “It’s not good to accept people from other places.” My grandfather said, “We have preserved this festival for many years with our own hands. We should not accept them.” We talked and talked for a long time. Finally I said, “It’s important [B]. But it’s difficult now because the number of the children has been decreasing. I don’t want to lose our festival. We should accept people from other places and preserve it in a new way.” At first, my grandfather didn’t say anything. But, after a while, he said, “OK. I will accept your idea, Akira. Can you *ask Saori and her sister to come and join us tomorrow? I’ll teach them how to play the *hue*. Everyone, is that OK?” All of us said, “Yes!”

6 We have just started practicing with Saori and her sister. They enjoy practicing the *hue* with us, and my grandfather enjoys teaching them, too. I learned an important thing from this experience. Sometimes, accepting different ideas may not be easy. However, if we can do so, we can change something *for the better.

注：*hue*　笛　　*taiko*　太鼓　　dance　踊り　　grandfather　祖父
afraid that ～　～ということを恐れて　　chance　機会　　flute　フルート
community center　公民館　　practice　練習　　ask ～ to…　…するよう～に頼む
for the better　より良く

(1)　本文中の [A] に入る英語として最も適当なものを，**ア**～**エ**の中から一つ選びなさい。

ア　what　　**イ**　who　　**ウ**　where　　**エ**　which

(2)　本文中の下線部 this problem の内容を示した英文として最も適当なものを，**ア**～**エ**の中から一つ選びなさい。

ア　The children in the group have to practice the dance for the festival,
イ　Akira’s grandfather must preserve the *hue* and the *taiko* in his village.
ウ　The number of the members for the festival has been decreasing,
エ　The ideas of the ten members for the festival may disappear.

(3)　本文中の [B] に入る英語として最も適当なものを，**ア**～**エ**の中から一つ選びなさい。

ア　to preserve this festival with our own hands
イ　to talk about the problem together for a long time
ウ　to practice with Saori and her sister for the festival
エ　to accept all the people from some other places

(4)　本文の内容に合っているものを，**ア**～**エ**の中から一つ選びなさい。

ア　The *hue* and the *taiko* were played only by Akira’s grandfather in the village.
イ　Akira’s grandfather was afraid to do something for people living in the village.
ウ　Akira talked with Saori and her sister in the community center about all the members.
エ　Akira wanted to preserve the festival by accepting people from other places.

(5)　本文の内容に合うように，次のページの①と②の Question に答えなさい。ただし，答えは

Answer の下線部に適当な英語を書きなさい。

① Question: What did the group members need for the festival?

Answer: ＿＿＿＿＿＿＿＿ for the festival.

② Question: What did Akira's grandfather and a few members say after the practice?

Answer: They said that they should ＿＿＿＿＿＿＿＿ sister.

⑹ 次は，第4段落を要約した文章です。本文の内容に合うように，下線部に８語以上の適当な英語を書きなさい。なお，I'm のような短縮形は１語として数え，符号（,/!/. など）は語数に含めない。

Akira told Saori about the festival and she became interested. Then he felt ＿＿＿＿＿＿＿＿ with her sister. However, he was not sure about the ideas of his grandfather and other members.

＜理科＞

時間　50分　　満点　50点

1　次の観察について，(1)～(4)の問いに答えなさい。

観察１

カタクチイワシとスルメイカのからだのつくりを調べるために，煮干し（カタクチイワシ）は，水でふやかしてからだの側面をピンセットではがすようにとり，スルメイカは，外とう膜を切り開いて観察を行った。図１はカタクチイワシ，図２はスルメイカのからだの中のつくりをスケッチしたものである。

図１

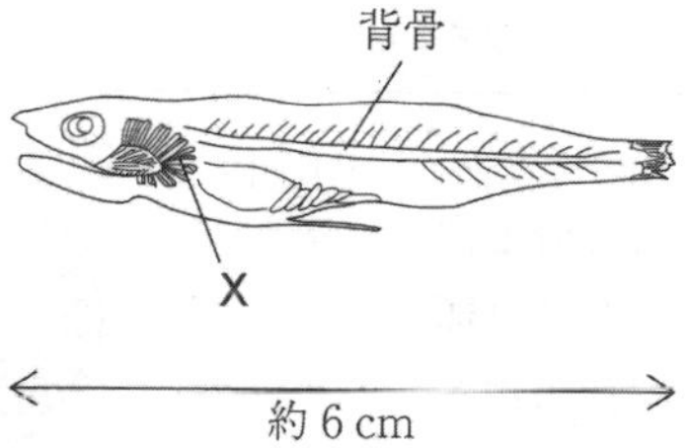

図２

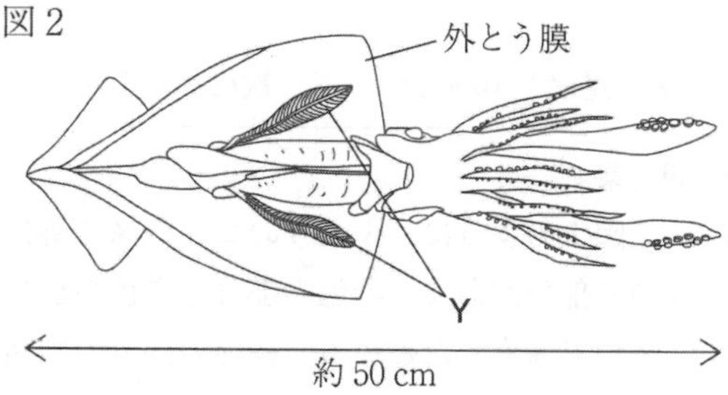

観察２

観察１の後，それぞれの胃の中にふくまれているものを調べた。カタクチイワシの胃の中には，動物プランクトンがふくまれていた。また，スルメイカの胃の中には，魚の骨がふくまれていた。

(1)　動物には，背骨をもつものともたないものがいる。カタクチイワシのように，背骨をもつ動物を何動物というか。書きなさい。

(2)　外とう膜は，筋肉でできた膜であり，内臓の部分を包んでいる。外とう膜をもつ生物を，次の**ア**～**エ**の中から１つ選びなさい。

ア　クラゲ　　**イ**　エビ　　**ウ**　ウニ　　**エ**　アサリ

(3)　図１の**X**と図２の**Y**について述べた文として最も適当なものを，次の**ア**～**エ**の中から１つ選びなさい。

ア　**X**と**Y**はえらであり，からだに二酸化炭素をとりこむはたらきがある。

イ　**X**と**Y**はえらであり，からだに酸素をとりこむはたらきがある。

ウ　**X**と**Y**は肝臓であり，からだに養分をとりこむはたらきがある。

エ　**X**と**Y**は肝臓であり，からだに水分をとりこむはたらきがある。

(4)　次のページの図３は，ある地域の，海の生態系における食物連鎖を示している。図３の矢印は，食べられる生物から食べる生物に向かってつけてある。あとの①，②の問いに答えなさい。

①　生態系における食物連鎖の関係は，一通りの単純なつながりではなく，網の目のように複雑にからみ合っている。このような生物どうしの関係のことを何というか。**漢字３字**で書きなさい。

② 図3の生態系において，ブリはほかの生物に食べられることがないのに無限にふえ続けることがない。その理由を，「**ブリがふえると，**」という書き出しに続けて，**食物**ということばを用いて書きなさい。

図3

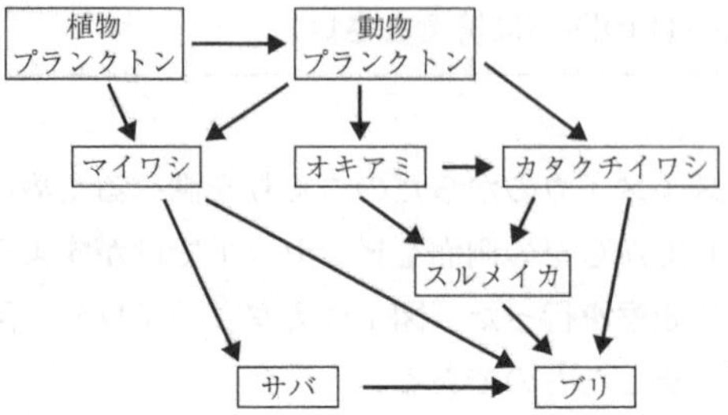

2 次の観察と実験について，次のページの(1)～(4)の問いに答えなさい。

観 察

図1のように，ふ入りのコリウスの葉には，緑色の部分と白色の部分がある。緑色の部分と白色の部分の細胞をそれぞれ顕微鏡で観察したところ，緑色の部分の細胞の中には緑色の粒が見られた。

図1

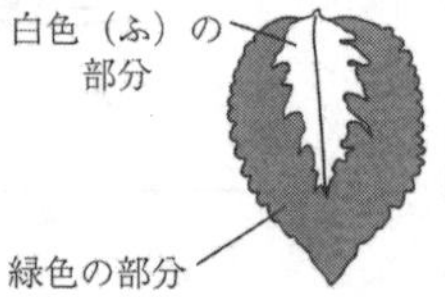

実 験

Ⅰ 鉢植えのコリウスを3日間暗所に置いた。

Ⅱ 図2のように，試験管を5本用意し，試験管Aには何も入れずにゴム栓をした。Ⅰのコリウスの葉を緑色の部分と白色の部分に切り分け，試験管BとDには葉の緑色の部分を，試験管CとEには葉の白色の部分を入れ，ゴム栓をした。さらに，試験管DとEには，光が当たらないようにアルミニウムはくを巻いた。

Ⅲ A～Eの試験管を光が十分に当たる場所に3時間置いた。

Ⅳ A～Eの試験管に石灰水を少し入れ，ゴム栓をしてよくふり，反応を確認した。

Ⅴ B～Eの試験管から葉をとり出し，あたためたエタノールで脱色した後，水でよく洗ってからヨウ素液にひたし，反応を確認した。

図2

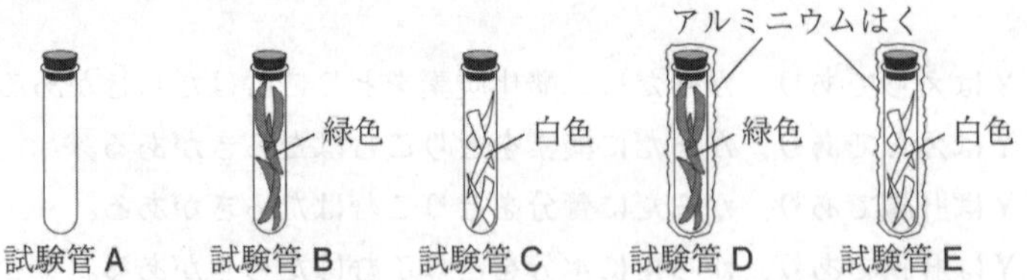

結 果

	試験管A	試験管B	試験管C	試験管D	試験管E
試験管に入れた石灰水の反応	変化しなかった	変化しなかった	白くにごった	白くにごった	白くにごった
とり出した葉のヨウ素液との反応		青紫色に変化した	変化しなかった	変化しなかった	変化しなかった

(1) 下線部について，この緑色の粒を何というか。書きなさい。

(2) 次の文は，葉でつくられたデンプンの移動について述べたものである。X，Yにあてはまることばの組み合わせとして最も適当なものを，右のア～エの中から１つ選びなさい。

	X	Y
ア	とけやすい	道管
イ	とけやすい	師管
ウ	とけにくい	道管
エ	とけにくい	師管

> 葉でつくられたデンプンは，水に［X］物質に変化して，［Y］を通ってからだ全体の細胞に運ばれる。

(3) 実験において，試験管Aはどのようなことを確かめるために用意したものか。「**試験管B～Eの結果が,**」という書き出しに続けて書きなさい。

(4) 次の文は，実験の結果について考察したものである。下の①，②の問いに答えなさい。

> 石灰水の反応において，試験管［P］の結果から，葉の白色の部分も緑色の部分も呼吸を行っていることがわかる。また，植物が光の有無に関係なく常に呼吸を行っていることが，試験管［Q］の結果からわかる。さらに，ヨウ素液との反応から，光が当たると，葉の緑色の部分で光合成が行われていることがわかる。これらのことから，試験管Bに入れた石灰水が変化しなかったのは，試験管Bの葉が［R］ためだと考えられる。

① P，Qにあてはまる試験管の組み合わせとして最も適当なものを，右のア～エの中から１つ選びなさい。

② Rにあてはまることばを，**光合成**，**呼吸**，**二酸化炭素**という３つのことばを用いて書きなさい。

	P	Q
ア	A，C，E	A，B，D
イ	A，C，E	A，D，E
ウ	A，D，E	A，B，D
エ	A，D，E	A，C，E

3 次の文は，傾斜がゆるやかなある山の地層の重なり方について述べたものである。あとの(1)～(4)の問いに答えなさい。

> 次のページの図１は，この山の登山道の一部を模式的に表したものである。この山の地層の重なり方について資料で調べたところ，この山のそれぞれの地層は，一定の厚さで水平に堆積していることがわかった。また，この山には凝灰岩の層は１つしかなく，地層の上下が逆転するような大地の変化は起こっておらず，断層やしゅう曲はないことがわかっている。
> この山の登山道の途中にある，標高の異なるX～Zの３地点でボーリング調査を行い，次のページの図２のような柱状図を作成した。また，X地点のボーリング試料に見られた泥岩の層を詳しく調べたところ，サンヨウチュウの化石が見つかった。

図1

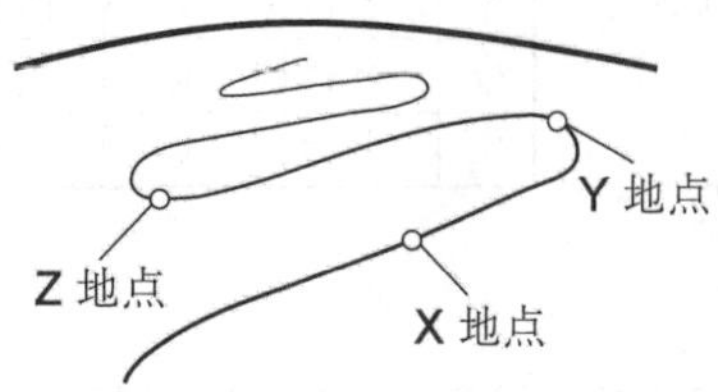

図2

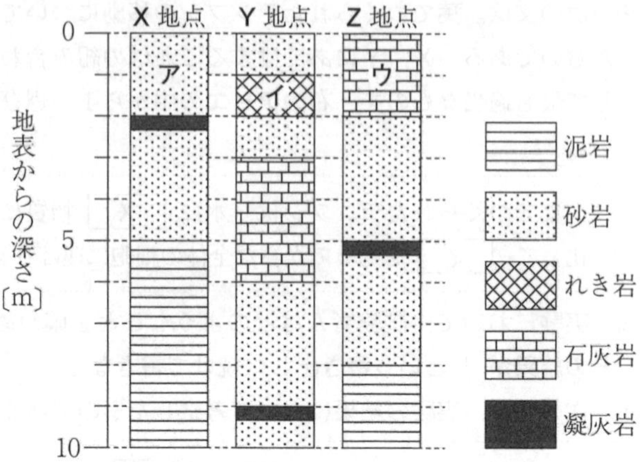

(1) 下線部について，次の①，②の問いに答えなさい。

① X地点のボーリング試料に見られた泥岩の層の地質年代と，その地質年代に栄えていた生物の組み合わせとして最も適当なものを，右のア～エの中から1つ選びなさい。

	地質年代	生物
ア	古生代	フズリナ
イ	古生代	ビカリア
ウ	新生代	フズリナ
エ	新生代	ビカリア

② 化石には，地質年代を知ることができる化石のほかに，サンゴのなかまのように，当時の環境をさぐる手がかりとなる化石がある。このような，当時の環境を示す化石を何化石というか。書きなさい。

(2) 次の文は，Y地点とZ地点で見られた石灰岩について述べたものである。P，Qにあてはまることばの組み合わせとして最も適当なものを，右のア～エの中から1つ選びなさい。

石灰岩は，貝殻やサンゴなどが堆積してできた岩石で，うすい［P］をかけると，とけて気体が発生する。かたさを調べるために石灰岩を鉄くぎでひっかいた場合，石灰岩の表面に［Q］。

	P	Q
ア	水酸化ナトリウム水溶液	傷はつかない
イ	水酸化ナトリウム水溶液	傷がつく
ウ	塩酸	傷はつかない
エ	塩酸	傷がつく

(3) 図2のア～ウの地層を，堆積した年代の古い順に左から並べて書きなさい。

(4) X地点の標高は47mであった。Y地点の標高は何mか。求めなさい。

4 次の文は，先生と生徒の会話の一部である。あとの(1)～(4)の問いに答えなさい。

［先生］ 空気に水蒸気がふくまれていることは，どのような現象からわかるでしょうか。

［生徒］ 冬になると，部屋の窓ガラスの表面に水滴がついているようすからわかります。

［先生］ 身のまわりの現象をよく観察していますね。その現象のことを a結露といいます。結露と同じように，b雲のでき方も，空気にふくみきれなくなった水蒸気の一部が水

滴になることが関係しています。ところで，冬は部屋の空気が乾燥していますよね。部屋の空気にふくまれる水蒸気の量をふやすには，どうすればよいでしょうか。

生徒　加湿器を使えばよいと思います。ここにある加熱式加湿器からは c 湯気が出るので，部屋の空気にふくまれる水蒸気の量をふやすことができるのではないでしょうか。

先生　そうですね。加湿器を使うと，d 湿度を上げることができます。湿度は，ある温度の１m^{3}の空気にふくまれる水蒸気の質量が，その温度での飽和水蒸気量に対してどれくらいの割合かを表したものです。気温と飽和水蒸気量には，表のような関係があります。この表を使って，湿度について考えてみましょう。

表

気温〔℃〕	17	18	19	20	21	22	23
飽和水蒸気量〔g/m^3〕	14.5	15.4	16.3	17.3	18.3	19.4	20.6

(1)　下線部 a について，次の文は，窓ガラスの表面に水滴がつくしくみについて述べたものである。□ にあてはまることばを，**漢字２字**で書きなさい。

窓ガラスの表面付近の空気の温度が，空気にふくまれる水蒸気が凝結し始める温度である □ よりも低くなることで，水蒸気の一部が水滴に変わり，窓ガラスの表面につく。

(2)　下線部 b について，次の文は，水蒸気をふくむ空気のかたまりが上昇したときの雲のでき方について述べたものである。□ にあてはまることばとして最も適当なものを，下の**ア**～**エ**の中から１つ選びなさい。

水蒸気をふくむ空気のかたまりが上昇すると，上空の気圧が □ ，雲ができる。

ア　高いために圧縮されて，気温が下がり　　**イ**　高いために圧縮されて，気温が上がり
ウ　低いために膨張して，気温が下がり　　**エ**　低いために膨張して，気温が上がり

(3)　下線部 c について，次の文は，やかんから出る湯気について述べたものである。P，Q にあてはまることばの組み合わせとして最も適当なものを，右の**ア**～**エ**の中から１つ選びなさい。

図は，やかんで水を沸騰させているようすである。やかんの口から離れたところの白色に見えるものを X，やかんの口と X の間の無色透明のものを Y とすると，湯気は，［ P ］である。
湯気は，［ Q ］に変化したものである。

図

	P	Q
ア	X	水滴が水蒸気
イ	X	水蒸気が水滴
ウ	Y	水滴が水蒸気
エ	Y	水蒸気が水滴

(4)　下線部 d について，ある部屋は気温が17℃で，１m^{3}の空気にふくまれる水蒸気の質量は5.8 g であった。次の①，②の問いに答えなさい。

①　この部屋の湿度は何％か。求めなさい。

②　次のページの文は，この部屋の空気にふくまれる水蒸気の質量の増加量について述べたものである。□ にあてはまる数値を求めなさい。

この部屋の空気の体積は50m^{3}である。この部屋で暖房器具と加湿器を同時に使用したところ，気温が23℃になり，湿度は50％になった。このとき，この部屋の空気にふくまれる水蒸気の質量は［　　］g増加した。

5　次の文は，ある海岸のごみの調査に来ていたAさんとBさんの会話の一部である。⑴～⑸の問いに答えなさい。

［Aさん］　海水を採取してみると，プラスチックのかけらなどの目に見えるごみがふくまれていることがわかるね。

［Bさん］　それは，a実験操作によって海水からとり出すことができるよ。

［Aさん］　砂浜にもごみが落ちているよ。これもプラスチックだね。

［Bさん］　プラスチックごみは大きな問題だよね。b微生物のはたらきで分解できるプラスチックも開発されているけれど，プラスチックごみを減らすなどの対策も重要だね。

［Aさん］　砂をよく見てみると，砂の中にプラスチックのかけらのようなものが見られるよ。この砂の中から小さいプラスチックのかけらをとり出すのは難しそうだなあ。砂の中にふくまれているプラスチックのかけらをとり出す方法はないのかな。

［Bさん］　それならば，c密度のちがいを利用する方法がいいと思うよ。砂とプラスチックの密度は異なっているだろうから，適当な密度の水溶液中にその２つを入れれば，プラスチックをとり出すことができると思うよ。

⑴　海水や空気のように，いくつかの物質が混じり合ったものを何というか。**漢字３字**で書きなさい。

⑵　下線部aについて，粒子の大きさのちがいを利用して，プラスチックのかけらをふくむ海水からプラスチックのかけらをとり出す実験操作として最も適当なものを，次のア～エの中から１つ選びなさい。

ア　ろ過　　**イ**　再結晶　**ウ**　蒸留　　**エ**　水上置換法

⑶　次のⅠ，Ⅱの文はプラスチックの特徴について述べたものである。これらの文の正誤の組み合わせとして正しいものを，右のア～エの中から１つ選びなさい。

Ⅰ　すべてのプラスチックは電気を通しにくい。
Ⅱ　すべてのプラスチックは有機物である。

	Ⅰ	Ⅱ
ア	正	正
イ	正	誤
ウ	誤	正
エ	誤	誤

⑷　下線部bのようなプラスチックを何プラスチックというか。**漢字４字**で書きなさい。

⑸　下線部cについて，あとの文は，密度が2.6g/cm^{3}の粒からなる砂に，密度が1.4g/cm^{3}のポリエチレンテレフタラートのかけら（ＰＥＴ片）を混ぜ，その混ぜたものからＰＥＴ片をとり出す方法について述べたものである。次のページの①，②の問いに答えなさい。

温度が一定のもと，ある物質をとかした水溶液に砂とＰＥＴ片を混ぜたものを入れ，密度のちがいを利用してＰＥＴ片をとり出す実験を行う。グラフは，ある物質をとかした水溶液の濃度と密度の関係を表している。ただし，水の密度は$1.0\,g/cm^3$とする。

水溶液の密度が$1.4\,g/cm^3$より大きく，$2.6\,g/cm^3$より小さければ，ＰＥＴ片のみが［　X　］ため，砂とＰＥＴ片を分けてとり出すことができる。

グラフより，ＰＥＴ片をとり出すための水溶液の濃度は，40％よりもこくなっている必要があることがわかる。水300ｇに，溶質を［　Y　］ｇとかせば，水溶液の濃度は40％となるため，溶質を［　Y　］ｇよりも多くとかすことで，濃度が40％よりもこい水溶液をつくることができる。

① Xにあてはまることばを書きなさい。

② Yにあてはまる数値を求めなさい。

グラフ

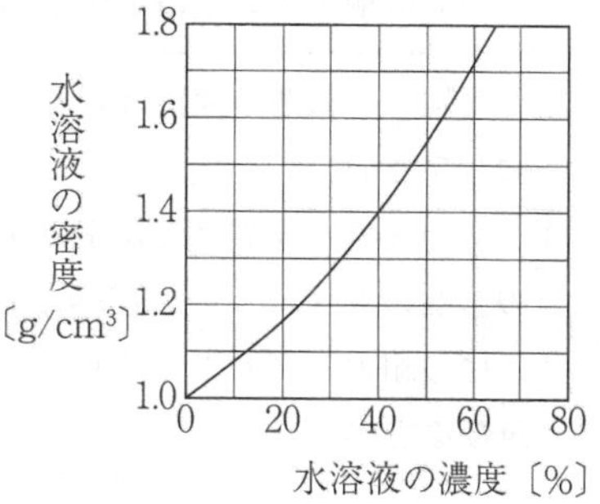

6　次の実験について，次のページの(1)～(5)の問いに答えなさい。

実験１

図１のように，金属の陽イオンの水溶液（濃度５％）が入った試験管に金属片を入れる実験を行った。このとき，硫酸マグネシウム水溶液には亜鉛片または銅片を，硫酸亜鉛水溶液にはマグネシウム片または銅片を，硫酸銅水溶液にはマグネシウム片または亜鉛片をそれぞれ入れ，金属片の変化を観察した。

図１

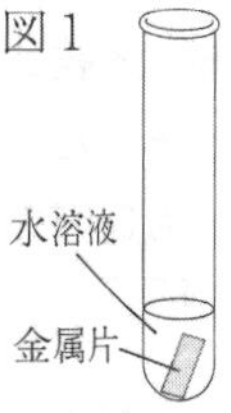

結　果

	硫酸マグネシウム水溶液	硫酸亜鉛水溶液	硫酸銅水溶液
マグネシウム片		亜鉛が付着した	銅が付着した
亜鉛片	反応しなかった		銅が付着した
銅片	反応しなかった	反応しなかった	

実験２

図２のように，ビーカーの中をセロハン膜で区切り，一方に硫酸亜鉛水溶液と亜鉛板を入れ，もう一方に硫酸銅水溶液と銅板を入れた。亜鉛板と銅板を，導線とプロペラ付きモーターでつないでダニエル電池をつくったところ，プロペラが回転した。

図２

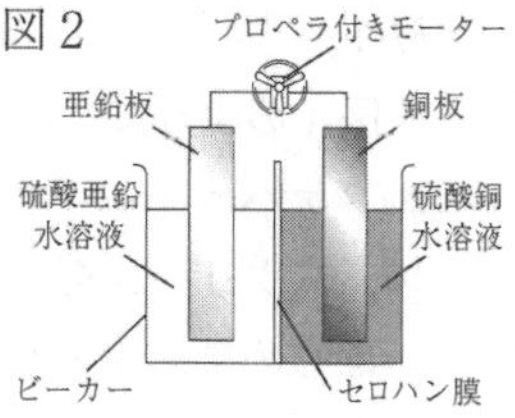

(1)　実験１の結果より，マグネシウム，亜鉛，銅のうち，最も陽イオンになりやすい金属はどれか。物質名を書きなさい。

(2)　次の文は，実験２の電池における電子の移動について述べたものである。X～Zにあてはまることばの組み合わせとして最も適当なものを，右のア～エの中から１つ選びなさい。

	X	Y	Z
ア	銅板から亜鉛板	失う	受けとる
イ	銅板から亜鉛板	受けとる	失う
ウ	亜鉛板から銅板	失う	受けとる
エ	亜鉛板から銅板	受けとる	失う

電子は導線中を［　X　］へ移動する。亜鉛板では亜鉛原子が電子を［　Y　］反応が，銅板では銅イオンが電子を［　Z　］反応が起こる。

(3)　実験２の電池の亜鉛板の表面で起こる反応を化学反応式で書きなさい。ただし，電子はe^-で表しなさい。

(4)　次の文は，実験２で電流が流れているときのそれぞれの水溶液の濃度の変化について述べたものである。P，Qにあてはまることばの組み合わせとして正しいものを，右のア～エの中から１つ選びなさい。

	P	Q
ア	こく	こく
イ	こく	うすく
ウ	うすく	こく
エ	うすく	うすく

電流が流れているとき，硫酸亜鉛水溶液の濃度は少しずつ［　P　］なる。また，硫酸銅水溶液の濃度は少しずつ［　Q　］なる。

(5)　実験２において，セロハン膜をとり除いたところ，プロペラの回転はだんだんおそくなり止まった。次の文は，この結果について述べたものである。［　　］にあてはまることばとして最も適当なものを，下のア～エの中から１つ選びなさい。

セロハン膜がとり除かれ，２つの水溶液が混ざったことで，［　　　　　］反応が起こり，導線中での電子の移動がほとんどなくなったためと考えられる。

ア　亜鉛原子と銅イオンの間で電子の受けわたしが起こり，亜鉛板上に銅が付着する
イ　亜鉛原子と銅イオンの間で電子の受けわたしが起こり，銅板上に亜鉛が付着する
ウ　銅原子と亜鉛イオンの間で電子の受けわたしが起こり，亜鉛板上に銅が付着する
エ　銅原子と亜鉛イオンの間で電子の受けわたしが起こり，銅板上に亜鉛が付着する

7　次の実験について，あとの(1)～(4)の問いに答えなさい。

実験１

図１のように，光学台上に，光源，フィルター（アルファベットのＦの形をくりぬいたもの），凸レンズ，スクリーンを一直線上に設置した。

はじめに，フィルターと凸レンズとの距離を12cmにして，スクリーンを動かしてはっきりとした像が

図１

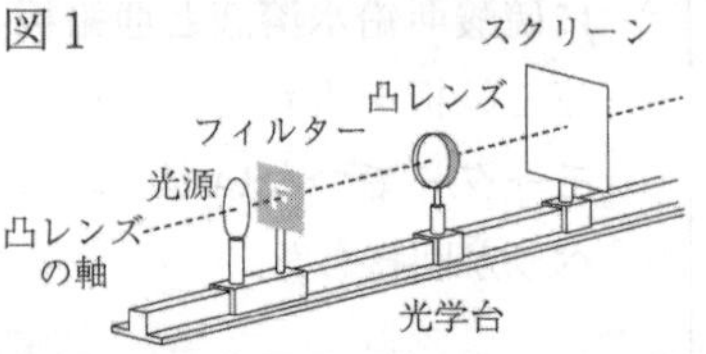

うつるようにし，そのときの凸レンズとスクリーンとの距離および像の大きさを調べた。次に，フィルターと凸レンズとの距離を15㎝，20㎝，30㎝，60㎝と変えて，それぞれスクリーンにはっきりとした像がうつるようにしたときの，凸レンズとスクリーンとの距離および像の大きさを調べた。

結　果

フィルターと凸レンズとの距離〔cm〕	12	15	20	30	60
凸レンズとスクリーンとの距離〔cm〕	60	30	X	15	12
フィルターの大きさに対する像の大きさ	Y		同じ	Z	

実験２

図２のように，フィルターの上半分を黒い紙でおおってから，図３のように，実験１で使用した装置を使い，スクリーンにうつる像を調べた。

図２

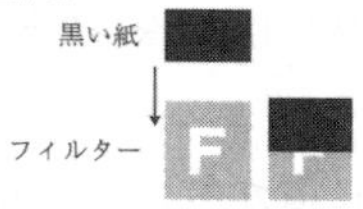

図３

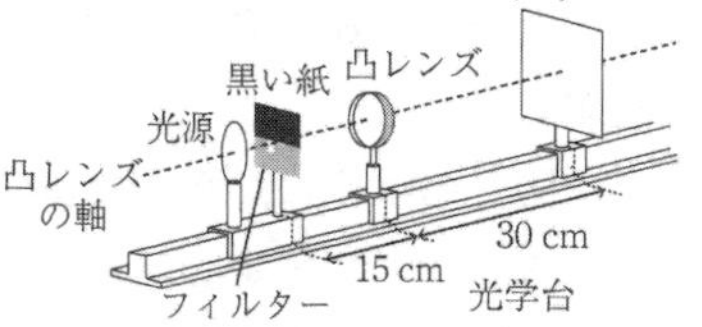

⑴　下線部について，実験１でスクリーンにうつった像を何というか。**漢字２字**で書きなさい。

⑵　焦点を通る光が凸レンズに入射したとき，光はどのように進むか。そのときの光の道筋を模式的に表したものとして最も適当なものを，次の**ア**～**エ**の中から１つ選びなさい。

ア

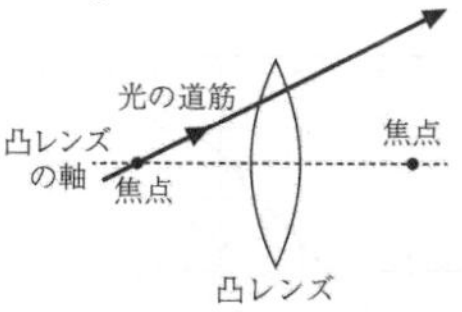

イ

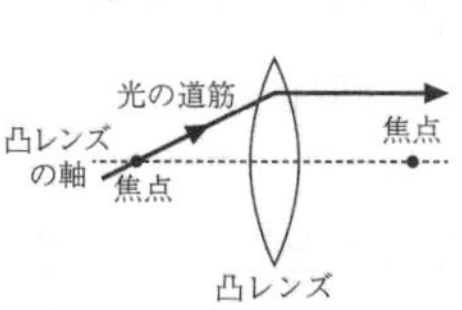

ウ

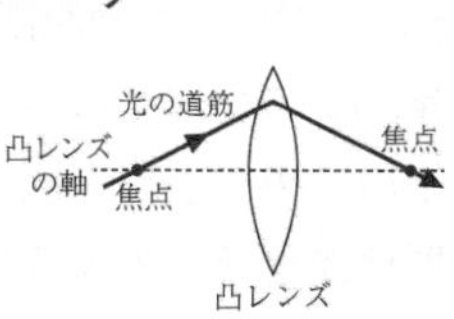

エ

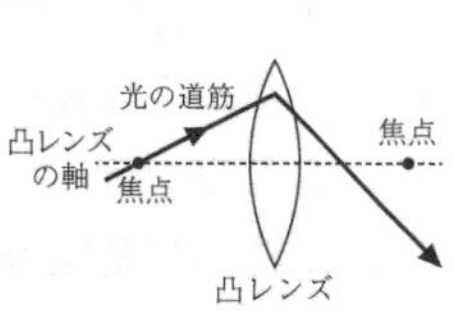

⑶　実験１について，次の①，②の問いに答えなさい。

①　この凸レンズの焦点距離は何㎝か。求めなさい。

②　**X**～**Z**にあてはまる数値とことばの組み合わせとして正しいものを，右の**ア**～**カ**の中から１つ選びなさい。

	X	Y	Z
ア	20	大きい	小さい
イ	20	小さい	大きい
ウ	22.5	大きい	小さい
エ	22.5	小さい	大きい
オ	25	大きい	小さい
カ	25	小さい	大きい

⑷　実験２について，光源側からスクリーンを見たとき，スクリーンにうつった像として最も適当なものを，次の**ア**～**カ**の中から１つ選びなさい。

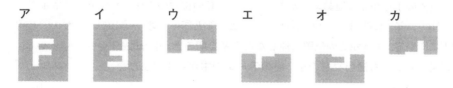

ア

イ

ウ

エ

オ

カ

8　次の実験について，あとの(1)～(5)の問いに答えなさい。ただし，空気の抵抗は考えないものとする。

実験1

図1のように，小球に糸をとりつけて，糸がたるまないようにAの位置で小球を静止させ，この状態で手をはなしたところ，小球はふりこの運動を行った。小球は，Bの位置で高さが最も低くなり，Aの位置と同じ高さのCの位置で速さが0になった。

図1

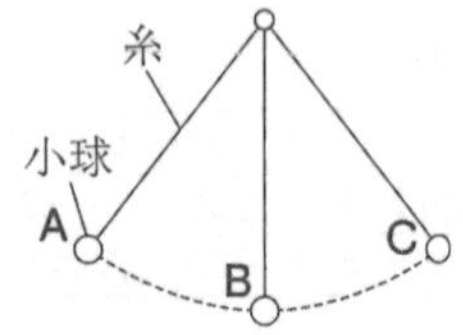

ただし，Bの位置を高さの基準とし，糸の質量は考えないものとする。

実験2

図2のように，水平な台の上に置かれたレールをスタンドで固定し，質量20gの小球Xをレールの水平部分からの高さが10cmとなる斜面上に置いて，静かに手をはなした。小球が斜面を下って水平部分に置いた木片に当たり，木片とともに移動して止まった。このとき，木片の移動距離を調べた。つづけて，斜面上に置く小球の高さを変えて実験を行い，そのときの木片の移動距離を調べた。次に，小球Xを質量30gの小球Yに変えて，同様の測定を行った。その結果，小球を置いた高さと木片の移動距離の関係がグラフのようになることがわかった。

ただし，小球とレールの間の摩擦は考えないものとし，木片とレールの間には一定の大きさの摩擦力がはたらくものとする。

図2

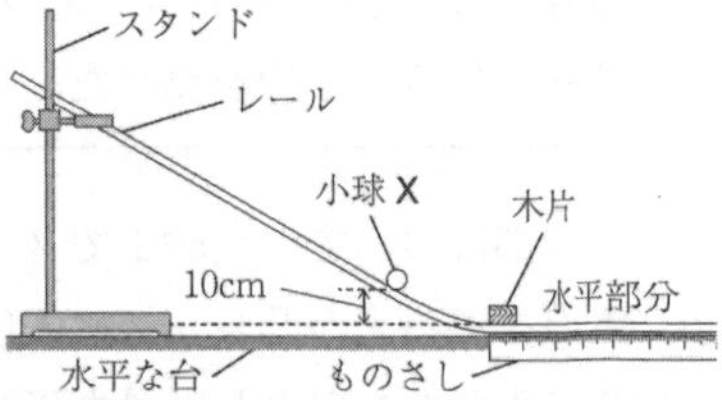

グラフ

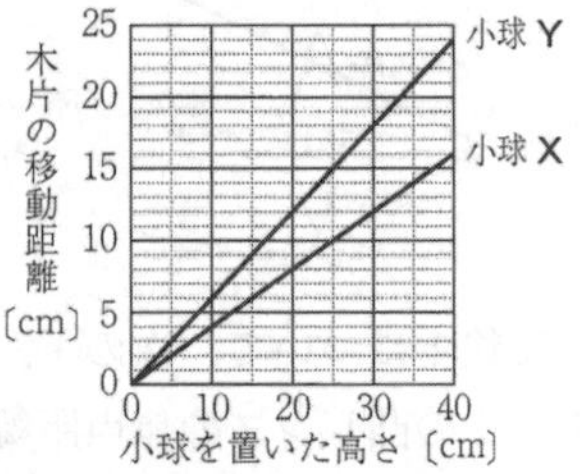

(1)　実験1について，小球がもつ位置エネルギーと運動エネルギーを合わせた総量を何エネルギーというか。**漢字3字**で書きなさい。

(2)　実験1について，次の①～④のうち，Aの位置の小球がもつ位置エネルギーと大きさが等しいものを，下のア～カの中から1つ選びなさい。

①　Bの位置の小球がもつ運動エネルギー　　②　Bの位置の小球がもつ位置エネルギー
③　Cの位置の小球がもつ運動エネルギー　　④　Cの位置の小球がもつ位置エネルギー

ア　①と②　　イ　①と③　　ウ　①と④　　エ　②と③　　オ　②と④　　カ　③と④

(3)　実験1について，小球がCの位置に達したとき糸を切ると，小球はどの向きに動くか。最も適当なものを，右のア～エの中から1つ選びなさい。

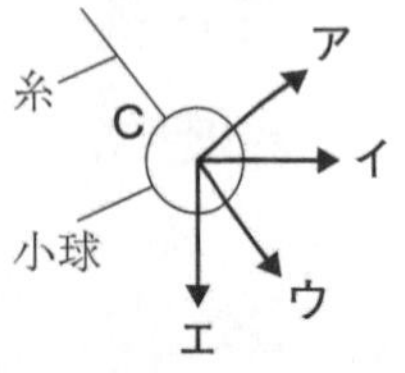

⑷　実験２について，小球Ｙを使って実験を行ったとき，小球Ｘを15㎝の高さに置いてはなしたときと木片の移動距離が同じになるのは，小球Ｙを置く高さが何㎝のときか。求めなさい。

⑸　実験２について，仕事やエネルギーに関して述べた文として**誤っているもの**を，次の**ア**～**オ**の中から１つ選びなさい。

ア　小球が斜面上を運動しているとき，小球がもつ位置エネルギーが運動エネルギーに移り変わっている。

イ　小球が木片とともに移動しているとき，小球がもつ位置エネルギーと運動エネルギーを合わせた総量は保存されている。

ウ　小球が木片とともに移動しているとき，木片とレールの間に摩擦力がはたらき，熱が発生している。

エ　小球の質量が同じ場合，小球を置いた高さが高いほど，小球が木片にした仕事が大きくなっている。

オ　小球を置いた高さが同じ場合，小球の質量が大きいほど，小球が木片にした仕事が大きくなっている。

＜社会＞

時間 50分 満点 50点

1 次の地図のA～Dは国を，Eは大洋を，F，Gは山脈を，H～Kは都市を表している。また，下の文は，北アメリカ州と南アメリカ州の特徴についてある班がまとめたものの一部である。あとの(1)～(6)の問いに答えなさい。

地図

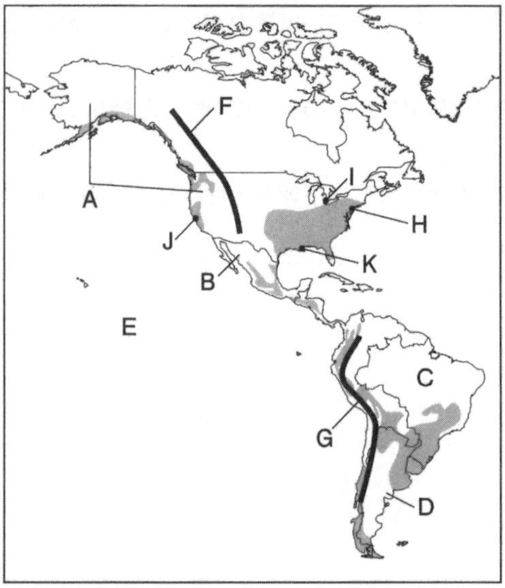

○自然環境

A国とB国は北アメリカ大陸，C国とD国は南アメリカ大陸に位置し，a両大陸の西部には山脈が連なっている。また，両大陸は低緯度地域から高緯度地域にかけて広がり，b多様な気候がみられる。

○文化と言語

南北アメリカ州とも，先住民のほかに，他の州から移り住んだ多様な人々が生活している。c南アメリカ州では，多様な人々の文化が融合した独自の社会がみられる。dA国では英語，B国とD国でスペイン語，C国ではポルトガル語が主に話されるなど，言語も多様である。

○産業

eA国では古くから工業が発展してきた。現在では，北アメリカ州に加えて南アメリカ州の国々でも工業化が進んでいる。また，f2つの州ともに大規模な農業が展開され，農産物の輸出が盛んである。

(1) 下線部aについて，次の文は，地図のF，Gの山脈について述べたものである。Lにあてはまる語句を**漢字4字**で書きなさい。

> F，Gの山脈は，Eの大洋を取り囲むように山脈や島々が連なる［L］造山帯の一部である。

(2) 下線部bに関して，地図のは，ある気候帯の分布を示している。この気候帯の名称として最も適当なものを，次の**ア～エ**の中から一つ選びなさい。

ア 乾燥帯　**イ** 温帯　**ウ** 冷帯（亜寒帯）　**エ** 寒帯

(3) 下線部cに関して，次の文は，南アメリカ州の社会の成り立ちについてまとめたものの一部である。Mにあてはまることばを，「**連れてこられた**」という語句を用いて書きなさい。

> 南アメリカ州にはもともと先住民が住んでいたが，16世紀に植民地を築いたヨーロッパ州の人々が進出した。16世紀から19世紀にかけては，その植民地の農園や鉱山で［M］州からの人々が増えた。また，先住民と白人との間の混血の人々も増えた。さらに，20世紀にやってきた日本人など，アジア州からの移民もおり，多様な人々が暮らす独自の社会が生まれた。

(4) 下線部dについて，B国などからA国へ移り住んだスペイン語を話す人々のことを何というか。**カタカナ6字**で書きなさい。

(5)　下線部eに関して，地図のH～Kは，ニューヨーク，デトロイト，ニューオーリンズ，サンフランシスコのいずれかの都市である。また，次の文ⅰ，ⅱは，H～Kのいずれかの都市における工業の特徴について述べたものである。ⅰ，ⅱとH～Kの組み合わせとして適当なものを，下の**ア～エ**の中から一つ選びなさい。

ⅰ　この都市は，石炭や鉄鉱石などの鉱産資源の産地に近く，重工業が発達した地域に位置し，自動車産業の中心地として発展した。
ⅱ　この都市の郊外には，インターネットに関連した情報技術産業や大学などの教育研究機関が集まるシリコンバレーがあり，その分野で世界をリードしている。

	ア	イ	ウ	エ
ⅰ	H	H	I	I
ⅱ	J	K	J	K

(6)　下線部fについて，次の①，②の問いに答えなさい。

①　次の文は，D国の農業について述べたものである。Nにあてはまる語句として適当なものを，下の**ア～エ**の中から一つ選びなさい。

D国の首都周辺には，［N］とよばれる草原が広がり，牛の牧畜が行われている。

ア　グレートプレーンズ
イ　サバナ
ウ　フィヨルド
エ　パンパ

②　次の表は，小麦，大豆，とうもろこしの輸出上位国と輸出量を表している。X～Zにあてはまる農作物の組み合わせとして適当なものを，下の**ア～カ**の中から一つ選びなさい。

表　小麦，大豆，とうもろこしの輸出上位国と輸出量（2020年）

	X		Y		Z	
	国名	輸出量（千t）	国名	輸出量（千t）	国名	輸出量（千t）
1位	ロシア	37267	C国	82973	A国	51839
2位	A国	26132	A国	64571	D国	36882
3位	カナダ	26111	パラグアイ	6619	C国	34432
4位	フランス	19793	D国	6360	ウクライナ	27952
5位	ウクライナ	18056	カナダ	4434	ルーマニア	5651

（世界国勢図会2022/23年版により作成）

	ア	イ	ウ	エ	オ	カ
X	とうもろこし	とうもろこし	小麦	小麦	大豆	大豆
Y	大豆	小麦	とうもろこし	大豆	とうもろこし	小麦
Z	小麦	大豆	大豆	とうもろこし	小麦	とうもろこし

2　右の地図ⅠのAは海洋，B～Dは都市，Eは平野，Fは県，Gは火山を表している。あとの⑴～⑸の問いに答えなさい。

地図Ⅰ

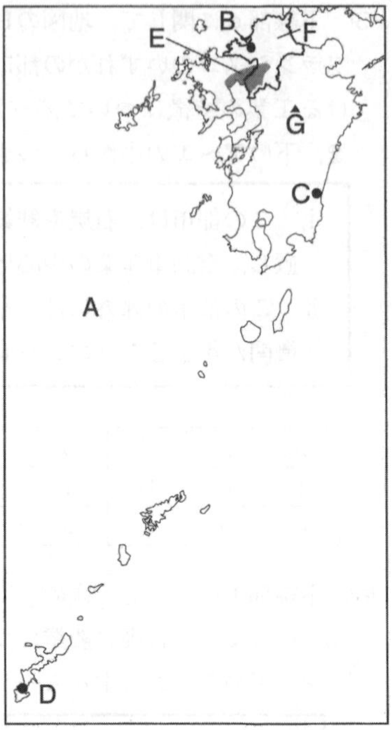

⑴　九州や南西諸島と，ユーラシア大陸の間にあるAの海洋名を書きなさい。

⑵　次の雨温図p～rは，B～Dのいずれかの都市の気温と降水量を表している。B，Cの都市にあてはまる雨温図の組み合わせとして適当なものを，下のア～カの中から一つ選びなさい。

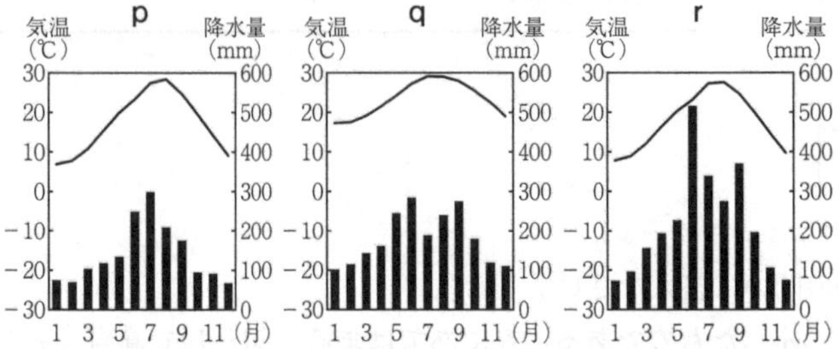

（理科年表 2022 年版により作成）

	ア	イ	ウ	エ	オ	カ
B	p	p	q	q	r	r
C	q	r	p	r	p	q

⑶　次の文は，九州地方の農業についてまとめたものの一部である。下の①～③の問いに答えなさい。

・北部は稲作が盛んで，［ E ］は九州地方を代表する稲作地帯である。
・南部は畑作が盛んで，宮崎平野では［ H ］やピーマンなどの作物をビニールハウスで生産する促成栽培が行われている。また畜産も盛んだが，近年，大量に［ J ］ため，安全で質の良い肉を生産しブランド化をはかる動きが進んでいる。

①　文中のEには，地図ⅠのEの平野名が入る。Eにあてはまる平野名を書きなさい。

②　文中のHには作物名が入り，右の表はHの生産量上位の都道府県と生産量を表している。Hにあてはまる作物名として適当なものを，次のア～エの中から一つ選びなさい。

ア　さつまいも　　イ　てんさい
ウ　ねぎ　　エ　きゅうり

表　［ H ］の生産量上位の都道府県と生産量（2020 年）

	都道府県名	生産量（t）
1位	宮崎県	60700
2位	群馬県	55800
3位	埼玉県	46100
4位	福島県	38500
5位	千葉県	27700

（日本国勢図会 2022/23 年版により作成）

③　Jにあてはまることばを，次の**二つの語句**を用いて書きなさい。

外国	安い

⑷　右のグラフは，F県と全国の工業出荷額の内訳を表しており，グラフ中のs～uは，金属，機械，化学のいずれかである。金属，機械とs～uの組み合わせとして適当なものを，次のア～カの中から一つ選びなさい。

グラフ　F県と全国の工業出荷額の内訳（2019年）

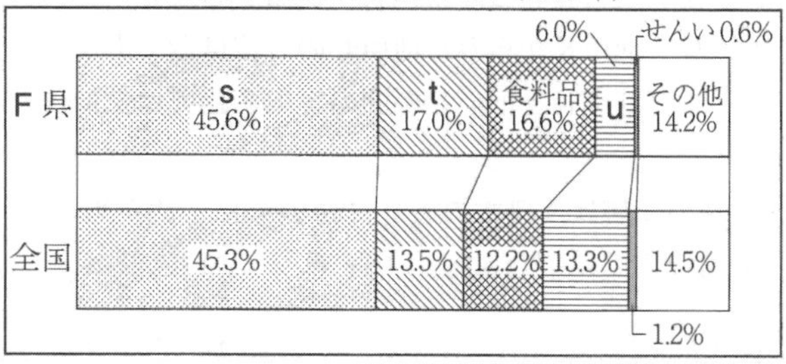

（日本国勢図会 2022/23年版により作成）

	ア	イ	ウ	エ	オ	カ
金属	s	s	t	t	u	u
機械	t	u	s	u	s	t

⑸　下の地図Ⅱは，G付近を表した2万5千分の1地形図の一部である。次の①，②の問いに答えなさい。

地図Ⅱ

（国土地理院2万5千分の1地形図により作成）

①　次の文は，地図Ⅱに関してまとめたものである。Mにあてはまる語句を**カタカナ**で書きなさい。

> 火山の爆発や噴火による陥没などによってできた大きなくぼ地のことを［M］という。Gの［M］は世界有数の大きさであり，多くの人々が暮らしている。地図Ⅱには水田や人々が生活する建物などが表されている。

②　地図Ⅱを読み取った内容として正しいものを，あとのア～エの中から一つ選びなさい。なお，地図上で地点Kと地点Lの間の長さを測ると，5㎝であった。

ア　広葉樹林と針葉樹林がみられる。

イ　消防署と警察署の間に鉄道がある。

ウ　地点Kからみた地点Lの方位は西である。

エ　地点Kと地点Lの間の実際の距離は2.5㎞である。

3　次の年表は，日本の戦乱についてまとめたものの一部である。あとの⑴～⑺の問いに答えなさい。

年	おもなできごと	
663	日本が［W］の復興を支援するために唐・新羅の連合軍と戦い敗れた	…A
1087	源義家が東北地方で起きた有力者どうしの争いを平定した	…B
1159	平治の乱でa平清盛が源義朝をたおした	
1221	後鳥羽上皇がb幕府をたおすため兵を挙げたが敗れた	
1467	将軍の跡継ぎ問題をめぐって守護大名が対立し，京都で戦乱が起こった	…C
1615	大阪の陣により，徳川家康が豊臣氏を滅ぼした	…D
1868	旧幕府軍と新政府軍との間で鳥羽・伏見の戦いが起こった	…E

⑴　Wにあてはまる語句を**漢字2字**で書きなさい。

⑵　次の文は，年表のAからBの間に東北地方で起きたできごとについて述べたものである。XとYにあてはまる語句の組み合わせとして適当なものを，下のア～カの中から一つ選びなさい。

> 9世紀のはじめ，［X］の指導者であるアテルイが，朝廷によって東北地方へ派遣された［Y］に降伏した。このこともあり，朝廷による東北地方の支配は広がったが，その後も［X］は朝廷に対する抵抗を続けた。

ア　X　蝦夷　Y　平将門　　イ　X　蝦夷　Y　坂上田村麻呂

ウ　X　倭寇　Y　平将門　　エ　X　倭寇　Y　坂上田村麻呂

オ　X　悪党　Y　平将門　　カ　X　悪党　Y　坂上田村麻呂

⑶　下線部aについて，この人物は，年表のAからBの間に活躍した藤原道長と同様に，朝廷との関係を深め政治の実権を握るようになった。その方法を，右の二つの系図に共通して読み取れることをもとに，**次の二つの語句**を用いて書きなさい。

系図

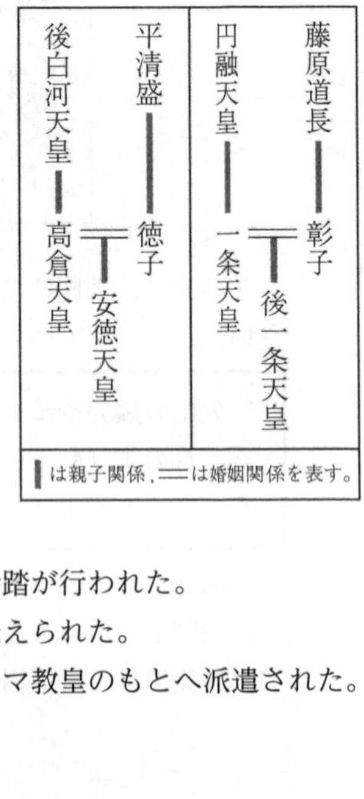

> **自分の娘　　生まれた子ども**

⑷　下線部bについて，この幕府が成立してから滅亡するまでの間に起きたできごととして適当なものを，次のア～オの中から一つ選びなさい。

ア　都に東大寺，国ごとに国分寺や国分尼寺が建てられた。

イ　最澄により天台宗が開かれ，比叡山に延暦寺が建てられた。

ウ　キリスト教が禁止され，キリスト教信者を見つけ出すため絵踏が行われた。

エ　座禅によって自分の力でさとりを開く禅宗が，道元により伝えられた。

オ　九州のキリシタン大名により，4人の少年が使節としてローマ教皇のもとへ派遣された。

(5)　年表のCに関して，この頃には書院造や水墨画に特徴づけられた文化が発展した。この頃の文化を代表する建築物を撮影した写真として適当なものを，次のア～エの中から一つ選びなさい。

ア

イ

ウ

エ

(6)　年表のDに関して，次の文は，この年に幕府が定めた法に1635年に付け加えられた制度をまとめたものの一部である。Zにあてはまることばを，次の**二つの語句**を用いて書きなさい。

1年　　領地

3代将軍徳川家光は，参勤交代の制度を定めた。この制度によって，多くの大名は［　Z　］こととなり，大名にとって大きな負担となった。

(7)　年表のDからEの間に起きたできごとについて述べた次のア～エを，年代の古い順に左から並べて書きなさい。

ア　水野忠邦が，物価の上昇を抑えるため，株仲間を解散させた。

イ　「ええじゃないか」といって人々が熱狂する騒ぎが各地で起こった。

ウ　大塩平八郎らが，米などを人々に分け与えようとして大阪で商人をおそった。

エ　松平定信が，凶作やききんに備えて，各地に倉を設けて米を蓄えさせた。

4　次のカードは，19世紀以降に女性が活躍したできごとについてある班がまとめたものの一部である。なお，カードは年代の古い順に左から並べてある。あとの(1)～(7)の問いに答えなさい。

カードA

1871年にa岩倉使節団が派遣され，その使節に5人の女子留学生が同行した。

カードB

1904年に与謝野晶子がb日露戦争に出征した弟を思い，詩を発表した。

カードC

1920年に平塚らいてうが新婦人協会を設立し，女性の権利拡大を求めた。

カードD

c戦後日本の民主化により，1946年には39人の女性国会議員が誕生した。

(1)　下線部aについて，右の資料Ⅰは，岩倉使節団の一員だったある人物についてまとめたものの一部である。ある人物とは誰か。書きなさい。

資料Ⅰ

・ヨーロッパへ留学後，憲法草案を作成した。 ・初代の内閣総理大臣に就任した。 ・立憲政友会を結成し，代表となった。

(2)　下線部bに関して，明治政府は教育によって人材を養成することにし，全国に小学校がつくられ，日露戦争後に義務教育の期間が６年に延長された。次のア～エは男女の就学率の変化を表したグラフである。このグラフに日露戦争が起こった年を表す線を書き加えたものとして適当なものを，ア～エの中から一つ選びなさい。

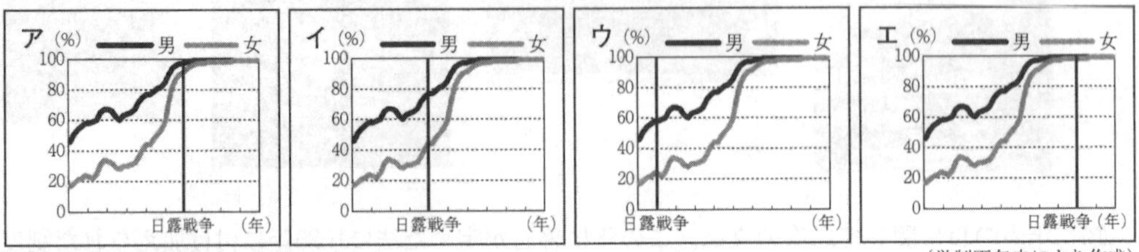

横軸の目盛りは，５年ごとにきざんである。　　　　(学制百年史により作成)

(3)　カードAとカードBのできごとの間に，日本の工業は大きく発展した。次の資料Ⅱは，日本の近代産業が発展する中で生産量が増えた製品Wについてまとめたものの一部である。Wにあてはまる製品として適当なものを，次のア～エの中から一つ選びなさい。

資料Ⅱ

機械を使い［W］を生産する
大阪の工場で働く女性の写真

［W］の生産量と輸出入量の推移
を表したグラフ

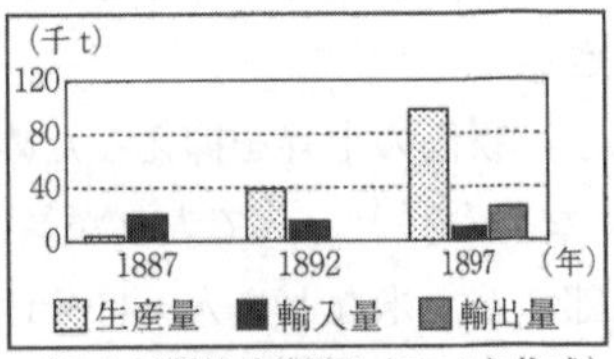

(日本長期統計総覧などにより作成)

ア　鉄鋼　　イ　セメント　　ウ　生糸　　エ　綿糸

(4)　カードBとカードCのできごとの間に，ヨーロッパでは第一次世界大戦が起きた。この戦争において，日本が属していた陣営の国々を▇▇で示した地図として最も適当なものを，次のア～エの中から一つ選びなさい。

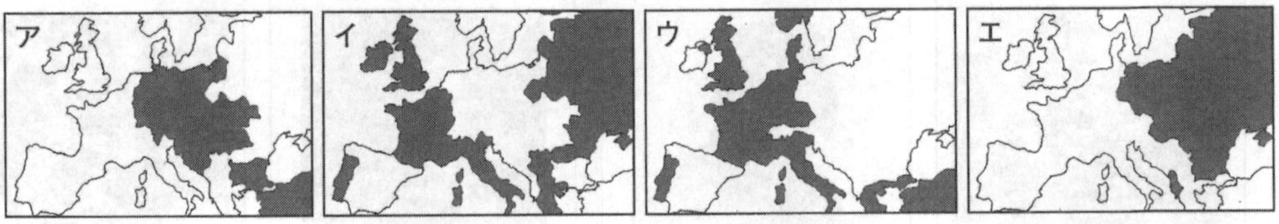

(5)　カードCとカードDのできごとの間に，日中戦争や太平洋戦争が起き，国民全体をまきこむ総力戦となった。次のページの文は，その頃の日本のできごとについてまとめたものの一部である。また，右の写真Ⅰは，その頃に，女学生が工場で働くようすを撮影したものである。Xにあてはまることばを，右の写真Ⅰと関連付け，**制定された法律名を明らかにしながら**，書きなさい。

写真Ⅰ

> 1938年に，近衛文麿内閣の下で，政府が議会の承認なしに国民を [X] が制定され，すべての国力を投入して戦争を優先する体制への移行が進んだ。

⑹　カードCとカードDのできごとの間に，ドイツではある政権が誕生し，ユダヤ人を迫害した。ユダヤ人である右の写真Ⅱのアンネ＝フランクは，迫害が激しくなると屋根裏部屋にかくれ，その日々を日記につづった。次の文は，当時のドイツについて述べたものの一部である。YとZにあてはまる語句の組み合わせとして適当なものを，下のア～エの中から一つ選びなさい。

写真Ⅱ

> [Y] 率いる [Z] が選挙で支持を得て，1933年に政権を握った。[Y] は，ドイツ民族の優秀さを国民に意識させるとともに，ユダヤ人を迫害した。

ア　Y　ヒトラー　　Z　ナチ党(ナチス)　　イ　Y　ヒトラー　　Z　ファシスト党
ウ　Y　ムッソリーニ　Z　ナチ党(ナチス)　　エ　Y　ムッソリーニ　Z　ファシスト党

⑺　下線部cに関して，戦後日本のできごとについて述べた次のア～エを，年代の古い順に左から並べて書きなさい。

ア　全国各地の公害反対運動を背景として，公害対策基本法が制定された。
イ　満25歳以上の男子に限られていた選挙権が，満20歳以上の男女に認められた。
ウ　雇用の面での女性への差別を禁止した，男女雇用機会均等法が制定された。
エ　池田勇人内閣が，経済成長を後押しするため，所得倍増をスローガンにかかげた。

5　次の先生と生徒の対話を読み，あとの⑴～⑹の問いに答えなさい。

> 先生　私たちが暮らす地域社会にはさまざまな課題があります。これらの課題は，「 [A] な開発目標」であるＳＤＧｓとどのように関連しているでしょうか。
>
> 生徒　福島県でも人口減少が起きていますが，人口減少はa地方財政に影響を与えることを学びました。この課題は，ＳＤＧｓの「住み続けられるまちづくりを」という目標と関連があると思います。
>
> 先生　こうした課題への対応策として，都市の中心市街地や駅のある地域に，社会資本を集めて効率的に利用するコンパクトシティという考え方が提唱されています。また，まちづくりには公共の交通機関や建物でバリアフリー化を進めるなど，誰もが不自由なく生活できるといった [B] の実現や，多様性を尊重する考え方が求められています。さらに，行政と地域住民やb企業が一体となった取り組みを進めることが大切です。
>
> 生徒　毎年のように起こる水害などの自然災害に備える，防災を意識したまちづくりも大切だと思います。
>
> 先生　そうですね。これらの課題は，ＳＤＧｓの「気候変動に具体的な対策を」という目標と関連があります。c地球環境問題のような地球規模の課題の解決にはd国際協力

が必要です。私たちは，国際社会の一員として地球規模の諸課題にも目を向け，行動していかなければなりません。

⑴　Aにあてはまる語句を**漢字４字**で書きなさい。

⑵　下線部ａについて，右のグラフは，鳥取県，大阪府の歳入の内訳を，Ｃ～Ｅは地方交付税交付金，地方債，地方税のいずれかを表している。ＣとＤにあてはまる語句の組み合わせとして適当なものを，次のア～エの中から一つ選びなさい。

グラフ　鳥取県，大阪府の歳入の内訳（2019年度）

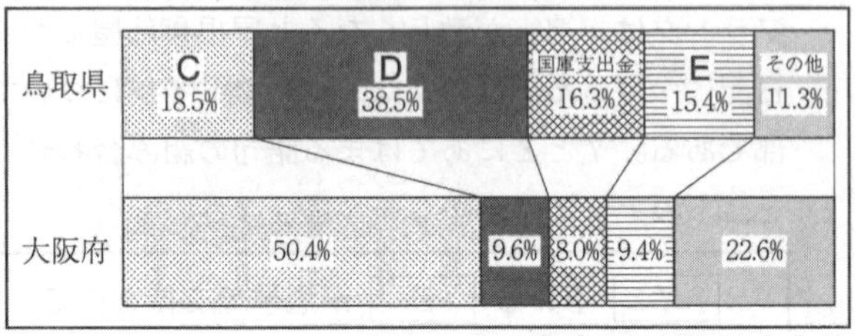

（データでみる県勢2022年版により作成）

ア　Ｃ　地方交付税交付金　Ｄ　地方債　　イ　Ｃ　地方税　Ｄ　地方交付税交付金
ウ　Ｃ　地方交付税交付金　Ｄ　地方税　　エ　Ｃ　地方税　Ｄ　地方債

⑶　Bにあてはまる語句として最も適当なものを，次のア～エの中から一つ選びなさい。

ア　リコール　　イ　メディアリテラシー
ウ　インフォームド・コンセント　　エ　インクルージョン

⑷　下線部ｂについて，右の図は，企業が資金を調達する方法の一つを表したものである。図のように，企業が株式や債券などを発行することで資金を調達することを何というか。**漢字４字**で書きなさい。

図

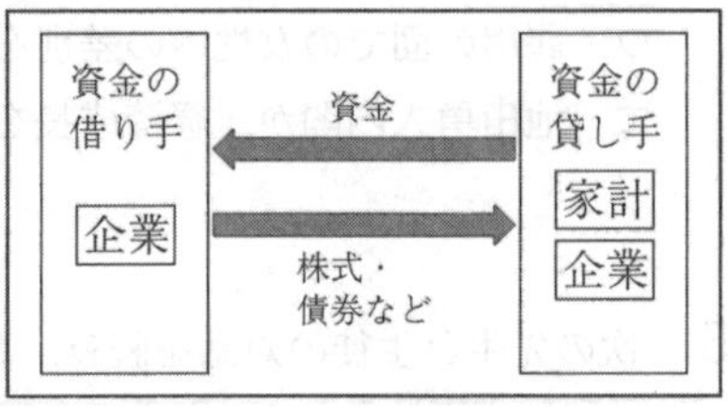

⑸　下線部ｃについて，次のＸ，Ｙの文は，地球環境問題への取り組みについて述べたものである。正誤の組み合わせとして適当なものを。下のア～エの中から一つ選びなさい。

Ｘ　地球サミットで，地球温暖化を防止することを目的に気候変動枠組条約が調印された。
Ｙ　パリ協定で，温室効果ガスの排出量の削減を先進国のみに義務付けた。

ア　Ｘ　正　Ｙ　正　　イ　Ｘ　正　Ｙ　誤
ウ　Ｘ　誤　Ｙ　正　　エ　Ｘ　誤　Ｙ　誤

⑹　下線部ｄについて，ある生徒が途上国に対する日本の国際協力の取り組みを次のようにまとめた。次のページの①，②の問いに答えなさい。

途上国が自立した経済発展を実現できるように，どのような国際協力が行われているか。

➡【日本政府が支援する取り組みの例】
日本政府は，［　F　］を中心に，お金だけではなく人材育成や技術援助の面でも途上国の開発を支援している。

➡【非政府組織などが支援する取り組みの例】
ｅマイクロクレジットという取り組みを通して，貧しい人々に収入を得る機会を与えている。

➡ ＳＤＧｓにかかげる目標を達成していくため，さまざまな取り組みを通して国際協力が行われている。

① **F**にあてはまる語句の略称を，**アルファベット3字**で書きなさい。

② 下線部**e**について，マイクロクレジットとはどのようなことか。次の**二つの語句**を用いて書きなさい。

事業　　**お金**

6 次のカードは，人権思想の広がりについてある班がまとめたものの一部である。あとの⑴～⑹の問いに答えなさい。

Ⅰ　人権思想のあゆみ	Ⅱ　日本国憲法と人権	Ⅲ　人権と国際社会
a 人権とは，人間が生まれながらにして持っている権利であり，フランス人権宣言などを通じて，すべての人間が人権を持つという考え方が広まった。近代革命の後，多くの国では人権を保障するために，憲法を制定するようになった。	**b** 日本国憲法は，国民の基本的人権を保障し，それを法律によっても侵すことのできない権利として尊重している。また，基本的人権の尊重は，**c** 国民主権，［ **A** ］主義とともに，日本国憲法の三つの基本原理の一つとなっている。	**d** 国際連合の役割は，世界の平和と安全の維持と，さまざまな分野での国際的な協力の推進である。現代の国際社会で，地球上のすべての人がよりよい生活を送るためには，「［ **B** ］」の考え方を生かした取り組みが必要である。

⑴ 下線部**a**に関して，『社会契約論』を著して人民主権を主張し，人権思想の発展に影響を与えたフランスの思想家は誰か。次の**ア**～**エ**の中から一つ選びなさい。

ア ロック　　**イ** マルクス　　**ウ** リンカン　　**エ** ルソー

⑵ 下線部**b**に関して，次の**X**～**Z**は，基本的人権に関する日本国憲法の条文の一部である。**X**～**Z**の中で，自由権について述べたものの組み合わせとして適当なものを，下の**ア**～**キ**の中から一つ選びなさい。

X　第21条①	集会，結社及《およ》び言論，出版その他一切《いっさい》の表現の自由は，これを保障する。
Y　第25条①	すべて国民は，健康で文化的な最低限度の生活を営む権利を有する。
Z　第29条①	財産権は，これを侵《おか》してはならない。

ア Xのみ　　**イ** Yのみ　　**ウ** Zのみ　　**エ** XとY　　**オ** XとZ

カ YとZ　　**キ** XとYとZ

⑶ 下線部**c**に関して，日本の国会は二院制が採られ，両議院の議決が一致すると国会の議決となる。予算の議決においては，両議院の議決が異なる場合は必ず両院協議会が開かれ，それでも一致しない場合には衆議院の優越が認められている。その理由を，衆議院と参議院の任期のちがいに着目しながら，「**衆議院は参議院と比べて**」の書き出しに続けて，次の**二つの語句**を用いて書きなさい。

解散　　**国民**

⑷ **A**にあてはまる語句を書きなさい。

⑸ 下線部**d**について，あとの①，②の問いに答えなさい。

① 人種や宗教などのちがいをこえて，人類普遍の価値として人権を認めた，1948年に採択さ

れた宣言は何か。書きなさい。

② 難民などの保護を目的として設立された国際連合の機関の略称として適当なものを，次のア～エの中から一つ選びなさい。

ア UNICEF　イ UNHCR　ウ WTO　エ WHO

(6) 次の文は，Bにあてはまる語句について述べたものである。この文を参考にして，Bにあてはまる語句として適当なものを，下のア～エの中から一つ選びなさい。

グローバル化が進んだ現代において，環境の汚染は国境をこえて広がり，武力紛争やテロリズムの影響は一国だけにとどまらず，解決には国際的な協力が重要である。その中で，これまでの国家が自国の国土と国民を守るという考え方だけではなく，一人一人の生命や人権を大切にして平和と安全を実現するという考え方が生まれ，世界中に広がっている。

ア 人間の安全保障　イ 環境アセスメント　ウ 集団的自衛権　エ 小さな政府

4　全体を百五十字以上、二百字以内でまとめること。
5　氏名は書かないで、本文から書き始めること。
6　原稿用紙の使い方に従って、文字や仮名遣いなどを正しく書き、漢字を適切に使うこと。

ウ　最初から最後まで読み通すことが、やっぱり大切なことなんだね

エ　本を読む目的によってふさわしい読み方があるのかもしれないね

オ　ノンリニアに読んだ後でリニアに読む方法がよいかもしれないね

六　近年、「ユニバーサルデザイン」が推進されている。次の**【資料Ⅰ】**は、「ユニバーサルデザイン」の説明である。また**【資料Ⅱ】**は、福島県の十五歳以上を対象に「ユニバーサルデザインを導入することが必要だと考えるのはどれか」について調査した結果の一部を、グラフで表したものである。**【資料Ⅰ】**を踏まえて、**【資料Ⅱ】**を見て**気づいたこと**と、**「ユニバーサルデザインを推進すること」**についての**あなたの考えや意見**を、あとの**条件**に従って書きなさい。

【資料Ⅰ】

ユニバーサルデザインとは

すべての人の多様なニーズを考慮し、年齢、性別、身体的能力、言語などの違いにかかわらず、すべての人にとって安全・安心で利用しやすいように、建物、製品、環境などを計画、設計するという考え方のこと。また、あらゆる特性を持つすべての人のために生活・活動しやすい環境づくりを進めていくという考え方のこと。

（「ふくしまユニバーサルデザイン推進計画」により作成）

【資料Ⅱ】

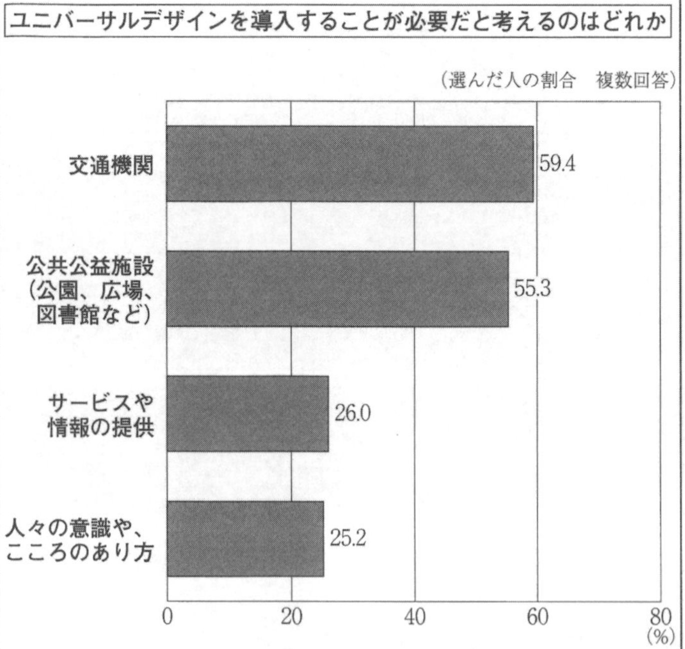

（福島県「県政世論調査（令和３年度）」により作成）

条件

1　**二段落構成**とすること。

2　前段では、**【資料Ⅰ】**を踏まえて、**【資料Ⅱ】**を見て**気づいたこと**を書くこと。

3　後段では、前段を踏まえて、**「ユニバーサルデザインを推進すること」**についての**あなたの考えや意見**を書くこと。

ウ　何が書かれているかすぐに理解できる箇所よりも、その先まで読み進めてから戻って読むほうが理解できる箇所が多いということ。

エ　本の著者も人間にすぎないので、一度読むだけでは分からず読み返して初めて理解できる箇所がどの本にも多くあるということ。

オ　何度も進んだり戻ったりするうちに理解できる箇所も多いので、書かれている順番通りに理解しようとする必要はないということ。

4　「[2]本とは冒頭からリニアに読み解くべきものではなく、そのつど必要に応じて内容を取り出せる、ノンリニアの道具箱です。」とあるが、筆者がこのように述べるのは、執筆のために本を使ったときに、本についてどのようなことに気づいたからか。**六十字以内**で書きなさい。

5　本文について説明したものとして最も適当なものを、次の**ア**～**エ**の中から一つ選びなさい。

ア　本をどのように捉えてどのように読むべきなのかという問題をはじめに提示し、続く部分では自分の本の読み方を具体例を挙げながら説明し、終わりの部分ではじめに提示した問題に答えている。

イ　自分の考える本の捉え方や読み方をはじめに示し、続く部分では自分の本の読み方を一般的に考えられている本の読み方と比較しながら説明し、本を自分に役立てるための方法も提示している。

ウ　本の捉え方や読み方というテーマをはじめに示し、続く部分では具体例を挙げながら自分の本の読み方を詳しく説明したうえで、たくさんの本の中から自分に役立つ本を探す方法を説明している。

エ　本の捉え方や読み方という話題をはじめに提示し、続く部分では本を読み進めながら自分に必要な情報を見つける方法を結論の根拠となるように具体的に説明し、終わりの部分につなげている。

6　次の会話は、本文を読んで、読書に対する考えについて話し合った内容の一部である。□にあてはまる最も適当な言葉を、あとの**ア**～**オ**の中から一つ選びなさい。

Aさん　「読者は本をノンリニアなものとして捉えて読めばいいと筆者は述べているね。」

Bさん　「夏休みの自由研究のために自分が調べるテーマに関する本を読んだけれど、最初から最後までじっくり読んだから一冊しか読めなくて、研究も不十分になってしまったんだ。違う読み方をすればよかったかもしれないね。」

Cさん　「私は小説が好きでたくさん読んだけれど、特に、好きな作家の作品の場合は、最初から最後までよく味わうリニアな読み方で楽しみたいな。」

Aさん　「なるほど。Bさんの意見も、Cさんの意見も、納得できるなあ。まとめると、□。」

ア　筆者のように本を読むのが、効率的な読み方なのかもしれないね

イ　どんなときも同じ方法で本を読むことがきっと大切なんだろうね

「『外』にはたらきかける小さな道具」のようなものだと言っています。2本とは冒頭からリニアに読み解くべきものではなく、そのつど必要に応じて内容を取り出せる、ノンリニアの道具箱です。ただ、道具箱がぐちゃぐちゃだと使いにくい。だから「この本にはこんな道具が入っていますよ」というタグ＝メタデータの表示が欠かせません。コンビニやスーパーと同じで、商品の管理はちゃんとしないと、すぐに取り出せなくなってしまう。だから、メタデータの書き込みによって、本を機能的な道具箱に改造してしまえばよいのです。

（福嶋 亮大「思考の庭のつくりかた はじめての人文学ガイド」より）

注1 ドッグイア：本のページの隅を折ってつける目印。
注2 スタンス：物事に取り組む姿勢。
注3 ゆるがせにしない：いいかげんにしない。
注4 ナンセンス：無意味なこと。
注5 歩留まり：ここでは、全体に対する割合。
注6 漫然と：特別の意識や目的を持たずに。
注7 タグ：情報の意味づけや分類のための目印。
注8 メタデータ：データの意味について記述したデータ。

1 **3段落**の「とりあえず」の品詞を、次の**ア**～**オ**の中から一つ選びなさい。

ア 感動詞 **イ** 形容詞
ウ 副詞 **エ** 連体詞
オ 接続詞

2 次の図は、**1段落**～**7段落**に示されている筆者の考えについてまとめたものである。X にあてはまる最も適当な言葉を、本文の**1段落**～**7段落**の中から**七字**でそのまま書き抜きなさい。

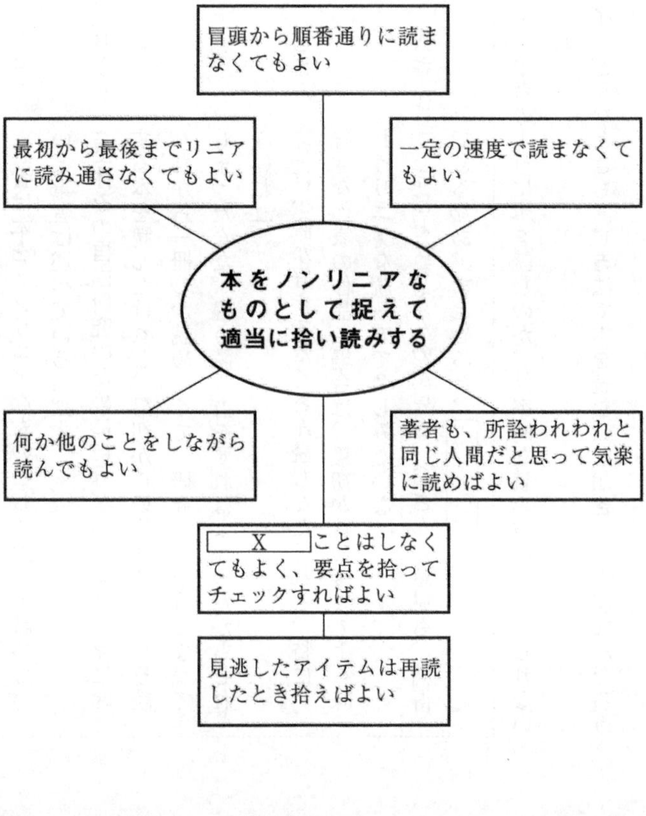
冒頭から順番通りに読まなくてもよい
一定の速度で読まなくてもよい
最初から最後までリニアに読み通さなくてもよい
本をノンリニアなものとして捉えて適当に拾い読みする
何か他のことをしながら読んでもよい
著者も、所詮われわれと同じ人間だと思って気楽に読めばよい
X ことはしなくてもよく、要点を拾ってチェックすればよい
見逃したアイテムは再読したとき拾えばよい

3 「1理解はしばしば遅れてやってくる。」とあるが、それはどういうことか。最も適当なものを、あとの**ア**～**オ**の中から一つ選びなさい。

ア 一度読んであいまいにしか分からなかった箇所も、その先まで読み進めてから戻って再び読むと理解できることが多いということ。

イ 理解できるか理解できないかを単純に区別できる箇所ばかりではなく、あいまいにしか理解できない箇所も多くあるということ。

たい三〇分未満です。

5 なぜそうできるかというと、文字通り「拾い読み」しているからです。本というのは、目分量で言えば四、五ページに一箇所くらい、それなりに重要なポイントが出てくる。そこをペンでマークしたり、ドッグイア[注1]をつけたりする。ゲームで言えば、フィールド上のアイテムを拾い上げていく要領で、ページを視覚的に一望し、そこから要点を拾ってチェックする。その際にひらめいたことは、そのページや本の扉に簡単にメモします。

6 そのとき、本の全体を把握する必要はありません。論旨をそこまで厳密に追わずに（もちろん追ってもよいですが）、むしろアイテムらしきものにパッパッと印をつけていく。ただ、重要な情報が急に出てくるケースもあるので、速読のときほど眼《め》のセンサーの感度をあげたほうがよいでしょう。どのみち、自分にとって重要な本ならば再読することになりますから、見逃したアイテムはそのとき拾えばよいというスタンス[注2]でも構いません。

7 念のために言えば、早く読めるから偉いということはありません。一言一句もゆるがせ[注3]にしない学究的な読み方も、僕はまったく否定しません。ただ、読書を重々しく崇高な労働のように捉えるのは、たんにナンセンス[注4]でしょう。どれだけ偉い著者も、所詮われわれと同じ人間にすぎない。そう割り切って、僕は本と付きあっています。

8 もう一つ、読書において肝心なのは、すべてをまんべんなく理解しようと思わないことです。一冊の本のなかに、分かったような分からないような、あいまいなグレーゾーンがあるのは当然です。しかし、そこで引っかからずに、とりあえず最後まで読み進めてみる。その後でグレーな箇所に戻ると、意外にすんなり理解できることも多いのです。

9 要するに、1理解はしばしば遅れてやってくる。一冊の本のなかにも、理解の時差があると考えてください。分かるから○、分からないから×という単純なものではありません。

10 それに、一冊の本から得られる情報は、恐らくそれほど多くありません。一概には言えませんが、僕はおおむね二つか三つの新しい認識を得られれば十分――それくらいの歩留《ぶど》まり[注5]で考えています。あまり多くのことを一冊の本から吸収しようとしても、頭脳がパンクするだけです。

11 ただ、その必要最低限の「二つか三つ」（四つか五つでもよいのですが）のお土産をしっかりとつかんで、随時取り出せるようにしておかないと、読書から得られることはあまりありません。漫然[注6]と読み終わって、中身をすっかり忘れてしまっては、たいして意味はないでしょう。

12 では、どうやって「つかむ」のがよいでしょうか。几帳面《きちょうめん》な読者は、実際にカードを作って保存するかもしれません。僕も学生時代にはそのようなカード作りに挑戦しましたが、結局長続きしませんでした。このようなやり方には、性格的な向き不向きがあります。

13 試行錯誤の結果、今では本の扉のところに、その本のキーワードや個人的な思いつきを適当に書き散らすようになりました。いずれ本格的にその本を使うことになったとき、アイディアを追跡し「復元」できるようにマークやタグ[注7]をつけておくわけです。本がデータだとすると、個人的索引としてのマークやタグはメタデータ[注8]。メタデータの目印さえあれば、執筆の際にも十分役立つことに経験則で気づいたのです。

14 哲学者のジル・ドゥルーズ&フェリックス・ガタリは、書物とは

のア～オの中から一つ選びなさい。

ア 自分はバスケ部を辞めたほんとうの理由を仲間に伝えたかったのだと気づき、ずっと感じていた落ち着かない気持ちが消えつつある。

イ 自分は仲間と話ができなくて寂しかったのだと気づき、ずっと感じていた落ち着かない気持ちを解消するきっかけをつかんでいる。

ウ 自分は仲間と一緒にバスケを続けたかったのだと気づき、ずっと感じていた落ち着かない気持ちを解消するきっかけをつかんでいる。

エ 自分は仲間から真面目で練習熱心なやつだと思われたかったのだと気づき、ずっと感じていた落ち着かない気持ちが強まっている。

オ 自分は自分の正直な思いを仲間にちゃんとわかってほしかったのだと気づき、ずっと感じていた落ち着かない気持ちが強まっている。

5 本文の構成・表現についての説明として最も適当なものを、次のア～オの中から一つ選びなさい。

ア 文章全体を通して比喩表現が効果的に用いられており、登場人物それぞれの思いや取った行動の違いが鮮やかに印象づけられている。

イ 回想的な場面が途中に挟まれることで、この日の出来事からだけではわからない主人公の内面の変化の理由が詳しく明かされている。

ウ 登場人物それぞれの考えが第三者の視点から客観的に描かれ、互いの気持ちのすれちがいが解消していく様子が明瞭に語られている。

エ 主人公の気持ちの変化の様子が直接的に表現されることは少ないが、美しい自然の描写に反映させて間接的に描き出されている。

オ 会話と主人公の内面が交互に描写されることで、主人公の心情が他者の言葉によって変化していく様子が丁寧に表現されている。

五

次の文章を読んで、あとの問いに答えなさい。（1～14は各段落に付した段落番号である。）

1 本をリニア（線形）なものとして捉えるか、ノンリニア（非線形）なものとして捉えるか。これは大きな違いです。結論から言えば、読者は「ノンリニアな道具箱」としての書物に接すればよいのです。

2 たいていの物書きが同意すると思いますが、本はそもそも、最初から最後までリニア（まっすぐ）に読み通す必要はありません。冒頭から順番に読む必要もありません。順を追って、律儀《りちぎ》に読み進まねばならないという思い込みは、ここで捨ててください。

3 そもそも、本とは適当に拾い読みするくらいでも、十分に役立つものです。長年経験を積んでくると、三〇秒ほどパラパラとページをめくれば、その本が自分にとって必要かどうかの判断はつきます。そして、必要だと判断したら、とりあえず最初から最後までページをめくってみます。

4 その速度は一定でなくてもよい。読んでいて面白いときは、じっくり腰を据えますし、そうでないときは速読です。それは「ながら」でも大丈夫。僕の場合、片方の手で家の二歳児の相手をしながら、もう片方の手で一冊読み終わるのに、本の種類にもよりますがだい

とたん、胸の底から熱いものがこみあげてきた。

正直、ぼくはみんなのことを疑っていた。あいつは怪我を理由にしてバスケ部から逃げた。そう思われているんじゃないかと想像して怖かった。

だけど、そんなことはなかったんだ。ぼくはずっと自分の本心を疑い続けていたのに、みんなはいまでもぼくのことを信頼してくれていたんだ。

[3]ありがとう、とぼくは心からみんなに感謝した。なにいってんだよ、と雅人が茶化[注5]すようにぼくの肩を揺さぶってくる。

「……もっとみんなとバスケをしてたかったな。」

みんなの顔を見ていたら泣いてしまいそうで、ぼくはステージの床を見つめてつぶやいた。退部から半月以上がたってようやく、[4]ぼくは自分のほんとうの気持ちに気がついた。

（如月　かずさ「給食アンサンブル2」より）

注1～注4　雅人・バリー・もっさん・満：二年生のバスケ部員。

注5　茶化す：冗談のようにしてごまかす。

1　「[1]ぼくはその場を立ち去ろうとした。」とあるが、慎吾がそのようにしたのはなぜか。説明として最も適当なものを、次の**ア**～**オ**の中から一つ選びなさい。

ア　体育館の中からは二年生の部員の声だけでなく何人もの一年生たちの声がしたので、今日は訪問を遠慮しようと思ったから。

イ　体育館の中をのぞくと、自分の仲間だった二年生の部員と一年生たちが楽しそうにしていたため、入りにくさを感じたから。

ウ　体育館の中から聞こえる二年生の部員と一年生たちの笑い声が、バスケ部を辞めた自分を笑っているように感じられたから。

エ　体育館にいる二年生の部員みんなと話したいと思っていたが、満の姿がなく、部員全員がいるときにまた来ようと思ったから。

オ　体育館に入ったものの、自分は雅人のように一年生たちの世話を明るくこなすことはできないし、めんどうだとも思ったから。

2　「[2]ぼくは仲間たちとのあいだに、これまではなかった距離を感じていた。」とあるが、その理由を次のように説明するとき、［Ⅰ］、［Ⅱ］にあてはまる内容について、あとの(1)、(2)の問いに答えなさい。

> 慎吾が仲間たちとのあいだに距離を感じたのは、バスケ部を辞めたことについて［　Ⅰ　］を感じており、それを感じている理由を仲間たちに言い出せずに隠しているからである。一方、もう一つの要因に、仲間たちの思いも挙げられる。今まで慎吾が自分たちを避けていたのは［　Ⅱ　］からだと、仲間たちは思い込んでいる。このことも、慎吾に距離を感じさせたのである。

(1)　［Ⅰ］にあてはまる最も適当な言葉を、本文中から**六字**でそのまま書き抜きなさい。

(2)　［Ⅱ］にあてはまる内容を、**三十字以内**で書きなさい。

3　「[3]ありがとう、とぼくは心からみんなに感謝した。」とあるが、慎吾がなぜ感謝したのかを次のように説明するとき、［　］にあてはまる内容を、**六十五字以内**で書きなさい。

> 慎吾は自分の本心を疑っていたが、自分の話に対するバスケ部の仲間の言葉や反応から、［　　］ことに気づいたから。

4　「[4]ぼくは自分のほんとうの気持ちに気がついた。」とあるが、この部分での慎吾の心情についての説明として最も適当なものを、次

それからぼくたちは自分のクラスのことや最近のできごとについて話をした。ぼくがまだバスケ部にいたころの、練習前や休憩時間とおなじように。

なのに2ぼくは仲間たちとのあいだに、これまではなかった距離を感じていた。それはきっと、ぼくがみんなに隠していることがあるから。そしてみんながぼくに気を遣ってくれているからだ。その証拠に、ぼくの脚や退部のことには、だれも触れようとはしない。

しばらく話したところで、ふいに会話が途切れた。一年生がスリーポイントシュートを決めて歓声をあげた。ぼくがそっちに注目するふりをして、気まずさをまぎらわせていると、満が「慎吾。」と話しかけてきた。不安をこらえるような、硬い表情で。

「おまえの脚のことを聞いたときから、謝らないとずっと思ってたんだ。成長痛だろうなんて適当なことをいって、ほんとうに悪かった。あのときすぐに病院に行くようにすすめてれば、部を辞めなくてすんだかもしれないのに……。」

「えっ、そんなの謝ることないよ。ぼくだって、自分の脚が退部しなきゃいけないほどひどい状態になってるなんて思ってもいなかったんだから。」

慌ててそういいかえしても、満の顔は晴れなかった。満だけじゃなくて、ほかのみんなもおなじように沈んだ顔をしていた。

バリーがおずおずとぼくにいった。

「けどよぉ、慎吾、最近ずっとおれらのことを避けてたろ。だからやっぱそのことで怒ってんじゃないかと思ってよぉ。」

「誤解だよ！　ぼくがみんなと顔を合わせづらかったのは、ただ、バスケ部を辞めたことがうしろめたかったからなんだ。」

口にした瞬間に、いってしまった、と思った。うろたえているぼくに、バリーが首を傾《かし》げて聞きかえしてきた。

「なんでだよ。退部は脚のせいなんだからしょうがないだろ。うしろめたさなんて感じる必要ないじゃん。」

ほんとうのことを、正直に話さなくちゃいけない。たとえみんなに軽蔑されたとしても。そうしなければ、きっとこれからもみんなに、ぼくのことで責任を感じさせてしまう。

仲間たちの視線から逃れてうつむくと、ぼくはおそるおそるそのことを明かした。

「たしかに、脚のせいなんだけどさ。親とか医者に退部をすすめられたとき、ぼくははっきり嫌だっていわなかったんだ。続けようとしていれば、続けられたかもしれないのに。だからもしかするとぼくは、心の底でバスケ部を辞めたがってたのかもしれないって、そう思ってるんだよ。いくら練習してもみんなみたいにうまくなれないから、それがつらくて部活から逃げたんじゃないか、って……。」

言葉を終えたあとも、ぼくはみんなの反応が怖くてうつむいたままでいた。ぼくがびくびくしながら沈黙に耐えていると、満が最初に口を開いた。

「慎吾はそういうことはしないだろう。」

それはまるで、ぼくがなにかおかしなことをいったかのような口調だった。驚いて顔を上げると、満は明らかに戸惑った表情を浮かべていた。

雅人が「だよな。」と相槌《あいづち》を打ってぼくの顔を見た。

「おまえ、本気でそんなこと気に病んでたのかよ。おまえみたいに真面目で練習熱心なやつが、まだ頑張れるのに怪我《けが》のせいにしてあきらめたりするわけないだろ。」

バリーともっさんもしきりにうなずいていた。その反応を目にした

痛みにより練習が困難になった。慎吾は、医者や親にすすめられ、一年生の三月末にバスケットボール部を退部した。そのことが原因で、二年生に進級してからも落ち着かない気持ちが続いていた。ある日、一年生のときの担任だった辻井《つじい》先生から声をかけられた。）

「退部してから、バスケ部の仲間には会った？」

「いや、なんとなく会いづらくて……。」

「そういわずに、たまには顔を見せてやったら。きょうの六時間目、三年生は臨時の学年集会だったんだけど、それがまだ長引いてるみたいだから、いまなら先輩と顔を合わせずに部の仲間と話せるよ。」

そう告げる辻井先生の顔には、滅多に見せないやさしい笑みが浮かんでいた。けれどぼくが驚いていると、すぐにその笑顔を引っこめて、「それじゃあ。」と職員室に入っていってしまう。

職員室の戸が閉められたあとで、ぼくはバスケ部のみんなが練習をしている体育館のほうを振りかえった。

体育館の床で、バスケットボールが弾む音が聞こえてくる。部活を辞めてまだ半月ちょっとしかたっていないのに、ぼくにはその音がやけに懐《なつ》かしく聞こえた。

放課後の体育館を訪れるのは、退部のあいさつをしにいったとき以来だった。まだバスケ部のみんなと話をする決心がつかなくて、ぼくはこっそり体育館の中をのぞいてみた。

体育館の中では、バスケ部がすでに練習を始めていた。雅人《まさと》[注1]も、バリー[注2]も、もっさん[注3]もいる。残りの部員は全員新入生だ。すごい、八人もいるじゃないか。これなら三年生が引退しても、部員不足に悩むことはなさそうだ。

雅人がおもしろいことをいったのか、一年生たちが笑いだした。雅人、愉快ないい先輩をしてるみたいだな。ぼくが退部する前は、新入部員の指導なんてめんどくさいとかいってたのに。

先輩らしく振る舞っている仲間の姿をながめているうちに、ぼくはたまらなく寂しくなった。もうこの放課後の体育館に、ぼくの居場所はない。

様子を見にきたりなんてしなければよかった。そう後悔しながら、1ぼくはその場を立ち去ろうとした。ところがそのとき、姿の見えなかったもうひとりの二年生部員の満《みつる》[注4]が、ちょうど体育館にやってきた。用事があって遅れたんだろうか。満はまだ制服姿で、ぼくを見て驚いた表情を浮かべていた。

「やっぱり慎吾か。こんなとこでのぞいてないで、中に入ればいいのに。」

「いっ、いや、練習の邪魔をしちゃ悪いと思って……。」

「そんな気を遣うことないだろ。おい、慎吾がきてるぞ！」

満が体育館の中に向かって声をかけると、すぐに雅人が飛んできた。もっさんとバリーもそのあとから駆けてくる。

「慎吾、この薄情者！　たまには顔見せろよなあ。寂しいだろ！」

「ご、ごめん。けど、退部したのに練習に顔を出すのは気が引けて……。」

「水くさいこというなよ。とにかく中入れって。」

遠慮する暇もなく、ぼくは体育館の中に連れこまれてしまった。

体育館のステージにみんなと輪になって座ったものの、どんな話をしたらいいかわからず、ぼくはミニゲームをしている一年生たちを見ていった。

「新入部員、たくさん入りそうでよかったね。」

そ。かの者にな見せそ（見せるなよ）。」などいひて、人に心をおかれ、隔てらるる、くちをしかるべし（残念であるだろう）。また、人のつつむことの（隠していることが）、おのづからもれ聞《きこ》えたるにつけても、「かれ離れじ（あの人が関係しているだろう）。」など疑はれむ、面目なかるべし。

しかれば、かたがた人の上を（人の身の上についての話を）つつむべし。多言留《とど》むべきなり。

（「十訓抄《じっきんしょう》」より）

注　笑みの中の剣：うわべでは笑っていながら、心の内は悪意に満ちていること。

1　「いきどほり」の読み方を、現代仮名遣いに直してすべてひらがなで書きなさい。

2　次の会話は、本文について、授業で話し合ったときの内容の一部である。あとの(1)～(3)の問いに答えなさい。

Aさん　「この文章には、教訓が書かれているということだったね。どんな教えが書かれているのかな。」

Bさん　「言ってはならないことを軽々しく言ったり、人の短所や行動を非難したり、隠していることを暴露して恥をかかせたりするのは、どれも『［Ⅰ］』であると説明しているね。」

Cさん　「そうだね。自分では何気なく言った言葉について、言われた方は深く思いつめて悩んで、強い怒りをもつこともあると書かれているよ。」

Bさん　「言う方は気にしていない発言を、言われた方が気にしてしまうことは、私も経験があるから共感できるな。」

Aさん　「口が軽いことの影響も書かれているよ。あの人には話さない方がいいと思われて距離を置かれることもあるし、それに、［Ⅱ］こともあるということだね。」

Cさん　「つまり、この文章では、［Ⅲ］という教訓が述べられているんだね。」

(1)　［Ⅰ］にあてはまる最も適当な言葉を、本文（文語文）から**七字**でそのまま書き抜きなさい。

(2)　［Ⅱ］にあてはまる内容を、**三十字以内**で書きなさい。

(3)　［Ⅲ］にあてはまる最も適当な言葉を、次の**ア**～**オ**の中から一つ選びなさい。

ア　不用意な発言が他者を傷つけるだけでなく自分にとっての不利益につながる場合もあるため、発言には慎重であるべきだ

イ　自分で言った言葉には責任をもつことができないため、発言するときは相手の気持ちを考えて失言を避けることが大切だ

ウ　基本的には軽々しく発言すべきではないが、時にはよく知らないことでも知っているふりをして話すことも必要になる

エ　人には誰でも包み隠していることがあり、それに一切触れないように話すことでよりよい人間関係を築くことができる

オ　自分が思っていることを相手に伝わるように話すためには高度な技術が必要だが、その方法を身につけることは難しい

四　次の文章を読んで、あとの問いに答えなさい。

（大久保慎吾《おおくぼしんご》は中学入学時からバスケットボール部で活動していたが、ひざの

達の [Ⅱ] 日常を想像させます。そのような「僕」の想像から、[Ⅲ] まなざしを感じ取ることができるのです。

1　[Ⅰ] にあてはまる最も適当な言葉を、右の詩の中から**十一字**でそのまま書き抜きなさい。

2　[Ⅱ] にあてはまる最も適当な言葉を、次の**ア**～**オ**の中から一つ選びなさい。

ア　静かに移ろいゆく　　**イ**　変わらずに安定している
ウ　まばゆく輝いている　　**エ**　退屈でうんざりする
オ　めまぐるしく変化する

3　[Ⅲ] にあてはまる最も適当な言葉を、次の**ア**～**オ**の中から一つ選びなさい。

ア　明るく爽やかな　　**イ**　あたたかく優しい
ウ　悲痛で切ない　　**エ**　情熱的で激しい
オ　控えめでむなしい

4　この詩の説明として最も適当なものを、次の**ア**～**オ**の中から一つ選びなさい。

ア　周りの人々の幸せを祈るような表現によって、人との関わりを大切にしながらたくましく生きていこうという決意を表している。

イ　「僕」と少女達の姿を対比することで、個人の生きる世界は他者に全く影響されることなく守られていることを強調している。

ウ　皆同じように蝙蝠傘をさして歩く人々の様子を表現することで、人間関係の複雑さや社会の生きづらさを比喩的に描いている。

エ　少女達一人一人を「あなた」と表現することで、蝙蝠傘をさして歩く人々がそれぞれの人生を生きていることを感じさせている。

オ　雨に涙のイメージを重ね合わせて、蝙蝠傘に隔てられた孤独で癒やされることのない個人の悲しみの世界を浮き彫りにしている。

三　次の文章を読んで、あとの問いに答えなさい。

ある人いはく、人は慮《おもんばか》りなく、いふまじきことを口疾《と》く(言ってはならないことを軽率に)いひ出《いだ》し、人の短きをそしり、(短所を悪く言い)したることを難じ、(非難し)隠すことを顕《あらは》し、恥ぢがましきことをただす。(問いただす)これらすべて、あるまじきわざなり。われはなにとなくいひ散らして、思ひもいれざるほどに、いはるる人、思ひつめて、いきどほり深くなりぬれば、はからざるに、(思いがけず)恥をもあたへられ、身果つるほどの大事にも(身が破滅するほどの重大事にも)及ぶなり。[注]笑みの中の剣は、さらでだにも(そうでなくてさえも)おそるべきものぞかし。心得ぬことを(よくわかっていないことを)悪《あ》しざまに難じつれば、かへりて身の不覚(自分の落ち度)あらはるるものなり。

おほかた、口軽き者になりたれば、「それがしに、(誰それに)そのことな聞かせ(聞かせるなよ)

＜国語＞

時間　五〇分　満点　五〇点

【注意】 字数指定のある問題の解答については、**句読点も字数に含めること。**

一　次の1、2の問いに答えなさい。

1　次の各文中の――線をつけた漢字の読み方を、ひらがなで書きなさい。また、＝＝線をつけたカタカナの部分を、漢字に直して書きなさい。

(1)　庭の草を刈る。
(2)　泣いている子を慰める。
(3)　外国の論文を翻訳する。
(4)　本の返却を催促する。
(5)　友人の相談にノる。
(6)　文化祭をモり上げる。
(7)　荷物をユソウする。
(8)　テンラン会に絵を出品する。

2　次の文章は、ある生徒が、職場体験を行った幼稚園に書いた礼状の一部である。――線をつけた部分ア～オの中から、敬語の使い方**が正しくないもの**を一つ選びなさい。

> 先日の職場体験では、大変お世話になりました。園にア伺ったときは緊張していましたが、先生方が優しく話しかけてイくださったおかげで、積極的に活動することができました。先生方が笑顔で園児たちに接してウいらっしゃる様子をエ拝見して、将来、私も先生方のように生き生きと働きたいと思いました。また、体験の最後の日に園長先生がオ申しあげた「こちらが笑顔で働いていると、周りの人たちも笑顔になってくれるよ。」という言葉が、心に残っています。

二　次の詩と鑑賞文を読んで、あとの問いに答えなさい。

注1蝙蝠傘《こうもりがさ》の詩　　黒田《くろだ》　三郎《さぶろう》

雨の降る日に蝙蝠傘をさして
濡《ぬ》れた街路を少女達《たち》が歩いている
少女よ
どんなに雨が降ろうとも
あなたの黒い睫毛《まつげ》が明るく乾いていますように
ああ
どんなに雨の降る日でも
そこだけ雨の降らない小さな世界
そこにひとつの世界がある
三階の窓から僕は眺める
ひっそりと動いてゆく沢山の円い小さなきれいなものを
そのひとつの下で
あなたは別れてきたひとのことを思っている
そのひとつの下で
あなたは注2せんのない買物の勘定をくりかえしている
そのひとつの下で
あなたは来年のことを思っている
三階の窓から僕は眺める
ひっそりと動いてゆく円い小さなきれいなものを

注1　蝙蝠傘：雨傘。　注2　せんのない：無意味な。

> 三階の窓から見下ろす「僕」の目が視覚的に捉えているものは、「　I　」です。それは何も語らないけれども、「ひっそりと動いてゆく」その様子が、「僕」に傘の下の少女

2023年度

解　答　と　解　説

《2023年度の配点は解答用紙集に掲載してあります。》

＜数学解答＞

1　(1)　①　-3　②　$\frac{1}{12}$　③　$24ab^3$　④　$-\sqrt{2}$　(2)　8倍

2　(1)　$\frac{31}{100}a$mL　(2)　$y=-\frac{3}{2}x+2$　(3)　右図
(4)　5　(5)　エ

3　(1)　①　$\frac{1}{3}$　②　ルール　ア　確率　$\frac{2}{3}$
(2)　①　-7　②　$-n$(理由は解説参照)

4　4人のグループの数　15
5人のグループの数　28　(求める過程は解説参照)

5　(1)　解説参照　(2)　3：5

6　(1)　$\frac{3}{2}$　(2)　$a=4$　(3)　$a=7$

7　(1)　4cm　(2)　$4\sqrt{2}$cm　(3)　$\frac{2\sqrt{30}}{3}$cm^3

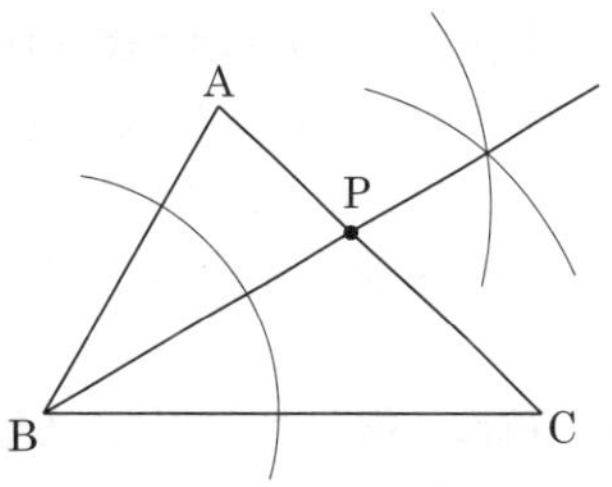

＜数学解説＞

1　(数・式の計算，平方根，体積比)

(1)　①　**異符号の2数の商の符号は負で，絶対値は2数の絶対値の商**だから，$(-21)\div7=-(21\div7)=-3$

②　分母を4と6の**最小公倍数**の12に通分して，$-\frac{3}{4}+\frac{5}{6}=-\frac{3\times3}{4\times3}+\frac{5\times2}{6\times2}=-\frac{9}{12}+\frac{10}{12}=\frac{-9+10}{12}=\frac{1}{12}$

③　$(-2b)^3=(-2b)\times(-2b)\times(-2b)=-8b^3$だから，$(-3a)\times(-2b)^3=(-3a)\times(-8b^3)=+(3a\times8b^3)=24ab^3$

④　$\sqrt{8}=\sqrt{2^3}=\sqrt{2^2\times2}=2\sqrt{2}$，$\sqrt{18}=\sqrt{2\times3^2}=3\sqrt{2}$だから，$\sqrt{8}-\sqrt{18}=2\sqrt{2}-3\sqrt{2}=(2-3)\sqrt{2}=-\sqrt{2}$

(2)　**すべての球はお互いに相似な立体**である。ある球をA，球Aの半径を2倍にした球をBとすると，球Aと球Bの**相似比**は1：2　よって，**相似な立体では，体積比は相似比の3乗に等しい**から，球Aと球Bの体積比は$1^3:2^3=1:8$　以上より，ある球の半径を2倍にすると，体積はもとの球の体積の8倍になる。

2　(文字を使った式，等式の変形，作図，関数$y=ax^2$，資料の散らばり・代表値)

(1)　(桃の果汁の量)＝(飲み物の量)×$\frac{(\text{濃度}\%)}{100}=a(\text{mL})\times\frac{31}{100}=\frac{31}{100}a(\text{mL})$

(2)　等式$3x+2y-4=0$　左辺の項$3x$と-4を右辺に移項して$2y=-3x+4$　両辺をyの係数の2で割って$\frac{2y}{2}=\frac{-3x+4}{2}$　$y=-\frac{3}{2}x+2$

(3)　(着眼点)　**角をつくる2辺から距離が等しい点は，角の二等分線上にある**から，辺AB，BCまでの距離が等しい点Pは，辺AB，BCがつくる角である∠ABCの二等分線上にある。

(作図手順)　次の①～②の手順で作図する。 ①　点Bを中心とした円を描き，辺AB，BC上に交点をつくる。 ②　①でつくったそれぞれの交点を中心として，交わるように半径の等しい円を描き，その交点と点Bを通る直線(∠ABCの二等分線)を引き，辺ACとの交点をPとする。

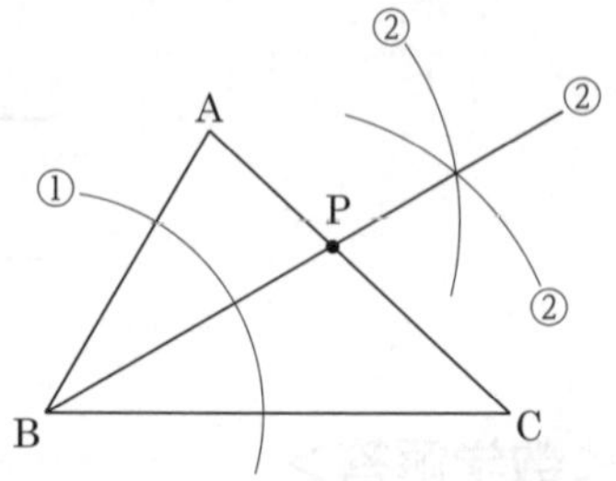

(4)　$y=x^2$について，$x=1$のとき$y=1^2=1$，$x=4$のとき$y=4^2=16$。よって，xの値が1から4まで増加するときの**変化の割合**は$\frac{16-1}{4-1}=5$

(5)　**ヒストグラム**より，ある学級の生徒30人について，先月の図書館の利用回数の**最小値**は2回以上4回未満，**最大値**は18回以上20回未満である。また，**第1四分位数**は利用回数の少ない方から8番目だから6回以上8回未満，**第2四分位数(中央値)**は利用回数の少ない方から15番目と16番目の平均値だから8回以上10回未満，**第3四分位数**は利用回数の多い方から8番目だから12回以上14回未満である。以上より，利用回数の分布のようすを表した**箱ひげ図**はエである。

3 (確率，規則性，式による証明)

(1)　①　A，B2人のすべての玉の取り出し方は，右図の**樹形図**に示す9通り。このうち，Aが景品をもらえるのは，☆印を付けた3通りだから，求める確率は$\frac{3}{9}=\frac{1}{3}$

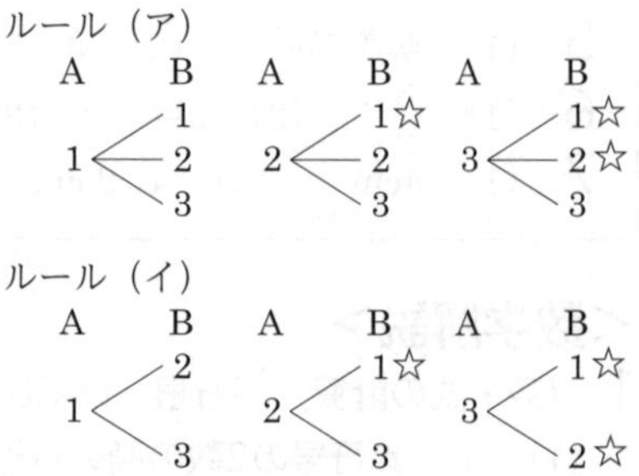

②　ルール(イ)にしたがったとき，A，B2人のすべての玉の取り出し方は，右図の樹形図に示す6通り。このうち，Aが景品をもらえるのは，☆印を付けた3通りだから，Aが景品をもらえる確率は$\frac{3}{6}=\frac{1}{2}$　これより，Aが景品をもらえない確率は，ルール(ア)にしたがったときが$1-\frac{1}{3}=\frac{2}{3}$，ルール(イ)にしたがったときが$1-\frac{1}{2}=\frac{1}{2}$だから，Aが景品をもらえない確率が大きいのは，ルール(ア)にしたがったときである。

(2)　①　b，c，dは，aを使ってそれぞれ，$b=a+1$，$c=a+7$，$d=a+7+1=a+8$と表される。このとき，$ad-bc=a(a+8)-(a+1)(a+7)=a^2+8a-(a^2+8a+7)=a^2+8a-a^2-8a-7=-7$　したがって，$ad-bc$はつねに-7になる。

②　(理由)　(例)b，c，dは，aとnを使ってそれぞれ$b=a+1$　$c=a+n$　$d=a+n+1$と表される。このとき$ad-bc=a(a+n+1)-(a+1)(a+n)=a^2+an+a-(a^2+an+a+n)=a^2+an+a-a^2-an-a-n=-n$　したがって，$ad-bc$はつねに$-n$になる。

4 (方程式の応用)

(求める過程)　(例)4人のグループの数をx，5人のグループの数をyとすると，生徒は200人であるから$4x+5y=200$…①　ごみ袋を配るとき，1人1枚ずつに加え，グループごとの予備として4人のグループには2枚ずつ，5人のグループには3枚ずつ配ったところ，配ったごみ袋は全部で314枚であるから，$200+2x+3y=314$　これを整理して$2x+3y=114$…②　①，②を連立方程式として解いて，$x=15$，$y=28$　これらは問題に適している。

5 (相似の証明，相似比)

(1)　(証明)　(例1)△EDOと△EBDにおいて，共通な角は等しいから∠DEO＝∠BED…①

AC//DOより，**平行線の錯角は等しい**から∠EDO＝∠ACD…②　$\overset{\frown}{\mathrm{AD}}$**に対する円周角は等しい**から∠ACD＝∠EBD…③　②，③から∠EDO＝∠EBD…④　①，④より，2組の角がそれぞれ等しいから△EDO∽△EBD　(例2)△EDOと△EBDにおいてAC//DOより，平行線の錯角は等しいから∠EDO＝∠ACD…①　$\overset{\frown}{\mathrm{AD}}$に対する円周角は等しいから∠ACD＝∠EBD…②　①，②から∠EDO＝∠EBD…③　△ODBで，**三角形の外角は，それととなり合わない2つの内角の和に等しい**から∠EOD＝∠ODB＋∠EBD…④　また，∠EDB＝∠ODB＋∠EDO…⑤　③，④，⑤から∠EOD＝∠EDB…⑥　③，⑥より，2組の角がそれぞれ等しいから△EDO∽△EBD

(2)　AC//DOより，**平行線と線分の比についての定理**を用いて，AE：EO＝AC：DO＝7：9　これより，正の数kを用いて，AE＝$7k$，EO＝$9k$と表せる。これより，EB＝EO＋OB＝EO＋OA＝EO＋(AE＋EO)＝$9k$＋($7k$＋$9k$)＝$25k$だから，△EDO∽△EBDより，ED：EB＝EO：ED　$\mathrm{ED}^2=\mathrm{EB}\times\mathrm{EO}=25k\times9k=225k^2=(15k)^2$　$\mathrm{ED}^2-(15k)^2=0$　$(\mathrm{ED}-15k)(\mathrm{ED}+15k)=0$　ここでED＞0だからED＝$15k$　以上より，△EDOと△EBDの相似比は，ED：EB＝$15k$：$25k$＝3：5

6 (図形と関数・グラフ)

(1)　点Bは$y=\frac{1}{x}$上にあるから，そのy座標は$y=\frac{1}{2}$　点Cは$y=x$上にあるから，そのy座標は$y=2$　よって，$\mathrm{B}\left(2,\ \frac{1}{2}\right)$，C(2，2)　線分BCは$y$軸に平行だから，その長さは$y$座標の差に等しい。これより，$\mathrm{BC}=2-\frac{1}{2}=\frac{3}{2}$

(2)　3点A，B，Cの座標をaを用いて表すと，それぞれ$\mathrm{A}\left(\frac{a}{6},\ 6\right)$，$\mathrm{B}\left(2,\ \frac{a}{2}\right)$，C(2，$2a$)　これより，$\mathrm{BC}=2a-\frac{a}{2}=\frac{3}{2}a$　また，AD＝6－0＝6　四角形ADBCが平行四辺形になるのはBC＝ADのときだから，$\frac{3}{2}a=6$より，$a=4$

(3)　台形ADBCの面積をaを用いて表すと，$\frac{1}{2}\times$(AD＋BC)×(点Bのx座標－点Aのx座標)＝$\frac{1}{2}\times$ {6＋(点Cのy座標－点Bのy座標)}×(点Bのx座標－点Aのx座標)＝$\frac{1}{2}\times\left\{6+\left(2a-\frac{a}{2}\right)\right\}\times\left(2-\frac{a}{6}\right)=-\frac{1}{8}a^2+a+6$…①　これより，$a=1$のときの台形ADBCの面積は，①に$a=1$を代入して，$-\frac{1}{8}\times1^2+1+6=\frac{55}{8}$　$a=1$の他に，台形ADBCの面積が$a=1$のときの面積と等しくなるのは，①の値が$\frac{55}{8}$となるときだから，$-\frac{1}{8}a^2+a+6=\frac{55}{8}$より，$a^2-8a+7=0$　$(a-1)(a-7)=0$　$a=1$以外だから$a=7$

7 (空間図形，線分の長さ，体積)

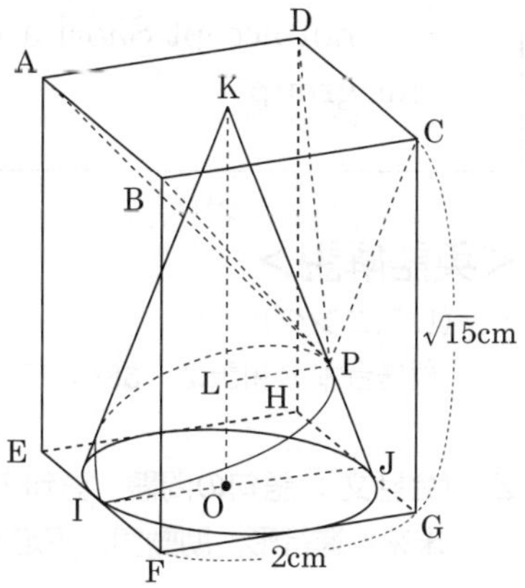

(1)　円錐の頂点をKとすると(右図)，KO＝$\sqrt{15}$cm，IO＝1cmである。△KIOに**三平方の定理**を用いると，円錐の**母線**の長さKIは，$\mathrm{KI}=\sqrt{\mathrm{KO}^2+\mathrm{IO}^2}=\sqrt{(\sqrt{15})^2+1^2}=4$(cm)

(2)　円錐の側面を展開したおうぎ形を次ページの図に示す。このおうぎ形の中心角の大きさをa°とすると，**中心角の大きさは弧の長さに比例する**から，$\frac{a°}{360°}=\frac{2\pi\times(\text{底面の半径})}{2\pi\times(\text{母線の長さ})}=\frac{2\pi\times1}{2\pi\times4}=\frac{1}{4}$　a°＝90°　かけられたひもの長さが最も短くなるのは，展開図上で直線になるときで，そのときの長さは右図の線分II′に等しい。△KII′は直角二等辺三角形で，3辺の比は1：1：$\sqrt{2}$ だから，$II'=KI\times\sqrt{2}=4\times\sqrt{2}=4\sqrt{2}$ (cm)

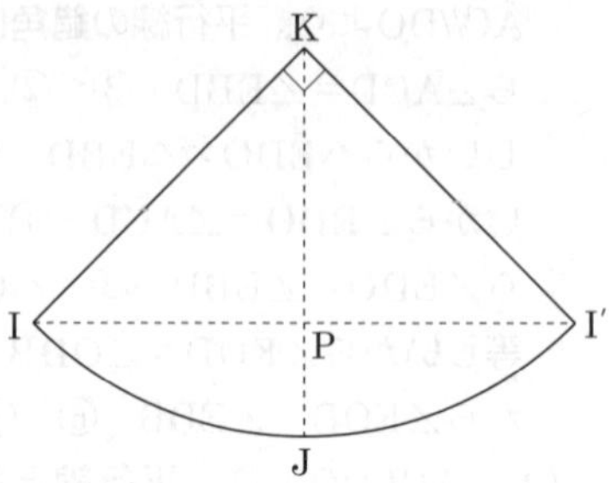

(3) 前ページの図で，線分GHと円Oとの接点をJとすると，四角錐P－ABCDの体積が最も小さくなるのは，線分KPの長さが最も短くなるときで，それは，点Pを母線KJ上にとるときである。このとき，点Pから線分KOへ垂線PLを引くと，線分KLは四角錐P－ABCDの高さになる。右図で，図形の対称性から，△KIPは直角二等辺三角形であり，3辺の比は1：1：$\sqrt{2}$ だから，$KP=IP=\frac{II'}{2}=\frac{4\sqrt{2}}{2}=2\sqrt{2}$ (cm)　前ページの図でPL//JOより，△KJOに平行線と線分の比についての定理を用いると，$KL:KO=KP:KJ=2\sqrt{2}:4=\sqrt{2}:2$　$KL=KO\times\frac{\sqrt{2}}{2}=\sqrt{15}\times\frac{\sqrt{2}}{2}=\frac{\sqrt{30}}{2}$ (cm)　以上より，四角錐P－ABCDの最小の体積は，$\frac{1}{3}\times$(正方形ABCD)$\times KL=\frac{1}{3}\times AB^2\times KL=\frac{1}{3}\times 2^2\times\frac{\sqrt{30}}{2}=\frac{2\sqrt{30}}{3}$ (cm^3)

＜英語解答＞

1 放送問題1 No. 1 イ　No. 2 エ　No. 3 ア　No. 4 イ　No. 5 ウ
放送問題2 No. 1 ア　No. 2 エ
放送問題3 ① speech　② front　③ done　④ stronger　⑤ supporting

2 (1) ① エ　② イ　③ ウ　(2) can help you understand it
(3) 1 エ　2 ア　3 イ　4 ウ

3 (1) have time　(2) (例)I should go to bed by ten and get up early to have breakfast.

4 (1) ア　(2) ① イ　② エ　(3) ウ　(4) to go to school　(5) エ
(6) (例)(Studying in Japan / Studying abroad) is better for me because I can study each subject more easily in Japanese. (Studying in Japan/ Studying abroad) is better for me because I can communicate with a lot of people in another language.

5 (1) イ　(2) ウ　(3) ア　(4) エ　(5) ① They needed more children
② not accept Saori and her　(6) happy to hear that she wanted to join his group

＜英語解説＞

1 (リスニング)
放送台本の和訳は，58ページに掲載。

2 (会話文：語句の問題，語句の並べ換え，文の挿入・並び換え，語句補充・選択，現在・過去・未来と進行形，助動詞，不定詞，文の構造，受け身，現在完了，名詞・冠詞・代名詞)

(1)　①　〔*家の中で*〕A：おなかがすいたよ，お母さん。今日の昼食は何？／B：スパゲッティを(料理して)いるよ。昨日食べたいって言っていたね。　ア：料理する　イ：料理した　ウ：料理する　エ：料理をしている(○)　空欄の文は現在会話している内容で，空欄の前は I'm (I am) なので be動詞＋ing の現在進行形とする。

②　〔*教室にて*〕A：オーストラリアにいるあなたの友達ジェーンを訪ねたら，何をしたい？／B：彼女はカレーライスがとても好きなので，カレーライスを(イ：どのように)作るか彼女に教えてあげたい。　ア：いつするか　イ：どのようにするか(○)　ウ：どこにするか　エ：何をするか　空欄の後は make curry「カレーを作る」なので，イの how to が適当。how to cook で「どのように作るか」「作り方」を意味する。

③　〔*ショッピングモールにて*〕A：やあ，スティーブ。(ウ：君をここで見かけて驚いたよ)。／B：ああ，マイク！ ぼくもだよ！ 今日はここで君は何を買うの？　ア：あなたはとてもすてきな時計を買った　イ：私は以前そこに行ったことがない　ウ：私はここであなたを見かけて驚いた(○)　エ：あなたはそこでたくさん写真を撮った　ショッピングモールへ買い物に来て2人が会った場面なので，選択肢の中ではウが適当。ウの be surprised to～は「～をして驚かされた／驚いた」。

(2)　〔*図書館にて*〕A：すみません。私たちの町の歴史について学ぶには，どの本がより良いですか？／B：そうですね。こちらの方がより(あなたが理解するために役立つ)と思います。(正答) I think this one (can help you understand it) better.　help＋人＋動詞(～する)で「人が～することを助ける」となる。

(3)　〔学校で〕A：あなたは一生懸命サッカーの練習をしてきました。$_1$ エ次の大会はいつですか？／B：来週です。$_2$ アそれは私たちの最後の大会になります。／A：なるほど。$_3$ イ最初に対戦するのはどの学校ですか？／B：ワカバ中学校です。彼らはとても良いチームです。／A：$_4$ ウあなたのチームが試合に勝つと確信しています。がんばってください。　ア：それは私たちの最後の大会になります。　イ：最初に対戦するのはどの学校ですか？　ウ：あなたのチームが試合に勝つと確信しています。　エ：次の大会はいつですか？　会話の流れに合うような意味の選択肢を選びたい。イの are you going to～は be going to で will と同じく近い未来のことを表す。

3 (会話文：語句補充・選択，自由・条件英作文，現在・過去・未来と進行形，不定詞，動名詞，助動詞)

①おはよう，純也。元気？／②ぼくはおなかが空いた。今朝はご飯を食べる$_A$ 時間がなかった。それに眠い。／③ああ，それは良くないね。なぜ眠いの？／④ええと，よく夜に何時間もテレビゲームをやって，昨日の夜もゲームをしたんだ。$_B$ 10時までに寝て，朝ごはんを食べるために早く起きるべきだね。／⑤そうするべきね。また，テレビゲームをすることについて，家族と一緒に何かルールを作ったほうがいいね。

(1)　空欄Aの文は「今朝，食べるための～がなかった」という意味になるので，「時間がない」として空欄には have time の2語が適当。

(2)　空欄Bの下のイラストには，午後10時には眠っていること，朝食をとっていることが描かれているので，これを参考に英文を作りたい。解答例は I should go to bed by ten and get up early to have breakfast. (私は，10時までに寝て，朝ごはんを食べるために早く起きるべきだ)。

4 (会話文：絵・図・表・グラフなどを用いた問題，語句補充・選択，内容真偽，自由・条件英作文，英問英答，不定詞，比較，動名詞，接続詞，関係代名詞，形容詞・副詞，前置詞)

(全訳)　サイ：ねえ，広人。何をしているの？

広人：インターネットにある識字率についての情報を探しているんだ。

サイ：識字率？　各国で読み書きができる人々の割合のこと？

広人：そう。弟のカイトは昨日宿題をやろうとしなかった。すると，母が弟に「一生懸命勉強しなさい。世界には読み書きができないために，多くの問題を抱えている人々がたくさんいるの」と言った。それで，ぼくはこの問題に興味を持つようになったんだ。

サイ：なるほど。

[20分後]

サイ：見て！　ぼくの国のインドの識字率に関する記事を見つけた！

インドの識字率(15歳以上)				
年	1970	1995	2006	2018
割合(%)	33.1	52.0	62.8	74.4

サイ：1970 年には，約30パーセントだけが読み書きできた。

広人：でも，2018年は読み書きできる人が70パーセントより多いよ！　1970年から2018年の間に約40ポイント分改善された。大きく改善された！　これらの年の間に何が起こったのかな？

サイ：よくわからない。A 明日，私たちのALTのブラウン先生に聞いてみようか？　先生は以前インドでボランティアとして働いていたと思うよ。それについて何か知っているかもしれない。

[翌日学校で]

広人　　　：こんにちは，ブラウン先生。サイと私は，インドの識字率に関する記事を見つけました。1970年と2018年では大きな差があります。それは大きく改善していました。なぜなのかご存じですか？

ブラウン先生：いくつかの理由はわかります。10年ほど前にボランティア活動をするためにインドに行きました。当時のインドでは，今よりも読み書きのできない人が多かった。そのため，政府といくつかのグループは，その状況を改善するために懸命に取り組みました。

サイ　　　：彼らは何をしましたか？

ブラウン先生：彼らはいろいろなことをしました。たとえば，校舎が足りなかったので，彼らはたくさんの校舎を建てました。また，彼らは給食制度を拡大しました。こうした取り組みのおかげで，今ではより多くの子どもたちが学校に通うことができます。

広人　　　：それはとてもいいですね！

ブラウン先生：しかし，国によっては，そうしたくても学校に行けない人々がまだいます。

広人　　　：そういう国は学校が足りないから，そうできないのですね？

ブラウン先生：そうですね。しかし，他の理由もあります。両親の仕事を手伝うために，学校に行くのをやめなければならない子どももいます。

サイ　　　：学校に行けない人々は，読み書きができないので，ある種の仕事を得ることは難しいと思います。

ブラウン先生：その通りです。そのため，生活するために十分なお金を稼ぐことができない人もいます。また，薬に関する重要な説明を読むことや，日常生活でさまざまなサービスを受けることができません。その結果，$_{\text{B}}$彼らの命は危険な状態にある。

広人　　　　：それらは深刻な問題です。もし私が読み書きできなければ，本やウェブサイトから多くを学ぶことができません。

ブラウン先生：物事を学ぶことは，より良い生活につながり，私たちの命を守ることができるのは確かです。

広人　　　　：そう思います。私は今，学校に通い，多くを学ぶことができます。一部の国の人々にとって，これらのことを行うのが難しいことは非常に悲しいことです。

サイ　　　　：私も悲しいです。多くのことを楽しく学べることに感謝しています。もっと一生懸命勉強して，もっと多くのことを学びたいです！

広人　　　　：私もです！　一緒にいろいろなことに挑戦しましょう！

(1)　ア　明日，私たちのALTのブラウン先生に聞いてみませんか？（○）　イ　あなたは日本語の読み書きをいつ習いましたか？　ウ　誰が困難の理由をよく知っていますか？　エ　ブラウン先生が私たちの新しい先生だと，どうやって知りましたか？　各選択肢の英文と空欄の前後の英文の意味を合わせて検討したい。文脈から選択肢アが適当。アの Why don't we~? は「提案する」「誘う」ような表現になる。

(2)　①　(正答文訳)1995 年にはインドで$_{\text{イ}}$52.0パーセントの人々が読み書きができた。　問題本文中の表を参照すると，1995年の識字率は52.0パーセントなので，選択肢イが適当　②　ア　5　イ　8　ウ　30　エ　50(○)　(正答文訳)広人はインドの識字率が約$_{\text{エ}}$50年で大きく向上したことを理解した。　問題本文第8番目の広人の発話第2文 It improved by~とその次の文 It improved a~には，「1970年と2018年の間に識字率は大きく改善した」とあるので，「48年間に改善している」ことから，空欄に入る年数は選択肢エの「約50年」が適当。

(3)　ア　彼らは十分なお金を得ることができる　イ　彼らは読み書きができない　ウ　彼らの命は危険な状態にある(○)　エ　彼らの命は安全で困難がない　空欄Bの前には As a result (結果として)とあり，その前の文 Also, they cannot~「字が読めないと日常生活でサービスが受けられない」とあることから，空欄には「字が読めない結果，どのようになっているか」を表す文を入れたい。選択肢ではウが適当。選択肢ウの are は be動詞で状態を表し，be in danger で「危険な状態にある」という意味になる。

(4)　(解答例と解答例訳)Hiroto feels sad that it's difficult for people in some countries to go to school and learn many things now.(広人は，今一部の国の人々にとって 学校に通い 多くのことを学ぶことが困難になっていることを，悲しく感じています。)
問題本文第 22番目の広人の発話第2文 I can go~と第3文 I'm very sad~には「今私は学校に通い，多くのことを学ぶことができる。一部の国の人々は学校に通うことが難しく，これはとても悲しいこと」とあるので，この英文を参考にして空欄に語句を入れたい。空欄の語句の to go は名詞の働きをする **to 不定詞**で「(学校へ)行くこと」。

(5)　ア　広人は母が宿題をするように言ったので宿題をした。　イ　サイは両親を助けるために彼の国の中学校に通わなかった。　ウ　サイは，物事を学ぶことはより良い生活につながり，人々の命を守ることができると言っている。　エ　ヒロトとサイはもっと一生懸命勉強したいし，もっと物事を学びたい。(○)　問題本文最後から第2番目のサイの発話 I'm sad~では「もっと勉強して，もっと多くのことを学びたい」とあり，最後の広人の発話 Me, too!~では「私もそう思う。一緒にいろいろなことに挑戦しよう」とあるので，選択肢ではエが適当。選択肢ウの learning は動名詞で learning things は「物事を学ぶこと」となる。

(6)（解答例）(Studying in Japan / Studying abroad) is better for me because I can study each subject more easily in Japanese. (Studying in Japan / Studying abroad) is better for me because I can communicate with a lot of people in another language.（問題文と解答例訳）質問：日本で勉強するのか，海外で勉強するのか，あなたにとってどちらのほうがより良いですか？　答え（日本で勉強する・海外で勉強する）方が私にとってより良いです，なぜなら各科目をより簡単に日本語で勉強できるからです。（日本で勉強する・海外で勉強する）方が私にとってより良いです，なぜなら別の言葉で多くの人とコミュニケーションをとることができるからです。　問題文の条件を確認して解答の英文を作りたい。また，解答の英文は because に続くので，英文には日本で勉強すること，または海外で勉強することがよい理由を含める。

5　**(長文読解：英問英答，自由・条件英作文，語句補充・選択，語句の解釈・指示語，英問英答，内容真偽，現在完了，関係代名詞，分詞の形容詞用法，比較，不定詞)**

（全文訳）1　異なる考えを受け入れることは簡単だと思いますか？　これは，私たちのほとんどにとって簡単ではないかもしれません。しかし，それらを受け入れることができれば，大切なことを行うことができます。

2　私たちの村には，伝統的なお祭りがあります。毎年夏になると，私たちの村の子どもたちはお祭りのために，*笛*，*太鼓*と踊りの練習を始めます。私の祖父は，子どもたちのグループに*笛*と*太鼓*の演奏方法を教えています。私は祖父から*笛*の演奏方法を学んでいるグループのメンバーの一人です。祖父はかつて私たちに，「このお祭りは私たちの村の人々にとって非常に重要です。私たちは自分たち自身の手で，それを守らなければなりません」と言いました。祖父はお祭りが大好きで，いつもそのことを考えています。

3　ある日，祖父はとても悲しそうに見えました。それで私は祖父に「大丈夫？」と聞きました。祖父は「グループのメンバーの数は減少している。お祭りがなくなってしまうのではないかと恐れている」と言いました。これは本当のことでした。グループのメンバーは10人しかいませんでした。私たちはお祭りのためにもっと多くの子どもたちが必要でした。この問題を解決するために，私は何かをしなければなりませんでしたが，何をすべきかわかりませんでした。

4　次の日，放課後に同級生のサオリと話す機会がありました。彼女は去年の春，東京から私たちの村へ引っ越してきました。お祭りと私たちのグループについて彼女に話すと，彼女は「うわー，お祭りに興味があります。私の姉[妹]と私はフルートを吹くことができます。あなたのグループに参加できますか？」と言いました。それを聞いてうれしかったのですが，「祖父や他のメンバーは何と言うのだろう？」と思いました。

5　その夜，私は公民館へお祭りの練習に行きました。練習が終わったとき，メンバー全員と祖父にサオリと彼女の姉[妹]のことを話しました。メンバーの多くは，彼らを受け入れるべきだと言いました。あるメンバーは，「彼女たちを受け入れれば，お祭りで一緒に演奏する新しいメンバーを加えることができる」と言いました。しかし，祖父と何人かのメンバーは，そうすべきではないと言いました。そのうちの一人は，「他の場所から人を受け入れるのは良くない」と言いました。私の祖父は「私たちはこのお祭りを，自分たち自身の手で長年守り続けてきた。彼女らを受け入れるべきではない」と言いました。私たちは，長い間話し合いました。最後に私は「この$_B$お祭りを自分たち自身の手で守ることは大切です。でも今は子どもの数が減っているので，それは難しいのです。私は私たちのお祭りを失いたくない。他の場所から人々を受け入れ，新たな方法でお祭りを守る必要があります」と言いました。最初，祖父は何も言わなかったです。しかし，しばらくすると祖父は「よし。明，きみの考えを受け入れよう。明日，サオリと彼女の姉[妹]に一緒に来てくれるように，そして私たちに加わってくれるように頼んでもらえるかな？私は彼女たちに笛の演奏方法を教える。みなさん，いいですか？」と言いました。みんなは「はい！」と言いました。

6　私たちは，サオリと彼女の姉[妹]と一緒に練習を始めたところです。彼女たちは私たちと一緒に笛を練習することを楽しんでおり，私の祖父も彼女たちに教えることを楽しんでいます。私はこの経験から重要なことを学びました。時には，異なる考えを受け入れるのは簡単ではないかもしれません。しかし，それができれば，何かをよりよくするように変えることができます。

(1)　空欄Aの前は members と「人」を指す語があり，空欄のあとは are learning how～となっていることから，空欄には「人」を先行詞とする主格の関係代名詞 who が適当であり，選択肢ではイとなる。

(2)　ア　グループの子どもたちは，お祭りに向けて踊りの練習をしなければならない。　イ　明の祖父はこの村の笛と太鼓を守らなければならない。　ウ　お祭りのメンバーの数は減少してきている。(○)　エ　お祭りのための10人のメンバーのアイデアが消えてしまうかもしれない。下線部の文の前の文 We needed more～とその前の文 There were only～には「グループのメンバーは10人しかいない。お祭りのためにもっと多くの子どもたちが必要」とあり，これは同じ段落の第2文 So, I asked～「グループのメンバーが減少している」という問題について会話しているので，選択肢ウが適当。選択肢ウの has been decreasing は現在完了進行形で，その状態が過去から継続していることを表し「減少し続けている」という表現になる。

(3)　ア　このお祭りを自分たち自身の手で守ること(○)　イ　その問題について一緒に長い間話し合うこと　ウ　サオリと彼女の姉妹と一緒にお祭りの練習をすること　エ　どこか他の場所からのすべての人々を受け入れること　空欄の次の文 But it's difficult～(今は子どもの数が減っているのでそれは難しい)へ続く内容としては選択肢アが適当。各文の先頭の単語 to は to 不定詞で「～すること」という名詞用法が使われている。

(4)　ア　笛と太鼓はその村で明の祖父だけが演奏していた。　イ　明の祖父は，村に住む人々のために何かすることを恐れていた。　ウ　明は公民館でサオリと彼女の姉[妹]にメンバー全員のことを話した。　エ　明は，他の場所から人々を受け入れることで，お祭りを守りたいと考えていた。(○)　問題本文第5段落第9文の明の発話の中の We should accept～では「他の場所の人々を受け入れ，新たな方法でお祭りを守る必要がある」と言っていることから選択肢エが適当。選択肢イの people living in the village の living～ はその前のpeople を説明する形容詞用法で「その村に住んでいる人々」となる。

(5)　①　(正答)They needed more children for the festival.　(問題文と正答の訳)質問：グループのメンバーはお祭りのために何を必要としていましたか？／答え：お祭りのために彼らはもっと多くの子どもたちを必要としていました。問題本文第3段落第7文 We needed more～には，「お祭りのためにもっと多くの子どもたちが必要だ」とあることから，この英文を参考に解答を作成する。　②　(正答)They said that they should not accept Saori and her sister.　(問題文と正答の訳)質問：練習の後，明の祖父と数人のメンバーは何と言いましたか？／答え：彼らはサオリと彼女の姉[妹]を受け入れるべきではないと言いました。問題本文第5段落第5文 But my grandfather～には，「(お祭りの練習の後)祖父と何人かのメンバーは(彼女たちを)受け入れるべきではないと言った」とあることから，この英文を参考に解答を作成する。

(6)　(正答例)Then he felt happy to hear that she wanted to join his group with her sister. (問題文と正答例の訳)明がサオリにお祭りのことを話し，サオリが興味を持つようになった。それから，彼女が彼女の姉妹と一緒に彼のグループに参加したいと聞いて，彼はうれしくなった。しかし，彼は祖父や他のメンバーの考えがよくわからなかった。問題本文第4段落の最後の文 I was happy～とその前の文 When I told～には，「サオリにお祭りについて話すと，彼女は興味を持ちグループに参加したいと言ったので，それを聞いてうれしかったが」とあるので，これらの英文を参考に解答文を作成したい。正答例の happy to hear は to は不定詞の働きをして「～して」という意味になり「聞いてうれしい」となる。

2023年度英語　リスニングテスト

〔放送台本〕

これから，放送によるテストを行います。問題は放送問題1から放送問題3まであります。放送を聞いている間に，メモを取ってもかまいません。

はじめに，問題用紙の放送問題1を見なさい。これは，香織(カオリ)と留学生のベンの対話を聞いて答える問題です。対話が放送されたあとに，クエスチョンと言って質問をします。質問は，No. 1 から No. 5まで五つあります。その質問の答えとして最も適当なものを，ア，イ，ウ，エの中から一つずつ選びなさい。対話，クエスチョンの順に2回読みます。それでは，始めます。

Kaori: Hi, Ben.
Ben: Hi, Kaori.
Kaori: We'll have the "Golden Week" holidays soon. Do you have any plans for them?
Ben: Yes. I'm going to visit the zoo with my host family.
Kaori: That's nice! Do you like animals?
Ben: Yes. I especially like pandas very much. They are so cute. How about your plans?
Kaori: I'm going to practice the piano for my music club's concert.
Ben: Wow! Does your music club have a concert? When is it?
Kaori: It's on Saturday, May 13th at Central Hall. Do you want to come?
Ben: Yes, but how can I get there?
Kaori: You can take a bus from the station to the hall. It takes about 15 minutes.
Ben: Great! I'm looking forward to the concert. Good luck!
Kaori: Thank you. See you later!

Question No. 1 Where is Ben going to go during his Golden Week holidays?
Question No. 2 What is Ben's favorite animal?
Question No. 3 What is Kaori going to do during her Golden Week holidays?
Question No. 4 When is the concert of Kaori's music club?
Question No. 5 How can Ben get to Central Hall?

〔英文の訳〕

香織：こんにちは，ベン。
ベン：こんにちは，香織。

香織：もうすぐゴールデンウィークの休みね。休みの計画は何かあるの？
ベン：うん。ホストファミリーと一緒に動物園に行く予定なんだ。
香織：それはいいね！　動物は好きなの？
ベン：うん。特にパンダが大好き。彼らはとてもかわいい。きみの計画はどうなの？
香織：私は音楽クラブのコンサートのために，ピアノを練習するつもり。
ベン：おお！　きみの音楽クラブはコンサートがあるの？　それはいつ？
香織：5月13日の土曜日にセントラルホールで。来たい？
ベン：うん，でもどうやってそこに行くの？
香織：駅からホールまでバスで行けるの。だいたい15分ぐらいかかる。
ベン：いいね！　コンサートが楽しみだね。うまくやってね！
香織：ありがとう。また後で！
質問 No.1　ゴールデンウィークの休みに，ベンはどこに行く予定ですか？
答えは，イ(動物園)
質問 No.2　ベンの好きな動物は何ですか？
答えは，エ(パンダ)
質問 No.3　香織はゴールデンウィークの休みに何をする予定ですか？
答えは，ア(ピアノの練習)
質問 No.4　香織の音楽クラブのコンサートはいつですか？
答えは，イ(5月13日　土曜日)
質問 No.5　ベンはどのようにセントラルホールに行くことができますか？
答えは，ウ(バス)

〔放送台本〕

放送問題2に移ります。問題用紙の放送問題2を見なさい。これは，二人の対話を聞いて，対話の続きを答える問題です。対話は No.1とNo.2の二つあります。それぞれの対話の最後の応答部分でチャイムが鳴ります。そのチャイムの部分に入る最も適当なものを，ア，イ，ウ，エの中から一つずつ選びなさい。対話は No. 1，No.2 の順に2回ずつ読みます。それでは，始めます。

No.1　Man :　Meg, what are you doing?
Girl :　I'm doing my homework.
Man :　Dinner is almost ready.
Girl :　(チャイム)

No. 2　Woman :　Hello.
Boy :　Hello. This is Ken. May I speak to Mari?
Woman :　Sorry. She isn't here now.
Boy :　(チャイム)

〔英文の訳〕

No.1　男性：メグ，何をしているの？
少女：宿題をやってるの。
男性：夕食がもうすぐできるよ。
少女：ア　わかった。今行く。

No.2　女性：もしもし。
少年：もしもし。私はケンです。マリさんはいらっしゃいますか？

女性：ごめんなさい。彼女は今いません。
少年：エ　わかりました。彼女へ電話をかけなおします。

〔放送台本〕

放送問題3に移ります。問題用紙の放送問題3を見なさい。これから読む英文は，春香(ハルカ)が英語の授業で発表した内容です。英文を聞きながら，1から5の英文の空欄に入る最も適当な英語1語を書きなさい。英文は2回読みます。それでは，始めます。

Last year, I joined the English speech contest. At first, I didn't want to join it because I didn't like speaking in front of many people. However, my English teacher helped me a lot and finally I could enjoy it. At the contest, I said to myself, "Trust yourself. You have done everything you could." Though I couldn't win the contest, I got stronger than before through this experience. I want to say to my teacher, "Thank you for supporting me."

〔英文の訳〕

昨年，私は英語のスピーチコンテストに参加しました。大勢の前で話すのが苦手で，最初は参加したくなかったのです。けれども，私の英語の先生は私をとても助けてくれて，最後には楽しむことができました。コンテストでは，「自分を信じろ。できることはすべてやった」と自分に言い聞かせました。コンテストでは，勝つことはできませんでしたが，この経験を通じて以前より強くなりました。私の先生に「私を支えてくれてありがとう」と言いたいです。

① 春香は昨年，英語スピーチコンテストに参加した。
② 春香は多くの人の前で話すことが苦手だったため，コンテストに参加したくなかった。
③ コンテストでは，春香は「自分を信じろ。できることはすべてやった」と自分に言い聞かせた。
④ この経験を通して，春香は前よりも強くなった。
⑤ 春香は彼女の先生に「私を支えてくれてありがとう」と言いたい。

<理科解答>

1 (1) セキツイ(動物)　(2) エ　(3) イ　(4) ① 食物網　② (例)ブリがふえると，ブリの食物となる生物が減るから。

2 (1) 葉緑体　(2) イ　(3) (例)試験管B～Eの結果が，葉のはたらきによって起きたこと　(4) ① エ　② (例)呼吸で放出した二酸化炭素を光合成で吸収した

3 (1) ① ア　② 示相(化石)　(2) エ　(3) ア→ウ→イ　(4) 54(m)

4 (1) 露点　(2) ウ　(3) イ　(4) ① 40(%)　② 225(g)

5 (1) 混合物　(2) ア　(3) ウ　(4) 生分解性[プラスチック]　(5) ① (例)水溶液にうかぶ　② 200(g)

6 (1) マグネシウム　(2) ウ　(3) $Zn \rightarrow Zn^{2+} + 2e^-$　(4) イ　(5) ア

7 (1) 実像　(2) イ　(3) ① 10(cm)　② ア　(4) カ

8 (1) 力学的(エネルギー)　(2) ウ　(3) エ　(4) 10(cm)　(5) イ

<理科解説>

1 (動物の分類，生物のつながり)

(1)　背骨がある動物をセキツイ動物，背骨がない動物を無セキツイ動物という。

(2)　軟体動物を選ぶ。エビは節足動物，クラゲとウニは，節足動物と軟体動物以外の無セキツイ動物である。

(3)　XとYはえらである。えらは，水にとけた酸素をとり込むための器官である。

(4)　①　1本の食物連鎖が複雑にからみあった関係を，食物網という。　②　ブリはほかの生物の食べ物となりにくいと考えられるが，増えすぎると食べ物が無くなるため，限りなく個体数が増えることはない。

2 (植物のはたらき)

(1)　植物の緑色の部分の細胞に見られる緑色の粒は，葉緑体という粒で，光合成を行う部分である。

(2)　デンプンは水にとけにくいため，葉でつくったデンプンを全身に運ぶときは，デンプンを水にとけやすい物質に変えてから，師管を通して全身に運ぶ。

(3)　試験管Aのように，植物の葉を入れないで実験を行うことで，試験管B～Eの結果が植物のはたらきによるものであると説明づけることができる。

(4)　①　P　葉の白色の部分と緑色の部分のちがいについて調べるので，選ぶ試験管は，葉の白色の部分を用いた実験と，緑色の部分を用いた実験を比べる。また，呼吸について調べるので，光に当てずに実験をしたものが適している。よって，対照実験の**試験管Aと，試験管DとE**の組み合わせになる。　Q　光の有無について比べるので，植物が入っていて，光が当たっている試験管と光が当たっていない試験管で比べる。ただし，光合成をしない条件で実験する必要があるため，葉緑体をもたない白色の葉を用いた実験を比べる。よって，**試験管A，C，E**の組み合わせになる。　②　植物が呼吸で放出した二酸化炭素も，光合成によって吸収されている。

3 (地層)

(1)　①　サンヨウチュウは，**古生代の示準化石**で，このころに栄えていた生物は，サンヨウチュウのほかにフズリナなどがある。　②　サンゴやシジミなど，その層が堆積したときの環境を推測する手がかりとなる化石を，示相化石という。

(2)　石灰岩の主成分は炭酸カルシウムであり，うすい塩酸をかけるととけて二酸化炭素を発生する。石灰岩は，生物の死がいが固まってできた岩石であるが，比較的柔らかいため，傷がつきやすい。

(3)　ふつう，地層は，上にあるほど新しい時代に堆積している。よって，凝灰岩の層を基準として，より下にある層から上にある層の順に並べると，凝灰岩のすぐ上にアの層が堆積し，アの上にウの層が堆積し，ウの上には砂岩の層，その上にイの層の順に堆積している。

(4)　X地点の柱状図から，凝灰岩の上面の標高を求めると，47－2＝45(m)となる。この地域の地層は水平に堆積しているために，Y地点の凝灰岩の層の上面の標高も45mである。Y地点の地表は，45mよりも9m高いので，45＋9＝54(m)となる。

4 (空気中の水蒸気)

(1)　空気中の水蒸気が水滴になり始めるときの温度を，露点という。

(2)　上空へいくほど気圧が低くなるので空気が膨張する。空気が膨張すると，空気の温度が下がる。

(3)　湯気は白く見える部分のことで，水蒸気が冷えて水滴になったものである。

(4)　①　$\text{湿度〔\%〕}=\dfrac{\text{空気中に含まれている水蒸気量}(\mathrm{g/m^3})}{\text{その温度での飽和水蒸気量}(\mathrm{g/m^3})}\times 100$より，$\dfrac{5.8(\mathrm{g/m^3})}{14.5(\mathrm{g/m^3})}\times 100=40(\%)$

②　加湿した後の部屋の空気$1\mathrm{m^3}$あたりにふくまれる水蒸気量は，$20.6(\mathrm{g/m^3})\times 0.5=10.3(\mathrm{g/m^3})$
よって，増加した水蒸気の質量は，$(10.3-5.8)(\mathrm{g/m^3})\times 50=225(\mathrm{g})$

5 (水溶液)

(1)　いくつかの物質が混ざってできている物質を，混合物という。

(2)　液体に混ざっている固体を，液体からとり除くので，ろ過が適している。

(3)　プラスチックの多くはナフサからできているため有機物である。また，ふつうプラスチックは電気を通さないが，近年，**導電性プラスチック**とよばれる電気を通すプラスチックが開発され，2000年に白川英樹先生がノーベル化学賞を受賞した。

(4)　プラスチックはふつう生物に分解されることはないため，生態系の中に組み込まれず，いつまでも分解されずに残ってしまう。生分解性プラスチックは，放置すると微生物に分解されるため，環境に残り続けることはない。

(5)　①　液体と固体の密度を比べたとき，固体の密度が液体の密度よりも小さければ，固体は液体に浮き，固体の密度が液体の密度よりも大きければ，固体は液体に沈む。　②　40％の溶質をふくんだ水溶液なので，水(溶媒)は60％ということになる。300gが60％に相当することから，溶液全体の質量は，$300(\mathrm{g})\div 0.6=500(\mathrm{g})$となる。よって，溶質の質量は，$500-300=200(\mathrm{g})$と求められる。

6 (電池とイオン)

(1)　金属AのイオンがふくまれたＢ水溶液に金属Bの小片を入れ，金属Bの小片に金属Aが付着した場合，金属AとBでは，金属Bのほうがイオンになりやすい。このことから，イオンへのなりやすさはマグネシウム＞亜鉛，マグネシウム＞銅，亜鉛＞銅の関係がわかる。これを整理すると，イオンへのなりやすさは，**マグネシウム＞亜鉛＞銅**となる。

(2)・(3)　亜鉛板と銅板を比べると，亜鉛のほうがイオンになりやすいので，亜鉛板中の亜鉛原子が2個の電子を放出して硫酸亜鉛水溶液中にイオンとしてとけ出す。放出された電子は導線を伝って銅板へ移動する。銅板へ到達した電子は，硫酸銅水溶液中の銅イオンが受け取るため，銅イオンが銅原子に変化して銅板上に現れる。

(4)　硫酸亜鉛水溶液中には，亜鉛イオンが増加していくため，濃度は濃くなる傾向にある。一方，硫酸銅水溶液中の銅イオンは銅原子に変化するので，濃度はうすくなる傾向にある。

(5)　2つの水溶液が混ざってしまうと，亜鉛板で亜鉛原子が放出した電子を，銅イオンが直接受け取ってしまうため，亜鉛板に銅が付着してしまう。よって，電子が導線を通らず，電極間を移動しなくなるため，電気が生じなくなる。

7 (凸レンズ)

(1)　凸レンズによってスクリーン上にできた像を，実像という。

(2)　焦点を通ってから凸レンズに入射した光は，凸レンズを通過した後，光軸に平行に進む。

(3)　①　実際のフィルターの大きさと実像の大きさが等しくなるとき，フィルターとスクリーンは，それぞれ**焦点距離の2倍の位置**にある。よって焦点距離は，$20(\mathrm{cm})\div 2=10(\mathrm{cm})$　②　実際のフィルターと同じ大きさの実像ができるとき，凸レンズからフィルターまでの距離と，凸レンズからスクリーンまでの距離は等しくなるが，このとき，フィルターとスクリーンは凸レンズに対し，それぞれ焦点距離の2倍の位置にある。フィルターが焦点距離の2倍の位置よりも遠ざかると，できる実像はフィルターよりも小さくなり，フィルターが焦点距離の2倍よりも凸レンズに近づくと，できる実像はフィルターよりも大きくなる。

(4)　フィルターの上半分は光を通さないので，Fの字(フィルター)の上半分は像ができない。また，実像は，実際のフィルターに対して上下左右が逆向きになることに注意する。

8 (運動とエネルギー)

(1)　位置エネルギーと運動エネルギーの和を，力学的エネルギーという。

(2)　AとCは高さが等しいので，位置エネルギーが等しい。Bの高さを基準とすると，Aがもっていた位置エネルギーが，Bではすべて運動エネルギーに変化している。よって，エネルギーの種類は異なるが，AとBは，**エネルギーの大きさが等しい。**

(3)　Cの位置では，もっているエネルギーがすべて位置エネルギーに変化しているため，速さは0である。よって，このときに糸を切ると，小球は重力の方向へ運動を始める。

(4)　グラフより，小球Xを15cmの高さに置いてはなしたときに，木片が移動する距離は，6cmである。小球Yを使った場合，木片の移動距離が6cmになるのは，高さ10cmに小球を置いたときである。

(5)　小球が木片を押しているとき，小球は木片に仕事をしている。よって，小球がもっている力学的エネルギーは木片に対しての仕事に変化するため，エネルギーの総量は少しずつ減少する。

＜社会解答＞

1　(1)　環太平洋　(2)　イ　(3)　(例)働くために連れてこられたアフリカ　(4)　ヒスパニック　(5)　ウ　(6)　①　エ　②　エ

2　(1)　東シナ海　(2)　イ　(3)　①　筑紫平野　②　エ　③　(例)外国から安い肉が輸入されている　(4)　ウ　(5)　①　カルデラ　②　ア

3　(1)　百済　(2)　イ　(3)　(例)自分の娘を天皇と結婚させ，生まれた子どもを天皇にする。　(4)　エ　(5)　ア　(6)　(例)1年おきに江戸と領地とを往復する
(7)　エ→ウ→ア→イ

4　(1)　伊藤博文　(2)　ア　(3)　エ　(4)　イ　(5)　(例)強制的に働かせることができる国家総動員法　(6)　ア　(7)　イ→エ→ア→ウ

5　(1)　持続可能　(2)　イ　(3)　エ　(4)　直接金融　(5)　イ　(6)　①　ODA
②　(例)貧しい人々に，事業を始めるための少額のお金を貸し出すこと。

6　(1)　エ　(2)　オ　(3)　(例)衆議院は参議院と比べて任期が短く解散もあるため，国民の意見とより強く結び付いているから。　(4)　平和　(5)　①　世界人権宣言
②　イ　(6)　ア

＜社会解説＞

1 (地理的分野―世界―人々のくらし・宗教，地形・気候，産業)

(1)　Fの山脈は**ロッキー山脈**，Gの山脈は**アンデス山脈**，Eの大洋は太平洋。

(2)　アメリカ合衆国東部やブラジル南部，アルゼンチンなどに分布することなどから判断する。

(3)　南アメリカ州にはインディオなどの先住民が住んでいたが，16世紀にスペインやポルトガルが進出し，アフリカ州から黒人奴隷を連れてきて労働させた。

(4)　B国は**スペイン**語が公用語のメキシコ。**ヒスパニック**はメキシコとの国境付近の地域に多い。

(5)　地図のHがニューヨーク，Iがデトロイト，Jがサンフランシスコ，Kがニューオーリンズ。ⅰの文はデトロイト，ⅱの文はサンフランシスコの特徴。

(6)　①　**パンパ**は，D国アルゼンチンに広がる温帯草原。　②　フランスが上位に位置することからXが小麦，ブラジルが1位であることからYが大豆，アルゼンチンが2位に位置することからZがとうもろこしと判断する。

2 （地理的分野―日本―地形図の見方，日本の国土・地形・気候，農林水産業，工業）

(1)　かつてシナとよばれた中国の東に位置する。

(2)　冬の気温が20度近くあるqは，Dの雨温図。夏の降水量が多いrは，南東季節風の影響を強く受けるCの雨温図と判断する。

(3)　①　福岡県と佐賀県にまたがる**筑紫平野**は九州地方最大の稲作地帯で，米と麦の二毛作がさかん。　②　**促成栽培**で生産される作物があてはまることから判断する。促成栽培とは，冬でも温暖な気候を利用して，野菜の出荷時期を早める栽培方法のこと。　③　宮崎県は豚やにわとり(ブロイラー)，肉牛などの飼育がさかん。高品質な肉を生産し，ブランド化をはかることで，海外から輸入される安価な豚肉や鶏肉に対抗している。

(4)　F県(福岡県)に位置する**北九州工業地帯**は，**八幡製鉄所**を中心に発達したことから，金属工業の割合が全国の内訳よりも高くなる。また，日本の輸出で最も高い割合を占めるのが機械類であることから，sが機械工業であると判断する。

(5)　①　Gは世界最大級のカルデラをもつ**阿蘇山**。　②　イ　消防署と警察署の間に道路はあるが，鉄道はない。消防署の南側に鉄道駅がある。　ウ　西ではなく，東。　エ　2万5千分の1地形図上での5㎝の実際の距離は，5×25000＝125000cm＝1250m＝1.25(km)。

3 （歴史的分野―日本史―時代別―古墳時代から平安時代，鎌倉・室町時代，安土桃山・江戸時代，日本史―テーマ別―政治・法律，文化・宗教・教育，外交）

(1)　年表のAは**白村江の戦い**。

(2)　文中のアテルイが，**坂上田村麻呂**に平定された蝦夷のリーダーであったことから判断する。

(3)　系図から，平清盛が娘の徳子を高倉天皇のきさきにし，生まれた子を安徳天皇として即位させていることが読み取れる。

(4)　下線部bの幕府は鎌倉幕府。アは奈良時代，イは平安時代，ウは江戸時代，オは安土桃山時代のできごと。

(5)　年表のCは室町時代におこった**応仁の乱**。アの銀閣は，このときの将軍である**足利義政**が建てた。イは正倉院，ウは姫路城，エは東大寺南大門。

(6)　参勤交代の目的は，大名を経済的に圧迫すること。**徳川家光**によって武家諸法度に追加された。

(7)　アの水野忠邦が**天保の改革**を始めたのが1841年，イが1867年，ウが1837年，エの松平定信が**寛政の改革**を始めたのが1787年のできごと。

4 （歴史的分野―日本史―時代別―明治時代から現代，日本史―テーマ別―政治・法律，経済・社会・技術，世界史―政治・社会・経済史）

(1)　伊藤博文は，**ドイツ**(プロイセン)の憲法をモデルとして**大日本帝国憲法**の草案を作成した。

(2)　義務教育の期間が延長された背景として，日清戦争(1894年)以後に就学率が上昇したことが挙げられる。日露戦争(1904年)以後は男女ともに就学率がほぼ100%となった。

(3)　資料Ⅱのグラフから，1890年代に生産量が輸入量を上回っていることから判断する。日清戦争後には，清や朝鮮にも綿糸が輸出されるようになった。

(4)　日本が**日英同盟**を理由に連合国側として参戦したことから，イギリス・フランス・ロシア・イタリアなどが示された地図を選ぶ。

(5)　1938年に制定された**国家総動員法**によって，写真Ⅰのような勤労動員の実施が可能になった。

(6)　ナチ党(ナチス)のヒトラーはドイツで，ファシスト党のムッソリーニはイタリアで，それぞれファシズム体制を確立した。

(7)　アが1967年，イが1945年，ウが1985年，エが1960年のできごと。

5　(公民的分野―地方自治，経済一般，財政・消費生活，国際社会との関わり)

(1)　SDGsは，Sustainable Development Goals(**持続可能な開発目標**)の略称。

(2)　**地方交付税交付金**は，地方税収入の不均衡を是正するために地方公共団体が政府から支給される。人口が少なく歳入に占める地方税収入の割合が低い鳥取県の地方交付税交付金の割合は高くなり，人口が多く地方税収入の割合が高い大阪府の地方交付税交付金の割合は低くなる。

(3)　インクルージョンとは，全ての人々が社会に参画し，共に生きていくこと。　ア　地方自治において，首長・議員の解職を直接請求すること。　イ　情報を正しく取捨選択できる能力。　ウ　医師から説明を受けた患者が，自ら治療方法などを選択すること。

(4)　企業が資金を調達する際に，銀行などの金融機関から借り入れることを**間接金融**，金融機関を通さず出資者から直接資金を調達することを**直接金融**という。

(5)　Yは，パリ協定ではなく**京都議定書**の内容。**パリ協定**では，先進国だけでなく全ての国が対象。

(6)　①　ODAは政府開発援助の略称。　②　マイクロクレジットとは，貧困などで一般の銀行から融資を受けられない人々を対象にした制度で，無償援助ではなく返済義務のある融資を行うことによって，自助努力による貧困からの脱出を促そうとしている。

6　(公民的分野―憲法・基本的人権，国の政治の仕組み・裁判，国際社会との関わり)

(1)　フランス革命の際に発表された**人権宣言**は，ルソーの主張の影響を強く受けている。

(2)　Xが精神の自由，Zが経済活動の自由に含まれる。Yは社会権に含まれる生存権に関する条文。

(3)　衆議院の任期が**4年**であるのに対して参議院は**6年**。**衆議院の優越**は，予算の議決のほか，法律の制定，内閣総理大臣の指名，条約の承認についても適用される。

(4)　平和主義は日本国憲法**第9条**で定められている。

(5)　①　問題文中の1948年などから判断する。1966年には，法的拘束力を持たせた**国際人権規約**が採択された。　②　UNHCRは国連高等難民弁務官事務所の略称。アは国連児童基金，ウは世界貿易機関，エは世界保健機関の略称。

(6)　人間の安全保障の考え方は，「人間中心」「誰一人取り残さない」という観点で，2015年に合意された持続可能な開発目標(SDGs)にも反映されている。

＜国語解答＞

一　1 (1) か(る)　(2) なぐさ(める)　(3) ほんやく　(4) さいそく　(5) 乗(る)　(6) 盛(り)　(7) 輸送　(8) 展覧　2 オ

二　1 円い小さなきれいなもの　2 ア　3 イ　4 エ

三　1 いきどおり　2 (1) あるまじきわざ　(2) (例)他人が隠していることが表に出たとき自分が関係したと疑われる　(3) ア

四　1 イ　2 (1) うしろめたさ　(2) (例)脚のことで適当なことを言った自分たちに慎吾が怒っている　3 (例)怪我を理由にしてバスケ部から逃げるようなことはしないだろうと思ってくれるほど、バスケ部の仲間たちが自分のことを信頼してくれていた　4 ウ　5 オ

五　1 ウ　2 全体を把握する　3 ア　4 (例)本は、全体を使うわけではなく、必要に応じて内容を取り出せるようにメタデータの目印をつけておけば十分に役立つということ。　5 イ　6 エ

六　(例) 資料Ⅰによれば，ユニバーサルデザインの対象は「すべての人」である。これを踏まえて資料Ⅱを見ると，ユニバーサルデザインとは障がいをもつ方や高齢者のための道具や設備のことだけではないということがわかる。

　私はこれまで，ユニバーサルデザインの推進は，行政や企業が福祉事業として行うものだと考えていた。しかし，これからは身近な問題を解決するという視点から，自分でもできることを考えてみたいと思う。

＜国語解説＞

一 (知識―漢字の読み書き，敬語)

1 (1) 「刈」の部首は「刂」で，刀を表す。 (2) 「慰」の音読みは「イ」で，「慰労」「慰謝料」などの熟語を作る。 (3) 「翻訳」の「翻」の訓読みは「ひるがえ(る)」「ひるがえ(す)」。 (4) 「催促」は，早くするように急がせること。 (5) 「乗」の真ん中の縦画は，上から下までつながっている。 (6) 「盛り」は，文脈によっては「さか(り)」と読む。 (7) 「輸」を形が似ている「輪」と書き間違えない。 (8) 「展覧」の「展」は，「尸」の中の形に注意。

2 オの主体は園長先生なので，尊敬語を用いて「おっしゃっ(た)」とする。

二 (詩―内容吟味，文脈把握，脱文・脱語補充)

1 「三階の窓から僕は眺める」という表現が2か所あり，その後に「ひっそりと動いてゆく沢山の円い小さなきれいなものを」とあるので，ここから書き抜く。

2 「ひっそりと動いてゆく」から連想できるのはアの「静かに移ろいゆく」である。イ「変わらずに」は「動いてゆく」と矛盾する。ウの「輝いている」，エの「退屈」は的外れ。オの「めまぐるしく変化する」は「ひっそりと」と合わないので不適当である。

3 5行目の「あなたの黒い睫毛が明るく乾いていますように」は，これからの人生で少女達が悲しみの涙を流すようなことが起こらないでほしいという作者の祈りなので，イが正解。アの「爽やかな」，ウの「悲痛」，エの「激し」，オの「むなしい」は，三階の窓から静かに少女達を見守る作者の心情として不適当である。

4 アは，「たくましく生きていこう」が詩の内容と合わない。イは，「僕」と「少女達」は対比さ

れているとは言えないので，説明として不適当。ウは，この詩から「人間関係の複雑さ」や「社会の生きづらさ」を読み取ることはできないので誤り。エは，**蝙蝠傘の下にいる少女達ひとりひとりに「あなた」と呼びかけ**，それぞれを温かく見守る詩の表現と一致するので，正解である。オは，「孤独」「個人の悲しみ」が詩の優しい世界に合わない説明である。

三　(古文―内容吟味，文脈把握，脱文・脱語補充，仮名遣い)

〈口語訳〉　ある人が言うことには，人は不用意に，言ってはならないことを軽率に言い出し，人の短所を悪く言い，したことを非難し，隠していることを暴露し，恥ずかしいことを問いただす。これらはすべてあってはならない行いである。自分は何気なく言い散らして，深い考えもないから，言われた人が深く思いつめて，怒りが強くなると，思いがけず恥をかかされ，身が破滅するほどの重大事にも及ぶのだ。うわべで笑っていながら心の内は悪意に満ちているというのは，そうでなくてさえも恐れるべきものなのだよ。よくわかっていないことをいかにも悪いことのように非難すれば，かえって自分の落ち度が明らかになるものである。

だいたい，口が軽い者になってしまうと，「誰それに，そのことを聞かせるなよ。あの者に見せるなよ。」などと言って，人に警戒され，距離をおかれるから，残念であるだろう。また，人が隠していることが，自然に表に出たときも，「あの人が関係しているのだろう」などと疑われるだろうから，不名誉であろう。

だから，いずれにしても人の身の上についての話を慎むべきだ。しゃべりすぎはやめるべきである。

1　「ほ」を「お」に直して「**いきどおり**」と書く。

2　(1)　Bさんの発言の前半は，「人は慮りなく……恥ぢがましきことをただす」を現代語で説明したものである。その直後の「これらすべて，**あるまじきわざ**なり。」から書き抜く。　(2)　「**人のつつむことの，おのづからもれ聞えたるにつけても，『かれ離れじ。』など疑はれむ**」の内容を現代語で書く。　(3)　アは，「**いはるる人，思ひつめて**」「**身果つるほどの大事にも及ぶなり**」「**人の上をつつむべし。多言留むべきなり。**」などをふまえた言葉で，正解である。イは，筆者が「つつむべし」と言っているのは「失言」に限らないので不適当。ウの「よく知らないことでも知っているふりをして話す」は，筆者が勧めていることではない。エの「人は誰でも包み隠していることがあり」やオの「高度な技術」は，本文にない内容である。

四　(小説―情景・心情，内容吟味，文脈把握)

1　前の段落に「**ぼくの居場所はない**」とある。自分の仲間だった2年生のバスケ部員には，1年生という新しい仲間ができて，自分が入る余地はないと感じたのである。正解はイ。アは，1年生がいるということだけでは理由として不十分である。ウの「自分を笑っているように感じた」は言い過ぎ。この時点で満はいなかったがそれが立ち去ろうとした理由ではないので，エは不適当。オは，慎吾は雅人と自分を比べていないので，誤りである。

2　(1)　慎吾は，バスケ部員と顔を合わせづらかった理由を，「バスケ部を辞めたことが**うしろめたかった**から」と説明している。6字という指定字数に合わせ，前後の表現につなげるため，その後のバリーの言葉である「**うしろめたさ**なんて感じる必要ないじゃん」から書き抜く。

(2)　バスケ部の仲間たちは，慎吾が**脚の痛み**を訴えたとき，「成長痛だろう」などと言って，**深刻に受け止めていなかった**。慎吾は病院に行くことなく練習を続けて怪我が悪化し，バスケ部をやめなければならなくなった。そのため，**慎吾が怒って**自分たちを避けていると思い込んでいたのである。この内容を前後につながるように30字以内で書く。

3 慎吾は，バスケ部の仲間たちから「あいつは**怪我を理由にしてバスケ部から逃げた**」と思われているのではないかと想像していたが，みんなは「**慎吾はそういうことはしないだろう**」と慎吾のことを**信頼**してくれていた。この内容を前後につながるように65字以内で書く。

4 慎吾がこの場面で気づいた「ほんとうの気持ち」は，「**もっとみんなとバスケをしてたかった**」というものなので，このことに触れたウが正解。他の選択肢は，「ほんとうの気持ち」についての説明を誤っている。

5 アの「比喩表現」はこの文章の特徴とは言えないし，それぞれの思いや行動の違いも鮮明に描かれているとは言えない。イの「回想的な場面」は，描かれていない。この文章は慎吾の視点から描かれており，ウの「第三者の視点」は見られない。エは，「主人公の気持ちの変化」が丁寧に描かれていることから不適当。「美しい自然の描写」もない。オは,「**会話**」と「**主人公の内面**」の描写とその効果についての説明がこの文章に合っており，正解である。

五 (論説文－内容吟味，文脈把握，品詞・用法)

1 「とりあえず」は**副詞**で,「めくってみます」に係る連用修飾語の働きをしている。

2 空欄Xの直後に「ことはしなくてもよく」とあるので，しなくてもよいことが入る。6段落に「本の**全体を把握する**必要はありません」とあるので，ここから書き抜く。

3 ⑧段落に，**あいまいなグレーゾーンで引っかからずに最後まで読み進めた後でグレーな箇所に戻ると理解できることが多い**ということが書いてあるので，これと同じことを述べているアが正解。イは，「理解」が「やってくる」ことを説明していないので不十分。ウは，すぐに理解できる箇所とあいまいな箇所を比較する説明になっており，不適当。エは，一度読むだけでは理解できないのは本の著者のせいだという説明になっており，論点がずれている。オは，内容としては間違いとは言えないが，傍線部1の説明になっていない。

4 筆者が気づいたことは，⑥段落「**本の全体を把握する必要はありません**」，⑪段落「**随時取り出せる**ようにしておかないと，読書から得られることはあまりありません」，⑬段落「**メタデータの目印さえあれば，執筆の際にも十分役立つ**」などと書いてあるので，これをもとに60字以内で書く。

5 アは，はじめに「問題」は提示されていないので誤り。イは，筆者が本を**ノンリニアなもの**として捉え,「**拾い読み**」して**メタデータの目印をつけて役立てる**と説明していることに合致するので，適当である。ウは,「自分に役立つ本を探す方法」は説明していないので誤り。エは，「自分に必要な情報を見つける方法」の具体的な説明はないので，誤りである。

6 本の読み方について，Bさんは本をリニアなものとして読んで失敗した体験を述べている。**自由研究のための本は，ノンリニアなものとして読むべきだった**と考えているのである。一方，Cさんは，**好きな作家の小説はリニアな読み方で楽しみたい**としている。この内容をまとめたものとしては，エが適当である。アはノンリニアな読み方だけ，ウはリニアな読み方だけしか認めていないので不適当。イの「どんなときも同じ方法」では，二人の意見をまとめたことにならない。オは，一冊の本を違う読み方で2回読むことを勧めていることになり，どちらの意見とも合わないので，誤りである。

六 (作文)

与えられた**条件**を満たして書くこと。2段落構成で，全体を150～200字でまとめる。

○前段…**【資料Ⅰ】を踏まえて，【資料Ⅱ】を見て気づいたことを書く**。解答例では，【資料Ⅰ】でユニバーサルデザインの対象が「すべての人」とされていることを踏まえて，【資料Ⅱ】の項目に注目している。
○後段…前段を踏まえて，「ユニバーサルデザインを推進すること」についての**自分の考えや意見**を書く。**書き終わったら必ず読み返して**，誤字・脱字や表現の不自然なところは書き改めること。

MEMO

大切なことはメモしておこうネ！

福島県公立高等学校

2022年度

★★★★★★★★★★★★★★★★★★★★★★★★

入　試　問　題

2022年度

●くわしい解説……47ページ

＜数学＞

時間　50分　　満点　50点

【注意】 1　答えに$\sqrt{}$が含まれるときは，$\sqrt{}$をつけたままで答えなさい。
ただし，$\sqrt{}$の中はできるだけ小さい自然数にしなさい。
2　円周率はπを用いなさい。

1　次の(1)，(2)の問いに答えなさい。

(1)　次の計算をしなさい。

①　$3-9$　　②　$\frac{7}{6}\times(-12)$

③　$5(a-2b)-2(2a-3b)$　　④　$\sqrt{12}\times\sqrt{45}$

(2)　半径が5㎝，中心角が72°のおうぎ形の面積を求めなさい。

2　次の(1)～(5)の問いに答えなさい。

(1)　1枚の重さa gの原稿用紙16枚をまとめて，重さb gの封筒に入れると，全体の重さは250 g以上になった。このとき，数量の間の関係を，不等式で表しなさい。

(2)　下の図の**ア**～**エ**のグラフは，1次関数$y=2x-3$，$y=2x+3$，$y=-2x-3$，$y=-2x+3$のいずれかである。1次関数$y=2x-3$のグラフを**ア**～**エ**の中から1つ選び，記号で答えなさい。

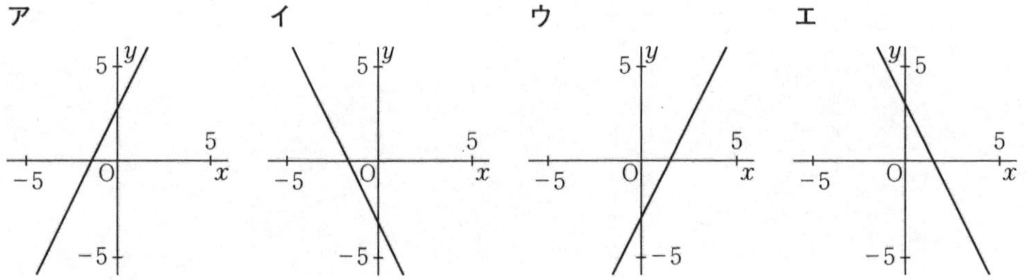

(3)　2次方程式　$(x-2)^2-6=0$　を解きなさい。

(4)　下の**資料**は，ある中学校の生徒10人の通学時間の記録を示したものである。この**資料**の生徒10人の通学時間の記録の中央値を求めなさい。

資料　18，4，20，7，9，10，13，25，18，11　（単位：分）

(5) 右の図で，△ABCは正三角形であり，$\ell \parallel m$ である。
このとき，$\angle x$ の大きさを求めなさい。

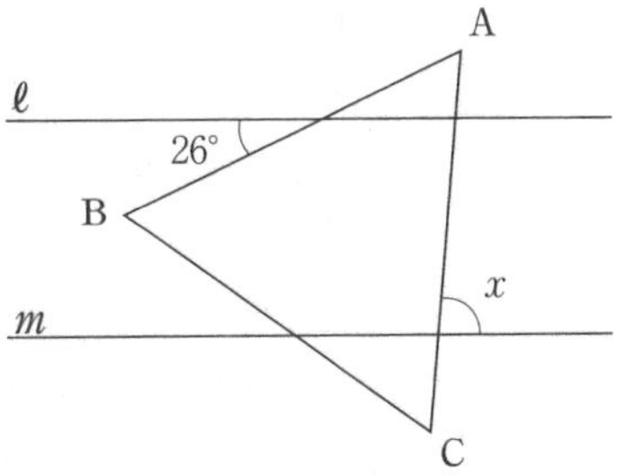

3 次の(1)，(2)の問いに答えなさい。

(1) 下の図のように，袋Aの中には１，３，５の整数が１つずつ書かれた３枚のカードが，袋Bの中にには－２，２の整数が１つずつ書かれた２枚のカードが，袋Cの中には２，４，６の整数が１つずつ書かれた３枚のカードがそれぞれ入っている。

３つの袋A，B，Cから，それぞれ１枚のカードを取り出す。このとき，袋Aから取り出したカードに書かれた整数を a，袋Bから取り出したカードに書かれた整数を b，袋Cから取り出したカードに書かれた整数を c とする。

ただし，３つの袋それぞれにおいて，どのカードを取り出すことも同様に確からしいものとする。

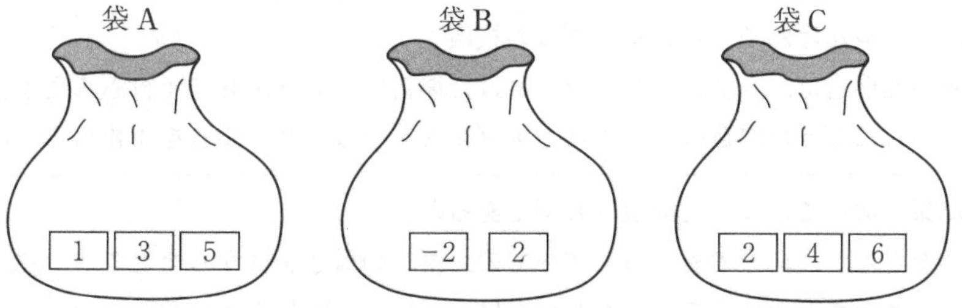

① $ab+c=-4$ となる場合は何通りあるか求めなさい。

② $ab+c$ の値が正の数となる確率を求めなさい。

(2) 右の図のように，自然数が書かれた積み木がある。

１段目の左端の積み木には $1^2=1$，２段目の左端の積み木には $2^2=4$，３段目の左端の積み木には $3^2=9$ となるように，各段の左端に，段の数の２乗の自然数が書かれた積み木を並べる。

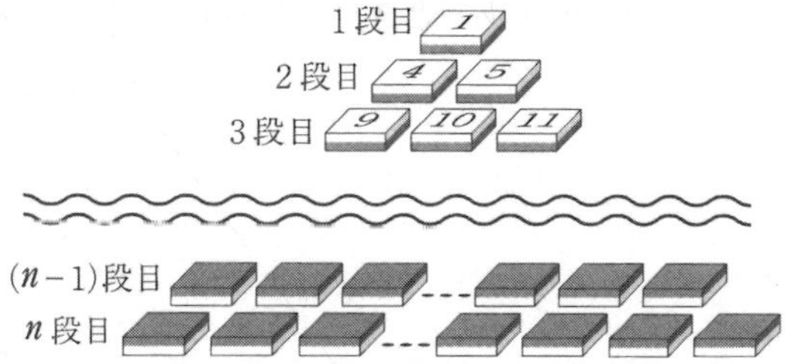

次に，１段目には１個，２段目には２個，３段目には３個のように，段の数と同じ個数の積み木を並べる。２段目以降は，左端の積み木から右へ順に，積み木に書かれた自然数が１ずつ大きくなるように，積み木を並べる。

n 段目の右端の積み木に書かれた自然数を a，$(n-1)$ 段目の右端の積み木に書かれた自然数をbとする。ただし，nは８以上の自然数とする。また，図のn段目と（$n-1$）段目の積み木は，裏返した状態である。

①　８段目の右端の積み木に書かれた自然数を求めなさい。

②　２つの自然数a，bについて，$a-b$を計算すると，どのようなことがいえるか。次の**ア**～**ウ**の中から正しいものを１つ選び，解答用紙の（　）の中に記号で答えなさい。

また，a，bを，それぞれnを使った式で表し，選んだものが正しい理由を説明しなさい。

ア　$a-b$は，いつでも偶数である。

イ　$a-b$は，いつでも奇数である。

ウ　$a-b$は，いつでも３の倍数である。

4　そうたさんとゆうなさんが，下の**＜ルール＞**にしたがい，１枚の重さ５ｇのメダルA，１枚の重さ４ｇのメダルBをもらえるじゃんけんゲームを行った。

＜ルール＞

⑴　じゃんけんの回数

○　30回とする。

○　あいこになった場合は，勝ち負けを決めず，１回と数える。

⑵　１回のじゃんけんでもらえるメダルの枚数

○　勝った場合は，メダルAを２枚，負けた場合は，メダルBを１枚もらえる。

○　あいこになった場合は，２人ともメダルAを１枚，メダルBを１枚もらえる。

ゲームの結果，あいこになった回数は８回であった。

また，そうたさんが，自分のもらったすべてのメダルの重さをはかったところ，232ｇであった。

このとき，そうたさんとゆうなさんがじゃんけんで勝った回数をそれぞれ求めなさい。

求める過程も書きなさい。

5　下の図のように，△ABCがあり，直線ℓは点Bを通り辺ACに平行な直線である。

また，∠BACの二等分線と辺BC，ℓとの交点をそれぞれD，Eとする。

AC＝BE であるとき，△ABD≡△ACD となることを証明しなさい。

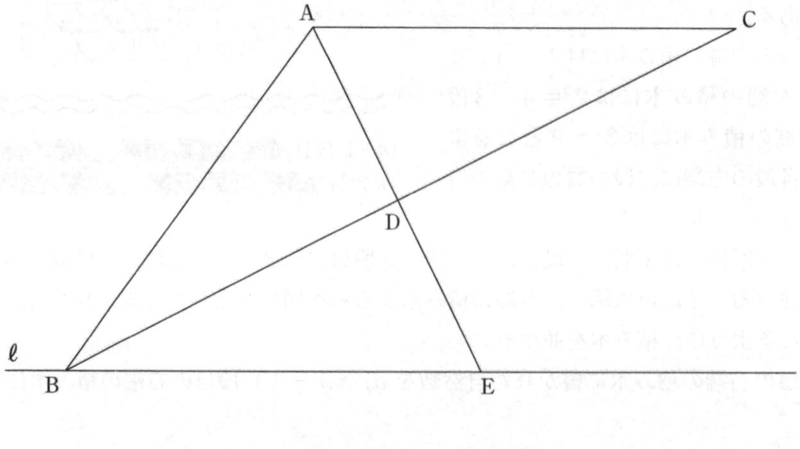

6　下の図のように，関数 $y=\frac{1}{2}x^2$ のグラフと直線 ℓ があり，２点A，Bで交わっている。ℓ の式は $y=x+4$ であり，A，Bの x 座標はそれぞれ－２，４である。

Aと x 軸について対称な点をCとするとき，次の(1)～(3)の問いに答えなさい。

(1)　点Cの座標を求めなさい。

(2)　２点B，Cを通る直線の式を求めなさい。

(3)　関数 $y=\frac{1}{2}x^2$ のグラフ上に点Pをとり，Pの x 座標を t とする。ただし，$0<t<4$ とする。

△PBCの面積が△ACBの面積の $\frac{1}{4}$ となる t の値を求めなさい。

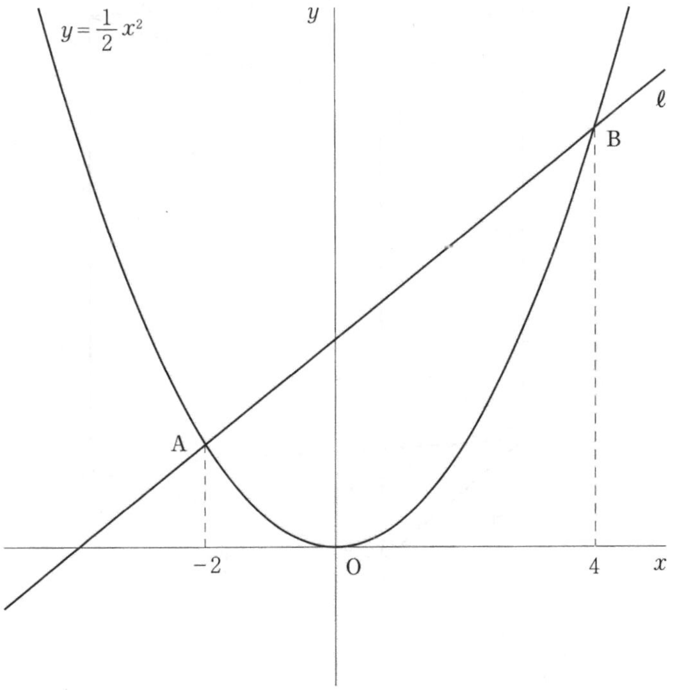

7　下の図のような，底面がDE＝EF＝６㎝の直角二等辺三角形で，高さが９㎝の三角柱がある。
辺ACの中点をMとする。
このとき，次の⑴，⑵の問いに答えなさい。

⑴　線分BMの長さを求めなさい。

⑵　辺BE上に，△APCの面積が30㎠となるように点Ｐをとる。

①　線分PMの長さを求めなさい。

②　３点Ａ，Ｃ，Ｐを通る平面と点Ｂとの距離を求めなさい。

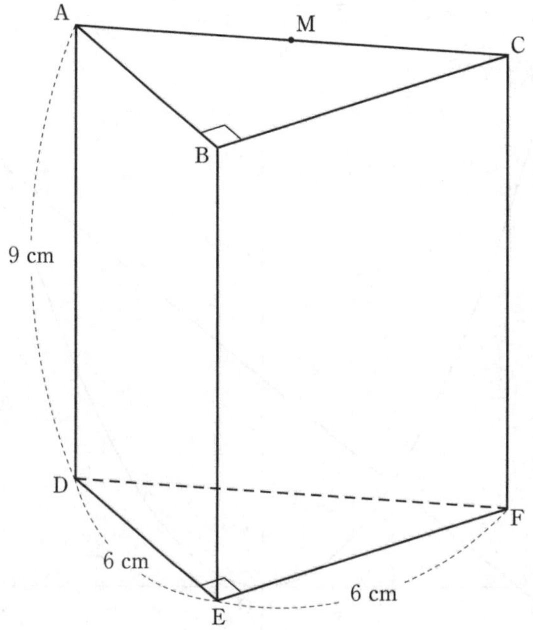

＜英語＞

時間 50分 満点 50点

【注意】 ＊印のついている語（句）には，本文のあとに〔注〕があります。

1 これは放送による問題です。問題は**放送問題 1** から**放送問題 3** まであります。

放送問題 1 智子（Tomoko）とボブ（Bob）の対話を聞いて，質問の答えとして最も適当なものを，**ア**～**エ**の中からそれぞれ一つずつ選びなさい。

No. 1 ア イ ウ エ

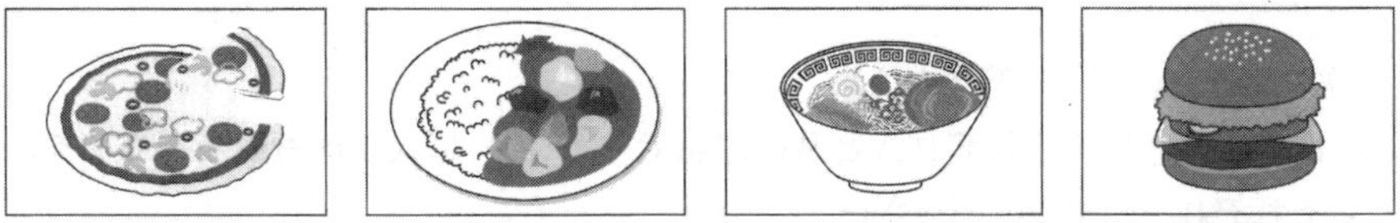

No. 2 ア イ ウ エ

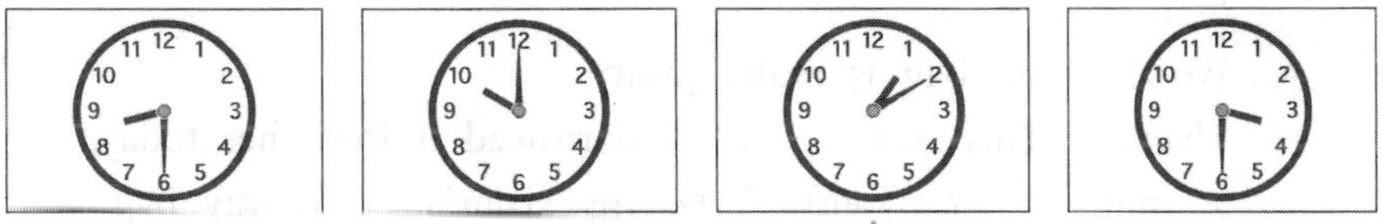

No. 3 ア イ ウ エ

No. 4 ア イ ウ エ

No. 5 ア イ ウ エ

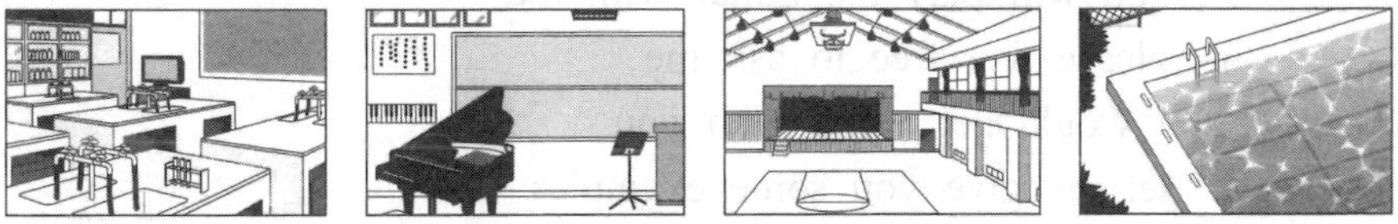

放送問題 2 二人の対話の最後の応答部分でチャイムが鳴ります。そのチャイムの部分に入る最も適当なものを，**ア**～**エ**の中からそれぞれ一つずつ選びなさい。

No.1 ア I think so, too.
イ I like teaching math to my friends.
ウ I want you to be a math teacher.
エ I am a junior high school teacher.

No.2 ア Yes. I was OK then. イ No. I slept well last night.
ウ Yes. I think I will. エ Really? You can't take a rest.

放送問題３ 翔（Kakeru）が英語の授業で発表した内容を聞きながら，①～⑤の英文の空欄に入る最も適当な**英語１語**を書きなさい。

① Kakeru's parents sometimes (　　　) him to the aquarium in his city.

② Kakeru became interested in (　　　) animals and became a big fan of dolphins.

⑤ One day, one of the (　　　) members told Kakeru a story about dolphins.

④ Kakeru learned that dolphins were very (　　　) and friendly animals.

⑤ Kakeru is studying hard to learn more about dolphins at (　　　).

2 次の⑴～⑶の問いに答えなさい。

⑴ 次の①～③は，それぞれＡとＢの対話です。(　) に入る最も適当なものを，**ア**～**エ**の中からそれぞれ一つずつ選びなさい。

① ［ *In a party* ］

Ａ：Wow! Your bag is really pretty.

Ｂ：Thanks. This is (　　　). I borrowed it from her today.

ア mine　**イ** yours　**ウ** my sister's　**エ** my bag

② ［ *In the morning* ］

Ａ：Oh, I'll be late! I need more time to eat breakfast.

Ｂ：Get up earlier, (　　　) you'll have more time.

ア and　**イ** or　**ウ** but　**エ** that

③ ［ *In a classroom* ］

Ａ：Hi, my name is Yumi. If you have any questions, (　　　).

Ｂ：Thank you. I'm John. Well, could you tell me how to get to the computer room?

ア you will play the guitar with me

イ please feel free to ask me

ウ I would get along with you

エ let me give you some examples

⑵ 次は，ＡとＢの対話です。(　) 内の語を正しく並べかえて，文を完成させなさい。

［ *At home* ］

Ａ：Do you know what we should put in this emergency kit?

Ｂ：Look at this list. I think (what / will / you / it / show) you should put.

⑶ 次は，ＡとＢの対話です。［ 1 ］～［ 4 ］に入る最も適当なものを，次のページの**ア**～**エ**の中からそれぞれ一つずつ選びなさい。

［ *At dinner lime* ］

Ａ：Wow! This soup tastes delicious. ［ 1 ］

Ｂ：Thank you, but I didn't. ［ 2 ］

A：Is it true? [3]

B：Oh, no. [4]

A：Ha-ha. That's better for our health.

ア　It's the same soup as the one I always make.
イ　Something seems different today.
ウ　I think you changed something.
エ　Maybe I forgot to put salt in it.

3　留学生のクロエ（Chloe）と修（Osamu）が話をしています。対話は①～⑤の順で行われています。④のイラストは修が話している内容です。自然な対話となるように，(1)，(2)の問いに答えなさい。

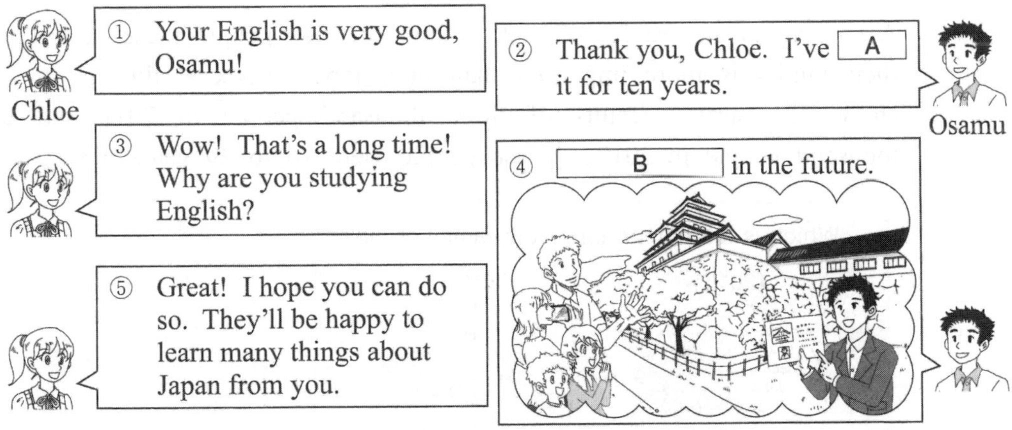

Chloe
Osamu
① Your English is very good, Osamu!
② Thank you, Chloe. I've [A] it for ten years.
③ Wow! That's a long time! Why are you studying English?
④ [B] in the future.
⑤ Great! I hope you can do so. They'll be happy to learn many things about Japan from you.

(1)　[A] に入る適当な**英語２語**を書きなさい。

(2)　[B] に入る適当な**英語**を書き，イラストと対話の流れに合うように文を完成させなさい。

4　放課後，高校生の太郎（Taro）が，アメリカ合衆国からの留学生マイク（Mike）と話をしています。二人の対話を読んで，(1)～(6)の問いに答えなさい。

Mike:　Hey, Taro. Can I ask you a question?

Taro:　Sure, Mike. What do you want to know?

Mike:　*Before I came to Japan, some people around me said people in Japan worked long hours. I've been here for a year, but I'm not *sure of this. What do you think about this?

Taro:　I'm not sure, either. But my parents often come home *late.

Mike:　[A]

Taro:　Well, I'll ask them about it tonight, and tell you about it tomorrow.

Mike:　Great! Thanks, Taro.

[The next day]

Taro: Hi, Mike. Do you have some time?

Mike: Sure, Taro. Did you talk with your parents last night?

Taro: I only talked with my father. But I found some interesting articles, too.

Mike: Oh, thanks! What did he say?

Taro: Well, my father doesn't think he works long hours. But he thinks it takes a long time from our house to his office.

Mike: Oh, is his office far from your house?

Taro: Yes, it is. It takes an hour. My father said he wants more time with us.

Mike: I see. You want more time with your father, too, right?

Taro: Yes, of course, and all my family members wish the same. My mother says she needs more time with my father, especially because she takes care of my eight-year-old brother.

Mike: I see.

Taro: According to an article I found, young Japanese people these days think their family is more important than their jobs. Look at this graph. It shows the survey results of three thousand people in 2011 and ten thousand people in 2017. These people were 16 to 29 years old.

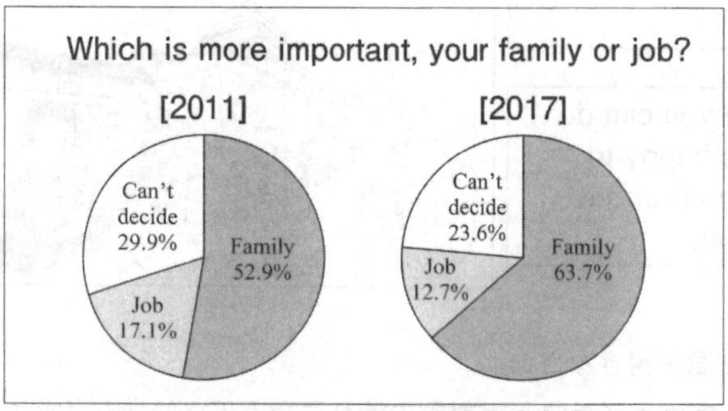

(内閣府資料により作成)

Mike: Oh, more than 63 percent of them thought their family was more important in 2017.

Taro: Right. The number rose *by about 11 percent from 2011.

Mike: I see. So, we can say more and more young people think their family is more important, right?

Taro: Right. I think a lot of people need to think about how they work. Oh, here's an idea. If my father can choose to work *either at his office or at home, he can spend more time with me. Technology has made that possible, right? I think every *worker will be happy about that.

Mike: You think so? I think [B]

Taro: Oh, really? Why?

Mike: Well, for example, think about the workers who build roads, bridges, or buildings. Doing such things at home is not possible, right?

Taro: Oh, you're right. People in different jobs work in different ways. Actually, my mother is a *nurse and I think it's not possible for her to work at home. She goes to work at the hospital to help her patients, and she says she is proud of her job.

Mike: That's great! I hope I can be proud of my job like your mother! I also hope I can get a job which gives me time to spend with my family and *on my hobby.

Taro: Me, too. If we have a better *private life, wc can enjoy our work more!

注：Before ～　～する前に　　sure of ～　～を確信している　　late　遅くに
by about 11 percent　約11パーセント分だけ　　cither ～ or…　～か…かのどちらか
worker　働く人　　nurse　看護師　　on my hobby　自分の趣味に　　private　個人の

(1)　本文中の [A] に入る英文として最も適当なものを，ア～エの中から一つ選びなさい。

ア　What do they think about that?
イ　Where do you talk with them?
ウ　How often do they come home late?
エ　Why can you give mc information?

(2)　次の英文は，本文の内容の一部を示したものです。本文の内容に合うように，[　　] に入る適当な英語４語を書き，文を完成させなさい。

Taro wants more time with his father, and he says [　　　　] wish the same.

(3)　本文やグラフの内容に合うように，次の①と②の英文の [　　] に入る最も適当なものを，ア～エの中からそれぞれ一つずつ選びなさい。

①　In 2011, [　　　　] percent of young Japanese people thought their family was more important.

ア　17.1　　イ　29.9　　ウ　52.9　　エ　63.7

②　In 2017, [　　　　] percent of people thought their family was less important than their job.

ア　12.7　　イ　23.6　　ウ　29.9　　エ　63.7

(4)　本文中の [B] に入る英語として最も適当なものを，ア～エの中から一つ選びなさい。

ア　things are so simple.
イ　things are not so simple.
ウ　thcy will be happy about working at their office.
エ　they will not be happy about working at their office.

(5)　本文の内容に合っているものを，ア～エの中から一つ選びなさい。

ア　Mike knows that people in Japan work long hours because he came to Japan one year ago.
イ　Mike thinks that Taro's mother needs to get more help from Taro and his brother.
ウ　Taro says that a lot of people need to think about the workers who build

roads, bridges, or buildings.

エ Taro and Mike want to get a job that gives them time to spend with their family and on their hobbies.

(6) 次のQuestionに対するあなたの考えを適当な英語で書き，Answerの文を完成させなさい。ただし，あとの【条件】に従うこと，

Question: Which is more important to you, time at school or time at home?

Answer: (Time at school / Time at home) is more important to me because ______.

【条件】

① （ ）内の２つのうち，どちらか一方を○で囲むこと。

② 下線部には，主語と動詞を含む５～８語の英語を書くこと。ただし，本文中で述べられていない内容を書くこと。

③ I'mのような短縮形は１語として数え，符号（ , / ! / . など）は語数に含めない。

5 次の英文は，蔵之介（Kuranosuke）が書いたスピーチの原稿です。これを読んで，(1)～(6)の問いに答えなさい。

Last year, I made a big decision to become a member of *the student council. I worked hard for my school every day. However, I wasn't *sure if I was *making some contributions to my school. I often asked myself, "What should I do to make a better school for students?" However, I didn't think of any answers. One day, Mr. Watanabe, the teacher who leads the student council, told me about a *meeting for students in my village. He said, "If you attend the meeting, you can *share ideas about how to make your village better with other students and some village officers." I thought this was a big *chance to learn something important [A]. So, I decided to attend the meeting.

At the meeting, there were twenty students. Ten of them were high school students. Six were junior high school students like me. The other students were elementary school students. The high school students *confidently shared their ideas with others. Some junior high school students and even some elementary school students confidently talked, too. However, I couldn't *express my ideas [B] I was not sure if my ideas were "the right answers."

During the meeting, one of the village officers asked us, "What action should the village take to make our places better for future *generations?" That was a very difficult question. Everyone couldn't say anything. Then, I thought, "I have to say something for my local *community." After a while, I raised my hand and said, "I have no idea what action the village should take. The only thing I can say is..., well..., I love my community. I love watching *fireflies in the *rice field near my house. They are so beautiful. But the number of the fireflies is decreasing now, I guess. I mean, it's hard to find fireflies these days. I think that's our big problem. We're losing something that makes our community special. What can we do about that?" After I said so, I thought, "Everyone will laugh at me."

However, a high school student said, "When I was a child, I visited your local community to watch fireflies. They were so beautiful. I want to do something *so that future generations can enjoy watching fireflies there." After this, one of the village officers said, "Fireflies can live only in places with clean water. If the number of the fireflies is decreasing, I want to do something for your community with you. Thanks for sharing your problem."

From this experience, I learned something important. If I want to make a better place, I should first look for a problem. If I can find a problem and share it with others, they will help me find an answer.

Now, I will try to find a problem about our school and share it with other members of the student council so that we can find an answer together.

注：the student council　生徒会　　sure if ～　～かどうか確信して
making some contributions　貢献している　　meeting　会議　　share ～　～を共有する
chance　機会　　confidently　自信をもって　　express ～　～を表現する
generations　世代　　community　地域社会　　fireflies　ホタル　　rice field　田んぼ
so that ～ can…　～が…できるように

(1)　本文中の [A] に入る英語として最も適当なものを，ア～エの中から一つ選びなさい。

ア　for the most convenient device
イ　by cleaning the classrooms in our school
ウ　about holding the meeting
エ　as a member of the student council

(2)　本文中の [B] に入る英語として最も適当なものを，ア～エの中から一つ選びなさい。

ア　because　　イ　if　　ウ　though　　エ　but

(3)　本文中の下線部 that の内容を示した英文として最も適当なものを，ア～エの中から一つ選びなさい。

ア　Kuranosuke is thinking about what to do to make a better school for students.
イ　Kuranosuke loves watching fireflies in the rice field near his house.
ウ　Kuranosuke's community is losing something that makes it special.
エ　A high school student could enjoy watching fireflies in Kuranosuke's community.

(4)　本文の内容に合っているものを，ア～エの中から一つ選びなさい。

ア　Kuranosuke wanted to make a better village for Mr. Watanabe before the meeting.
イ　Five elementary school students attended the meeting and had their own opinions.

ウ All of the members laughed at Kuranosuke after he told his opinion to them.

エ Kuranosuke learned from the meeting that it was important to find a problem first.

(5) 本文の内容に合うように，次の①と②のQuestionに答えなさい。ただし，答えはAnswerの下線部に適当な英語を書きなさい。

① Question: What does Mr. Watanabe say about the meeting for students in Kuranosuke's village?

Answer: He says Kuranosuke can ＿＿＿＿＿ with other people if he attends it.

② Question: According to the village officer, where can fireflies live?

Answer: They can live only in ＿＿＿＿＿.

(6) 次は，蔵之介のスピーチを聞いた後の遥（Haruka）と蔵之介の対話です。下線部に適当な英文を１文で書きなさい。

Haruka: Your speech was great. May I ask you a question about our school?

Kuranosuke: Sure, Haruka. What's your question?

Haruka: ＿＿＿＿＿＿＿＿＿＿＿＿＿＿＿

Kuranosuke: Yes, I did. Actually, there are some problems.

Haruka: Oh, give me an example, please.

Kuranosuke: OK. For example, I found that some classrooms in our school were not very clean. I think I have to talk about this problem with other students.

Haruka: I see. I hope our school will be a better place.

＜理科＞

時間　50分　　満点　50点

1　次の観察について，(1)～(4)の問いに答えなさい。

観察1

4種類の植物の地下のつくりを調べるため，土をほって横から観察した。図1は，地下のつくりを模式的に表したものであり，点線は地面の位置を示している。

図1　イヌワラビ　　スギゴケ　　ツユクサ　　ヒメジョオン

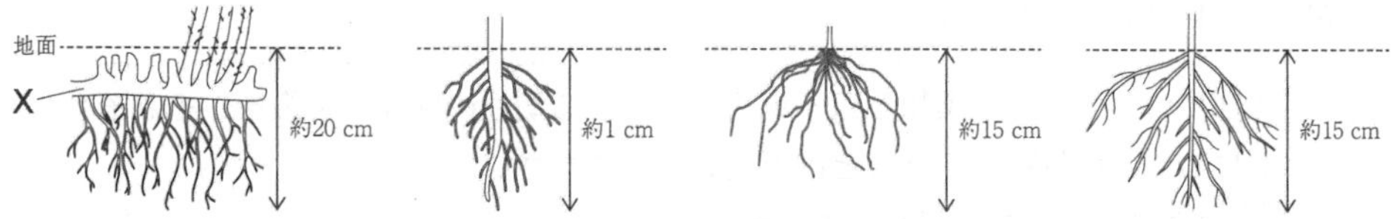

観察2

4種類の植物の水の通り道について調べるため，それぞれの植物を図1の地面の位置で切断し，地上部を採取した。次に，図2のように，採取した地上部を深さ5㎜の色水につけた。1時間後，切断面から15㎜離れた部分を輪切りにして切片を作成し，双眼実体顕微鏡を用いて観察した。図3は，観察した切片の断面のようすを模式的に表したものである。▨は色水で染まった部分を示している。

図2

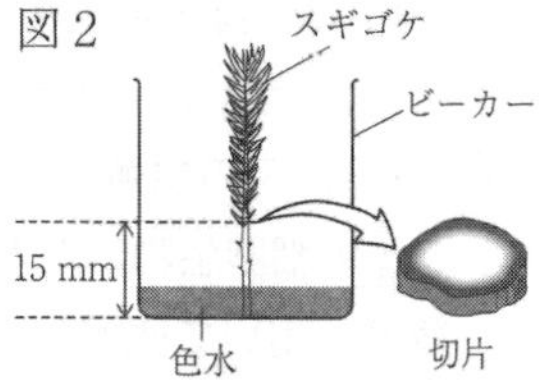

図3　イヌワラビ　　スギゴケ　　ツユクサ　　ヒメジョオン

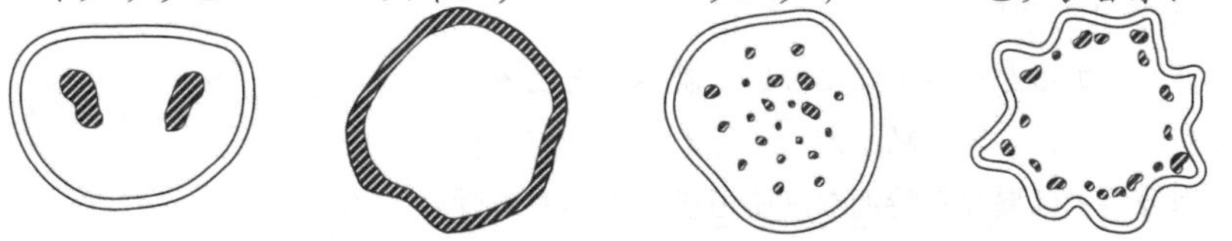

(1)　図1について，地下を水平にのびるXを何というか。**漢字3字**で書きなさい。

(2)　根について述べた文として**誤っているもの**を，次の**ア**～**エ**の中から1つ選びなさい。

ア　根には，葉でつくられた養分の通り道で，生きた細胞である師管がない。

イ　根には，水や肥料分の通り道で，死んだ細胞である道管がある。

ウ　根は，綿毛のような根毛があることで，多くの水や肥料分をとりこめる。

エ　根は，土の中に張りめぐらされることで，植物の地上部を支えるはたらきをする。

(3)　双眼実体顕微鏡について述べた文として**あてはまらないもの**を，次の**ア**～**エ**の中から1つ選びなさい。

ア　反射鏡を調節して，視野全体が均一に明るく見えるようにする。

イ　鏡筒を調節して，左右の視野が重なって1つに見えるようにする。

ウ　倍率は，接眼レンズの倍率と対物レンズの倍率をかけ合わせたものになる。

エ　観察するものを拡大して，立体的に観察するのに適している。

(4)　次の文は，観察から植物の分類について考察したものである。下の①，②の問いに答えなさい。

> 観察1から，ツユクサはひげ根を，ヒメジョオンは主根と側根をもつため，それぞれ被子植物の単子葉類と双子葉類に分類することができる。
>
> 観察2のツユクサとヒメジョオンの切片の断面において，色水で染まった部分は，維管束の中にある，根から吸収した水の通り道を示しており，切片の断面の特徴からも，ツユクサとヒメジョオンは，それぞれ単子葉類と双子葉類に分類することができる。また，スギゴケは，切片の断面に，他の3種類の植物に見られる［　　　　］ことから，コケ植物に分類することができる。

①　下線部について，単子葉類と双子葉類を分類する切片の断面の特徴を，それぞれの特徴を明らかにして，**維管束**ということばを用いて書きなさい。

②　［　　］にあてはまることばを書きなさい。

2　次の文は，身近な生物の生殖について調べた記録である。(1)～(5)の問いに答えなさい。

> 「ゾウリムシの生殖」
>
> a単細胞生物のなかまであるゾウリムシを，顕微鏡を用いて観察したところ，図1のように，くびれができているゾウリムシが見られた。このゾウリムシについて調べたところ，分裂という無性生殖を行っているようすであることがわかった。
>
> 「アマガエルの生殖」
>
> アマガエルが行う生殖について調べたところ，図2のように，卵や精子がつくられるときにb体細胞分裂とは異なる特別な細胞分裂が行われ，受精によって子がつくられる，有性生殖を行うことがわかった。

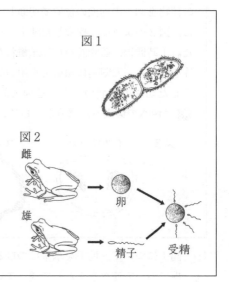

図1

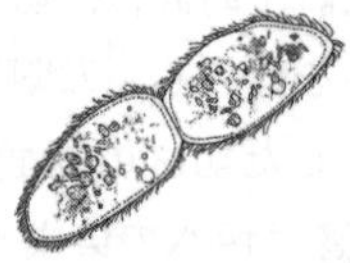

図2

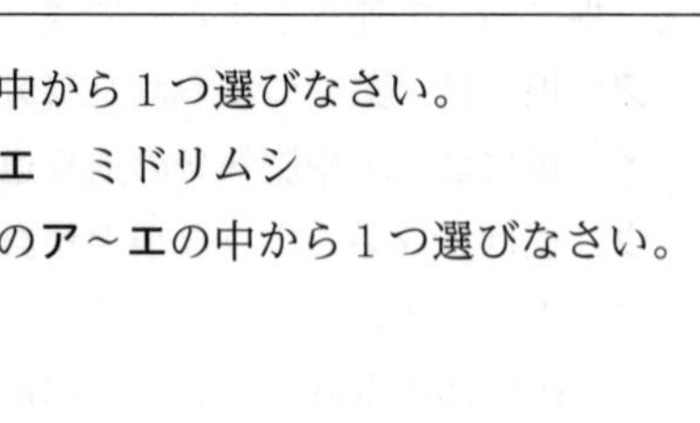

(1)　下線部aとして**あてはまらないもの**を，次の**ア**～**エ**の中から1つ選びなさい。

ア　アメーバ　　**イ**　ミカヅキモ　　**ウ**　ミジンコ　　**エ**　ミドリムシ

(2)　ゾウリムシについて述べた文として正しいものを，次の**ア**～**エ**の中から1つ選びなさい。

ア　からだの表面に　食物をとりこむところがある。

イ　からだの表面の細かい毛から養分を吸収する。

ウ　植物のなかまであり，細胞内の葉緑体で光合成を行う。

エ　さまざまな組織や器官が集まって個体がつくられている。

(3)　下線部bについて，あとの①，②の問いに答えなさい。

①　この特別な細胞分裂は何とよばれるか。書きなさい。

②　図3は，アマガエルの細胞が，体細胞分裂または特別な細胞分裂を行ったときにおける，分裂前後の細胞の染色体の数を模式的に表したものである。**X**，**Y**にあてはまる，分裂後の細胞の染色体の数と，卵や精子の染色体の数の組み合わせとして最も適当なものを，右の**ア**～**オ**の中から1つ選びなさい。

図3

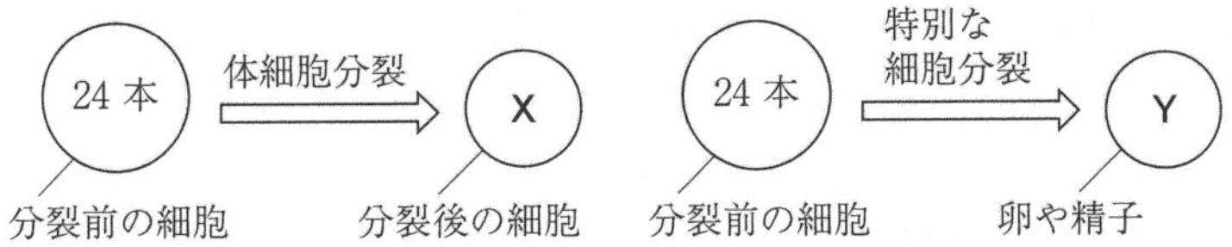

	X	Y
ア	6本	6本
イ	12本	6本
ウ	12本	12本
エ	24本	6本
オ	24本	12本

(4)　ある動物の両親を親A，親Bとし，この両親からできた子を子Cとする．図4は，親A，子Cのからだをつくる細胞の染色体を，模式的に表したものである。□に入る可能性のある，親Bのからだをつくる細胞の染色体をすべて表したものを，右の**ア**～**オ**の中から1つ選びなさい。

図4

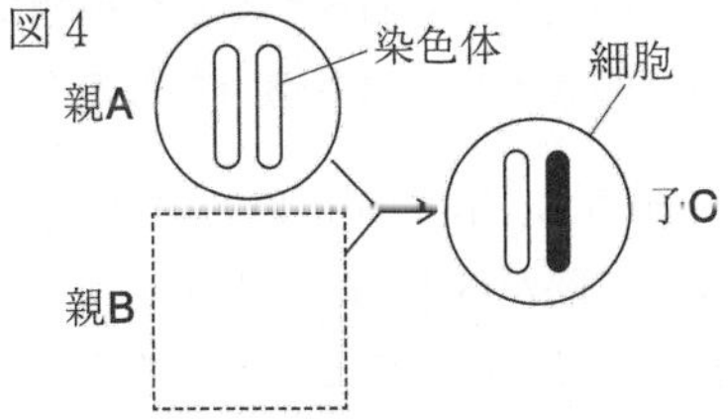

	親B
ア	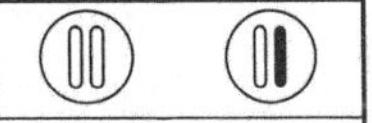
イ	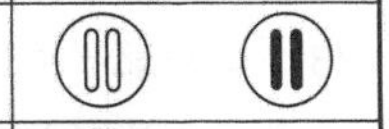
ウ	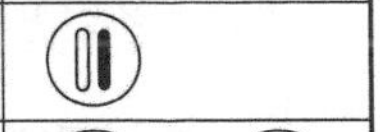
エ	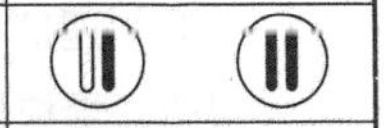
オ	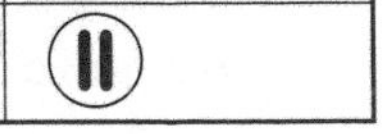

(5)　無性生殖における，染色体の受けつがれ方と子の形質の特徴を，「**体細胞分裂により子がつくられるため,**」という書き出しに続けて，**親**ということばを用いて書きなさい。

3　次の文は，先生と生徒の会話の一部である。図は，生徒が同じルーペを用いて4つの岩石を観察した際のスケッチである。(1)～(4)の問いに答えなさい。

図

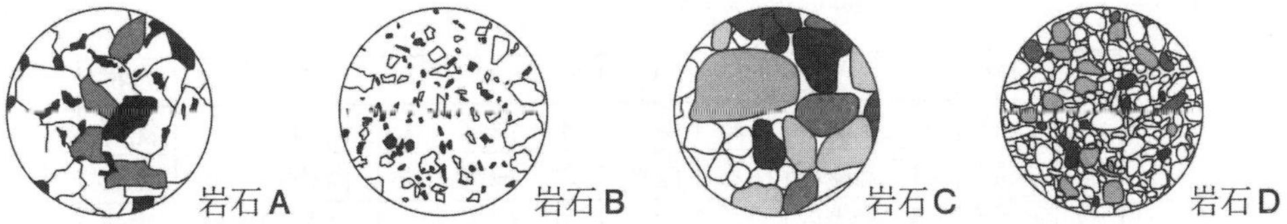

先生　岩石Aと岩石Bは，どちらもマグマが冷え固まってできた岩石です。岩石Aと岩石Bを，鉱物のようすに注目して比べると，どのようなちがいがありますか。

生徒　a岩石Aは，ひとつひとつの鉱物が大きく　同じくらいの大きさの鉱物が集まってできています。岩石Bは，形が分からないほど小さな鉱物の間に，比較的大きな鉱物が散らばってできています。

先生　そうですね。岩石Aと岩石Bの鉱物の大きさのちがいには，マグマの冷え方が関係しています。次に，岩石Cと岩石Dの粒を見て，何か気づいたことはありますか。

生徒　岩石Cの粒の方が岩石Dよりも大きいです。どちらの岩石の粒もb角がとれてまるみを帯びています。

先生　よいところに気がつきましたね。岩石Cと岩石Dは，どちらも海底で堆積物がおし固められてできた岩石だと考えられます。岩石の特徴から，その c 堆積物がどのようなところに堆積したのかを推測することができます。

生徒　でも，不思議ですね。海底でできた岩石が，なぜ陸地で見られるのですか。

先生　確かにそうですね。海底でできた岩石が，山地で見られることもあります。実は，d 海底でつくられた地層が，とても長い時間をかけて山地をつくるしくみがあるのです。

(1) 下線部aについて，次の①，②の問いに答えなさい。

① 岩石Aのような組織をもつ火成岩を，次のア～オの中から1つ選びなさい。

ア 安山岩　**イ** せん緑岩　**ウ** 石灰岩　**エ** 凝灰岩　**オ** 玄武岩

② 岩石Aをつくる鉱物が大きい理由を，マグマの冷え方に着目して書きなさい。

(2) 下線部bについて，粒がまるみを帯びる理由を書きなさい。

(3) 下線部cについて，次の文は，岩石をつくる堆積物について述べたものである。X，Yにあてはまることばの組み合わせとして最も適当なものを，右のア～エの中から1つ選びなさい。

海へ運ばれた土砂のうち，粒の大きいものは，陸から［ X ］場所に堆積する。また，陸から［ Y ］場所では，プランクトンの死がいなどが堆積し，砂や泥をほとんどふくまないチャートという岩石ができる。

	X	Y
ア	遠い	遠い
イ	遠い	近い
ウ	近い	遠い
エ	近い	近い

(4) 次の文は，下線部dについて述べたものである。P～Rにあてはまることばの組み合わせとして最も適当なものを，下のア～クの中から1つ選びなさい。

日本列島付近の海底でつくられた地層の一部は，［ P ］プレートがしずみこむことにより，［ Q ］強い力を受け，しゅう曲や断層を形成しながら［ R ］して山地をつくる。

	P	Q	R		P	Q	R
ア	大陸	おし縮められる	沈降	オ	海洋	おし縮められる	沈降
イ	大陸	おし縮められる	隆起	カ	海洋	おし縮められる	隆起
ウ	大陸	引っぱられる	沈降	キ	海洋	引っぱられる	沈降
エ	大陸	引っぱられる	隆起	ク	海洋	引っぱられる	隆起

4 次のページの図1～図3は，ある年の4月10日，7月2日，8月2日の，いずれも午前9時における日本列島付近の天気図である。次の(1)～(5)の問いに答えなさい。

(1) 図1の等圧線Aが示す気圧は何hPaか。書きなさい。

(2) 次のページの［　　］の文は，日本の春と秋に見られる高気圧について述べたものである。［　　］にあてはまることばを，**漢字6字**で書きなさい。

図1

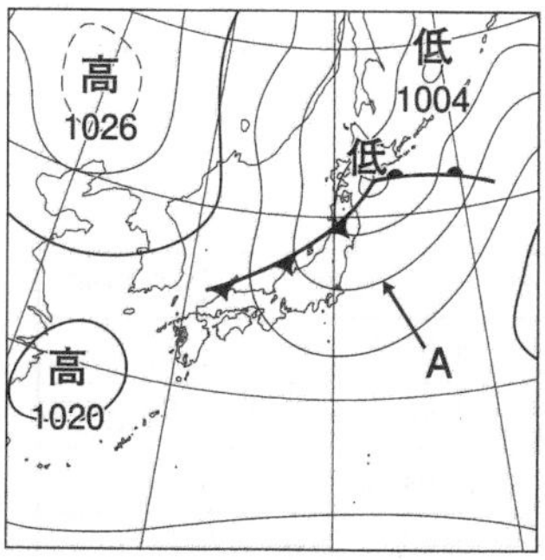

図2

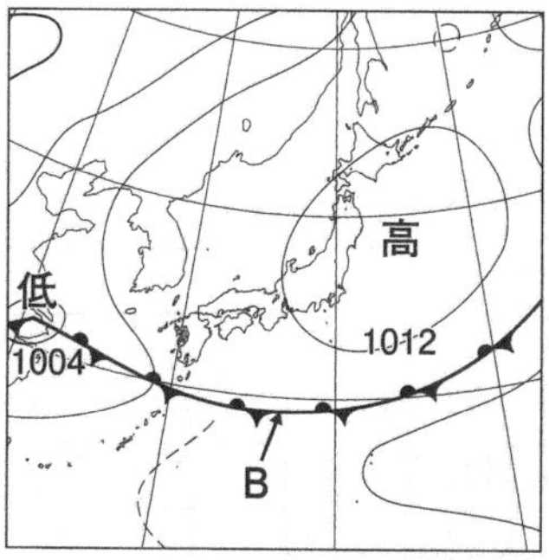

図3

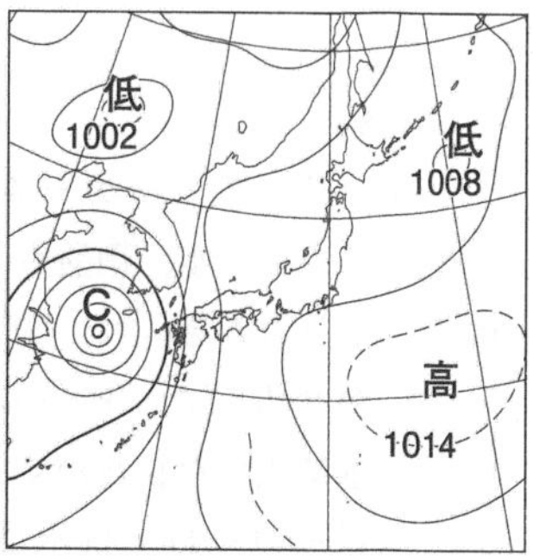

春と秋は，低気圧と高気圧が次々に日本列島付近を通り，同じ天気が長く続かない。春と秋によく見られるこのような高気圧を，特に ［　　］ という。

(3) 次のX～Zは，図1～図3と同じ年の，4月11日午前9時，4月12日午前9時，4月13日午前9時の，いずれかの天気図である。X～Zを日付の早い方から順に並べたものを，右のア～カの中から1つ選びなさい。

X

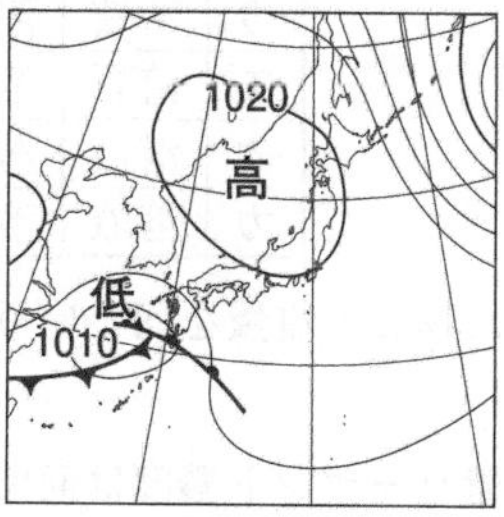

Y

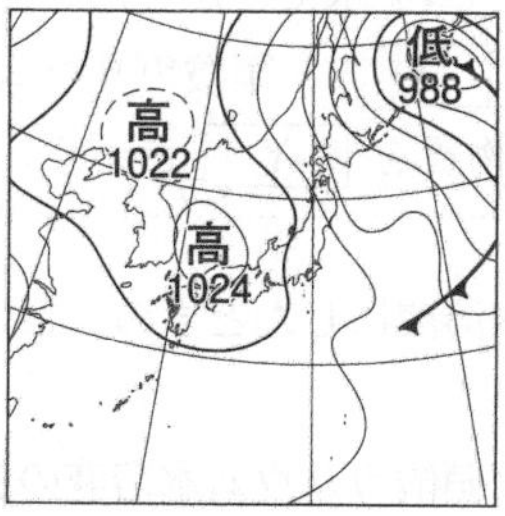

Z

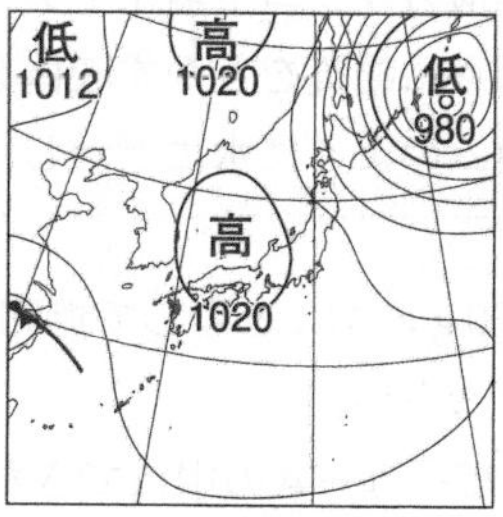

	順番
ア	X→Y→Z
イ	X→Z→Y
ウ	Y→X→Z
エ	Y→Z→X
オ	Z→X→Y
カ	Z→Y→X

(4) 次の文は，図2の前線Bとこの時期の天気について述べたものである。P～Rにあてはまることばの組み合わせとして最も適当なものを，下のア～クの中から1つ選びなさい。

この時期の日本列島付近では，南のあたたかく ［P］ 気団と，北の冷たく ［Q］ 気団の間にBのような ［R］ 前線ができて，雨やくもりの日が多くなる。

	P	Q	R		P	Q	R
ア	乾燥した	乾燥した	閉そく	オ	しめった	乾燥した	閉そく
イ	乾燥した	乾燥した	停滞	カ	しめった	乾燥した	停滞
ウ	乾燥した	しめった	閉そく	キ	しめった	しめった	閉そく
エ	乾燥した	しめった	停滞	ク	しめった	しめった	停滞

(5) 図3のCは台風である。日本列島付近に北上する台風の進路の傾向は，時期によって異なる。図4は，8月と9月における台風の進路の傾向を示したものである。8月から9月にかけて，台風の進路の傾向が図4のように変化する理由を，**太平洋高気圧**ということばを用いて書きなさい。

図4

5 次の実験について，(1)~(5)の問いに答えなさい。

実 験

Ⅰ 4つのビーカーA～Dに表1のように，水，硝酸カリウム，塩化ナトリウムを入れ，40℃に保ち，よくかき混ぜた。ビーカーA～Cでは水に入れた物質がすべてとけたが，ビーカーDでは水に入れた物質の一部がとけきれずに残った。

表1

ビーカー	ビーカーに入れた物質とその質量
A	水 100 g と硝酸カリウム 25 g
B	水 100 g と塩化ナトリウム 25 g
C	水 100 g と硝酸カリウム 50 g
D	水 100 g と塩化ナトリウム 50 g

Ⅱ Ⅰのビーカー A，B を冷やして10℃に保つと，ビーカーAの中に3 gの結晶が出た。ビーカーBの中には結晶は出なかった。

(1) 次の文のX，Yにあてはまることばの組み合わせとして最も適当なものを，右のア～カの中から1つ選びなさい。

Ⅰでは，硝酸カリウムと塩化ナトリウムを水にとかした。このとき，水のように物質をとかす液体を［X］，硝酸カリウムや塩化ナトリウムのように水にとかした物質を［Y］という。

	X	Y
ア	溶媒	溶質
イ	溶媒	溶液
ウ	溶質	溶媒
エ	溶質	溶液
オ	溶液	溶媒
カ	溶液	溶質

(2) ある物質を100 gの水にとかして飽和水溶液にしたときの，とけた物質の質量を何というか。**漢字3字**で書きなさい。

(3) Ⅰについて，ビーカーAの中にできた，硝酸カリウム水溶液の質量パーセント濃度は何%か。求めなさい。

(4) 次の文は，実験について述べたものである。P～Rにあてはまることばの組み合わせとして最も適当なものを，下のア～クの中から1つ選びなさい。

40℃に保った100 gの水にとける質量が大きい物質は［P］であり，10℃に保った100 gの水にとける質量が大きい物質は［Q］である。したがって，［R］のほうが，40℃に保った100 gの水にとける質量と，10℃に保った100 gの水にとける質量の差が大きいため，再結晶を利用して純粋な結晶を多く得やすい物質であると考えられる。

	P	Q	R
ア	硝酸カリウム	硝酸カリウム	硝酸カリウム
イ	硝酸カリウム	硝酸カリウム	塩化ナトリウム
ウ	硝酸カリウム	塩化ナトリウム	硝酸カリウム
エ	硝酸カリウム	塩化ナトリウム	塩化ナトリウム
オ	塩化ナトリウム	硝酸カリウム	硝酸カリウム
カ	塩化ナトリウム	硝酸カリウム	塩化ナトリウム
キ	塩化ナトリウム	塩化ナトリウム	硝酸カリウム
ク	塩化ナトリウム	塩化ナトリウム	塩化ナトリウム

(5)　水50gを入れたビーカーに硝酸カリウムを25g入れ，40℃に保ち，よくかき混ぜると，水に入れた硝酸カリウムがすべてとけた。この水溶液を冷やして10℃に保つと，硝酸カリウムの結晶が出た。出た硝酸カリウムの結晶の質量は何gか，求めなさい。

6　次の実験について，(1)~(5)の問いに答えなさい。

実験1

図1のように，酸化銀の粉末を加熱すると，気体が発生して，加熱した試験管の中に白い固体ができた。次に，酸化銅の粉末を同じように加熱したが，変化はみられなかった。

図1

実験2

図2のように酸化銅の粉末4.0gと炭素の粉末をよく混ぜ合わせて加熱すると，気体が発生し，石灰水が白くにごった。気体が発生しなくなったあと，石灰水からガラス管をとり出し，ピンチコックでゴム管をとめてから加熱をやめ，十分に冷ました。

試験管の中には，赤色の固体が3.2gできていた。ただし，試験管の中では，酸化銅と炭素との反応以外は起こらず，用いた酸化銅がすべて反応したものとする。

図2

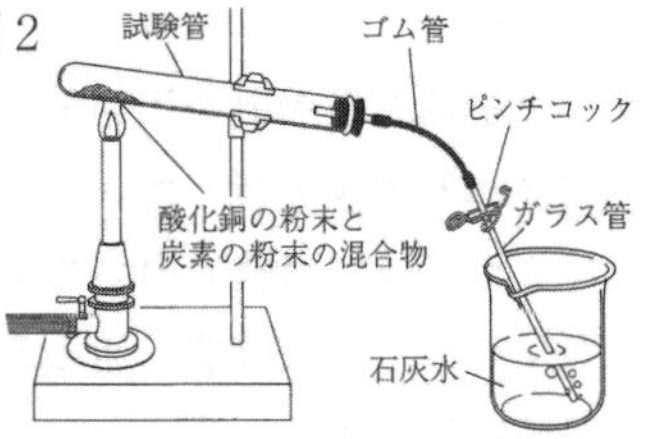

(1)　実験1で発生した気体を確かめる方法について述べた文として正しいものを，次の**ア**~**エ**の中から1つ選びなさい。

ア　発生した気体を水でぬらした青色リトマス紙にふれさせると，リトマス紙が赤くなる。

イ　発生した気体を水でぬらした赤色リトマス紙にふれさせると，リトマス紙が青くなる。

ウ　発生した気体を試験管の中にため，マッチの火を近づけると，ポンと音を立てて燃える。

エ　発生した気体を試験管の中にため，火のついた線香を入れると，線香が激しく燃える。

(2)　実験1で起こった化学変化について，次の化学反応式を完成させなさい。

$2Ag_2O$　→

(3)　下線部の操作を行わないと，試験管の中にできた赤色の固体の一部が黒くなる。その理由を，**「試験管の中にできた赤色の固体が,」**という書き出しに続けて書きなさい。

(4)　酸化銅の粉末0.80gと炭素の粉末を用いて，実験2と同様の操作を行うと，反応によってできる赤色の固体の質量は何gか。求めなさい。

(5)　次のページの文は，実験2について述べたものである。**X**~**Z**にあてはまることばの組み合わせとして最も適当なものを，次のページの**ア**~**ク**の中から1つ選びなさい。

酸化銅は，炭素と混ぜ合わせて加熱すると，炭素に［ X ］をうばわれて［ Y ］された。このことから，銅，炭素のうち，酸素と結びつきやすいのは，［ Z ］であることがわかる。

	X	Y	Z
ア	銅	酸化	銅
イ	銅	酸化	炭素
ウ	銅	還元	銅
エ	銅	還元	炭素
オ	酸素	酸化	銅
カ	酸素	酸化	炭素
キ	酸素	還元	銅
ク	酸素	還元	炭素

7 次の実験について，(1)~(5)の問いに答えなさい。ただし，導線，電池，電流計，端子の抵抗は無視できるものとする。また，電池は常に同じ電圧であるものとする。

実　験

抵抗器と電流計を用いて，回路を流れる電流について調べる実験を行った。

グラフは，実験で用いた抵抗器ａと抵抗器ｂそれぞれについて，抵抗器に加わる電圧と抵抗器を流れる電流の関係を表している。

グラフ

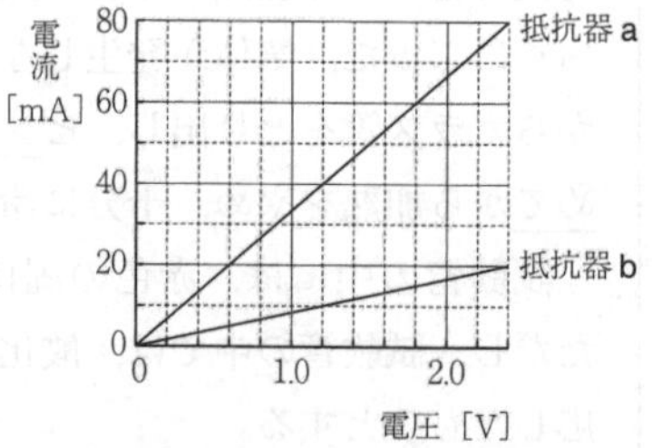

Ⅰ　図１のように電池，抵抗器ａ，電流計Ｘ，電流計Ｙ，２つの端子を用いて回路をつくり，電流を流した。

Ⅱ　図１の回路の２つの端子に抵抗器ｂをつないで，図２のような回路をつくり電流を流し，電流計Ｘ，電流計Ｙの値をよみとった。電流計Ｘの値は40mA，電流計Ｙの値は50mAであった。

図１

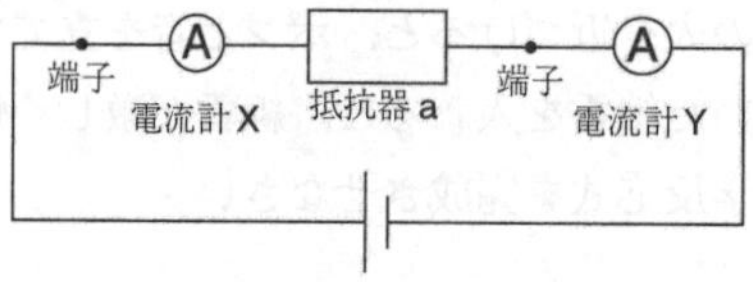

図２

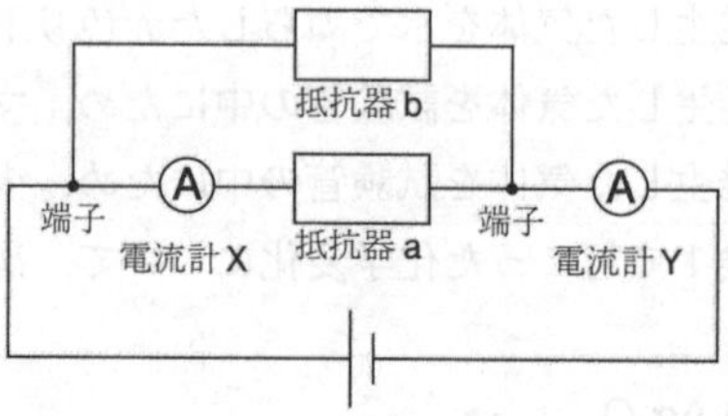

(1)　次の文は，グラフからわかることについて述べたものである。次のページの①，②の問いに答えなさい。

抵抗器ａと抵抗器ｂのどちらについても，抵抗器に流れる電流の大きさは［ P ］しており，オームの法則が成り立つことがわかる。また，２つの抵抗器に同じ電圧を加えたとき，抵抗器ａに流れる電流の大きさは，抵抗器ｂに流れる電流の大きさより［ Q ］ことから，抵抗器ａの抵抗の大きさは，抵抗器ｂの抵抗の大きさより［ R ］ことがわかる。

① Pにあてはまることばを書きなさい。

② Q，Rにあてはまることばの組み合わせとして正しいものを，右のア～エの中から1つ選びなさい。

	Q	R
ア	大きい	大きい
イ	大きい	小さい
ウ	小さい	大きい
エ	小さい	小さい

(2) Ⅰについて，電流計X，電流計Yの値をそれぞれ I_1，I_2 とすると，これらの関係はどのようになるか。次の**ア**～**ウ**の中から1つ選びなさい。

ア　$I_1 > I_2$　　**イ**　$I_1 < I_2$　　**ウ**　$I_1 = I_2$

(3) 次の文は，実験からわかったことについて述べたものである。S，Tにあてはまることばの組み合わせとして最も適当なものを，下の**ア**～**カ**の中から1つ選びなさい。

> 図1と図2で電流計Xの値を比べると，図2の電流計Xの値は，［　S　］。また，図2の回路全体の抵抗の大きさは，抵抗器aの抵抗の大きさより［　T　］。

	S	T
ア	図1の電流計Xの値より大きい	大きい
イ	図1の電流計Xの値より小さい	大きい
ウ	図1の電流計Xの値と等しい	大きい
エ	図1の電流計Xの値より大きい	小さい
オ	図1の電流計Xの値より小さい	小さい
カ	図1の電流計Xの値と等しい	小さい

(4) Ⅱについて，抵抗器bに流れる電流は何mAか。求めなさい。

(5) 図2の回路全体の抵抗の人きさは何Ωか。求めなさい。

8　次の実験について，(1)～(4)の問いに答えなさい。ただし金属の輪と糸の質量，糸ののびは無視できるものとする。また，ばねばかりは水平に置いたときに0Nを示すように調整してある。

実験1

水平な台上に置いた方眼紙に点Oを記した。ばねばかりX～Zと金属の輪を糸でつなぎ，Zをくぎで固定した。

Ⅰ　図1のようにX，Yを引き，金属の輪を静止させ，X～Zの値を読みとった。このとき，金属の輪の中心の位置は点Oに合っていた。糸は水平で，たるまずに張られていた。

Ⅱ　図2のようにX，Yを引き，金属の輪を静止させ，X～Zの値を読みとった。このとき，金属の輪の位置，Xを引く向き，Zが示す値はⅠと同じであった。糸は水平で，たるまずに張られていた。

図1

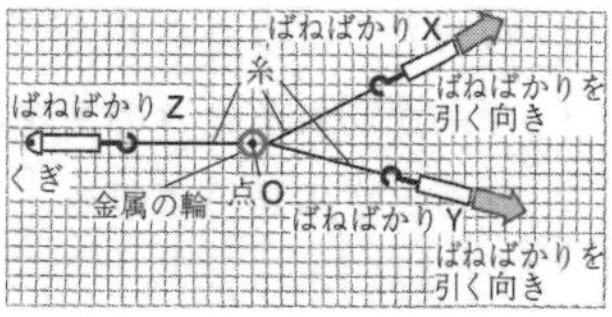

図2

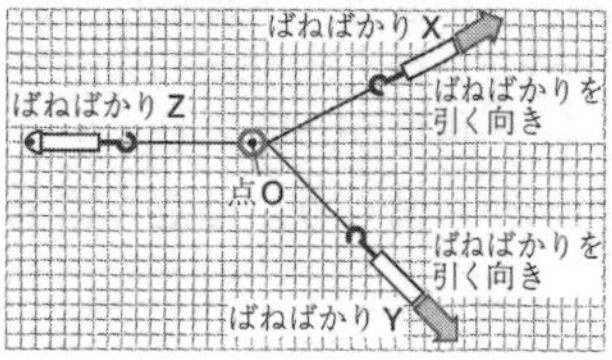

実験2

Ⅰ　図3のように　おもりを2本の糸でつるし，静止させた。おもりを静止させたまま，2本の糸の間の角度を大きくしていくと，ある角度のときに糸は切れた。

Ⅱ　おもりの数を増やし，実験2のⅠと同様の実験を行うと，2本の糸の間の角度が，実験2のⅠとは異なるときに糸は切れた。

Ⅲ　糸をより太いものに変えて，実験2のⅡと同様の実験を行うと，糸は切れなかったが，糸を強く引いても2本の糸の間の角度は，180°よりも小さくしかならなかった。

図3

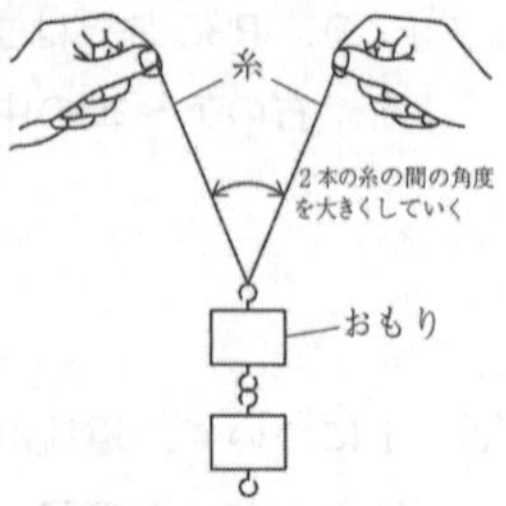

(1)　実験1のⅠについて，図4は金属の輪がX，Yにつけたそれぞれの糸から受ける力を表したものであり，矢印の長さは力の大きさと比例してかかれている。次の①，②の問いに答えなさい。

図4

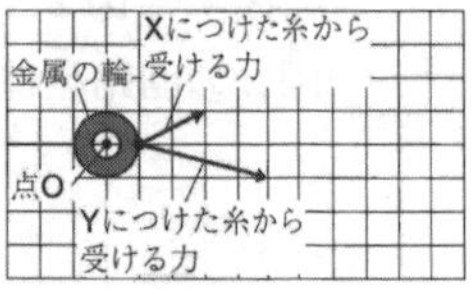

①　複数の力が1つの物体にはたらくとき，それらの力を合わせて同じはたらきをする1つの力とすることを何というか。書きなさい。

②　図4の2つの力の合力を表す力の矢印をかきなさい。このとき，作図に用いた線は消さないでおきなさい。

(2)　実験1のⅡについて，実験1のⅠのときと比べ，Xの値とYの値がそれぞれどのようになるかを示した組み合わせとして最も適当なものを，右の**ア**～**カ**の中から1つ選びなさい。

	Xの値	Yの値
ア	Ⅰのときより大きい	Ⅰのときより大きい
イ	Ⅰのときより大きい	Ⅰのときより小さい
ウ	Ⅰのときより小さい	Ⅰのときより大きい
エ	Ⅰのときより小さい	Ⅰのときより小さい
オ	Ⅰのときと等しい	Ⅰのときより大きい
カ	Ⅰのときと等しい	Ⅰのときより小さい

(3)　次の文は，実験2のⅠ，Ⅱについて述べたものである。P，Qにあてはまることばの組み合わせとして最も適当なものを，右の**ア**～**エ**の中から1つ選びなさい。

ただし，ⅠとⅡで糸が切れる直前の糸にはたらく力の大きさは同じであるものとする。

　Ⅰで糸の間の角度を大きくしていくとき，2本の糸からおもりにはたらく合力の大きさは［ P ］。また，Ⅱで糸が切れるときの2本の糸の間の角度は，Ⅰで糸が切れるときの角度よりも［ Q ］。

	P	Q
ア	大きくなる	大きい
イ	大きくなる	小さい
ウ	一定である	大きい
エ	一定である	小さい

(4)　次の文は，下線部について述べたものである。［　　］にあてはまることばを書きなさい。

　角度が180°よりも小さくしかならなかったのは，おもりが静止しているとき，2本の糸からおもりにはたらく合力の向きが［　　　　］になっているからである。

＜社会＞

時間　50分　　満点　50点

1　次の地図は，東京からの距離と方位が正しく表された地図で，A～Dは国を，●は首都を，Xは大陸を示している。(1)～(5)の問いに答えなさい。

地図

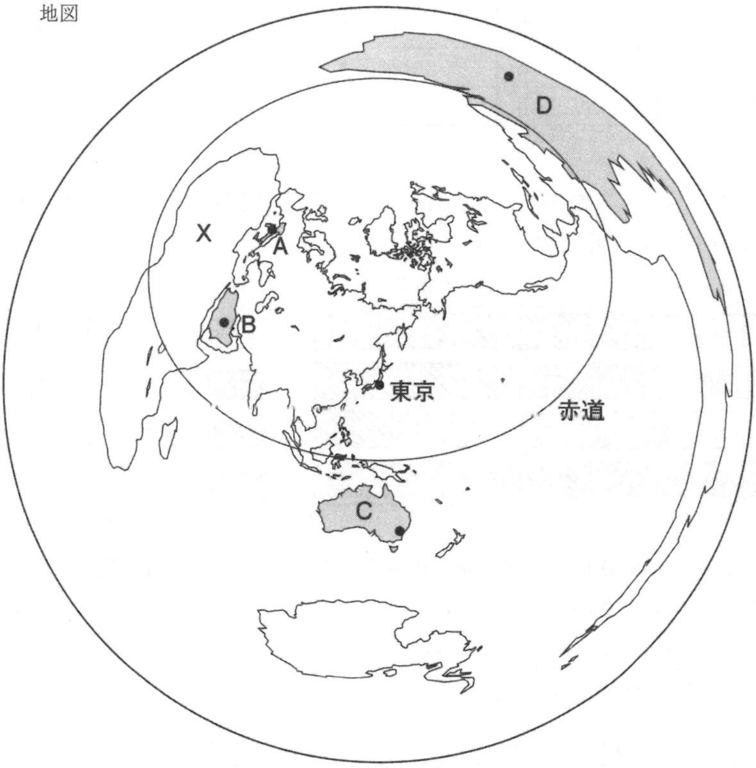

(1)　地図を見て，次の①，②の問いに答えなさい。

①　Xの大陸名を書きなさい。

②　東京から見て，西北西の方位に首都がある国を，A～Dの中から一つ選びなさい。

(2)　下の雨温図は，A～D国のいずれかの首都の気温と降水量を表している。C国の首都にあてはまるものを，ア～エの中から一つ選びなさい。

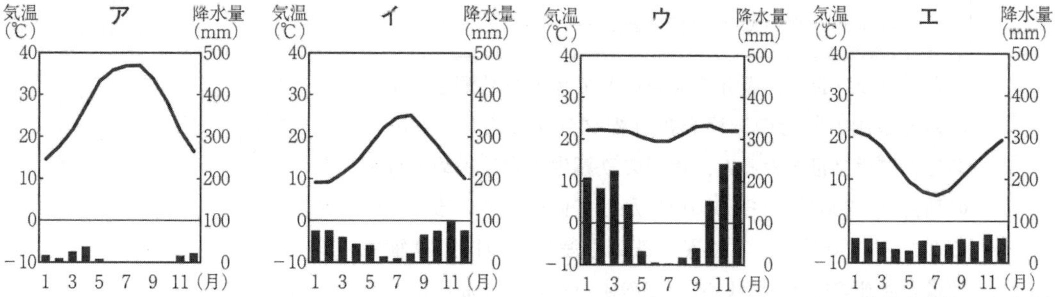

(気象庁資料により作成)

(3)　次の表ⅠはA～D国の人口，人口密度，年齢別人口割合および2019年から2020年に増加した人口を表している。A国にあてはまるものを，表Ⅰのア～エの中から一つ選びなさい。

表Ⅰ　A～D国の人口，人口密度，年齢別人口割合および2019年から2020年に増加した人口（2020年）

	人口（千人）	人口密度（人／km²）	年齢別人口割合（%）			2019年から2020年に増加した人口（千人）
			0～14歳	15～64歳	65歳以上	
ア	60462	200	13.3	64.0	22.7	▲88
イ	212559	25	21.3	69.4	9.2	1509
ウ	34814	16	24.5	72.3	3.2	545
エ	25500	3	18.8	65.5	15.7	297

＊　▲は減少を表す。　　　　（世界国勢図会2021/22年版により作成）

(4)　次のグラフⅠは，A～D国のエネルギー供給の割合を表している。B国にあてはまるものを，ア～エの中から一つ選びなさい。

グラフⅠ　A～D国のエネルギー供給の割合（2018年）

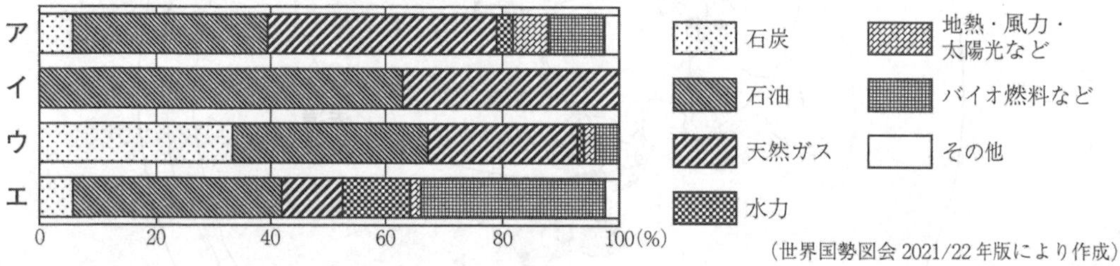

（世界国勢図会2021/22年版により作成）

(5)　次の表Ⅱは，D国の鉄鋼生産量と世界の鉄鋼生産量に占めるD国の割合を表している。次の①，②の問いに答えなさい。

表Ⅱ　D国の鉄鋼生産量と世界の鉄鋼生産量に占めるD国の割合

	1980年	2000年	2020年
D国の鉄鋼生産量（万トン）	1534	2787	3097
世界の鉄鋼生産量に占めるD国の割合（%）	2.1	3.3	1.7

（世界国勢図会2021/22年版により作成）

グラフⅡ　D国の鉄鋼生産量の推移

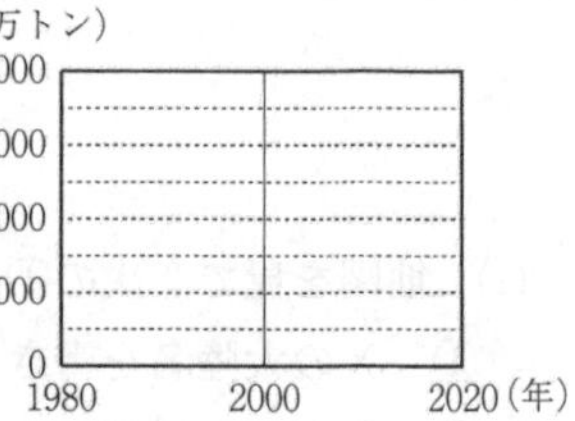

①　右のグラフⅡは，表Ⅱを参考にしてD国の鉄鋼生産量の推移を表す折れ線グラフを作成している途中のものである。次の条件ⅰ，ⅱに従い，折れ線グラフを完成させなさい。

ⅰ	各年の鉄鋼生産量は●でかくこと。
ⅱ	各年の鉄鋼生産量を結ぶ線は――でかくこと。

グラフⅢ　世界の鉄鋼生産量に占めるD国の割合の推移

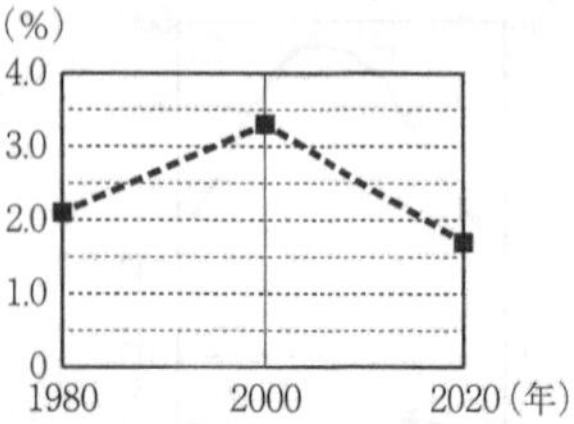

②　右のグラフⅢは，表ⅱを参考にして世界の鉄鋼生産量に占めるD国の割合の推移を折れ線グラフに表したものである。グラフⅢをみると，世界の鉄鋼生産量に占めるD国の割合は，2000年から2020年にかけて低下している。このことから2000年以降の世界の鉄鋼生産量とD国の鉄鋼生産量の**増加の割合**について，どのようなことが読み取れるか。書きなさい。

2　次の地図ⅠのＡ～Ｄは県を，ｓは都市を示している。(1)～(6)の問いに答えなさい。

(1)　次の写真は，日本の東端に位置し，東京都に属している島を撮影したものである。島名を書きなさい。

写真

地図Ⅰ

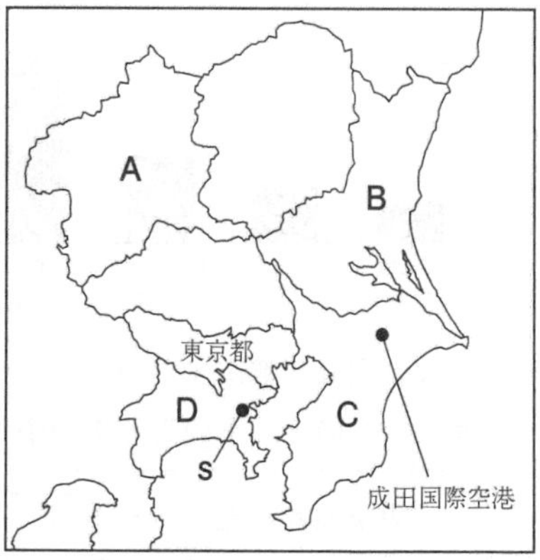

(2)　Ａ県の農業について，次の①，②の問いに答えなさい。

①　右のグラフⅠは，Ａ～Ｄ県から東京都中央卸売市場に出荷された農作物Ｅの月別取扱量を表している。Ａ県では，夏の冷涼な気候を生かして作物の生長を遅らせる工夫をして出荷している。この生産方法を何というか。**漢字４字**で書きなさい。

グラフⅠ　Ａ～Ｄ県から東京都中央卸売市場に出荷された農作物Ｅの月別取扱量（2020年）

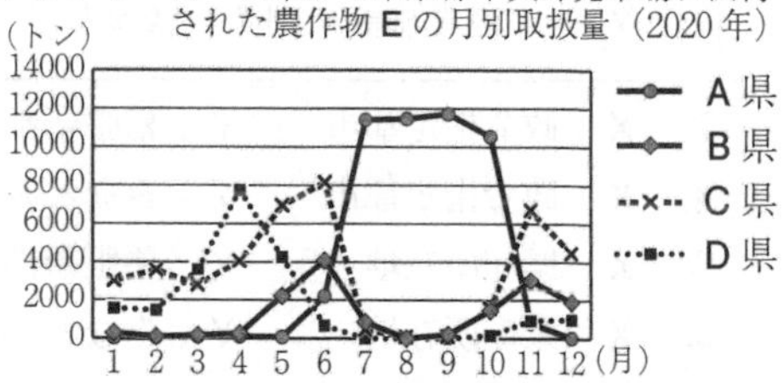

（東京都中央卸売市場資料により作成）

②　グラフⅠの農作物Ｅとは何か。適当なものを，次の**ア**～**エ**の中から一つ選びなさい。

ア　はくさい　　**イ**　小麦　　**ウ**　キャベツ　　**エ**　だいこん

(3)　次の表Ⅰは，国内の主な発電方式別発電電力量の上位５都道府県を表している。また，表ⅠのＯ～Ｒは，それぞれ水力発電・火力発電・地熱発電・太陽光発電のいずれかの発電方式である。Ｑにあてはまる発電方式を，下の**ア**～**エ**の中から一つ選びなさい。

表Ⅰ　国内の主な発電方式別発電電力量の上位５都道府県（2020年度）

	Ｏ	Ｐ	Ｑ	Ｒ
第１位	富山県	福島県	Ｃ県	大分県
第２位	岐阜県	Ｂ県	Ｄ県	秋田県
第３位	長野県	岡山県	愛知県	鹿児島県
第４位	新潟県	北海道	福島県	岩手県
第５位	福島県	三重県	兵庫県	北海道

（データでみる県勢2022年版により作成）

ア　水力発電　　**イ**　火力発電　　**ウ**　地熱発電　　**エ**　太陽光発電

(4)　次のページのグラフⅡは，ある路線の東京都内における主な駅周辺の住宅地１㎡あたりの土地価格を表している。また，右の地図Ⅱは，東京駅とグラフⅡの駅の位置を表している。グラフⅡと地図Ⅱから読み取れる東京都内の土地価格の傾向を，**「東京都内の土地価格は，」**の書き出しに続けて**「東京駅」**の語句を用いて書きなさい。

グラフⅡ　ある路線の東京都内における主な駅周辺の住宅地１㎡あたりの土地価格（2020 年）

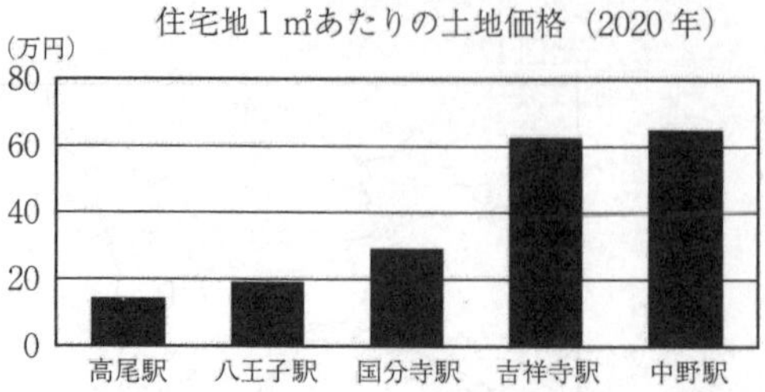

（国土交通省資料により作成）

地図Ⅱ

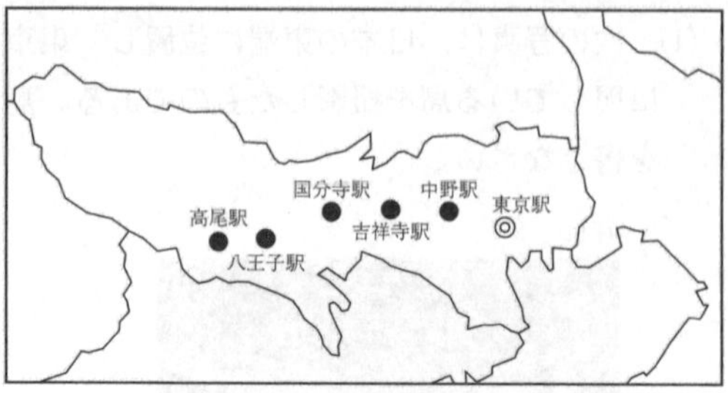

(5)　次の文は，都市 s について述べたものである。X と Y にあてはまる語句の組み合わせとして適当なものを，下の**ア**～**エ**の中から一つ選びなさい。

> 関東地方に五つある［ X ］の中で最も人口が多い都市 s は，江戸時代の終わりに港が開かれて以来，国際色豊かな都市として発展してきた。近年は，再開発によって臨海部の［ Y ］に商業施設や国際会議場などがつくられ，多くの人が訪れている。

ア　X　政令指定都市　　Y　幕張新都心
イ　X　政令指定都市　　Y　みなとみらい21
ウ　X　県庁所在地　　Y　幕張新都心
エ　X　県庁所在地　　Y　みなとみらい21

(6)　前のページの地図Ⅰの成田国際空港について，次の①，②の問いに答えなさい。

①　下の表Ⅱは，成田国際空港における輸出額，輸入額上位５品目を表している。Z にあてはまるものを，次の**ア**～**エ**の中から一つ選びなさい。

表Ⅱ　成田国際空港における輸出額，輸入額上位５品目（2020 年）

	輸出品	輸出額（百億円）	輸入品	輸入額（百億円）
第１位	半導体等製造装置	84.9	通信機	179.9
第２位	金（非貨幣用）	76.9	医薬品	169.5
第３位	科学光学機器	55.6	コンピュータ	125.4
第４位	電気計測機器	39.1	［ Z ］	102.0
第５位	［ Z ］	38.5	科学光学機器	80.6

（日本国勢図会 2021/22 年版により作成）

ア　IC（集積回路）　　**イ**　液化ガス　　**ウ**　衣類　　**エ**　肉類

②　成田国際空港からスペインのマドリードまでの飛行時間が14時間の場合，成田国際空港を日本時間で２月５日午後２時に出発した飛行機は，マドリードに何月何日何時に到着するか。午前・午後をつけてマドリードの日付と時刻を書きなさい。ただし，スペインと日本の時差は８時間である。

3　次のⅠ～Ⅳのカードは，日本の古代から近代までの時代区分についてまとめたものの一部であり，年代の古い順に左から並べている。(1)～(7)の問いに答えなさい。

Ⅰ　古代
日本各地に支配者（豪族）があらわれ，やがて a 近畿地方の有力な豪族で構成される大和政権（ヤマト王権）が生まれた。この政権は，大化の改新を経て，天皇を中心とし，律と令にもとづいて国を治める国家のしくみを整えた。

Ⅱ　中世
b 武士による本格的な政権である幕府が鎌倉にひらかれ，その後，京都に新たな幕府が置かれた。やがて領国と領国内の民衆全体を独自に支配する c 戦国大名があらわれ，下剋上の風潮が広がり，たがいに衝突するようになった。

Ⅲ　［ X ］
戦国大名の中から全国統一を果たした勢力がその後の身分制社会の土台をつくった。江戸に成立した幕府は約260年続き，安定した d 幕藩体制のもとで，産業や交通が発達し，町人などをにない手とする文化が栄えた。

Ⅳ　近代
大政奉還のあと，政府が直接全国を治める中央集権国家が成立し，e 税制度，兵制，教育制度など，近代化のための改革が進められた。欧米の文化や生活様式も取り入れられ，人々の生活が少しずつ変わっていった。

(1)　Xにあてはまる語句を**漢字2字**で書きなさい。

(2)　下線部aについて，右の資料Ⅰは，大和政権（ヤマト王権）の勢力が，九州地方におよんでいたことを示す鉄刀の一部であり，「ワカタケル大王」の文字が刻まれているとされる。この鉄刀が出土した場所として適当なものを，次のア～エの中から一つ選びなさい。

資料Ⅰ

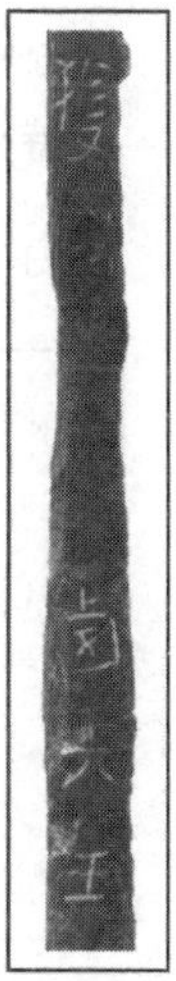

ア　稲荷山古墳　　**イ**　江田船山古墳
ウ　三内丸山遺跡　　**エ**　岩宿遺跡

(3)　下線部bについて，幕府が鎌倉に置かれていた時期のできごとを述べた次の**ア**～**エ**を，年代の古い順に左から並べて書きなさい。

ア　北条時政が執権となり。政治の実権をにぎった。
イ　武士の習慣にもとづいた法である，御成敗式目が定められた。
ウ　朝廷を監視する六波羅探題が，京都に置かれた。
エ　源頼朝が征夷大将軍に任命され，政治制度を整備した。

(4)　次のA～Cの文は，カードⅠ，Ⅱのいずれかの時代区分で活動した人物について述べたものである。A～Cの人物はどの時代区分に活動したか。A～Cの文とカードⅠ，Ⅱとの組み合わせとして最も適当なものを，右の**ア**～**カ**の中から一つ選びなさい。

A　おどり念仏や念仏の札によって布教した一遍が，時宗をひらいた。
B　法華経の題目を唱えれば人も日本国も救われると説いた日蓮が，日蓮宗をひらいた。
C　中国で新しい仏教を学び山奥での修行や学問を重視した空海が，真言宗をひらいた。

	カードⅠ	カードⅡ
ア	A，B	C
イ	A，C	B
ウ	B，C	A
エ	A	B，C
オ	B	A，C
カ	C	A，B

(5) 下線部cについて，下の図は，戦国大名があらわれるきっかけとなった戦乱の，開始時の対立関係を表している。この戦乱の名称を書きなさい。

図　戦国大名があらわれるきっかけとなった戦乱の，開始時の対立関係

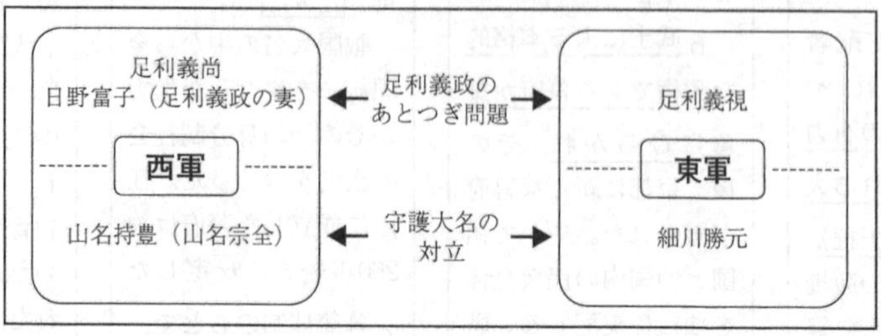

(6) 下線部dについて，下の地図Ⅰは1715年，地図Ⅱは1808年の，現在の福島県の範囲における主な大名を表している。次の①，②の問いに答えなさい。

① 地図Ⅰ，Ⅱにgで示した若松の松平氏や，尾張・紀伊・水戸の「御三家」など，徳川一門の大名を何とよぶか。**漢字２字**で書きなさい。

② 地図Ⅰのhで示した磐城平の内藤氏は九州に移り，地図Ⅱでは，hの磐城平は安藤氏となっている。このように変化したのは，幕藩体制のもとで**何が**，**どのようなことを行う力を持っていたから**か。書きなさい。

地図Ⅰ　1715年の，現在の福島県の範囲における主な大名

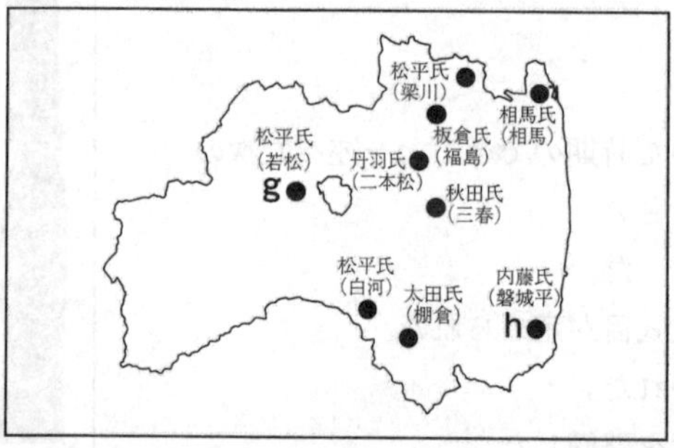

地図Ⅱ　1808年の，現在の福島県の範囲における主な大名

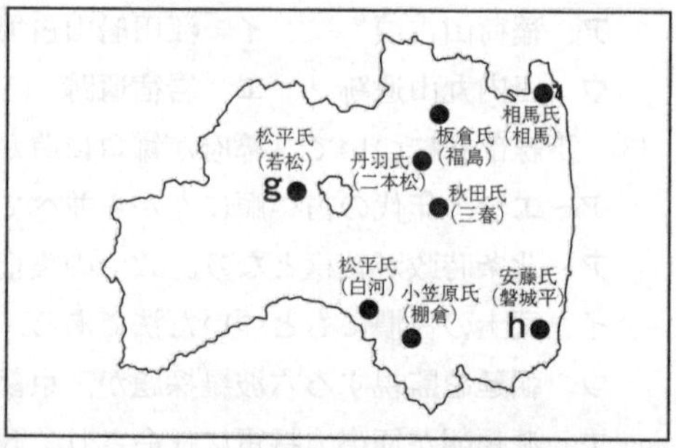

（福島県史などにより作成）

(7) 下線部eについて，次の文は，右の資料Ⅱを説明したものである。資料Ⅱと文中のYに共通してあてはまる語句を**漢字２字**で書きなさい。

資料Ⅱは，土地の所有者と地価などが記されている［　Y　］である。政府は国民に土地の所有権を認めた上で，地価を基準にして税をかけ，土地の所有者が現金で納める地租改正を実施した。

資料Ⅱ

4　次の年表は「19世紀以降の日本と諸外国とのかかわり」というテーマでまとめたものである。(1)~(8)の問いに答えなさい。

年	おもなできごと
1872	官営模範工場として［ A ］が設立される
1876	日朝修好条規が結ばれる……………………B
1894	日清戦争が起こる…………………………C
1904	日露戦争が起こる…………………………D
1919	第一次世界大戦の講和条約が結ばれる…E
1933	日本が国際連盟を脱退する………………F
1945	日本が［ G ］宣言を受諾する
1972	沖縄が日本に返還される…………………H
1992	日本が自衛隊をカンボジアに派遣する… I

(1)　年表のAについて，右の絵は，Aで働く労働者の様子を描いたものである。Aは生糸の増産を目指し，フランス人技師の指導の下で設立され，現在は世界遺産に登録されている。Aにあてはまる語句を書きなさい。

絵

(2)　年表のBについて，日本はこの条約を結び朝鮮を開国させた。これ以後の朝鮮半島の情勢について述べた次の**ア**～**エ**を，年代の古い順に左から並べて書きなさい。

ア　京城《けいじょう》（ソウル）で日本からの独立を求める民衆運動が起き，朝鮮半島全体に広がった。

イ　政治改革や外国の排除を目指し，農民らが蜂起する甲午農民戦争が起こった。

ウ　日本が韓国を併合し，強い権限を持つ朝鮮総督府を設置した。

エ　日本が韓国を保護国とし，伊藤博文が初代統監に就任した。

(3)　年表のCとDについて，次の文のVとWにあてはまる語句の組み合わせとして適当なものを，下の**ア**～**エ**の中から一つ選びなさい。

> 八幡製鉄所は，日清戦争後に結んだ［ V ］条約で得た賠償金をもとに造られ，南満州鉄道株式会社は，日露戦争後にロシアから獲得した遼東半島の［ W ］や大連の租借権と鉄道利権をもとに発足した。

ア　V　下関　　W旅順　　**イ**　V　下関　　W奉天

ウ　V　ポーツマス　W旅順　　**エ**　V　ポーツマス　W奉天

(4)　年表のEに関連して，右の資料Ⅰは，第一次世界大戦中に日本が中国に示した要求の一部であり，aには国名が入る。このa国について述べた文として最も適当なものを，下の**ア**～**エ**の中から一つ選びなさい。

資料Ⅰ

> 中国政府は，［ a ］が山東省にもっている一切の利権を日本にゆずること。

ア　第一次世界大戦中，英露と三国協商を結んでいた。

イ　レーニンの指導で，社会主義政府が生まれた。

ウ　第一次世界大戦の敗戦後，ワイマール憲法が定められた。

エ　ガンディーの指導で，非暴力・不服従運動が展開された。

(5) 年表のFについて，右の資料Ⅱは，日本の国際連盟脱退を報じた新聞と，その見出しを現代の表記に改めたものである。新聞報道の背景を整理した次の文のXとYにあてはまる語句の組み合わせとして適当なものを，下のア～エの中から一つ選びなさい。

> 国際連盟は中国からの訴えをうけ，日本の行為について調査した。国際連盟総会では，「溥儀《ふぎ》を元首とする満州国を [X] 」という勧告書を採択し，日本はこれに [Y] した。

ア X 承認する Y 同意
イ X 承認する Y 反発
ウ X 承認せず Y 同意
エ X 承認せず Y 反発

資料Ⅱ

総会，勧告書を採択し
我が代表堂々退場す
四十二対一票，棄権一

(6) 年表のGについて，右の資料Ⅲは，日本が受諾したG宣言の一部である。Gにあてはまる語句を書きなさい。

資料Ⅲ

> 日本の主権がおよぶのは，本州，北海道，九州，四国と連合国が決める島に限る。

(7) 年表のHに関して，右の地図は，沖縄県における2017年現在のある施設の一部を表している。ある施設とは何か。書きなさい。

地図

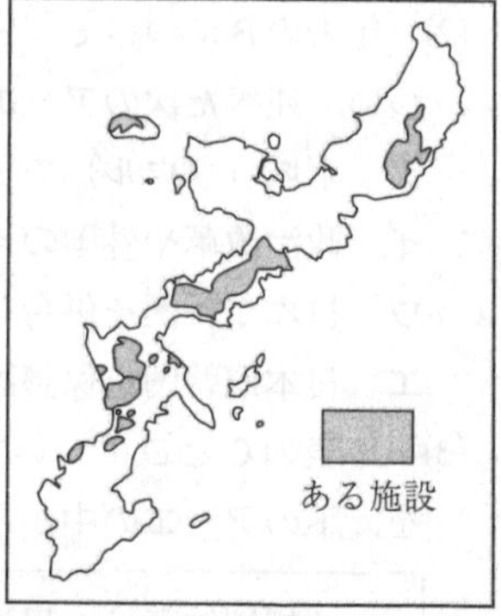

(8) 年表のⅠについて，次の資料Ⅳは，国際連合のある活動に参加した自衛隊の活動をまとめたものの一部である。国際連合のある活動とは何か。**アルファベット3字**で書きなさい。

資料Ⅳ

派遣先	派遣期間
カンボジア	1992年9月 ～ 1993年9月
モザンビーク	1993年5月 ～ 1995年1月
東ティモール	2002年3月 ～ 2004年6月
ハイチ	2010年2月 ～ 2013年2月

（内閣府資料により作成）

5 次の資料は，日本の経済と私たちの暮らしについて，ある班がまとめたものの一部である。(1)～(6)の問いに答えなさい。

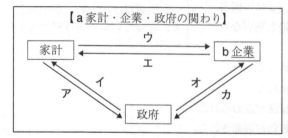

【a家計・企業・政府の関わり】

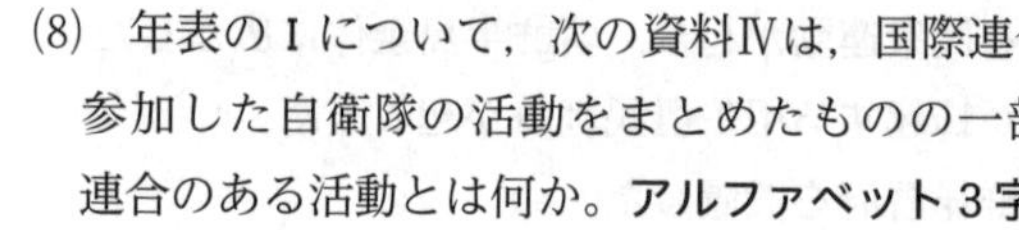

【海外との関係】
・経済のグローバル化が進むとともに，c産業の空洞化が進行
・d為替相場の変動が国民経済に影響

【より良い暮らしとは】
・物質的な豊かさ…所得・財産，雇用，住宅など
・暮らしの質…環境，市民参加，暮らしの安全など

(1) 下線部ａについて，【家計・企業・政府の関わり】のア～カの矢印は，お金，商品，労働力などのやりとりを表している。また，次の文は，ア～カのいずれかの例を表したものである。この文にあてはまる最も適当なものを，ア～カの中から一つ選びなさい。

姉がスーパーマーケットで１日３時間働いた。

(2) 下線部ｂに関連して，次の文は，企業の一形態について説明したものである。Ｘにあてはまる語句を**カタカナ５字**で書きなさい。

新たに起業し，新しい技術を元に革新的な事業を展開する中小企業のことを［ Ｘ ］企業という。

(3) 市場経済における商品の価格は，需要量と供給量の関係で変化する。右の図は，ある商品の需要量と供給量の関係を表したものである。この商品の価格がＰのときの状況とその後の価格の変化について述べた文として適当なものを，次のア～エの中から一つ選びなさい。

図

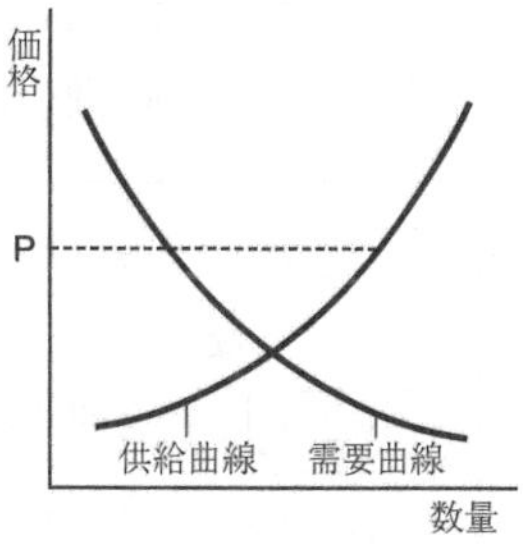

ア　供給量が需要量よりも多いため，価格は上昇する。
イ　供給量が需要量よりも多いため，価格は下落する。
ウ　需要量が供給量よりも多いため，価格は上昇する。
エ　需要量が供給量よりも多いため，価格は下落する。

(4) 下線部ｃについて，産業の空洞化とはどのようなことか。「**企業が**」という書き出しに続けて，次の**二つの語句**を用いて書きなさい。

生産拠点　　衰退

(5) 下線部ｄに関連して，次の文は，為替相場の変動に関して述べたものである。ＡとＢにあてはまる語句の組み合わせとして適当なものを，下のア～エの中から一つ選びなさい。

円とドルの為替相場は2012年には１ドル＝80円前後だったが，2020年には１ドル＝110円前後で推移するようになった。この８年間で［ Ａ ］が進み，日本企業が製品を輸出するのに［ Ｂ ］な状態となった。

ア　Ａ　円高　Ｂ　有利　　　イ　Ａ　円高　Ｂ　不利
ウ　Ａ　円安　Ｂ　有利　　　エ　Ａ　円安　Ｂ　不利

(6) 次の文は，【より良い暮らしとは】について，授業で話し合った会話の一部である。あとの①，②の問いに答えなさい。

［先　生］　人々の暮らしを便利で豊かにするのが経済ですが，所得や財産といった物質的な豊かさだけでなく，環境や暮らしの安全など，暮らしの質の面からも豊かさを感じられることが多くあります。

［生徒Ｃ］　2000年には［ Ｙ ］型社会形成推進基本法が定められ，私たちは［ Ｙ ］型社会の実現に向けて日常生活の在り方を見直すことが求められています。

［生徒Ｄ］　先日家族と利用したお店に，食べ残しを減らそうというポスターが貼ってあり

ました。e3Rのうち，ごみの発生を減らすことが重要だと思います。

生徒E　不要な包装を求めないことや食品ロスを減らすことは，私たちにもできることです。

先　生　そうですね。社会の一員として持続可能な社会を実現するために，私たち一人一人が主体的に考え，自分たちにもできることから行動していくことが大切ですね。

① Yにあてはまる語句を**漢字2字**で書きなさい。
② 下線部eについて，このことを何というか。**カタカナ**で書きなさい。

6　次の文は，授業で「政治と民主主義」「人権と日本国憲法」を学習した生徒たちの会話の一部である。(1)～(6)の問いに答えなさい。

生徒A　クラスの話し合いでいろいろな意見が出たけれど，どのようにまとめればよいかな。

生徒B　社会科の授業で，物事の決定・a採決の仕方について学んだよね。

生徒A　そうだ。みんなの意見を調整して社会を成り立たせていくことが政治の役割だっていうことも授業で学んだね。

生徒C　そういえば，政治参加の仕組みとしてb選挙があるよね。先月，地方議会の選挙があったよ。

生徒B　自分たちが住むc地域の政治について考えることも大事になるね。

生徒C　日本国憲法では政治に参加する権利に加え，d平等権，自由権，e社会権などの基本的人権を保障しているよ。

生徒A　自分たちが暮らす社会を支えるため，f権利だけでなく義務のことを考えることも必要だね。

(1) 下線部aについて，下の表Ⅰは，採決の仕方についての説明と特徴を表したものである。次の①，②の問いに答えなさい，

表Ⅰ　採決の仕方についての説明と特徴

採決の仕方	説明	特徴
全会一致	全員の意見が一致する	W
V	より多くの人が賛成する意見を採用する	X

① Vにあてはまる語句を**漢字3字**で書きなさい。
② W，Xにあてはまる特徴の組み合わせとして適当なものを，右の**ア**～**エ**の中から一つ選びなさい。

ア	W	決定に時間がかからない
	X	少数意見が反映される
イ	W	決定に時間がかからない
	X	少数意見が反映されにくい
ウ	W	決定に時間がかかる
	X	少数意見が反映される
エ	W	決定に時間がかかる
	X	少数意見が反映されにくい

(2)　下線部bについて，選挙制度の一つとして，得票数に応じて政党の議席数を決める比例代表制がある。右の表Ⅱは，比例代表制におけるドント式の計算方法の例である。表Ⅱの例において，全体の議席数を**7議席**としたとき，E党に配分される議席数はいくつになるか。書きない。

表Ⅱ　比例代表制におけるドント式の計算方法の例

	D党	E党	F党
得票数	1260票	720票	600票
1で割る	1260	720	600
2で割る	630	360	300
3で割る	420	240	200
4で割る	315	180	150

(3)　下線部cについて，日本の地方公共団体について述べたⅰ～ⅲの文の正誤の組み合わせとして適当なものを，右の**ア**～**ク**の中から一つ選びなさい。

ⅰ　議会と首長の意見が対立したとき，首長は議会に審議のやり直しを求めたり，議会を解散したりすることができる。

ⅱ　地方議会は，法律に反する地方公共団休独自の条例を制定する権限をもつ。

ⅲ　教育や道路の整備といった特定の仕事の費用を国が一部負担する地方交付税交付金が配分される。

	ⅰ	ⅱ	ⅲ
ア	正	誤	誤
イ	正	誤	正
ウ	誤	正	正
エ	誤	誤	誤
オ	正	正	誤
カ	誤	正	誤
キ	誤	誤	正
ク	正	正	正

(4)　下線部dについて，日本国憲法では「法の下の平等」を規定している。1999年に国が制定した，男性も女性も対等な立場で活躍できる社会を創ることをめざした法律を何というか。書きなさい。

(5)　下線部eに関して，ある生徒が世界の歴史の中で社会権が認められるまでの流れを下のようにまとめた。Yにあてはまることばを，次の**二つの語句**を用いて書きなさい。

賃金　　時間

17～18世紀	19世紀			20世紀
人権思想の発展により，自由権，平等権が保障された。	経済活動が盛んになり，資本主義経済が発展した。	生産力が増し，物が豊かになった一方，労働者は［　Y　］ことや，失業，生活環境の悪化などにより生活がおびやかされた。	こうした状況の改善を目指した労働運動や，選挙権の拡大を求めた普通選挙運動が盛んになった。	人間らしい生活を保障しようとする権利として社会権が認められた。

(6)　下線部fについて，次の文は，日本国憲法第27条の条文の一部である。Zにあてまはる語句を**漢字2字**で書きなさい。

第27条　①すべて国民は，［　Z　］の権利を有し。義務を負う。

条件

1 二段落構成とすること。
2 前段では、資料を見て気づいたことを書くこと。
3 後段では、前段を踏まえて、「外国人とのコミュニケーションの取り方」についてのあなたの考えや意見を書くこと。
4 全体を百五十字以上、二百字以内でまとめること。
5 氏名は書かないで、本文から書き始めること。
6 原稿用紙の使い方に従って、文字や仮名遣いなどを正しく書き、漢字を適切に使うこと。

実際には様々な相を持つ悲しさも、「悲しい」ということばで表されるとき、[　　]は無視される。

⇩

独自のニュアンスをもっていたものが枠組みに押し込まれることで、感情のもっともいきいきとした部分がことばの影に隠れる。

4 本文における**第六段落**の働きとして最も適当なものを、次の**ア**～**オ**の中から一つ選びなさい。

ア 言葉の制約について整理して問題提起の形で示し、第七段落以降で言葉の発展的な特徴を述べるための導入とする働き。

イ 言葉の不合理な特徴を複数の具体例の形で示し、第七段落以降で言葉の持つ働きを否定するための導入とする働き。

ウ 言葉の定義に関する意見を抽象化した表現で示し、第七段落以降で言葉の持つ欠点を述べるための導入とする働き。

エ 言葉の意味は使い方で変化することを示し、第七段落以降で言葉の正確な使い方を説明するための導入とする働き。

オ 言葉の働きに関する本文の内容を整理して示し、第七段落以降で言葉の持つ機能をまとめていくための導入とする働き。

5 「[3]わたしたちの会話は、平板な意味のやりとりに終始せず、いきいきとしたものになる」とあるが、会話を「平板な意味のやりとり」にする言葉の限界と、その限界を乗りこえ会話を「いきいきとしたもの」にする言葉の働きとはどのようなことか。**七十字以内**で書きなさい。

六 次の資料は、ある調査で外国人と接する機会があると答えた全国の十六～十九歳の男女に、外国人とどのようにコミュニケーションを取っているかを尋ねた結果の一部をグラフで表したものである。この資料を見て**気づいたこと**と、「**外国人とのコミュニケーションの取り方**」についての**あなたの考えや意見**を、あとの**条件**に従って書きなさい。

外国人とどのように意思の疎通を図っているか

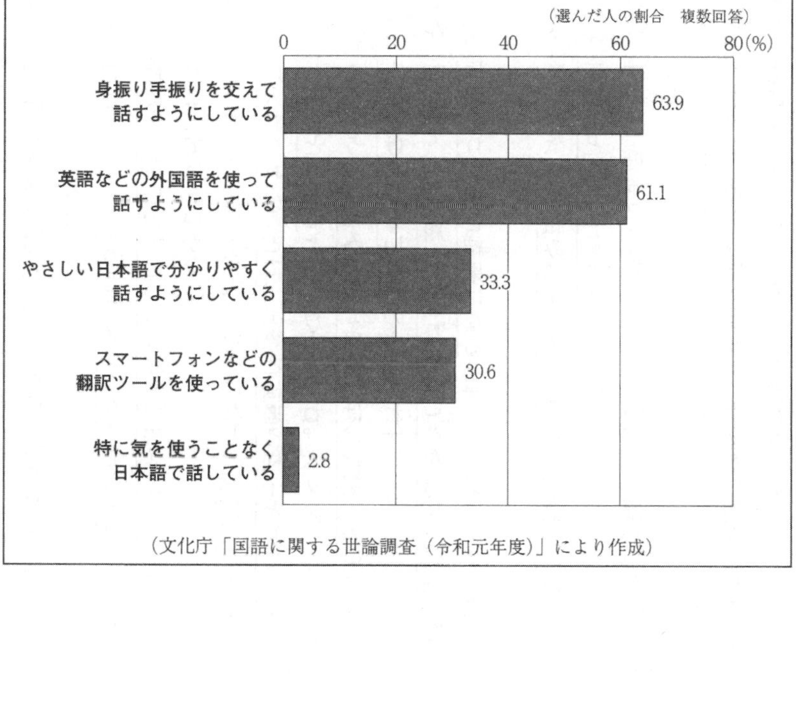

（文化庁「国語に関する世論調査（令和元年度）」により作成）

ます。しかし他方、いま言った機能によって、その味を直接相手のなかに喚起することができます。そのような働きがあるからこそ、3わたしたちの会話は、平板な意味のやりとりに終始せず、いきいきとしたものになるのだと言えるのではないでしょうか。

（第八段落）

（藤田　正勝『はじめての哲学』より）

注1・2・3　いずれも植物の名称。　注4　微妙な意味あい。
注5　状態。　注6　リンゴの品種。

1　次の**ア**～**オ**は、本文で用いられている熟語である。熟語の構成が他と**異なるもの**を、**ア**～**オ**の中から一つ選びなさい。

ア　両者　**イ**　語源　**ウ**　思想　**エ**　一端　**オ**　他方

2　「1『言葉』の語源は、『言の端』であった」とあるが、「言の端」という表現は、言葉のどのような特徴を表しているか。最も適当なものを、次の**ア**～**オ**の中から一つ選びなさい。

ア　ある事柄を表現する言葉は、事柄の一部分のみを切り取って全体を表すことができるという特徴。
イ　ある言葉で表現された事柄は、全体像が切り取られて偽りの形でしか伝わらなくなるという特徴。
ウ　ある一つの言葉は、対応する一つの事柄とだけ通じて他の事柄を表すことができないという特徴。
エ　ある事柄を表している言葉は、事柄の全てではなく限られた一部分のみを表しているという特徴。
オ　ある言葉の語源となった事柄は、言葉が表している意味の一部分にだけ影響しているという特徴。

3　次の会話は、「2枠組み」について、授業で話し合ったときの内容の一部である。会話を読み、あとの(1)、(2)の問いに答えなさい。

Aさん　「既成の枠組みに押し込めるとは、つまりどういうことなのだろうね。」
Bさん　「たとえば、**ア**犬の毛がクリーム色でもチョコレート色でも、茶色の犬という枠組みで表すことがあるということではないかな。」
Cさん　「なるほど。様々な犬がいるけれど、**イ**特定の枠組みに入れられたことで、実際とは違う様子として表現されることもあるという考え方だね。本文から考えるとこういう**ウ**枠組みの中での変化は、言葉で表現する以上は避けられないことのようだね」
Bさん　「それで、**エ**枠組みに取り込むことが言葉と経験の間に隔たりを生む結果になると言えるのだと思うよ。」
Cさん　「それに、**オ**枠組みにまとめることで、意識的に物事を正確にとらえることができるのではないのかな。」
Aさん　「もう一度本文を読んで、筆者の意見を確かめてみようよ。」

(1)　会話文の中の――線をつけた部分が、本文から読み取れる内容と**異なるもの**を、**ア**～**オ**の中から一つ選びなさい。

(2)　Aさんは、話し合いのあと、本文の内容について次のようにノートにまとめた。[　]にあてはまる最も適当な言葉を、**第一段落**～**第四段落**の中から**十六字**でそのまま書き抜きなさい。

○　枠組みに押し込めることの作用とは
（例）「悲しい」ということば

た。言葉は「事＝言」として事柄全体を言い表したものではなく、そのほんの一端を言い表したものにすぎないということが意識されるようになったのです。そのために「言の端」という言い方がされるようになったのだと考えられています。

（第三段落）

言葉がそのまま経験であるとは言えないのは、それがわたしたちの具体的な経験を普遍的な概念によってひとくくりにしてしまうことと関わっています。たとえば[注1]桔梗《ききょう》の青、[注2]露草の青、[注3]都忘れの青、それぞれの青は独特の色合いをもっていますが、言葉はその違いを無視して、それらすべてを同じ「青」ということばで表現してしまいます。そのことによって、個々のものがもっていた微妙な差異は一挙に背後に退いてしまいます。

（第四段落）

言葉は、それぞれ独自の[注4]ニュアンスをもっていたものを、既成の2枠組み、言わば鋳型のなかに押し込んでいくという役割を果たしていると言ってもよいかもしれません。わたしたちがそのときどきに抱く感情も、決して一つのことばで表現できるような単純なものではなく、さまざまな[注5]相がそこには絡《から》まりあっています。また固定したものではなく、大きな振幅をもちながら、止《や》むことなく動いていきます。言葉はその動きの振幅を削りとって、それをたとえば「悲しい」とか「寂しい」といった一つのことばで表現するわけですが、そのことによって感情のもっともいきいきとした部分がことばの影に隠れてしまうのではないでしょうか。

（第五段落）

言葉によってわたしたちは多くのことを知り、多くのことを考えるわけですが、そこには制約もまたあるように思います。枠組みのなかに入らないものはとらえることができないわけですし、その枠組みに取り込まれたものは、その枠組みにあうように変形させられてしまいます。これは、言葉にどこまでもつきまとう根本的な制約であると言ってよいでしょう。それだけでなく、言葉は、この枠組みでとらえられたものが、もの自体であり、ものごとはそれによって正確にとらえられているという意識を、それを使う人のなかに生みだします。言葉はこの具体的な経験とのあいだにある隔たりを乗りこえることができないのでしょうか。

（第六段落）

言葉にはまず、ものをグループ分けする働き、つまりカテゴリー化する働きがあります。そこでは、いま目の前にしているリンゴ、たとえば[注6]紅玉の独特の赤い色とか、それ特有の甘酸《ず》っぱい味、あるいはそれが私の好みであるとかいったことは問題にされません。むしろリンゴに共通の性質ですべてのものをひとくくりにすることがその場合の唯一の関心事です、しかし、たとえば友人に「紅玉はおいしいよね」と語ったとき、この「紅玉」ということばは、その基礎的な意味を相手に伝えるだけでなく、相手がその味を知っている場合には、その人のなかに、紅玉独特の強い酸味のきいた甘さをありありとイメージさせることができます。それを言葉の喚起機能と呼んでよいと思いますが、わたしたちは「紅玉」ということばを聞いたとき、その音声越しに基礎的な意味を聞くだけでなく、さらにその意味を越えて、このことばがもつ豊かな意味あいをも聞くことができるのです。ここに鍵がありそうです。

（第七段落）

たしかに、わたしたちはいくらことばを重ねても、紅玉の微妙な味をことばで表現し尽くすことはできません。そこに言葉の限界があり

まだ畑で働いているらしい両親など、里美の家族の様子を知ったとき、自分は［Ⅱ］と気づき、まぬけな質問をしたことを恥ずかしく思った。

(1) ［Ⅰ］にあてはまる最も適当な言葉を、本文中から**五字**でそのまま書き抜きなさい。

(2) ［Ⅱ］にあてはまる、麻由子が気づいた内容を、**五十字以内**で書きなさい。

5 本文中の表現について説明した文として最も適当なものを、次の**ア**～**オ**の中から一つ選びなさい。

ア 行きは右頬に「川風」を受けていたのが帰りに左頬に変わる描写は、麻由子が自分の気持ちをきっぱりと切り替えたことを表している。

イ 山の様子を隠喩で表した「暑苦しい紅葉の衣」という描写は、よく晴れていて気温が高く汗ばむような暑さであることを示している。

ウ 里美を家に送る秋景色の中で「ちょっぴり呼吸が楽になる」という描写は、里美と並んで歩く麻由子のあふれる幸福感を伝えている。

エ 遠くの山の「薄青いシルエット」という描写は、里美を慕ってまとわりつく弟や妹のことをねたんでいる麻由子の心情を描いている。

オ 麻由子がひとりでもどる道を「途方もなく遠かった」と感じる描写は、里美がいなくなったあとの麻由子の心細さと重ねられている。

五 次の文章を読んで、あとの問いに答えなさい。

わたしたちが見たり聞いたりしたものを言葉で表そうとして、うまくいかないという経験は多くの方がもっておられるのではないでしょうか。たとえばわたしたちは自分の気持ちを「はればれとした」とか「うきうきした」といったことばで言い表したり、お茶の味を「まろやかな」とか、「うまみがある」といったことばで表現したりします。しかしそのような表現で、自分の実際の感情や、お茶の味を十分に言い表すことができるでしょうか。たとえば「まろやかな」という表現を、「味が穏やかで口あたりがよい、そして深い味わいが感じられる」といった言葉で説明することはできます。しかしその「深い味わい」がどのような味わいなのかをさらに説明しようとすると、言葉に窮することになります。　　（**第一段落**）

言葉は、たしかに、わたしたちが経験するものの一面を言い表し、他の人に伝えます。しかしそれはわたしたちが実際に経験していることの一部でしかありません。言葉による表現は、経験の具体的な内容をある断面で切り、その一断面で経験全体を代表させることに喩《たと》えられるかもしれません。その一断面からあらためて経験の全体を眺めたとき、両者のあいだに大きな隔たりがあります。そのあいだには無限な距離があると言ってもよいでしょう。　　（**第二段落**）

1「言葉」の語源は、「言の端《は》」であったと言われます。古くは「事」と「言」とは通じるものと考えられていました（言葉には、そのなかで言われているものを具体化する霊的な力が宿っているという、いわゆる言霊《ことだま》思想はそこから生まれたものでした）。しかしやがて「事」と「言」とは同じではないということに人々は気づくようになりまし

川風を左頬に受け、きた道をもどる。

里美と歩いたときはそう感じなかった道が、ひとりの足では途方もなく遠かった。

「父さんも母さんも日の出前から働いてるから、早く看護師になって楽をさせたい。」

そのために家をはなれ、看護科のある高校へ進む。

「サヒメ語」なんて、まぬけな質問をした[4]自分が恥ずかしかった。

（有島　希音「オリオンの上」より）

注1　演奏を一人で行うこと。
注2　田畑の稲わらや草などを焼くこと。
注3　後方から光が当たって浮かび上がった風景や人物の輪郭。

1　「[1]複雑な気持ち」とあるが、どのような気持ちか。最も適当なものを次の**ア**～**オ**の中から一つ選びなさい。

ア　拍手を送って発表を聞いた喜びを里美に届けるみんなの気持ちも分かる一方、自分は進んで拍手を送ることができないという気持ち。

イ　進路に対する決意を聞いて里美を応援するみんなの気持ちも分かる一方、自分は素直に里美を応援することができないという気持ち。

ウ　里美の進路の話を聞いて決意の強さに驚くみんなの気持ちも分かる一方、自分だけは里美の話を信用することができないという気持ち。

エ　里美の淡々とした話しぶりに引き込まれるみんなの気持ちも分かる一方、自分は心から里美の話を楽しむことができないという気持ち。

オ　里美の進路の話を聞いて心配になるみんなの気持ちも分かる一方、自分は本心から里美の進路を心配することができないという気持ち。

2　「[2]意外だった。」とあるが、麻由子が意外だと思ったのはなぜか。**三十五字以内**で書きなさい。

3　「[3]里美が、やさしく麻由子をのぞきこむ。」とあるが、このときの里美の心情の説明として最も適当なものを、次の**ア**～**オ**の中から一つ選びなさい。

ア　サヒメ語について真面目に考える麻由子の言葉をおもしろがりながらも、むくれている素直さをいとおしく感じている。

イ　サヒメの言葉どおりに動いてみようとした麻由子を頼もしく感じる一方、部活動を引退するさみしさをかみしめている。

ウ　自分が抜けたあとも麻由子が集中して練習に取り組めるように、サヒメ語について明快に説明しようと意気込んでいる。

エ　サヒメの言葉を理解しようとしても無駄なのに、何としても理解しようと質問してくる麻由子のことをあわれんでいる。

オ　一生懸命な後輩と一緒だったからこそ厳しい練習にも耐えられたのだと感激し、目の前の麻由子に心から感謝している。

4　「[4]自分が恥ずかしかった。」とあるが、この場面に至るまでの麻由子の心情の変化について次のように説明したい。あとの(1)、(2)の問いに答えなさい。

> 麻由子ははじめ、「遠くはなれた高校の看護科に進む」という里美の言葉を聞いて、里美を［　Ⅰ　］思った。里美がいなくなることを認めたくない麻由子は、里美と一緒に帰る途中で引き返すことができず、家まで送っていこうと心に決める。しかし、家の前まで来て、姉の帰りを待っていた弟や妹、そして

笑ってくれて麻由子はなんだかうれしかった。

　ハンカチで涙を拭きながら、里美がいった。

「そんな真面目に考えてるの、麻由だけだよ。」

　えっ？　と、思った。

「サヒメの言葉なんてね、わかってもわからなくてもいいの。」

　どういうこと？

「わかるときは、わかるし。わからないときは、わからない。それで、いいの。」

　[2]意外だった。里美の口から、そんないいかげんな答えが出てくるなんて。

「だって……。」

　麻由子は、頰をふくらませた。

「無理に、わかろうとしなくていいんじゃない？」

　[3]里美が、やさしく麻由子をのぞきこむ。

　その目に、まだ涙がたまってる。

「麻由にも、そのうちきっとわかるときがくるよ。サヒメ語？　サヒメ語は……、きくものじゃなく見るものかもよ。それか、さわるもの？」

〈へっ？〉

　わかったような、わからないような。

　サヒメ語、みたい。

　まさか、サヒメ化……？

　三年たつと似てくるのかと思っていると、右側の橋からひとりの男の子が転がるように飛びだしてきた。

　小学校三、四年生だろうか。

　男の子は、麻由子をちらりと見て恥ずかしそうに里美のかげにかくれた。

「姉ちゃん、腹減った。今日のめし、なに？」

　里美の手をとりながら、小さな声でいっている。

　見ると、橋の奥に農家らしい民家があった。どうやら、里美の家の前にきていたらしい。橋の向こうでは、もう少し小さな女の子もサンダルをつっかけてこっちを見ている。

　妹？

　麻由子は、はじかれたように里美のそばをはなれた。

〈姉ちゃん、今日のめし、なに？……。〉

　里美は部活を終え、帰ってから毎日夕飯をつくっていたのだ。

「それじゃあ、これで。」

　麻由子が手をあげると、

「うん。」

　耳の横で結んだ髪をゆらして、里美も手をふった。

　あっけない、別れだった。

　ふり返ると、弟といっしょに里美が家に向かって歩いていく。

　その向こうに、広い畑が見える。

　遠くに、いそがしそうに働くふたつの影。

　お父さんと、お母さんだろうか。

　ふたりのまわりで、赤い小さな火がちろちろと燃えている。

　収穫を終えた畑で、なにかを燃やしているのだ。

　[注2]野焼き？

　初めて、見た。

　農家には、まだ認められているんだ……。

　野焼きの煙にかすんで、遠くの山が薄青い[注3]シルエットをつくっていた。

〈このままずっと、いてほしい……。〉

麻由子は、里美がいなくなることをどうしても受け入れることができなかった。

見送られて、里美が学校を出る。

帰り道が同じ何人かが、まとわりつくようにしていっしょに歩く。

麻由子も、そのなかにまじっていた。

みんなはそれぞれ途中で別れていったが、麻由子だけはいつまでもぐずぐずと残っていた。

「麻由、家、反対の方向じゃない？　大丈夫？」

里美が心配するが、麻由子はどうしてもさよならをいうことができない。

「もう少し、もう少し。」

といっているうちに、人家はどんどん少なくなっていった。

里美の家は、町から遠くはなれている。

この距離を、毎日ひとりで通ってきたのだ。

しかも、麻由子が朝練に行くと里美は必ずそこにいた。

定演で、町のホールに響いたソロ[注1]……。

麻由子は、あらためて思う。

里美は、ただ練習をしていたのではない。人一倍の努力で、けんめいに音を磨きあげていったのだ。

同じことを、自分はできるだろうか。

〈できない……。〉

麻由子は、里美のぬけたあとの練習を思うと気が重くなった。

ガードレールで仕切られた、川沿いの道を歩く。

短縮授業だったから、暗くなるにはまだ少し時間がある。

もうかなり歩いたはずなのに、道の先にはなにも見えない。

そろそろ、帰ろうか？　とも思ったが、でも、ここまできて引き返すわけにはいかなかった。

〈こうなったら、家まで送っていこう。〉

麻由子は、いつのまにかそう決めていた。

右頬《ほお》に受ける川風が、気持ちいい。

反対側の山はすでに暑苦しい紅葉《こうよう》の衣をぬぎ、黄色味と茶色ばかりが目立つようになっていた。苦しい夏がすぎ冬に向かうこの季節、ちょっぴり呼吸が楽になる。

麻由子は、思いきって里美にきいてみた。

「先輩。」

「ん？」

「里美先輩は、サヒメ語がわかるんですか？」

「えっ？　サヒメ語？」

なにそれ？　というように里美がこっちを見た。

「だって、サヒメって独特の言葉使うでしょ。いきなり『手をつないでっ』とかいわれたって。私ほんとにつなぐのかと思ってクラリネットはなしたら、みんな知らん顔して続けてるし……。」

「えっ？」

里美は、はじけるように笑った。

なにがおかしかったのか、涙を流して笑ってる。

「麻由子って、おもしろいよね。」

とか、

「ほんと、素直だわ。」

とか、いいながら、里美はなかなか笑うのをやめなかった。

なぜそんなに笑うのかわからなかったが、最後に里美がこんなに

のだと思うよ。」

Bさん「では、**文章Ⅰ**と**文章Ⅱ**は、どちらが正しい見方なのかな。」

Cさん「二つの文章の意見はそれぞれ視点が異なっていると思うよ。むしろ、**文章Ⅰ**と**文章Ⅱ**、両方の内容を総合して、学ぶために大事な考え方として『 ③ 』という意見としてまとめられるのではないかな。」

(1) ① にあてはまる最も適当な言葉を、**文章Ⅰ**（文語文）から**十三字**でそのまま書き抜きなさい。

(2) ② にあてはまる内容を、**二十字以内**で書きなさい。

(3) ③ にあてはまる文章として最も適当なものを、次の**ア**～**オ**の中から一つ選びなさい。

ア　学ぶ仲間と常に議論して知識を深め合おうとしながらも、自分自身の学びの成果を信じる確かな信念を抱き続けるべきである。

イ　学びたいという確かな意欲を胸に抱きながら、自分よりもさらに優れた才能のある仲間を探そうとする姿勢をもつべきである。

ウ　学ぶことの自主性を重んじて互いの学び方に口は出さないが、仲間の意見を参考にした上でお互いに学びを進めるべきである。

エ　学ぶことに対する意欲を自分自身の中で明確にした上で、共に学ぶ仲間を探して知識を深め合うという方法をとるべきである。

オ　学ぶ上で心から信頼できる師匠につく学び方を選ぶ一方、師匠に寄りかからず自分自身で学ぼうとする意志をもつべきである。

四

次の文章を読んで、あとの問いに答えなさい。

（中学一年生の立岡《たておか》麻由子《まゆこ》は、生徒から『サヒメ』と呼ばれる宮永《みやなが》沙姫《さき》先生が顧問を受け持つ吹奏楽部に所属している。三年生の杉崎《すぎさき》里美《さとみ》は、麻由子と同じ楽器を担当し、初心者だった麻由子を気にかけてくれていた。十月の中旬に行われた定期演奏会（定演）の一週間後、三年生とのお別れ会が開かれ、先輩たちがそれぞれの進路について話した。）

里美は、遠くはなれた高校の看護科に進むのだという。

〈えっ？　なんで？〉

麻由子は、思った。

〈静流《しずる》市の高校に通ってくれればときどき会いにいけるし、地区大会でだって会える……。〉

麻由子は、遠い町に進学を決めた里美をうらめしく思った。

「ふつうの高校に行くより、そのほうが早く看護師になれるの。うちは農家で、父さんも母さんも日の出前から働いて苦労してるから、早く看護師になって少しでも楽をさせてあげたい。」

淡々と語る里美に、ひときわ大きな拍手が送られた。

みんなの思いを託した、小さな花束が三年生にわたされる。

麻由子は、1複雑な気持ちで里美に花束をわたした。

〈本当に、もう会えないの……？〉

お別れ会のあと、ほかの先輩は帰ったのに里美だけは残って片づけを手伝った。

最後まで、里美は里美だった。

描き出すことを通して、[Ⅲ]とともに季節の深まりが読み手に伝わってくる句である。

(1)　[Ⅰ]にあてはまる最も適当な言葉を、その俳句の中から**二字**でそのまま書き抜きなさい。

(2)　[Ⅱ]、[Ⅲ]にあてはまる言葉の組み合わせとして最も適当なものを、次の**ア**～**オ**の中から一つ選びなさい。

ア　Ⅱ　口調を強めていく様子　　Ⅲ　悲しさ
イ　Ⅱ　かすかにささやく様子　　Ⅲ　爽やかさ
ウ　Ⅱ　じっくりと語り合う様子　　Ⅲ　楽しさ
エ　Ⅱ　激しく議論する様子　　Ⅲ　穏やかさ
オ　Ⅱ　ぽつりぽつりと話す様子　　Ⅲ　静けさ

三　次の**文章Ⅰ**、**文章Ⅱ**を読んで、あとの問いに答えなさい。

文章Ⅰ

昔さる人の云《い》へるは《（ある人が言ったことには）》、人間万事《（何ごとにつけても）》師匠といふ物なくて叶《かな》はぬ事なり。さりながら根本の《（しかしながら真の）》師匠をたづねもとむ《（探し求める）》べし。根本の師匠とはわが心なり。物をならはんと思ふが《（物を習おうと思う心が）》則《すなは》ち師匠なり。さあれば《（そうすると）》我が心こそ師匠なれ。されば《（そもそも）》世間に師匠をする人は物毎《ごと》に《（それぞれの稽古ごとに）》多けれども、ならひまなばんと思ふ心ざしなければ、その師匠もあり甲斐《がひ》なし《（存在する意味がない）》。縦《たと》ひ又《（たとえまた）》世間に、其《そ》のしなじなの《（それぞれの稽古の）》師匠はまれなりとも《（なかなか見つからないとしても）》、わが心をただしくして、もの毎《ごと》に油断なく《（それぞれの稽古ごとに怠ることをせず）》、吟味せんさくをして《（念入りに細かいところまで調べて）》たしなみ候《さうら》はば《（心がけて励むならば）》、その心すなはち師匠となりて、日々にあらたなる《（進歩をもたらす）》べし。

（「可笑記」より）

文章Ⅱ

蓋《けだ》し《（思うに）》須《すべか》らく切磋《せっさ》して相起《あいお》こすべき《（学ぶときは、互いに磨き高め合うべき）》こと明らかなり。門を閉ぢて読書し、心を師とし自ら是《ぜ》《（正しい）》とするも、稠人広坐《ちゅうじんこうざ》すれば《（大勢の人前に出て）》、謬誤《びゅうご》して羞慙《しゅうざん》する《（間違いを犯して恥をかく）》者有るを見ること多し。

（「顔氏家訓」より）

1　「ならはん」の読み方を、現代仮名遣いに直してすべてひらがなで書きなさい。

2　次の会話は、**文章Ⅰ**、**文章Ⅱ**について、授業で話し合ったときの内容の一部である。あとの(1)～(3)の問いに答えなさい。

Aさん　「**文章Ⅰ**、**文章Ⅱ**のどちらも、学ぶ姿勢について述べた文章だよね。どちらにも『心』と『師』という語が書かれているよ。二つとも似たような内容を述べているのかな。」

Bさん　「内容を確かめよう。まず**文章Ⅰ**は、学ぶときの師匠とは『[①]』そのものだという内容だよね。」

Cさん　「でも、**文章Ⅱ**は、心を師とすると間違いを犯す結果になるという内容のようだよ。どうやら、二つの文章は互いに考え方が異なるようだね。」

Aさん　「そうだね。**文章Ⅱ**は『須らく切磋して相起こすべき』と述べているよ。この部分を踏まえて考えると、**文章Ⅱ**の『心を師とし自ら是とする』は、[②]という、学ぶときに避けるべき姿勢を述べている表現な

〈国語〉

時間 五〇分 満点 五〇点

【注意】 字数指定のある問題の解答については、**句読点も字数に含めること。**

一 次の1、2の問いに答えなさい。

1 次の各文中の――線をつけた漢字の読み方を、ひらがなで書きなさい。また、＝＝線をつけたカタカナの部分を、漢字に直して書きなさい。

(1) 気持ちが紛れる。
(2) 諭すように話す。
(3) 余暇を楽しむ。
(4) 悠然とたたずむ。
(5) 地元の企業にツトめる。
(6) 砂糖で甘みがマす。
(7) 冷暖房をカンビしている。
(8) 制度のカイカクを進める。

2 次の文中の――線をつけた動詞の中で、**活用形が他と異なるもの**を、**ア～オ**の中から一つ選びなさい。

アの確認したとおり、私たちは「考え」なければ、習慣的な自分から抜け出ることができません。逆にイ言えば、「考える」とは習慣的な自分からの逸脱を、つまり他人になることを意味します。本を読むことで他人の「考え」を体験し、ノートをウ使いながらその「考え」に自分の思考をエぶつけていけば、私たちは「自分」でない自分へと変身していけるようにオなります。

(倉下 忠憲「すべてはノートからはじまる あなたの人生をひらく記録術」より)

二 次の俳句を読んで、あとの問いに答えなさい。

A 鷹《たか》の巣や大虚[注1]に澄める日一つ　橋本《はしもと》 鶏二《けいじ》

B 彼一語我一語秋深みかも　高浜《たかはま》 虚子《きょし》

C 撥《は》ね飛ばす一枚恋の歌がるた　加古《かこ》 宗也《そうや》

D 秋や今朝一足《ひとあし》に知るのごひえん[注2]　松江《まつえ》 重頼《しげより》

E 不二《ふじ》[注3]ひとつ埋《うず》みのこして若葉かな　与謝《よさ》 蕪村《ぶそん》

F 春ひとり槍《やり》投げて槍に歩み寄る　能村《のむら》 登四郎《としろう》

注1 大空。
注2 よくふいて表面が滑らかになっている縁側。
注3 富士山。

1 情景を順に追うような言い方を用いて、ゆっくりとした動きで黙々と競技の練習をする様子を詠《よ》んだ俳句はどれか。A～Fの中から一つ選びなさい。

2 上空から見下ろすような大きな視野の先に雄大な存在を描き出すとともに、盛んな生命の勢いを切れ字を用いて表現している俳句はどれか。A～Fの中から一つ選びなさい。

3 次の文章は、A～Fの中のある俳句の鑑賞文である。この鑑賞文を読んで、あとの(1)、(2)の問いに答えなさい。

この句では、季節の移ろいを、相手との対話の中に感じている様子が表現されている。互いに交わす言葉を「[I]」と表現しているように、この対話は活発なものではなく、[II]が感じられる。またこの句は、そのような対話を

2022年度

解 答 と 解 説

《2022年度の配点は解答用紙集に掲載してあります。》

＜数学解答＞

1　(1)　①　-6　②　-14　③　$a-4b$　④　$6\sqrt{15}$　(2)　$5\pi\,\mathrm{cm}^2$

2　(1)　$16a+b \geqq 250$　(2)　ウ　(3)　$x=2\pm\sqrt{6}$　(4)　12分　(5)　86度

3　(1)　①　2通り　②　$\dfrac{11}{18}$　(2)　①　71　②　ア(理由は解説参照)

4　$\begin{cases}\text{そうたさんが勝った回数　12回}\\ \text{ゆうなさんが勝った回数　10回}\end{cases}$　(求める過程は解説参照)　5　解説参照

6　(1)　C$(-2,\ -2)$　(2)　$y=\dfrac{5}{3}x+\dfrac{4}{3}$　(3)　$t=\dfrac{5+\sqrt{31}}{3}$

7　(1)　$3\sqrt{2}$ cm　(2)　①　$5\sqrt{2}$ cm　②　$\dfrac{12\sqrt{2}}{5}$cm

＜数学解説＞

1　(数・式の計算，平方根，おうぎ形の面積)

(1)　①　**異符号の2数の和の符号は絶対値の大きい方の符号で，絶対値は2数の絶対値の大きい方から小さい方をひいた差**だから，$3-9=(+3)+(-9)=-(9-3)=-6$

②　**異符号の2数の積の符号は負で，絶対値は2数の絶対値の積**だから，$\dfrac{7}{6}\times(-12)=-\left(\dfrac{7}{6}\times12\right)=-14$

③　**分配法則**を使って，$5(a-2b)=5\times a+5\times(-2b)=5a-10b$，$2(2a-3b)=2\times2a+2\times(-3b)=4a-6b$だから，$5(a-2b)-2(2a-3b)=(5a-10b)-(4a-6b)=5a-10b-4a+6b=5a-4a-10b+6b=a-4b$

④　$\sqrt{12}\times\sqrt{45}=\sqrt{12\times45}=\sqrt{(2^2\times3)\times(3^2\times5)}=\sqrt{2^2\times3^2\times3\times5}=2\times3\times\sqrt{3\times5}=6\sqrt{15}$

(2)　**半径がr，中心角が$a°$のおうぎ形の面積は$\pi r^2\times\dfrac{a}{360}$**だから，半径が5cm，中心角が72°のおうぎ形の面積は$\pi\times5^2\times\dfrac{72}{360}=5\pi\ (\mathrm{cm}^2)$

2　(不等式，1次関数，2次方程式，資料の散らばり・代表値，角度)

(1)　1枚の重さがagの原稿用紙16枚分の重さは，$a\times16=16a$(g)　これをまとめて重さbgの封筒に入れると，全体の重さは$16a+b=(16a+b)$g　これが，250g以上になったから，数量の間の関係は$16a+b\geqq250$

(2)　定数a，bを用いて$y=ax+b$と表される関数は1次関数であり，そのグラフは傾きがa，切片がbの直線である。グラフは，$a>0$のとき，xが増加するとyも増加する右上がりの直線となり，$a<0$のとき，xが増加するとyは減少する右下がりの直線となる。また，切片bは，グラフがy軸と交わる点$(0,\ b)$のy座標になっている。1次関数$y=2x-3$のグラフは，傾きが2より右上がりで，切片が-3よりy軸と点$(0,\ -3)$で交わる直線だから，ウのグラフである。

(3)　$(x-2)^2-6=0$より，$(x-2)^2=6$　これより，$x-2$は6の**平方根**であるから，$x-2=\pm\sqrt{6}$
よって，$x=2\pm\sqrt{6}$

(4)　**中央値**は資料の値を大きさの順に並べたときの中央の値。10人の記録を小さい順に並べると，4，7，9，10，11，13，18，18，20，25。生徒の人数は10人で偶数だから，記録の小さい方から5番目の11分と6番目の13分の平均値$\frac{11+13}{2}=12$(分)が中央値。

(5)　**対頂角は等しい**から，$\angle ADE=26°$　正三角形の内角だから，$\angle DAE=60°$　$\triangle ADE$の**内角と外角の関係**から，$\angle AEF=\angle ADE+\angle DAE=26+60=86(°)$　$\ell /\!/ m$より，**平行線の同位角は等しい**から，$\angle x=\angle AEF=86(°)$

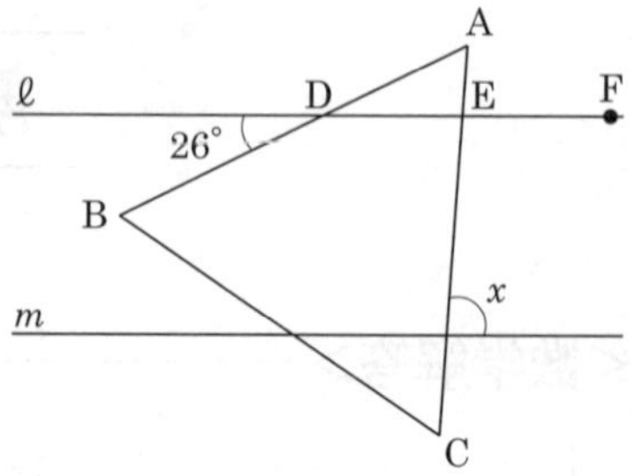

3 (場合の数，確率，規則性，式による証明)

(1)　①　$ab+c=-4$より$ab=-4-c$…㋐　㋐の右辺は負の数だから，左辺も負の数であり，$a>0$であることから，$b=-2$に決まる。これを，㋐に代入して，$a\times(-2)=-4-c$　$c=2a-4$　以上より，$ab+c=-4$となる場合，つまり，$c=2a-4$となる場合は，$2=2\times3-4$，$6=2\times5-4$の2通りある。

②　袋Aの中からカードを1枚取り出すとき，全ての取り出し方は1，3，5の3通り。そのそれぞれの取り出し方に対して，袋Bの中からカードを1枚取り出す取り出し方が-2，2の2通りずつあり，さらに，そのそれぞれの取り出し方に対して，袋Cの中からカードを1枚取り出す取り出し方が2，4，6の2通りずつあるから，全てのカードの取り出し方は$3\times2\times3=18$(通り)ある。このうち，$ab+c$の値が正の数となるのは，まず$b=2$のとき，全てのa，cの値に対して$ab+c$の値は正の数となるから$3\times3=9$(通り)。また，$b=-2$のとき，$ab+c=a\times(-2)+c=c-2a$より，$ab+c$の値が正の数となる，つまり，$c-2a$の値が正の数となるのは，$4-2\times1=2$，$6-2\times1=4$の2通り。以上より，求める確率は$\frac{9+2}{18}=\frac{11}{18}$

(2)　①　各段には，左端に，段の数の2乗の自然数が書かれた積み木を並べ，左端の積み木から右へ順に，積み木に書かれた自然数が1ずつ大きくなるように，段の数と同じ個数の積み木を並べるから，8段目の右端の積み木に書かれた自然数は$8^2+(8-1)=71$

②　(理由)　(例)n段目の左端の数はn^2で，n段目には連続する自然数がn個並んでいることから，$a=n^2+(n-1)=n^2+n-1$　また，$(n-1)$段目の左端の数は$(n-1)^2$で，$(n-1)$段目には連続する自然数が$(n-1)$個並んでいることから，$b=(n-1)^2+(n-2)=n^2-n-1$　よって，$a-b=(n^2+n-1)-(n^2-n-1)=n+n=2n$　nは自然数であるから，$2n$は偶数である。以上より，$a-b$は，いつでも偶数である。

4 (方程式の応用)

(求める過程)　(例)そうたさんが勝った回数をx回，ゆうなさんが勝った回数をy回とする。そうたさんの負けた回数はy回と表される。そうたさんの勝った回数はx回，負けた回数はy回，あいこの回数は8回であるから，$x+y+8=30$　これを整理して，$x+y=22$…①　そうたさんがもらったメダルAの枚数は$(2x+8)$枚，メダルBの枚数は$(y+8)$枚と表される。そうたさんがもらったすべてのメダルの重さが232gであるから，$5\times(2x+8)+4\times(y+8)=232$　これを整理して，$5x+2y=80$…②　①，②を連立方程式として解いて，$x=12$，$y=10$　これらは問題に適している。

5 (合同の証明)

(証明)　(例1)$\triangle ABD$と$\triangle ACD$においてADは共通…①　仮定から，$\angle BAD=\angle CAD$…②　また，

平行線の錯角は等しいからAC//BEより∠CAD＝∠BED…③　②，③より∠BAD＝∠BED…④　④より△BAEは二等辺三角形だからBA＝BE…⑤　仮定からAC＝BE…⑥　⑤，⑥よりBA＝CA…⑦　①，②，⑦より2組の辺とその間の角がそれぞれ等しいから，△ABD≡△ACD　(例2)線分ECをひく。四角形ABECにおいて仮定からAC//BE…①　仮定からAC＝BE…②　①，②より1組の対辺が平行でその長さが等しいから，四角形ABECは平行四辺形である。△ABDと△ACDにおいて**平行四辺形の対角線はそれぞれの中点で交わる**からBD＝CD…③　ADは共通…④　仮定から∠BAD＝∠CAD…⑤　また，平行線の錯角は等しいからAC//BEより∠CAD＝∠BED…⑥　⑤，⑥より∠BAD＝∠BED…⑦　⑦より△BAEは二等辺三角形だから，BA＝BE…⑧　仮定からAC＝BE…⑨　⑧，⑨よりBA＝CA…⑩　③，④，⑩より3組の辺がそれぞれ等しいから△ABD≡△ACD

6 (図形と関数・グラフ)

(1)　点A，Bは$y=x+4$上にあるから，そのy座標はそれぞれ$y=-2+4=2$，$y=4+4=8$　よって，A$(-2,\ 2)$，B$(4,\ 8)$　点Cは点Aとx軸について対称な点だから，そのx座標は点Aのx座標と等しく，y座標は点Aのy座標と**絶対値**は等しく符号が異なり，C$(-2,\ -2)$

(2)　直線BCの傾きは$\frac{8-(-2)}{4-(-2)}=\frac{5}{3}$　よって，直線BCの式を$y=\frac{5}{3}x+b$とおくと，点Bを通るから，$8=\frac{5}{3}\times 4+b$　$b=\frac{4}{3}$　直線BCの式は$y=\frac{5}{3}x+\frac{4}{3}$

(3)　線分ACとx軸との交点をDとし，点Bからx軸へ垂線BEを引くと，D$(-2,\ 0)$，E$(4,\ 0)$。**平行線と面積の関係**より，$\triangle \mathrm{ACB}=\triangle \mathrm{ACE}=\frac{1}{2}\times \mathrm{AC}\times \mathrm{ED}=\frac{1}{2}\times\{2-(-2)\}\times\{4-(-2)\}=12$　点Pは$y=\frac{1}{2}x^2$上にあるから，そのy座標は$y=\frac{1}{2}t^2$　よって，$\mathrm{P}\left(t,\ \frac{1}{2}t^2\right)$　点Pを通り，y軸に平行な直線と直線BCとの交点をQとすると，そのy座標は$y=\frac{5}{3}t+\frac{4}{3}$　よって，$\mathrm{Q}\left(t,\ \frac{5}{3}t+\frac{4}{3}\right)$　△PBC＝△PBQ＋△PCQ＝$\frac{1}{2}$×QP×(点Bのx座標－点Pのx座標)＋$\frac{1}{2}$×QP×(点Pのx座標－点Cのx座標)＝$\frac{1}{2}$×QP×(点Bのx座標－点Cのx座標)＝$\frac{1}{2}\times\left(\frac{5}{3}t+\frac{4}{3}-\frac{1}{2}t^2\right)\times\{4-(-2)\}=-\frac{3}{2}t^2+5t+4$　これが，△ACBの面積の$\frac{1}{4}$，つまり，$\frac{1}{4}\triangle \mathrm{ACB}=\frac{1}{4}\times 12=3$となる$t$の値は，$-\frac{3}{2}t^2+5t+4=3$　整理して，$3t^2-10t-2=0$　**解の公式**を用いて，$t=\frac{-(-10)\pm\sqrt{(-10)^2-4\times 3\times(-2)}}{2\times 3}=\frac{10\pm\sqrt{100+24}}{6}=\frac{10\pm 2\sqrt{31}}{6}=\frac{5\pm\sqrt{31}}{3}$　$\sqrt{25}<\sqrt{31}$より$5<\sqrt{31}$であること，$0<t<4$より，$t=\frac{5+\sqrt{31}}{3}$

7 (空間図形，三平方の定理，線分の長さ，面積，体積)

(1)　**二等辺三角形の頂角と底辺の中点を結ぶ線分は底辺と垂直に交わる**から，BM⊥AC　よって，△ABMは**直角二等辺三角形で，3辺の比は1：1：$\sqrt{2}$** だから，$\mathrm{BM}=\frac{\mathrm{AB}}{\sqrt{2}}=\frac{6}{\sqrt{2}}=3\sqrt{2}$ (cm)

(2)　①　△ABCは直角二等辺三角形で，3辺の比は1：1：$\sqrt{2}$ だから，$\mathrm{AC}=\sqrt{2}\,\mathrm{AB}=\sqrt{2}\times 6=6\sqrt{2}$ (cm)　△APCはAP＝CPの二等辺三角形だから，(1)と同様に考えてPM⊥AC　△APCの面積が30cm^{2}となることから，$\frac{1}{2}\times \mathrm{AC}\times \mathrm{PM}=30$　$\mathrm{PM}=\frac{30\times 2}{6\sqrt{2}}=5\sqrt{2}$ (cm)

②　△APMと△ABPにそれぞれ**三平方の定理**を用いると，$\mathrm{AP}^2=\mathrm{AM}^2+\mathrm{PM}^2=\left(\frac{\mathrm{AC}}{2}\right)^2+\mathrm{PM}^2=\left(\frac{6\sqrt{2}}{2}\right)^2+(5\sqrt{2})^2=68$　$\mathrm{BP}=\sqrt{\mathrm{AP}^2-\mathrm{AB}^2}=\sqrt{68-6^2}=4\sqrt{2}$ (cm)　3点A，C，Pを通る平面と点B

との距離をhとして，三角錐P－ABCの底面と高さの位置をかえて体積を考えると，$\frac{1}{3}\times\triangle \mathrm{ABC}\times \mathrm{BP}=\frac{1}{3}\times\triangle \mathrm{APC}\times h$より，$h=\triangle \mathrm{ABC}\times \mathrm{BP}\div\triangle \mathrm{APC}=\left(\frac{1}{2}\times \mathrm{AB}\times \mathrm{BC}\right)\times \mathrm{BP}\div\triangle \mathrm{APC}=\left(\frac{1}{2}\times 6\times 6\right)\times 4\sqrt{2}\div 30=\frac{12\sqrt{2}}{5}$(cm)

<英語解答>

1 放送問題1　No. 1　イ　No. 2　ア　No. 3　エ　No. 4　ウ　No. 5　イ
放送問題2　No. 1　イ　No. 2　ウ
放送問題3　①　took　②　sea　③　staff　④　kind　⑤　university

2 (1)　①　ウ　②　ア　③　イ　(2)　it will show you what　(3)　1　ウ　2　ア　3　イ　4　エ

3 (1)　been studying　(2)　(例)I want to tell foreign tourists many things about Japan

4 (1)　ア　(2)　all his family members　(3)　①　ウ　②　ア　(4)　イ　(5)　エ　(6)　(例)(Time at school) is more important to me because I can enjoy talking with my friends.　(Time at home) is more important to me because I can learn useful things from my parents.

5 (1)　エ　(2)　ア　(3)　ウ　(4)　エ　(5)　①　share ideas about how to make his village better　②　places with clean water　(6)　Did you find any problems about our school?

<英語解説>

1 (リスニング)

放送台本の和訳は，55ページに掲載。

2 (会話文：文の挿入・並び換え，語句補充・選択，現在・過去・未来，名詞・冠詞・代名詞，接続詞，不定詞，関係代名詞，文の構造，比較，前置詞)

(1)　①　［パーティーで］A：わあ！ あなたのかばんは本当に，かわいい。／B：ありがとう。これは(ウ：私の姉妹のもの)なの。今日は彼女から借りてきた。

ア：私のもの　イ：あなたのもの　ウ：私の姉妹のもの(○)　エ：私のかばん　空欄のあとは「彼女から借りた」とあるのでウが適当。

②　［朝に］A：ああ，遅れる！ 朝食を食べるのにもっと時間が必要だ。／B：早く起きなさい，(ア：そうすると)もっと時間がありますよ。

ア：そうすると(○)　イ：さもないと　ウ：しかし　エ：あれ　and～では「そうすると～」という意味がある。

③　［教室で］A：こんにちは，私の名前はユミです。何か質問があれば，(イ：どうぞ遠慮なく聞いてください)。／B：ありがとう。私はジョンです。ええと，コンピューター室への行き方を教えてください。

ア：あなたは私と一緒にギターを弾きます　イ：どうぞ遠慮なく聞いてください(○)　ウ：私

はあなたと仲良くなります　エ：あなたにいくつかの例を伝えさせてください　feel free to ～で「～することに遠慮しない，自由に～する」という意味になる。

(2)　〔家で〕 A：この救急キットに，何を入れるべきか知っていますか？／B：このリストを見てください。それは，あなたが入れるべき(ものをあなたに示している)と，私は思います。
(正答)I think(it will show you what)you should put.　show X Y で「X に Y を示す」。この問題では Y の部分に関係代名詞 what が使われて what you should put(入れるべきもの)となる。what は the thing which と同等の意味。

(3)　〔夕食時〕
A：わあ！　このスープは美味しいです。1　ウ　あなたは何かを変えたと思います。
B：ありがとう，でも私は変えませんでした。2　ア　いつも作っているものと同じスープです。
A：本当ですか？　3　イ　今日は何かが違うようです。
B：ああ，いや。　4　エ　塩を入れるのを忘れたのかもしれません。
A：はは。それは私たちの健康にとって良いことです。

(4)　問題文の会話の意味が通るように選択肢から選びたい。選択肢アのthe one I always make の one と I の間には**関係代名詞** which が省略されている。

3 (会話文：語句補充・選択，現在完了，不定詞，現在・未来と進行形)

① あなたの英語はとても上手ね，修！
② ありがとう，クロエ。私は英語を10年間A勉強している。
③ わあ！ それは長い時間ね！ なぜ英語を勉強しているの？
④ 将来，B私は外国人観光客にたくさん日本のことを伝えたいから。
⑤ すごい！ あなたはそうできると思う。彼らは，あなたから日本について多くのことを学ぶこと幸せでしょう。

(1)　(解答例)I've A been studying it for ten years.(私は10 年間英語を勉強している。)
③では「なぜ英語を勉強するのか？」と聞いているので，②では10 年間英語を「勉強している」と考えられる。空欄Aの直前は I've (I haveの短縮形)で現在完了形であり，空欄には英語2語とあることから，進行形 been studying(現在までずっと勉強しつづけている)が適当。

(2)　(解答例)B I want to tell foreign tourists many things about Japan in the future.
(将来，私は外国人観光客にたくさん日本のことを伝えたい。)　空欄 B は問題文④にあるイラストを参考に英文を書きたい。tell A B は，「A に B を伝える」。

4 (会話文：絵・図・表・グラフなどを用いた問題，文の挿入，内容真偽，条件付き英作文，動名詞，関係代名詞)

(全訳)　マイク：ねえ，太郎。質問してもいい？
太郎　：いいよ，マイク。何を知りたいの？
マイク：僕が日本に来る前，僕の周りの何人かの人々は，日本の人々は長い時間働いていると言った。僕は1年間日本にいるけれども，これを確信していない。君は，このことについてどう思う？
太郎　：僕も確信はしていない。けれども，僕の両親はしばしば遅く帰宅している。
マイク：A両親はそれについてどう思っているの？
太郎　：ええと，今夜両親にそのことについて聞いてみて，それを明日君に話すよ。
マイク：いいね！　ありがとう，太郎。

［次の日］

太郎　：こんにちは，マイク。時間はある？

マイク：もちろん，太郎。昨日の夜，両親と話をした？

太郎　：父とだけ話しをした。けれども，いくつかの興味深い記事も見つけたんだ。

マイク：ああ，ありがとう！　お父さんは何て言ったの？

太郎　：ええと，父は長い時間働いているとは思っていない。けれども，父は家から会社まで，長い時間がかかると考えている。

マイク：ああ，お父さんの会社はきみの家から遠く離れているの？

太郎　：うん，そうなんだ。1時間はかかっている。父はもっと僕たちと一緒の時間を過ごしたいと言っていた。

マイク：なるほど。君もお父さんと一緒の時間をもっとほしいよね？

太郎　：ああ，もちろん，家族全員が同じことを望んでいる。母は，特に 8歳の弟の世話をしているので，もっと父と一緒の時間が必要だと言っている。

マイク：なるほど。

太郎　：僕が見つけた記事によると，最近の若い日本人は，仕事よりも家族の方が大切だと考えている。このグラフを見て。2011年に3,000人，2017年に1万人の調査結果を示している。これらの人々は，16歳から29歳だった。

家族または仕事，どちらがより大切ですか？

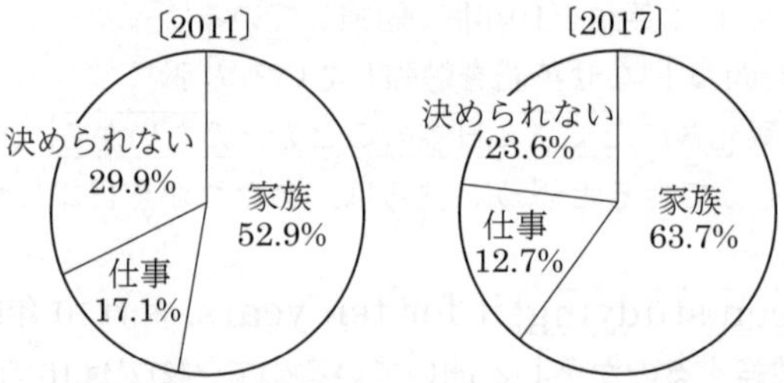

マイク：ああ，彼らの63%以上が，2017年には家族がより大切だと思っていたんだ。

太郎　：そう。その数は2011年から約11パーセント分だけ増加した。

マイク：なるほど。だから，ますます多くの若者が自分の家族がより大切であると考えていると言えるのでしょう？

太郎　：そうだね。多くの人が，どのように働くかについて考える必要があると思う。ああ，考えがあるよ。僕の父が会社か家のどちらかで働くことを選ぶことができれば，僕と一緒により多くの時間を過ごすことができる。技術はそれを可能にしたね？　すべての働く人は，それについてうれしいのではと，僕は思うよ。

マイク：そう思う？　僕は，$_{B}$物事はそれほど単純ではないと思う。

太郎　：ああ，本当に？　なぜ？

マイク：たとえば，道路，橋，または建物を建設するために働く人たちについて考えてみて。家でそんなことをするのは，不可能だよね？

太郎　：ああ，その通り。さまざまな仕事の人々は，さまざまな方法で働く。実は，母は看護師で，自宅で仕事をすることができないと思う。母は患者さんを助けるために，病院へ働きに行く，そして母は自分の仕事を誇りに思っていると言っている。

マイク：すごい！　君のお母さんのように自分の仕事を誇りに思うことができればと思う！　また，家族と一緒に，そして自分の趣味で過ごす時間があるような仕事に就ければと思っている。

太郎　：僕も。もし僕たちにより良い個人の生活があるなら，自分たちの仕事をもっと楽しむことができる！

(1)　ア　彼らはそれについてどう思っていますか？（○）　イ　どこで彼らと話しますか？　ウ　彼らはどのくらいの頻度で遅く帰宅しますか？　エ　なぜ私に情報を教えることができるのですか？　空欄Aの前後の文の意味を考えるとアが適当。

(2)　（問題文と正答訳）太郎は父親と一緒にもっと多くの時間を過ごしたくて，そして彼の家族全員が同じことを望んでいると彼は言います。（正答例）all his family members（彼の家族全員）マイクの8番目の発話では，太郎に対して「お父さんとの時間がもっとほしいのでしょう？」と言っており，それに対して太郎は「もちろん」と答えている。さらに「家族全員が同じことを望んでいる」とあるので，これらの文から解答の空欄を埋めたい。all なので members は複数形にする。

(3)　①　（正答文訳）2011年には，日本人の若者のウ52.9％が家族の方が大切だと考えていました。　問題本文の円グラフ［2011］を参照。　②　（正答文訳）2017年には，ア12.7％の人が，家族は仕事ほど大切ではないと考えていました。問題本文の円グラフ［2017］を参照。

(4)　ア　物事はとても単純だ。　イ　物事はそれほど単純ではない。（○）　ウ　彼らは彼らの会社で働くことに満足するだろう。　エ　彼らは自分の会社で働くことに満足しない。空欄Bの前後の文を合わせて，意味の通るように選択肢を選びたい。

(5)　ア　マイクは，1年前に日本に来たので，日本の人々は長い時間働いていることを知っている。　イ　マイクは，太郎の母親は太郎と彼の兄弟からもっと助けを得る必要があると考えている。　ウ　太郎は，道路，橋，または建物を建てるために働く人々について，多くの人々が考える必要があると言う。　エ　太郎とマイクは，家族と一緒に，そして趣味で過ごす時間をくれる仕事に就きたいと思っている。（○）　最後のマイクの発話の I hope I～と I also hope～には「家族と一緒に，そして趣味で過ごす時間があるような仕事に就ければ」と言っているのでエが適当。選択肢ウの～workers who build～ の whoは workers を説明する主格の関係代名詞。

(6)　（質問文訳）質問：学校での時間または家での時間，あなたにとってどちらがより大切ですか？　（解答例と解答例訳）（Time at school /Time at home) is more important to me because I can enjoy talking with my friends.（友達との会話を楽しむことができるので，学校での時間は私にとってより大切だ。）　(Time at school/Time at home) is more important to me because I can learn useful things from my parents.（両親から役に立つことを学ぶことができるので，家で過ごす時間は私にとってより大切だ。）enjoy talking の talking は動名詞で「会話をすることを楽しむ」となる。

5 （長文読解：語句補充・選択，語句の解釈・指示語，英問英答，比較，接続詞，関係代名詞，不定詞，助動詞，形容詞・副詞，）

（全訳）　昨年，生徒会のメンバーになるという大きな決断をしました。毎日学校のために一生懸命働いていました。しかし，私は自分の学校に貢献しているかどうかは，確信していませんでした。「生徒にとってより良い学校を作るために，何をすべきか？」とよく自問しました。しかし，私は何の答えも思いつきませんでした。ある日，生徒会を率いるワタナベ先生が，私の村の生徒たちの会議について私に話をしました。先生は，「会議に出席すれば，村をより良くする方法についての考えを，他の生徒や村の職員と共有できます」と言いました。A　エ　生徒会のメンバーとして重要なことを学ぶ，大きな機会と思いました。それで，私は会議に出席することにしました。

会議には20人の生徒がいました。そのうちの10人は高校生でした。6人は私のような中学生でした。他の生徒は小学生でした。高校生は自信を持って自分の考えを他の人と共有しました。何人かの中学生と小学生でさえも，自信を持って話をしました。しかし，自分の考えが「正解」か確信できないB ア ので，私は自分の考えを表現できませんでした。

会議の時，村の職員の一人が「将来の世代のために，私たちの場所をより良くするには，村はどのような活動をするべきですか？」と聞きました。それはとても難しい質問でした。誰もが何も言えませんでした。その時，「地元の地域社会のために，何かを言わなければならない」と私は考えました。しばらくして，私は手を挙げて，「私は村がどのような行動を取るべきかわかりません。私が唯一言えることは...，ええと...，私は私の地域社会が大好きです。家の近くの田んぼでホタルを見ることが大好きです。それらはとても美しい。けれども，今ホタルの数は減っていると思います。つまり，最近ではホタルを見つけることが難しいのです。それが私たちの大きな問題だと思います。私たちの地域社会を特別なものにしている何かを，失いつつあります。それに対して私たちは何ができるでしょうか？」と言いました。そう言った後，私は「誰もが私を笑うだろう」と思いました。

ところが，一人の高校生は「子供の頃，あなたの地元にホタルを見に訪れた。とてもきれいだった。未来の世代が，そこでホタルを見て楽しめるように何かしたい」と言いました。その後，一人の村の職員が「ホタルは，きれいな水がある場所にしか住めない。ホタルの数が減っているなら，私はあなたたちと一緒に地域社会のために何かをしたいです。あなたたちの問題を共有していただき，ありがとうございます」と言いました。

この経験から，私は何か重要なことを学びました。より良い場所を作りたいのなら，最初に，問題を探す必要があります。問題を見つけて他の人と共有できれば，他の人が答えを見つけるために，私を助けてくれるでしょう。

それでは，私たちの学校の問題点を見つけて，私たちが一緒に答えを見つけられるように，生徒会の他のメンバーと共有します。

(1) ア 最も便利なデバイスのための イ 私たちの学校の教室を掃除することによって ウ 会議の開催について エ 生徒会のメンバーとして(○) 空欄Aの前後の文の意味を理解し，話の流れに合った選択肢を選びたい。選択肢イの cleaning は**動名詞**形で「掃除をすること」となる。

(2) ア なぜなら(○) イ もし ウ にもかかわらず エ しかし 空欄 B には接続詞が入る。空欄前後を意味が通じるようにつなぐためには，アが適当。

(3) ア 蔵之介は，生徒にとってより良い学校を作るために何をすべきかについて考えています。 イ 蔵之介は家の近くの田んぼでホタルを見るのが大好きです。 ウ 蔵之介の地元は，地域社会を特別なものにする何かを失っています。(○) エ 高校生は蔵之介の地元でホタルを楽しむことができました。下線部 that の直前の文 We're losing～に，「私たちの地域社会の特別な何かが失われつつある」とあることから，下線部 that はこの文を指していると考えられる。したがってウが適当。選択肢ウの something that makes の that は主格の関係代名詞。

(4) ア 会議の前に，蔵之介はワタナベ先生にとってもっと良い村を作りたかった。 イ 小学生5名が参加し，彼ら自身の意見を持っていました。 ウ 蔵之介がメンバーへ意見を述べた後，メンバー全員が笑いました。 エ 蔵之介は，最初に問題を見つけることが重要だと，会議から学びました。(○) 第5段落1文目 From this experience,～には，「大切なことを学んだ」とあり，2文目 If I want～には「最初に問題を探す必要がある」とあることから，エが適当。

選択肢アの to make は不定詞の副詞用法で「作るために」となる。

(5) ① 質問：ワタナベ先生は蔵之介の村の生徒のための会議について何と言っていますか？ 答え：ワタナベ先生は，もし蔵之介が会議に参加すれば，他の人々とどのように村をより良くするのかについて，考えを共有することができると言っている。(解答例)share ideas about how to make his village better。第1段落7文目 He said, "If～に「会議に出席すれば，村をより良くする方法についての考えを，他の生徒や村の職員と共有できる」とある部分を参照。how to は「～のやり方，どのように～するか」という意味。 ② 質問：村の職員によると，ホタルはどこに住むことができますか？ 答え：それらはきれいな水のある場所でしか生きていけない。 (解答例)places with clean water 第4段落2文目 After this, one～に「ホタルは，きれいな水がある場所にしか住めない」とある部分を参照。

(6) (全訳) 遥：あなたのスピーチは素晴らしかった。私たちの学校について質問してもいい？／蔵之介：もちろん，遥。きみの質問は何？／遥：私たちの学校について，何か問題は見つかった？／蔵之介：そう。実際，いくつか問題がある。／遥：ああ，例があれば教えて。／蔵之介：わかった。たとえば，僕たちの学校の教室の中には，あまりきれいではないものがあることがわかった。この問題について，他の生徒と話し合う必要があると思っている。／遥：なるほど。私たちの学校が，より良い場所になることを願っている。 (解答例)Did you find any problems about our school? 下線部の次の発話では「実際，いくつか問題がある」と言っているので，下線部は「問題があるか？」といった内容の英文が適当。

2022年度英語 リスニングテスト

〔放送台本〕

これから，放送によるテストを行います。問題は放送問題1から放送問題3まであります。放送を聞いている間に，メモを取ってもかまいません。

はじめに，問題用紙の放送問題1を見なさい。これは，智子(トモコ)と留学生のボブの対話を聞いて答える問題です。対話が放送されたあとに，クエスチョンと言って質問をします。質問は，No. 1 から No. 5まで五つあります。その質問の答えとして最も適当なものを，ア，イ，ウ，エの中から一つずつ選びなさい。対話，クエスチョンの順に2回読みます。それでは，始めます。

Tomoko: Hi, Bob.
Bob: Hi, Tomoko. Did you enjoy today's school lunch?
Tomoko: Yes, I did. The curry and rice was delicious!
Bob: I thought so, too. Well, we're going to take a field trip to Wakaba City tomorrow. I'm really excited!
Tomoko: Me, too! We will meet other students at the school gym at eight thirty, right?
Bob: That's right. Where will you go tomorrow?
Tomoko: I'm going to visit a museum in the city with my classmates. How about you?
Bob: I'll go to the amusement park with Ken and Hiroshi.
Tomoko: That sounds nice! Are you ready for the field trip tomorrow?

Bob: I think so. Oh, my host mother says it will rain tomorrow. We need to bring umbrellas.
Tomoko: Oh, OK. How about money? Mr. Tanaka told us to bring some.
Bob: Really? I didn't know that.
Tomoko: You may need some money to buy something.
Bob: I see.
Tomoko: Oh, it's already 1:10. I need to go to the music room for the next class.
Bob: Oh, OK. See you later.
Tomoko: See you!
Question No. 1 What did Tomoko eat for lunch?
Question No. 2 What time will Tomoko and Bob meet other students?
Question No. 3 Where will Bob and his friends go in Wakaba City?
Question No. 4 What do Tomoko and Bob need to bring tomorrow?
Question No. 5 Where does Tomoko need to go for the next class?

〔英文の訳〕

智子：こんにちは，ボブ。
ボブ：こんにちは，智子。今日の学校給食は楽しめた？
智子：そうね。カレーライスが美味しかった！
ボブ：僕もそう思った。ええと，明日はワカバ市へ遠足に行くね。僕はとてもわくわくしている！
智子：私も！ 8時半に，学校の体育館で他の生徒に会うことになっているよね？
ボブ：そう。明日はどこに行く？
智子：クラスメートと一緒に市内の博物館に行くつもり。あなたはどう？
ボブ：ケンとヒロシと一緒に遊園地に行くんだ。
智子：いいね！ 明日の遠足の準備はできているの？
ボブ：できていると思う。ああ，僕のホストマザーは，明日雨が降ると言っている。傘を持っていく必要があるね。
智子：ああ，わかった。お金はどうなの？ 田中先生が，いくらか持ってくるように言っていたよ。
ボブ：本当に？ それは知らなかった。
智子：あなたが何かを買うのに，お金が必要かもしれない。
ボブ：わかった。
智子：ああ，もう1時10分ね。次の授業のために，音楽室に行かなければ。
ボブ：ああ，わかった。またあとで。
智子：じゃあね！
質問No.1 智子は昼食に何を食べましたか？
質問 No.2 智子とボブは，何時に他の生徒に会いますか？
質問 No.3 ボブと彼の友達は，ワカバ市のどこに行きますか？
質問 No.4 智子とボブは，明日何を持っていく必要がありますか？
質問 No.5 智子は次の授業のために，どこに行く必要がありますか？

〔放送台本〕

放送問題2に移ります。問題用紙の放送問題2を見なさい。これは，二人の対話を聞いて，対話の続きを答える問題です。対話はNo.1とNo.2の二つあります。それぞれの対話の最後の応答部分でチャイムが鳴ります。そのチャイムの部分に入る最も適当なものを，ア，イ，ウ，エの中から一つずつ選びなさい。対話はNo.1，No.2の順に2回ずつ読みます。それでは，始めます。

No. 1 Boy: What do you want to be in the future?
Girl: I want to be a math teacher.
Boy: Why is that?
Girl: (チャイム)

No. 2 Woman: Hey, are you OK? You look tired.
Boy: I didn't sleep well last night.
Woman: Oh, I see. You should take a rest.
Boy: (チャイム)

〔英文の訳〕

No.1 少年：将来は何になりたいの？
少女：数学の先生になりたい。
少年：それはなぜ？
少女：イ　私は数学を私の友達に教えることが好きなの。

No.2 女性：ねえ，大丈夫？ 疲れているように見える。
少年：昨日の夜はよく眠れなかった。
女性：ああ，わかった。休憩をとったほうがいいよ。
少年：ウ　うん，そうしようと思う。

〔放送台本〕

放送問題3に移ります。問題用紙の放送問題3を見なさい。これから読む英文は，翔(カケル)が英語の授業で発表した内容です。英文を聞きながら，①から⑤の英文の空欄に入る最も適当な英語1語を書きなさい。英文は2回読みます。それでは，始めます。

When I was a child, my parents sometimes took me to the aquarium in my city. So, I became interested in sea animals and I especially became a big fan of dolphins. One day, when I went there, one of the staff members told me a story about dolphins. I learned that dolphins were very kind and friendly animals. I was lucky because I could listen to such an interesting story! Now I'm studying hard to learn more about dolphins at university.

〔英文の訳〕

私が子供の頃，両親は時々私を町の水族館に連れて行ってくれました。そして，海の動物に興味を持ち，特にイルカの大ファンになりました。ある日，水族館へ行ってみると，スタッフの一人がイルカの話をしてくれました。イルカはとても親切で，フレンドリーな動物だということを学びました。このようなおもしろい話が聞けて幸運でした！ 今，イルカについてもっと学ぶために，私は大学で一生懸命勉強しています。

① 翔の両親は，町の水族館に彼を連れて行った。

② 翔は海の動物たちに興味を持ち，イルカの大ファンになった。

③　ある日，スタッフの一人が翔にイルカの話をした。
④　翔は，イルカはとても親切でフレンドリーな動物だということを学んだ。
⑤　翔は大学で，イルカについてもっと学ぶために一生懸命勉強している。

＜理科解答＞

1　(1)　地下茎　(2)　ア　(3)　ア　(4)　①　単子葉類の維管束はばらばらに散らばっており，双子葉類の維管束は輪の形に並んでいる。　②　水の通り道がない

2　(1)　ウ　(2)　ア　(3)　①　減数分裂　②　オ　(4)　エ　(5)　体細胞分裂により子がつくられるため，子は親の染色体をそのまま受けつぎ，子の形質は親と同じものになる。

3　(1)　①　イ　②　マグマがゆっくり冷え固まってできるから。　(2)　流れる水のはたらきを受けるから。　(3)　ウ　(4)　カ

4　(1)　1012〔hPa〕　(2)　移動性高気圧　(3)　エ　(4)　ク　(5)　太平洋高気圧が弱まるから。

5　(1)　ア　(2)　溶解度　(3)　20〔%〕　(4)　ウ　(5)　14〔g〕

6　(1)　エ　(2)　$2Ag_2O \rightarrow 4Ag + O_2$　(3)　試験管の中にできた赤色の固体が，空気にふれて反応するから。　(4)　0.64〔g〕　(5)　ク

7　(1)　①　抵抗器に加わる電圧の大きさに比例　②　イ　(2)　ウ　(3)　カ　(4)　10〔mA〕　(5)　24〔Ω〕

8　(1)　①　力の合成　②　右図　(2)　イ　(3)　エ　(4)　上向き

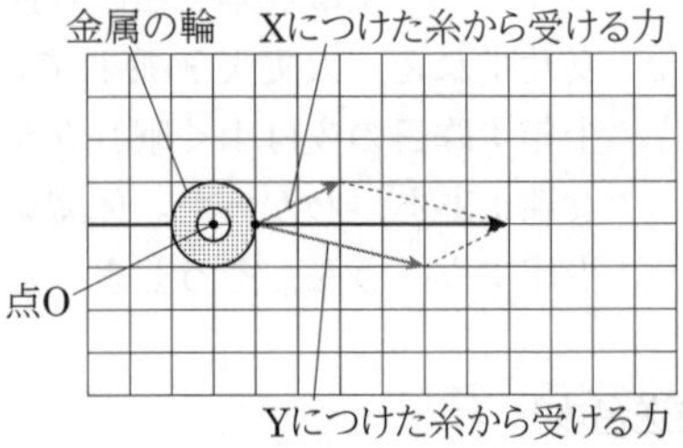

＜理科解説＞

1　(植物)

(1)　根が生えているので，Xは茎である。このように地下にある茎を特に，地下茎という。
(2)　根にも師管と道管が通っている。
(3)　双眼実体顕微鏡には，反射鏡はない。
(4)　①　単子葉類と双子葉類では，茎の断面における維管束の配置が異なっている。②　スギゴケなどのコケ植物には根がないため，水を吸収する特別な器官がない。よって，体全体に水を運ぶ道管もない。

2　(生物のふえ方)

(1)　ミジンコは多細胞生物である。
(2)　ゾウリムシは，表面にある細かい毛を動かすことで移動する。また，ゾウリムシは葉緑体をもたず，単細胞生物であるため組織も器官ももたない。
(3)　①　生殖細胞をつくるときに行われる特別な細胞分裂を，減数分裂という。②　体細胞分裂でできた新しい細胞にふくまれる染色体の数は，もとの細胞の染色体の数に等しい。減数分裂

でできた新しい細胞にふくまれる染色体の数は，もとの細胞の半分になっている。

(4)　白い染色体は親Aから受けついだものなので，黒い染色体は親Bから受けついだと考えられる。よって，親Bは，2本の染色体のうち，少なくとも1本が黒い染色体である必要がある。

(5)　無性生殖(体細胞分裂)でふえた細胞の**染色体は，もとの細胞とまったく同じ**になる。そのため，子の形質と親の形質は同一となる。

3 (火成岩，地層のでき方)

(1)　①　等粒状組織をもつことから，深成岩を選ぶ。安山岩と玄武岩は火山岩，石灰岩と凝灰岩は堆積岩である。　②　マグマが地下深くでゆっくり冷え固まったため，同じ種類の鉱物が大きく成長できた。

(2)　岩石Cと岩石Dは，そのつくりから堆積岩である。堆積岩は，土砂が流れる水のはたらきで運搬される間にぶつかり合うなどして角がとれてまるみを帯びる。

(3)　粒が大きく重いものほど河口付近に堆積するが，粒が小さくなり軽くなるほど，沖合まで運ばれてから堆積する。また，河口から非常に遠いところでは，新たな泥が堆積することもほとんどないので，生物の死がいだけが堆積して岩石ができる。

(4)　日本列島付近では，ユーラシアプレート，北アメリカプレートなどの大陸プレートの下に，太平洋プレートやフィリピン海プレートなどの海洋プレートがしずみこんでいる。海洋プレートが大陸プレートをおすことによって大陸プレートが隆起し，山地になることがある。

4 (気象)

(1)　等圧線は，4hPaおきに引かれている。

(2)　春と秋には，日本付近を**移動性高気圧と低気圧が交互に通過するような気圧配置**が見られる。

(3)　前線をもつ低気圧や，気圧がほぼ等しい高気圧などが，ほぼ同じ距離ずつ西から東へ移動する順に並べる。低気圧の前線に着目すると，Z→Xのように続く。また，前線の移動する速さから，Zの前日に日本は高気圧におおわれていると考えられるため，Y→Z→Xとなる。この順であるならば，高気圧の動きも一致する。

(4)　図2の前線Bは停滞前線で，南のあたたかくしめった気団と北の冷たくしめった気団がほぼ同じ勢力のままぶつかり合うことで生じる。

(5)　8月の日本上空には，普通，発達した太平洋高気圧が見られるが，9月になるとこの高気圧がしだいに弱まり，太平洋上へ縮小していく。台風は太平洋高気圧のへりに沿って移動するため，8月と9月の台風の進路を比べると，9月の進路のほうが太平洋側に寄っている。

5 (水溶液)

(1)　水溶液において，物質をとかしている水を溶媒，水にとけている物質を溶質という。

(2)　100gの水にとける物質の限界の質量を溶解度という。溶解度は物質や温度によって異なる。

(3)　**質量パーセント濃度〔%〕**$=\dfrac{\textbf{溶質の質量〔g〕}}{\textbf{溶液の質量〔g〕}}\times 100$より，$\dfrac{25〔g〕}{100+25〔g〕}\times 100=20〔\%〕$

(4)　実験のⅠのAとCのビーカーより，40℃の100gの水において，硝酸カリウムは50g以上とけるが，塩化ナトリウムはBとDのビーカーより，50gをとかすことができないことがわかる。また，実験のⅡより，10℃の水100gに硝酸カリウム水溶液は25－3＝22〔g〕までしかとかすことができないが，塩化ナトリウムは25gがすべてとけたままである。よって，硝酸カリウムは温度が高いと多くの物質をとかすが，温度が低くなると，とかすことができる物質の量が減少することがわかる。

(5)　10℃の水50gにとける硝酸カリウムの質量は，実験より(25－3)÷2＝11〔g〕　40℃の水50gに硝酸カリウム25gはすべてとけているので，これを10℃まで冷やしたときに生じる結晶の質量は，25－11＝14〔g〕

6 (化学変化)

(1)　実験1では，酸化銀→銀＋酸素の化学変化が起こる。酸素は水にとけにくいのでアとイの方法は不適。ウは水素の確認方法である。

(2)　**酸化銀→銀＋酸素**　化学反応式の矢印の左右では，原子の種類と数が等しくなるようにする。

(3)　試験管の中には還元によって生じた銅があるが，実験後の高温のうちにガラス管から空気が入ると，空気中の酸素と還元された銅が再び反応して酸化銅になる。

(4)　4.0gの酸化銅から銅が3.2gできたことから，酸化銅と生じる銅の質量の比は，4.0：3.2＝5：4となる。よって，0.80gの酸化銅を還元したときに生じる銅の質量をxgとすると，5：4＝0.80：x　x＝0.64〔g〕

(5)　酸化物から酸素がとり去られる化学変化を還元という。炭素は酸化銅から酸素をとり去ったことから，酸素は銅よりも炭素と結びつきやすいことがわかる。

7 (電流のはたらき)

(1)　①　オームの法則とは，**電流と電圧が比例**の関係にあることを表した法則である。　②　グラフから，同じ電圧を加えたときに流れる電流は，抵抗器aのほうが大きい。これは，抵抗器aのほうが抵抗器bよりも抵抗が小さく電流が流れやすいためである。

(2)　並列回路ではないので，どの点においても流れる電流の大きさは等しい。

(3)　図1と図2で抵抗器aに加わる電圧は等しいため，それぞれの電流計Xに流れる電流も等しい。また，並列回路の全体の抵抗の大きさは，抵抗の値が小さい抵抗器aの抵抗の値よりも小さくなる。

(4)　0.05－0.04＝0.01〔A〕　1A＝1000mAより，0.01A＝10mA

(5)　グラフから，抵抗器aに40mAの電流が流れるときに加わっている電圧は1.2V。よって，図2の回路全体には，1.2Vの電圧が加わり，回路全体に0.05Aの電流が流れている。よって，全抵抗の大きさは，1.2〔V〕÷0.05〔A〕＝24〔Ω〕

8 (力のはたらき)

(1)　①　複数の力のはたらきを，同じはたらきをする1つの力にまとめることを力の合成という。
②　X方向の力とY方向の力の矢印をそれぞれ2辺として平行四辺形を作図したとき，**対角線**が2力の合力を表す矢印となる。

(2)　図1と図2で，点Oにはたらく2つのばねばかりによる合力は等しい。この合力をX，Yの方向に分解すると，図2では図1よりもX方向の力は大きくなり，Y方向の力は小さくなることがわかる。

(3)　おもりの数を増やすと，2本の糸それぞれに加わる力が大きくなる。そのため，2本の糸の角度を大きくしていくと，Ⅰのときと同じ角度にしていても，それぞれの糸に加わる力が大きくなるため，ⅡのときのほうがⅠのときよりも小さい角度で糸が切れる。

(4)　2本の糸の角度を180°以上にすると，合力は重力と同じ方向になるため，おもりを支えることはできない。支えているということから，2本の糸による合力は，おもりの重力と反対の方向(上向き)にはたらいていることがわかる。

<社会解答>

1 (1) ① アフリカ(大陸)　② B　(2) エ
(3) ア　(4) イ　(5) ① 右図

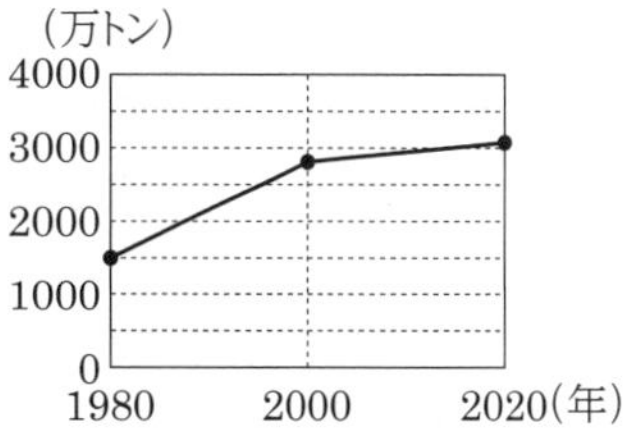

② (例)D国の鉄鋼生産量の増加の割合よりも，世界の鉄鋼生産量の増加の割合の方が大きい。

2 (1) 南鳥島　(2) ① 抑制栽培　② ウ　(3) イ
(4) (例)東京都内の土地価格は，東京駅に近いところは高く，遠いところは低くなる。　(5) イ　(6) ① ア　② 2月5日午後8時

3 (1) 近世　(2) イ　(3) エ→ア→ウ→イ　(4) カ　(5) 応仁の乱
(6) ① 親藩　② (例)幕府が，大名の領地替え[国替]を行う力を持っていたから。
(7) 地券

4 (1) 富岡製糸場　(2) イ→エ→ウ→ア　(3) ア　(4) ウ　(5) エ
(6) ポツダム　(7) (例)アメリカ軍の施設　(8) PKO

5 (1) ウ　(2) ベンチャー　(3) イ　(4) (例)企業が工場などの生産拠点を海外に移すことで，国内産業が衰退すること。　(5) ウ　(6) ① 循環　② リデュース

6 (1) ① 多数決　② エ　(2) 2(議席)　(3) ア　(4) 男女共同参画社会基本法
(5) (例)低い賃金のもとで長い時間働かされた　(6) 勤労

<社会解説>

1 (地理的分野―世界―地形・気候，人口・都市，産業，資源・エネルギー)

(1) ① 地図は，東京を中心とした**正距方位図法**で描かれている。　② 西北西とは，16方位で北西と西の間を表す。

(2) C国の首都キャンベラは南半球のオーストラリア東海岸南部に位置するため，1月や12月の気温が高く，6月の気温が低い温帯の**西岸海洋性気候**となる。A国がイ，B国がア，D国がウ。

(3) A国はイタリア，B国はサウジアラビア，C国はオーストラリア，D国はブラジルを表している。4か国のうち，人口の割に人口密度が高く，少子高齢化が進んでいることから判断する。イがブラジル，ウがサウジアラビア，エがオーストラリア。

(4) B国のサウジアラビアは，石油の産出や輸出がさかんであることから判断する。アがイタリア，ウがオーストラリア，エがブラジル。

(5) ① 1980年，2000年，2020年の各年の鉄鋼生産量を・で表し，それらを直線できちんと結ぶ。　② 表Ⅱ・グラフⅢから，2000年から2020年にかけてのD国の鉄鋼生産量が増加しているにも関わらず，世界の鉄鋼生産量に占めるD国の割合が減少していることが読み取れる。このことから，2000年以降の世界の鉄鋼生産量の増加の割合は，D国の鉄鋼生産量の増加の割合を上回ることがわかる。

2 (地理的分野―日本―日本の国土・地形・気候，人口・都市，農林水産業，資源・エネルギー，

貿易)

(1) 問題文中の「日本の東端」から判断する。

(2) ① **抑制栽培**を行うことで，冬や春の野菜を夏に出荷できる。対して，冬でも温暖な気候を生かして作物の生長を早める生産方法を**促成栽培**という。　② グラフⅠから，他県の出荷が少ない7～10月にかけてA県の出荷がさかんであることが読み取れることから，群馬県での抑制栽培による生産がさかんな農作物であることがわかる。キャベツは群馬県の嬬恋村での生産がさかん。

(3) 大都市やその近郊の沿岸部に位置する県が上位に位置することから，燃料が海外から海上輸送で運ばれる火力発電と判断する。Oが水力発電，Pが太陽光発電，Rが地熱発電。

(4) 東京駅から遠い駅ほど土地価格が低い点に着目する。

(5) Xについて，文中の「関東地方に五つ」から判断する。Yについて，文中の「江戸時代の終わりに港が開かれて」や，都市sが地図Ⅰ中のD県に位置することから判断する。幕張新都心の所在地は千葉県。

(6) ① 小型・軽量なわりに高価なため，IC(集積回路)が**航空機**で輸送されることから判断する。
② 飛行機が成田国際空港を出発したときのマドリードの時間は2月5日午前6時。その14時間後に到着すると考える。

3 **(歴史的分野―日本史―時代別―古墳時代から平安時代，鎌倉・室町時代，安土桃山・江戸時代，明治時代から現代，日本史―テーマ別―政治・法律，文化・宗教・教育)**

(1) Ⅲのカードに安土桃山・江戸時代の内容が記されていることから判断する。

(2) ワカタケル大王の文字が刻まれた鉄剣または鉄刀が出土したのは**稲荷山古墳**(埼玉県)と**江田船山古墳**(熊本県)。問題文中に「九州地方」とあることから判断する。

(3) アが源頼朝の死後(1203年)，イが1232年，ウが承久の乱(1221年)後，エが1192年。

(4) A・Bの人物は鎌倉時代，Cの人物は平安時代初期に活躍した。古代はおもに古墳時代から平安時代，中世はおもに鎌倉・室町時代を指す。

(5) **応仁の乱**は，室町幕府8代将軍**足利義政**のあとつぎ問題をきっかけに，守護大名どうしの対立がからんで起こった。

(6) ① 問題文中の「御三家」「徳川一門」などから判断する。　② 江戸幕府による大名統制政策の一環としてさかんに行われ，幕府と藩が全国の土地と民衆を支配する**幕藩体制**が確立した。

(7) 明治政府が行った**地租改正**とは，地券に記載された地価の3%を地租として現金で納めさせる税制改革のこと。

4 **(歴史的分野―日本史―時代別―明治時代から現代，日本史―テーマ別―政治・法律，経済・社会・技術，外交)**

(1) **富岡製糸場**は群馬県に位置する。

(2) アが1919年，イが1894年，ウが1910年，エが1905年のできごと。

(3) 文中の「日清戦争」「遼東半島」などから判断する。ポーツマス条約は日露戦争後に結んだ条約。奉天は中国東北区に位置する都市。

(4) 資料Ⅰは二十一か条の要求の一部で，aにはドイツがあてはまる。アがフランス，イがロシア，エがインドについて述べた文。

(5) 資料Ⅱから，国際連盟総会において勧告書が採択された結果「我が代表堂々退場す」とあることから，この勧告に反発していることがわかる。これは，**満州事変**をおこして満州国を建国した日本の行為が国際連盟に承認されなかったためだと判断する。

(6)　**ポツダム宣言**は，アメリカ・イギリス・中国の名によって発表された。

(7)　沖縄は，日本の独立が承認された後もアメリカの施政下に置かれていた。現在でも全国の在日米軍専用施設・区域の約7割が沖縄県内に集中している。

(8)　PKOとは国連平和維持活動の略称で，1992年のPKO協力法に基づいて自衛隊が海外の紛争地等で活動する。

5 (公民的分野―財政・消費生活・経済一般)

(1)　文中の「姉」が家計,「スーパーマーケット」が企業にあてはまる。

(2)　ベンチャー(venture)とは「冒険」を意味する。

(3)　図より，価格がPのときは供給量が需要量を上回っていることが読み取れるため，売れ残りが出ることがわかる。

(4)　**産業の空洞化**によって国内産業が衰退した結果，国内の雇用が減少するなどの問題も発生する。

(5)　1ドル＝80円前後から1ドル＝110円前後に変化したとあることから，円の価値が下がったと判断する。円安の場合，日本製品が海外で安くなるため輸出が増加する。

(6)　①　循環型社会とは，限りある資源の消費を抑制して環境への負荷を軽減する社会のこと。
②　リデュースのほか，再利用するリユースとごみを資源に戻して製品を作るリサイクルを合わせて3Rという。

6 (公民的分野―憲法の原理・基本的人権，三権分立・国の政治の仕組み，地方自治)

(1)　①　多数決を行う際には，少数意見も尊重する必要がある。　②　効率の点から考察すると，採決までに時間がかかるため全会一致よりも多数決の方が優れている。一方，公正の点から考えると，全員の意見が反映されるため多数決よりも全会一致の方が優れている。

(2)　各党に配分される議席数は，D党が4議席，E党が2議席，F党が1議席となる。

(3)　ⅱについて，**条例**は法律の範囲内で制定する。ⅲは**国庫支出金**についての内容。**地方交付税交付金**は，地方公共団体間の税収格差を是正するために国が負担するもので，使いみちは自由。

(4)　1985年に制定され，1999年に改正された男女雇用機会均等法は，職場における男女格差を是正するための法律。

(5)　Yの内容を受けて「こうした状況の改善を目指した労働運動」とあることから判断する。

(6)　勤労の権利は**社会権**に含まれる。また，日本国憲法に規定されている国民の義務として，勤労の義務のほか，子どもに普通教育を受けさせる義務と納税の義務がある。

＜国語解答＞

一　1　(1)　まぎ(れる)　(2)　さと(す)　(3)　よか　(4)　ゆうぜん　(5)　勤(める)　(6)　増(す)　(7)　完備　(8)　改革　2　イ

二　1　F　2　E　3　(1)　一語　(2)　オ

三　1　ならわん　2　(1)　ならひまなばんと思ふ心ざし　(2)　(例)自分一人で学んだことを正しいと思い込む　(3)　エ

四　1　イ　2　(例)部活動に対して常に真剣だった里美が，いいかげんな答えを言ったから。

3　ア　　4 (1)　うらめしく　(2)　(例)里美が家族のために遠くはなれた高校に進学すると決めた事情を知らずに，自分勝手な考え方をしていた　5　オ

五　1　ウ　　2　エ　　3 (1)　オ　(2)　個々のものがもっていた微妙な差異　4　ア
5 (例)言葉には実際に経験したことの一部しか伝えられない限界があるが，相手と経験を共有することで豊かな意味あいを伝える働きもあるということ。

六　(例)　資料を見て，外国人とコミュニケーションを取る方法には，外国語を使って話す以外にもいろいろあるということに気づきました。
　私は英語があまり得意ではないし，スマートフォンの翻訳ツールの使い方もよくわかりません。だから，これまでは，外国人とコミュニケーションを取るのは無理だと諦めていました。でも，もしいつか機会があったら，自分なりのやり方でコミュニケーションを取るよう，努力してみたいと思います。

＜国語解説＞

一　(知識―漢字の読み書き，品詞・用法)

1 (1)「**紛**」の音読みは「フン」で，「紛失」「紛争」などの熟語を作る。 (2)「**諭す**」は，道理を言い聞かせてわからせるという意味。 (3)「**余暇**」は，自分で自由に使える時間のこと。 (4)「**悠然**」は，ゆったりと落ち着いている様子。 (5)「**勤める**」を同訓の「努める」「務める」などと混同しないように注意する。 (6)「**増**」の訓読みには「ま(す)」の他，「ふ(える)・ふ(やす)」がある。 (7)「**完備**」は，必要なものを全部そなえていること。 (8)「**改革**」は，悪いところをあらためてよくすること。

2　アは「確認する」の**連用形**，イは「言う」の**仮定形**，ウは「使う」の**連用形**，エは「ぶつける」の**連用形**，オは「なる」の**連用形**なので，イが正解。

二　(俳句―内容吟味，文脈把握)

1　Fの俳句は，選手がひとりで**黙々と槍投げを練習する**様子を詠んでいる。

2　Eの俳句は，上空から**富士山**とその周辺を見下ろすように詠み，若葉が辺りを覆いつくすようにもえ出ていることに対する感動を「**かな**」という切れ字を用いて表現している。

3　この鑑賞文は，季節の移ろいを「彼」と「我」の対話の中に感じて「**秋深み**」と表現したBの俳句のものである。 (1)「彼一語我一語」から「一語」を書き抜く。 (2) Ⅱは，「**彼一語我一語**」の説明であり，前の「**活発なものではなく**」をふまえると，イ・ウ・オのいずれかが入る。Ⅲは，「**秋深み**」との関連からア・エ・オのいずれかが入る。両方を満たすオを選ぶ。

三　(古文・漢文―内容吟味，文脈把握，仮名遣い)

〈口語訳〉　文章Ⅰ　昔ある人が言ったことには，人間は何事につけても師匠というものがなくてはうまくいかないものだ。しかしながら真の師匠を探し求めるべきだ。真の師匠とは自分の心である。物を習おうと思う心が，とりもなおさず師匠なのである。そうすると自分の心こそが師匠である。そもそも世間で師匠をする人はそれぞれの稽古ごとに多いけれども，習い学ぼうと思う意欲がなければ，その師匠も存在する意味がない。たとえまた世間に，それぞれの稽古の師匠はなかなか見つからないとしても，自分の心を整えて，それぞれの稽古ごとに怠ることをせず，念入りに細かいところまで調べて，心がけて励むならば，その心がとりもなおさず師匠となって，進歩をもたらすに違いない。

文章Ⅱ　思うに，学ぶときは，(仲間と)互いに磨き高め合うべきことは明らかである。門を閉じて書物を読み，心を師匠として自分が正しいと見なしても，大勢の人前に出て，間違いを犯して恥をかく者がいるのを見ることは多い。

1　語頭以外の「**は**」は「**わ**」と読むので，「**ならわん**」とする。

2　(1)　「師匠」については，初めのほうに「根本の師匠とは**わが心**なり」「**物をならはんと思ふ**が則ち師匠なり」とあるが，**13字**という指定があるので，同じ内容を述べた部分を探して，少し後の部分から「**ならひまなばんと思ふ心ざし**」を書き抜く。　(2)　この場合の「心を師とし」は，習おうという意欲にしたがって**自分一人で学ぶ**こと，「自ら是とする」は，**自分が正しいと思い込む**ことである。　(3)　文章Ⅰは「**ならひまなばんと思ふ心ざし**」(＝習い学ぼうと思う意欲)が大切であることを述べ，**文章Ⅱ**は「**切磋して相起こす**」(＝仲間と互いに磨き高め合う)ことの重要性を述べているので，エが正解。アは，後半の内容が文章Ⅱと合わない。イは，仲間を自分よりも優れた才能がある者に限定している点がおかしい。ウは，「互いの学び方に口は出さない」が文章Ⅰ・Ⅱにない内容。オは，文章Ⅱの内容について述べていないので不十分である。

四　(小説―情景・心情，内容吟味，文脈把握)

1　みんなは，里美が遠い町の高校の看護科に進学を決めた理由を聞き，**応援の気持ち**を込めて「**拍手**」している。一方，麻由子は，「**里美がいなくなることをどうしても受け入れることができなかった**」ため，素直に里美を応援することができない。両者を対比してを説明するイが正解。みんなの気持ちの説明として，アの「喜び」やオの「心配」は的外れ。また，みんなは，エの「話しぶり」に引き込まれたのではない。麻由子の気持ちの説明として，ウの「信用できない」，オの「心配することができない」は不適切である。

2　麻由子から見た里美は，遠くから通っているにもかかわらず，早朝から練習に励み，「**人一倍の努力**で，**懸命**に音を磨きあげていった」完璧な先輩であった。麻由子は，誰よりも部活動に真剣に取り組んできた里美の口から「**いいかげんな答え**」が出てきたことを意外に思ったのである。麻由子が描いていた里美のイメージを説明し，「いいかげん」な答えを言ったことを理由としてまとめる。

3　里美は，麻由子について「**おもしろい**」「**素直**」「**真面目**」と言って笑いながらも，「頬をふくらませ」た麻由子を**やさしく**のぞきこむ。子どもっぽい麻由子をかわいいと思っていることが読み取れるので，アが正解となる。イは「麻由子を頼もしく感じる」が誤り。「さみしさ」も読み取れない。ウの「説明」はしようとしていない。エのあわれみやオの「感謝」は，この場面からは読み取れない心情である。

4　(1)　初めのほうに「麻由子は，遠い町に進学を決めた里美を**うらめしく**思った」とある。
(2)　麻由子は，今まで頼りにしていた里美と会えなくなるという不安から里美の進学を応援できずにいたが，里美の家の近くにいた**家族**の様子から**里美が進学を決めた事情**を知り，自分の思いが**自分勝手**なものであったことに気づいたのである。里美が進路を決めた事情に触れて，麻由子が気づいたことを前後の表現につながるように書く。

5　アは，麻由子が歩く方向が変わったことを示すが，「自分の気持ちをきっぱりと切り替えた」とはいえないので不適当。イは，「暑苦しい紅葉の衣を**ぬぎ**」とあり，「苦しい夏がすぎ冬に向かう」季節を表している。ウは，「あふれる幸福感」が里美との別れを受け入れられない麻由子の心情と合わない。エの麻由子の「ねたんでいる」気持ちは，本文から読み取れない。オは，前半の「麻由子は，**里美のぬけたあとの練習を思うと気が重くなった**」に通じる心情を説明しており，これが適当な文である。

五 (論説文－内容吟味，文脈把握，段落・文章構成，熟語)

1　ア「両者」・イ「語源」・エ「一端」・オ「他方」は前の漢字が後の漢字を修飾するものであるが，ウ「思想」は似た意味の漢字の組み合わせなので，ウが異なるものである。

2　第三段落の後半の「言葉は……**事柄全体を言い表したものではなく，そのほんの一端を言い表したものにすぎない**」と合致するエが正解。アは「一部分」が「全体」を表すことができるという説明が誤り。イは，「偽りの形」が本文にない内容。ウの「対応」については，この部分からは読み取れない。オの「影響」は，本文に書かれていないことである。

3　(1)　アは，第四段落の「具体的な経験を普遍的な概念によってひとくくりにしてしまう」ことの具体例である。イとウは，第六段落の「その枠組みに取り込まれたものは，その枠組みにあうように変形」させられるという「制約」の説明である。エは，言葉と経験の間の「大きな隔たり」(第二段落)の原因を言葉の「枠組み」に求める考え方であり，本文と一致する。しかし，オの「物事を正確にとらえることができる」は言葉を使う人の意識にはあっても，実際には**言葉がそのまま経験であるとは言えない**ので，これが**異なるもの**である。　(2)　あるときの感情も別のときの感情も「悲しい」という同じ言葉で表現してしまうと，そのときどきに抱く悲しさの**違い**を無視してしまうことになる。16字という指定があるので，第四段落から「**個々のものがもっていた微妙な差異**」を書き抜く。

4　第六段落は，言葉の「枠組みでとらえる」という役割が経験を表すうえでの**制約**となっていることを**整理**し，「隔たりを乗りこえることができないのでしょうか」と問題提起している。これはまた，第七段落以降の「豊かな意味あい」を伝えるという言葉の発展的な特徴を説明するための**導入**ともなっているので，アが正解である。第七段落以降の内容について，イは「言葉の持つ働きを否定する」，ウは「言葉のもつ欠点を述べる」，エは「言葉の正確な使い方を説明する」，オは「言葉の持つ機能をまとめていく」としているが，いずれも誤りである。

5　「言葉の限界」は，言葉が「わたしたちが**実際に経験したことの一部**」のみを表し，個々の「微妙な差異」や「感情のもっともいきいきした部分」が伝えられないということである。しかし，紅玉の例で示されるように，相手がその言葉で示されるものを「知っている場合」には，言葉の喚起機能により，その言葉がもつ「**豊かな意味あい**」を伝えることが可能になり，会話がいきいきしたものになる。「言葉の限界」と，その限界を越えた会話を可能にする「言葉の働き」について，70字以内で書く。

六 (作文)

与えられた**条件**を満たして書くこと。2段落構成で，全体を150～200字でまとめる。

○前段…資料のグラフを見て**気づいたこと**を書く。解答例は，「外国人とのコミュニケーションの取り方」がいろいろあることに着目している。

○後段…前段を踏まえて，「外国人とのコミュニケーションの取り方」についての**自分の考えや意見**を書く。**書き終わったら必ず読み返して**，誤字・脱字や表現の不自然なところは書き改めること。

福島県公立高等学校

2021年度

★★★★★★★★★★★★★★★★★★★★★★★

入　試　問　題

2021
年
度

●くわしい解説……47ページ

2021年 福島県公立高校入試　出題範囲縮小内容

令和2年5月13日付け2文科初第241号「中学校等の臨時休業の実施等を踏まえた令和3年度高等学校入学者選抜等における配慮事項について（通知）」を踏まえ，出題範囲について以下通りの配慮があった。

○出題範囲から除外する学習内容

数学	・資料の活用（標本調査）
英語	・東京書籍「NEW HORIZON EnglishCourse3」P.100 ~ P.111における新出語句
理科	○第1分野 『科学技術と人間』のうち 「エネルギー資源」「科学技術の発展」「自然環境の保全と科学技術の利用」 ○第2分野 『自然と人間』のうち 「自然環境の調査と環境保全」「自然の恵みと災害」「自然環境の保全と科学技術の利用」
社会	○公民的分野 ・私たちと国際社会の諸課題
国語	・書写に関する事項

＜数学＞

時間　50分　　満点　50点

【注意】 1　答えに$\sqrt{\ }$が含まれるときは，$\sqrt{\ }$をつけたままで答えなさい。
ただし，$\sqrt{\ }$の中はできるだけ小さい自然数にしなさい。
2　円周率はπを用いなさい。

1　次の(1)，(2)の問いに答えなさい。

(1)　次の計算をしなさい。

①　$3\times(-8)$

②　$\frac{1}{2}-\frac{5}{6}$

③　$-8x^3\div 4x^2\times(-x)$

④　$\sqrt{50}+\sqrt{2}$

(2)　六角形の内角の和を求めなさい。

2　次の(1)～(5)の問いに答えなさい。

(1)　-3と$-2\sqrt{2}$の大小を，不等号を使って表しなさい。

(2)　ある中学校の生徒の人数は126人で，126人全員が徒歩通学か自転車通学のいずれか一方で通学しており，徒歩通学をしている生徒と自転車通学をしている生徒の人数の比は5：2である。
このとき，自転車通学をしている生徒の人数を求めなさい。

(3)　えりかさんの家から花屋を通って駅に向かう道があり，その道のりは1200mである。また，家から花屋までの道のりは600mである。えりかさんは家から花屋までは毎分150mの速さで走り，花屋に立ち寄った後，花屋から駅までは毎分60mの速さで歩いたところ，家を出発してから駅に着くまで20分かかった。
右の図は，えりかさんが家を出発してから駅に着くまでの時間と道のりの関係のグラフを途中まで表したものである。

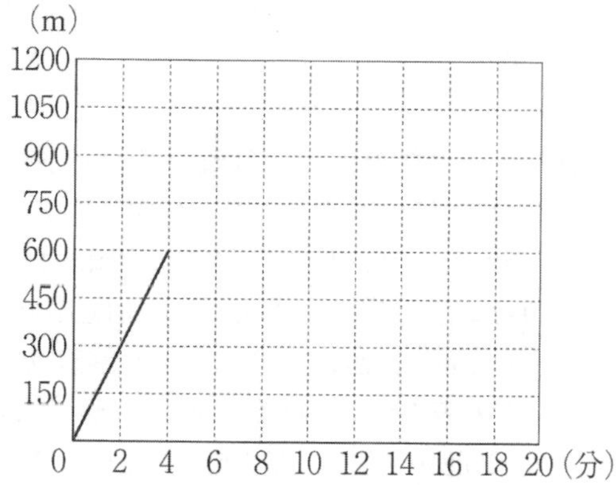

えりかさんが家を出発してから駅に着くまでのグラフを完成させなさい。ただし，花屋の中での移動は考えないものとする。

⑷ 関数$y = ax^2$について，xの値が2から6まで増加するときの変化の割合が-4である。
このとき，aの値を求めなさい。

⑸ 右の**図1**のような立方体があり，この立方体の展開図を**図2**のようにかいた。この立方体において，面**A**と平行になる面を，**ア**～**オ**の中から1つ選び，記号で答えなさい。

図1

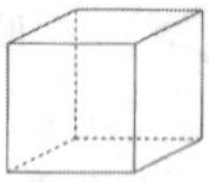

図2

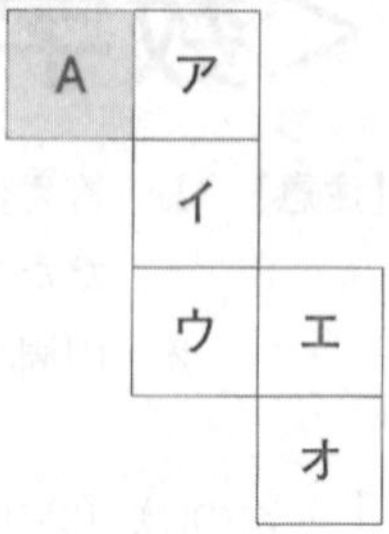

3

次の⑴，⑵の問いに答えなさい。

⑴ 箱Pには1，2，3，4の数字が1つずつ書かれた4個の玉が入っており，箱Qには，2，3，4，5の数字が1つずつ書かれた4個の玉が入っている。

箱Pの中から玉を1個取り出し，その玉に書かれた数をaとする。箱Qの中から玉を1個取り出し，その玉に書かれた数をbとする。ただし，どの玉を取り出すことも同様に確からしいものとする。

次に，**図**のように円周上に5点A，B，C，D，Eをとり，Aにコインを置いた後，以下の＜**操作**＞を行う。

箱P

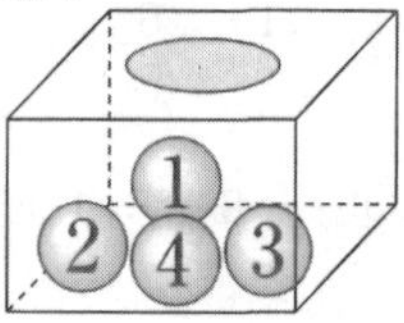

箱Q

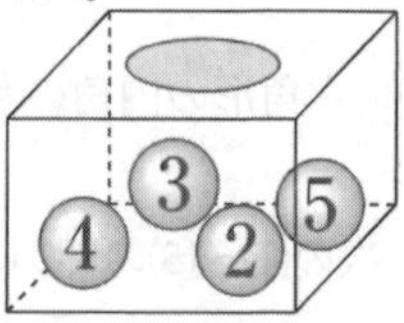

図

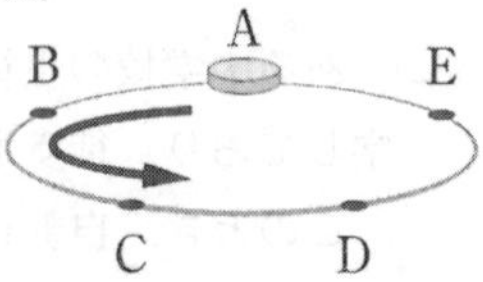

＜**操作**＞
Aに置いたコインを$2a + b$の値だけ円周上を反時計回りに動かす。例えば，$2a + b$の値が7のときは，A→B→C→D→E→A→B→Cと順に動かし，Cでとめる。

① コインが，点Dにとまる場合は何通りあるか求めなさい。

② コインが，点A，B，C，D，Eの各点にとまる確率の中で，もっとも大きいものを求めなさい。

⑵ ある学級のA班とB班がそれぞれのペットボトルロケットを飛ばす実験を25回ずつ行った。実験は，校庭に白線を1m間隔に引いて行い，例えば，17m以上18m未満の間に着地した場合，17mと記録した。

右の**表1**は，A班とB班の記録について，25回の平均値，最大値，最小値，範囲をそれぞれまとめたものである。また，次のページの**表2**は，A班とB班の記録を度数分布表に整理したものである。ただし，

表1

	A班	B班
平均値	28.6 m	30.8 m
最大値	46 m	42 m
最小値		16 m
範囲	31 m	

表１の一部は汚れて読み取れなくなっている。

① A班の記録の最小値を求めなさい。

② 右下の文は，太郎さんが**表１**と**表２**をもとにして，A班とB班のどちらのペットボトルロケットが遠くまで飛んだかを判断するために考えた内容である。

下線部について，(　)に入る適切なものを，A，Bから１つ選び，解答用紙の（　）の中に記号で答えなさい。

また，選んだ理由を，**中央値が入る階級を示して**説明しなさい。

表２

記録（m）	A班 度数（回）	B班 度数（回）
以上　未満		
15 ～ 20	2	3
20 ～ 25	5	3
25 ～ 30	7	5
30 ～ 35	4	8
35 ～ 40	5	5
40 ～ 45	1	1
45 ～ 50	1	0
合計	25	25

・平均値を比べると，B班のほうが大きい。
・最大値を比べると，A班のほうが大きい。
・中央値を比べると，(　　) 班のほうが大きい。

4 百の位の数が，十の位の数より２大きい３けたの自然数がある。

この自然数の各位の数の和は18であり，百の位の数字と一の位の数字を入れかえてできる自然数は，はじめの自然数より99小さい数である。

このとき，はじめの自然数を求めなさい。

求める過程も書きなさい。

5 下の図において，△ABC≡△DBEであり，辺ACと辺BEとの交点をF，辺BCと辺DEとの交点をG，辺ACと辺DEとの交点をHとする。

このとき，AF＝DGとなることを証明しなさい。

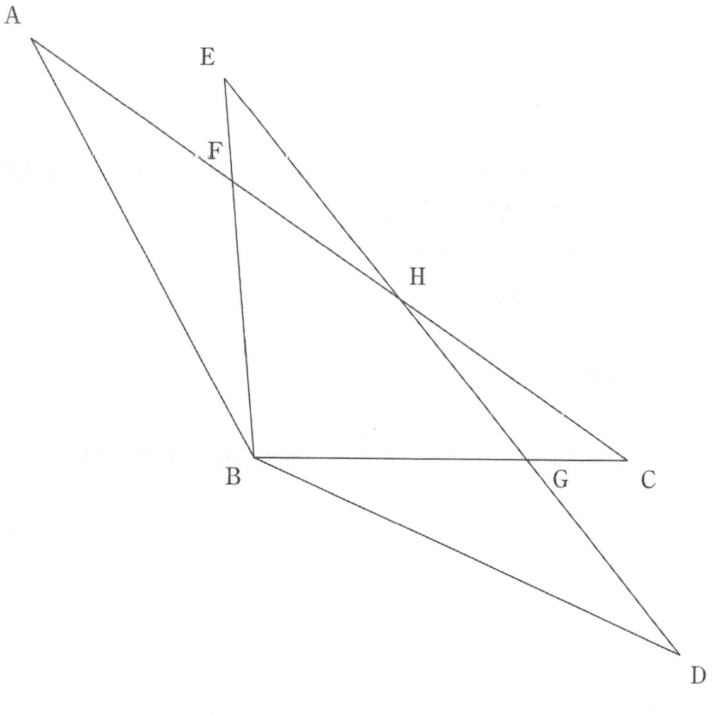

6　下の図のように，2直線 ℓ，m があり，ℓ，m の式はそれぞれ $y=\frac{1}{2}x+4$，$y=-\frac{1}{2}x+2$ である。ℓ と y 軸との交点，m と y 軸との交点をそれぞれA，Bとする。また，ℓ と m との交点をPとする。

このとき，次の(1)，(2)の問いに答えなさい。

(1)　点Pの座標を求めなさい。

(2)　y 軸上に点Qをとり，Qの y 座標を t とする。ただし，$t>4$ とする。Qを通り x 軸に平行な直線と ℓ，m との交点をそれぞれR，Sとする。

①　$t=6$ のとき，△PRSの面積を求めなさい。

②　△PRSの面積が△ABPの面積の5倍になるときの t の値を求めなさい。

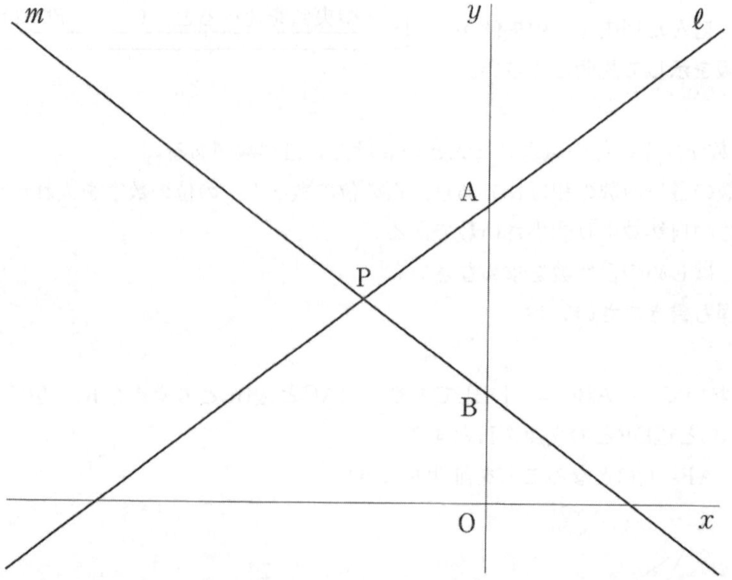

7　次のページの図のような，底面が1辺2㎝の正方形で，他の辺が3㎝の正四角錐《すい》がある。辺OC上にAC＝AEとなるように点Eをとる。

このとき，次の(1)～(3)の問いに答えなさい。

(1)　線分AEの長さを求めなさい。

(2)　△OACの面積を求めなさい。

(3)　Eを頂点とし，四角形ABCDを底面とする四角錐の体積を求めなさい。

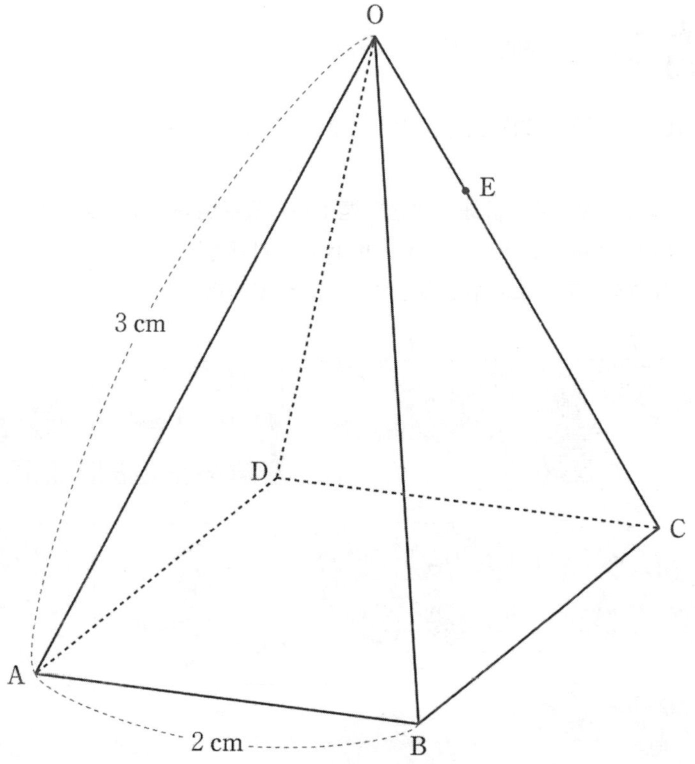
O
E
3 cm
D
C
A
2 cm
B

＜英語＞

時間 50分 満点 50点

【注意】 ＊印のついている語（句）には，本文のあとに〔注〕があります。

1 これは放送による問題です。問題は**放送問題 1** から**放送問題 3** まであります。

放送問題 1 翔太（Shota）とジュディ（Judy）の対話を聞いて，質問の答えとして最も適当なものを，**ア**～**エ**の中からそれぞれ一つずつ選びなさい。

No. 1 ア イ ウ エ

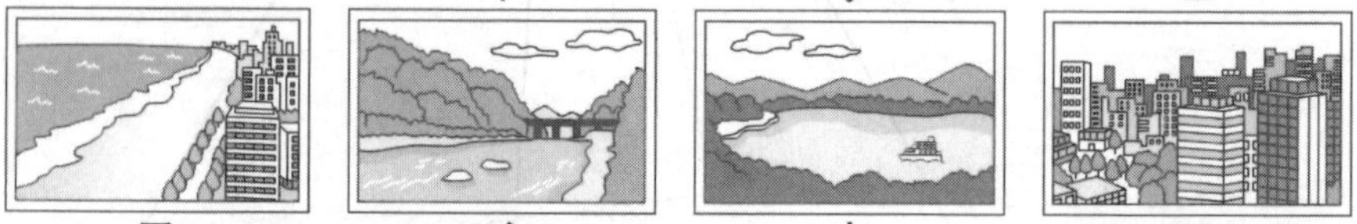

No. 2 ア イ ウ エ

No. 3 ア イ ウ エ

No. 4 ア イ ウ エ

No. 5 ア イ ウ エ

放送問題 2 二人の対話の最後の応答部分でチャイムが鳴ります。そのチャイムの部分に入る最も適当なものを，**ア**～**エ**の中からそれぞれ一つずつ選びなさい。

No.1 **ア** I'm just looking. **イ** I'll take both.
ウ Shall I show you a smaller one? **エ** It looks nice.

No.2 **ア** Sure. Can you teach me math then?
イ Good idea. But I have other plans.
ウ No. Today, I'm going to clean my room.
エ I'm sorry. I'm busy now.

放送問題 3 渉（Wataru）が英語の授業で発表した内容を聞きながら，次のページの①～⑤の英文の空欄に入る最も適当な**英語 1 語**を書きなさい。

① Though Wataru practiced tennis very hard, he couldn't (　　　) most of his games.
② Wataru (　　　) thought he didn't want to play anymore.
③ Wataru's teammate said to him with a (　　　), "You're doing your best."
④ The kind (　　　) from his teammate helped Wataru to start playing again.
⑤ Wataru was able to make lots of friends and he will (　　　) them forever.

2　次の(1)～(3)の問いに答えなさい。

(1)　次の①～③は，それぞれAとBの対話です。(　)に入る最も適当なものを，ア～エの中からそれぞれ一つずつ選びなさい。

①　[*After school*]
A：You started learning the piano, right?　When do you have piano lessons?
B：Well, I have piano lessons (　　　) weekends.
ア　with　　イ　for　　ウ　on　　エ　under

②　[*In a classroom*]
A：My father will take me to the zoo this Saturday.　Would you like to come with us?
B：I'd love to, but I can't.　I (　　　) my homework.
ア　have to do　　イ　have done　　ウ　have to play　　エ　have played

③　[*At lunchtime*]
A：Hey, Mike.　Our baseball team got the trophy.
B：Really?　(　　　) Tell me more about it.
ア　Guess what!　　イ　You are welcome.
ウ　I'm sorry to buy that.　　エ　What a surprise!

(2)　次は，AとBの対話です。(　)内の語を正しく並べかえて，文を完成させなさい。
[*At a teachers'room*]
A：What is your plan for the farewell party for Alex?
B：First, we'll sing a song for him.　After that, we'll (some / to / give / him / presents).

(3)　次は，AとBの対話です。[1] ～ [4] に入る最も適当なものを，次のページのア～エの中からそれぞれ一つずつ選びなさい。
[*On the phone*]
A：Have you finished the report for our English class?
B：Yes, I have.　But it was really difficult.　[1]
A：Not yet.　[2]
B：OK.　[3]
A：Well, I can't choose a country to write about.
B：OK.　[4]

ア　How can I help you?	イ　Can you help me with my report?
ウ　How about you?	エ　Let's choose it together.

3　健二（Kenji）は英語の授業で，インターネットを使った買い物について調べて発表するという課題に取り組んでいます。Ⅰは準備のためのメモで，Ⅱはそれをもとに作成した発表原稿の一部です。(1)，(2)の問いに答えなさい。

Ⅰ

導入		展開		結論
インターネットを使って買い物をする人の数が増えている。	→	○お店に行かずに，好きな時に買い物ができる。 ○価格を比較しやすい。 ▲家に届くまで商品の実物を見ることができない。	→	良い点も悪い点もあるが，インターネットを使った買い物は私たちの生活の一部になってきている。

Ⅱ

These days, the [①] people who use the Internet to buy things is increasing. We can buy things at any time without going to stores. Also, we can compare prices easily. But we can't see our goods until they arrive. There are not only good points but also bad points. But [②].

(1)　[①] に入る適当な**英語２語**を書きなさい。

(2)　[②] に入る適当な**英語**を書き，文を完成させなさい。

4　放課後，高校生の健（Ken）と優子（Yuko）が，アメリカ合衆国からの留学生リー（Lee）と話をしています。三人の会話を読んで，(1)～(5)の問いに答えなさい。

Lee: We had an evacuation drill at our school last week. It was a unique experience for me. But do you think the drill is important?

Ken: Yes. It gives us a chance to learn how to protect *ourselves in an emergency.

Yuko: I agree. It's important to prepare for disasters, right? Lee, why did you ask such a question?

Lee: Well, Japanese students have evacuation drills at school. But have you talked about what to do in an emergency with your family members?

Ken: With my family members? No.

Yuko: Well, a few months ago, I talked with my mother about where to go when a disaster happens. We checked the emergency food at home, too.

Lee: Great! Yuko, Ken, please look at this table. I found this yesterday. It shows *what percentage of Japanese people in each *age group in 2017 said "Yes," "No," or "I don't know" to this question. When I saw this, I thought more Japanese people should talk with their family members or friends to prepare for an emergency.

Did you discuss what to do in an emergency with your family members or friends *in the past one or two years?			
Age Group	Yes (%)	No (%)	I don't know (%)
18 - 29	53.6	45.2	1.2
30 - 39	66.3	33.7	0.0
40 - 49	69.3	29.6	1.1
50 - 59	58.6	40.7	0.8
60 - 69	54.6	45.1	0.3
70 or *above	49.4	50.2	0.4
*Average	57.7	41.7	0.6

（内閣府資料により作成）

Ken: Wow! People in Japan talked a lot with their family members!

Yuko: You think so, Ken? I think people didn't talk much about this.

Lee: I agree with Yuko. Only 57.7 percent of people in Japan discussed this.

Yuko: Ken, look at this group. Many people around my mother's age discussed this.

Ken: How old is your mother?

Yuko: She is 45.

Ken: Oh, my mother is almost the same age!

Lee: I think some people around that age *are raising children. They need to protect not only themselves but also their children in an emergency. I think, *as a result, they have more chances to talk about this with their family members.

Yuko: They may be the people who are the most interested in this.

Ken: You may be right. Now look at this group. The oldest group didn't talk much about what to do with people around them.

Lee: Why? I think they are interested, too.

Yuko: I don't know, but we learned in class that *more and more elderly people in Japan live alone now. *Even if they want to talk, some of them don't have anyone around them. That may be one of the reasons.

Lee: I think they are the people who especially need help in an emergency. But maybe elderly people living alone don't have a chance to learn how to protect themselves or ask someone for help.

Yuko: I think that's a problem. I also think we are missing important chances.

Ken: [　　　　]

Yuko: Well, elderly people know a lot about the disasters that happened a long time ago in this town. But young people don't have a chance to listen to them. If younger generations hear their stories, they will know that it's important to prepare for disasters.

Lee: Nice idea!

Yuko: My grandmother lives alone in this town. I have never asked her about the disasters in the past. I will visit her tonight and ask her some questions.

Ken: Please *share the story with us and our classmates later.

Yuko: Of course!

注：ourselves 私たち自身　what percentage of ～ ～の何パーセントが　age 年齢
in the past one or two years 過去1，2年に　above それ以上　Average 平均
are raising ～ ～を育てている　as a result 結果として
more and more ～ ますます多くの～が　Even if ～ たとえ～だとしても
share ～ ～を共有する

(1) 本文や表の内容に合うように，次の①と②の英文の［　］に入る最も適当なものを，ア～エの中からそれぞれ一つずつ選びなさい。

① The age group of ［　］ had the lowest percentage of "Yes" in the table.

ア 18－29　イ 30－39　ウ 60－69　エ 70 or above

② ［　］ percent of the people around Yuko's mother's age discussed what to do in an emergency.

ア 29.6　イ 57.7　ウ 66.3　エ 69.3

(2) 本文中の［　］に入る英文として最も適当なものを，ア～エの中から一つ選びなさい。

ア What help do you want?
イ What do you mean?
ウ What are you doing here?
エ What do you think about living alone?

(3) 次の英文は，本文の内容の一部を示したものです。本文の内容に合うように，［　］に入る適当な英語4語を書き，文を完成させなさい。

Yuko says if younger generations ［　］, they will know that it's important to prepare for disasters.

(4) 本文の内容に合っているものを，ア～エの中から一つ選びなさい。

ア Ken says an evacuation drill is a chance to learn how to protect ourselves in an emergency.
イ Yuko is surprised because Japanese people talked a lot about what to do with their family members.
ウ Lee is surprised because a lot of elderly people in the United States live alone now.
エ Yuko and Ken say that some of their classmates will be happy to hear Lee's story.

(5) 次のページの英文は，優子が祖母を訪ねて話を聞いた後に，健とリーに伝えた内容の一部です。本文の内容に合うように，［A］，［B］に適当な英語1語を入れてそれぞれの文を完成させなさい。

I learned from my grandmother that there are many things we can do to [A] for disasters. For example, I learned that I should decide how to keep in touch with my family members in an emergency. Before leaving her house, she said, "In [B] of a disaster, try to protect yourself and your family members first. Then, if you are in a safe place, try to find something you can do for other people."

5　次の英文は，大和（Yamato）が書いたスピーチの原稿です。これを読んで，(1)~(6)の問いに答えなさい。

Do you have anything special? All of you may have your own interesting stories about your own special things. For me, it's about _datemaki_.

Datemaki is a kind of egg dish. Some people say that the name comes from *Date Masamune because he loved it. But I don't know *whether this is true. *Anyway, you may see it with other *_osechi_ dishes, such as *_kurikinton_. [A] For example, people say that _datemaki_ is a *symbol of *intelligence because it looks like *a rolled book. To pray for *success in their studies, some students may eat it. You can find _datemaki_ in many places, but my _datemaki_ is a little different and special to me.

In my home, my mother cooks _osechi_ dishes every New Year's Eve. She is a good cook and all her dishes are delicious. But I don't want to eat _osechi_ dishes every day during the New Year's holidays. I want to eat other dishes because there are only a few things I like to eat in _osechi_ boxes. One of them is _datemaki_. My mother can cook it well, but she doesn't cook it. My father cooks it. Though he is not a good cook, his _datemaki_ tastes great! I love it. On my fifth birthday, I ate it for the first time.

My mother bakes a cake on my birthday every year. I always look forward to it. But she couldn't bake it on my fifth birthday. She was not feeling good on that day. I was [B] about her and very sad. My father held me tightly and said, "Your mother will get well soon. Don't worry, Yamato. Happy birthday! Let's enjoy your birthday party!" I will never forget this birthday. I couldn't eat my mother's cake, but I could eat my father's _datemaki_. It didn't look good, but it was delicious. I could feel his *love in it. I don't know why he cooked _datemaki_ then. But that's not important. He cooked it for me instead of a birthday cake *with all his heart. That was enough. Since then, it has been my favorite. I can always feel his love when I eat it.

On my fifteenth birthday, my father taught me how to cook _datemaki_. He said, "Your grandfather often cooked _datemaki_ for me. I loved it. I learned how to cook it from him. He wanted me to pass on the recipe to my future child. I want you to do so, too. To us, *datemaki* is special. Now I will tell you one important thing. Put your *hope into your *datemaki*. When I cook *datemaki* for you, I always hope you will be happy." Now I understand why my father's *datemaki* is special to me.

I will cook *datemaki* and help my mother this New Year's Eve. I want to surprise my father. Now I'm trying to make my *datemaki* *even better. Like my father, I want to cook my *datemaki* for my future family and pass on the recipe!

注：Date Masamune 伊達政宗（戦国武将の一人） whether ～ ～かどうか Anyway とにかく *osechi* dishes おせち料理（正月などに作られる料理） *kurikinton* 栗きんとん（おせち料理の一品） symbol 象徴 intelligence 知性 a rolled book 巻物（書画などを軸につけて巻いたもの） success in their studies 学業成就 love 愛 with all his heart 心をこめて hope 願い even さらに

⑴ A に入る英文として最も適当なものを，ア～エの中から一つ選びなさい。

ア Most people buy *osechi* dishes at department stores.
イ Each dish in *osechi* boxes means something to us.
ウ *Osechi* dishes are popular as Japanese traditional food.
エ Everyone knows where *kurikinton* comes from.

⑵ B に入る英語として最も適当なものを，ア～エの中から一つ選びなさい。

ア impressed イ worried ウ boring エ amazing

⑶ 下線部の内容を示した英文として最も適当なものを，ア～エの中から一つ選びなさい。

ア Yamato understands that his father's *datemaki* is unique because his father puts his hope into it.
イ Yamato understands that his father should make his *datemaki* better because it doesn't look good.
ウ Yamato understands that his father's *datemaki* is very good because his father is a good cook.
エ Yamato understands that his father wants to cook his own *datemaki* because it looks unique.

⑷ 本文の内容に合っているものを，ア～エの中から一つ選びなさい。

ア Yamato's grandfather said that Date Masamune named the egg dish *datemaki* because he loved it.
イ Yamato's mother was so busy that she couldn't bake a cake on Yamato's fifth birthday.
ウ Yamato's father cooked *datemaki* on Yamato's fifth birthday instead of the cake Yamato's mother usually baked.
エ Yamato learned how to cook *datemaki* from his grandfather when Yamato became fifteen years old.

⑸ 本文の内容に合うように，次の①と②の Question に答えなさい。ただし答えは Answer の

下線部に適当な**英語**を書きなさい。

① Question: Why does Yamato want to eat other dishes during the New Year's holidays?
   Answer: Because Yamato likes to eat ________________ in *osechi* boxes.

② Question: What does Yamato's father want Yamato to do?
   Answer: Yamato's father ________________ to his future child.

(6) 次は，大和のスピーチを聞いた後の咲良（Sakura）と大和の対話です。下線部に適当な**英語**を**1文**で書きなさい。

Sakura: Thank you very much, Yamato. Your speech was very good. Can I ask you a question?

Yamato: Of course. What's your question?

Sakura: Your mother can cook *datemaki*, right? ________________________

Yamato: No, I don't know why. Maybe she knows my father's *datemaki* is special to me. So she doesn't.

Sakura: Oh, I see.

＜理科＞　時間　50分　満点　50点

1　植物の蒸散について調べるために，次の観察と実験を行った。(1)～(4)の問いに答えなさい。

観　察

ホウセンカの葉の表側と裏側の表皮をはぎとり，顕微鏡で観察した。図１は，葉の両側の表皮で観察されたつくりの一部をスケッチしたものである。Xは２つの細胞に囲まれたすきまを示している。

図１
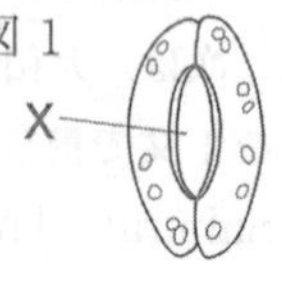

実験１

図２のように，透明なプラスチックの板と［ Y ］を両面テープではり合わせたものを用意し，［ Y ］が内側になるようにして鉢植えのホウセンカの葉をはさんだ。葉の両側に接した［ Y ］の色を３分おきに調べた。

図２
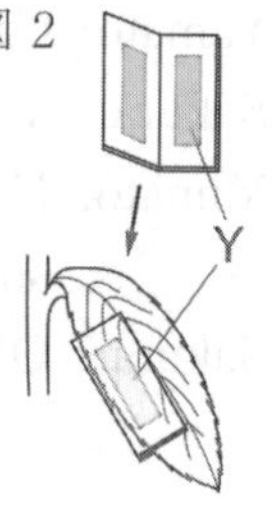

結果１

	はさむ前	３分後	６分後	９分後
葉の表側	青色	うすい青色	うすい桃色	桃色
葉の裏側	青色	桃色	桃色	桃色

実験２

Ⅰ　葉の大きさと枚数をそろえた５本のホウセンカA～Eに，次の処理をした。

A　葉の表側にワセリンをぬる。　B　葉の裏側にワセリンをぬる。

C　葉の両側にワセリンをぬる。　D　葉にワセリンをぬらない。

E　葉を全てとり除く。

Ⅱ　処理したホウセンカを同じ長さに切り，水が入ったメスシリンダーにさして，図３のように<u>水面を油でおおった</u>。その後，光が当たる風通しのよい場所に５時間置き，水の減少量を調べた。

図３

結果２

	A	B	C	D	E
水の減少量[cm^3]	4.3	2.1	1.0	5.4	1.0

(1)　蒸散は主に図１のXで起こる。Xを何というか。書きなさい。

(2)　実験１について，Yは蒸散によって放出された水にふれると青色から桃色に変化する。Yは何か。次のア～エの中から１つ選びなさい。

ア　塩化コバルト紙　　イ　万能pH試験紙

ウ　リトマス紙　　エ　示温インクをしみこませたろ紙

(3)　下線部について，水面を油でおおった理由を書きなさい。

(4)　次の文は，実験２について考察したものである。あとの①，②の問いに答えなさい。

この植物では，蒸散を［ P ］ときの方が水の減少量が多かった。水の減少量と蒸散量が等しいものとすると，葉の［ Q ］側の方が蒸散量が多く，この植物の葉の裏側の蒸散量は表側の蒸散量の［ R ］倍であると考えられる。また，葉を全てとり除いて切り口がむき出しになっているEの水の減少量は，Cの水の減少量と同じであった。これらのことから，［ S ］が主な原動力となって［ T ］が起こると考えられる。

①　P，Q，S，Tにあてはまることばの組み合わせとして最も適切なものを，右のア～クの中から１つ選びなさい。

②　Rにあてはまる数値を求めなさい。

	P	Q	S	T
ア	おさえた	表	蒸散	吸水
イ	おさえた	表	吸水	蒸散
ウ	おさえた	裏	蒸散	吸水
エ	おさえた	裏	吸水	蒸散
オ	おさえなかった	表	蒸散	吸水
カ	おさえなかった	表	吸水	蒸散
キ	おさえなかった	裏	蒸散	吸水
ク	おさえなかった	裏	吸水	蒸散

2　次の文は，調理実習での先生と生徒の会話の一部である。あとの(1)～(5)の問いに答えなさい。

先生　今日は肉じゃがを作ります。まず，a手元をよく見て材料を切りましょう。
生徒　はい。先生，切り終わりました。
先生　では，切った材料を鍋に入れていためます。その後，水と調味料を加えましょう。鍋からぐつぐつというb音が聞こえてきたら，弱火にしてください。
生徒　わかりました。あ，熱い！
先生　大丈夫ですか。
生徒　鍋に触ってしまいました。でも，cとっさに手を引っ込めていたので，大丈夫です。
先生　気をつけてくださいね。念のため，手を十分に冷やした後に，d戸棚の奥から器を取り出して盛り付けの準備をしましょう。

(1)　感覚器官で受けとられた外界からの刺激は，感覚神経に伝えられる。感覚神経や運動神経のように，中枢神経から枝分かれして全身に広がる神経を何というか。書きなさい。

(2)　下線部aについて，次の文は，ヒトの目のつき方と視覚の特徴について述べたものである。□にあてはまる適切なことばを，下のア～エの中から１つ選びなさい。

ヒトの目は前向きについているため，シマウマのように目が横向きについている動物と比べて，□。

ア　視野は広いが，立体的に見える範囲はせまい
イ　視野も，立体的に見える範囲も広い
ウ　視野はせまいが，立体的に見える範囲は広い
エ　視野も，立体的に見える範囲もせまい

(3)　下線部bについて，図１は，耳の構造の模式図である。音の刺激を電気的な信号として感覚神経に伝える部分はどこか。図１のア～エの中から１つ選びなさい。

図１
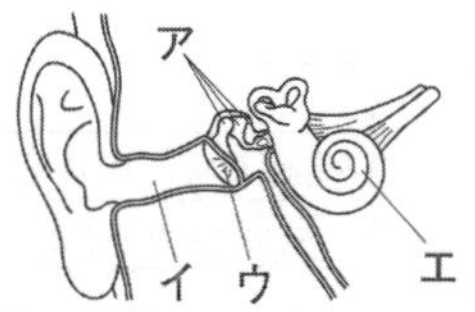

(4)　下線部cについて，次の文は，無意識のうちに起こる反応での，信号の伝わり方について述べたものである。□にあてはまる適切なことばを，**運動神経**，**脳**という２つのことばを用いて書きなさい。

刺激を受けとると，信号は感覚神経からせきずいに伝わる。無意識のうちに起こる反応では，信号は□運動器官に伝わり，反応が起こる。

(5) 下線部dについて，図2は，うでをのばす運動に関係する筋肉X，Yとその周辺の骨の模式図である。次の文は，ヒトがうでをのばすしくみについて述べたものである。①，②にあてはまることばの組み合わせとして最も適切なものを，下のア～カの中から1つ選びなさい。

図2

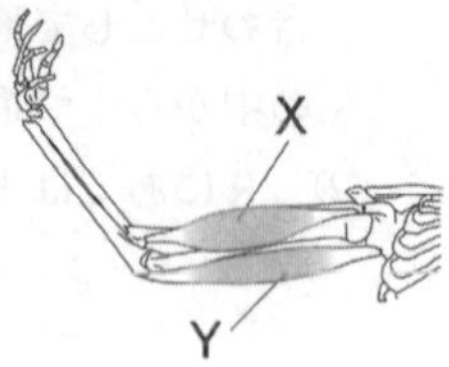

筋肉は，［　①　］。そのため，うでをのばすときには，図2の［　②　］。

	①	②
ア	縮むことはできるが，自らのびることはできない	Xが縮み，Yがのばされる
イ	縮むことはできるが，自らのびることはできない	Yが縮み，Xがのばされる
ウ	のびることはできるが，自ら縮むことはできない	Xがのび，Yが縮められる
エ	のびることはできるが，自ら縮むことはできない	Yがのび，Xが縮められる
オ	自らのびることも縮むこともできる	Xが縮み，Yがのびる
カ	自らのびることも縮むこともできる	Yが縮み，Xがのびる

3 次の文は，ある地震の観測についてまとめたものである。あとの(1)～(5)の問いに答えなさい。

ある場所で発生した地震を，標高が同じA，B，C地点で観測した。

図は，A～C地点の地震計が記録した波形を，震源からの距離を縦軸にとって並べたもので，横軸は地震発生前後の時刻を表している。3地点それぞれの波形に，初期微動が始まった時刻を○で，主要動が始まった時刻を●で示し，それらの時刻を表にまとめた。

図

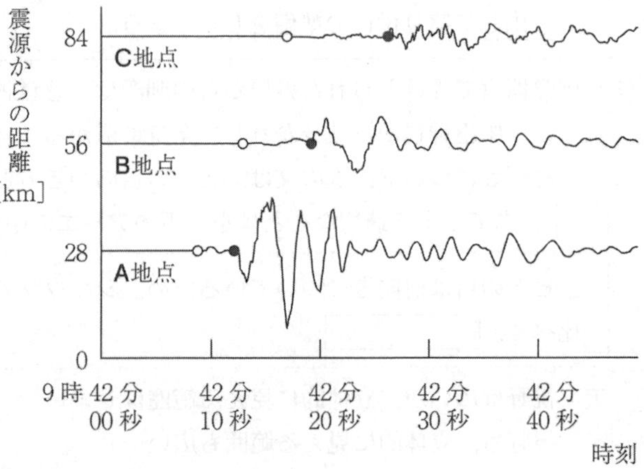

表

	A地点	B地点	C地点
初期微動が始まった時刻	9時42分09秒	9時42分13秒	9時42分17秒
主要動が始まった時刻	9時42分12秒	9時42分19秒	9時42分26秒

(1) 地震のゆれが発生するときにできる，地下の岩盤に生じるずれを何というか。**漢字2字**で書きなさい。

(2) 震度について述べた文として最も適切なものを，次の**ア～カ**の中から1つ選びなさい。

ア　地震のエネルギーの大きさを表し，震源が浅い地震ほど大きくなることが多い。

イ　地震のエネルギーの大きさを表し，震源からの距離に比例して小さくなることが多い。

ウ　地震によるゆれの大きさを表し，震源が深い地震ほど大きくなることが多い。

エ　地震によるゆれの大きさを表し，震央を中心とした同心円状の分布となることが多い。

オ　気象庁がまとめた世界共通の階級で，観測点の地震計の記録から計算される。

カ　気象庁がまとめた世界共通の階級で，地震による被害の大きさをもとに決められる。

(3)　地震の発生がきっかけとなって起こる現象として**あてはまらないもの**を，次の**ア**～**オ**の中から１つ選びなさい。

ア　地盤の隆起　　**イ**　高潮　　**ウ**　がけくずれ　　**エ**　液状化現象　　**オ**　津波

(4)　次の文は，図や表からわかることをまとめたものである。［　　］にあてはまることばとして最も適切なものを，下の**ア**～**オ**の中から１つ選びなさい。

震源から観測点までの距離が大きくなると，その観測点における［　　　　］なる。

ア　地震計の記録のふれはばの最大値は大きく　　**イ**　マグニチュードは大きく

ウ　初期微動が始まる時刻は早く　　**エ**　主要動が始まる時刻は早く

オ　初期微動継続時間は長く

(5)　この地震が発生した時刻として最も適切なものを，次の**ア**～**カ**の中から１つ選びなさい。ただし，地震の波が伝わる速さは一定であるとする。

ア　９時42分04秒　　**イ**　９時42分05秒　　**ウ**　９時42分06秒

エ　９時42分07秒　　**オ**　９時42分08秒　　**カ**　９時42分09秒

4　次の文は，生徒と先生の会話の一部である。あとの(1)～(5)の問いに答えなさい。

生徒が撮影した写真

［生徒］　先生，岩手県の陸前高田市で［ X ］のようすを撮影しました。

［先生］　太陽の一部がかくされていることがよくわかる，すばらしい写真ですね。福島市では天気が悪く，見ることができませんでした。どのようにして撮影したのですか。

［生徒］　太陽の光は非常に強いので，太陽を直接見ないように注意しながら，雲がかかったときに撮影しました。ほかの天体とちがってずいぶん大きく見えるので，デジタルカメラで撮影しました。

［先生］　確かに太陽は大きく見えますね。実際の太陽の大きさはどれくらいか覚えていますか。

［生徒］　地球よりずっと大きいですよね。授業で太陽系のスケールモデルをつくったときに，a太陽と地球の大きさを比べたので覚えています。

［先生］　ところで，［ X ］は地球と太陽と月がどのような位置関係のときに起こりますか。

［生徒］　［ Y ］の順で一直線に並んでいるときに起こると思います。ということは，このときの月は，［ Z ］だったということになりますか。

［先生］　そのとおりです。そういえば，この日は夏至の日でもありましたね。実は，b夏至の日の太陽の南中高度から，その場所の緯度を求めることができますよ。

［生徒］　そうなのですか。緯度によっても太陽の南中高度がちがうのですね。ということは，陸前高田市と福島市では，c昼の長さもちがうのでしょうか。

［先生］　どうでしょうか。考えてみましょう。

(1) 文中のXにあてはまることばを**漢字2字**で書きなさい。

(2) 文中のY，Zにあてはまることばの組み合わせとして最も適切なものを，右の**ア**～**カ**の中から1つ選びなさい。

	Y	Z
ア	地球，太陽，月	満月
イ	地球，太陽，月	新月
ウ	太陽，地球，月	満月
エ	太陽，地球，月	新月
オ	太陽，月，地球	満月
カ	太陽，月，地球	新月

(3) 下線部aについて，太陽の直径を約2mとしたとき，地球の直径を表すものとして最も適切なものを，次の**ア**～**カ**の中から1つ選びなさい。

ア バスケットボールの直径（23.2cm）　**イ** 野球ボールの直径（7.2cm）
ウ 卓球ボールの直径（4.0cm）　**エ** 1円玉の直径（2.0cm）
オ 5円玉の穴の直径（0.5cm）　**カ** メダカの卵の直径（0.1cm）

(4) 下線部bについて，生徒が写真を撮影した場所における夏至の日の太陽の南中高度は74.3°であった。撮影した場所の緯度を求めなさい。ただし，地球は公転面に対して垂直な方向から地軸を23.4°傾けて公転しているとする。

(5) 下線部cについて，次の文は，日本列島付近の緯度の異なる2地点における昼の長さについて述べたものである。①，②にあてはまることばの組み合わせとして最も適切なものを，右の**ア**～**ク**の中から1つ選びなさい。

> 緯度の低い場所と比べて，緯度の高い場所における夏至の日の昼の長さは［ ① ］。
> また，緯度の低い場所と比べて，緯度の高い場所における秋分の日の昼の長さは［ ② ］。

	①	②
ア	長い	長い
イ	長い	短い
ウ	長い	変わらない
エ	短い	長い
オ	短い	短い
カ	短い	変わらない
キ	変わらない	長い
ク	変わらない	短い

5 次の実験について，あとの(1)～(5)の問いに答えなさい。

実　験

Ⅰ 図のように，ステンレス皿に，銅の粉末とマグネシウムの粉末をそれぞれ1.80gはかりとり，うすく広げて別々に3分間加熱した。

Ⅱ 十分に冷ました後に，質量をはかったところ，どちらも加熱する前よりも質量が増加していた。

Ⅲ 再び3分間加熱し，十分に冷ました後に質量をはかった。この操作を数回繰り返したところ，どちらも質量が増加しなくなった。このとき，銅の粉末の加熱後の質量は2.25g，マグネシウムの粉末の加熱後の質量は3.00gであった。ただし，加熱後の質量は，加熱した金属の酸化物のみの質量であるものとする。

図

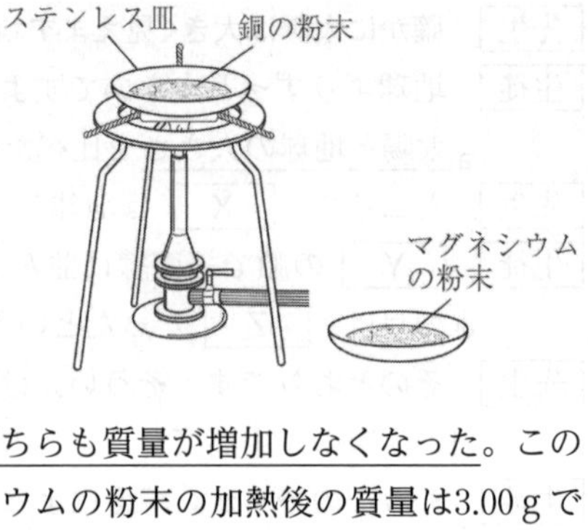

(1) マグネシウムは，空気中の酸素と化合し，酸化物を生じる。この酸化物の化学式を書きなさい。

(2)　加熱によって生じた，銅の酸化物とマグネシウムの酸化物の色の組み合わせとして正しいものを，右の**ア**～**カ**の中から１つ選びなさい。

	銅の酸化物	マグネシウムの酸化物
ア	白色	白色
イ	白色	黒色
ウ	赤色	白色
エ	赤色	黒色
オ	黒色	白色
カ	黒色	黒色

(3)　下線部について，質量が増加しなくなった理由を，「**銅やマグネシウムが**」という書き出しに続けて書きなさい。

(4)　Ⅲについて，同じ質量の酸素と化合する，銅の粉末の質量とマグネシウムの粉末の質量の比はいくらか。最も適切なものを，次の**ア**～**カ**の中から１つ選びなさい。

ア　3：4　**イ**　3：8　**ウ**　4：3　**エ**　4：5　**オ**　5：3　**カ**　8：3

(5)　銅の粉末とマグネシウムの粉末の混合物3.00ｇを，実験のように，質量が増加しなくなるまで加熱した。このとき，混合物の加熱後の質量が4.10ｇであった。加熱する前の混合物の中に含まれる銅の粉末の質量は何ｇか。求めなさい。ただし，加熱後の質量は，加熱した金属の酸化物のみの質量であるものとする。

6　次の実験について，あとの(1)～(5)の問いに答えなさい。

実験１

うすい硫酸に，うすい水酸化バリウム水溶液を加えたところ，沈殿ができた。

実験２

Ⅰ　うすい塩酸30.0cm³に，緑色のBTB溶液を２滴加えたところ，色が変化した。

Ⅱ　Ⅰの水溶液を別のビーカーに15.0cm³はかりとり，図のように，よくかき混ぜながらうすい水酸化ナトリウム水溶液を少しずつ加え，水溶液全体が緑色になったところで加えるのをやめた。このときまでに加えたうすい水酸化ナトリウム水溶液は21.0cm³であった。

Ⅲ　Ⅱでできた水溶液をペトリ皿に少量とり，数日間置いたところ，白い固体が残っていた。この固体を観察したところ，規則正しい形をした結晶が見られた。

図

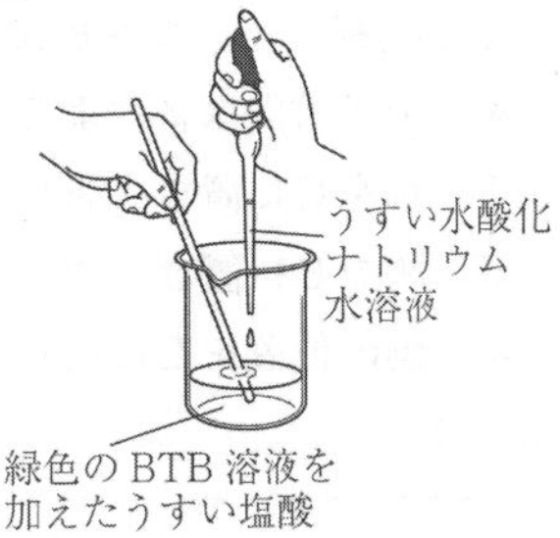

(1)　実験１について，このときできた沈殿は何か。物質名を書きなさい。

(2)　実験２のⅠについて，緑色のBTB溶液を加えた後の色として正しいものを，次の**ア**～**オ**の中から１つ選びなさい。

ア　無色　**イ**　黄色　**ウ**　青色　**エ**　赤色　**オ**　紫色

(3)　実験２のⅡについて，実験２のⅠの水溶液を2.0cm³にしたとき，水溶液全体が緑色になるまでに加えたうすい水酸化ナトリウム水溶液は何cm³か。求めなさい。

(4)　実験２のⅢについて，ペトリ皿に残っていた白い固体をスケッチしたものとして最も適切なものを，次の**ア**～**エ**の中から１つ選びなさい。

ア

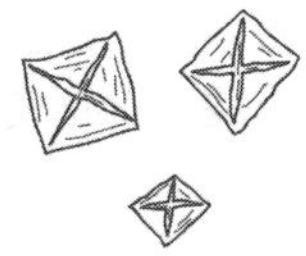

イ

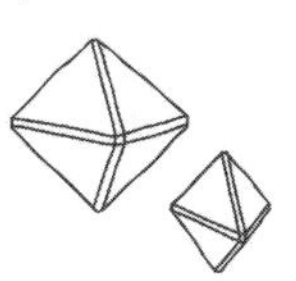

ウ

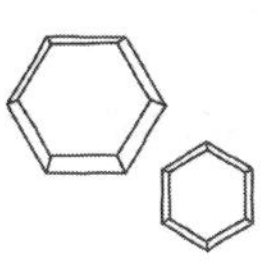

エ

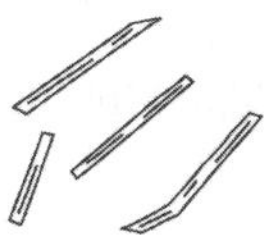

(5) 次の文は，実験１と実験２のⅡについて述べたものである。下の①，②の問いに答えなさい。

実験１と実験２のⅡでは，酸の水溶液にアルカリの水溶液を加えると，たがいの性質を打ち消し合う［ X ］が起きた。また，酸の水溶液の［ Y ］イオンとアルカリの水溶液の［ Z ］イオンが結びついて，塩ができた。

① X～Zにあてはまることばの組み合わせとして最も適切なものを，右のア～エの中から１つ選びなさい。

	X	Y	Z
ア	還元	陽	陰
イ	還元	陰	陽
ウ	中和	陽	陰
エ	中和	陰	陽

② 下線部について，たがいの性質を打ち消し合ったのは，水溶液中の水素イオンと，水酸化物イオンが結びつく反応が起こったためである。この反応を，イオン式を用いて表しなさい。

7 次の実験について，あとの(1)～(5)の問いに答えなさい。

実 験

弦の振動による音の大きさと高さを調べるために，次のⅠ～Ⅲを行った。図は，モノコード，マイクロホン，コンピュータを用いた装置であり，AとDは弦の両端を，BとCは駒を置く位置を示している。弦のAと駒の間にある部分の中央をはじくと，その部分が振動した。その振動によって出た音を，マイクロホンを通してコンピュータの画面で観察した。コンピュータの画面の左右方向は時間経過を，上下方向は音による空気の振動のはばを表している。

Ⅰ 駒をCに置き，弦をはじいた。

Ⅱ 駒をBに置き，弦をはじいた。

Ⅲ 駒の位置をCに戻し，弦の張りを強くして弦をはじいた。

図

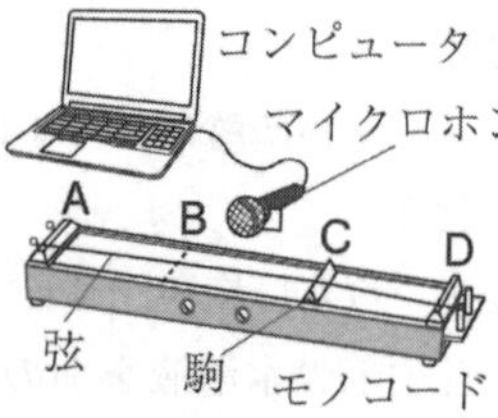

結 果

	Ⅰ	Ⅱ	Ⅲ
コンピュータの画面	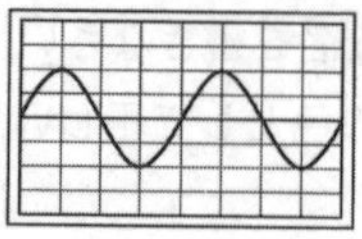	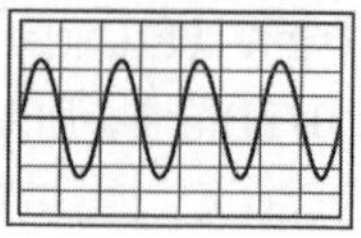	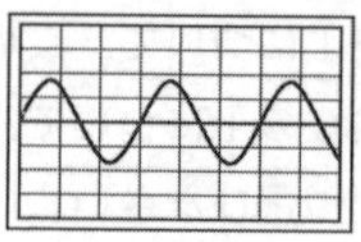

(1) 次の文は，実験で使用したマイクロホンが，音による空気の振動を電流に変えるしくみについて述べたものである。［　］にあてはまることばを書きなさい。

マイクロホンは，音による空気の振動を磁界の中に置いたコイルの振動に変えることで，コイルに電流を流そうとする電圧を生じさせる［　］という現象を起こし，音による空気の振動を電流に変えている。

(2) 次の文は，弦の振動について述べたものである。X，Yにあてはまることばを，Xは漢字２

字，Yは漢字3字でそれぞれ書きなさい。

> 弦が振動しているとき，振動している部分の中央において，振動の中心からの振動のはばを［X］といい，弦が1秒間に振動する回数を［Y］という。

(3) 弦の張りの強さと駒の位置をⅠと同じにして，弦をⅠよりも弱くはじいた。このときのコンピュータの画面として最も適切なものを。次のア～エの中から1つ選びなさい。

ア　イ　ウ　エ

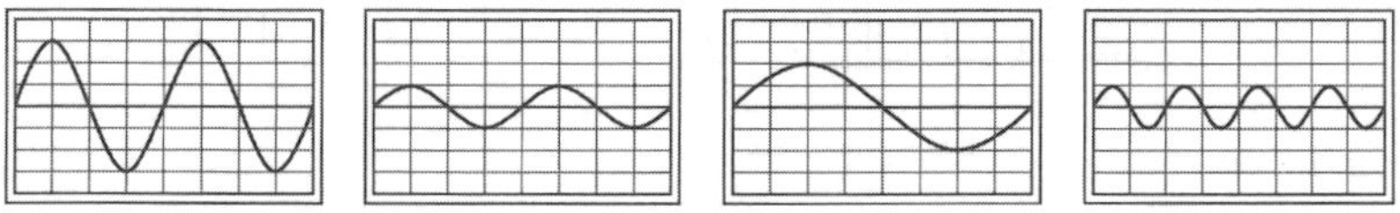

(4) 次の文は，実験からわかったことについて述べたものである。①，②にあてはまることばの組み合わせとして正しいものを，右のア～エの中から1つ選びなさい。

> 弦の振動する部分の長さを短くすると，弦の振動による音の高さは［①］くなる。また，弦の張りを強くすると，弦の振動による音の高さは［②］くなる。

	①	②
ア	高	高
イ	高	低
ウ	低	高
エ	低	低

(5) Ⅲの後，弦の張りの強さを変えずに駒を移動させ，弦をはじいたところ，Ⅱの音と同じ高さの音が出た。このときの駒の位置として最も適切なものを，次のア～エの中から1つ選びなさい。

ア　AとBの間　　イ　B　　ウ　BとCの間　　エ　CとDの間

8 次の実験について，あとの(1)～(5)の問いに答えなさい。ただし，ひも，定滑車，動滑車，ばねばかりの質量，ひもののび，ひもと滑車の間の摩擦は考えないものとする。

実　験

仕事について調べるために，次のⅠ～Ⅲを行った。水平な床に置いたおもりを真上に引き上げるとき，ばねばかりは常に一定の値を示していた。ただし，Ⅰ～Ⅲは，すべて一定の同じ速さで手を動かしたものとする。

Ⅰ　図1のように，a おもりにはたらく重力に逆らって，b おもりを5.0cm引き上げた。おもりを引き上げるときに手が加えた力の大きさを，ばねばかりを使って調べた。また，おもりが動き始めてから5.0cm引き上げるまでに手を動かした距離を，ものさしを使って調べた。

Ⅱ　次のページの図2のように，定滑車を2個使って，Ⅰと同じおもりを5.0cm引き上げた。このとき手が加えた力の大きさと手を動かした距離を，Ⅰと同じように調べた。

Ⅲ　次のページの図3のように，動滑車を使って，Ⅰと同じおもりを5.0cm引き上げた。この

図1

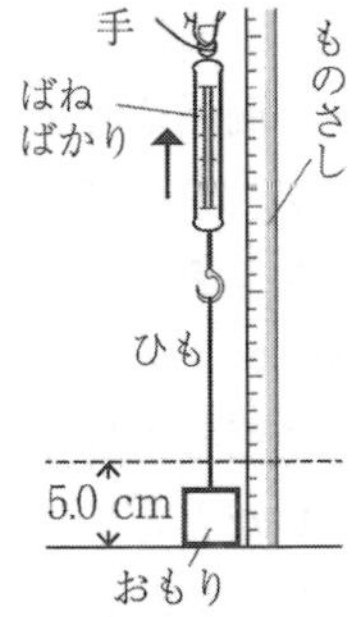

とき手が加えた力の大きさと手を動かした距離を，Ⅰと同じように調べた。

図２

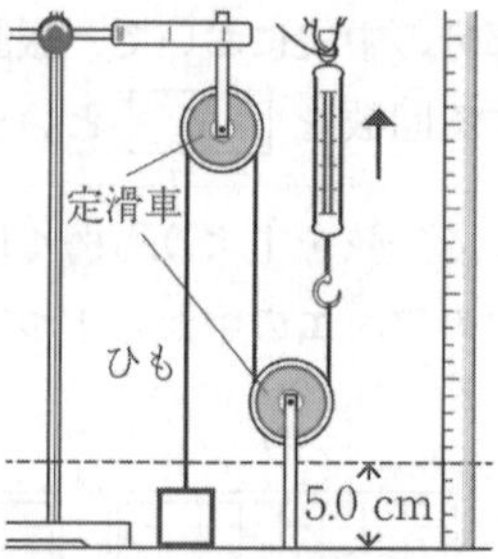

図３

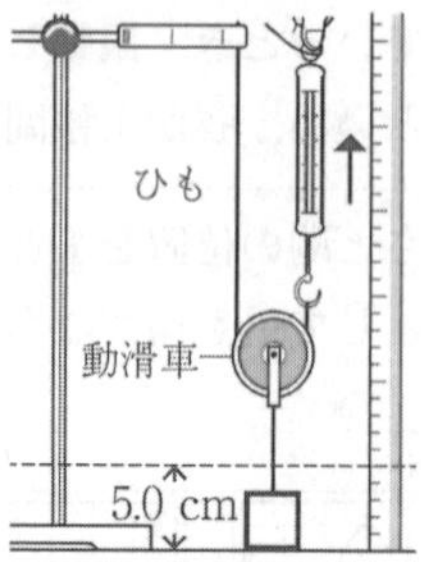

結　果

	手が加えた力の大きさ［N］	手を動かした距離［cm］
Ⅰ	3.0	5.0
Ⅱ	3.0	5.0
Ⅲ	1.5	10.0

⑴　下線部 a について，方眼の１目盛りを１Nとして，おもりにはたらく重力を表す力の矢印をかきなさい。ただし，おもりは立方体で，一様な物質からできているものとする。

⑵　次の文は，下線部 b について述べたものである。□にあてはまることばを，**漢字２字**で書きなさい。

おもりが5.0㎝の高さに引き上げられて静止したとき，おもりがもつ□エネルギーは，引き上げる前よりも大きくなったといえる。

⑶　次の文は，実験の結果からわかったことについて述べたものである。□にあてはまる適切なことばを，**仕事**ということばを用いて書きなさい。

動滑車を使うと，小さい力でおもりを引き上げることができるが，□。

⑷　Ⅰ～Ⅲで，おもりを5.0㎝引き上げたときの仕事率をそれぞれ P_1，P_2，P_3 とすると，これらの関係はどのようになるか。次の**ア**～**カ**の中から１つ選びなさい。

ア　$P_1 = P_2$，$P_1 > P_3$　　**イ**　$P_1 > P_2 > P_3$　　**ウ**　$P_1 = P_2 = P_3$

エ　$P_1 = P_2$，$P_1 < P_3$　　**オ**　$P_1 < P_2 < P_3$　　**カ**　$P_2 = P_3$，$P_1 > P_2$

⑸　図４のように定滑車と動滑車を組み合わせて質量15㎏のおもりを引き上げることにした。ひもの端を一定の速さで真下に1.0m引いたとき，ひもを引く力がした仕事の大きさは何Ｊか。求めなさい。ただし，質量100ｇの物体にはたらく重力の大きさを１Nとする。

図４

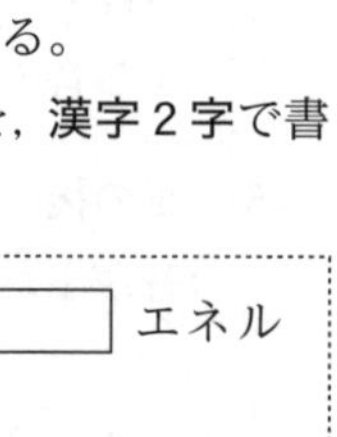

＜社会＞　時間　50分　満点　50点

1　次の地図ⅠのA～Dは国を，直線Xは本初子午線を，直線Yは180度の経線を示している。(1)～(5)の問いに答えなさい。

地図Ⅰ

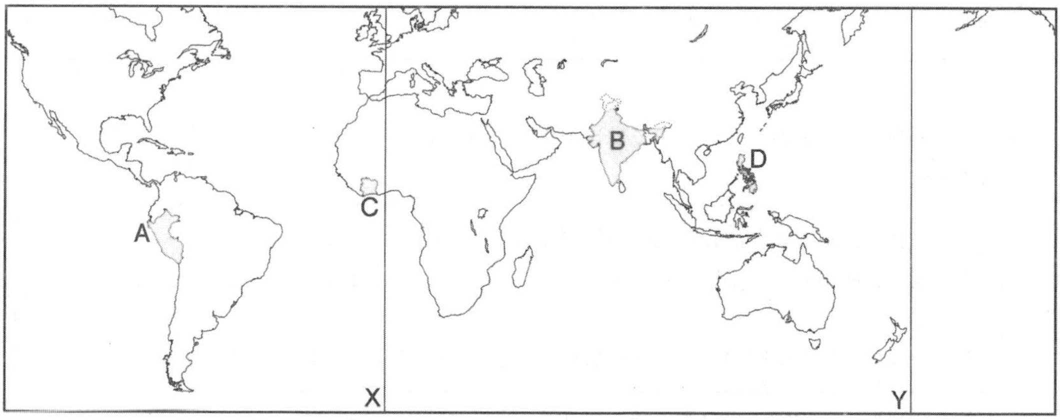

(1)　地図ⅠのA国を通る経度として適当なものを，次のア～エの中から一つ選びなさい。

ア　東経75度　**イ**　東経135度　**ウ**　西経75度　**エ**　西経135度

(2)　右の地図Ⅱは，地図ⅠのB国とその周辺の年間降水量を示している。次の①，②の問いに答えなさい。

地図Ⅱ

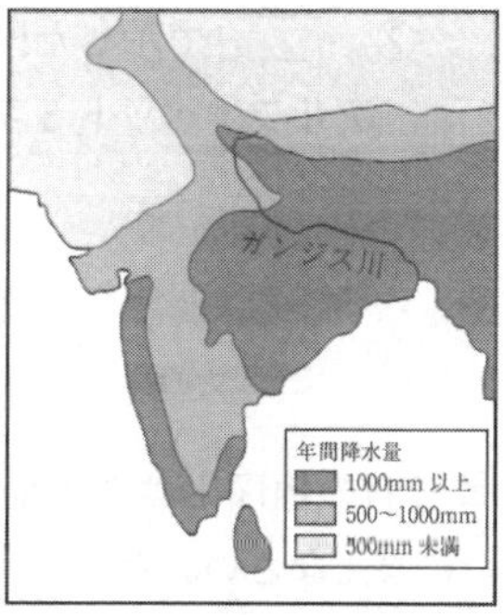

①　次の文は，B国の気候と農作物の関係について説明したものである。Sにあてはまる語句として適当なものを，下のア～エの中から一つ選びなさい。また，Tにあてはまる農作物の名前を書きなさい。

> B国では，［　S　］の影響を受けた雨季が見られ，ガンジス川下流域は年間降水量が多く主食となる［　T　］の栽培が盛んである。

ア　海からふく季節風　**イ**　海からふく偏西風
ウ　陸からふく季節風　**エ**　陸からふく偏西風

写真

②　右の写真は，ガンジス川で身を清める人々の様子を撮影したものである。B国において，最も多くの人々が信仰している宗教として適当なものを，次のア～エの中から一つ選びなさい。

ア　キリスト教　**イ**　ヒンドゥー教　**ウ**　イスラム教　**エ**　仏教

(3)　次のページの表は，地図ⅠのA～D国の輸出上位5品目と輸出総額に占める割合及び輸出総額を表している。C国にあてはまるものを，表のア～エの中から一つ選びなさい。

表　A～D国の輸出上位５品目と輸出総額に占める割合及び輸出総額（2018年）

	第１位	第２位	第３位	第４位	第５位	輸出総額（百万ドル）
ア	銅鉱 27.2%	金 14.7%	野菜・果実 9.1%	石油製品 6.3%	銅 4.7%	47894
イ	機械類 63.0%	野菜・果実 3.8%	精密機械 3.4%	銅 1.9%	金 1.9%	67488
ウ	石油製品 14.9%	機械類 10.4%	ダイヤモンド 7.9%	繊維品 5.6%	自動車 5.4%	322492
エ	カカオ豆 27.5%	野菜・果実 11.8%	石油製品 8.5%	金 6.8%	天然ゴム 6.4%	11821

（世界国勢図会 2020/21年版により作成）

(4) 次の説明文ⅰ～ⅲのすべてにあてはまる国を，A～Dの中から一つ選びなさい。また，その**国名**を書きなさい。

ⅰ　地震や火山活動が活発な造山帯に属する大きな山脈がある。
ⅱ　様々な種類のじゃがいもが栽培され，この国の人々にとって欠かせない食材となっている。
ⅲ　かつてインカ帝国が栄え，その遺跡のひとつであるマチュピチュ遺跡がある。

(5) 右の地図Ⅲは，地図ⅠのD国とその周辺を拡大したものである。Zは半島を，　　　はある組織の加盟国を示している。次の①，②の問いに答えなさい。

① Zの半島名を書きなさい。

② 　　　で示した国が加盟している組織の略称を，**アルファベット５字**で書きなさい。

地図Ⅲ

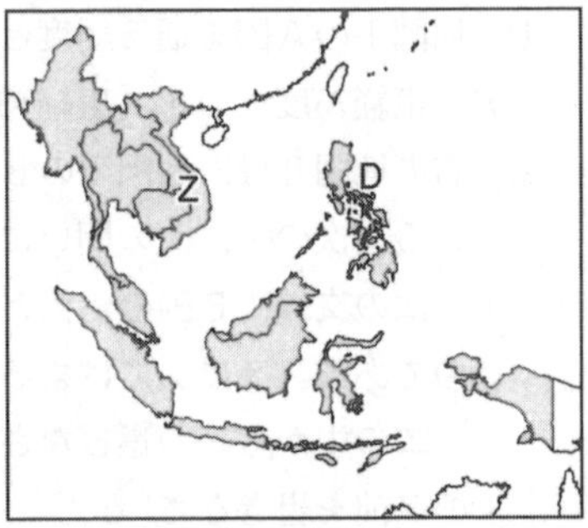

2 右の地図Ⅰは近畿地方を表している。(1)～(4)の問いに答えなさい。ただし，A～Dは県を，Xは山地を示している。

(1) 地図ⅠのXについて，次の①，②の問いに答えなさい。

① Xの山地名を書きなさい。

② Xの特産物として最も適当なものを，次のア～エの中から一つ選びなさい。

ア　吉野すぎ
イ　九条ねぎ
ウ　賀茂なす
エ　木曽ひのき

地図Ⅰ

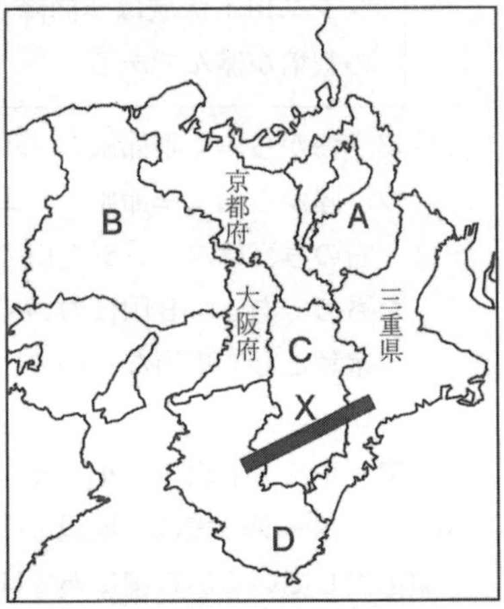

(2)　次のグラフP～Rは，近畿地方の各府県における農業産出額，工業生産額，商品販売額のいずれかを表している。P～Rの組み合わせとして適当なものを，下のア～カの中から一つ選びなさい。

グラフ　近畿地方の各府県における農業産出額, 工業生産額, 商品販売額(2016年)

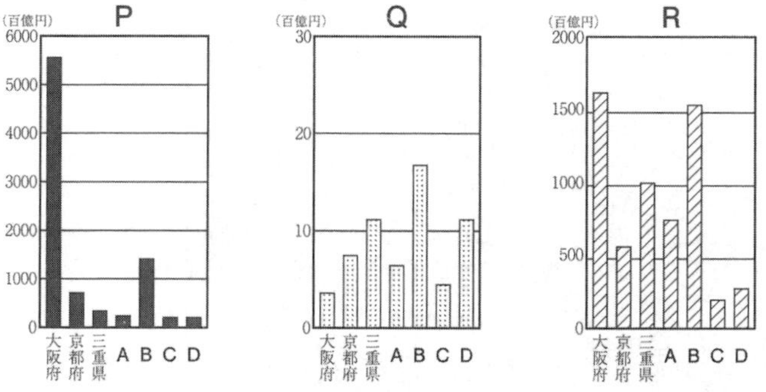

(日本国勢図会により作成)

	P	Q	R
ア	農業産出額	工業生産額	商品販売額
イ	農業産出額	商品販売額	工業生産額
ウ	商品販売額	工業生産額	農業産出額
エ	商品販売額	農業産出額	工業生産額
オ	工業生産額	商品販売額	農業産出額
カ	工業生産額	農業産出額	商品販売額

(3)　次の表は，地図ⅠのA～D県及び三重県から，他の都道府県へ通勤・通学している人数と，その人数のうち大阪府，京都府へ通勤・通学している人数の占める割合を表している。次の①，②の問いに答えなさい。

①　表のア～エは，地図ⅠのA～D県のいずれかを表している。A県にあてはまるものを選びなさい。

②　三重県は，近畿地方以外の地方とのつながりが強いため，大阪府，京都府へ通勤・通学している人数の占める割合が低い。近畿地方に属さず，三重県から他の都道府県へ通勤・通学している人数に占める割合が最も大きい都道府県名を書きなさい。

表　地図ⅠのA～D県及び三重県から，他の都道府県へ通勤・通学している人数と，その人数のうち大阪府，京都府へ通勤・通学している人数の占める割合（2015年）

	他の都道府県へ通勤・通学している人数（人）	大阪府への割合（%）	京都府への割合（%）
ア	381168	86.8	5.3
イ	192546	79.9	10.7
ウ	36487	79.6	1.9
エ	94956	24.0	63.9
三重県	64787	10.2	1.6

（総務省平成27年国勢調査資料により作成）

(4)　次のページの地図Ⅱは，近畿地方のある府県における2万5千分の1地形図の一部である。次の①～③の問いに答えなさい。

①　地図ⅡのEとFを結ぶ線の断面図として最も適当なものを，右のア～エの中から一つ選びなさい。

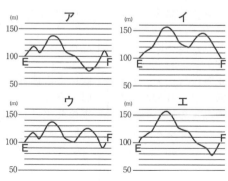

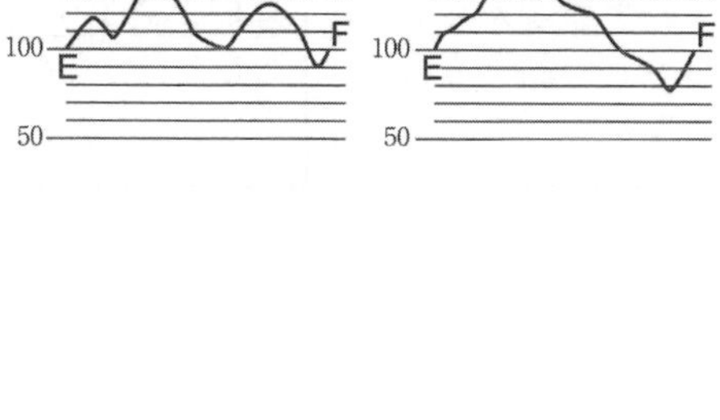

②　地図Ⅱに表されている地図記号として適当なものを，次のア～エの中から一つ選びなさい。

ア　老人ホーム

イ　図書館

ウ　小・中学校

エ　高等学校

③　地図Ⅱを読み取ると，□□□□で示したGの水域は海ではないと判断できる。そのように判断できる理由を，地図ⅡにおいてGの水域に最も近い三角点に示されている**標高を明らかにしながら,「海面の標高は」**の書き出しに続けて書きなさい。

地図Ⅱ

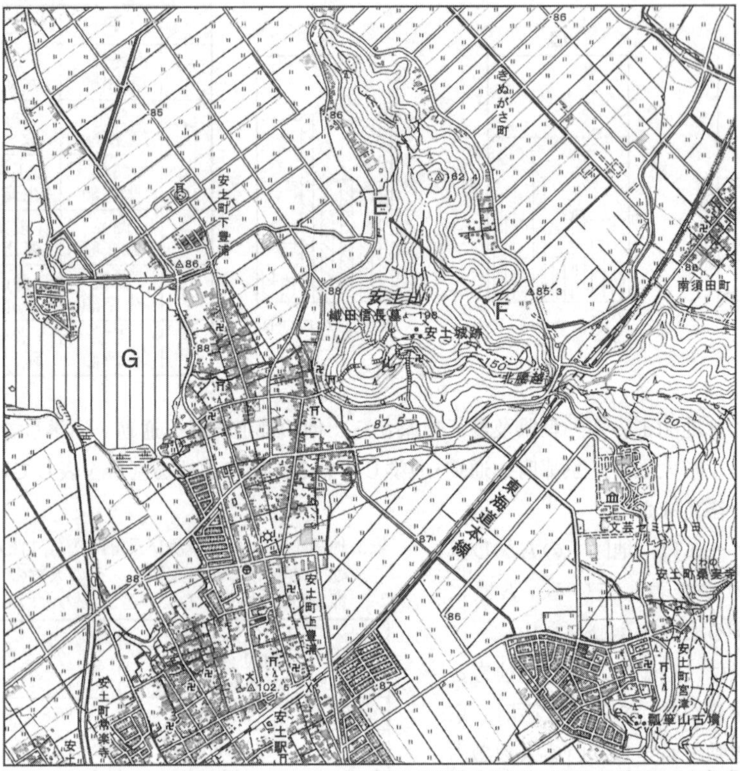

（国土地理院２万５千分の１地形図により作成）

3　次のカードⅠ～Ⅳは，古代から近世にかけての日本とその周辺の諸地域との関わりについて，ある班が調べた内容の一部である。あとの(1)～(4)の問いに答えなさい。

カードⅠ

a 平城京を中心に政治が行われた奈良時代には国際的な文化が栄えた。東大寺の正倉院に伝わるb 聖武天皇の身のまわりの品々の中には，西アジアなどからもたらされた品々も含まれている。

カードⅡ

c 元の皇帝になったフビライは２度にわたり日本を襲ったが，御家人の抵抗や暴風雨による被害もあり引きあげた。この元軍の襲来は，d 鎌倉幕府が衰退する要因のひとつともなった。

カードⅢ

鉄砲が日本に伝わると，国内の刀鍛冶により複製品がつくられ，戦国時代の戦い方に変化をもたらした。また，e ザビエルが日本にキリスト教を伝えると，キリスト教徒になる戦国大名も現れた。

カードⅣ

江戸幕府成立後，蝦夷地（北海道）の南西部を領地とした松前藩は，蝦夷地に住む［　X　］の人々との交易の独占権を幕府から与えられた。昆布などの蝦夷地の海産物は，長崎などから海外へ輸出された。

(1)　カードⅠについて，次の①，②の問いに答えなさい。

①　下線部 a に関して，次の文は，平城京について述べた文である。P にあてはまる語句を**漢字1字**で書きなさい。

> 平城京は， P の都である長安（西安）を手本につくられた。この時代，日本は P に使いをたびたび送っており，国際的な文化が平城京を中心に栄えた。

②　下線部 b に関して，次の文は，聖武天皇が治めていた時代の法令について述べたものである。Q と R にあてはまる語句の組み合わせとして適当なものを，下の**ア**～**エ**の中から一つ選びなさい。

> 戸籍に登録された６歳以上のすべての人々には，性別や身分に応じて Q が与えられ，その人が死亡すると国に返すことになっていた。しかし，人口増加などにより Q が不足してきたため，開墾を奨励するために R が定められ，新しく開墾した土地はいつまでも自分のものにしてよいとされた。

ア　Q　荘園　　R　班田収授法
イ　Q　荘園　　R　墾田永年私財法
ウ　Q　口分田　R　班田収授法
エ　Q　口分田　R　墾田永年私財法

(2)　カードⅡについて，次の①～③の問いに答えなさい。

①　右の図は，鎌倉時代の幕府と御家人の主従関係を表したものである。S にあてはまる語句を書きなさい。

②　下線部 c に関して，元軍が２度にわたり日本を襲ったときに，鎌倉幕府の執権であった人物は誰か。書きなさい。

図　鎌倉時代の幕府と御家人の主従関係

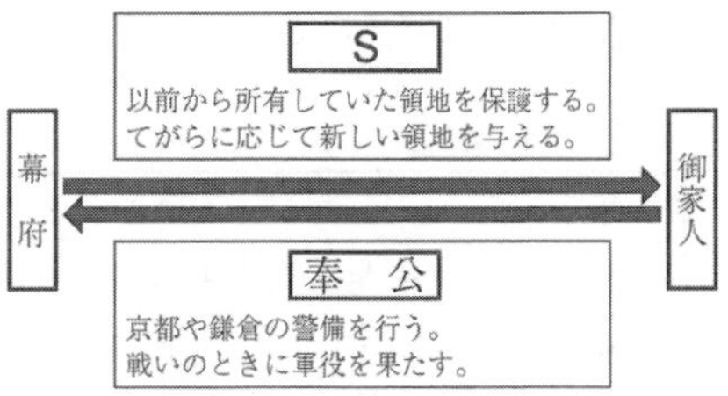

以前から所有していた領地を保護する。
てがらに応じて新しい領地を与える。

奉　公
京都や鎌倉の警備を行う。
戦いのときに軍役を果たす。

③　下線部 d に関連して，その後の日本の政治について述べた次の**ア**～**エ**を，年代の古い順に左から並べて書きなさい。

ア　足利義満は，二つの朝廷に分かれた60年にわたる内乱をおさめ，南北朝を統一した。
イ　生活が苦しくなった御家人を救おうとした鎌倉幕府は，徳政令を出した。
ウ　後醍醐天皇は，建武の新政と呼ばれる天皇中心の新しい政治を始めた。
エ　足利尊氏が，新しい天皇を立て，征夷大将軍となった。

(3)　カードⅢの下線部 e に関して，次の文は，当時のヨーロッパのキリスト教に関するできごとについて述べたものである。T と U にあてはまる語句の組み合わせとして適当なものを，次のページの**ア**～**エ**の中から一つ選びなさい。

> ・ルターは，教皇がしょくゆう状（免罪符）を売り出したことを批判し， T ではなく聖書が信仰のよりどころであると主張して，宗教改革を始めた。
> ・ T でも改革が進められ，その中心になった U は，ザビエルなどの宣教師を派遣して海外布教に力を入れた。

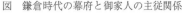

ア　T　カトリック教会　U　イエズス会　　イ　T　カトリック教会　U　十字軍
ウ　T　プロテスタント　U　イエズス会　　エ　T　プロテスタント　U　十字軍

(4)　カードⅣに関して，次の年表は，この班が蝦夷地（北海道）についてまとめたものの一部である。次の①，②の問いに答えなさい。

年	蝦夷地（北海道）に関するおもなできごと
1669	X の首長シャクシャインらが松前藩との戦いを起こす
1792	ラクスマンが根室に来航する …………Y
1802	東蝦夷地を幕府の直接の支配地とする
1806	レザノフの部下が樺太を襲撃する …………Z
1807	西蝦夷地を幕府の直接の支配地とする
	幕府が会津藩などに蝦夷地への出兵を命じる
1808	会津藩などが蝦夷地へ出兵する

地図

①　カードⅣと上の年表のXにあてはまる語句を**カタカナ3字**で書きなさい。

②　上の地図は，19世紀初めに間宮林蔵が幕府に調査を命じられて探検したルートを示している。年表を参考にして，**YとZの下線部の人物に共通する国名を明らかにしながら**，幕府が調査を命じた理由を書きなさい。

4　次の年表は，「近現代の日本の政治」というテーマで，ある班がまとめたものの一部である。(1)～(7)の問いに答えなさい。

年	おもなできごと
1867	大政奉還が行われる……………　A
1890	第一回帝国議会が開かれる……　B
1912	第三次桂太郎内閣が成立する…　C
1940	大政翼賛会が結成される………　D
1945	ポツダム宣言を受け入れる……　E
1956	日本が国際連合に加盟する……　F

地図

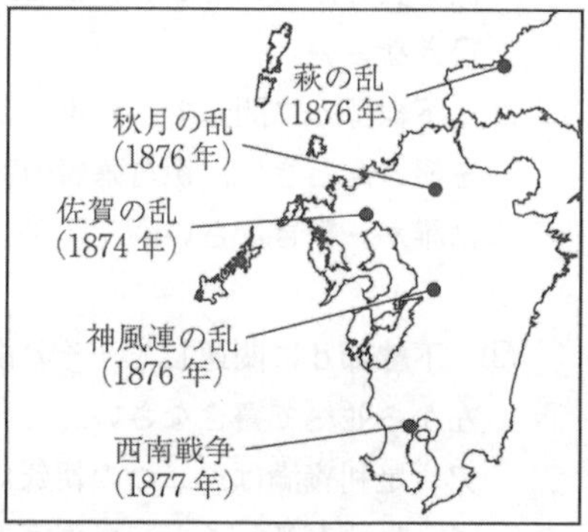

(1)　年表のAについて，この翌年に新政府は，天皇が神々に誓う形で新しい政治の方針を示した。この方針の内容の一部として最も適当なものを，次のア～エの中から一つ選びなさい。

ア
一　文武弓馬の道に，ひたすらはげむようにせよ。
一　幕府の許可なしに，婚姻を結んではならない。

イ
一　広く会議を興《おこ》し，万機公論に決すべし。
一　上下《しょうか》心を一にして，盛に経綸《けいりん》を行うべし。

ウ
我々は以下のことを自明の真理であると信じる。人間はみな平等に創られ，神よりうばいがたい諸権利を与えられている。

エ
第１条　大日本帝国は万世一系の天皇之を統治す
第３条　天皇は神聖にして侵すべからず

(2)　年表右の地図は，年表のAからBの間に西日本で起きた主な反乱とそれらの起きた年を示している。これらの反乱を起こした人々の身分を何というか。**漢字2字**で書きなさい。

(3)　年表のCについて，右の写真は，この内閣の退陣をせまる民衆の様子を撮影したものである。また，次の文は，この内閣が退陣に追いこまれるまでの過程を説明したものである。XとYにあてはまる語句の組み合わせとして適当なものを，下のア～エの中から一つ選びなさい。

写真

> 1912年に［X］に支持された桂太郎内閣が成立した。これに対して憲法に基づく政治を守ろうという［Y］運動が起こり，民衆もこれを支持して運動が盛り上がったため，桂内閣は退陣に追いこまれた。

ア　X　藩閥　　Y　自由民権
イ　X　政党　　Y　自由民権
ウ　X　藩閥　　Y　護憲
エ　X　政党　　Y　護憲

(4)　年表のCからDの間の日本経済に関わる内容について述べた次の**ア**～**エ**を，年代の古い順に左から並べて書きなさい。

ア　長引く戦後不況に苦しむ日本の経済に大きな打撃を与える，関東大震災が起きた。
イ　第一次世界大戦によって，輸出額が輸入額を上回り，大戦景気となった。
ウ　世界恐慌の影響で，昭和恐慌と呼ばれる深刻な不況が発生した。
エ　議会の承認なしに労働力や物資を動員できる，国家総動員法が定められた。

(5)　年表のDに関して，この年に東京でオリンピックが開催される予定であったが，日本政府はその2年前に開催権を返上した。この背景として考えられるできごととして適当なものを，次の**ア**～**エ**の中から一つ選びなさい。

ア　真珠湾のアメリカ海軍基地への攻撃をきっかけに，太平洋戦争が始まった。
イ　盧溝橋事件をきっかけに，日中戦争が始まった。
ウ　シベリア出兵を見こした米の買い占めに対して，米の安売りを求める騒動が全国に広がった。
エ　日米安全保障条約改定をめぐり，激しい安保闘争が起きた。

(6)　年表のEに関して，右の資料は，福島県の自作地・小作地別耕地面積の割合の変化を表したものである。戦後の民主化政策のうち，この変化に大きく関わる政策を何というか。**漢字4字**で書きなさい。

資料　福島県の自作地・小作地別耕地面積の割合の変化

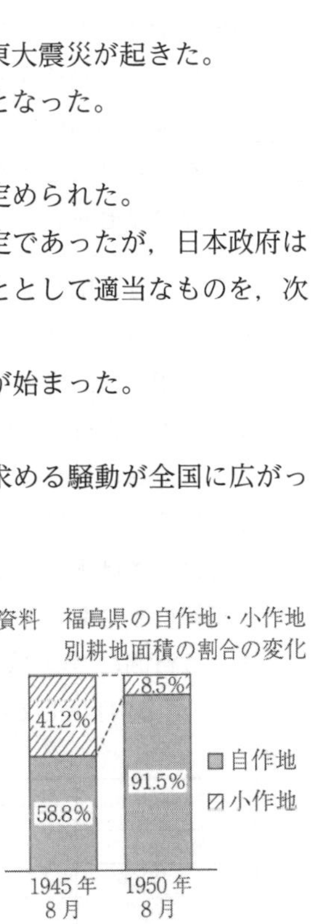

(福島県史により作成)

(7)　年表のFについて，この班は，日本が国際連合に加盟するまでの流れを次のページのようにまとめた。Zにあてはまることばを，このできごとに影響を与えた**宣言名を明らかにしながら**，次の**二つの語句**を用いて書きなさい。

調印	国交

1951年
サンフランシスコ平和条約に調印した。

日本は独立を回復した。

→ 1952年
日本の国際連合加盟に関する安全保障理事会における審議の結果

賛成	アメリカなど10か国
※反対	ソ連
棄権	なし

→ 1956年
鳩山一郎内閣が［ Z ］。

→ 1956年
日本の国際連合加盟に関する安全保障理事会における審議の結果

賛成	アメリカ ソ連など 11か国
反対	なし
棄権	なし

→ 1956年
日本の国際連合への加盟が国際連合の総会で可決された。

日本は国際社会に復帰した。

※安全保障理事会では，常任理事国が1か国でも反対すると決議できない。
（1952年，1956年時点での常任理事国はアメリカ・ソ連・イギリス・フランス・中国の5か国）

（国際連合資料などにより作成）

5 次の先生と生徒との対話を読み，(1)～(5)の問いに答えなさい。

［先生］ 前回の授業で，労働三法について学びましたが，覚えていますか。

［生徒］ a労働基準法，［ X ］法，労働関係調整法という三つの法律のことです。

［先生］ 正解です。労働三法で労働者の権利を保障していましたね。b働くことは，収入を得て生活を安定させるだけでなく，人間らしい豊かな生活を送るためにとても大切です。そして，近年は，c多様な生き方が選択できる社会の実現も求められています。

［生徒］ 働くことといえば，新聞で，日本では少子化が進んで人口の減少が始まり，それにともなって働く人の数も減少しているという記事を読みました。

［先生］ 少子高齢化や人口減少にともない，働く人の数の減少が進む中で，誰もが安心して暮らせる社会を実現するために，d社会保障と財政の在り方について考えていかなければなりません。

(1) 下線部aに関して，この法律の内容について述べた文として適当なものを，次のア～エの中から一つ選びなさい。

ア 使用者は，労働者に対して，毎週少なくとも2回の休日を与えなければならない。

イ 労働条件は，労働者と使用者が対等な立場で決定すべきものである。

ウ 労働者の賃金は，職種に応じて男女の差を設けることができる。

エ 使用者は，労働者に1週間に40時間よりも少なく労働させてはならない。

(2) Xにあてはまる語句を書きなさい。

(3) 下線部bに関して，次の表は，内閣府の国民生活に関する調査における，「働く目的は何か」という質問についての年齢層別回答割合を表している。A～Dの文の中で，表から読み取ることができる内容として適当なものの組み合わせを，次のページのア～キの中から一つ選びなさい。

表 「働く目的は何か」という質問についての年齢層別回答割合（%）（2019年）

	お金を得るため	社会の一員として務めを果たすため	自分の才能や能力を発揮するため	生きがいをみつけるため	わからない
18～29歳	65.1	10.8	13.0	10.6	0.5
30～39歳	72.2	10.8	8.0	8.7	0.3
40～49歳	70.6	12.9	6.6	9.5	0.4
50～59歳	62.9	14.6	6.1	14.5	1.9
60～69歳	52.0	16.4	8.9	19.2	3.5
70歳以上	37.3	16.7	7.6	27.2	11.2

（内閣府資料により作成）

A　「お金を得るため」と回答した割合は，どの年齢層においても最も高い。

B　「社会の一員として務めを果たすため」と回答した割合は，年齢層が低いほど高い。

C　「自分の才能や能力を発揮するため」と回答した割合は，「わからない」を除いた回答の中で，すべての年齢層において最も低い。

D　70歳以上で「生きがいをみつけるため」と回答した割合は，30～39歳の3倍以上である。

ア　AとB　　**イ**　AとCとD　　**ウ**　BとC　　**エ**　BとCとD

オ　AとD　　**カ**　BとD　　**キ**　CとD

(4)　下線部cに関して，次の文は，これから求められる社会について述べたものである。この文と最も関係の深い語句を，下の**ア**～**エ**の中から一つ選びなさい。

> 誰もがやりがいや充実感を感じながら働き，仕事の責任を果たす一方で，子育て・介護の時間や，家族，地域，自己啓発にかける個人の時間を持ち，健康で豊かな生活ができるよう，多様な生き方が選択・実現できる社会をめざすことが大切である。

ア　ワーク・ライフ・バランス　　**イ**　バリアフリー

ウ　インフォームド・コンセント　　**エ**　オンブズパーソン

(5)　下線部dに関して，次の①～③の問いに答えなさい。

①　日本の社会保障制度の四つの柱のうち，公害対策や感染症の予防などにより，人々が健康で安全な生活を送ることができるようにすることを何というか。書きなさい。

②　高齢化の進展などに対応して，2000年から導入された介護保険制度について「**40歳以上の**」の書き出しに続けて，次の**二つのことば**を用いて書きなさい。

> **介護が必要になったとき　　加入**

③　右の図は，社会保障の在り方について，社会保障給付費を横軸にとり，税などの国民負担を縦軸にとって，図式化したものである。現在の状況を図中の●の位置としたとき，次の文に書かれていることを行うと，●は**ア**～**エ**のどこに移動するか。適当なものを一つ選びなさい。

> 医療保険の保険料を引き下げて，医療機関で支払う医療費の自己負担の割合を大きくする。

図

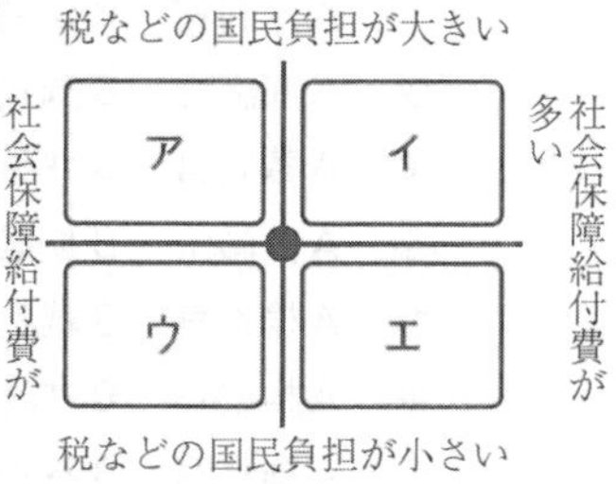

6　次の文は，人権の保障についてまとめたものである。あとの(1)～(6)の問いに答えなさい。

> 私たち国民の人権は，国の権力のはたらきが民主的に定められた法によって制限されるという法の支配の原則によって守られている。法のうち，国の在り方の根本を定めたものがa憲法で，日本国憲法ではb三権分立を採り，国の権力をc立法権，行政権，d司法権に分けることで，権力の集中を防ぎ，国民の権利を守っている。また，日本国憲法では，国の政治において人権を最大限尊重することが必要とされている。そして，私たち国民は，e政治に対して一人一人が意見を持ち，主権者として積極的に政治に参加するとともに，f他人の人権を侵害しないように努めなければならない。

(1)　下線部 a に関して，次の文は，憲法による人権の保障について説明したものである。X にあてはまる語句を，**漢字 4 字**で書きなさい。

> 国の政治権力から人権を守り，保障していくために，憲法によって政治権力を制限するという考えを［　X　］という。

(2)　下線部 b について，権力の濫用《らんよう》を防ぐために権力の分立が必要だと主張し，『法の精神』を著したフランスの思想家は誰か。書きなさい。

(3)　下線部 c に関して，日本では国会と内閣の間で議院内閣制が採られている。議院内閣制とはどのような制度か。次の**二つの語句**を用いて書きなさい。

［　信任　　運帯　］

(4)　下線部 d に関して，次の A ～ D は，日本の刑事裁判に関わる役割について説明した文である。A ～ D を担う人の組み合わせとして適当なものを，下の**ア～ク**の中から一つ選びなさい。

A　法律に違反する罪を犯したと思われる被疑者を，被告人として裁判所に訴える。警察とは独立した立場から犯罪の捜査を補充し，立証を行う。

B　殺人や強盗致死傷などの重大な犯罪について，くじで選ばれた国民が，裁判官と一緒に被告人の有罪・無罪や刑罰の内容を決める。

C　被告人の利益を守るために活動する。被告人の経済的な理由により依頼できないときは，その費用を国が負担する。

D　当事者の主張を判断し，法律を適用して判決を下す。司法権の独立を保つために，身分の保障がある。

ア	A 裁判員	B 弁護士	C 裁判官	D 検察官
イ	A 裁判官	B 検察官	C 弁護士	D 裁判員
ウ	A 弁護士	B 裁判員	C 検察官	D 裁判官
エ	A 裁判官	B 弁護士	C 裁判員	D 検察官
オ	A 弁護士	B 検察官	C 裁判員	D 裁判官
カ	A 検察官	B 裁判員	C 弁護士	D 裁判官
キ	A 検察官	B 弁護士	C 裁判官	D 裁判員
ク	A 検察官	B 裁判員	C 裁判官	D 弁護士

(5)　下線部 e に関連して，私たち国民には，「新聞やテレビなどが伝える情報の中から，信頼できる情報は何かを冷静に判断して読み取る力」が求められる。この力を何というか。**カタカナ**で書きなさい。

(6)　下線部 f に関連して，次の文は，インターネット上での人権侵害について，授業で話し合った会話の一部である。Y と Z にあてはまる語句の組み合わせとして適当なものを，次のページの**ア～カ**の中から一つ選びなさい。

> ［先　生］　インターネット上で他人のプライバシーを侵害したり，名誉を傷つけたりする事件が増加しています。こうした行為は名誉毀損《きそん》の罪に問われることがあります。
>
> ［えいた］　私たちには情報を発信するという［　Y　］が保障されています。人権は本来，

法律によって制限されないものですよね。

ももか　でも，法律による人権の制限が，憲法に照らして認められる場合もありますよね。

先　生　その通り。憲法は，自由や権利の濫用を認めず，それらを社会全体の利益のために利用する責任があると定めています。人権には，他人の人権を侵害してはならないという限界があるので，こうした事件のように［ Y ］が制限されなければならないこともあるのです。

ももか　憲法において「公共の福祉」という言葉で示されているものですね。

えいた　たしかに，名誉を傷つける情報発信は，他人の人権や利益を不当に侵害していないかといった［ Z ］の観点で考えても，認められるものではないですね。

ア　Y知る権利　Z公正　　イ　Y黙秘権　Z公正　　ウ　Y表現の自由　Z公正
エ　Y知る権利　Z効率　　オ　Y黙秘権　Z効率　　カ　Y表現の自由　Z効率

イ 「鳥の目」は文章全体の構成を意識し、完成までのあらゆる経路を想定して柔軟に結論を変えることを表している。

ウ 「魚の目」が表す内容は運転者の目にもたとえられ、どのような状況であっても正しく判断することを示している。

エ 「鳥の目」が表す内容はカーナビにもたとえられ、当初の構想に沿って文章の完成形を目指すことを示している。

オ 「魚の目」は多様な視点から文章を検討し、何度も内容を確認することによって誤りを防ぐことを意味している。

5 [2]「段落というものを、あらかじめ立てていた計画と、執筆過程で次々に思いつく即興との融合と見る」とあるが、筆者は、段落ではどのようなことが行われると述べているか。**六十字以内**で書きなさい。

六 下の資料は、全国の子供や若者を対象に行った意識調査の結果を、二つの年齢層に分けてグラフで表したものである。この資料を見て**気づいたこと**と、**「自分自身を変えること」**についての**あなたの考えや意見**を、次の**条件**に従って書きなさい。

条件

1 **二段落構成**とすること。
2 前段では、資料を見て**気づいたこと**を書くこと。
3 後段では、前段を踏まえて、**「自分自身を変えること」**についての**あなたの考えや意見**を書くこと。
4 全体を**百五十字以上**、**二百字以内**でまとめること。
5 氏名は書かないで、本文から書き始めること。
6 原稿用紙の使い方に従って、文字や仮名遣いなどを正しく書き、漢字を適切に使うこと。

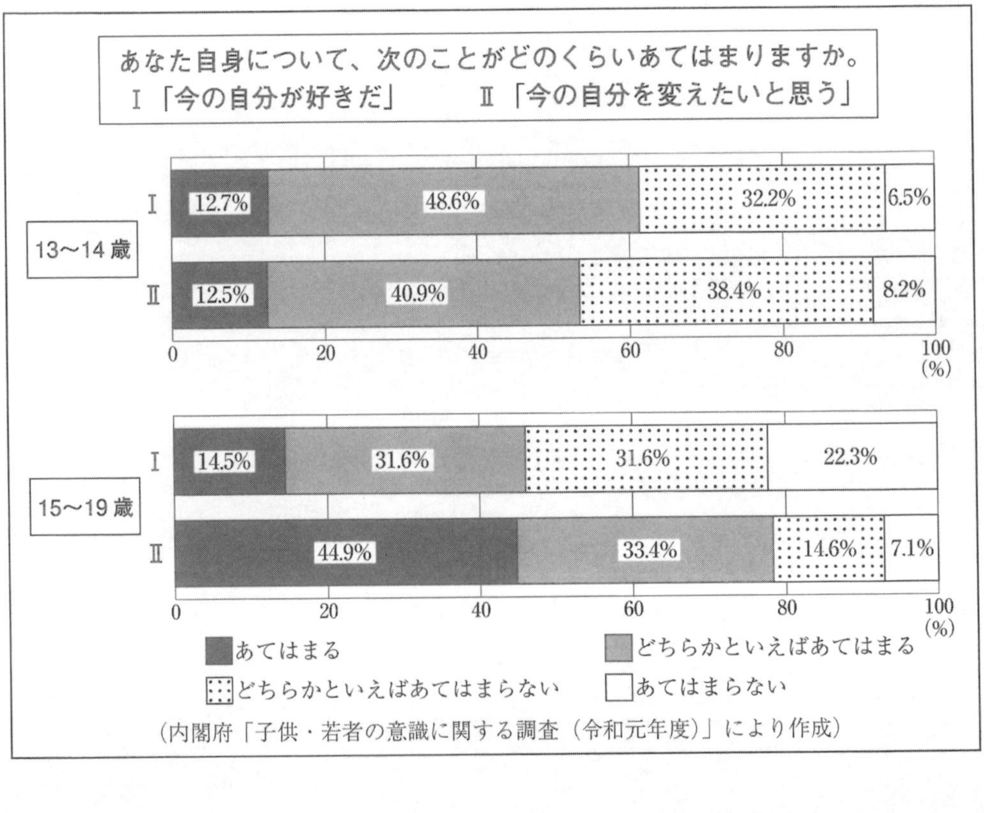

（内閣府「子供・若者の意識に関する調査（令和元年度）」により作成）

（石黒　圭「段落論　日本語の『わかりやすさ』の決め手」より）

注1　全体のうち下位に位置する側から上位に向かって伝達などを進める方式。
注2　全体のうち上位に位置する側から下位に向かって伝達などを進める方式。
注3　他に方法がない。やむをえない。
注4　力、勢力にほとんど差がなく、互いに張り合うこと。
注5　機械などが正常に保たれるように監視すること。

1　次の各文中の――線をつけた言葉が、**第三段落**の「近接した」の「た」と同じ意味・用法のものを、**ア**～**オ**の中から一つ選びなさい。

ア　去年に比べて今年の夏は暑かった。
イ　知りたいと思ったらすぐに調べる。
ウ　急いで行ったが間に合わなかった。
エ　明日は十時に出発の予定だったね。
オ　待合室の壁に掛かった絵を眺める。

2　次の図は、「流れ」と「構え」について、**第一段落**から**第三段落**までの内容を整理したものである。あとの(1)、(2)の問いに答えなさい。

	流れ	構え
第一・第二段落	Ⅰ 考えて書く＝ボトムアップ式の活動	文章構成の設計図にしたがって計画的に書く＝トップダウン式の活動
第三段落	近接情報へ移行しようとする力＝Ⅱ とする力	新情報を迎えようとする力＝Ⅲ とする力

(1)　Ⅰ にあてはまる最も適当な言葉を、本文中から**十五字**でそのまま書き抜きなさい。

(2)　Ⅱ、Ⅲ にあてはまる言葉の組み合わせとして最も適当なものを、次の**ア**～**オ**の中から一つ選びなさい。

ア　Ⅱ　自然と受け流そう　Ⅲ　少しずつ歩み寄ろう
イ　Ⅱ　逆らわずに結び付こう　Ⅲ　目的をもって遠ざかろう
ウ　Ⅱ　意識して選択しよう　Ⅲ　素直に受け入れよう
エ　Ⅱ　しっかりと理解しよう　Ⅲ　自分の意志で接近しよう
オ　Ⅱ　あきらめずに近づこう　Ⅲ　慎重に距離をとろう

3　本文における**第四段落**の働きとして最も適当なものを、次の**ア**～**オ**の中から一つ選びなさい。

ア　第三段落の内容を受け継ぎ、第五段落以降で「流れ」と「構え」のどちらの観点から論じるのかを示す働き。
イ　第三段落の内容を整理して文章の書き方という話題から離れ、文章の読み方を論じる第五段落につなぐ働き。
ウ　第三段落の内容をまとめ、第五段落以降で「流れ」と「構え」をどのように捉えて論じるのかを示す働き。
エ　第三段落の内容を補足して新たな視点を示し、なぜその視点が必要なのかを論じる第五段落につなぐ働き。
オ　第三段落の内容を検証し、第五段落以降で「流れ」と「構え」以外の観点によって論じることを示す働き。

4　[1]「『魚の目』と『鳥の目』という比喩」とあるが、「魚の目」、「鳥の目」についての説明として最も適当なものを、次の**ア**～**オ**の中から一つ選びなさい。

ア　「魚の目」は文と文のつながりを意識し、文章構成の予定に基づいて適切な文をその都度考えることを表している。

抗な移行を「流れ」と称したのに対して、このように意図的に離れることは「構え」と呼びたい。むやみに離れるのでなく、構えて離れるからである。

（第三段落）

つまり、先行文脈から自然につながろうとする力を「流れ」、新情報の導入によって意図的に離れようとする力を「構え」と呼びます。林氏の議論では、文の組み立てに関わる比較的小さい要素が中心ですが、本書では、段落のなかの文という大きい単位を、「流れ」と「構え」という観点から議論したいと思います。

（第四段落）

「流れ」と「構え」はつねに拮抗《きっこう》[注4]する存在です。「流れ」が無目的に走りだそうとすると、「構え」がそれにストップをかけます。そのまま書きつづけてしまうと、あらぬ方向に文章が展開していってしまうからです。一方、「構え」が「流れ」を無理に押さえつけようとすると、「流れ」がそれに反発します。予定していた「構え」のとおりに書けないのは、設計図としての「構え」にそもそも無理があるためであり、「構え」を「流れ」に合わせて修正していくことで、自然な流れの文章ができあがっていくからです。このように、文章とは、「構え」と「流れ」の絶え間ない戦いの過程であり、両者の調整の歴史です。書き手によるそうした調整の歴史が文字として残り、それを読み手が文章として読んで理解していくのです。そう考えると、段落は「流れ」と「構え」が出会い、調整をする場だということになるでしょう。ボトムアップ式の活動とトップダウン式の作業がクロスする交差点なのです。

（第五段落）

1「魚の目」と「鳥の目」という比喩があります。「魚の目」というのは、海のなかを泳ぐ魚から見える水中の世界。潮の動きや外敵の存在など、周囲の状況を感じとりながら泳ぎます。「鳥の目」というのは、海のはるか上空から見える空中の世界。魚がどの方向に進んでいるのかを上空からモニター[注5]します。海のなかを泳ぐ魚が目的にむかって適切に進むには、「魚の目」と「鳥の目」を組み合わせて考えることが大事です。「魚の目」は「流れ」、「鳥の目」は「構え」です。私たちが文章を書いたり読んだりするとき、「魚の目」と「鳥の目」を行ったり来たりします。そうすることで、私たちの言語活動はより質の高いものになるのです。

（第六段落）

文章を書くことを車の運転になぞらえてみましょう。私たちが車を運転するとき、カーナビゲーション・システム、いわゆるカーナビを参考にします。カーナビのディスプレイは、空から見る「鳥の目」で私たちの行くべき道を教えてくれます。しかし、ハンドルを握る私たちは、カーナビの言うことに従うとは限りません。道路の渋滞状況や工事状況、スクールゾーンなどの時間帯、道幅の広さや見通しのよさ、さらには信号の変わるタイミングなど、「魚の目」で周囲の状況を見ながら、まさに「流れ」に合わせて進む道を柔軟に変えていきます。ときには「鳥の目」であるカーナビの選択を尊重し、ときには「魚の目」である自分の状況判断を優先し、調整しながら運転していくわけです。このように「鳥の目」と「魚の目」、二つの目を調整しながら自らの判断で運転していくさまは、設計図を参考にしながらも、現場の判断で選択を決めていくという文章を書く営みと共通するものです。2段落というものを、あらかじめ立てていた計画と、執筆過程で次々に思いつく即興との融合と見ることで、文章執筆の考え方は豊かになるでしょう。

（第七段落）

オ　朋典が疲れていることに気づいて、早く休ませてやりたいという思いを踏まえ、話を切り上げるようにきっぱりとした調子で読む。

5　[5]「こっそり目もとをぬぐった。」とあるが、この場面に至るまでの佐紀の心情について次のように説明したい。あとの(1)、(2)の問いに答えなさい。

> 母には感謝されたが、朋典に［Ⅰ］ことができたのは、久和先生や百瀬さんの真似をしただけで、自分の力ではないと佐紀は感じていた。しかし、真似をしただけだとしても、久和先生たちの対応から、どのように朋典に接すればよいかを考えるようになり、［Ⅱ］と自分の行動を前向きに受け止める気持ちも生じた。胸がいっぱいになり思わず涙が出てしまったが、それを母に知られるのは気恥ずかしいと感じている。

(1)　［Ⅰ］にあてはまる最も適当な言葉を、本文中から**六字**でそのまま書き抜きなさい。

(2)　［Ⅱ］にあてはまる内容を、**四十五字以内**で書きなさい。

五　次の文章を読んで、あとの問いに答えなさい。

文章を書くということは文を書くことです。文章を書く人は誰でも、一度に文章全体を書くことはできず、地道に一文一文書きつづけることしかできません。段落を作ることにしても、文を書いている合間に、改行一字下げの記号をときどき入れるにすぎません。私たちが文章を書くときには、文しか書いていないのです。一冊の本を書き上げる場合でも、何百、何千という文をひたすら書きつづける以外ありません。執筆過程のなかで、その都度その場の文脈を考えながら一文一文生みだし、それを次から次へと継ぎ足しながら文章という一本の線を紡《つむ》いでいくこと。これが文章を書くことです。このように、その場の文脈に合わせて即興的に考えながら文を継ぎ足していく[注1]ボトムアップ式の活動を「流れ」と呼ぶことにしましょう。　**(第一段落)**

一方、文章を書く人なら誰でも、アウトラインという名の文章構成の設計図を持っています。用意周到な書き手であれば、かなりしっかりしたアウトラインを作り、それにしたがって文章を書いていこうとするでしょう。そうした[注2]トップダウン式の活動を「構え」と呼ぶことにしましょう。　**(第二段落)**

「流れ」と「構え」とは、文章論の大家《たいか》である林《はやし》四郎《しろう》氏の独創的な考え方を参考にしたものです。林氏は次のように語ります。

わたくしたちの思考場面に、一つの情報が送りこまれると、それ以後は、その情報が呼び起こす近接情報へ移ろうとする力が主に働いて、あることばから次のことばが選ばれるが、わたくしたちがものを考えるということは、多くの場合、何か外からの刺激を受けて、[注3]余儀なく次へ移っていくのであって、ただ無抵抗に意識表面をすべっていくのとはちがう。そこで、なるべく近接した情報へ安易に移行しようとする力を制して、随時、必要がもたらす新情報が飛びこんで来る。近接情報へ移行しようとする力は、つながろうとする力であり、新情報を迎えようとする力は、離れようとする力である。

〔中略〕一応離れるが、やがてつながるべく意図されて離れるのが、言語表現における離れ方の特徴である。近接情報への無抵

なものを、次の**ア**～**オ**の中から一つ選びなさい。

ア　朋典だけが悪かったのではないと聞かされて、姉として弟の代わりに責任を取る必要はないということを理解したから。

イ　朋典だけがふざけていたわけではないとわかって、事情を理解せずに朋典を激しく責めた自分の行動を反省したから。

ウ　朋典だけに非があったのではないと知って、親が百瀬さんのやけどについて責任を取らずに済みそうだと考えたから。

エ　百瀬さんから朋典に責任はないと説明されて、痛みをこらえて朋典をかばおうとする百瀬さんの優しさに気づいたから。

オ　百瀬さんから朋典が久和先生に厳しく叱られたと教えられて、朋典に対する怒りがおさまり冷静さを取り戻したから。

2　[2]「すっと久和先生がひざを折って、朋典の真正面にしゃがみこんだ。」とあるが、この行動を含めた久和先生の朋典に対する言動には、どのような意図があったと佐紀は受け止めているか。これについて説明した次の文の空欄にあてはまる内容を**三十字以内**で書きなさい。

> 目の高さを合わせて語りかけ、朋典に［　　　］という意図があった。

3　[3]「朋典が、わたしのシャツの袖をぎゅっとにぎってきた。」とあるが、このときの朋典の心情の説明として最も適当なものを、次の**ア**～**オ**の中から一つ選びなさい。

ア　怒りを抑えきれない様子の母の姿を見て、姉が心配しているとおりに母からひどく怒られてしまうにちがいないとおびえている。

イ　暗く沈んだ様子の母の姿を見て、取り返しのつかない失敗をしたことに気づいて母にどんな言葉で謝ればよいのかと悩んでいる。

ウ　自分の帰りを待ちきれない様子の母の姿を見て、心配をかけてしまったが母は自分のことを許してくれたようだと安心している。

エ　落ち着かない様子の母の姿を見て、自分のせいで百瀬さんに迷惑をかけたことを母に怒られるのではないかと不安になっている。

オ　不安そうな様子の母の姿を見て、自分の行動をどんなに深く反省したとしても母には許してもらえないだろうとあきらめている。

4　本文を朗読する場合、[4]「お姉ちゃんのいったこと、ホント?」は、佐紀の母の心情を考えるとどのように読むのがよいか。最も適当なものを、次の**ア**～**オ**の中から一つ選びなさい。

ア　佐紀の説明を聞き少し安心したが、朋典自身に気持ちを表現させたいという思いを踏まえ、確認するように落ち着いた調子で読む。

イ　言葉につまる朋典の様子からは、佐紀の説明が信じられないという思いを踏まえ、本当のことを語らせるように優しい調子で読む。

ウ　他人に迷惑をかけた朋典には、厳しく言い聞かせる必要があるという思いを踏まえ、反省を求めるように語気を強めた調子で読む。

エ　朋典は十分に反省しており、同じ失敗をすることはないだろうという思いを踏まえ、成長を実感するようにやわらかい調子で読む。

「待たせてごめんな、佐紀。きょうのことは、オレのほうからお母さんにご連絡しておくから。朋典のこと、よろしくな。」

プールの水が入ってしまったようになっている耳で、ぼんやりと久和先生の声を聞く。

ちゃんとうなずくことができたのかどうかも、わからなかった。

家にもどると、お母さんが玄関の前でうろうろしながらわたしと朋典の帰りを待っていた。

「あ……お母さんだ。」

お母さんに気がついた[3]朋典が、わたしのシャツの袖をぎゅっとにぎってきた。いつものわたしなら、やめてよ、と払いのけていたかもしれない。だけど、そうはしなかった。朋典がいま、本当に弱ってしまっているのがわかっていたからだ。なにより、久和先生と百瀬さんがしていたように、わたしも朋典にやさしくしてみたかった。

「だいじょうぶだよ。久和先生、連絡しておいてくれるっていってたでしょ。」

「うん……。」

朋典は、わたしのうしろにかくれながら、のろのろと歩いている。

家の前までいくと、お母さんはまず、「朋典、お母さんにいうことあるね？」といった。朋典は、早くも嗚咽がこみあげてしまっているようで、うぐ、とか、あう、とかいうばかりだ。

「お母さん、トモね、ちゃんと百瀬さんにあやまってたよ。久和先生にも、しちゃいけないって注意されてることはもうしないって約束してた。すごく反省してると思うよ。」

わたしがそう助け舟を出すと、お母さんはちょっとびっくりしたような顔をしながら、朋典の頭を手のひらで大きくなで回した。

[4]「お姉ちゃんのいったこと、ホント？」

朋典が、うんうん、とうなずく。

「ちゃんとあやまったのね？」

うんっ、と大きくうなずいた朋典に、お母さんはやっと、いつものやさしい顔を見せた。

「よし、じゃあ、おうち入ろう。おなかすいたでしょ？　ふたりとも。」

朋典の背中を押しながら歩きだしたお母さんが、ちらっとわたしのほうをふり返って、こそこそっとささやいた。

「ありがとね、佐紀。佐紀がいっしょにいてくれて、本当によかった。」

目の奥が、ぎゅうっと痛くなった。

ちがうんだよ、お母さん、と思う。

わたしはただ、久和先生と百瀬さんの真似《まね》をしただけなんだから。人の気持ちを思いやることができる人たちの、真似をしただけなんだよ……。

それでも思う。朋典がわたしのシャツの袖をにぎってきたとき、ふり払わなくてよかったって。お姉ちゃんらしいことができて、本当によかったって。

わたしはお母さんに気づかれないよう、シャツの袖口で、[5]こっそり目もとをぬぐった。

（石川　宏千花「青春ノ帝国」より）

注1　声をつまらせて泣くこと。
注2　患者に投与する薬剤についての医師から薬剤師への指示書。

1　[1]「ひざから力がぬけてしまいそうなくらい、ほっとした。」とあるが、佐紀がほっとしたのはなぜか。その理由の説明として最も適当

こんだ。

「それで？　朋典。あのときおまえが、腕をぐるぐる回してなかったら、百瀬さんはどうなってたと思う？」

「やけどなんかはあ、してなかったと思いますう。」

「そうだな、その通りだ。オレや百瀬さんがいつもいってるよな。火がついてるアルコールランプのそばでは、絶対にふざけちゃだめだぞって。ふざけると、こういうことになるんだ。だから、ふざけちゃいけない。朋典はもう、わかったよな？」

「はいぃ、わかりましたあ。」

「よし、じゃあ、もうなにも心配しなくていい。百瀬さんのやけどは、そんなにひどくないから。」

蛇口の水に腕をさらしたまま、百瀬さんが顔だけをうしろに向ける。

「そうそう、関口くん。こんなの、ぜんぜんたいしたことないから。こうやって流水で冷やしてれば、すーぐよくなっちゃうよ。」

久和先生も百瀬さんも、朋典に責任を取らせるつもりなんてなかったんだっていうことが、ようやくわたしにもわかってきた。

ふたりはただ、してはいけないことをしたらどうなってしまうのかを、きちんと朋典に見せていただけなんだ、きっと……。

廊下のほうから、どんどんどんどんっという足音が聞こえてきた。

「ワセリン、買ってきた！」

台所に飛びこんできたのは、奈良くんだった。

奈良くんがあわてて飛びだしていった理由が、いまになってわかった。

「おー、くれ。」

久和先生は、奈良くんの手からワセリンの容器を受けとると、それをすぐに、百瀬さんの腕にたっぷりと塗った。

「これで、この上からこうやってラップをですね……。」

そう説明しながら、用意してあったラップを、ワセリンを塗った百瀬さんの腕の上にぐるぐると巻いていく。

「応急処置ですけど、これやっとけば、この程度のやけどなら跡は残りませんから。」

「へー、ワセリンにこんな使い方があったんですねえ。」

百瀬さんは、いつもと同じうれしそうで楽しそうな口調でいいながら、久和先生の手もとをのぞきこんでいる。

「多分、病院でもこれと似たような処置しかしないとは思います。ただ、塗り薬は処方箋[注2]をもらって手に入れるやつのほうが効きはいいでしょうから、できれば、きちんと病院にいってください。もちろん、治療費はすべてこちらでお支払いしますんで。」

「いえいえ、本当にこんなやけど、たいしたことないですから。これで充分です。」

ふたりの会話を聞きながら、わたしは、朋典のせいでうちの親がこまったことになるんじゃないかってことばかり考えていた自分に、ひどくショックを受けていた。

どうして、そんなふうにしか考えられなかったんだろう。

わたしは百瀬さんのやけどの心配もしないで、どうにかして朋典やうちの親が責任を取らずに済むようにって、そればかり考えていた。

どうしてほんの少しでも、百瀬さんのやけどはだいじょうぶなのかな、と思ったり、大変なことをしてしまった、とうろたえて泣いていた弟を安心させてやらなくちゃ、と思ったりしなかったんだろう……。

本当に、わかしは最低な女の子だと思った。なにひとついいところがない、最低な女の子だ。心底、そう思った。

け止め方にも、同じことがあてはまるのかもしれないね。」

(1) ① にあてはまる最も適当な言葉を、**文章Ⅱ**（文語文）から**七字**でそのまま書き抜きなさい。

(2) ② にあてはまる内容を、**二十字以内**で書きなさい。

3 「げにも人はあしき心あるものかな。」とあるが、「あしき心」が生じるのはなぜか。その理由の説明として最も適当なものを、次の**ア**～**オ**の中から一つ選びなさい。

ア 自分の評判を守ろうとして、他者の悪いところを取り上げて批判し、他者のよいところは羨ましく感じるようになるから。

イ 自分の評判を気にするあまり、他者の悪いところを見つけて安心し、他者のよいところは憎らしく思うようになるから。

ウ 他者よりも高い評価を得ようとして、他者の悪いところばかりを探して満足し、他者のよいところに気づかなくなるから。

エ 他者からの評価を気にするあまり、他者の悪いところは注意せず、他者のよいところだけを必要以上にほめようとするから。

オ 自分の評判を高めるために、他者の悪いところを参考に自分の行動を改め、他者のよいところをまねしようとするから。

四 次の文章を読んで、あとの問いに答えなさい。

（中学二年生の関口佐紀《せきぐちさき》には、《科学と実験の塾》に通っている小学五年生の弟の朋典《とものり》がいる。その塾には、塾長の久和《くわ》先生、助手の百瀬《ももせ》さん、久和先生の甥《おい》で佐紀の同級生の奈良《なら》くんがいる。ある日、佐紀はいつものように塾へ朋典を迎えに行ったのだが、朋典がふざけた拍子に、百瀬さんがやけどをしたことがわかった。）

気がついたときには、朋典をどなりつけていた。

「トモッ、なんでそんな馬鹿《ばか》なことしたのっ！」

ひゃーん、となさけない声を出しながら、朋典が顔を天井に向ける。かまうことなくわたしは、トモの馬鹿っ、お母さんに怒られるからねっ、とどなりつづけた。息が止まってしまうんじゃないかと思うくらい、朋典は激しくしゃくりあげている。

「待って待って、関口くんのお姉さん。」

突然、百瀬さんがくるっとわたしのほうに顔を向けてきた。

「ちがうの。わたしも悪かったんだ。倒れそうになったアルコールランプをとっさに受けとめようとして、手を出しちゃったから。」

「そう……なんですか？」

「そうなのそうなの。だから、関口くんだけが悪いわけじゃないんだよ。」

わたしは、1ひざから力がぬけてしまいそうなくらい、ほっとした。だったら、うちの親がなにか責任を取ったりするはめにはならないかもしれない。

「でもお、あんときオレがあ、あんなふうにい、腕をぐるぐる回したりしなければあ、百瀬さんはあ……。」

注1嗚咽《おえつ》にじゃまされながらも、朋典が必死になにかいおうとしている。

そんな朋典に、わたしは心の中で、馬鹿っ、と叫んだ。せっかく百瀬さんが、自分にも非があったってことにしてくれてるんだから、余計なことはいわないでって。そのままにしておいたほうが、お父さんもお母さんもこまらないんだよって。

わたしが思わず、朋典の口もとに向かって手を伸ばしそうになったそのとき、2すっと久和先生がひざを折って、朋典の真正面にしゃがみ

現している。
　また別の短歌は、数詞の使用や同じ言葉の繰り返しによって一首全体にリズムを作り出し、姿の見えない鳥の位置の変化をその声の様子から捉えている。「［Ⅱ］」という言葉が、鳥がどこかへ飛び去ったことを想像させ、作者のしみじみとした思いを印象づけている。

(1)　［Ⅰ］にあてはまる最も適当な言葉を、その短歌の中から**六字**でそのまま書き抜きなさい。

(2)　［Ⅱ］にあてはまる最も適当な言葉を、その短歌の中から**四字**でそのまま書き抜きなさい。

三　次の**文章Ⅰ**、**文章Ⅱ**を読んで、あとの問いに答えなさい。

文章Ⅰ

　堯舜《げうしゆん》[注1]天下をひきゐるに仁[注2]をもつてして《（仁によって行い）》、民これに従ひ、桀紂《けつちう》[注3]天下をひきゐるに暴[注4]をもつてして、民これに従ふ。　（「大学」より）

注1　堯と舜。ともに、古代中国の伝説上の王。
注2　他者に対する思いやり。
注3　桀と紂。ともに、古代中国の王。
注4　他者を苦しめるようなひどい扱い。

文章Ⅱ

　わがあしきをば《（悪いことは）》桀紂をひきて《（例にあげて）》なだめ、人のよきをば《（よいことは）》堯舜をひきいでてとがむ《（例として出して非難する）》。「かれは《（あの人）》かかる《（このような）》あしき事なしぬ《（おこなった）》。」といへば、「げにさあらん《（いかにも、そうであろう）》。」といふ。「このものかくよきことし侍《はべ》りぬ《（しました）》。」といへば、「いかがあらん《（どうだろうか）》、いぶかし《（あやしいものだ）》。」といふ。「げにも《（本当に）》人はあしき心あるものかな。」といへば、「よき名得まほし《（得たい）》と思ふが故に、人のあしきにてわがこころをなだめ、人のよきをばねたむよりいでくるなり《（起こるのである）》。」とはいひし。　（「花月草紙」より）

1　「いへば」の読み方を、現代仮名遣いに直してすべてひらがなで書きなさい。

2　次の会話は、**文章Ⅰ**、**文章Ⅱ**について、授業で話し合ったときの内容の一部である。あとの(1)、(2)の問いに答えなさい。

Aさん　「**文章Ⅰ**によると、堯と舜の天下の治め方と、桀と紂の天下の治め方とでは、だいぶ違いがあったようだね。」
Bさん　「桀と紂は、ひどい王だったみたいだね。民に与える影響も大きかったのではないかな。」
Cさん　「そう考えると、**文章Ⅱ**は、悪いことをしたとしても桀や紂と比べればましで、よいことをしても堯や舜と比べれば十分ではないということを伝えたいんだね。」
Aさん　「そうかな。そんなに単純な話ではないと思うよ。」
Bさん　「誰かの悪い行いについて伝えられて、『［①］』と答えているよ。桀や紂と比べず、悪いこととしてあっさりと認めてしまう場合もあるようだよ。」
Cさん　「確かにそうだね。どうしてかな。」
Aさん　「桀や紂と比べる場合と比べない場合では、［②］という点に違いがあるね。同じような悪い行いだったとしても、その点で受け止め方が変わるようだよ。」
Cさん　「なるほど。他者には厳しくなるのか。よい行いの受

〈国語〉

時間　五〇分　　満点　五〇点

【注意】　字数指定のある問題の解答については、**句読点も字数に含めること。**

一　次の1、2の問いに答えなさい。

1　次の各文中の――線をつけた漢字の読み方を、ひらがなで書きなさい。また、＝＝線をつけたカタカナの部分を、漢字に直して書きなさい。

(1)　穏やかな天気が続く。
(2)　賛成が大半を占める。
(3)　彼は寡黙な人だ。
(4)　詳細な報告を受ける。
(5)　海面に釣り糸をタらす。
(6)　友人に本をカりる。
(7)　研究のリョウイキを広げる。
(8)　予想以上にフクザツな問題だ。

2　次の各文中の――線をつけた慣用句の中で、使い方が**正しくないものを**、**ア**～**オ**の中から一つ選びなさい。

ア　先輩からかけられた言葉を心に刻む。
イ　現実の厳しさを知り襟を正す。
ウ　彼の日々の努力には頭が下がる。
エ　大切な思い出を棚に上げる。
オ　研究の成果が認められ胸を張る。

二　次の短歌を読んで、あとの問いに答えなさい。

A　とぶ鳥もけもののごとく草潜《くぐ》りはしるときあり春のをはりは　前川《まえかわ》　佐美雄《さみお》

B　わたり来てひと夜を啼《な》きし[注1]青葉木菟《あおばずく》二夜は遠く啼きて今日なし　馬場《ばば》　あき子《こ》

C　春の谷あかるき雨の中にして鶯《うぐいす》なけり山のしづけさ　尾上《おのえ》　柴舟《さいしゅう》

D　木木の芽に春の[注2]霙《みぞれ》のひかるなりああ山鳩《やまばと》の聲《こえ》ひかるなり　前《まえ》　登志夫《としお》

E　二つゐて[注3]郭公《かっこう》どりの啼く聞けば谺《こだま》のごとしかはるがはるに　島木《しまき》　赤彦《あかひこ》

F　[注4]つばくらめ飛ぶかと見れば消え去りて空あをあをとはるかなるかな　窪田《くぼた》　空穂《うつぼ》

注1　フクロウの一種。　注2　雪がとけかけて雨まじりに降るもの。
注3　カッコウ。　注4　ツバメ。

1　鳥たちが交互に鳴いて声が響きわたる情景を、直喩を用いて表現している短歌はどれか。**A**～**F**の中から一つ選びなさい。

2　春先の情景を描写した言葉を、鳥の声の印象を表す際にも用い、新しい季節の訪れに対する喜びをうたった短歌はどれか。**A**～**F**の中から一つ選びなさい。

3　次の文章は、**A**～**F**の中の二つの短歌の鑑賞文である。この鑑賞文を読んで、あとの(1)、(2)の問いに答えなさい。

この短歌は、俊敏に飛ぶ鳥の動きを捉えようとして、ふと、目に映った美しい情景を「　I　」という言葉で表現したあとで、どこまでも広がる壮大な空間への印象を率直な言葉で表

MEMO

大切なことはメモしておこうネ！

2021年度

解 答 と 解 説

《2021年度の配点は解答用紙集に掲載してあります。》

<数学解答>

1 (1) ① -24 ② $-\frac{1}{3}$ ③ $2x^2$
④ $6\sqrt{2}$ (2) 720度

2 (1) $-3<-2\sqrt{2}$ (2) 36人
(3) 右図 (4) $a=-\frac{1}{2}$ (5) エ

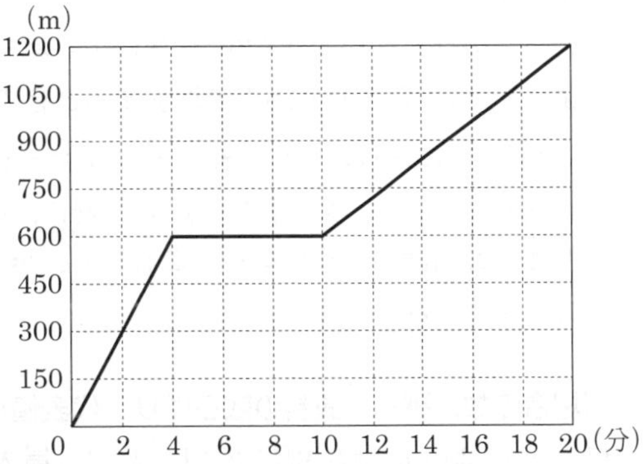

3 (1) ① 3通り ② $\frac{1}{4}$
(2) ① 15m ② 中央値を比べると，(B)班のほうが大きい。(理由は解説参照)

4 はじめの自然数756(求める過程は解説参照)

5 解説参照

6 (1) P$(-2, 3)$ (2) ① 18 ② $t=3+\sqrt{5}$

7 (1) $2\sqrt{2}$ cm (2) $\sqrt{14}$cm^2 (3) $\frac{32\sqrt{7}}{27}$cm^3

<数学解説>

1 (数・式の計算，平方根，角度)

(1) ① **異符号の2数の積の符号は負で，絶対値は2数の絶対値の積**だから，$3\times(-8)=-(3\times8)=-24$

② $\frac{1}{2}-\frac{5}{6}=\frac{1\times3}{2\times3}-\frac{5}{6}=\frac{3}{6}-\frac{5}{6}=\frac{3-5}{6}=\frac{-2}{6}=-\frac{1}{3}$

③ **積の符号は，負の数が奇数個あれば−，負の数が偶数個あれば＋となる。**$-8x^3\div4x^2\times(-x)=-8x^3\times\frac{1}{4x^2}\times(-x)=\frac{8x^3\times x}{4x^2}=2x^2$

④ $\sqrt{50}=\sqrt{2\times5^2}=5\sqrt{2}$ だから，$\sqrt{50}+\sqrt{2}=5\sqrt{2}+\sqrt{2}=(5+1)\sqrt{2}=6\sqrt{2}$

(2) **n角形の内角の和は$180°\times(n-2)$**だから，六角形の内角の和は$180°\times(6-2)=720°$

2 (平方根，比の利用，グラフの作成，関数$y=ax^2$，立方体の展開図)

(1) $3=\sqrt{3^2}=\sqrt{9}$，$2\sqrt{2}=\sqrt{2^2\times2}=\sqrt{8}$ より，$\sqrt{9}>\sqrt{8}$ つまり，$3>2\sqrt{2}$ **負の数は，絶対値が大きいほど小さい**から，$-3<-2\sqrt{2}$

(2) 徒歩通学をしている生徒と自転車通学をしている生徒の人数の和は，生徒全員の人数の126人に等しいから，自転車通学をしている生徒の人数をx人とすると，徒歩通学をしている生徒の人数は$(126-x)$人と表される。徒歩通学をしている生徒と自転車通学をしている生徒の人数の比が5：2であるから，$(126-x):x=5:2$ これより，$5x=2(126-x)$ これを解いて，$x=36$ 自転車通学をしている生徒の人数は36人である。

(3) 家からは花屋までの道のりは600mであるから，問題のグラフは，えりかさんが家を出発してから花屋に着くまでの時間と道のりの関係のグラフを表している。花屋の中での移動は考えないものとするから，えりかさんが花屋に立ち寄っているときの時間と道のりの関係のグラフは水平な直線となる。また，花屋から駅までの道のりは1200－600＝600(m)であり，花屋から駅までは毎分60mの速さで歩いたから，(時間)＝(道のり)÷(速さ)より，花屋を出るのは，駅に着く600÷60＝10(分)前である。**横軸が時間，縦軸が道のりのグラフでは，速さが一定の場合の時間と道のりの関係のグラフは直線になる**ことを考慮すると，えりかさんが花屋を出てから駅に着くまでの時間と道のりの関係のグラフは，点(4，600)，(10，600)，(20，1200)を線分で結んだグラフになる。

(4) $y=ax^2$について，$x=2$のとき$y=a\times 2^2=4a$，$x=6$のとき$y=a\times 6^2=36a$
よって，xの値が2から6まで増加するときの**変化の割合**は，$\frac{36a-4a}{6-2}=8a$
これが－4に等しいから，$8a=-4$　$a=-\frac{1}{2}$

(5) 組み立てたときに重なる辺を目安に，問題図2の展開図の面オの位置を変えると右図のようになる。これより，展開図を組み立てたとき，面Aと平行になる面はエである。

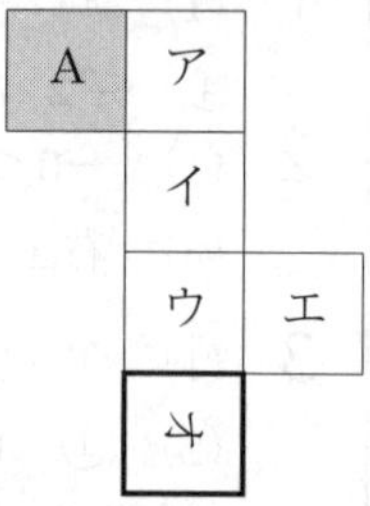

3 (場合の数，確率，資料の散らばり・代表値)

(1) ① $2a+b$の**最小値**が$2\times 1+2=4$，**最大値**が$2\times 4+5=13$であることを考慮すると，コインが点Dにとまるのは，$2a+b$の値が8か13の場合だから，$(a,\ b)=(2,\ 4)$，$(3,\ 2)$，$(4,\ 5)$の3通りある。

② 箱Pの中から玉を1個取り出すとき，全ての取り出し方は，1，2，3，4の4通り。そのそれぞれの取り出し方に対して，箱Qの中から玉を1個取り出すときの取り出し方が，2，3，4，5の4通りずつあるから，全ての玉の取り出し方は4×4＝16(通り)。このうち，コインが，点Aにとまるのは，$2a+b$の値が5か10の場合だから，$(a,\ b)=(1,\ 3)$，$(3,\ 4)$，$(4,\ 2)$の3通り。点Bにとまるのは，$2a+b$の値が6か11の場合だから，$(a,\ b)=(1,\ 4)$，$(2,\ 2)$，$(3,\ 5)$，$(4,\ 3)$の4通り。点Cにとまるのは，$2a+b$の値が7か12の場合だから，$(a,\ b)=(1,\ 5)$，$(2,\ 3)$，$(4,\ 4)$の3通り。点Eにとまるのは，$2a+b$の値が4か9の場合だから，$(a,\ b)=(1,\ 2)$，$(2,\ 5)$，$(3,\ 3)$の3通り。以上より，コインが，点A，B，C，D，Eの各点にとまる確率の中で，もっとも大きいものは，点Bにとまる4通りで，その確率は$\frac{4}{16}=\frac{1}{4}$

(2) ① **範囲＝最大値－最小値**より，最小値＝最大値－範囲＝46－31＝15(m)

② (理由)(例)A班の**中央値**が入る**階級**は，25m以上30m未満であり，B班の中央値が入る階級は，30m以上35m未満である。したがって，B班のほうが大きい。

4 (方程式の応用)

(求める過程)(例)十の位の数字をx，一の位の数字をyとする。百の位の数が，十の位の数より2大きいから，百の位の数字は$(x+2)$と表される。各位の数の和は18だから，$(x+2)+x+y=18$　これを整理して，$2x+y=16$…①　はじめの自然数は，$100(x+2)+10x+y=110x+y+200$　百の位の数字と一の位の数字を入れかえてできる自然数は，$100y+10x+(x+2)=11x+100y+2$　この自然数は，はじめの自然数より99小さくなるから，$110x+y+200-99=11x+100y+2$　これを整理して，$x-y=-1$…②　①，②を連立方程式として解いて，$x=5$，$y=6$　これらは問題に適している。よって，はじめの自然数は756である。

5 (図形の証明)

(証明)(例1)△ABFと△DBGにおいて仮定からAB＝DB…①　仮定から∠BAF＝∠BDG…②　仮定から∠ABC＝∠DBE…③　∠ABF＝∠ABC－∠CBE…④　∠DBG＝∠DBE－∠CBE…⑤　③，④，⑤より，∠ABF＝∠DBG…⑥　①，②，⑥より　1組の辺とその両端の角がそれぞれ等しいから，△ABF≡△DBG　**合同な図形の対応する辺は等しい**から，AF＝DG

(例2)△EBGと△CBFにおいて，仮定からBE＝BC…①　仮定から∠BEG＝∠BCF…②　共通な角は等しいから，∠EBG＝∠CBF…③　①，②，③より，1組の辺とその両端の角がそれぞれ等しいから，△EBG≡△CBF　合同な図形の対応する辺は等しいから，EG＝CF…④　仮定からAC＝DE…⑤　AF＝AC－CF…⑥　DG＝DE－EG…⑦　④，⑤，⑥，⑦からAF＝DG

6 (図形と関数・グラフ)

(1)　$y=\frac{1}{2}x+4$…①と，$y=-\frac{1}{2}x+2$…②　の交点Pの座標は，①と②の連立方程式の解。①を②に代入すると，$\frac{1}{2}x+4=-\frac{1}{2}x+2$　両辺を2倍して，$x+8=-x+4$　$x=-2$　これを①に代入して，$y=\frac{1}{2}\times(-2)+4=3$　よって，点Pの座標は，P$(-2,\ 3)$

(2)　①　点Rは直線ℓ上にあるから，点Rのx座標は，$y=\frac{1}{2}x+4$に$y=6$を代入して，$6=\frac{1}{2}x+4$　$x=4$　よって，R$(4,\ 6)$　同様にして，点Sは直線m上にあるから，点Sのx座標は，$y=-\frac{1}{2}x+2$に$y=6$を代入して，$6=-\frac{1}{2}x+2$　$x=-8$　よって，S$(-8,\ 6)$　△PRS$=\frac{1}{2}\times$RS×(点Rのy座標－点Pのy座標)$=\frac{1}{2}\times\{4-(-8)\}\times(6-3)=18$

②　直線ℓの切片は4だから，A$(0,\ 4)$　また，直線mの切片は2だから，B$(0,\ 2)$　△ABP$=\frac{1}{2}\times$AB×(点Pのx座標の絶対値)$=\frac{1}{2}\times(4-2)\times2=2$　前問①と同様に考えると，点Qのy座標がtのとき，2点R，Sの座標は，R$(2t-8,\ t)$，S$(-2t+4,\ t)$　△PRS$=\frac{1}{2}\times$RS×(点Rのy座標－点Pのy座標)$=\frac{1}{2}\times\{(2t-8)-(-2t+4)\}\times(t-3)=2(t-3)^2$　△PRSの面積が△ABPの面積の5倍になるとき，$2(t-3)^2=2\times5$　より，$(t-3)^2=5$　$t=3\pm\sqrt{5}$　ここで，$t>4$であるから，△PRSの面積が△ABPの面積の5倍になるときのtの値は$t=3+\sqrt{5}$

7 (空間図形，三平方の定理，線分の長さ，面積，体積)

(1)　△ABCは**直角二等辺三角形で，3辺の比は1：1：$\sqrt{2}$** だから，AE＝AC＝AB×$\sqrt{2}=2\times\sqrt{2}=2\sqrt{2}$ cm

(2)　底面の正方形ABCDの対角線の交点をHとするとき，線分OHは正方形ABCDに垂直であり，正四角錐O－ABCDの高さに相当する。△OAHで**三平方の定理**を用いると，

$$\mathrm{OH}=\sqrt{\mathrm{OA}^2-\mathrm{AH}^2}=\sqrt{\mathrm{OA}^2-\left(\frac{\mathrm{AC}}{2}\right)^2}=\sqrt{3^2-\left(\frac{2\sqrt{2}}{2}\right)^2}=\sqrt{7}\ \mathrm{cm}$$

$$\triangle\mathrm{OAC}=\frac{1}{2}\times\mathrm{AC}\times\mathrm{OH}=\frac{1}{2}\times2\sqrt{2}\times\sqrt{7}=\sqrt{14}\mathrm{cm}^2$$

(3)　△OACはOA＝OCの二等辺三角形だから，∠OAC＝∠OCA…①　△ACEはAC＝AEの二等辺三角形だから，∠ACE＝∠AEC…②　共通な角は等しいから，∠OCA＝∠ACE…③　①，②，③より∠OAC＝∠OCA＝∠ACE

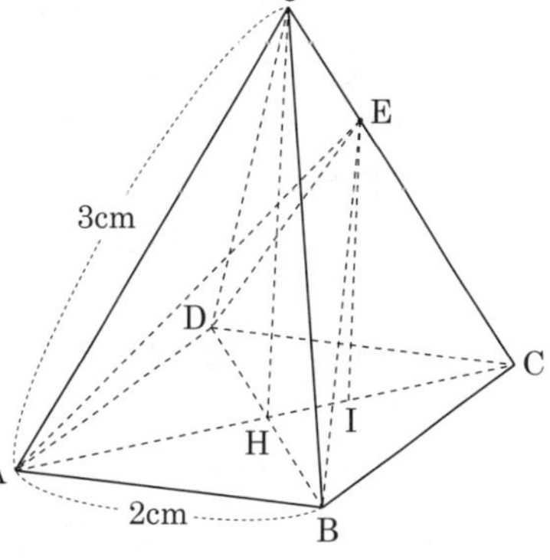

$=\angle AEC$　よって，2組の角がそれぞれ等しいので△OAC∽△ACEである。**相似な図形では，対応する線分の長さの比はすべて等しい**から，OA：AC＝AC：CE　$CE=\dfrac{AC\times AC}{OA}=\dfrac{2\sqrt{2}\times2\sqrt{2}}{3}=\dfrac{8}{3}$(cm)　前ページの図のように，点Eから線分ACへ垂線EIを引くと，OH//EIだから，**平行線と線分の比についての定理**を用いて，OH：EI＝OC：CE　$EI=OH\times CE\div OC=\sqrt{7}\times\dfrac{8}{3}\div3=\dfrac{8\sqrt{7}}{9}$(cm)　Eを頂点とし，四角形ABCDを底面とする四角錐の高さはEIだから，求める体積は $\dfrac{1}{3}\times AB^2\times EI=\dfrac{1}{3}\times2^2\times\dfrac{8\sqrt{7}}{9}=\dfrac{32\sqrt{7}}{27}$(cm^3)

＜英語解答＞

1　放送問題1　No. 1　ア　No. 2　エ　No. 3　イ　No. 4　ウ　No. 5　ウ
放送問題2　No. 1　エ　No. 2　ア
放送問題3　①　win　②　once　③　smile　④　message　⑤　remember

2　(1)　①　ウ　②　ア　③　エ　(2)　give some presents to him
(3)　1　ウ　2　イ　3　ア　4　エ

3　(1)　(例)number of　(2)　(例)buying things on the Internet is becoming a part of our lives

4　(1)　①　エ　②　エ　(2)　イ　(3)　(例)hear elderly people's stories
(4)　ア　(5)　A　(例)prepare　B　(例)case

5　(1)　イ　(2)　イ　(3)　ア　(4)　ウ　(5)　①　(例)only a few things
②　(例)wants him to pass on the recipe　(6)　(例)Do you know why she doesn't cook it?

＜英語解説＞

1　(リスニング)

放送台本の和訳は，54ページに掲載。

2　(語句補充・文の挿入問題：前置詞，助動詞，連語，文の構造など)

(1)　(全訳)

①　［放課後］

A：あなたはピアノを習い始めたんだよね？　ピアノのレッスンはいつなの？
B：えーと，週末にレッスンがあるわ。
＜on＋特定の日＞「～に」

②　［教室で］

A：お父さんが今週の土曜日に動物園に連れて行ってくれるんだ。一緒に来ない？
B：とても行きたいんだけど，宿題をしなければいけないんだ。
＜have to＋動詞の原形…＞「…しなければいけない」

③　［ランチタイムに］

A：やあ，マイク。僕たちの野球チームがトロフィーをもらったよ。
B：ほんとう？　これは驚いた！　そのことについてもっと教えて。

What a surprise!　「これは驚いた」という連語表現。

(2)　(全訳)〔職員室で〕

A：アレックスのお別れ会はどんな計画なの？

B：最初に彼のために歌います。その後，いくつかのプレゼントを彼にあげます。

<give A to B>　「AをBにあげる」

(3)　(全訳)〔電話で〕

A：英語の授業のレポートは終わったの？

B：うん，終わったよ。でも本当に難しかった。1　ウ　あなたはどうだった？

A：まだ終わってない。2　イ　私のレポートの手伝いをしてくれない？

B：いいよ。3　ア　どんな手伝いをすればいい？

A：うーん，書かなければいけない国が選べないんだ。

B：わかった。4　エ　一緒に国を選ぼう。

上記全訳を参照し，話の展開を確認しよう。

3 (語句補充問題・条件英作文)

(Ⅱの直訳)「最近，物を買うためにインターネットを使う人①の数が増えている。お店に行かずにいつでも物を買うことができる。また，価格を簡単に比較できる。しかし，それが家に到着するまで商品を見ることができない。良い点だけでなく，悪い点もある。しかし，②インターネットで物を買うことは私たちの生活の一部になってきている」

(1)　Ⅰのメモの「導入」の日本文を参照。「～の数」…<the number of ～>

(2)　Ⅰのメモの「結論」の日本文を参照。「物を買うことは」…<Buying things…>。「インターネットで」…on the Internet。「インターネットを使った買い物は」という主語のまとまり部分の日本文：「インターネットで物を買うことは」と言い換えると英文にしやすい。**「買うことは」は，主語の働きをする動名詞，buyingで表現できる。**

「生活の一部になってきている」という述語部分の日本文：動詞become「～になる」を<be動詞＋～ing>の現在進行形にする。<a part of～>「～の一部」。lifeの複数形はlives。

4 (会話文読解：表を用いた問題，文の挿入，内容真偽，メモ・手紙・要約文などを用いた手紙)

(全訳)

リー：先週，学校で避難訓練があったね。僕にとっては特別な体験だったよ。でも訓練は重要なんだと思う？

健　：うん思うよ。緊急時に僕たち自身を守る方法を学ぶ機会を与えてくれるんだよ。

優子：私もそう思う。災害に備えることは大切よね？　リー，どうしてそんな質問をするの？

リー：えーと，日本の学生は学校で避難訓練をするね。でも，家族のメンバーと緊急時に何をすべきかについて話し合ったことはある？

健　：家族のメンバーと？　ないよ。

優子：そうねえ，私は2，3か月前に，災害が起きたときにどこへ行ったらいいか母と話したわ。私たちは家にある非常食もチェックしたわ。

リー：すばらしい！　優子，健，この表を見て。昨日，これを見つけたんだ。2017年の各年齢グループ別で，何パーセントの日本人がこの質問に対して，「はい」，「いいえ」，あるいは「わからない」と答えたかを示しているんだ。これを見たとき，緊急時に備えるためにもっと多くの日本人が家族や友人と話すべきだと僕は思ったよ。

(表：「あなたは過去1，2年に，家族や友人と緊急時に何をすべきか話し合いましたか？」)

健　：おー！　日本人は家族とたくさん話しているね！
優子：そう思う，健？　私は，日本人がこのことについてあまり話してないと思うな。
リー：僕は優子と同じ意見だよ。日本人のたったの57.7パーセントの人しかこのことを話し合っていなかったんだ。
優子：健，このグループを見て。私の母の年齢くらいの多くの人がこのことを話し合っているわ。
健　：お母さんは何歳？
優子：45歳よ。
健　：おお，うちの母親とほぼ同じ年齢だ！
リー：それくらいの年齢の人は子どもを育てている人もいると思う。彼らは緊急時に，自分たち自身だけでなく，自分たちの子供も守る必要があるね。結果として，彼らはこのことを家族と話す機会がより多くなるんだと思うよ。
優子：このことに一番関心がある人たちかもね。
健　：そうかもしれないね。じゃあ，このグループを見て。一番年齢の高いグループは，何をすべきかについて自分の周りの人とあまり話していないね。
リー：なぜだろう？　彼らも関心があると思うけど。
優子：わからないけど，ますます多くの日本の老人が今，一人暮らしをしていると授業で習ったわよね。たとえ彼らが話したいと思ったとしても，まわりにだれも話し相手がいない老人たちもいるわ。それが理由の一つかもしれないわね。
リー：彼らは緊急時に助けが特に必要な人だと思うな。でも多分，一人暮らしの老人は，自分自身を守る方法やだれかに助けを求める方法を学ぶ機会がないよね。
優子：それは問題だと思うわ。私たちが大切な機会を逃していることにもなると思うな。
健　：どういう意味？
優子：そうね，老人たちはこの町で昔に起きた災害について多くのことを知っているよね。でも若者は彼らの言うことを聞く機会がないわ。若い世代が彼らの話を聞けば，災害に備えることが大切だということを知ることができるわ。
リー：いい考えだね！
優子：私の祖母はこの町で一人で暮らしているわ。私は彼女に，過去の災害について尋ねたことが一度もないわ。今晩，彼女を訪ねていくつかの質問をしてみるつもり。
健　：あとで僕たちとクラスメートにその話をシェアしてね。
優子：もちろんよ！

(1)　①「エ　70歳かそれ以上の年齢グループの人は，表の中の「はい」のパーセントがもっとも低い」 表を参照。　②「優子の母親の年齢くらいの人の69.3パーセントは緊急時に何をすべきか話し合っている」 優子の5番目の発言，および表を参照。

(2)　上記和訳を参照。

(3)「もし若い世代が老人の話を聞けば，災害に備えることが大切だということを知ることができる，と優子は言っている」 優子の最後から3番目の発言最終文を参照。

(4)　ア　避難訓練は，緊急時に自分を守る方法を学ぶ機会であると健は言っている。(○)　健の最初の発言2文目を参照。　イ　優子は驚いた，なぜなら何をすべきかについて，日本人は家族とたくさん話しているからだ。(×)　ウ　リーは驚いた，なぜなら現在，合衆国の多くの老人が一人暮らしをしているからだ。(×)　エ　優子と健は，リーの話を聞いて喜ぶ生徒もいるだ

ろうと言っている。(×)

(5) (全訳) 私は，災害に備えるためにできることがたくさんあるということを祖母から学んだよ。例えば，緊急時に連絡を取り合う方法を決めておくべきだということを知ったわ。祖母の家から帰る前に，祖母はこう言っていた，「災害の場合には，まず自分と家族を守ることに努めるのよ。そして，自分の安全を確保してから，他の人のためにできることを見つけるよう努力するのよ」。

A 優子の最後から3番目の発言最終文を参照。**<prepare for～>**「～の準備をする」

B <in case of～>「～の場合には」

5 (長文読解問題・スピーチ：語句補充，語句解釈，内容真偽，英問英答，短い対話文)

(全訳) 皆さんには何か特別なものがありますか？ 皆さん全員に自分の特別なものに関する興味深いストーリーがあるかもしれません。私の場合，それは伊達巻に関することです。

伊達巻は卵料理の一種です。その名前は伊達政宗から来ているという人もいます。彼はそれが大好きだったからです。しかし私にはそれが真実かどうかわかりません。それはともかく，栗きんとんのようなおせち料理の他のものと一緒にそれを見ることがあるかもしれません。A イ おせち料理のお重の中にあるそれぞれの料理には，私たちに対するある意味が含まれています。例えば，人々は伊達巻が知性の象徴だと言います。それが巻物に似ているからです。学業成就を祈るためにそれを食べる学生もいるかもしれません。多くの場所で伊達巻を見ることができますが，私の伊達巻は少し異なっており，私にとって特別です。

我が家では，母が毎年大みそかにおせち料理を作ります。彼女は料理が上手で，作る料理はどれもおいしいです。でも，私は正月休み中におせち料理を毎日は食べたくありません。他の料理を食べたいです。おせち料理のお重にあるもので好きな料理はほんの2，3しかないからです。その好きなものの中の一つが伊達巻なのです。母はそれを上手に作れるのですが，彼女は作りません。父が作るのです。彼はあまり料理は上手ではありませんが，彼の作る伊達巻はとてもおいしいです！

私はそれが大好きです。5歳の誕生日のときに，私はそれを初めて食べました。

母は毎年，私の誕生日にケーキを焼いてくれます。私はいつもそれを楽しみにしています。でも母は私の5歳の誕生日にそれを焼いてくれませんでした。その日，母は調子が良くなかったのです。私は母のことがB 心配で，とても悲しかったです。父は私をしっかりと抱きしめて，「お母さんはすぐによくなるよ，大和。お誕生日おめでとう！ お誕生日パーティーを楽しもう！」と言いました。私はこのパーティーを決して忘れません。母のケーキを食べることはできませんでしたが，父の伊達巻を食べることができました。見た目はよくありませんでしたが，おいしかったです。伊達巻に込められた父の愛を感じたのです。父がその時なぜ伊達巻を作ったのか分かりません。しかしそれは大事ではありません。バースデーケーキの代わりに父が私のために心を込めて作ってくれたのです。それで十分でした。その時以来，伊達巻が私の大好きな食べ物です。それを食べると父の愛をいつも感じることができます。

私の15歳の誕生日に，父は私に伊達巻の作り方を教えてくれました。彼は言いました，「おじいちゃんはお父さんによく伊達巻を作ってくれたんだよ。お父さんはそれが大好きだった。おじいちゃんからその作り方を習ったんだよ。おじいちゃんはお父さんに，そのレシピをお父さんの将来の子どもへ伝えて欲しいと思っていたんだ。お父さんもおまえにそうして欲しいな。私たちにとって，伊達巻は特別なんだ。今，おまえに伝えたい大切なことが一つある。おまえの願いをおまえの伊達巻に込めるんだ。お父さんがおまえに伊達巻を作るとき，お父さんはおまえが幸せになってほしいといつも願っているんだよ」。今私は，父の伊達巻が私にとってなぜ特別なのかを理解できます。

今年の大みそかに，私は伊達巻を作って母の手伝いをするつもりです。父を驚かせたいと思います。私は今，伊達巻をさらに上手に作る努力をしています。父のように，私は自分の将来の家族に伊達巻を作ってあげて，そのレシピを伝えたいと思います！

(1)　上記全訳を参照。直後の文も参照し，文のつながりを押さえよう。

(2)　直前の文，および空所を含む文を参照し文脈を押さえる。**<be worried>**「心配する」

(3)　ア「大和は，父親の伊達巻がユニークなものであることを理解した。父親が伊達巻に願いを込めているからだ」直前の父親のセリフ，特に下線部直前の2文を参照。

(4)　ア　大和の祖父は，伊達政宗が大好きだったという理由でその卵料理は伊達巻と名付けられたのだと言った。(×)　イ　大和の母親はとても忙しかったので，彼の5歳の誕生日にケーキが焼けなかった。(×)　ウ　大和の父親は，母親が通常焼くケーキの代わりに，大和の5歳の誕生日に伊達巻を作った。(○)　4段落目11文目を参照。　エ　大和は15歳になったとき，祖父から伊達巻の作り方を学んだ。(×)

(5)　①　質問：なぜ大和は正月休みのあいだ，他の料理を食べたいのか？

答え：なぜなら大和は，おせちのお重の中で食べたいのはほんの2，3のものしかなかったから。第3段落3，4文目を参照。

②　質問：大和の父は大和に何をしてほしいと思っているか？

答え：大和の父は大和に，自分の将来の子どもへそのレシピを伝えて欲しいと思っている。第5段落5，6文目を参照。

(6)　(全訳)

咲良：どうもありがとう，大和。あなたのスピーチとてもよかったわよ。質問していい？

大和：もちろん。どんな質問？

咲良：お母さんは伊達巻を作れるのよね？　なぜお母さんはそれを作らないのか，あなたには分かる？

大和：いいえ，なぜなのかは僕には分からない。たぶん，母は父の伊達巻が僕にとって特別だということを知っているから，作らないんじゃないかな。

咲良：おお，なるほど。

質問の直後の答え方から考える。whyという疑問詞の後ろには，she doesn't cook it(彼女がそれを作らない)という，<主語＋動詞…>のまとまりの語句が省略されている**間接疑問文**。**疑問詞の後ろは，肯定文の語順となることに注意。**

2021年度英語　リスニングテスト

〔放送台本〕

これから，放送によるテストを行います。問題は放送問題1から放送問題3まであります。放送を聞いている間に，メモを取ってもかまいません。

はじめに，問題用紙の放送問題1を見なさい。これは，翔太(ショウタ)と日本に留学しているジュディの対話を聞いて答える問題です。対話が放送されたあとに，クエスチョンと言って質問をします。質問は，No.1からNo.5まで五つあります。その質問の答えとして最も適切なものを，ア，イ，ウ，エの中から一つずつ選びなさい。対話，クエスチョンの順に2回読みます。それでは，始めます。

Shota: Hi, Judy. We're going to have a Show and Tell activity tomorrow. Do you have a picture with you now?

Judy: Yes, here's one. Look! You can see a beautiful beach and a lot of buildings along the beach.
Shota: It's a wonderful view!
Judy: How about yours?
Shota: This is a picture of my favorite park. There are a lot of big trees and I like to walk between the trees.
Judy: It looks beautiful. Is it around here? Can we go there by bike?
Shota: No, it's too far from here. We always go there by car.
Judy: I see. I want to go there someday.
Shota: You should. I think spring is the best season because you can see the cherry trees.
Judy: Wow! I've wanted to see beautiful cherry trees since I came to Japan.
Shota: Is that so? Please enjoy them next spring.
Judy: I will.
Shota: Oh, it's already 3:25. My club will start in five minutes.
Judy: Oh, OK. Have fun.
Shota: Thanks. See you tomorrow.
Judy: See you.
Question No. 1 What picture does Judy have?
Question No. 2 What does Shota like to do in the park?
Question No. 3 How does Shota go to the park?
Question No. 4 What will Judy enjoy next spring?
Question No. 5 What time will Shota's club start?

〔英文の訳〕
翔太 ：やあ，ジュディ。僕たちは明日，Show and Tellの活動をする予定だね。君は今，写真を持ってる？
ジュディ：ええ，ここにあるわ。ほら，見て！ きれいなビーチと，そのビーチに沿ったたくさんの建物があるでしょ。
翔太 ：とてもきれいだね！
ジュディ：あなたのはどんな写真？
翔太 ：これは，僕のお気に入りの公園の写真だよ。大きな木がたくさんあって，その木々の間を歩くのが好きなんだ。
ジュディ：美しく見えるわ。この近くにあるの？ 自転車でそこへ行ける？
翔太 ：ここからは遠すぎて行けないよ。 僕たちはそこへいつも車で行くんだ。
ジュディ：そうなのね。いつかそこへ行きたいな。
翔太 ：行くといいよ。春が一番いい季節だと思うな。桜が見れるから。
ジュディ：わあ！ 日本に来てから，きれいな桜を見たいとずっと思ってきたの。
翔太 ：そうなの？ 次の春の桜を楽しんでね。
ジュディ：そうするわ。
翔太 ：あ，もう3時25分だ。あと5分で部活動が始まる。
ジュディ：あら，そうなのね。楽しんでね。

翔太　　：ありがとう。また明日。
ジュディ：またね。
質問No.1　ジュディはどんな写真を持っていますか？
質問No.2　翔太は公園で何をするのが好きですか？
質問No.3　翔太はどうやってその公園へ行きますか？
質問No.4　ジュディは次の春に何を楽しむつもりですか？
質問No.5　翔太のクラブは何時に始まりますか？

〔放送台本〕

放送問題2に移ります。問題用紙の放送問題2を見なさい。これは，二人の対話を聞いて，対話の続きを答える問題です。対話はNo. 1とNo. 2の二つあります。それぞれの対話の最後の応答部分でチャイムが鳴ります。そのチャイムの部分に入る最も適当なものを，ア，イ，ウ，エの中から一つずつ選びなさい。対話はNo. 1，No. 2の順に2回ずつ読みます。それでは，始めます。

No. 1　Woman:　Hello. May I help you?
　　　Boy:　Yes, please. I'm looking for a T-shirt.
　　　Woman:　How about this green one?
　　　Boy:　（チャイム）
No. 2　Boy:　Are you free tomorrow?
　　　Girl:　Yes. I don't have any plans.
　　　Boy:　Great! Shall we study at my classroom after school?
　　　Girl:　（チャイム）

〔英文の訳〕

No.1　女性：こんにちは。いらっしゃいませ。
　　　少年：お願いします。Tシャツが欲しいんですけど。
　　　女性：このグリーンのはいかがですか？
　　　少年：エ　いいですね。
No.2　少年：明日は時間ある？
　　　少女：ええ。何も予定はないわ。
　　　少年：よかった！　放課後，学校で勉強しようよ。
　　　少女：ア　いいわよ。その時，私に数学を教えてくれる？

〔放送台本〕

放送問題3に移ります。問題用紙の放送問題3を見なさい。これから読む英文は，渉（ワタル）が英語の授業で発表した内容です。英文を聞きながら，①から⑤の英文の空欄に入る最も適当な英語1語を書きなさい。英文は2回読みます。それでは，始めます。

I belonged to the tennis club for three years. Though I practiced tennis very hard, I couldn't win most of my games. I once thought I didn't want to play anymore. At that time, one of my teammates said to me with a smile, "You're doing your best." The kind message from my teammate helped me to start playing again. In my school life, I was able to make lots of friends and I will remember them forever.

〔英文の訳〕

私は3年間テニス部に所属していました。テニスの練習はとても熱心に行ったのですが，ほとんどの試合に勝つことができませんでした。もうこれ以上プレーしたくないと1度思いました。その時，チームメートの1人が微笑みながら私に言いました，「君はベストを尽くしているよ」。　チームメートからのこの優しいメッセージは，私が再びプレーを始める助けとなりました。私の学校生活で，私はたくさんの友人を作ることができ，彼らのことをずっと覚えていることでしょう。

① 渉はテニスの練習をとても熱心に行ったが，ほとんどの試合に勝つことができなかった。

② 渉は，もうこれ以上プレーしたくないと1度思った。

③ 渉のチームメートは渉に微笑んで言いました，「君はベストを尽くしているよ」。

④ チームメートからの優しいメッセージは，渉が再びプレーを始める助けとなった。

⑤ 渉はたくさんの友人を作ることができ，彼は彼らをずっと覚えていることだろう。

＜理科解答＞

1 (1) 気孔　(2) ア　(3) (例)水面から水が蒸発するのを防ぐため。
(4) ① キ　② 3(倍)

2 (1) 末しょう神経　(2) ウ　(3) エ
(4) (例)脳に伝わらずに，せきずいから運動神経を通って　(5) イ

3 (1) 断層　(2) エ　(3) イ　(4) オ　(5) イ

4 (1) 日食　(2) カ　(3) エ　(4) (北緯)39.1(度)　(5) ウ

5 (1) MgO　(2) オ　(3) (例)銅やマグネシウムがすべて酸素と反応したから。
(4) カ　(5) 2.16(g)

6 (1) 硫酸バリウム　(2) イ　(3) 2.8(cm^3)　(4) ア
(5) ① エ　② $H^+ + OH^- \rightarrow H_2O$

7 (1) 電磁誘導　(2) X 振幅　Y 振動数　(3) イ
(4) ア　(5) ウ

8 (1) 右図　(2) 位置　(3) (例)仕事の大きさは変わらない　(4) ア　(5) 75(J)

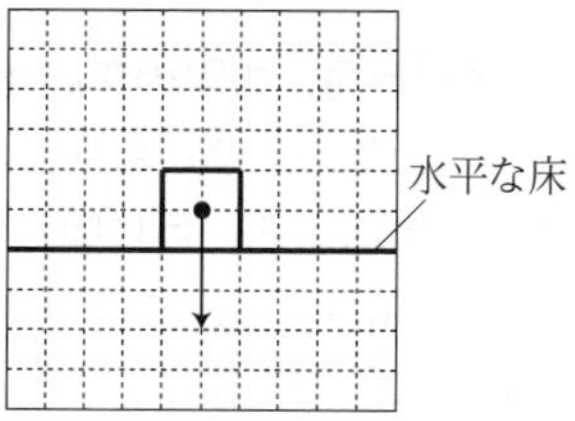

＜理科解説＞

1 (植物のからだのつくりとはたらき)

(1) 孔辺細胞に囲まれたすき間を，気孔という。

(2) 水の検出には，塩化コバルト紙が用いられる。

(3) 植物の蒸散によって減少した水の量を調べるため，水面からの水の蒸発を防ぐ必要がある。

(4) Aは葉の裏側と茎，Bは葉の表側と茎，Cは茎，Dは葉の表側と裏側と茎，Eは茎からの蒸散量を表している。葉の表側からの蒸散量はB－C＝2.1－1.0＝1.1(cm^3)　葉の裏側からの蒸散量はA－C＝4.3－1.0＝3.3(cm^3)　よって，葉の裏側からの蒸散量は，表側からの蒸散量に比べ，3.3÷1.1＝3(倍)となる。蒸散が行われることで吸水がさかんになる。

2 (動物のからだのつくりとはたらき)

(1)　中枢神経から枝分かれしてのびている感覚神経と運動神経をまとめて末しょう神経という。

(2)　頭に対し目が正面についている場合は，視野はせまいが両目の視野が重なる範囲が大きくなる。この範囲では，ものが立体的に見える。一方，シマウマなど目が横向きについていると後方まで見わたせるようになり，視野が広くなる。

(3)　音による空気の振動を鼓膜がとらえ，この振動を耳小骨が増幅し，この振動をうずまき管に伝える。うずまき管では，音の振動を信号に変え，情報を脳に送る。

(4)　反射では，刺激が脳に伝わらないうちにせきずいで運動神経に命令を出す。

(5)　うでの筋肉は，脳の信号によって運動を行う。うでの骨のまわりにある対になった筋肉のうち，一方が縮むと他方がのびる。

3 (地震)

(1)　地層に大きな力がはたらいて，地層にずれが生じることがある。このずれを断層という。

(2)　震度は震源から遠くなるほど小さくなる傾向にあり，震源からの距離に応じて段階的に変化する。ただし，震度は地盤のかたさに影響を受けるので，震源からの距離が同じだからといって必ずしも同じになるとは限らない。

(3)　高潮は，台風などの低気圧による現象である。

(4)　震源からの距離が大きくなると，震度は小さくなり，初期微動継続時間は長くなる。また，初期微動や主要動が始まる時刻は遅くなる。マグニチュードは1つの地震に1つの値しかないので，地域によって変化することはない。

(5)　A地点とC地点の記録から，(84－28＝)56kmをP波が伝わるのにかかる時間は(9時42分17秒－9時42分09秒＝)8秒であることから，P波の秒速は，56(km)÷8(s)＝7(km/s)　よって，地震が発生してからA地点までP波が伝わるのにかかる時間は，28(km)÷7(km/s)＝4(s)より4秒かかる。よって，地震発生時刻は，9時42分09秒の4秒前となる。

4 (太陽と月，太陽の年周運動)

(1)　太陽の一部が新月の月によって隠される現象を，**日食**という。

(2)　地球から，月に隠された太陽を見ることになるので，太陽－月－地球の順に並んだときに日食が見られる。このとき，月の光っていない面を地球から見ることになるので，新月となる。

(3)　太陽の直径は，地球の直径の約109倍である。よって，太陽の直径を2mとしたときの地球の直径は，200(cm)÷109＝1.8…(cm)

(4)　**夏至の日の南中高度＝90°－(緯度－23.4°)**より，緯度をx°とすると，90°－x°＋23.4°＝74.3°　x＝39.1[°]

(5)　夏至の日は，北極では一日中太陽は沈まない。よって，北極に近づくにつれて昼が長くなる。このことから，緯度が高くなるほど昼間が長くなるといえる。秋分の日は，地球上のどこで観測しても昼と夜の長さが同じになる。

5 (化学変化と質量)

(1)　マグネシウム原子と酸素原子が1：1の数の比で結びついて酸化マグネシウムとなる。

(2)　酸化銅は黒色，酸化マグネシウムは白色である。いずれも金属光沢はない。

(3)　銅やマグネシウムは，反応によって結びつく酸素の質量の割合が決まっているため，未反応の金属がなくなると，それ以上酸化しなくなる。

(4)　銅1.80gと結びついた酸素の質量は，2.25－1.80＝0.45(g)　よって，結びつく銅と酸素の質量の比は，銅：酸素＝1.80：0.45＝4：1＝8：2　同様に，マグネシウム1.80gと結びついた酸素の質量は，3.00－1.80＝1.20(g)　よって，結びつくマグネシウムと酸素の質量の比は，マグネシウム：酸素＝1.80：1.20＝3：2　2つの比を1つの比にまとめると，銅：酸素：マグネシウム＝8：2：3　よって，銅：マグネシウム＝8：3

(5)　混合物中の銅の質量をxg，マグネシウムの質量をygとすると，$x+y=3.00$，$\frac{5}{4}x+\frac{5}{3}y=4.10$の式が成り立つ。これらを連立方程式として解くと，$x=2.16$，$y=0.84$となる。

6 (酸・アルカリと中和)

(1)　硫酸＋水酸化バリウム→硫酸バリウム＋水の反応が起こる。

(2)　BTB溶液は，**酸性で黄色，中性で緑色，アルカリ性で青色**を示す。塩酸は酸性である。

(3)　うすい塩酸15.0cm^{3}とうすい水酸化ナトリウム水溶液21.0cm^{3}が完全に中和するので，うすい塩酸2.0cm^{3}と完全に中和するうすい水酸化ナトリウム水溶液をxcm^{3}とすると，15.0：21.0＝2.0：x　x＝2.8(cm^3)

(4)　塩酸と水酸化ナトリウムが完全に中和すると，塩化ナトリウムと水ができることから，実験Ⅲで得られた液体は，塩化ナトリウム水溶液となっている。この溶液から得られた固体は，塩化ナトリウムの固体で立方体の結晶をなす。

(5)　酸性の性質を示す水素イオン(陽イオン)とアルカリ性の性質を示す水酸化物イオン(陰イオン)が結合し，中性の水ができる反応が中和である。また，中和では，酸の陰イオンとアルカリの陽イオンが結びついて塩ができる。

7 (磁界，音の性質)

(1)　コイル内部の磁界のようすを変化させることで，コイルに誘導電流が流れる現象を，電磁誘導という。

(2)　振動している音源(弦)の振動の幅を振幅といい，1秒間あたりに振動する回数を振動数という。

(3)　弦をはじくときに変えたのは，弦のはじき方のみである。弦を弱くはじくことで振幅が小さくなることから，音の大きさが小さくなる。振動数は変化しない。

(4)　弦の長さを短くしたり，弦の張りを強くしたりすると，弦の振動数が多くなる。**振動数が多くなると音は高くなる。**

(5)　弦の張りは，Ⅱのときよりも強くなっているので，Ⅲの後，駒の位置をBに動かすと，Ⅱよりも高い音になる。よって，駒がBよりもCに近い位置にあるときに，Ⅱと同じ高さの音になる。

8 (仕事とエネルギー)

(1)　手が3.0Nの力を加えるとおもりが持ち上がることから，おもりの重力は3.0Nである。よって，おもりの中心を作用点とし，ここから3目盛り分下向きの矢印をかく。

(2)　おもりがもつエネルギーのうち，高い位置にあるほど大きくなるエネルギーは，位置エネルギーである。

(3)　Ⅲで動滑車を用いると，手が加えた力の大きさはⅠの半分になるが，手を動かした距離がⅠの2倍になっている。**仕事(J)＝力の大きさ(N)×力の向きに移動した距離(m)**で求めることから，ⅠとⅢの仕事の大きさは等しくなることがわかる。

(4)　Ⅰ～Ⅲの仕事はすべて等しくなっている。**仕事率(W)＝仕事(J)÷時間(s)**より，仕事の大きさが同じ場合は仕事にかかった時間が短いほど，仕事率は大きくなる。ばねばかりはすべて一定の同じ速さで動かしたことから，この仕事を終えるのに最も長い時間がかかったのはⅢ，また，

ⅠとⅡは同じ時間で仕事を行っている。よって，Ⅰの仕事率P_1とⅡの仕事率P_2が等しく，Ⅲの仕事率P_3がこれよりも小さい。

(5)　15kgの物体にはたらく重力は150Nなので，ひもを引いた力の大きさは150(N)÷2＝75(N)　動滑車を使ってひもを1.0m引いたので，**仕事(J)＝力の大きさ(N)×力の向きに移動した距離(m)**より，75(N)×1.0(m)＝75(J)

＜社会解答＞

1　(1)　ウ　(2)　①　S　ア　T　稲[米]　②　イ　(3)　エ
(4)　(符号)　A　(国名)　ペルー　(5)　①　インドシナ(半島)　②　ASEAN

2　(1)　①　紀伊(山地)　②　ア　(2)　エ　(3)　①　エ　②　愛知県　(4)　①　イ
②　ウ　③　(例)海面の標高は0mであるが，Gに最も近い三角点の標高は86.2mだから。

3　(1)　①　唐　②　エ　(2)　①　御恩　②　北条時宗　③　イ→ウ→エ→ア
(3)　ア　(4)　①　アイヌ　②　(例)ロシアの南下に備えるため。

4　(1)　イ　(2)　士族　(3)　ウ　(4)　イ→ア→ウ→エ　(5)　イ　(6)　農地改革
(7)　(例)日ソ共同宣言に調印し，ソ連と国交を回復した

5　(1)　イ　(2)　労働組合　(3)　オ　(4)　ア　(5)　①　公衆衛生
②　(例)40歳以上の全員が加入し，介護が必要になったときに介護サービスを受けることができる制度。　③　ウ

6　(1)　立憲主義　(2)　モンテスキュー　(3)　(例)内閣が国会の信任に基づいて成立し，国会に対して連帯して責任を負う制度。　(4)　カ　(5)　メディアリテラシー
(6)　ウ

＜社会解説＞

1　**(地理的分野―世界―人々のくらし，地形・気候，産業，交通・貿易)**

(1)　経度0度の**本初子午線**が通るイギリスのロンドンより西に位置することから，A国が西経であると判断する。地図Ⅰのイギリスと日本の経度差(135度)と比べて，イギリスとA国の経度差がおよそ半分であることから判断する。

(2)　①　B国はインド。Sについて，「雨季」という語句から，海上から吹く湿った空気が一時的に雨をもたらす風であることから判断する。Tについて，「主食」という語句から判断する。
②　写真は，**ヒンドゥー教**において「聖なる川」とされる**ガンジス川**で沐浴する人々の様子。

(3)　地図Ⅰ中のA国がペルー，B国がインド，C国がコートジボワール，D国がフィリピン。コートジボワールなどギニア湾沿岸国には，**カカオ豆**の輸出にたよる**モノカルチャー経済**の国が多いことから判断する。アがペルー，イがフィリピン，ウがインド。

(4)　ペルーはじゃがいもの原産地域である南アメリカ大陸の西部に位置するため，**環太平洋造山帯**に含まれている。この地で栄えた**インカ帝国**はスペインによって滅ぼされたが，この頃の遺跡である**マチュピチュ**は世界文化遺産に登録されている。

(5)　①　**インドシナ半島**のタイより東に位置する地域は，かつてフランスの植民地とされた。
②　東南アジア諸国連合の略称で，東ティモール以外の東南アジア10か国が加盟している。

2 **(地理的分野―日本―地形図の見方，日本の国土・地形・気候，人口・都市，農林水産業，工業)**

(1)　①　**紀伊山地**にある熊野古道は世界文化遺産に登録されている。　②　紀伊山地は私有林の割合が高く，奈良県南部の吉野などで林業がさかん。

(2)　Pは大阪府の額が圧倒的に多いことから商品販売額，QはBの兵庫県に次いで三重県やDの和歌山県の額が多いことから農業産出額，Rは大阪府やBの兵庫県に次いで三重県の額が多いことから工業生産額を表すと判断する。

(3)　①　A県は滋賀県で，隣県の京都府へ通勤・通学している人数の占める割合が最も高いことから判断する。アはBの兵庫県，イはCの奈良県，ウはDの和歌山県。　②　愛知県は三重県の東部に隣接し，県西部に大都市である**名古屋市**が位置することなどから判断する。

(4)　①　EとFを結ぶ線上に見られる計曲線の標高が150m。その南東に見られる尾根までが下り坂，尾根からFまでが上り坂になっていることが読み取れる。　②　小・中学校は「安土駅」の北側に見られる。　③　標高とは海面からの高さ(海抜)のことであり，Gの周辺の陸地の標高が90m近くあるにもかかわらず等高線が見られないことから，Gが海ではないと判断できる。

3 **(歴史的分野―日本史―時代別―古墳時代から平安時代，鎌倉・室町時代，安土桃山・江戸時代，日本史―テーマ別―政治・法律，経済・社会・技術，外交，世界史―政治・社会・経済史)**

(1)　①　「**長安**」などから判断する。**平城京**は奈良時代の都。　②　6歳以上のすべての人々に**口分田**が与えられるしくみを**班田収授**という。**墾田永年私財法**の制定によって発生した私有地を**荘園**という。

(2)　①　土地を仲立ちとする，将軍と御家人が**御恩**と**奉公**によって結ばれた主従関係を，封建制度という。　②　元寇(蒙古襲来)は1274年の**文永の役**，1281年の**弘安の役**の2度にわたった。
③　アが1392年，イが1297年，ウが1334年，エが1338年。

(3)　ルターらの行った宗教改革によってうまれた新たな宗派を**プロテスタント**という。この頃カトリック教会内にできた海外布教のための組織を**イエズス会**という。十字軍は，イスラム世界から聖地エルサレムを奪還するために11世紀末から派遣された軍隊のこと。

(4)　①　カードⅣ中の「蝦夷地に住む」，年表中の「**シャクシャイン**」などから判断する。アイヌは蝦夷地に暮らす先住民族。　②　**ラクスマン**とレザノフはロシア人。鎖国中にもかかわらず彼らが相次いで来航し通商を求めたことで，幕府はロシアへの警戒感を強めた。

4 **(歴史的分野―日本史―時代別―明治時代から現代，日本史―テーマ別―政治・法律，経済・社会・技術，外交)**

(1)　大政奉還の翌年に示した方針とは，**五箇条の御誓文**をさす。アは武家諸法度，ウはアメリカ独立宣言，エは大日本帝国憲法。

(2)　明治維新の一環として進められた四民平等政策により，名字帯刀などの特権が認められなくなったことで，**士族**が不満をもっていた。

(3)　1912年は大正の初年であることから，デモクラシー的風潮が高まっていた時期であると考える。軍備拡張を推し進めようとした桂太郎の藩閥内閣に対して，議会中心の政治を求める第一次**護憲運動**がおこった。

(4)　アが1923年，イの第一次世界大戦開戦が1914年，ウが1930年，エが1938年。

(5)　開催権を返上したのは1938年であることから，前年の1937年に始まった**日中戦争**の影響と判断する。アが1941年，ウが1918年，エが1960年。

(6)　自作地の割合が大幅に上昇していることから判断する。**農地改革**とは，自作農の割合を増やすために行われた，地主の土地を政府が買い上げて小作人に安く売り渡した政策。

(7)　1956年に国交を回復したことで，それまで日本の国際連合加盟に反対していたソ連が賛成に転じていることから判断する。

5 (公民的分野―国民生活と社会保障，財政・消費生活・経済一般)

(1)　**労働基準法**は，労働条件の最低基準を定めた法律。ア　2回ではなく，1回。ウ　男女で賃金の差を設けてはならない。エ　使用者は，労働者に1週間に40時間を超えて労働させてはいけない。

(2)　**労働組合法**は，労働者の団結権を保障する法律。

(3)　B 「社会の一員として務めを果たすため」と回答した割合は，年齢層が低いほど低い。
C　18～29歳で「自分の才能や能力を発揮するため」と回答したのは13.0％であるのに対して，「生きがいをみつけるため」と回答したのは10.6％。

(4)　イ　高齢者や障害者などが生活する上での障壁を取り除くこと。ウ　患者が医師などから十分な説明を受けた上で，治療方法を選択すること。エ　地方自治を監視したり，住民からの苦情などを処理する者。

(5)　①「公害対策や感染症の予防」から判断する。**社会保障制度**の四つの柱は**公衆衛生**に加えて，**社会保険**，**社会福祉**，**公的扶助**がある。②　**介護保険**制度は社会保険に含まれる。③　保険料を引き下げることで国民負担が小さくなることから，図の縦軸の下方に寄る。また，自己負担の割合を大きくすると国が支出する社会保障給付費が抑えられることから，図の横軸の左側に寄る。

6 (公民的分野―憲法の原理・基本的人権，三権分立・国の政治の仕組み)

(1)　個人の権利を守るために政治権力も法に従わなければならないことを**法の支配**といい，**立憲主義**はこの考え方に基づいている。

(2)　『市民政府二論(統治二論)』を著して人民の抵抗権を主張したイギリスの思想家**ロック**や，『社会契約論』を著して人民主権を主張したフランスの思想家**ルソー**などの啓蒙思想家がいる。

(3)　**国権の最高機関**であり**立法権**を持つ国会は，内閣総理大臣を指名し，衆議院は内閣不信任を決議することができる。対して**行政権**を持つ内閣は，衆議院を解散する権限を持つ。

(4)　Aの「裁判所に訴える」，Bの「国民」，Cの「被告人の利益を守る」，Dの「身分の保障」から，それぞれ判断する。

(5)　情報を受け取る場合だけでなく発信する際にも，誤った情報を流布しないように注意が必要である。

(6)　Yは「情報を発信する」，Zは「他人の人権や利益を不当に侵害していないか」から，それぞれ判断する。

＜国語解答＞

一　1 (1)　おだ(やかな)　(2)　し(める)　(3)　かもく　(4)　しょうさい
(5)　垂(らす)　(6)　借(りる)　(7)　領域　(8)　複雑　2 エ

二　1 E　2 D　3 (1)　空あをあをと　(2)　今日なし

三　1 いえば　2 (1)　げにさあらん。　(2)　(例)悪いことをしたのが自分なのか他者なのか　3 イ

四 1 ウ　2 (例)してはいけないことをしたらどうなるかをきちんと理解させる
3 エ　4 ア　5 (1) 助け舟を出す　(2) (例)すっかり弱っている朋典の気持ちを思いやり，姉らしい行動をとることができて本当によかった

五 1 オ　2 (1) その場の文脈に合わせて即興的に　(2) イ　3 ウ　4 エ
5 (例)計画に合わせてその場の思いつきを見直したり，文脈に合わせて文章構成を修正したりして，文に働く二つの力を調整すること。

六 (例) 資料を見ると，13～14歳の人も15～19歳の人も，「今の自分が好きだ」という人と「今の自分を変えたいと思う」人の合計は100%を超える。
　私自身は，自分が好きなときもあるが，このままではだめだと気落ちすることもある。「自分自身を変えること」が必要であっても，過去の自分を捨てて別人として生まれ変わるのは不可能だ。私は，今の自分を大事にしながら気長に少しずつよくしていきたいと思う。

<国語解説>

一 (知識―漢字の読み書き，ことわざ・慣用句)

1 (1) **「穏やか」**は，静かで落ち着いた様子。 (2) **「占」**の音読みは「セン」で，「占領」「独占」などの熟語を作る。 (3) **「寡黙」**は言葉数が少ない様子。 (4) **「詳細」**の「詳」の訓読みは「くわ(しい)」。 (5) **「垂」**を形が似ている「乗」と書き間違えないように注意。
(6) **「借りる」**と「貸す」を混同しない。 (7) **「領域」**は，力が及ぶ範囲ということである。
(8) **「複雑」**の「複」を形が似ている「復」「腹」などと書き間違えないようにする。

2 ア 「心に刻む」は，しっかりと記憶するという意味なので適切。 イ 「襟を正す」は，気持ちを引き締めるという意味なので適切。 ウ 「頭が下がる」は，敬服するという意味なので適切。 エ **「棚に上げる」**は，**不都合な点に触れずに放っておく**という意味なので，使い方が正しくない。 オ 「胸を張る」は，得意になるという意味なので，正しい使い方である。

二 (短歌―内容吟味，文脈把握，表現技法・形式)

1 **直喩**は「まるで」「ようだ」「ごとく」などを用いる比喩のこと。2羽の郭公が交互に鳴く情景を「谺の**ごとし**」という直喩を用いて表現しているEが正解となる。

2 「春の霙の**ひかるなり**」「山鳩の聲**ひかるなり**」と同じ言葉を2度用いているDを選ぶ。

3 (1) Fの短歌は，上の句でつばめが飛ぶ様子を描き，下の句で**「空あをあをと」**と美しい情景を描いている。 (2) Bの短歌は，「ひと夜」「二夜」などの言葉でリズムを作り，**「今日なし」**という言葉で鳥がどこかへ飛び去ったことを想像させている。

三 (古文―内容吟味，文脈把握，脱文・脱語補充，仮名遣い)

〈口語訳〉 **文章Ⅰ** 堯と舜は天下を治めるのに他者に対する思いやりによって行い，民はこれに従い，桀と紂は天下を治めるのに他者を苦しめるようなひどい扱いによって行い，民はこれに従った。
文章Ⅱ 自分の悪いことは桀や紂を例にあげて安心し，他の人のよいことは堯や舜を例として出して非難する。「あの人はこのような悪い事を行った。」と言うと，「いかにも，そうであろう」と言う。「この者はこのようなよいことをしました」と言うと「どうだろうか，あやしいものだ。」と言う。「本当に人は悪い心があるものだなあ」と言うと，「よい評判を得たいと思うために，他の人の悪いところを見つけて安心し，他の人のよいところを憎むことから(悪い心は)起こるのである。」と言った。

1　語頭にない「へ」を「え」に直して「**いえば**」とする。
2　(1)　**文章Ⅱ**で，「誰かの悪い行いについて伝えられて」に対応するのは，「『かれはかかるあしき事なしぬ。』といへば」なので，その後の部分から「**げにさあらん。**」を抜き出す。　(2)「わがあしき」(自分の悪いこと)は桀や紂と比べ，「かれ」(あの人)の「あしき事」は桀や紂と比べずに認めてしまう。両者の違いは，「**わ**」と「**かれ**」，つまり「悪いことをしたのが**自分**なのか**他者**なのか」という点である。
3　**文章Ⅱ**で傍線部の理由を説明しているのは「よき名～いでくるなり。」の部分である。「人のあしきにてわがこころを**なだめ**」は「他の人の悪いところを見つけて**安心**し」，「人のよきをば**ねたむ**」は「他の人のよいところを**憎む**」という意味なので，これを正しく説明するイが正解。他の選択肢は，「なだめ」や「ねたむ」を正しく解釈していないので，不適当である。

四　(小説─情景・心情，内容吟味，文脈把握)

1　傍線部1の直後に「**うちの親がなにか責任を取ったりするはめにはならないかもしれない**」とあるので，この内容と合致するウが正解。アは自分が責任を取ることを心配していたことになるので不適当。イは「朋典だけがふざけていたのではない」「事情を理解せず」「反省」が本文と合わない。エの「百瀬さんの優しさに気づいた」ことは「ほっとした」につながらない。オは「百瀬さんから～教えられて」が本文と合わないので，誤りである。
2　久和先生が朋典に言った「**ふざけるとこういうことになるんだ。だから，ふざけちゃいけない**」「**わかったよな？**」という言葉をもとに「してはいけないことをしたらどうなるかをきちんと理解させる」などとまとめる。久和先生には，朋典に責任を取らせようという意図はなかったのである。
3　**朋典**は，「玄関の前で**うろうろ**」して**落ち着かない**様子の母を見て，自分のせいで百瀬さんがやけどをしてしまったことを母がすでに知っていることに気づき，母に怒られるのではないかという**不安**から，姉に助けを求めている。このことを説明するエが正解。母の様子をア「怒りを抑えきれない様子」，イ「暗く沈んだ様子」と説明するのは不適当。ウ「安心している」，オ「あきらめている」は，姉のシャツを握る朋典の行動と合わないので，誤りである。
4　傍線部4の直前の母の「朋典の**頭を～なで回した**」は優しい行動であるが，母は佐紀の言葉だけでは満足せず，**朋典自身に説明させて確認しようとしている**。正解はア。母は佐紀の説明を信じていないわけではないので，イは不適当。ウの「厳しく言い聞かせる」「語気を強めた」は頭をなで回すという母の行動と合わない。エの「成長を実感する」は「ホント？」という確認につながらない。母は話をうやむやのまま終わらせたくないから朋典に確認したのであり，オの「話を切り上げるように」は不適切である。
5　(1)　傍線部4の少し前の部分から「**助け舟を出す**」を書き抜く。困っている人に力を貸すという意味である。　(2)「朋典が私のシャツをにぎってきた」のは，**朋典が本当に弱ってしまっているとき**であった。佐紀は，そのようなときに「人の気持ちを**思いやる**ことができる人たちの，真似」をして，「**お姉ちゃんらしいこと**ができて，本当に**よかった**」と思ったのである。この内容を，45字以内で前後につながるように書く。

五　(論説文－内容吟味，文脈把握，段落・文章構成，脱文・脱語補充，品詞・用法)

1「近接した」の「た」は，**助動詞「た」**の連体形で**現在の状態**を表す。　ア「暑かった」は，助動詞「た」の終止形で過去を表す。　イ「知りたい」は，助動詞「たい」の一部で希望を表す。　ウ「行ったが」は，助動詞「た」の終止形で過去を表す。　エ「予定だったね」は，助動詞「た」の終止形ですでに決まっていることを確認する意味を表す。　オ 「**掛かった絵**」は，助動詞「た」の連体形で現在の状態を表す。したがって，正解はオである。

2 (1) 第一段落に「**その場の文脈に合わせて即興的に**考えながら文章を継ぎ足していくボトムアップ式の活動を『流れ』と呼ぶ」とあるので，ここから書き抜く。 (2) 第三段落で「流れ」は「近接情報への**無抵抗な移行**」,「構え」は「**意図的に離れる**こと」と説明されている。Ⅱには前者に，Ⅲには後者に似た意味の語句が入るから，両方を満たすイが正解となる。

3 第四段落冒頭の「**つまり**」は，これまでの内容を**要約**するときに用いる接続詞である。また，段落の後半は「本書では～**『流れ』と『構え』という観点**から議論したい」と，第五段落以降の論の進め方を示している。正解はウ。アは,「流れ」と「構え」のどちらか一方の観点からしか論じないという説明なので誤り。イは，第四段落は「文章の書き方」という話題から離れていないので誤り。エは,「新たな視点」が誤り。第五段落の内容説明もおかしい。オの「検証」は本文に書かれていない。「『流れ』と『構え』以外の観点」という説明は誤りである。

4 「**魚の目**」は「流れ」を見る目で，**周囲の状況を感じとる運転者の目**にたとえられる。これに対し,「**鳥の目**」は「構え」を見る目で，**目的地に行くべき道を教えてくれるカーナビ**にたとえられる。この場合の目的地は当初の構想に基づいた文章の完成形である。「鳥の目」について正しく説明したエが適当。アは,「文章構成の予定に基づいて」が「魚の目」の説明として不適当。イは,「鳥の目」は「柔軟に結論を変える」ものではないので誤り。ウは,「どのような状況であっても正しく判断する」が誤り。オは,「多様な視点」が本文にない内容である。

5 「ときには～**カーナビの選択を尊重**し，ときには～**自分の状況判断を優先**し，**調整**しながら運転していく」の内容を，**文章を書くこと**として説明する。「カーナビの選択を尊重する」は「**計画に合わない文を見直す**」こと,「自分の状況判断を優先する」は「**流れに合わせて文章構成を修正する**」ことなので,「計画に合わせてその場の思いつきを見直したり，文脈に合わせて文章構成を修正したりして，文に働く二つの力を調整すること。」などとまとめるとよい。

六 (作文)

与えられた**条件**を満たして書くこと。2段落構成で，全体を150～200字でまとめる。

○前段…資料のグラフを見て**気づいたこと**を書く。解答例は,「今の自分が好きだ」という人の割合と「今の自分を変えたいと思う」人の割合の合計に着目している。

○後段…前段を踏まえて,「**自分自身を変えること**」についての**自分の考えや意見**を書く。**書き終わったら必ず読み返して**，誤字・脱字や表現の不自然なところは書き改めること。

MEMO

大切なことはメモしておこうネ！

福島県公立高等学校

2020年度

★★★★★★★★★★★★★★★★★★★★★★★

入試問題

●くわしい解説……49ページ

＜数学＞

時間　50分　　満点　50点

【注意】 1　答えに$\sqrt{\ }$が含まれるときは，$\sqrt{\ }$をつけたままで答えなさい。
ただし，$\sqrt{\ }$の中はできるだけ小さい自然数にしなさい。

2　円周率はπを用いなさい。

1　次の⑴，⑵の問いに答えなさい。

⑴　次の計算をしなさい。

①　$-1-5$

②　$(-12)\div\frac{4}{3}$

③　$3(2x-y)-(x-5y)$

④　$\sqrt{20}+\sqrt{5}$

⑵　yはxに比例し，$x=3$ のとき $y=-15$ である。このとき，yをxの式で表しなさい。

2　次の⑴～⑸の問いに答えなさい。

⑴　次のア～エのうち，「等式の両辺から同じ数や式をひいても，等式は成り立つ。」という等式の性質だけを使って，方程式を変形しているものを１つ選び，記号で答えなさい。

ア	イ	ウ	エ
$1-2(x+3)=5$	$3x+4=10$	$(x-2)^2=36$	$2x=4$
$-2x-5=5$	$3x=6$	$x-2=\pm 6$	$x=2$

⑵　ある工場で今月作られた製品の個数はa個で，先月作られた製品の個数より25％増えた。
このとき，先月作られた製品の個数をaを使った式で表しなさい。

⑶　まっすぐな道路上の２地点P，Q間を，AさんとBさんは同時に地点Pを出発し，休まずに一定の速さでくり返し往復する。下のグラフは，AさんとBさんが地点Pを出発してからの時間と地点Pからの距離の関係を，それぞれ表したものである。２人が出発してから５分後までの間に，AさんがBさんを追いこした回数は何回か，答えなさい。ただし，出発時は数えないものとする。

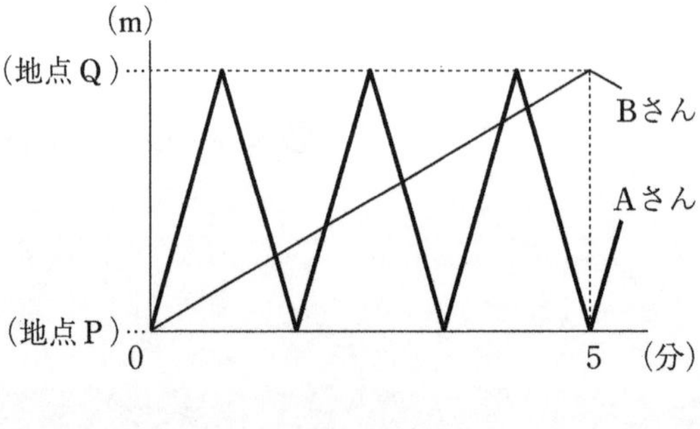

(4)　右の図のような，底面の半径が２㎝，母線が８㎝の円錐《すい》の側面積を求めなさい。

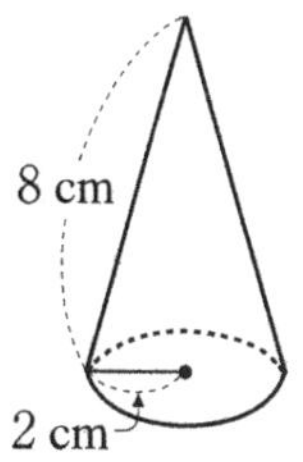

(5)　右の図のような，線分ABがある。

線分ABを斜辺とする直角二等辺三角形PABの辺PA，PBを定規とコンパスを用いて１つずつ作図しなさい。また，点Pの位置を示す文字Pも書きなさい。

ただし，作図に用いた線は消さないでおきなさい。

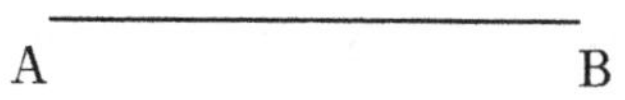

3　次の(1)，(2)の問いに答えなさい。

(1)　右の図のように，Aの箱の中には 0，1，2，3，4，5 の数字が１つずつ書かれた６枚のカードが，Bの箱の中には 1，2，3，4，5，6 の数字が１つずつ書かれた６枚のカードが入っている。

Aの箱の中からカードを１枚取り出し，そのカードに書かれた数を a とし，Bの箱の中からカードを１枚取り出し，そのカードに書かれた数を b とする。

ただし，どのカードを取り出すことも同様に確からしいものとする。

①　積 ab が０となる場合は何通りあるか求めなさい。

②　$\sqrt{ab}$ の値が整数とならない確率を求めなさい。

Aの箱

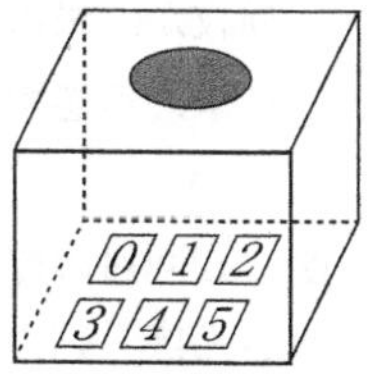

Bの箱

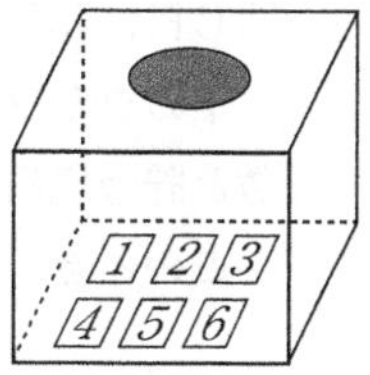

(2)　袋の中に同じ大きさの赤球だけがたくさん入っている。標本調査を利用して袋の中の赤球の個数を調べるため，赤球だけが入っている袋の中に，赤球と同じ大きさの白球を400個入れ，次の**＜実験＞**を行った。

> **＜実験＞**
> 袋の中をよくかき混ぜた後，その中から60個の球を無作為に抽出し，赤球と白球の個数を数えて袋の中にもどす。

この**＜実験＞**を５回行い，はじめに袋の中に入っていた赤球の個数を，**＜実験＞を５回行った結果の赤球と白球それぞれの個数の平均値をもとに推測する**ことにした。

下の表は，この**＜実験＞**を５回行った結果をまとめたものである。

表

	１回目	２回目	３回目	４回目	５回目
赤球の個数	38	43	42	37	40
白球の個数	22	17	18	23	20

① ＜**実験**＞を５回行った結果の白球の個数の平均値を求めなさい。

② はじめに袋の中に入っていた赤球の個数を推測すると，どのようなことがいえるか。
次の**ア**，**イ**のうち，適切なものを１つ選び，解答用紙の（　）の中に記号で答えなさい。
また，選んだ理由を，**根拠となる数値を示して**説明しなさい。

ア　袋の中の赤球の個数は640個**以上**であると考えられる。

イ　袋の中の赤球の個数は640個**未満**であると考えられる。

4　ゆうとさんは，家族へのプレゼントを購入するため，100円硬貨，50円硬貨，10円硬貨で毎週１回同じ額を貯金することにした。12回目の貯金をしたときにこの貯金でたまった硬貨の枚数を調べたところ，全部で80枚あり，その中に100円硬貨が８枚含まれていた。また，10円硬貨の枚数は50円硬貨の枚数の２倍より６枚多かった。

このとき，次の⑴，⑵の問いに答えなさい。

⑴　12回目の貯金をしたときまでにこの貯金でたまった50円硬貨と10円硬貨の枚数は，それぞれ何枚か，求めなさい。

求める過程も書きなさい。

⑵　12回目の貯金をしたときにゆうとさんがプレゼントの値段を調べると8000円だった。ゆうとさんは，姉に相談し，２人で半額ずつ出しあい，姉にも次回から毎週１回ゆうとさんと同じ日に貯金してもらうことになった。ゆうとさんがこれまでの貯金を続け，それぞれの貯金総額が同じ日に4000円となるように，姉も毎回同じ額を貯金することにした。

下の**グラフ**は，ゆうとさんが姉と相談したときに作成したもので，ゆうとさんの貯金する回数と貯金総額の関係を表したものに，姉の貯金総額の変化のようすをかき入れたものである。

このとき，姉が１回につき貯金する額はいくらか，求めなさい。

グラフ

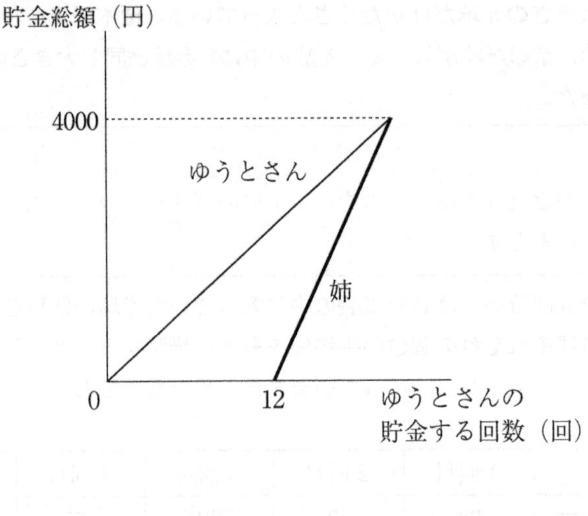

5　下の図のように，△ABCの辺BC上に，BD＝DE＝EC となる２点D，Eをとる。Eを通り辺ABに平行な直線と辺ACとの交点をＦとする。また，直線EF上に，EG＝３EF となる点Gを直線ACに対してＥと反対側にとる。

このとき，四角形ADCGは平行四辺形であることを証明しなさい。

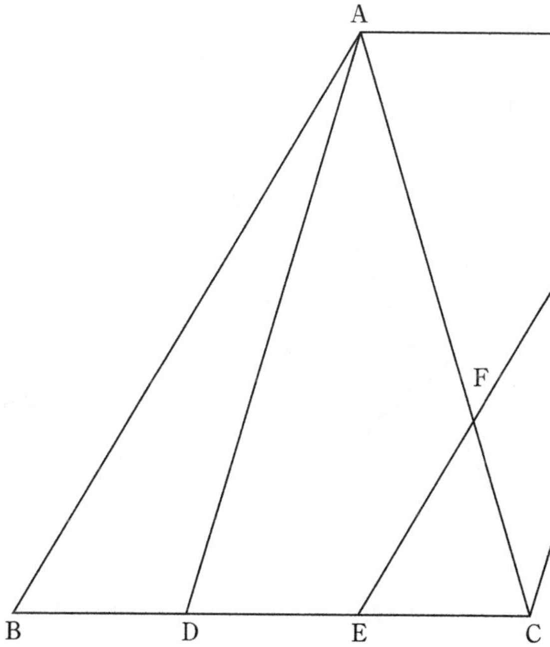

6　次のページの図のように，関数 $y = ax^2$ のグラフと直線 ℓ があり，２点A，Bで交わっている。

ℓ の式は $y = 2x + 3$ であり，A，Bの x 座標はそれぞれ－１，３である。

このとき，次の⑴，⑵の問いに答えなさい。

⑴　a の値を求めなさい。

⑵　直線 ℓ 上に点Ｐをとり，Ｐの x 座標を t とする。ただし，$0 < t < 3$ とする。

また，Ｐを通り y 軸に平行な直線を m とし，m と関数 $y = ax^2$ のグラフ，x 軸との交点をそれぞれQ，Ｒとする。

さらに，Ｐを通り x 軸に平行な直線と y 軸との交点をＳ，Ｑを通り x 軸に平行な直線と y 軸との交点をＴとする。

①　$t = 1$ のとき，長方形STQPの周の長さを求めなさい。

②　長方形STQPの周の長さが，線分QRを１辺とする正方形の周の長さと等しいとき，t の値を求めなさい。

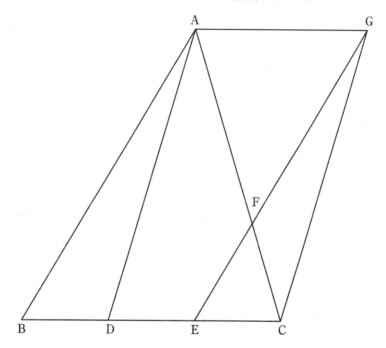

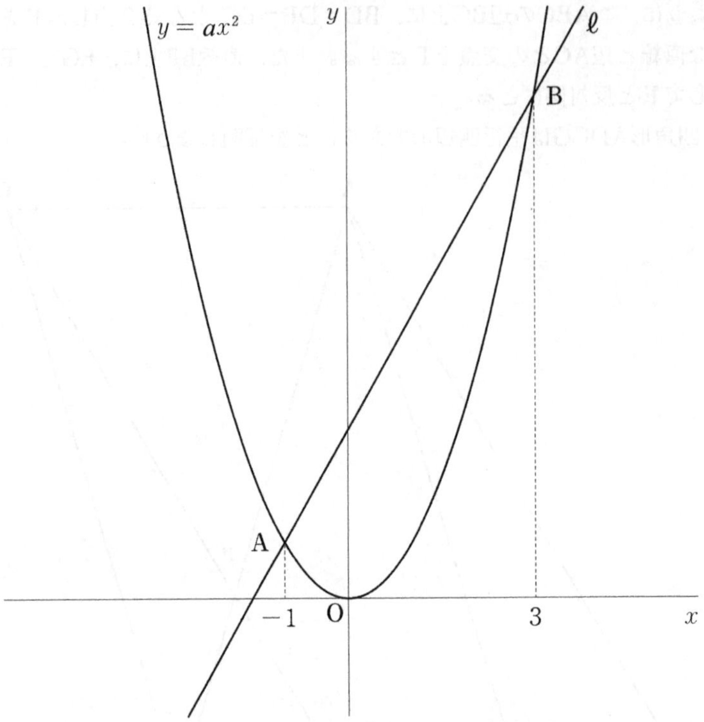

7　下の図のような，底面が１辺 $4\sqrt{2}$ cmの正方形で，高さが６cmの直方体がある。

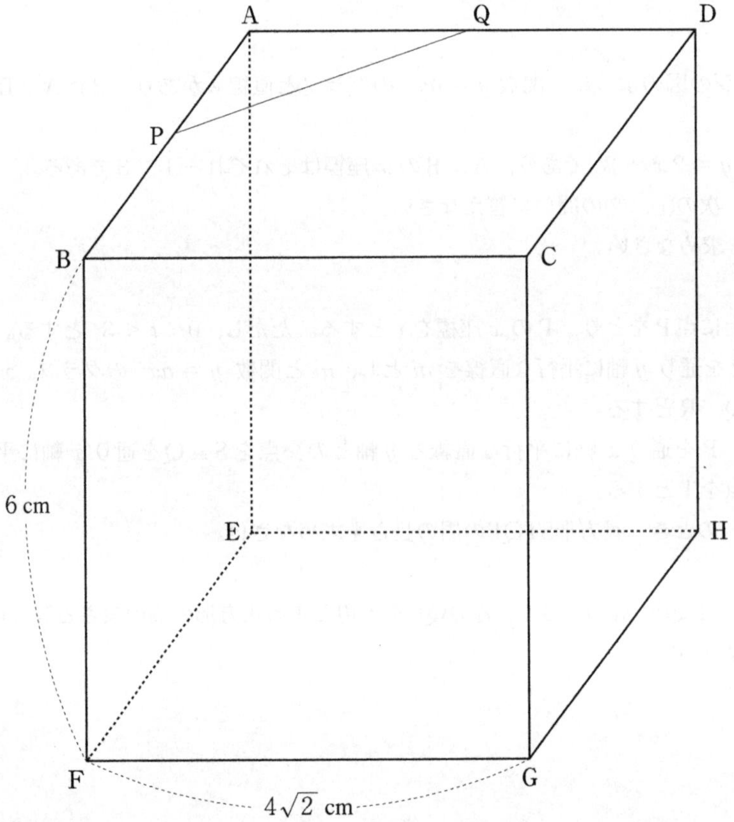

辺AB，ADの中点をそれぞれP，Qとする。

このとき，次の(1)～(3)の問いに答えなさい。

(1)　線分PQの長さを求めなさい。

(2)　四角形PFHQの面積を求めなさい。

(3)　線分FHと線分EGの交点をRとする。また，線分CRの中点をSとする。
　このとき，Sを頂点とし，四角形PFHQを底面とする四角錐《すい》の体積を求めなさい。

＜英語＞

時間 50分 満点 50点

【注意】 ＊印のついている語（句）には，本文のあとに〔注〕があります。

1 これは放送による問題です。問題は**放送問題**1から**放送問題**3まであります。

放送問題1 明子（Akiko）とラリー（Larry）の対話を聞いて，質問の答えとして最も適当なものを，**ア**～**エ**の中からそれぞれ一つずつ選びなさい。

No. 1

ア イ ウ エ

No. 2

ア イ ウ エ

No. 3

ア イ ウ エ

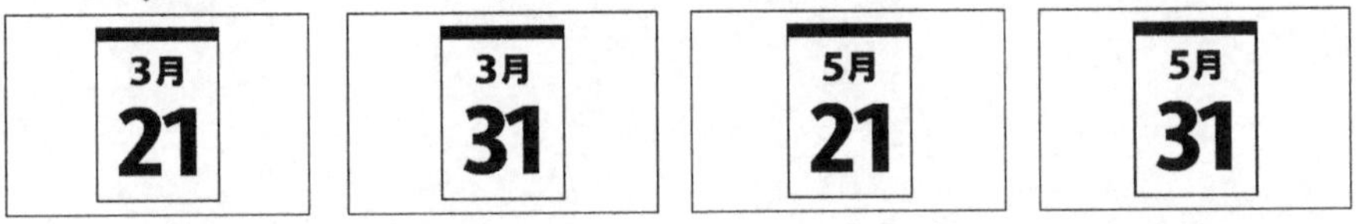

No. 4

ア イ ウ エ

No. 5

ア イ ウ エ

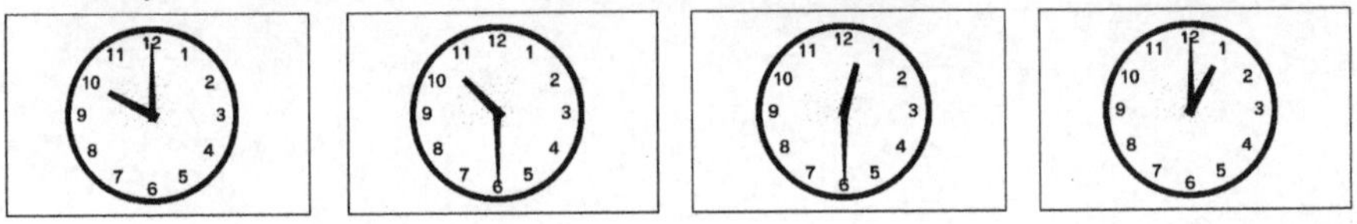

放送問題2 二人の対話の最後の応答部分でチャイムが鳴ります。そのチャイムの部分に入る最も適当なものを，**ア**～**エ**の中からそれぞれ一つずつ選びなさい。

No. 1 **ア** For five days. **イ** Every summer.
ウ On a sunny day. **エ** Sightseeing.

No. 2 **ア** OK. I went to school yesterday.
イ Sure. Let's go together.
ウ Of course. I go to the park every day.
エ Yes. I will play tennis tomorrow.

放送問題３　ひかり（Hikari）が英語の授業で話した内容を聞きながら，①～⑤の英文の空欄に入る最も適当な**英語１語**を書きなさい。

① Hikari's grandmother made a cushion and it is Hikari's (　　　) cushion.

② Hikari has used her cushion since she was (　　　) years old.

③ Hikari always (　　　) the cushion in her arms when she feels sad.

④ Hikari's grandmother says to Hikari, "Just be (　　　)."

⑤ Hikari will give her grandmother a cushion as a (　　　) present.

2　次の⑴～⑶の問いに答えなさい。

⑴　次の①～③は，それぞれＡとＢの対話です。(　)に入る最も適当なものを，**ア**～**エ**の中からそれぞれ一つずつ選びなさい。

① [*On the way to school*]

Ａ：It's warm today, too.

Ｂ：The weather (　　　) warm since Monday.

ア will be　**イ** has been　**ウ** are　**エ** was

② [*On a sports day*]

Ａ：Our class won first place in the relay.

Ｂ：Wow! I'm glad (　　　) the news.

ア to hear　**イ** to lose　**ウ** hearing　**エ** losing

③ [*In a classroom*]

Ａ：This is a nice picture! There are beautiful mountains in it. (　　　)

Ｂ：Maybe Ms. Baker did. She likes to climb mountains.

ア Who brought it here?　**イ** When was it taken?

ウ Do you like mountains?　**エ** What is it like?

⑵　次は，ＡとＢの対話です。(　)内の語を正しく並べかえて，文を完成させなさい。

[*After school*]

Ａ：We'll have tests next Friday. I'm worried about math.

Ｂ：Me, too. But we still have enough (for / time / it / prepare / to).

⑶　次は，ＡとＢの対話です。[1] ～ [4] に入る最も適当なものを，**ア**～**エ**の中からそれぞれ一つずつ選びなさい。

[*At home*]

Ａ：You look tired. [1]

Ｂ：I did a lot of homework. [2]

Ａ：It seems hard. [3]

Ｂ：No, not yet.

Ａ：[4]

Ｂ：Yes, please.

ア Would you like some sweets to relax?

イ And it took lots of time.

ウ Have you finished all of it?

エ What's wrong?

3 佳奈（Kana）は英語の授業で「身近なものの魅力」をテーマにレポートを書くことになりました。Ⅰはレポートを書くためのメモで，Ⅱはそれをもとにまとめたレポートです。(1)，(2)の問いに答えなさい。

Ⅰ

今，自転車が人々の注目を集めている → ・自転車を使えば，訪れたい場所まで早く到着できる ・自転車に乗ることは，エネルギーを節約する１つの方法だ → 危険もあるが役に立つ乗り物なので，もっと多くの人が使うべきだ

Ⅱ

In Japan, bikes are now attracting people's attention. There are two reasons. First, if you use bikes, you can [①] the places you want to visit quickly. Second, [②]. Bikes are sometimes dangerous, but if you ride them carefully, they are helpful. I think more people should use bikes.

(1) [①] に入る適当な**英語２語**を書きなさい。

(2) [②] にメモの内容を表す英語を書き，文を完成させなさい。

4 聡（Satoshi）と広子（Hiroko）が，「私たちの町のためにできること」について留学生のベン（Ben）と一緒に，学校のパソコン室で話し合いをしています。三人の会話を読んで，(1)～(5)の問いに答えなさい。

Satoshi: I found an interesting *article on the Internet.

Hiroko: What is that about?

Satoshi: There are a lot of *foreigners living in the Tohoku *region, and the number of such people is increasing.

Hiroko: Really? I didn't know that.

Ben: Well, I lived in Akita Prefecture for one year. And last year, in 2019,I came to Fukushima Prefecture. I guess there are more foreigners here. Is that right?

Satoshi: Right. Look at this table in the article.

The Number of Foreigners in the Tohoku Region in 2018 and 2019		
The Prefectures	2018	2019
Aomori	5,039	5,680
Iwate	6,550	7,130
Miyagi	20,099	21,183
Akita	3,760	3,931
Yamagata	6,646	7,258
Fukushima	12,784	14,047
Total	54,878	59,229

（総務省資料により作成）

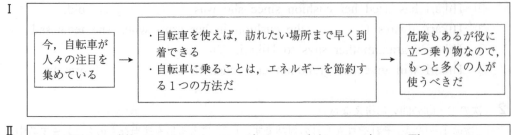

Hiroko: Is this about the number of foreigners?

Satoshi: Yes. In 2019, the number of foreigners who lived in the six prefectures in the Tohoku region was 59,229. There were 3,931 foreigners in Akita Prefecture, and there were 14,047 here. The number of foreigners is increasing in all six prefectures. I'm surprised because I know the population of the Tohoku region is *decreasing.

Ben: I guess there are a lot of foreigners living in this town, too. Some tourists visit this town every year, too. Hiroko, Satoshi, why don't you talk about what you can do for foreigners in your town in your presentation?

Hiroko: Sounds nice! Then, what can we do for them? Satoshi, do you have any ideas?

Satoshi: I think foreigners may have some problems in Japan, especially when they first come here.

Hiroko: Ben, did you or your family have any problems?

Ben: Of course, yes. We had some problems about language and culture. My father also said that some map *symbols in Japan *confused him.

Hiroko: Map symbols? What do you mean?

Ben: For example, the Japanese symbol for a hotel confused him. The symbol usually means a bus stop in my country, *Germany. If some people who speak English see the symbol or the *letter "H," they may believe it means a hospital because the word *starts with the same letter, too.

(He looked for the symbol on the Internet.)

Look. This is <u>the symbol</u>.

Hiroko: Oh, I see! Even some Japanese people may believe it means a hospital, too.

Satoshi: I agree. We should have a new symbol foreigners can understand more easily.

Ben: You already have! I'll show it now.

(He looked for the new symbol on the Internet.)

This is the symbol for a hotel, especially for foreigners.

Hiroko: This shows that a man is sleeping on a bed. I'm sure people can understand this symbol more easily.

Ben: Right. We have a lot of problems in Japan because our Japanese is not good. Symbols that we can easily understand help us a lot.

Hiroko: I understand even map symbols can help them. Satoshi, is there anything we can do with such symbols?

Satoshi: Let's see. Why don't we make a tourist map of our town with the map symbols? If we can make a good one, our town will be friendly to foreigners! This is one of the things we can do for our town.

Ben: I think this is a good idea because I've never seen such a map of this town before. I'm sure it will help both foreigners living here and tourists coming here! Of course, it will help me, too!

Satoshi: Hiroko, let's talk about this idea in our presentation!

Hiroko: Great!

注：article 記事 foreigners 外国人 region 地方 decreasing 減少している
symbols 記号 confused ～ ～を混乱させた Germany ドイツ letter 文字
starts with ～ ～から始まる

⑴ 本文や表の内容に合うように，次の①と②の英文の □ に入る最も適当なものを，ア～エの中からそれぞれ一つずつ選びなさい。

① □ had more foreigners than Fukushima Prefecture in 2019.

ア Aomori Prefecture イ Iwate Prefecture

ウ Miyagi Prefecture エ Akita Prefecture

② Ben lived for one year in the prefecture that had □ foreigners in 2018.

ア 12,784 イ 6,646 ウ 6,550 エ 3,760

⑵ 下線部の内容を表しているものを，ア～エの中から一つ選びなさい。

ア
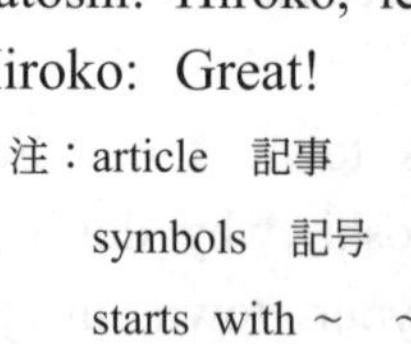

イ
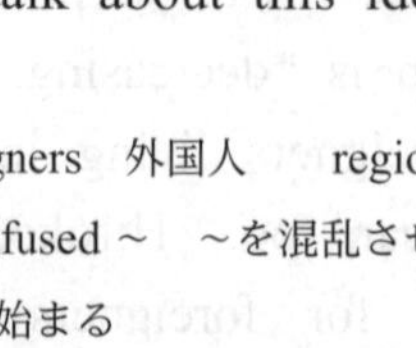

ウ
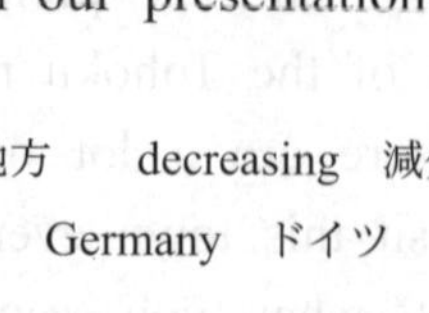

エ
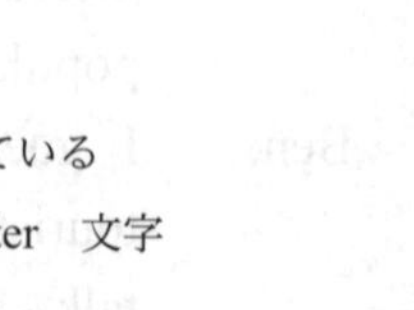

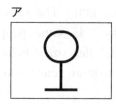

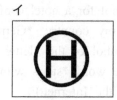

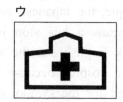

⑶ 次の英文は，本文の内容の一部を示したものです。本文の内容に合うように，□ に入る適当な英語５語を書き，文を完成させなさい。

When Ben's family began to live in Japan, they had some □.

⑷ 本文の内容に合っているものを，ア～エの中から一つ選びなさい。

ア Hiroko found something interesting in a newspaper and shared it with Satoshi.

イ Satoshi did not know that the number of people in the Tohoku region was decreasing.

ウ Ben's father found it was difficult to understand a map symbol used in Japan.

エ Ben wants to make a new symbol for foreigners who will visit Akita Prefecture.

⑸ 次の英文は，聡と広子の発表を聞いたある生徒が書いた感想の一部です。本文の内容に合うように，A ， B に適当な英語１語を入れてそれぞれの文を完成させなさい。

I didn't know that [A] than 14,000 foreigners lived in Fukushima Prefecture in 2019. I want to do something for them because I want them to love Fukushima Prefecture and my town. Satoshi said in the presentation, "Good tourist maps will make our town [B] to foreigners." I thought that was a great message.

5　次の英文は，絵美（Emi）が書いたスピーチの原稿です。これを読んで，(1)～(6)の問いに答えなさい。

"Can we make a better world?" If we hear this question, some of us may say, "No." Today, I'm going to tell you, "Yes, we can."

Last summer, I went to *Bali to see Becky, my friend living there. One day, Becky and I went shopping at a supermarket. There I found the supermarket didn't give us any plastic bags. Customers were using their own *reusable bags. I asked Becky about that. She told me about "*Bye Bye Plastic Bags." It is a movement that two young sisters living in Bali started in 2013.

At that time in Bali, a lot of plastic bags were thrown away, and *polluted the beaches. The sisters wanted to see the beautiful beaches again. They asked themselves, "What can we do now to make a difference?" First, they made a small team. They asked other children on the *island to [A] their team. They thought it was important to make their team bigger and do something together. Then, they started cleaning some beaches with the team members. When their movement started like this, they were only 10 and 12 years old!

Can you imagine what happened after that? Soon their movement started to spread all over the island. Not only children but also *adults started helping the team. The team members made special reusable bags and gave them to people on the island. They also made special *stickers to give the shops and the restaurants that decided to stop giving plastic bags. They went to the *airport to get a lot of *signatures from people who were there. Their movement got bigger and bigger. Finally, they had a chance to meet the *governor. He *promised to make a rule to stop using plastic bags in Bali *by 2018. I was impressed because [B]. I was also impressed because such young sisters could do that.

My school life started again in Japan. One morning, when I was walking to school with my friend, Mari, there were two paper cups thrown away on the street. At first, I thought, "If I don't pick them up, someone else will do it." But then I remembered the two sisters. So I picked one up. When I did that, Mari picked the other one up. I was happy about that and said, "Thanks, Mari!" Mari said, "I wanted to *look away from them, but you picked one up.

I thought I should do it, too. Thanks, Emi." I was happy because I could make a little difference.

You may think these *actions are too small to change the world for the better. But if we work together for the same goal, I believe we can make a difference in the end. You may think we are still too young. But we can learn from the two sisters that <u>it's not a big problem</u>. Make a small team and do something small now!

注：Bali　(インドネシアの) バリ島　　reusable bags　エコバッグ
Bye Bye Plastic Bags　(バリ島の) レジ袋廃止運動　　polluted ～　～を汚染した　　island　島
adults　大人　　stickers　シール　　airport　空港　　signatures　署名　　governor　知事
promised to ～　～することを約束した　　by ～　～までに
look away from ～　～から目をそらす　　actions　行動

⑴　A に入る英語として最も適当なものを，ア～エの中から一つ選びなさい。

ア　look　　イ　join　　ウ　go　　エ　think

⑵　B に入る英文として最も適当なものを，ア～エの中から一つ選びなさい。

ア　their classmates went shopping with Emi
イ　their reusable bags and stickers were very cheap
ウ　their movement was not spreading to other countries
エ　their small actions made a big difference

⑶　下線部の内容を示した英文として最も適当なものを，ア～エの中から一つ選びなさい。

ア　Young people should make a big team to do something.
イ　Young people are too busy to do something for Bye Bye Plastic Bags.
ウ　It is difficult for young people to solve problems around them.
エ　Even young people can make a better world.

⑷　本文の内容に合っているものを，ア～エの中から一つ選びなさい。

ア　Becky didn't know much about Bye Bye Plastic Bags, so Emi told her about it.
イ　Only children in Bali were interested in the movement Becky's two sisters started.
ウ　Emi was happy when Mari picked up one of the paper cups thrown away on the street.
エ　People in Bali learned how to make Bali beautiful from the efforts of Emi and Becky.

⑸　本文の内容に合うように，次の①と②の Question に答えなさい。ただし，答えは Answer の下線部に適当な**英語**を書きなさい。

①　Question:　What shops and restaurants did the sisters and their team give stickers to?

Answer:　They gave them to the shops and the restaurants ＿＿＿＿＿＿.

② Question: How can we change the world for the better?
Answer: Emi thinks we can do it by ______________.

⑹ 次は，絵美のスピーチを聞いた後の次郎（Jiro）と絵美の対話です。下線部に適当な**英語**を１文で書きなさい。

Jiro: Thank you for your great speech, Emi. Can I ask you one question about the sisters?
Emi: Sure. What is that?
Jiro: ____________________________
Emi: Well, almost 1,000 signatures.
Jiro: 1,000! A lot of people visit the airport every day. So it was a great idea to do that there!

＜理科＞

時間　50分　　満点　50点

1　次の観察について，(1)～(4)の問いに答えなさい。

観　察

Ⅰ　図１のように，水を満たしたビーカーの上にタマネギを置いて発根させ，根のようすを観察した。

Ⅱ　図２のように，1本の根について，根が約２㎝の長さにのびたところで，根もと，根もとから１㎝，根もとから２㎝の３つの場所にペンで印をつけ，それぞれ**a**，**b**，**c**とした。

図１　　図２

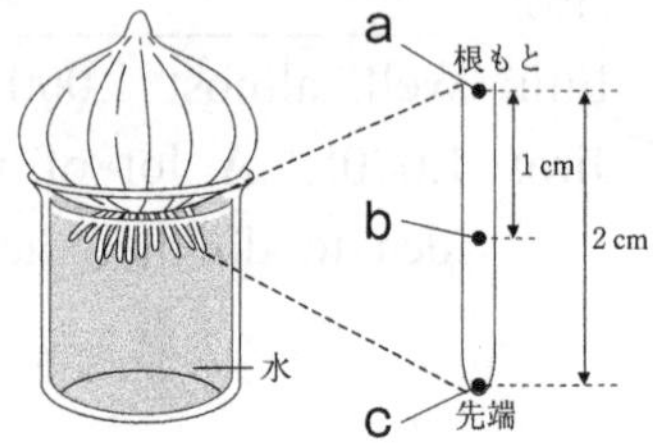

印をつけた根が約４㎝の長さにのびたところで，再び各部分の長さを調べると，**a**と**b**の間は１㎝，**a**と**c**の間は４㎝になっていた。

Ⅲ　Ⅱの根を切り取り，塩酸処理を行った後，**a**，**b**，**c**それぞれについて，印をつけた部分を含むように２㎜の長さに輪切りにし，別々のスライドガラスにのせて染色液をたらした。数分後，カバーガラスをかけ，ろ紙をのせて押しつぶし，プレパラートを作成した。それぞれのプレパラートを，顕微鏡を用いて400倍で観察したところ，視野全体にすき間なく細胞が広がっていた。視野の中の細胞の数を数えたところ，表のようになった。

また，**c**の部分を含んだプレパラートでのみ，ひものような染色体が観察された。

表

	a	b	c
細胞の数	13	15	63

(1)　次の文は，Ⅰについて述べたものである。**A**，**B**にあてはまることばを，それぞれ書きなさい。

図１のように，タマネギからはたくさんの細い根が出ていた。このような根を［ A ］といい，この根の特徴から，タマネギは被子植物の［ B ］類に分類される。

(2)　顕微鏡の使い方について述べた文として正しいものを，次の**ア**～**エ**の中から１つ選びなさい。

ア　観察するときには，顕微鏡をできるだけ直射日光のあたる明るいところに置く。

イ　観察したいものをさがすときには，視野のせまい高倍率の対物レンズを使う。

ウ　視野の右上にある細胞を視野の中央に移動させるときには，プレパラートを右上方向に移動させる。

エ　ピントを合わせるときには，接眼レンズをのぞきながらプレパラートと対物レンズを近づけていく。

(3)　下線部について，図３（次のページ）は細胞分裂の過程のさまざまな細胞のようすを模式的に示したものである。次の①，②の問いに答えなさい。

図3

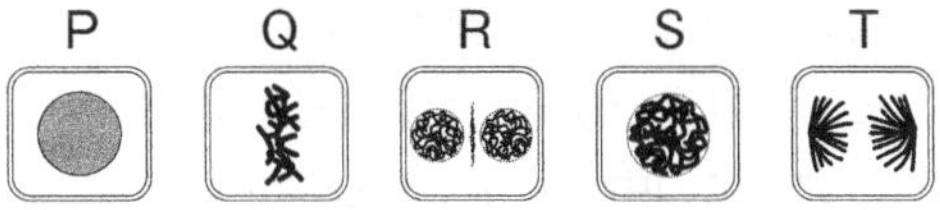

① 図3のP～Tを，Pを1番目として細胞分裂の順に並べ替えたとき，3番目となるものはどれか。Q～Tの中から1つ選びなさい。

② 染色体の複製が行われているのはどの細胞か。P～Tの中から1つ選びなさい。

(4) 次の文は，観察からわかったことについて述べたものである。X～Zにあてはまることばの組み合わせとして最も適切なものを，次のア～クの中から1つ選びなさい。

印をつけた根は X の間がのびていた。aとbの部分の細胞の大きさはほとんど同じだが，aとbの部分の細胞に比べてcの部分の細胞は Y ことがわかった。また，cの部分では，ひものような染色体が観察された。

以上のことから，根は， Z に近い部分で細胞分裂が起こり，その細胞が大きくなっていくことで，根が長くなることがわかった。

	X	Y	Z
ア	aとb	大きい	根もと
イ	aとb	大きい	先端
ウ	aとb	小さい	根もと
エ	aとb	小さい	先端
オ	bとc	大きい	根もと
カ	bとc	大きい	先端
キ	bとc	小さい	根もと
ク	bとc	小さい	先端

2 次の文は，ヒトのからだのはたらきについて述べたものである。(1)～(5)の問いに答えなさい。

筋肉による運動や a体温の維持など，からだのさまざまなはたらきにはエネルギーが必要であり，そのエネルギーを得るためヒトは食物をとっている。

食物は，消化管の運動や消化酵素のはたらきによって吸収されやすい物質になり，養分として b小腸のかべから吸収される。養分は， c血液によって全身の細胞に運ばれ， d細胞の活動に使われる。

細胞の活動によって，二酸化炭素やアンモニアなどの物質ができる。これらの e排出には，さまざまな器官が関わっている。

(1) 下線部aについて，グラフは，気温とセキツイ動物の体温との関係を表したものである。これについて述べた次の文の □ にあてはまることばを書きなさい。

生物が生息している環境の温度は，昼と夜，季節などによって，大きく変化する。セキツイ動物には，気温に対してAのような体温を表す動物と，Bのような体温を表す動物がいる。Aのような動物は， □ 動物とよばれる。

グラフ

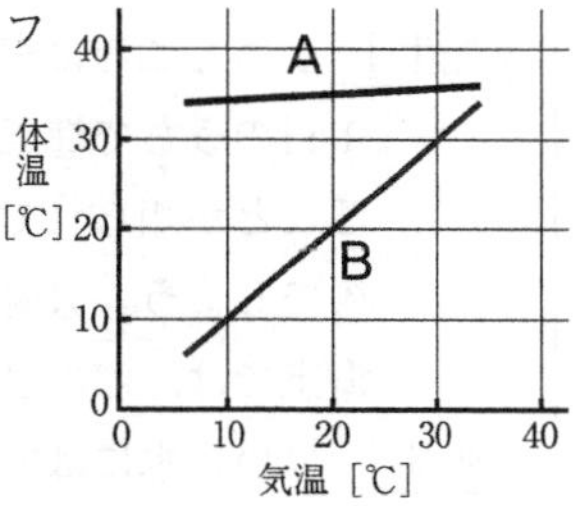

(2) 下線部bについて，次のページの図は，小腸のかべの断面の模式図である。小腸のかべが，

効率よく養分を吸収することができる理由を，「**ひだや柔毛があることで,**」という書き出しに続けて書きなさい。

図

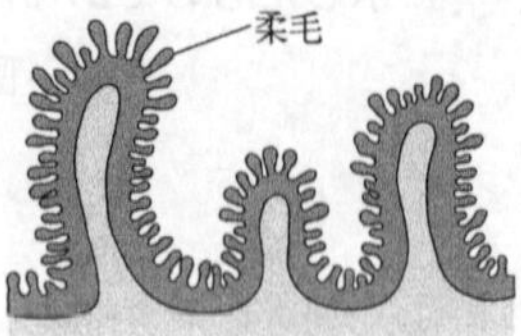

⑶　下線部**c**について，ヒトの血液の成分について述べた文として正しいものを，次の**ア**～**エ**の中から１つ選びなさい。

ア　赤血球は，毛細血管のかべを通りぬけられない。
イ　白血球は，中央がくぼんだ円盤形をしている。
ウ　血小板は，赤血球よりも大きい。
エ　血しょうは，ヘモグロビンをふくんでいる。

⑷　下線部**d**について，次の文は，細胞による呼吸について述べたものである。[　　]にあてはまる適切なことばを，**エネルギー**，**酸素**，**養分**という３つのことばを用いて書きなさい。

ひとつひとつの細胞では，[　　]。このとき，二酸化炭素と水ができる。細胞のこのような活動を，細胞による呼吸という。

⑸　下線部**e**について，次の文は，アンモニアが体外へ排出される過程について述べたものである。①，②にあてはまることばの組み合わせとして正しいものを，次の**ア**～**カ**の中から１つ選びなさい。

蓄積すると細胞のはたらきにとって有害なアンモニアは，血液によって運ばれ，[　①　]で無害な尿素に変えられる。血液中の尿素は，[　②　]でとり除かれ，尿の一部として体外へ排出される。

	①	②
ア	じん臓	ぼうこう
イ	じん臓	肝臓
ウ	ぼうこう	じん臓
エ	ぼうこう	肝臓
オ	肝臓	じん臓
カ	肝臓	ぼうこう

3　次の文は，生徒と先生の会話の一部である。⑴～⑸の問いに答えなさい。

[生徒]　海岸付近の風のふき方について調べるため，夏休みに気象観測を行いました。気象観測は，よく晴れたおだやかな日に，東に海が広がる海岸で行い，観測データを表にまとめました。表から，この日の風向は６時から８時の間と，[　X　]の間に大きく変化したことがわかりました。

表

時	天気	風向	風力
6	快晴	北北西	1
8	快晴	東	1
10	晴れ	東	2
12	晴れ	東南東	2
14	晴れ	東南東	1
16	晴れ	東南東	1
18	曇り	西南西	1
20	晴れ	南西	1

[先生]　よいところに気がつきましたね。海の近くでは１日のうちで海風と陸風が入れかわる現象が起こることが知られています。風向きはなぜ変化するのでしょう。太陽の光が当たる日中には，陸上と海上では，どのようなちがいが生じると思いますか。

[生徒]　はい。水には岩石と比べて[　Y　]性質があります。そのため，太陽の光が当たる日中には，陸と海には温度の差ができるので，陸上と海上にも気温の差ができると思

います。

先生　そうです。それぞれの気温を比べてみると，日中には ① の気温の方が高くなりますね。気温の変化は，空気の動きや気圧にどう影響すると思いますか。

生徒　ええと，空気があたためられると膨張して密度が小さくなり， ② 気流が発生するので，その場所の気圧は低くなっていると思います。反対に，空気が冷やされると収縮して密度が大きくなり， ③ 気流が発生するので，気圧は高くなっていると思います。

あ，そうか。日中に私が観測した東寄りの風は，気圧が高くなった海から気圧が低くなった陸上へ向かってふいた風だったのですね。

先生　そのとおりです。気圧の差が生じて風がふくということをよくとらえましたね。では，夜にふく風についてはどのように考えられますか。

生徒　はい。夜には水の Y 性質によって， ④ の気温の方が高くなるので，日中とは反対に，陸から海へ向かって風がふくと思います。

先生　そうです。これらの風を海陸風といいます。実は，同じような現象は，より広範囲の大陸と海洋の間でも起こることが知られています。

(1)　表の10時の観測データを天気図記号で表したものを，次の**ア**～**ク**の中から１つ選びなさい。

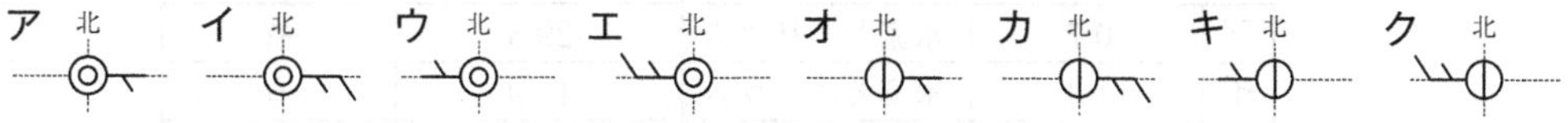

(2)　文中の**X**にあてはまるものを，次の**ア**～**ウ**の中から１つ選びなさい。

ア　10時から12時　　**イ**　16時から18時　　**ウ**　18時から20時

(3)　文中の**Y**にあてはまることばを，次の**ア**～**エ**の中から１つ選びなさい。

ア　あたたまりやすく冷えやすい　　**イ**　あたたまりやすく冷えにくい

ウ　あたたまりにくく冷えやすい　　**エ**　あたたまりにくく冷えにくい

(4)　文中の①～④にあてはまることばの組み合わせとして正しいものを，次の**ア**～**エ**の中から１つ選びなさい。

	①	②	③	④
ア	陸上	上昇	下降	海上
イ	陸上	下降	上昇	海上
ウ	海上	上昇	下降	陸上
エ	海上	下降	上昇	陸上

(5)　下線部について，次の文は，日本付近で，冬に北西の季節風がふくしくみを説明したものである。□ にあてはまる適切なことばを，**気温**，**気圧**という２つのことばを用いて書きなさい。

冬になると，ユーラシア大陸上では太平洋上と比べて □ 。その結果，ユーラシア大陸から太平洋へ向かって北西の季節風がふく。

4 福島県のある場所で，日の出前に南東の空を観察した。(1)～(5)の問いに答えなさい。

午前６時に南東の空を観察すると，明るくかがやく天体A，天体B，天体Cが見えた。図は，このときのそれぞれの天体の位置をスケッチしたものである。

また，天体Aを天体望遠鏡で観察すると，aちょうど半分が欠けて見えた。

その後も，b空が明るくなるまで観察を続けた。

それぞれの天体についてコンピュータソフトで調べると，天体Aは金星，天体Bは木星であり，天体Cはアンタレスと呼ばれる恒星であることがわかった。

図

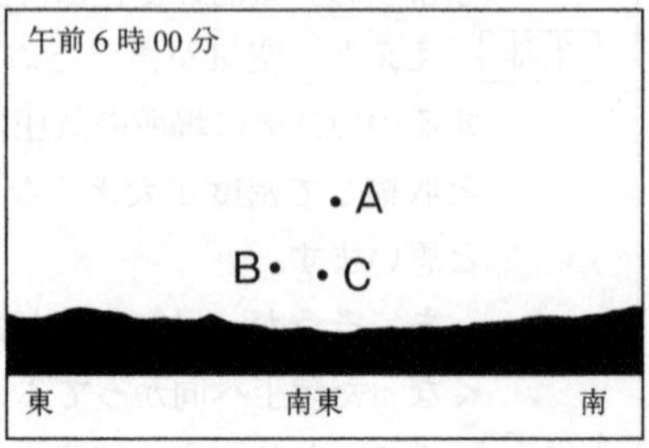

(1) 金星や木星は，恒星のまわりを回っていて，自ら光を出さず，ある程度の質量と大きさをもった天体である。このような天体を何というか。書きなさい。

(2) 次の表は，金星，火星，木星，土星の特徴をまとめたものである。木星の特徴を表したものとして最も適切なものを，次のア～エの中から１つ選びなさい。

表

	密度 $[g/cm^3]$	主な成分	公転の周期［年］	環の有無
ア	0.7	水素とヘリウム	29.5	有
イ	1.3	水素とヘリウム	11.9	有
ウ	3.9	岩石と金属	1.9	無
エ	5.2	岩石と金属	0.6	無

(3) 下線部aについて，このときの天体Aの見え方の模式図として最も適切なものを，次のア～オの中から１つ選びなさい。ただし，ア～オは，肉眼で観察したときの向きで表したものである。

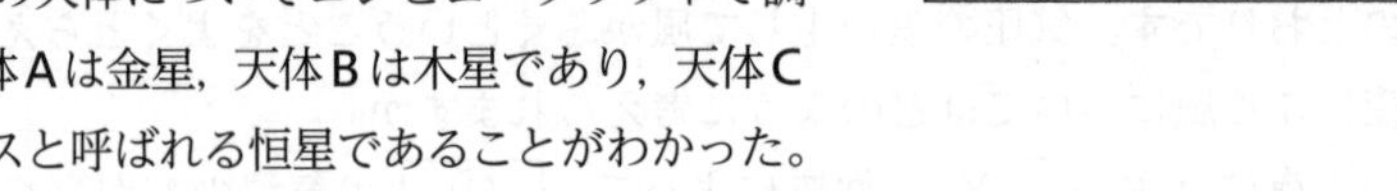

(4) 下線部bについて，観察を続けると天体Cはどの方向に移動して見えるか。最も適切なものを，右のア～エの中から１つ選びなさい。

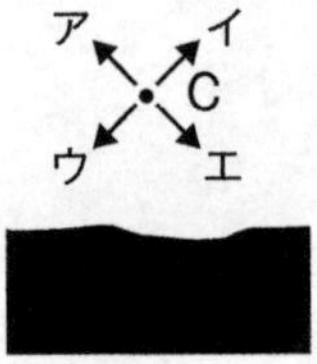

(5) 次の文は，観察した日以降の金星の見え方について述べたものである。①，②にあてはまることばの組み合わせとして最も適切なものを，右のア～カの中から１つ選びなさい。

15日おきに，天体望遠鏡を使って日の出前に見える金星を観察すると，見える金星の形は［　①　］いき，見かけの金星の大きさは［　②　］。

	①	②
ア	欠けて	大きくなっていく
イ	欠けて	変わらない
ウ	欠けて	小さくなっていく
エ	満ちて	大きくなっていく
オ	満ちて	変わらない
カ	満ちて	小さくなっていく

5　うすい塩酸と炭酸水素ナトリウムを用いて，次の実験を行った。(1)～(5)の問いに答えなさい。

実験１

Ⅰ　図のように，うすい塩酸30cm^{3}を入れたビーカーとa炭酸水素ナトリウム1.0gを入れた容器Xを電子てんびんにのせ，反応前の全体の質量として測定した。

Ⅱ　うすい塩酸に容器Xに入った炭酸水素ナトリウムをすべて加えたところ，気体が発生した。

Ⅲ　気体が発生し終わったビーカーと，容器Xを電子てんびんに一緒にのせ，反応後の全体の質量として測定した。

Ⅳ　うすい塩酸30cm^{3}を入れたビーカーを他に４つ用意し，それぞれに加える炭酸水素ナトリウムの質量を2.0g，3.0g，4.0g，5.0gに変えて，実験１のⅠ～Ⅲと同じ操作を行った。

図

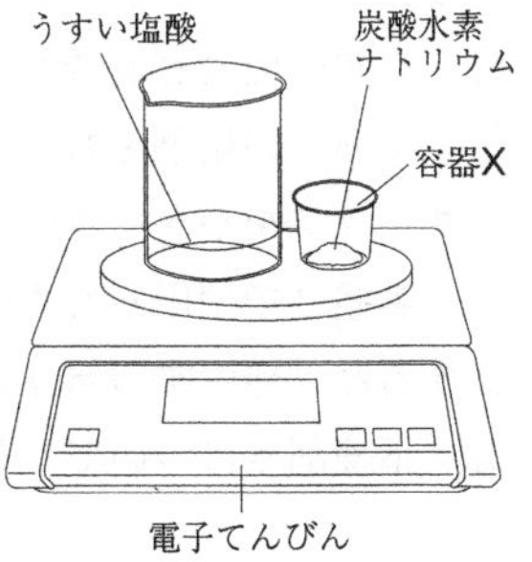

実験１の結果

炭酸水素ナトリウムの質量［g］	1.0	2.0	3.0	4.0	5.0
反応前の全体の質量［g］	96.2	94.5	97.9	96.2	99.7
反応後の全体の質量［g］	95.7	93.5	96.4	94.7	98.2

実験２

Ⅰ　炭酸水素ナトリウム4.0gを入れた容器Xと，実験１で使用したものと同じ濃度のうすい塩酸10cm^{3}を入れたビーカーを電子てんびんにのせ，反応前の全体の質量として測定した。

Ⅱ　うすい塩酸に容器Xに入った炭酸水素ナトリウムをすべて加えたところ，気体が発生した。

Ⅲ　気体が発生し終わったビーカーと容器Xを電子てんびんに一緒にのせ，反応後の全体の質量として測定した。

Ⅳ　うすい塩酸20cm^3，30cm^3，40cm^3，50cm^{3}を入れたビーカーを用意し，それぞれに加える炭酸水素ナトリウムの質量をすべて4.0gとして，実験２のⅠ～Ⅲと同じ操作を行った。

実験２の結果

うすい塩酸の体積［cm^3］	10	20	30	40	50
反応前の全体の質量［g］	78.6	86.4	96.3	107.0	116.2
反応後の全体の質量［g］	78.1	85.4	94.8	105.0	114.2

実験終了後

実験１，２で使用した10個のビーカーの中身すべてを，1つの大きな容器に入れた。その際，b反応せずに残っていたうすい塩酸と炭酸水素ナトリウムが反応し，気体が発生した。

(1)　下線部aについて，電子てんびんを水平におき，電源を入れた後，容器Xに炭酸水素ナトリウム1.0gをはかりとる手順となるように，次の**ア**～**ウ**を並べて書きなさい。

ア 表示を0.0gにする。

イ 容器Xをのせる。

ウ 炭酸水素ナトリウムを少量ずつのせ，表示が1.0gになったらのせるのをやめる。

(2) うすい塩酸と炭酸水素ナトリウムが反応して発生した気体は何か。名称を書きなさい。

(3) 実験1の結果をもとに，加えた炭酸水素ナトリウムの質量と発生した気体の質量の関係を表すグラフをかきなさい。

(4) 実験2で使用したものと同じ濃度のうすい塩酸24cm³に炭酸水素ナトリウム4.0gを加えたとすると，発生する気体の質量は何gになるか。求めなさい。

(5) 下線部bについて，発生した気体の質量は何gになるか。求めなさい。

6 次の文は，ある生徒が，授業から興味をもったことについてまとめたレポートの一部である。(1)～(4)の問いに答えなさい。

授業で行った実験で，ビーカーに水酸化バリウムと塩化アンモニウムを入れてガラス棒でかき混ぜたところ，a<u>ビーカーが冷たくなった</u>。このことに興味をもち，温度の変化を利用した製品について調べることにした。

<table>
<tr><th colspan="3">温度の変化を利用した製品について</th></tr>
<tr><th>製品</th><th>主な材料</th><th>温度変化のしくみ</th></tr>
<tr><td>冷却パック

</td><td>硝酸アンモニウム・水</td><td>パックをたたくことで硝酸アンモニウムが水と混ざり，水に溶ける際に，温度が下がる。</td></tr>
<tr><td>加熱式容器
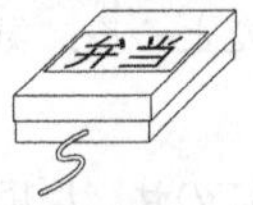
</td><td>酸化カルシウム・水</td><td>容器側面のひもを引くと，容器の中にある酸化カルシウムと水が反応する。その際，b<u>水酸化カルシウム</u>が生じ，熱が発生し，温度が上がる。</td></tr>
<tr><td>化学かいろ

</td><td>鉄粉・水・活性炭・塩化ナトリウム</td><td>［X］は空気中の酸素を集めるはたらきがあり，［Y］が酸素により酸化する際に，温度が上がる。</td></tr>
</table>

(1) 次の文は，下線部aについて，その理由を述べたものである。［　］にあてはまる適切なことばを書きなさい。

> ビーカーが冷たくなったのは，ビーカー内の物質が化学変化したときに，その周囲から［　　］ためである。

(2) 冷却パックに含まれる硝酸アンモニウム，化学かいろに含まれる塩化ナトリウムはともに，酸とアルカリが反応したときに，酸の陰イオンとアルカリの陽イオンが結びつくことによってできる物質である。このようにしてできる物質の総称を何というか。書きなさい。

(3) 下線部bについて，次の①，②の問いに答えなさい。

① 水酸化カルシウムの化学式を書きなさい。

② 水酸化カルシウムが示す性質について述べた文として適切なものを，次の**ア**～**エ**の中から1つ選びなさい。

ア　水酸化カルシウムの水溶液に緑色のＢＴＢ溶液を加えると，黄色に変化する。

イ　水酸化カルシウムと塩化アンモニウムを混ぜ合わせて加熱すると，塩素が発生する。

ウ　水酸化カルシウムの水溶液にフェノールフタレイン溶液を加えると，赤色に変化する。

エ　水酸化カルシウムの水溶液にマグネシウムリボンを加えると，水素が発生する。

⑷ 化学かいろの温度変化のしくみについて，前のページの文の**X**，**Y**にあてはまることばの組み合わせとして正しいものを，右の**ア**～**カ**の中から１つ選びなさい。

	X	Y
ア	鉄粉	塩化ナトリウム
イ	鉄粉	活性炭
ウ	活性炭	塩化ナトリウム
エ	活性炭	鉄粉
オ	塩化ナトリウム	鉄粉
カ	塩化ナトリウム	活性炭

7　次の実験について，⑴～⑸の問いに答えなさい。ただし，ばねと糸の質量や体積は考えないものとする。また，質量100ｇの物体にはたらく重力の大きさを１Ｎとする。

実　験

ばねとてんびんを用い，物体の質量や物体にはたらく力を測定する実験を行った。

グラフは，実験で用いたばねを引く力の大きさとばねののびの関係を表している。

実験で用いたてんびんは，支点から糸をつるすところまでの長さが左右で等しい。

Ⅰ　図１のように，てんびんの左側にばねと物体**A**をつるし，右側に質量270ｇのおもり**X**をつるしたところ，てんびんは水平につりあった。

Ⅱ　Ⅰの状態から，図２のように，水の入った水槽を用い，物体**A**をすべて水中に入れ，てんびんの右側につるされたおもり**X**を，質量170ｇのおもり**Y**につけかえたところ，てんびんは水平につりあった。このとき，物体**A**は水槽の底から離れていた。

グラフ

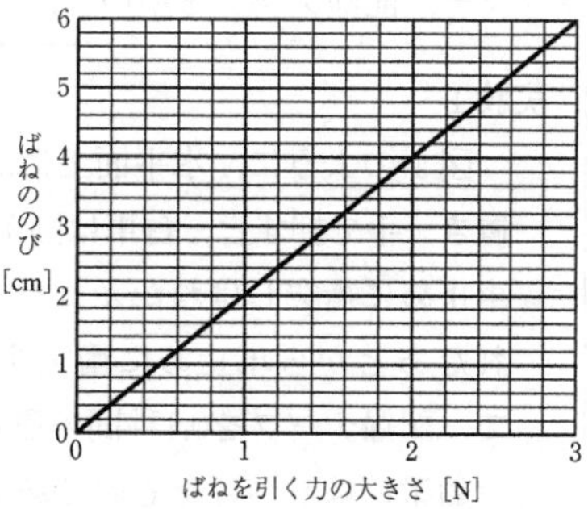

図１

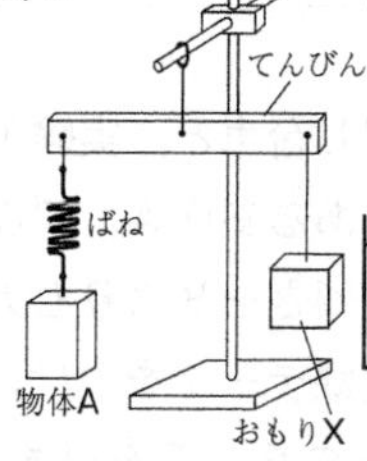

図２

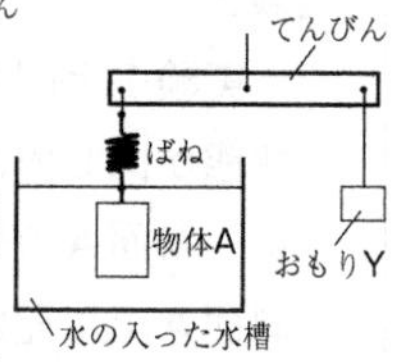

Ⅲ　物体**A**を水槽から出し，おもり**Y**を物体**A**と同じ質量で，体積が物体**A**より小さい物体**B**につけかえ，Ⅱで用いた水槽よりも大きな水槽を用い，物体**A**と**B**両方をすべて水中に入れた。すると，図３のように，てんびんは物体**B**の方に傾いた。このとき，物体**B**は水槽の底につき，物体**A**は水槽の底から離れていた。

図３

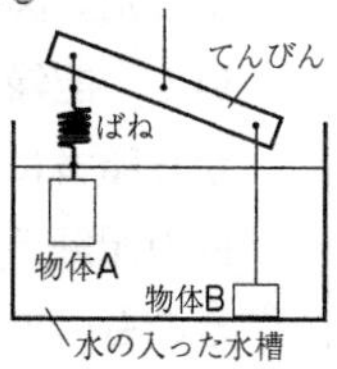

(1)　次の文は，ばねを引く力の大きさとばねののびの関係について述べたものである。□　にあてはまることばを書きなさい。

> ばねを引く力の大きさとばねののびの間には比例関係がある。このことは，発表したイギリスの科学者の名から，□　の法則と呼ばれている。

(2)　Ⅰについて，このときばねののびは何cmか。求めなさい。

(3)　月面上で下線部の操作を行うことを考える。このとき，ばねののびとてんびんのようすを示したものの組み合わせとして適切なものを，次のア～カの中から1つ選びなさい。ただし，月面上で物体にはたらく重力の大きさは地球上の6分の1であるとする。

	ばねののび	てんびんのようす
ア	地球上の6分の1	物体Aの方に傾いている
イ	地球上の6分の1	おもりXの方に傾いている
ウ	地球上の6分の1	水平につりあっている
エ	地球上と同じ	物体Aの方に傾いている
オ	地球上と同じ	おもりXの方に傾いている
カ	地球上と同じ	水平につりあっている

(4)　Ⅱについて，このとき物体Aにはたらく浮力の大きさは何Nか。求めなさい。

(5)　Ⅲについて，てんびんが物体Bの方に傾いた理由を，**体積**，**浮力**という2つのことばを用いて書きなさい。

8　水平面上および斜面上での，台車にはたらく力と台車の運動について調べるため，台車と記録タイマー，記録テープを用いて，次の実験を行った。(1)～(5)の問いに答えなさい。

実験1

図1のように，水平面上に記録テープをつけた台車を置き，手で押すと，台車は図1の右向きに進み，その後，車止めに衝突しはねかえった。図2は，台車が手から離れたあとから車止めに衝突する直前までの運動について，記録テープを0.1秒間の運動の記録ごとに切り，左から順番にはりつけたものである。図2から，台車は等速直線運動をしていなかったという結果が得られた。

図1

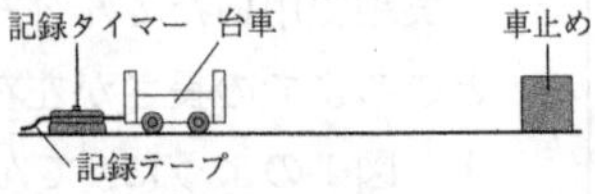

図2

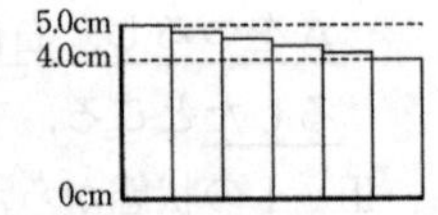

実験2

実験1と同じ台車と，実験1の水平面と材質や表面の状態が同じである斜面A，斜面Bを用意し，図3のように，斜面Aの傾きをBよりも大きくして実験を行った。斜面A上に記録テープをつけた台車を置き，手で支え静止させた。その後，手を離すと台車は斜面A，B上を下った。図4は，台車が動き出した直後からの運動について，記録テープを0.1秒間の運動の記録ごとに切り，左から順番にはりつけたものである。図4のXで示した範囲の記録テープ4枚は台車が斜面B上を運動しているときのものであり，同じ長さであった。

図3

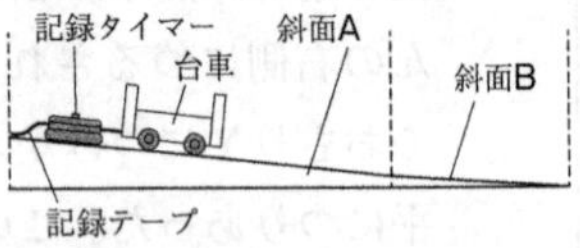

図4

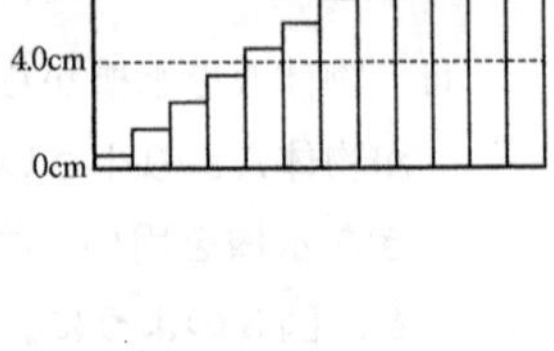

⑴　実験１について，台車が車止めと衝突したときに，車止めが台車から受ける力の大きさを F_1，台車が車止めから受ける力の大きさを F_2 とする。F_1，F_2 の関係について述べた文として正しいものを，次の**ア**～**ウ**の中から１つ選びなさい。

ア　F_1 より F_2 の方が大きい。　**イ**　F_1 より F_2 の方が小さい。

ウ　F_1 と F_2 は同じである。

⑵　下線部について，車止めに衝突する直前までの間の台車にはたらく力の合力について述べた文として正しいものを，次の**ア**～**エ**の中から１つ選びなさい。

ア　右向きに進んでいるので，合力は運動の向きと同じ向きである。

イ　速さがだんだんおそくなっているので，合力は運動の向きと逆向きである。

ウ　水平面上を運動しているので，合力は０Ｎである。

エ　摩擦力と重力がはたらいているので，合力は左下を向いている。

⑶　実験２について，台車が斜面Ｂ上を運動しているときの速さは何cm/sか。求めなさい。

⑷　図５は斜面Ａ上で台車が運動しているときの台車にかかる重力Ｗと，重力Ｗを斜面方向に分解した力Ｐと斜面と垂直な方向に分解した力Ｑを矢印で表したものである。台車が斜面Ａ上から斜面Ｂ上へ移ったとき，Ｐ，Ｑの大きさがそれぞれどのようになるかを示した組み合わせとして正しいものを，次の**ア**～**カ**の中から１つ選びなさい。

図５

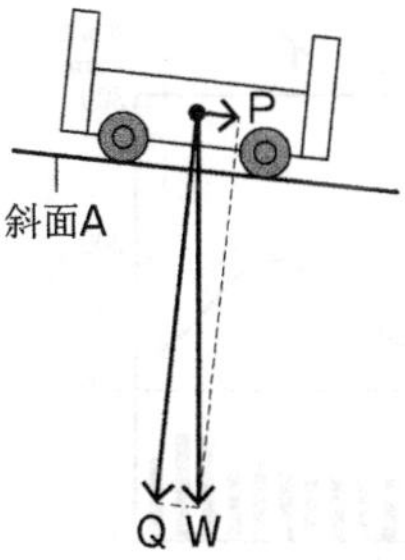

	Ｐの大きさ	Ｑの大きさ
ア	小さくなる	大きくなる
イ	小さくなる	小さくなる
ウ	小さくなる	変化しない
エ	変化しない	大きくなる
オ	変化しない	小さくなる
カ	変化しない	変化しない

⑸　次の文は，物体にはたらく力と運動の関係について説明したものである。①，②にあてはまることばを，それぞれ書きなさい。

物体にはたらいている力が［　①　］とき，動いている物体は等速直線運動をし，静止している物体は静止し続ける。これを［　②　］の法則という。

実験２においては，図４のＸが示すように，台車は斜面Ｂ上を同じ速さで下っている。このとき，運動の向きにはたらいている力と，それと逆向きにはたらいている力が［　①　］。

＜社会＞

時間 50分 満点 50点

1 右の地図ⅠのXは海洋を，A～Dは国を示している。(1)～(6)の問いに答えなさい。

(1) 地図ⅠのXの海洋名を**漢字3字**で書きなさい。

(2) 次の雨温図は，地図Ⅰのロンドン，モスクワ，トンブクトゥ，ケープタウンのいずれかの都市の気温と降水量を表している。ロンドンにあてはまるものを，ア～エの中から一つ選びなさい。

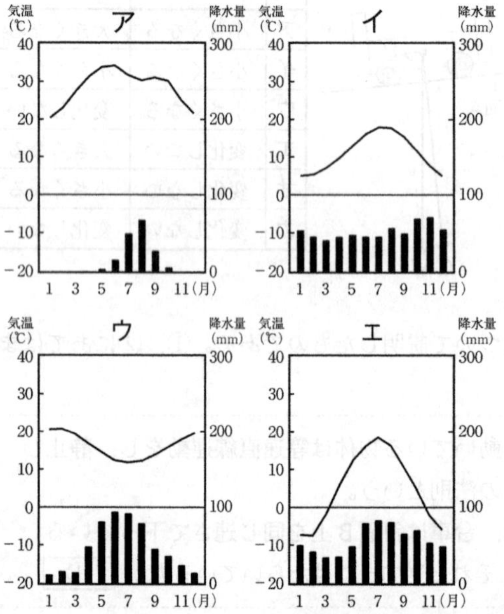

（気象庁資料により作成）

地図Ⅰ

(3) 1993年に発足したEUに関して，次の①，②の問いに答えなさい。

① 地図ⅠのA国，B国では，EUの共通通貨が導入されている。この通貨を何というか。書きなさい。

② 次のページの地図Ⅱは，地図Ⅰの一部であり，バルト海沿岸のEU加盟国を■で表したものである。また次のページの表Ⅰは，これらの国の一人あたりの国民総所得の変化を表しており，2000年以前からの加盟国をPグループ，2001年以降に加盟した国をQグループとしている。Qグループの2017年の一人あたりの国民総所得と，Qグループの2005年からのその増加率について，「**Pグループに比べ，Qグループは，**」の書き出しに続けて書きなさい。

地図Ⅱ

表Ⅰ　バルト海沿岸のＥＵ加盟国の一人あたりの国民総所得の変化

グループ	国名	一人あたりの国民総所得	
		2005年（ドル）	2017年（ドル）
P	デンマーク	48650	57963
	B国	34980	45923
	スウェーデン	42060	54810
	フィンランド	38550	46210
Q	エストニア	9700	19390
	ラトビア	6760	15517
	リトアニア	7250	15791
	ポーランド	7270	13226

（世界国勢図会2019/20年版などにより作成）

⑷　アフリカ州の国や地域が，紛争や貧困問題の解決策を協力して考えるために，2002年に発足させた地域機構を何というか。書きなさい。

⑸　地図ＩのＣ国，Ｄ国において，最も多くの人々が信仰している宗教として適当なものを，次のア～エの中から一つ選びなさい。

ア　イスラム教　　**イ**　キリスト教　　**ウ**　ヒンドゥー教　　**エ**　仏教

⑹　次の表Ⅱは，地図ＩのＡ～Ｄ国の輸出総額，輸出上位３品目と輸出総額に占める割合および輸出相手国上位５か国を表している。Ｄ国にあてはまるものを，表Ⅱの**ア**～**エ**の中から一つ選びなさい。また，その**国名**を書きなさい。

表Ⅱ　Ａ～Ｄ国の輸出総額，輸出上位３品目と輸出総額に占める割合および輸出相手国上位５か国（2017年）

	輸出総額（百万ドル）	輸出上位３品目と輸出総額に占める割合(%)	輸出相手国上位５か国				
			第１位	第２位	第３位	第４位	第５位
ア	35191	原油(36.1)，天然ガス(20.3)，石油製品(19.9)	イタリア	A国	スペイン	アメリカ	ブラジル
イ	157055	自動車(14.9)，機械類(13.9)，衣類(9.6)	B国	イギリス	アラブ首長国連邦	イラク	アメリカ
ウ	523385	機械類(19.8)，航空機(9.8)，自動車(9.5)	B国	スペイン	イタリア	アメリカ	ベルギー
エ	1450215	機械類(27.3)，自動車(17.4)，医薬品(5.9)	アメリカ	A国	中国	イギリス	オランダ

（世界国勢図会2019/20年版などにより作成）

2　東北地方に関して，⑴～⑷の問いに答えなさい。

⑴　次のページの地図Ｉは，東北地方とその周辺の地域における，緯線と気候の特徴を表したものである。次の①，②の問いに答えなさい。

①　ａ，ｂは緯線を示している。ａ，ｂの緯度の組み合わせとして適当なものを，次の**ア**～**エ**の中から一つ選びなさい。

	a	b
ア	北緯 38 度	北緯 40 度
イ	北緯 40 度	北緯 38 度
ウ	北緯 40 度	北緯 42 度
エ	北緯 42 度	北緯 40 度

地図Ⅰ

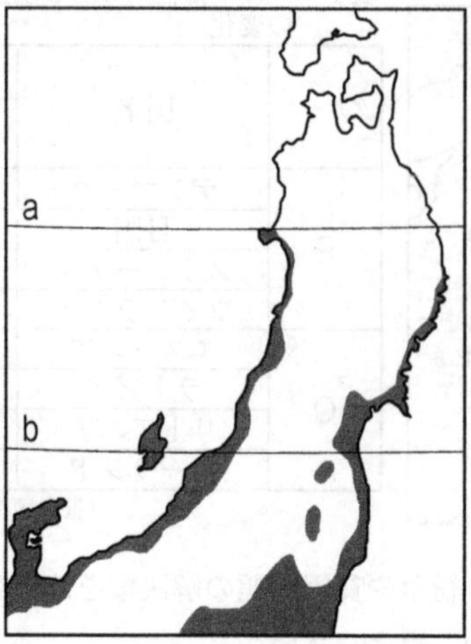

（気象庁資料などにより作成）

② ■■■ で示した地域の気候の特徴として適当なものを，次の**ア**～**エ**の中から一つ選びなさい。

ア　１月の平均気温が０℃以上である。

イ　８月の平均気温が24℃未満である。

ウ　１月の降水量が100㎜以上である。

エ　８月の降水量が100㎜未満である。

⑵　次のグラフは，日本の人口・面積に占める各地方の割合を表しており，グラフの**ア**～**オ**は北海道，東北，中部，近畿，九州のいずれかである。東北にあてはまるものを，**ア**～**オ**の中から一つ選びなさい。

グラフ　日本の人口・面積に占める各地方の割合（2015 年）

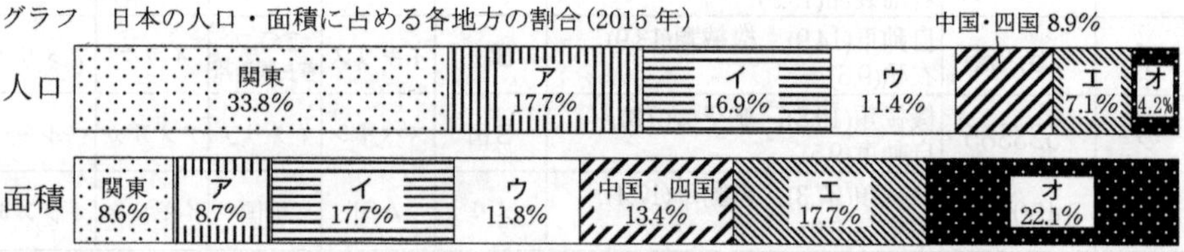

（総務省国勢調査資料により作成）

⑶　次のページの地図Ⅱは，東北地方の２万５千分の１地形図の一部である。次の①，②の問いに答えなさい。

①　地図Ⅱの三つの地点Q，R，Sを，**標高の低い順**に左から並べて書きなさい。

②　次の文は，地図Ⅱの北上南部工業団地の立地について述べたものである。Xにあてはまることばを，「**原料や製品**」という語句を用いて書きなさい。

> 北上南部工業団地は，北上金ケ崎ＩＣという高速道路のインターチェンジ付近にあり，東側には国道も通っている。このことから，北上南部工業団地が立地する利点として，［　X　］ことがあげられる。

地図Ⅱ

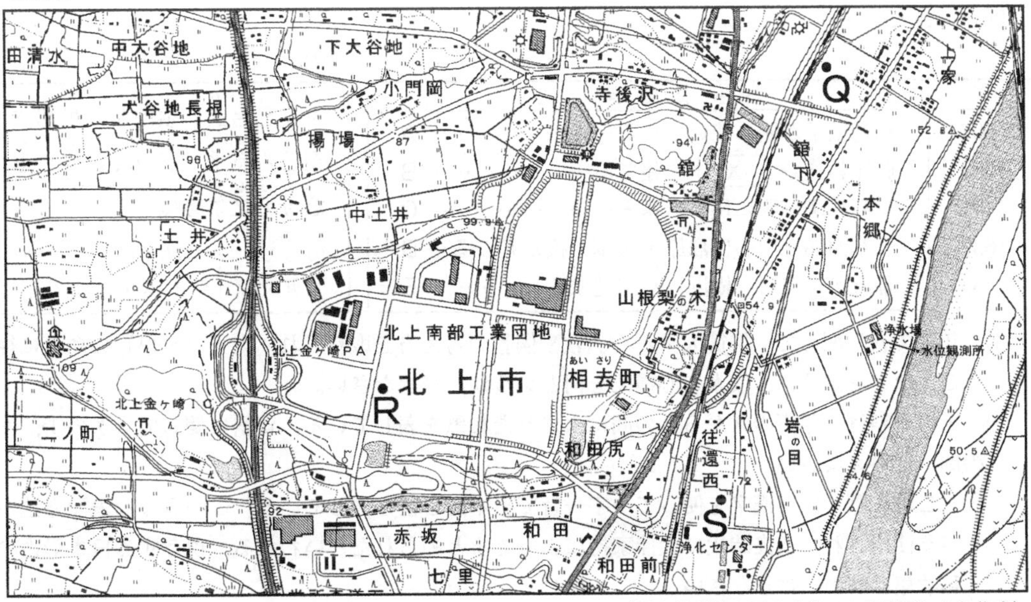

（国土地理院２万５千分の１地形図により作成）

⑷　次の表は，東北地方における県別の農産物栽培面積に占める農産物Yの割合を表している。下の①，②の問いに答えなさい。

表　東北地方における県別の農産物栽培面積に占める農産物Yの割合（2016年）

青森県	岩手県	宮城県	秋田県	山形県	福島県
18.1%	2.9%	1.4%	2.1%	9.6%	6.2%

（日本の統計 2019 年版により作成）

①　右の地図Ⅲは，上の表を参考にして主題図を作成している途中のものである。凡例《はんれい》にしたがって，残りの４県を塗り分け，解答欄の主題図を完成させなさい。

②　農産物Yにあてはまるものを，次のア～エの中から一つ選びなさい。

ア　稲　　イ　麦類　　ウ　野菜　　エ　果樹

地図Ⅲ

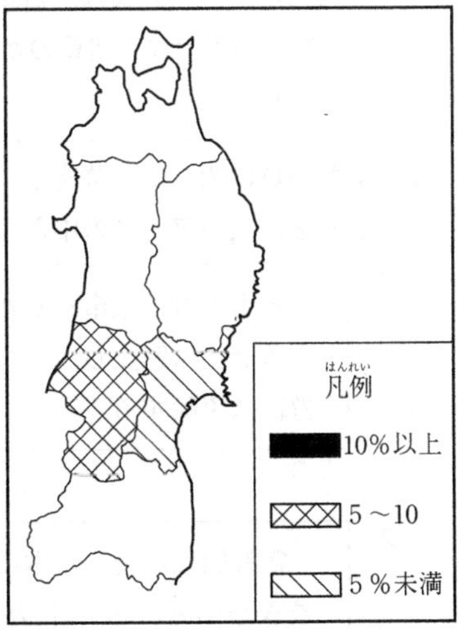

3　次の年表は，日本の文化に関連するできごとについてまとめたものの一部である。(1)～(7)の問いに答えなさい。

年	おもなできごと
607	聖徳太子が隋に使いを送る……………………… A
1053	藤原頼通が［ X ］を建てる………………… B
1401	足利義満が明に使いを送る……………………… C
1637	天草四郎を中心に島原・天草一揆が起こる… D
1859	幕府が神奈川（横浜）を開港する…………… E

資料

> 可《か》良《ら》己《こ》呂《ろ》武《む》　須《す》宗《そ》尓《に》等《と》里《り》都《つ》伎《き》
> 奈《な》苦《く》古《こ》良《ら》乎《を》　意《お》伎《き》弖《て》曽《そ》伎《き》怒《ぬ》也《や》
> 意《お》母《も》奈《な》之《し》尓《に》志《し》弖《て》
>
> (から衣《ころも》　すそに取りつき　泣く子らを
> 置きてぞ来《き》ぬや　母《おも》なしにして)

(1)　年表のAに関して，聖徳太子が，仏教や儒教の考え方を取り入れ，大王（天皇）の命令に従うことなどを定めた，役人の心構えを何というか。書きなさい。

(2)　上の資料は，年表のAからBの間によまれた和歌を表している。資料に関して，次の①，②の問いに答えなさい。

①　この和歌では，漢字を使って一字一音で日本語を書き表している。このような表記方法が多く使用され，奈良時代に大伴家持《おおとものやかもち》によってまとめられたといわれる，現存する日本最古の和歌集は何か。書きなさい。

②　この和歌は，唐や新羅からの攻撃に備えて九州北部に送られた兵士がよんだものである。このような九州地方の防備の目的で派遣された兵士のことを何というか。書きなさい。

(3)　年表のBについて，このころ浄土信仰がさかんになり，藤原頼通は，阿弥陀仏の住む極楽浄土をこの世に再現しようとしてXを建てた。Xにあてはまる建物の名称として適当なものを，次のア～エの中から一つ選びなさい。

ア　平等院鳳凰堂　　イ　慈照寺銀閣　　ウ　姫路城天守　　エ　法隆寺金堂

(4)　年表のCに関して，次の文は，明との貿易について説明したものである。Yにあてはまる語句を書きなさい。

> 1404年，足利義満は，日本側の正式な貿易船に，明から与えられた［ Y ］という通交証明書を持たせて，朝貢のかたちでの貿易を始めた。そのため，この貿易は，［ Y ］貿易といわれる。

(5)　年表のDに関して，幕府がこの一揆を鎮圧したあとの1639年に出した法令の内容として適当なものを，次のア～エの中から一つ選びなさい。

ア
> 安土の町は楽市としたので，いろいろな座は廃止し，さまざまな税や労役は免除する。

イ
> 本拠である朝倉館《やかた》のほか，国内に城を構えてはならない。領地のある者は全て一乗谷《いちじょうだに》に移住し，村には代官を置くようにせよ。

ウ
> 宣教師は今後，日本にいることはできないが，ポルトガルの貿易船は，商売のために来ているので，特別に許可せよ。

エ
> 今後ポルトガル船が日本に渡ってくることを禁止する。今後渡ってきた時はその船を壊し，乗員は即座に死罪にせよ。

⑹ 年表のDからEの間に幕府が行ったことについて述べた次の**ア**～**エ**を，年代の古い順に左から並べて書きなさい。

ア 浦賀に来航したアメリカの東インド艦隊司令長官ペリーから，開国を求める大統領の国書を受け取った。

イ 外国船を打ちはらうとする幕府の方針を批判した，蘭学者の渡辺崋山らを処罰した。

ウ 享保の改革を進める中で，天文学や医学など日常生活に役立つ学問を奨励し，それまで禁止していた漢文に翻訳《ほんやく》されたヨーロッパの書物の輸入を認めた。

エ アヘン戦争で清がイギリスに敗れたことを知ると，外国船に燃料や水を与えて退去させる法令を出した。

⑺ 年表のEに関して，次の①，②の問いに答えなさい。

① Eの前年に結ばれた条約によって，神奈川（横浜）など5港の開港と開港地に設けた居留地においてアメリカ人が自由な貿易を行うことが認められた。幕府がアメリカとの間で結んだこの条約は何か。書きなさい。

② 明治時代には，居留地や都市を中心にそれまでの伝統的な生活が欧米風に変化し始めた。これを文明開化と呼ぶ。この文明開化の様子が描かれたものとして適当なものを，次の**ア**～**エ**の中から一つ選びなさい。

ア

イ

ウ

エ

4　次のⅠ～Ⅳのカードは，近代から現代までの日本の歴史を，ある班がまとめたものの一部である。なお，カードは年代の古い順に左から並べてある。(1)～(4)の問いに答えなさい。

カードⅠ

これは，日清戦争の賠償金をもとに建設されたａ官営工場の写真である。明治時代となり，欧米諸国にならってｂ近代的な国のしくみが整えられ，日本の産業はめざましく発展していった。

カードⅡ

これは，少年が差別とのたたかいを訴えている演説会の写真である。当時は大正デモクラシーの風潮があり，さまざまなｃ差別からの解放を求める運動や，ｄ普通選挙の実現を求める運動が広がっていった。

カードⅢ

これは，ｅ世界恐慌の影響による不況で仕事を失い，食事の提供を受ける人々の写真である。当時の日本では，経済の混乱や外交の困難に直面し，ｆ政党政治が行きづまっていった。

カードⅣ

これは，東京オリンピックの開会式の写真である。このころの日本経済はｇ高度経済成長期にあたり，1968年には国民総生産が，資本主義国の中でアメリカに次ぐ第２位となった。

(1)　カードⅠに関して，次の①，②の問いに答えなさい。

①　下線部ａについて，1901年に鉄鋼の生産を開始したこの官営工場の名称を書きなさい。

②　下線部ｂに関して，近代的な国のしくみが整えられていく過程で起きたできごとについて述べた次のア～エを，年代の古い順に左から並べて書きなさい。

ア　板垣退助らは，民撰議院設立建白書を政府に提出した。

イ　内閣制度がつくられ，初代の内閣総理大臣に伊藤博文が就任した。

ウ　政府は，国会開設の勅諭を出して，10年後に国会を開設することを約束した。

エ　天皇が国民に与えるというかたちで，大日本帝国憲法が発布された。

(2)　カードⅡに関して，次の①，②の問いに答えなさい。

①　下線部ｃに関して，部落解放をめざして1922年に結成された団体は何か。**漢字５字**で書きなさい。

②　下線部ｄについて，右の表は，衆議院議員選挙における，日本の人口に占める有権者の割合の変化を表している。1920年から1928年の間に有権者の割合が大きく変化したのは，選挙権をもつための資格に設けられていた，ある制限が廃止されたためである。廃止されたのは，どのような制限か。書きなさい。

表　衆議院議員選挙における，日本の人口に占める有権者の割合の変化

衆議院議員選挙の実施年	1920年	1928年
日本の人口に占める有権者の割合	5.5%	19.8%

（日本長期統計総覧により作成）

(3)　カードⅢに関して，次の①，②の問いに答えなさい。

①　下線部ｅに関して，次のページのグラフは，世界恐慌が起きたころの日本，アメリカ，イギリス，ソ連のいずれかの鉱工業生産指数の推移を表している。グラフで示した時期に，Ｘ国が進めた政策として適当なものを，次のア～エの中から一つ選びなさい。

ア　社会主義のもとで五か年計画と呼ばれる経済政策を進めた。

イ　実権をにぎった満州国へ移民を送る政策を進めた。

ウ　積極的に経済を調整するニューディール政策を進めた。

エ　オーストラリアやインドなどの国や地域との間でブロック経済を進めた。

グラフ　日本，アメリカ，イギリス，ソ連の鉱工業生産指数の推移

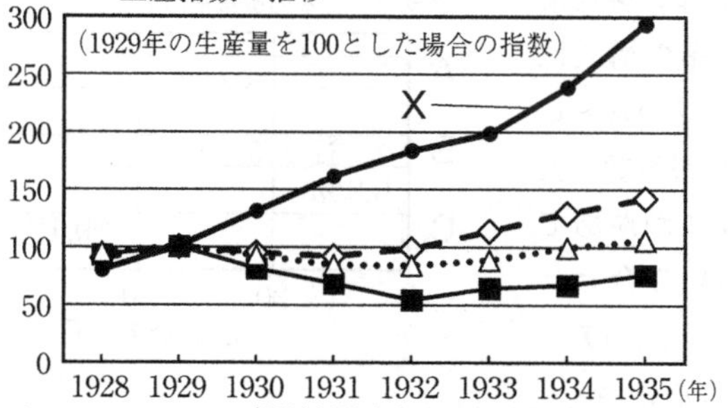

(明治以降本邦主要経済統計により作成)

② 下線部 f に関して，右の資料は，1932年に起きたあるできごとについて書かれた新聞記事の内容の一部を表している。この資料について述べた次の文を読んで，Y にあてはまる語句を，下のア～エの中から一つ選びなさい。

資料

未曾有《みぞう》の帝都大不穏事件
狙撃されて重傷の
犬養総理大臣遂《つい》に逝去

この新聞記事は，軍の将校などが首相官邸をおそい，当時の内閣総理大臣を暗殺した［　Y　］を報じたものである。

ア　二・二六事件　　イ　日比谷焼き打ち事件

ウ　五・一五事件　　エ　生麦事件

(4) カードⅣの下線部 g に関して，この時期における日本の外交について述べた文として最も適当なものを，次のア～エの中から一つ選びなさい。

ア　世界平和と国際協調を目的とする国際連盟に加盟した。

イ　カンボジアの復興支援を行う国連平和維持活動に参加した。

ウ　韓国との国交正常化を実現する日韓基本条約を結んだ。

エ　アメリカなど48か国とサンフランシスコ平和条約を結んだ。

5　次のⅠ～Ⅲのカードは，経済活動と政府の役割について，ある班がまとめたものの一部である。(1)～(5)の問いに答えなさい。

Ⅰ　私たちの消費生活	Ⅱ　景気の安定	Ⅲ　政府の役割
私たちは，さまざまな財（モノ）やサービスを a 消費することで豊かな生活を送ることができます。b 企業は，これらの財（モノ）やサービスを生産し，提供しています。	私たちの生活は，景気の変動に大きな影響を受けます。日本銀行と政府は，国民が安心して経済活動を行うことができるように，c 景気を安定させるための政策を行っています。	政府は，d 税金などによって収入を得ています。この収入をもとに，経済活動を円滑にするとともに，e 環境保全に力を入れるなど，政府は，私たちの豊かな生活を支えています。

(1) 下線部aに関して，経済主体の一つであり，家族や個人など消費生活を営む経済活動の単位を何というか。**漢字２字**で書きなさい。

(2) 下線部bに関して，次の①，②の問いに答えなさい。

① 右のグラフは，日本の製造業の大企業と中小企業の構成比を表しており，グラフのA～Cには，事業所数，従業者数，製造品出荷額のいずれかがあてはまる。A～Cの組み合わせとして適当なものを，次のア～カの中から一つ選びなさい。

グラフ　日本の製造業の大企業と中小企業の構成比（2016年）

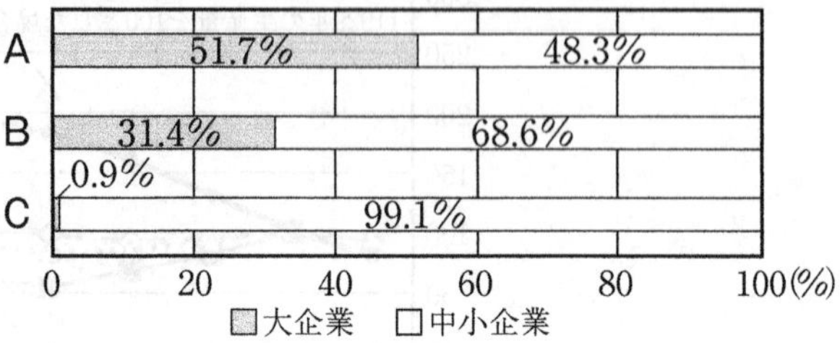

（日本国勢図会2019/20年版により作成）

	ア	イ	ウ	エ	オ	カ
A	事業所数	事業所数	従業者数	従業者数	製造品出荷額	製造品出荷額
B	従業者数	製造品出荷額	事業所数	製造品出荷額	事業所数	従業者数
C	製造品出荷額	従業者数	製造品出荷額	事業所数	従業者数	事業所数

② 次の文は，株式会社における株主について説明したものである。Dにあてはまる語句を，下のア～エの中から一つ選びなさい。また，Eにあてはまる語句を**漢字４字**で書きなさい。

> 株主は，株式を保有している株式会社の利潤の一部を［ D ］金として受け取ることができる。また，株式会社の最高意思決定機関である［ E ］と呼ばれる議決機関に出席し，会社の経営方針や役員を決定することができる。

ア 公債　　イ 契約　　ウ 配当　　エ 資本

(3) 下線部cに関して，右の表は，好景気と不景気のときに日本銀行や政府が行う政策について表している。表のFとIにあてはまる政策として最も適当なものを，次のア～エの中からそれぞれ一つずつ選びなさい。

表　好景気と不景気のときに日本銀行や政府が行う政策

	金融政策	財政政策
好景気のとき	F	G
不景気のとき	H	I

ア 増税を行い，公共事業への支出を減らす。
イ 減税を行い，公共事業への支出を増やす。
ウ 国債などを銀行から買う。
エ 国債などを銀行へ売る。

(4) 下線部dに関して，次の文は，消費税について述べたものである。正誤の組み合わせとして適当なものを，下のア～エの中から一つ選びなさい。

> J 消費税は，税金を納めなければならない人と実際に税金を負担する人が一致する。
> K 消費税は，所得税に比べて，所得の低い人ほど所得に対する税負担の割合が高くなる傾向がある。

ア J－正　K－正　　イ J－正　K－誤
ウ J－誤　K－正　　エ J－誤　K－誤

⑸　下線部eに関して，1993年に国が制定した，公害対策基本法を発展させ，環境保全に対する社会全体の責務を明らかにした法律を何というか。書きなさい。

6　次の文は，「民主主義のあり方」というテーマで，ある班がまとめたレポートの一部である。⑴～⑸の問いに答えなさい。

> 民主主義の政治が行われるためには，私たち一人一人が自由に意見を述べる権利や，話し合いに参加する機会が平等に認められていることが大切です。つまり，a自由権や平等権などの基本的人権が保障されていなければなりません。また，民主主義では，b地方の政治，c国の政治，d国際機関における意思決定，さらには私たちが行うe選挙など，多数決で物事を決定することが多くあります。多くの人々の権利を尊重し，幸福を実現するため，多数決を公正に行うとともに，さまざまな立場の人たちが十分に話し合い，合意をつくり出せるような工夫が必要です。

⑴　下線部aに関して，次の条文は，1789年に出された宣言の一部である。この条文を含む宣言として適当なものを。下の**ア～エ**の中から一つ選びなさい。

> 第1条　　人は，自由，かつ，権利において平等なものとして生まれ，生存する。社会的差別は，共同の利益に基《もと》づくのでなければ，設けられない。

ア　アメリカ独立宣言　　**イ**　フランス人権宣言
ウ　ポツダム宣言　　**エ**　マグナ＝カルタ

⑵　下線部bに関して，次の文は，地域の重要な課題について，住民全体の意見をくみ取るため，条例にもとづいて行われた住民参加の例を表している。この住民参加の方法を何というか。**漢字4字**で書きなさい。

> ・原子力発電所の建設について，新潟県巻町《まきまち》（現新潟市）で1996年に全国で初めて行われた。
> ・吉野川可《か》動堰《どうぜき》の建設について，徳島県徳島市で2000年に行われた。
> ・市町村合併について，長野県平《ひら》谷《や》村《むら》で2003年に行われた。
> ・米軍基地建設のための埋立てについて，沖縄県で2019年に行われた。

⑶　下線部cに関して，次の①，②の問いに答えなさい。

①　政党政治において，内閣を組織して政権を担当する政党のことを何というか。**漢字2字**で書きなさい。

②　日本の国会における議決について説明した文として適当なものを，次の**ア～エ**の中から一つ選びなさい。

ア　予算の議決は，参議院が，衆議院と異なった議決をした場合，両院協議会でも意見が一致しないときには，参議院の議決が国会の議決となる。

イ　法律案の議決は，参議院が，衆議院と異なった議決をした場合，参議院が出席議員の3分の2以上の多数で再可決したときには，参議院の議決が国会の議決となる。

ウ　内閣総理大臣の指名は，衆議院の議決後，10日以内に参議院が議決しない場合，衆議院の議決が国会の議決となる。

エ　条約の承認は，衆議院が先に審議しなければならず，衆議院の議決後，30日以内に参議院が議決しない場合，衆議院の議決が国会の議決となる。

(4) 下線部dに関して，下の表Ⅰは，国際連合の安全保障理事会におけるある重要な決議案の投票結果を表している。投票の結果，この決議案は採択されたか，それとも採択されなかったか。**理由を明らかにしながら，「常任理事国」という語句を用いて書きなさい。**

表Ⅰ　安全保障理事会におけるある重要な決議案の投票結果

投票	国　名
賛成	コートジボワール，赤道ギニア，エチオピア，フランス，カザフスタン，クウェート，オランダ，ペルー，ポーランド，スウェーデン，イギリス，アメリカ
反対	ボリビア，ロシア
棄権	中国

（国際連合資料により作成）

(5) 下線部eに関して，下の表Ⅱは，参議院議員選挙の選挙区における議員一人あたりの有権者数を表している。2016年の参議院議員選挙では，鳥取県および島根県と，徳島県および高知県の二つの合同選挙区が設けられた。この合同選挙区が設けられた目的について，表Ⅱを参考にしながら，次の**二つの語句**を用いて書きなさい。

表Ⅱ　参議院議員選挙の選挙区における議員一人あたりの有権者数

選挙区	2013年参議院議員選挙	2016年参議院議員選挙	
北海道	（全国最多）1149739	768896	
埼玉県	980428	（全国最多）1011503	
福井県	324371	（全国最少）328722	
鳥取県	（全国最少）241096	合同選挙区	535029
島根県	293905		
徳島県	325559	合同選挙区	639950
高知県	313961		

＊各選挙において，議員一人あたりの有権者数が全国で最も多い選挙区を（全国最多），最も少ない選挙区を（全国最少）と示している。

（総務省資料により作成）

議員一人あたりの有権者数　　一票の価値

【資料Ⅱ】

外来語や外国語などのカタカナ語の使用についてどう思うか

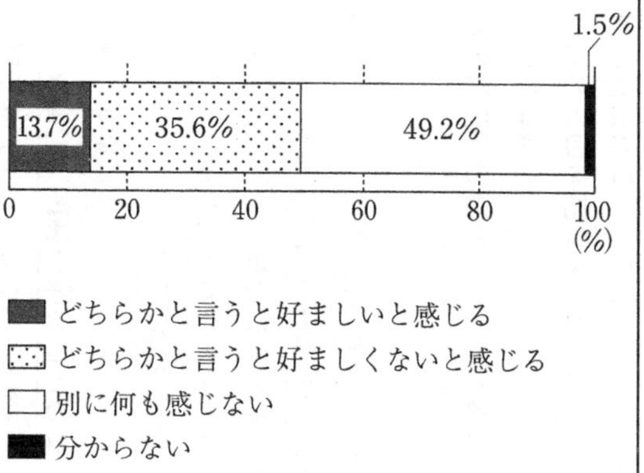

（文化庁「平成29年度　国語に関する世論調査」により作成）

条件

1　**二段落構成**とすること。

2　前段では**【資料Ⅰ】**と**【資料Ⅱ】**を読み、**カタカナ語の使用**という観点から**気づいたこと**をそれぞれ書くこと。

3　後段では前段を踏まえて、**カタカナ語の使用**についての**あなたの考えや意見**を書くこと。

4　全体を**百五十字以上**、**二百字以内**でまとめること。

5　氏名は書かないで、本文から書き始めること。

6　原稿用紙の使い方に従って、文字や仮名遣いなどを正しく書き、漢字を適切に使うこと。

(2) 次の会話は、「社会秩序としてのルール」について授業で話し合ったときの内容の一部である。――線をつけた部分が、本文から読み取れる内容と**異なっているもの**を、次の**ア**～**オ**の中から一つ選びなさい。

> Aさん「本文によると、**ア**社会秩序をつくったのは、その社会に生きる人々自身だということだね。長い年月をかけて少しずつ、ルールをつくりあげていったということなんだろうね。」
>
> Bさん「そうだね。**イ**つくりあげたルールの例として法律や条例を挙げているよ。確かに、法律で決まっていることなら、誰だって気をつけるものね。第二段落に書いてある、**ウ**スピードを出すことを思いとどまった例も、法律を守ることの重要性を示していると言えるね。」
>
> Aさん「でも今、**エ**ルールは自分が関わらないところで決まったものだと、多くの人が考えているんだって。これは誤解だと、筆者は言いたいのだろうけれど。」
>
> Bさん「そうだね。**オ**社会秩序の成立の経緯を誤解してしまうことには問題があると、筆者は指摘しているね。」

4 本文における**第六段落**の働きとして最も適当なものを、次の**ア**～**オ**の中から一つ選びなさい。

ア 第五段落までの内容を踏まえて社会秩序の果たす役割を示し、他者への配慮を主張する第七段落につなぐ働き。

イ 第五段落までの内容を整理して社会秩序についての定義を示し、欲望が生じる経緯を考察する第七段落につなぐ働き。

ウ 第五段落までの内容を離れて自分らしさについての定義を示し、欲望の意味を捉え直す第七段落につなぐ働き。

エ 第五段落までの内容から視点を変えて自由であることの重要性を示し、対話の活用を訴える第七段落につなぐ働き。

オ 第五段落までの内容を受けて自由についての定義を示し、対話が果たす役割を説明する第七段落につなぐ働き。

5 **第一段落**に「人として生きる」とあるが、筆者は、「人として生きる」ことを実現するためには、どのようなことが必要だと考えているか。**六十字以内**で書きなさい。

六 次の【**資料Ⅰ**】は、外来語や外国語などのカタカナ語（以下「カタカナ語」とする）を使用した文章の例であり、【**資料Ⅱ**】はカタカナ語の使用に関する意識を調査した結果である。【**資料Ⅰ**】と【**資料Ⅱ**】を読み、あとの**条件**に従ってカタカナ語の使用についての**あなたの考えや意見**を書きなさい。

【**資料Ⅰ**】

> 私は、スポーツを通して、コミュニケーションの重要性と、明確なビジョン[注1]をもって練習を継続することの大切さを学んだ。また、困難なシチュエーション[注2]でも粘り強く取り組むことで、記録や勝敗以外の部分でも、自分がレベルアップしたという実感を得ることができた。
>
> 注1　将来の見通し。展望。　注2　状況。局面。

んだり暴力的に怒鳴ったりして自分の思いを相手にぶつけても、何の解決にもならないことをわたしたちは知るのです。その結果、では、どうしたら、相手も自分もそれぞれの思いを果たすことができるだろうか、と考えるようになります。

（第七段落）

　このように、対話という活動は、自分の思いの実現、つまり、自分にとっての自由、つまり、自分らしく生きるとは何かとわたしたちに考えさせるような環境をつくりだすといえるでしょう。わたしたちは、対話によってのみ真に自由になるための入り口に立つことができるということになるのです。

（第八段落）

（細川　英雄「対話をデザインする――伝わるとはどういうことか」より）

注1　政治目的のために、暴力あるいはその脅威に訴える傾向。また、その行為。
注2　人として求められる考え方や行いのよりどころとなるもの。
注3　物事が正しく行われるための順序やきまり。
注4　相手の注意を引きつけるなどして、自由に行動させないようにすること。
注5　過程。

1　次の各文中の――線をつけた言葉が、**第二段落**の「**欲望の**」の「**の**」と同じ意味・用法のものを、次の**ア**～**オ**の中から一つ選びなさい。

ア　大きな声で歌うのは気持ちがよい。
イ　花の名前を祖母から教わる。
ウ　ここにある白い自転車は兄のだ。
エ　明日は何時から練習するの。
オ　父の訪れた旅館が雑誌で紹介された。

2　「[1]押さえ込む人と押さえ込まない人がいて当然ということになる」とあるが、それはなぜか。最も適当なものを、次の**ア**～**オ**の中から一つ選びなさい。

ア　理性や倫理は願望や欲望の実現に伴う危険がある場合に働き、危険がない場合は行動を押さえ込もうとすることはないから。
イ　理性や倫理の働きは誰もが同じだが、複数の願望や欲望を抱いたときは一度にすべてを押さえ込むことができなくなるから。
ウ　理性や倫理の内容が同じであったとしても、どのように願望や欲望を押さえ込むかは人それぞれに適したやり方があるから。
エ　誰もが同じ理性や倫理をもっているわけではなく、どのような願望や欲望を押さえ込もうとするかは人によって異なるから。
オ　自分の理性や倫理だけでは願望や欲望を押さえ込むことはできず、自分とは考えが異なる他者による手助けが必要となるから。

3　「[2]社会秩序としてのルール」について、あとの(1)、(2)の問いに答えなさい。

(1)　「社会秩序としてのルール」がつくられた経緯について、次のように説明したい。文中の［　　］に適する内容を**二十五字以内**で書きなさい。

> 　欲望のままに行動すると、他者とぶつかったり、互いに不快な思いをしたりすることがある。私たちは、自分以外の［　　］ことで、利害や感情の衝突を回避してきた。
> 　数多くの他者が存在する社会において、誰もが安全に暮らすためには、より多くの人が納得する基準の設定が必要となり、社会秩序としてのルールが生み出されていったのである。

けているということになります。まっすぐな一本道で思い切りスピードを出して走りたいと思うけれど、前に車がいてその車がゆっくり走っているのでスピードが出せないとき、「追い越したいけれど、もし事故を起こしたら」と思いとどまる――。こんな状況を思い浮かべてみてください。この「思いとどまる」というあたりが理性の働きということでしょうか。「もし事故を起こしたら」と考えること自体が、一つの倫理であるともいえるでしょう。（第二段落）

ところが、この理性や倫理というのは、個人のそれぞれがもっているものであると同時に、それぞれ異なるものです。人によってその理性や倫理の形や中身は違うと考えることができます。ですから、個人の理性や倫理の力だけでは、それぞれの願望や欲望をすべて押さえ込むことはできません。というよりも、1押さえ込む人と押さえ込まない人がいて当然[注3]ということになるわけです。そこで、個人の願望や欲望は、社会の秩序というものでコントロールされているわけです。（第三段落）

では、この社会秩序とは、だれがどのようにしてつくったものなのでしょうか。とても簡単にいうと、社会秩序とは、自分以外の他者との約束あるいは取り決めのようなものだと考えることができます。この社会で、わたしたちが安全に暮らせるよう、他者と相談しながら決めたルールだということです。つまり、欲望のままに行動したい自分を制御していくのは、他者という存在があるからなのです。なぜなら、他者もまた欲望のままに行動したいと思っているわけで、だからこそ、自分と相手が互いに牽制《けんせい》[注4]しあってはじめて、それぞれの欲望は制御されるというわけなのです。そのために、他者とともに生きるための2社会秩序としてのルールを、わたしたちは長い時間をかけてつくってきたということができます。たとえば、ルールには、さまざまなものがありますが、国における法律や、自治体の条例は、この個人の生活を支えている社会秩序の具体例ということになります。（第四段落）

ただ、個人がお互いに守るべきルールとは、自分と相手とが安心して暮らすために、本来わたしたち自身によってつくられたものですが、いつのまにかだれかがどこかで勝手につくったものという認識を多くの人が持ってしまっています。このことが実は、わたしたちの自由のあり方にとって、とても大きな危機だといえるのです。（第五段落）

いずれにしても、そのような社会秩序のもとで、自分自身が自分らしく生きていくこと、これが自由の基本概念でしょう。当然のこととして、自分以外の他者もそれぞれ自分らしく生きようとしているわけですから、この自由も認めようということになります。（第六段落）

このようにして、他者とともに、この社会で、自分らしく生きること、これが真の自由であるとするならば、対話は、この真の自由のための入り口にある行為だということができます。なぜなら、あなたは、対話という活動によってのみ他者の考えを知り、相手も自分と同じ欲望を抱いているということを理解するからです。相手もまた同じような欲望を持っていることに、対話の活動のプロセス[注5]の中で、わたしたちは気づきます。同時に、自分の思いをそのまま実現すればいいというものでもないということにも気づきます。こんなとき、泣き叫

オ　朱里が率直に感想を述べたので、普段との違いにとまどいながらも、すぐに応援旗を修復したいという思いを伝えようとしている。

3　「泣きたかった。だけど、泣かない、と思った。」とあるが、葉子が泣きたくても泣かないと思ったのはなぜか。**六十字以内**で書きなさい。

4　「まばたきをする私」とあるが、このときの葉子の心情について次のように説明したい。あとの⑴、⑵の問いに答えなさい。

> 葉子は、旗を眺めているうちに、初めてしおりと出会った日のことを思い出し、そのときに見た情景から、飛び散ったシミを［　Ⅰ　］ことを思いついた。
> 自分のアイデアを夢中になって話している途中で、三人の視線に気づいた葉子は、［　Ⅱ　］を感じ、不安になっていた。そのとき、しおりが自分の提案を評価する発言をしたため、驚きを感じている。

⑴　［Ⅰ］にあてはまる最も適当な言葉を、本文中から**十字**でそのまま書き抜きなさい。

⑵　［Ⅱ］にあてはまる内容を、**三十字以内**で書きなさい。

5　本文の表現の特色を説明した文として最も適当なものを、次の**ア**～**オ**の中から一つ選びなさい。

ア　会話の中に含まれる間を表現しているため、発言の重みを実感することや、言葉に表れない心情を想像することができる。

イ　全員の心情を細やかに表現しているため、発言の意図を確認することや、一人一人の心情の変化を読みとることができる。

ウ　複数の色彩に関する語を用いて表現しているため、状況を自由に思い描くことや、隠された心情を推測することができる。

エ　過去の体験を繰り返し表現しているため、人間関係の変化に気づくことや、葉子の発言に共感しながら読むことができる。

オ　一人称で葉子の視点から表現しているため、葉子の成長を実感することや、多様な角度から心情を想像することができる。

五　次の文章を読んで、あとの問いに答えなさい。

「人として生きる」ということが、それぞれの個人がお互いを尊重しつつ、その人らしく生きていくということであるならば、なぜ人は、その人らしく生きなければならないのでしょうか。その人らしく生きていくということは、言い換えれば、あなたが自分らしく自由に生きるということです。この場合の「自由」とは、勝手気ままや好き放題という意味ではありません。自分自身の中にある何かを実現するために、自由はあるのです。あるいは、その何かを実現するためには、自由でなければならないとも言えるでしょう。やや回りくどい説明になるかもしれませんが、自由とは何かということについて少し考えてみることにしましょう。**（第一段落）**

まず、自由になるための自分自身の中にある何かとは、自分の願望や欲望と言い換えることができます。しかし、そのすべてが思い通りになるわけではないでしょう。すべての人が自分の思い通りに、つまりそれぞれの願望や欲望のままに振る舞いだしたら、ただちにものの奪い合いや暴力沙汰になってしまう危険があります。近年、世界で頻発するテロリズム[注1]というのも、この一つかもしれません。人間であるかぎり、それぞれが自分の願望や欲望のかなう[注2]ことを望んでいるわけですが、同時にそれを理性とか倫理というものによってブレーキをか

ぽつんとこぼした私のつぶやきに、三人が、いっせいに顔を上げる。

「花？」

首をかしげるしおりに、私は大きくうなずいた。

「そう。隠すんじゃなくて、デザインの一部にするのってどうかな。空に花びらが舞ってるようなイメージで全体に描きたして。そしたら、遠目からでも華やかに見えるし……。」

そこまで言った時、みんなの視線が私に集まっているのを感じて、はっとした。遅ればせながら恥ずかしくなって、かっと頬がほてる。どうしよう。もしかして、おかしいことを言ってしまっただろうか——。

けれど、その時。

「いいと思う。すごく。」

え、と[4]まばたきをする私の前で、しおりがまっすぐ私にほほえみかけて言った。

「やろうよ、それ。」

（水野　瑠見「十四歳日和」より）

注1　応援旗を制作する係のメンバー。
注2　明るく柔らかい感じの色。
注3　輪郭。
注4　「露骨」と書き、感情などを隠さずに表すこと。
注5　はねつけること。
注6　めんどうで気が進まないこと。
注7　怠けていた。
注8　長い髪を後頭部で束ねた髪型。

1　「[1]絵を描くことは、やっぱり、すごく楽しかったんだ。」とあるが、このときの葉子が感じている「絵を描くこと」の楽しさの説明として最も適当なものを、次の**ア**～**オ**の中から一つ選びなさい。

ア　大きな面を一気に塗るときと、細部を丁寧に描くときは、どちらも同じくらいの緊張感を求められること。
イ　使い慣れない刷毛で塗るときと、得意な細筆で描くときとでは、刷毛の方が繊細な感覚を求められること。
ウ　大胆に刷毛で塗るときと、意識を集中して細筆で描くときとでは、それぞれ異なる満足感を得られること。
エ　刷毛で大きな面を塗るときと、細筆で描くときとでは、細筆の細やかな作業の方が達成感を得られること。
オ　協力して大きな面を塗るときと、一人で細部を描くときは、ともに視界が大きく広がる感覚があること。

2　「[2]おずおずと、百井くんが言いかける。」とあるが、このときの百井の心情の説明として最も適当なものを、次の**ア**～**オ**の中から一つ選びなさい。

ア　朱里が強く怒りをぶつけてきたので、反論する怖さはあるが、もう応援旗の修復はしたくないという思いを伝えようとしている。
イ　朱里があからさまに失敗を非難したので、発言をためらいながらも、まだ応援旗は修復できるという思いを伝えようとしている。
ウ　朱里が簡単に作業を投げ出したので、仲間が減る寂しさはあるが、きっと応援旗を修復してみせるという思いを伝えようとしている。
エ　朱里が厳しく対応を迫ったので、返答をあせりながらも、誰かに応援旗の修復をしてもらいたいという思いを伝えようとしている。

2おずおずと、百井くんが言いかける。

けれどそれを朱里は、「や、そこだけ塗り直しても、かえって目立つでしょ。」

とあっさり一蹴[注5]した。その一言に、松村さんはさらに耳を真っ赤にして、「ごめんなさい……。」とうつむいてしまう。しおりが手を当てた松村さんの肩は、すでに、泣きだす寸前のように小さく震えている。

——なんで？　朱里……。

思わず隣をふりあおぐと、朱里はもう他人事《ひとごと》みたいにつまらなそうにそっぽを向いていた。

その瞬間、私の中で、何かが弾《はじ》けた。

「朱里。」

口を開くと、思ったよりも低い声が出て自分でも驚いた。

朱里が、おっくうそう[注6]に首をもたげて私を見る。その視線にひるみそうになったけれど、私は、構わずに口を開く。

「……なんで、そういう言い方するの。それに、ずっとサボってた[注7]じゃん、朱里。こんな時だけ責めるのって、おかしいよ。」

言った。言ってしまった。

水を打ったような静けさの中で、カツン、と時計の針が動く音がした。しおりの、そして百井くんと松村さんの視線をひりひりと肌に感じる。怖い。怖くてたまらない。

「……何ソレ。なんであたしが、悪者みたいになってんの？」

抑揚のない声で言って、朱里がカバンをつかむ。そしてポニーテール[注8]を揺らして、私をまっすぐに見た。少し前まで「葉《よう》！」と笑いかけてくれていた、勝ち気な猫みたいな瞳。でも今そこにあるのは、以前のような親しみじゃなかった。「日向《ひなた》」と「日陰」の境界線。それを朱里がたった今、私の前に、完全に引いたことが、はっきりと分かった。

「……もういい。帰る。」

そう吐き捨てると、ふり向きもせず、朱里は足早に歩いていってしまった。その背中を視線だけで追いかけながら、私は、そっと目をふせる。

3泣きたかった。

だけど、泣かない、と思った。

だって、私は今、朱里に本当の気持ちを言った。そのことに、後悔はなかったから。

ゆっくりと深呼吸してふり向くと、しおりと最初に目が合った。心配そうなそのまなざしに、大丈夫だよ、というふうに、私はうなずいてみせる。

「佐古さん……ごめんなさい。私のせいで。」

目を赤くした松村さんに、私はううん、と首をふった。それは、本当の気持ちだった。私と朱里が衝突したのは、絶対に、松村さんのせいじゃない。

「……だけど、どうしようか。これ。」

と百井くんがつぶやいて、私たちは改めて、赤く散《ち》らばったシミを見下ろした。

淡い色が混じり合った幻想的な空の中に、点々と散った鮮やかな赤。たしかに、そこだけ見れば、違和感はある。だけど、なんて鮮やかなんだろう。

そう思った時、ぴんと心にひらめくものがあった。そうだ、初めてしおりと出会った日、私たちの間を吹き抜けていった風と、ひらめく花びらと——。

「……花。」

る。だけど、「葉子」としおりが呼んでくれるようになったことだけで、今は十分にうれしかった。

それに――[1]絵を描くことは、やっぱり、すごく楽しかったんだ。普段はめったに使わないような大きな刷毛《はけ》で、思い切り、まだ白いところをすうっとなぞる。そうすると、心にあったもやもやも、自分のふがいなさも、全部ぜんぶ、ざあっと流されていくような気がした。[注1]百井《ももい》くんと松村さんは、細かい作業が苦手なようで、細筆を使って描くところは、私としおりのふたりでやった。息をつめて、筆先に集中して、丁寧に色をつけていく。そうして、ふうっと息を吐いて筆先を持ち上げる瞬間は、急に視界が広くなって、清々《すがすが》しい気持ちになれる。

作業を終えて、片付けをしている時に、

「だいぶ、進んだね。」

と、うれしそうに百井くんが言った。「頑張れば、明日か明後日《あさって》には完成するんじゃないかなあ。」と松村さんがあいづちを打ち、私としおりも、笑顔でうなずく。応援旗を見下ろせば、[注2]パステルカラーの空の中に、まだ白いままのクジラの[注3]シルエットがくっきりと浮かび上がっていた。

――どうか無事に、この絵が完成しますように。

祈るようにそう思いながら、私はそっと、教室のドアを閉める。

事件が起きたのは、その翌日のことだった。

午後四時。外は、まだずいぶん明るくて、グラウンドからは野球部の掛け声が、中庭からはトランペットの音色が響いている。作業を開始してまだ十分しか経《た》っていないこともあって、その時教室にはまだ、朱里も含めた応援旗係全員が顔をそろえていた。

そんな時、それは起こった。

「あ。」

ぽつ、と目の前で鮮やかな赤色の絵の具がしぶきのように散ったのと、松村さんが短い悲鳴を上げたのは、どっちが先だったんだろう。

――嘘《うそ》。

気づいた時には、背景の空の上に、赤い絵の具が点々と散っていた。拭きとる間もなく、赤い絵の具はすうっと吸いこまれるようにシミになっていく。目の前には、赤く染まった筆をパレットに置いて、青ざめた顔をした松村さんの姿があった。

「ごめん！　ごめんなさい……。」

一瞬、しん、と静まり返った教室の中で、だれよりも先に声を上げたのは、松村さん本人だった。今にも泣きだしそうな顔で、「どうしようどうしよう。」とうろたえている。

実際、これはまずいかも、というのは、私自身も思ってしまったことだった。

上から塗り直したって、背景の色が薄いぶん、どうしても派手な赤色のほうが浮き出てしまう。ごまかそうとしても、かえって悪目立ちしてしまいそうだ。だけど今は、涙目になっている松村さんを責める気にはなれなかった。

大丈夫だよ、なんとかなるよ――。

そうフォローの言葉を口にしようとした。けれど、その時だった。

「えー、超目立つじゃん。どうすんの？　これ。」

[注4]ロコツな物言いにぎょっと顔を上げると、さっきまで手持ちぶさたにしていた朱里が、すぐそばに立っていた。きれいに整った眉をひそめて、応援旗を見下ろしている。

「あ、でも、上から塗り直せば……。」

○資料（本文の前に書かれている内容をまとめたもの）

ある僧が僧坊（寺院に置かれる僧のすまい）を造ろうとして、あらゆる人に資金や資材の提供を求めたため、人々はこれを嫌がった。仏はその様子を伝え聞き、弟子たちを戒めた。

1 「食ひ抜きて」の読み方を、現代仮名遣いに直してすべてひらがなで書きなさい。

2 次の会話は、本文と資料について授業で話し合ったときの内容の一部である。あとの(1)~(3)の問いに答えなさい。

Aさん「修行する人が1仏の助言で鳥たちを追い払うことができたという話だね。」

Bさん「うん、鳥は二日続けて羽を求められて、このままでは□と考えて林から飛び去ったんだよ。」

Cさん「私は、資料にある、本文の前に書かれている内容との関連を考えてみたんだけど、本文に出てくる鳥と、資料に書かれている人々は、どちらも自分のものを差し出すように求められているという共通点があるね。」

Bさん「そうか、羽をねだられた鳥の気持ちは、人々の気持ちを表していると考えることができるんじゃないかな。」

Cさん「なるほど。そうすると、単に鳥を追い払った話というだけではなく、本文に対する2違った理解ができそうだね。」

Aさん「そうだね。資料の内容との関連を考えることで、最初に読んだときとは異なる理解ができたよ。」

(1) 「1仏の助言」とあるが、仏の助言の具体的内容を、本文（文語文）中から**八字**でそのまま書き抜きなさい。

(2) □にあてはまる内容を、**二十五字以内**で書きなさい。

(3) 「2違った理解」とあるが、その内容の説明として最も適当なものを、次の**ア**~**オ**の中から一つ選びなさい。

ア 他者に負担を求めるときには相手の反発を覚悟し、粘り強く説得を続けて協力への理解を得るべきであることを伝えている。

イ 他者に援助を求める場合には相手が感じる負担を理解し、むやみにものを要求することは慎むべきであることを伝えている。

ウ あらゆる困難は自分の力で乗り越える必要があり、他者の力に頼らずに柔軟な発想で解決するべきであることを伝えている。

エ すべてを犠牲にして修行に励むことが重要であり、自分の利益を優先する者は厳しく指導するべきであることを伝えている。

オ 動物は本能によって行動するため要求を拒否するが、人間は厳しい要求も我慢して受け入れるべきであることを伝えている。

四 次の文章を読んで、あとの問いに答えなさい。

（中学二年生の佐古葉子《さこようこ》は、絵を描くことが好きで、小学四年生のとき、同じ趣味をもつ瀬川《せがわ》しおりと親友になった。しかし、中学校入学後、宮永朱里《みやながあかり》を中心とするグループに葉子が入ったことで、しおりとの関係が変化し、話をする機会が減ってしまった。そんな中、春の体育祭に向けて、葉子はしおりたちと一緒にクラス応援旗を制作する係になる。）

しおりとは、早朝の教室でしゃべったのをきっかけに、じょじょにではあるけれど言葉を交わすようになっていた。ぎこちなさはまだ完全に消えてはいないし、しおりのほうに壁を感じることもときどきあ

竹の表皮は、成長していく過程で自然とはがれていきますが、この詩では、その様子を「　I　」という言葉を用いて表現し、若竹が自らの意志で、自分を守る表皮と別れて、成長しようとしているかのように描いています。また、「　II　」という視覚以外の感覚で捉えた言葉からは、生命力に満ちあふれる若竹の姿を想像することができます。

そして、作者は、若竹が向かう「空」へと思いをめぐらせます。無限に広がる「空」に向かって、若竹が、　III　姿がいきいきと表現され、若竹の成長の勢いが伝わってきます。

1　I にあてはまる最も適当な言葉を、詩の中から**四字**でそのまま書き抜きなさい。

2　II にあてはまる最も適当な言葉を、詩の中から**五字**でそのまま書き抜きなさい。

3　III にあてはまる最も適当な言葉を、次の**ア**～**オ**の中から一つ選びなさい。

ア　あきらめず、ゆっくりと近づいていく
イ　強引に、周りの木を押しのけ進んでいく
ウ　いちずに、とどまることなく伸びていく
エ　怖がらず、何度も繰り返し挑んでいく
オ　しっかりと、不安を乗り越え育っていく

4　この詩の第五連「あ／若竹が／無い！」について説明したものとして最も適当なものを、次の**ア**～**オ**の中から一つ選びなさい。

ア　若竹の成長に気づいたうれしさを表現し、目では確認することができないほど背丈が伸びた竹の姿を印象づけている。
イ　若竹の成長に対するとまどいを表現し、自然の力を借りながら人間の予測を超えて成長する竹の姿を印象づけている。
ウ　若竹の成長に気づいた安心感を表現し、厳しい自然の中でもたくましく成長を続けていく竹の姿を印象づけている。
エ　若竹の成長に対する驚きを表現し、もはや若竹と呼ぶことはできないほど立派に成長した竹の姿を印象づけている。
オ　若竹の成長に気づいた寂しさを表現し、周囲の植物に入りまじって見分けがつかなくなった竹の姿を印象づけている。

三

次の文章と資料を読んで、あとの問いに答えなさい。

昔、林の中にして定《ぢゃう》を修《しゅ》する者ありけり。(精神を集中して修行する者がいた)心を静めて修せんとするに、林に鳥集まりて、かまびすしかりければ、(騒々しかったので)仏にこの事を歎《なげ》き申すに、「その鳥に、羽《はね》一羽《いちは》づつ乞《こ》へ。」と宣《のたま》ふ。(おっしゃる)さて帰りて乞ひければ、一羽づつ食ひ抜きて、(口にくわえて抜き取って)取らせけり。また次の日乞ひける時、鳥共《ども》のいはく、「我等《われら》は羽をもちてこそ、空を翔《かけ》りて、食《じき》をも求め、命をも助くるに、日々に乞はれんには、みな翼欠けてむず。(なくなってしまう)この林に住めばこそ、かかる事もあれ。(このようなこともあるのだ)」とて、飛び去りぬ。

（「沙石集《しゃせきしゅう》」より）

＜国語＞

時間　五〇分　　満点　五〇点

【注意】字数指定のある問題の解答については、**句読点も字数に含めること。**

一　次の1、2の問いに答えなさい。

1　次の各文中の――線をつけた漢字の読み方を、ひらがなで書きなさい。また、＝＝線をつけたカタカナの部分を、漢字に直して書きなさい。

(1)　努力の末に成功を収める。
(2)　新入生の歓迎会を催す。
(3)　投書が新聞に掲載される。
(4)　論理の矛盾に気づく。
(5)　春の日差しがフり注ぐ。
(6)　完成までに十年をツイやした。
(7)　腕のキンニクを鍛える。
(8)　歴史をセンモンに研究する。

2　次の行書で書かれた漢字について、楷書で書く場合と比べて、点画の省略が見られる漢字はどれか。**ア**～**オ**の中から一つ選びなさい。

ア 府　**イ** 秒　**ウ** 労　**エ** 探　**オ** 貯

二　次の詩と鑑賞文を読んで、あとの問いに答えなさい。

若竹が無い　　下田《しもだ》　喜久美《きくみ》

自分を大切に守っていた
表皮を
いきおいよく　はがし
きっぱりと　ぬぎすて
グンと　青空に
かけ昇《のぼ》る

若い新芽たちは
蒼《あお》い肌から
若者の香りを
あたり一面に　ちりばめながら
匂いたち

空のむこうに
何があるのか……

ただ　ひたすらに
かけのぼり
いや　かけぬけ

あ
若竹が
無い！

MEMO

大切なことはメモしておこうネ！

2020年度

解　答　と　解　説

《2020年度の配点は解答用紙集に掲載してあります。》

＜数学解答＞

1　(1)　①　-6　　②　-9　　③　$5x+2y$　　④　$3\sqrt{5}$

(2)　$y=-5x$

2　(1)　イ　　(2)　$\frac{4}{5}a$個　　(3)　2回　　(4)　$16\pi\,\mathrm{cm}^2$

(5)　右図

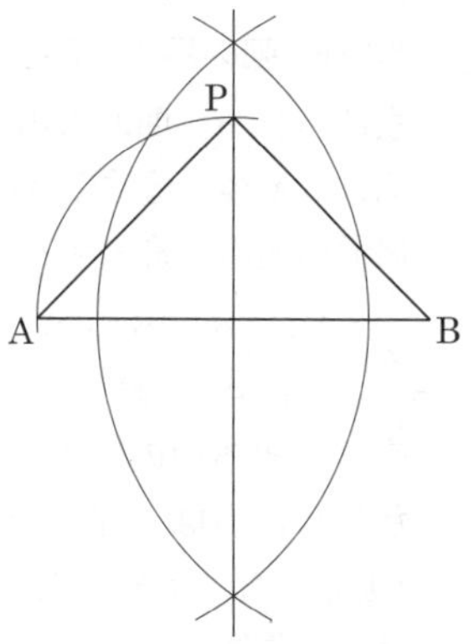

3　(1)　①　6通り　　②　$\frac{23}{36}$　　(2)　①　20個

②　ア(理由は解説参照)

4　(1)　{50円硬貨の枚数　22枚 / 10円硬貨の枚数　50枚}　(求める過程は解説参照)

(2)　500円

5　解説参照

6　(1)　1　　(2)　①　10　　②　$\frac{1+\sqrt{5}}{2}$

7　(1)　4cm　　(2)　$12\sqrt{10}\,\mathrm{cm}^2$　　(3)　$36\mathrm{cm}^3$

＜数学解説＞

1　(数・式の計算，平方根，比例関数)

(1)　①　**同符号の2数の和の符号は2数と同じ符号で，絶対値は2数の絶対値の和**だから，$-1-5=(-1)+(-5)=-(1+5)=-6$

②　**異符号の2数の商の符号は負で，絶対値は2数の絶対値の商**だから，$(-12)\div\frac{4}{3}=-\left(12\div\frac{4}{3}\right)=-\left(12\times\frac{3}{4}\right)=-9$

③　**分配法則**を使って，$3(2x-y)=3\times2x-3\times y=6x-3y$　だから，$3(2x-y)-(x-5y)=(6x-3y)-(x-5y)=6x-3y-x+5y=6x-x-3y+5y=5x+2y$

④　$\sqrt{20}=\sqrt{2^2\times5}=2\sqrt{5}$ だから，$\sqrt{20}+\sqrt{5}=2\sqrt{5}+\sqrt{5}=(2+1)\sqrt{5}=3\sqrt{5}$

(2)　yはxに比例するから，xとyの関係は　$y=ax$…①　と表せる。$x=3$のとき$y=-15$だから，これを①に代入して，$-15=a\times3=3a$　$a=-5$　よって，xとyの関係は　$y=-5x$

2　(等式の性質，文字を使った式，関数とグラフ，円錐の側面積，作図)

(1)　アは，$1-2(x+3)=1-2x-6=-2x-5$　より，左辺の式を展開して整理したものである。イは，$3x+4-4=10-4$　$3x=6$　より，「**等式の両辺から同じ数や式をひいても，等式は成り立つ。**」という等式の性質だけを使って変形したものである。ウは，$(x-2)^2=36$　より，$x-2$は36の**平方根**であることから　$x-2=\pm\sqrt{36}=\pm6$　と変形したものである。エは，$2x\times\frac{1}{2}=4\times\frac{1}{2}$　$x=2$　より，「**等式の両辺に同じ数や式をかけても，等式は成り立つ。**」という等式の性質だけを使って変形したものである。

(2)　先月作られた製品の個数をb個とすると，今月作られた製品の個数(a個)は，先月作られた製品の個数(b個)より25％増えたから，$a=b\times\left(1+\frac{25}{100}\right)=\frac{5}{4}b$　これをbについて解くと，$b=\frac{4}{5}a$

よって，先月作られた製品の個数は$\frac{4}{5}a$個である。

(3)　AさんとBさんが往復する様子を矢印で示すと，右図のようになる。これより，C，E，Gの3か所でAさんとBさんはすれ違い，D，Fの2か所でAさんはBさんを追いこした。

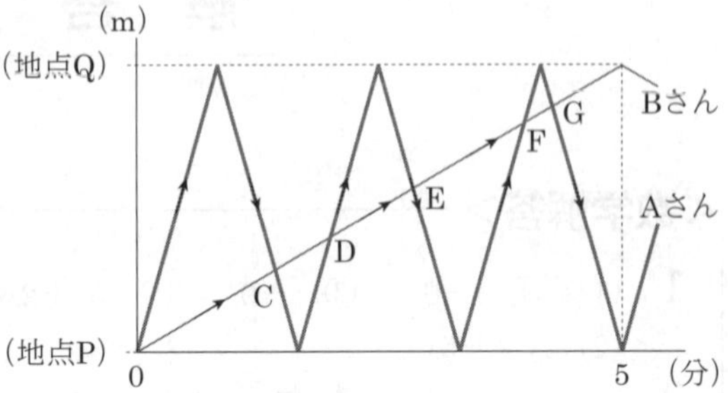

(4)　円錐を展開すると，側面はおうぎ形になり，**半径r，弧の長さℓのおうぎ形の面積は$\frac{1}{2}\ell r$**で求められる。問題の円錐を展開したとき，側面は，半径＝**母線の長さ**＝8cm，弧の長さ＝底面の円周の長さ＝$2\pi\times2=4\pi$cmのおうぎ形だから，その面積は$\frac{1}{2}\times4\pi\times8=16\pi\,\mathrm{cm}^2$

(5)　(着眼点)　**直径に対する円周角は90°**だから，点Pは線分ABを直径とする円の円周上にあればいい。また，**2点A，Bからの距離が等しい点は，線分ABの垂直二等分線上にある**から，点Pは線分ABの垂直二等分線上の点でもある。　(作図手順)　次の①～③の手順で作図する。　①　点A，Bをそれぞれ中心として，交わるように半径の等しい円を描き，その交点を通る直線(線分ABの垂直二等分線)を引く。　②　線分ABの垂直二等分線と線分ABとの交点を中心として，点Aを通る円を描き，線分ABの垂直二等分線との交点をPとする。　③　辺PA，PBを引く。

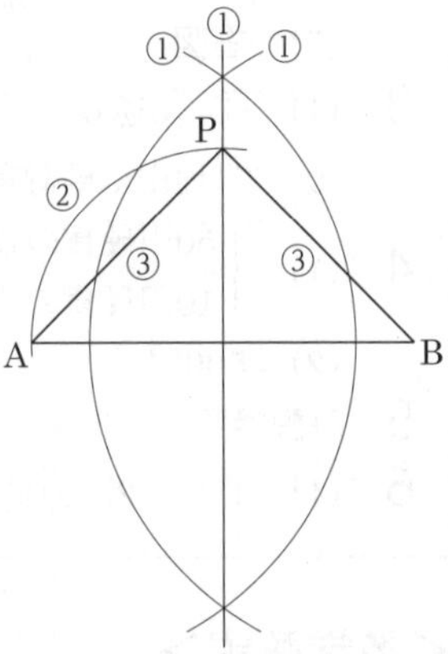

3 (場合の数，確率，標本調査)

(1)　①　積abが0となるのは，少なくともaかbのどちらか一方が0となる場合で，Bの箱の中には0の数字が書かれたカードが入っていないことを考慮すると，積abが0となる場合は，$(a,\ b)=(0,\ 1)$，$(0,\ 2)$，$(0,\ 3)$，$(0,\ 4)$，$(0,\ 5)$，$(0,\ 6)$の6通り。

②　Aの箱の中からカードを1枚取り出すとき，全ての取り出し方は，0，1，2，3，4，5の6通り。そのそれぞれの取り出し方に対して，Bの箱の中からカードを1枚取り出すときの取り出し方が，1，2，3，4，5，6の6通りずつあるから，全てのカードの取り出し方は$6\times6=36$通り。このうち，$\sqrt{ab}$の値が整数となるのは，$\sqrt{(\text{整数})^2}$の形になるときで，$\sqrt{0\times1}=\sqrt{0^2}=0$，$\sqrt{0\times2}=\sqrt{0^2}=0$，$\sqrt{0\times3}=\sqrt{0^2}=0$，$\sqrt{0\times4}=\sqrt{0^2}=0$，$\sqrt{0\times5}=\sqrt{0^2}=0$，$\sqrt{0\times6}=\sqrt{0^2}=0$，$\sqrt{1\times1}=\sqrt{1^2}=1$，$\sqrt{1\times4}=\sqrt{2^2}=2$，$\sqrt{2\times2}=\sqrt{2^2}=2$，$\sqrt{3\times3}=\sqrt{3^2}=3$，$\sqrt{4\times1}=\sqrt{2^2}=2$，$\sqrt{4\times4}=\sqrt{4^2}=4$，$\sqrt{5\times5}=\sqrt{5^2}=5$の13通り。よって，求める確率は$\frac{36-13}{36}=\frac{23}{36}$

(2)　①　$\frac{22+17+18+23+20}{5}=\frac{100}{5}=20$個

②　(理由)(例)実験を5回行った結果の赤球と白球それぞれの個数の**平均値**から，**標本**として抽出した60個の球のうち白球は20個，赤球は40個である。この値をもとに推測すると，袋の中の赤球の個数はおよそ　$400\times\frac{40}{20}=800$(個)　したがって袋の中の赤球の個数は640個以上であると考えられる。

4 (方程式の応用)

(1)　(求める過程)(例)12回目の貯金をしたときまでにこの貯金でたまった50円硬貨の枚数をx枚，10円硬貨の枚数をy枚とする。枚数は全部で80枚あり，その中に100円硬貨が8枚含まれているから　$8+x+y=80$　これを整理して　$x+y=72$…①　10円硬貨の枚数は，50円硬貨の枚数の2倍より6枚多いから　$y=2x+6$…②　①，②を連立方程式として解いて　$x=22$，$y=50$　これらは問題に適している。

(2)　ゆうとさんの，12回目の貯金をしたときまでの貯金総額は，100円×8枚＋50円×22枚＋10円×50枚＝2400円　だから，ゆうとさんが1回につき貯金する額は　2400円÷12回＝200円。よって，ゆうとさんは，あと(4000円－2400円)÷200円＝8回貯金しなければならない。姉はこの8回で貯金総額が4000円にならなければならないから，姉が1回につき貯金する額は　4000円÷8回＝500円　である。

5 (図形の証明)

(証明)(例1)　△ABDと△GECにおいて　仮定から　BD＝EC…①　仮定より，**平行線の同位角は等しいから**　∠ABD＝∠GEC…②　AB//FEであるから，**三角形と比の定理**より　AB：FE＝CB：CE＝3：1　よって　AB＝3FE…③　仮定から　GE＝3FE…④　③，④より　AB＝GE…⑤　①，②，⑤より，2組の辺とその間の角がそれぞれ等しいから　△ABD≡△GEC　したがって，AD＝GC…⑥　また，∠BDA＝∠ECGより，同位角が等しいから　AD//GC…⑦　⑥，⑦より，1組の対辺が平行でその長さが等しいから，四角形ADCGは平行四辺形である。

(例2)　四角形ABEGにおいて　仮定から　AB//GE…①　AB//FEであるから，三角形と比の定理より　AB：FE＝CB：CE＝3：1　よって　AB＝3FE…②　仮定から　GE＝3FE…③　②，③より　AB＝GE…④　①，④より，1組の対辺が平行でその長さが等しいから，四角形ABEGは平行四辺形である。したがって，AG//BEから　AG//DC…⑤　また，平行四辺形の対辺は等しいから　AG＝BE…⑥　BD＝DE＝EC　より　BE＝DC…⑦　⑥，⑦より　AG＝DC…⑧　⑤，⑧より，1組の対辺が平行でその長さが等しいから，四角形ADCGは平行四辺形である。

6 (図形と関数・グラフ)

(1)　点A，Bは$y=2x+3$上にあるから，そのy座標はそれぞれ　$y=2\times(-1)+3=1$，$y=2\times3+3=9$　よって，A$(-1,\ 1)$，B$(3,\ 9)$　$y=ax^2$は点Aを通るから，$1=a\times(-1)^2=a$

(2)　①　3点P，Q，Rの座標はそれぞれP$(t,\ 2t+3)$，Q$(t,\ t^2)$，R$(t,\ 0)$　また，2点S，Tの座標はそれぞれS$(0,\ 2t+3)$，T$(0,\ t^2)$　よって，$\mathrm{PS}=t-0=t$，$\mathrm{PQ}=(2t+3)-t^2=-t^2+2t+3$　これより，長方形STQPの周の長さは　$2(\mathrm{PS}+\mathrm{PQ})=2\{t+(-t^2+2t+3)\}=-2t^2+6t+6$…(i)　$t=1$のときの長方形STQPの周の長さは　$-2\times1^2+6\times1+6=10$　である。

②　前問①の結果を利用すると，$\mathrm{QR}=t^2-0=t^2$　だから，線分QRを1辺とする正方形の周の長さは　$4\mathrm{QR}=4t^2$…(ii)　長方形STQPの周の長さが，線分QRを1辺とする正方形の周の長さと等しいとき，(i)＝(ii)より，$-2t^2+6t+6=4t^2$　整理して　$t^2-t-1=0$　**解の公式**より　$t=\dfrac{-(-1)\pm\sqrt{(-1)^2-4\times1\times(-1)}}{2\times1}=\dfrac{1\pm\sqrt{1+4}}{2}=\dfrac{1\pm\sqrt{5}}{2}$　ここで，$0<t<3$より，$t=\dfrac{1+\sqrt{5}}{2}$

7 (空間図形，三平方の定理，線分の長さ，面積，体積)

(1)　△APQは，$\mathrm{AP}=\mathrm{AQ}=\dfrac{1}{2}\mathrm{AB}=2\sqrt{2}$ cmの**直角二等辺三角形で，3辺の比は1：1：$\sqrt{2}$** だから，$\mathrm{PQ}=\mathrm{AP}\times\sqrt{2}=2\sqrt{2}\times\sqrt{2}=4$cm

(2)　四角形PFHQはPQ//FH，PF＝QHの等脚台形。点Pから線分FHへ垂線PKを引く。△EFHは直角二等辺三角形で，3辺の比は1：1：$\sqrt{2}$だから，FH＝EF×$\sqrt{2}$＝$4\sqrt{2}$×$\sqrt{2}$＝8cm　FK＝$\dfrac{\text{FH}-\text{PQ}}{2}$＝$\dfrac{8-4}{2}$＝2cm　△BFPに三平方の定理を用いると，PF＝$\sqrt{\text{PB}^2+\text{BF}^2}$＝$\sqrt{(2\sqrt{2})^2+6^2}$＝$2\sqrt{11}$cm　△PFKに三平方の定理を用いると，PK＝$\sqrt{\text{PF}^2-\text{FK}^2}$＝$\sqrt{(2\sqrt{11})^2-2^2}$＝$2\sqrt{10}$cm
以上より，四角形PFHQの面積は　(上底＋下底)×高さ÷2＝(PQ＋FH)×PK÷2＝(4＋8)×$2\sqrt{10}$÷2＝$12\sqrt{10}$cm^2

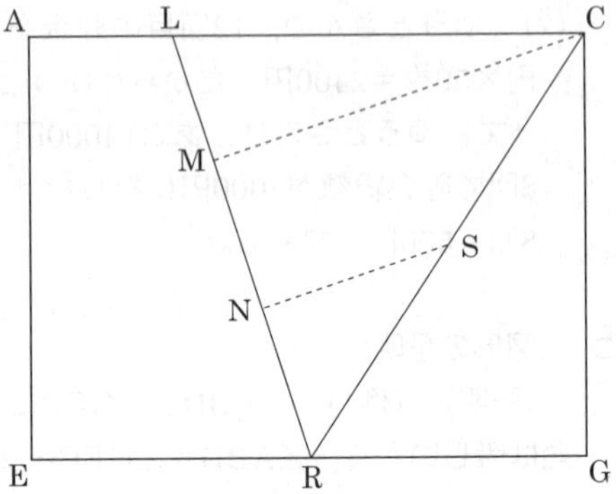

(3)　右図のように平面AEGCで考える。対角線ACと線分PQとの交点をLとし，点C，Sから線分LRへそれぞれ垂線CM，SNを引くと，線分SNは四角錐S－PFHQの底面を四角形PFHQとしたときの高さになる。LR＝PK＝$2\sqrt{10}$cm　CL＝$\dfrac{3}{4}$AC＝$\dfrac{3}{4}$×$\sqrt{2}$AB＝$\dfrac{3}{4}$×$\sqrt{2}$×$4\sqrt{2}$＝6cm　△CLRの面積を，底辺と高さの位置を変えて考えると，$\dfrac{1}{2}$×CL×AE＝$\dfrac{1}{2}$×LR×CM　より，CM＝$\dfrac{\text{CL}\times\text{AE}}{\text{LR}}$＝$\dfrac{6\times6}{2\sqrt{10}}$＝$\dfrac{9\sqrt{10}}{5}$cm
中点連結定理より，SN＝$\dfrac{1}{2}$CM＝$\dfrac{1}{2}$×$\dfrac{9\sqrt{10}}{5}$＝$\dfrac{9\sqrt{10}}{10}$cm　以上より，四角錐S－PFHQの体積は，$\dfrac{1}{3}$×(四角形PFHQの面積)×SN＝$\dfrac{1}{3}$×$12\sqrt{10}$×$\dfrac{9\sqrt{10}}{10}$＝36cm^3

＜英語解答＞

1　放送問題1　No. 1　ウ　No. 2　ア　No. 3　ウ　No. 4　エ　No. 5　ア
放送問題2　No. 1　エ　No. 2　イ
放送問題3　①　favorite　②　eight　③　holds　④　yourself　⑤　birthday

2　(1)　①　イ　②　ア　③　ア　(2)　time to prepare for it
(3)　1　エ　2　イ　3　ウ　4　ア

3　(1)　get to　(2)　riding bikes is one way to save energy

4　(1)　①　ウ　②　エ　(2)　イ　(3)　problems about language and culture
(4)　ウ　(5)　A　more　B　friendly

5　(1)　イ　(2)　エ　(3)　エ　(4)　ウ　(5)　①　that decided to stop giving plastic bags　②　working together for the same goal　(6)　How many signatures did they get at the airport?

＜英語解説＞

1　(リスニング)

放送台本の和訳は，57ページに掲載。

2　(語句補充・文の挿入問題：現在完了，不定詞，疑問詞など)

(1)　(全訳)　①　〔学校に行く途中で〕

A：今日も暖かいね。

B：月曜からずっと暖かい天気だね。

Bの発言のsince「～から」がヒント。現在完了形＜have[has]＋過去分詞＞の形の文にする。

② ［体育祭の日に］

A：私たちのクラスがリレーで優勝したよ！

B：すごい！　その知らせを聞いてうれしいよ。

気持ちを表す形容詞，**glad(うれしい)の後ろに＜to＋動詞の原形＞の形**が続いて，gladというれしい気持ちの理由を言い表す表現。

③ ［教室で］

A：これ，素敵な写真だね。美しい山々が写っている。だれがこれを持ってきたの？

B：たぶんベーカー先生が持ってきたんだよ。彼女は登山が好きなんだ

＜主語の働きをする疑問詞who「だれが」＋動詞brought「持ってきた」…＞の語順の疑問文。それに対するBの応答発言のdid「した」は，Aの発言(選択肢ア)のbrought「持ってきた」を指す。

(2) (全訳)［放課後］

A：来週金曜日にテストがあるね。私は数学が心配。

B：私も。でもまだそれを準備する時間が十分にあるよね。

＜time＋to＋動詞の原形…＞「…する時間がある」　＜prepare for…＞「…の準備をする」

(3) (全訳)［家で］

A：疲れているよね。　1　エ　どうかしたの？

B：宿題をいっぱいしたんだ。　2　イ　時間がとてもかかったよ。

A：大変そうね。　3　ウ　宿題は全部終わったの？

B：いいえ，まだ。

A：4　ア　リラックスするために甘いものを少し食べたら？

B：うん，お願い。

上記全訳を参照し，話の展開を確認しよう。　選択肢エ　**What's wrong?「どうかしたの？」→体の調子が悪そうな人や落ち込んでいる人に話しかける言葉。**

3 (語句補充問題・条件英作文)

(1)　Ⅰのメモの2つ目の囲みの中の，最初の・の日本文を参照。「～まで早く到着できる」…**＜できるcan＋到着するget to＞**，'get to'の代わりに，'arrive at'も可。quickly「早く」。

(2)　Ⅰのメモの2つ目の囲みの中の，2つ目の・の日本文を参照。**「自転車に乗ることは」→動詞ride(乗る)を，動名詞riding(乗ること)に語形変化させて，文頭で用いる。「～する一つの方法」＜one way to＋動詞の原形＞。「エネルギーを節約する」＜save energy＞。**

4 (会話文読解：適語補充，絵を用いた問題，内容真偽，メモ・手紙・要約文などを用いた手紙)

(全訳)

聡　：インターネットで面白い記事を見つけたよ。

広子：何についての記事？

聡　：東北地方に住んでいる外国人がたくさんいて，その人たちの数が増えているんだよ。

広子：本当に？　知らなかったわ。

ベン：そう，ぼくは1年間秋田県に住んでいたよ。そして，昨年の2019年に，福島県に来たんだ。ここにはもっと多くの外国人がいると思うな。それって正しい？

聡　：正しいよ。記事の中のこの表を見て。

(表：「2018年と2019年の東北地方の外国人の数」)

広子：これは外国人の数に関するものなの？

聡　：そうだよ。2019年には，東北地方の6つの県に住んでいた外国人の数は59,299人だった。秋田県には，3,931人の外国人がいた。そしてここには14,047人いたよ。外国人の数は6つの県すべてで増えているね。東北地方の人口が減少していることをぼくは知っているので，驚いたな。

ベン：この町に住んでいる外国人もたくさんいるんじゃないかとぼくは思うよ。毎年，この町を訪れる旅行者もいるよね。広子，聡，君たちのプレゼンテーションの中で，自分たちの町にいる外国人のために何ができるかということについて話してみるのはどう？

広子：いいわね！　じゃあ，私たちは彼らのために何ができるかな？　聡，何かアイデアはある？

聡　：外国人は日本で困ることがあるかもしれないなあと思う。特に初めて来日したときはね。

広子：ベン，あなたとあなたの家族は困ったことが何かあった？

ベン：もちろん，あったよ。言葉や文化に関して困ったことがあったよ。父は，日本のいくつかの地図記号で混乱してしまったとも言っていたよ。

広子：地図の記号？　どういうこと？

ベン：例えば，日本のホテルの記号に父は混乱してしまったんだ。僕たちの国のドイツでは，その記号はふつう，バス停を意味するんだ。英語を話す人たちの中には，その記号や，「H」という文字を見たら，それが病院を意味すると思うかもしれないね。なぜなら，病院という単語も同じ文字から始まるからね。

(彼はインターネットでその記号を探した)

ほら。これがその記号だよ。

広子：本当だ！　日本人の中にも，その記号が病院を意味すると思う人がいるかもしれない。

聡　：ぼくも同感だよ。外国人にももっと理解しやすい新しい記号にするべきだね。

ベン：もうあるよ！　今から見せてあげる。

(彼がインターネットでその新しい記号を探した)

これがホテルの新しい記号，特に外国人のためのね。

広子：これは，人がベッドで寝ていることを表しているのね。きっとこの記号のほうが，人々はもっと簡単に理解できると思うわ。

ベン：そうだね。僕たちは日本語がうまくないから，困ってしまうときがたくさんあるんだ。簡単にわかる記号で僕たちはとても助かっているんだ。

広子：地図記号でさえも，外国人を助けられるということが分かったわ。聡，このような記号に関して私たちができることは何かあるかな？

聡　：そうだなあ。地図記号を付けた，この町の旅行者用の地図を作ってみない？　良い物が作れたら，ぼくたちの町は外国人に優しい町になれるね。これは僕たちが町のためにできることの一つだよ。

ベン：いいアイデアだと思うよ。この町のそんな地図を見たことはこれまでにないからね。ここに住む外国人と，ここに来る旅行者の両方の人たちが助かるはずだと僕は思うよ。もちろん僕も助かるな！

聡　：広子，ぼくたちのプレゼンテーションでこのアイデアについて話そう！

広子：すてき！

(1)　①「2019年には，ウ　宮城県は，福島県よりも多くの外国人がいました」。　表を参照。
②「ベンは2018年に　エ　3,760人の外国人のいた県に1年間住んでいました」 ベンの1番目の発言1文目，および表の中の，2018年の秋田県の外国人数を確認。

(2)　下線部の3文前を参照。

(3)「ベンの家族が日本で生活し始めたとき，彼らは言語と文化について困ったことがある」 ベンの3番目の発言2文目を参照。

(4)　ア　広子は新聞の中に面白いものを見つけ，それを聡と共有した。(×)　イ　聡は，東北地方の人の数が減っているということを知らなかった。(×)　ウ　ベンの父親は，日本で使用される地図記号はわかりにくいということに気づいた。(○)　ベンの3番目の発言最終文を参照。
エ　ベンは，秋田県を訪れる予定の外国人のために新しい記号を作りたいと思っている。(×)

(5)（全訳） 14,000人以上の外国人が2019年に福島県に住んでいたことを私は知らなかった。彼らが福島県と私の町を大好きになってほしいので，彼らのために何かをしたいと思う。聡はプレゼンテーションで，「旅行者用の良い地図は，私たちの町を外国人に優しい町にするだろう」と言っていた。私は，それはすばらしいメッセージだと思った。
A　聡の4番目の発言3文目を参照。　**<more than ～>**「～以上」。
B　聡の最後から2番目の発言3文目を参照。　**<make＋A(our town)＋B(friendly)～>**「AをBにする」

5 (長文読解問題・スピーチ：語句補充，語句解釈，内容真偽，英問英答，短い対話文)

(全訳)「私たちはより良い世界を作れるだろうか？」 私たちがもしこの質問を聞いたら，「いいえ」と言う人もいるかもしれません。今日私は皆さんに，「はい，できます」とお伝えするつもりです。

昨年の夏，バリに住む友人のベッキーに会いにそこへ行きました。ある日，ベッキーと私はスーパーマーケットへ買い物に行きました。そのスーパーでは，ビニール袋をいっさい渡さないことに私は気づきました。お客さんは自分のエコバッグを使っていました。私はベッキーにそのことについて尋ねました。ベッキーは，「レジ袋廃止運動」について私に話してくれました。それは，バリに住む2人の若い姉妹が2013年に始めた運動のことでした。

その時バリでは，たくさんのビニール袋が捨てられ，ビーチが汚染されてしまいました。その姉妹は美しいビーチを再び見たいと思いました。彼女たちは自問しました，「変化をもたらすために自分たちは何ができるだろうか？」 まず最初に，彼女たちは小さなチームを作りました。その島の他の子どもたちに，自分たちのチームに　A　イ　参加するように頼みました。チームをもっと大きくして一緒に何かをすることが大切だと考えたのです。そして，チームのメンバーと一緒にいくつかのビーチをきれいにすることを始めました。彼女たちの運動がこのように始まったとき，彼女たちはわずか10歳と12歳だったのです！

そのあと何が起きたか想像できますか？　すぐにその運動が島じゅうに広がり始めました。子供たちだけでなく，大人たちもそのチームの手伝いをし始めました。チームのメンバーは特別なエコバッグを作り，それを島の人々にあげました。彼らはまた，ビニール袋を渡すのをやめることに決めた店やレストランに渡すための特別なシールも作りました。彼らは空港に行き，そこにいる人々からたくさんの署名をもらいました。彼らの運動はますます大きくなってゆきました。彼らはついに知事と会う機会が持てました。知事は，2018年までにバリでビニール袋の使用を止める規則を作る約束をしました。私は感動しました。なぜなら　B　エ　若者でさえより良い世界を作れるからです。また，そんなに若い姉妹がそうできたということにも感動しました。

私の学校生活が日本でまた始まりました。ある朝，友だちのマリと学校へ向かって歩いているとき，道に紙コップが2個捨てられていました。私は最初，こう思いました，「自分が拾わなければ，他のだれかが拾うだろう」 でもその時あの2人の姉妹のことを思い出しました。ですから私は一つ拾いました。それからマリが残りの一つを拾いました。私はそれがうれしくて，「ありがとう，マリ！」と言いました。マリは言いました，「私はそれから目をそらしたかったけど，あなたが拾ったわ。私もするべきだと思ったのよ。ありがとう，絵美」 私は小さな変化を生みだせたのでうれしかったです。

こうした行動はあまりにも小さいので世界をより良いものへ変化させることはできない，と皆さんは思われるかもしれません。でも，私たちが同じ目標に向かって一緒に努力すれば，最終的には，違いをもたらすことができるのだと私は信じています。私たちはまだ若すぎると思うかもしれません。でもそれは大きな問題ではないということを，あの2人の姉妹から学べます。小さなチームを作って，今何かをしましょう！

(1)　上記全訳を参照。　＜ask＋人＋to動詞の原形＞「(人)に…するよう頼む」 join「参加する」

(2)　空所直前の表現，＜I was impressed＞「私は感動しました」に着目して，その感動の理由が，‘because’以下に入ると判断する。＜make a big difference＞「違いをもたらす」

(3)　直前の文を参照。下線部it「それは」は，自分たちが若いということを指す。

(4)　ア　ベッキーはレジ袋廃止運動についてあまり知らなかったので，絵美はそのことを彼女にした。(×)　イ　バリの子供たちだけが，ベッキーの2人の姉妹が始めた運動に関心を持った。(×)　ウ　道に捨てられていた紙コップのうちの一つをマリが拾ったとき，絵美はうれしかった。(○)　第5段落5～7文目を参照。　エ　バリの人々は絵美とベッキーの努力から，バリを美しくする方法を学んだ。(×)

(5)　①　質問：その姉妹たちとチームは，どの店やレストランにシールをあげたか？

答え：彼らは，ビニール袋を渡すのをやめることに決めた店やレストランにそれらをあげた。

第4段落5文目を参照。＜that decided to…＞「…することに決めた」のthatは，主格の関係代名詞。**‘that’から，文末の‘bags’までの部分が，先行詞‘the shops and the restaurant’を説明している。**

②　質問：私たちはどのように世界をより良いものへと変化させることができるか？

答え：同じ目標に向かって一緒に努力することによって，私たちはそうできると絵美は思っている。

第6段落2文目を参照。答え方に注意。＜by＋～ing＞「～することによって」。**前置詞(by)の後ろに動詞が続く場合，動詞は～ing形の動名詞とすること。**

(6)　(全訳)

次郎：素晴らしいスピーチをありがとう，絵美。その姉妹たちについて一つ質問していい？

絵美：もちろん。どんなこと？

次郎：彼女たちは空港でどのくらいの数の署名がもらえたの？

絵美：そうねえ，ほぼ1,000の署名ね。

次郎：1,000！　毎日たくさんの人が空港を訪れるよね。だからそこでしたのは素晴らしいアイデアだったね。

質問の直後の答え方から，署名の数を聞いていると判断する。第4段落6文目を参照。＜How many＋名詞の複数形…？＞。

2020年度英語　リスニングテスト

〔放送台本〕

これから，放送によるテストを行います。問題は放送問題1から放送問題3まであります。放送を聞いている間に，メモを取ってもかまいません。

はじめに，問題用紙の放送問題1を見なさい。これは，明子(アキコ)と日本に留学しているラリーの対話を聞いて答える問題です。対話が放送されたあとに，クエスチョンと言って質問をします。質問は，No.1からNo.5まで五つあります。その質問の答えとして最も適切なものを，ア，イ，ウ，エの中から一つずつ選びなさい。対話，クエスチョンの順に2回読みます。それでは，始めます。

Akiko: Hi, Larry.
Larry: Hi, Akiko. How did you come to this public library?
Akiko: By bus.
Larry: Thank you for coming. I really need your help. I want to borrow some books about cooking today, but I don't know how to do it in Japan.
Akiko: OK, but do you cook?
Larry: I often cooked for my family in my country. Now I want to learn how to cook Japanese food because my father will come to see me on May 21. I want to cook a Japanese dish for him.
Akiko: My mother can teach you how to cook Japanese food. Would you like to cook together in my house?
Larry: Sounds good!
Akiko: Do you have any plans for this Sunday?
Larry: I will go to the baseball stadium with my host family. How about next Sunday?
Akiko: OK. Let's meet in front of our school at ten. Then we can start cooking at ten thirty.
Larry: All right.
Question No. 1: How did Akiko come to the public library?
Question No. 2: What did Larry often do in his country?
Question No. 3: When will Larry's father come to see him?
Question No. 4: Where will Larry go this Sunday?
Question No. 5: What time will Akiko and Larry meet?

〔英文の訳〕

アキコ：こんにちは，ラリー。
ラリー：やあ，アキコ。この図書館にどうやって来たの？
アキコ：バスでよ。
ラリー：来てくれてありがとう。君の助けを本当に必要としているんだ。今日ぼくは，クッキングの本を借りたいんだけど，日本でどうやってそうしたらいいのか分からないんだ。
アキコ：わかったわ。でもあなたは料理するの？
ラリー：自分の国では，家族のためによく料理していたよ。今ぼくは，和食の作り方を学びたいんだ。父が5月21日にぼくに会いに来る予定だから。

アキコ：私の母があなたに和食の作り方を教えてあげられるわ。私の家で一緒に料理を作らない？

ラリー：いいね！

アキコ：今週の日曜は何か予定がある？

ラリー：ホストファミリーと野球場へ行く予定だよ。来週の日曜はどう？

アキコ：OK。10時に学校の前で会いましょう。そして，10時30分に料理を始められるわ。

ラリー：了解。

質問No.1　アキコは図書館にどうやって来ましたか？

質問No.2　ラリーは自分の国で何をよくしていましたか？

質問No.3　ラリーのお父さんはいつ彼に会いに来ますか？

質問No.4　今週の日曜日にラリーはどこへ行く予定ですか？

質問No.5　アキコとラリーは何時に会いますか？

〔放送台本〕

放送問題2に移ります。問題用紙の放送問題2を見なさい。これは，二人の対話を聞いて，対話の続きを答える問題です。対話はNo. 1とNo. 2の二つあります。それぞれの対話の最後の応答部分でチャイムが鳴ります。そのチャイムの部分に入る最も適当なものを，ア，イ，ウ，エの中から一つずつ選びなさい。対話はNo. 1，No. 2の順に2回ずつ読みます。それでは，始めます。

No. 1　Man: Show me your passport, please.
Girl: OK.
Man: What's the purpose of your visit?
Girl: （チャイム）

No. 2　Girl: Please tell me the way to the station.
Boy: Oh, I'm going there, too.
Girl: Really? Can I go with you?
Boy: （チャイム）

〔英文の訳〕

No.1　男性：あなたのパスポートを見せてください。
少女：OK。
男性：訪問の目的は何ですか
少女：エ　観光です。

No.2　少女：駅までの道を教えてください。
少年：ああ，ぼくもそこに行きます。
少女：本当ですか？　一緒に行っていいですか？
少年：イ　もちろん。一緒に行きましょう。

〔放送台本〕

放送問題3に移ります。問題用紙の放送問題3を見なさい。これから読む英文は，ひかりが英語の授業で話した内容です。英文を聞きながら，①から⑤の英文の空欄に入る最も適当な英語1語を書きなさい。英文は2回読みます。それでは，始めます。

My grandmother made a cushion for me and it is my favorite cushion. I have used it since I was eight years old. When I feel sad, I always hold it in my arms. I can relax and hear her tender voice. She often says, “We are all different. Just be yourself.” She will become sixty years old this spring. I'm making a cushion for her now. I will give it to her as a birthday present.

〔英文の訳〕

祖母が私にクッションを作ってくれ，それは私のお気に入りのクッションです。8歳のときからずっと使っています。悲しく感じるときには，私はいつもそれを腕の中に抱きかかえます。リラックスできますし，祖母の優しい声が聞こえます。彼女はよく，「私たちはみんな違っているわ。ただあなた自身らしくしていなさい」と言います。彼女は今年，60歳になります。私は今，彼女のためにクッションを作っています。彼女の誕生日のプレゼントとしてそれをあげるつもりです。

① ひかりの祖母はクッションを作り，それがひかりのお気に入りのクッションだ。
② ひかりは8歳のときから彼女のクッションを使っている。
③ ひかりは悲しく感じるとき，腕の中にそのクッションを抱きかかえる。
④ ひかりの祖母はひかりに，「ただあなた自身らしくしていなさい」と言います。
⑤ ひかりは祖母に，誕生日のプレゼントとしてクッションをあげるつもりです。

＜理科解答＞

1 (1) A ひげ根　B 単子葉　(2) ウ　(3) ① Q　② P　(4) ク

2 (1) 恒温　(2) ひだや柔毛があることで，表面積が大きくなるから。　(3) ア
(4) 酸素を使って養分からエネルギーがとり出されている　(5) オ

3 (1) カ　(2) イ　(3) エ　(4) ア　(5) 気温が低くなり気圧が高くなる

4 (1) 惑星　(2) イ　(3) エ
(4) イ　(5) カ

5 (1) イ(→)ア(→)ウ　(2) 二酸化炭素
(3) 右図　(4) 1.2〔g〕　(5) 2.0〔g〕

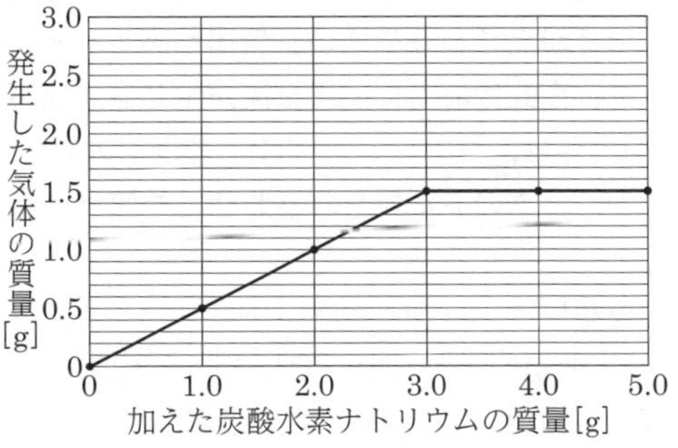

6 (1) 熱をうばった　(2) 塩
(3) ① $Ca(OH)_2$　② ウ　(4) エ

7 (1) フック　(2) 5.4〔cm〕　(3) ウ
(4) 1〔N〕　(5) 水中にある体積は物体Bの方がAよりも小さいため，物体Bにはたらく浮力がAよりも小さいから。

8 (1) ウ　(2) イ　(3) 80〔cm/s〕　(4) ア
(5) ① つりあっている　② 慣性

＜理科解説＞

1 (植物分類，顕微鏡，生物の成長)

(1) 被子植物のうち，ひげ根をもつ植物は単子葉類に分類される。
(2) 顕微鏡は，直射日光のあたらない明るい場所で使用する。観察したいものをさがすときに

は，視野を広くする必要があるため，倍率を低くする必要がある。ピントを合わせるときは，対物レンズとプレパラートが遠ざかるようにしながらピントを合わせる。

(3)　①　細胞分裂の順は，P→S→Q→T→Rとなる。　②　染色体の複製は，細胞分裂が始まる前に行われる。

(4)　根の先端付近で細胞分裂がさかんに行われたあと，できたばかりの小さな細胞が大きく成長していくため，**根は先端付近(aとbの間)がよくのびる**。

2 (動物のからだのつくりとはたらき，動物の分類)

(1)　気温が変化しても体温がほぼ一定に保たれているので**恒温動物**である。

(2)　ひだや柔毛があることで，養分と接する面積が増えるので，養分を効率よく吸収することができるようになる。

(3)　中央がくぼんだ形をしているのは赤血球であり，ヘモグロビンをふくんでいる。また，血小板は赤血球よりも小さい。

(4)　細胞の呼吸とは，細胞が酸素を使って養分を分解し，エネルギーを取り出すはたらきである。このとき，二酸化炭素と水などができる。

(5)　体内で発生した有害なアンモニアは，肝臓に運ばれたあと，無害な尿素につくりかえられ，じん臓で血液中からこし取られる。

3 (気象観測，日本の天気)

(1)　風向東の風とは，東からふいてくる風のことであり，天気図の記号で表すときは，天気記号の東側に矢羽根を立てて表す。

(2)　16時から18時の間に，東寄りから西寄りへ，風向が大きく変化している。

(3)　水は，岩石とちがいあたたまりにくく，冷えにくい。

(4)　日中はあたたまりやすく冷えやすい岩石でできた陸上のほうが温度が上がりやすいが，夜間は陸の温度が大きく下がる一方，海の温度は下がりにくいため，陸上よりも海上の空気の温度のほうが高くなりやすい。気温が高くなった空気は軽くなるため上昇し，上昇気流をつくる。よって，夜間は海上に上昇気流が生じ気圧が下がるため，周囲から空気が流れ込みやすくなる。

(5)　冬は，ユーラシア大陸上で低温の高気圧(**シベリア気団**)が発生する。ここからふき出した風が，日本の冬に見られる北西の季節風となる。

4 (惑星)

(1)　恒星のまわりを公転している天体を，惑星という。

(2)　これら4つの惑星は，太陽に近いほうから金星，火星，木星，土星の順に並んでいる。太陽に近いほど，公転の周期は短くなる。また，木星は気体を主成分とする惑星である。

(3)　日の出前，太陽は東の地平線の下にある。この方向からAの金星を照らしているので，左下半分が照らされたエとなる。

(4)　東のほうの地平線からのぼった天体は，南の空に向かってのぼっていく。

(5)　明け方に見える半月形の金星は，時間がたつとともに満ちていくが，地球から徐々に離れていくため，見える大きさはしだいに小さくなっていく。

5 (化学変化と質量)

(1)　容器を乗せて，表示を0.0〔g〕にしてから，薬品をのせて質量をはかる。

(2) 塩酸＋炭酸水素ナトリウム→塩化ナトリウム＋二酸化炭素＋水の化学変化が起こる。

(3) **質量保存の法則**より，(発生した気体の質量)＝(反応前の全体の質量)－(反応後の全体の質量)で求められる。加えた炭酸水素ナトリウムの質量と発生した気体の質量の関係は，次のようになる。この結果をもとにグラフを作成する。

表1

炭酸水素ナトリウムの質量〔g〕	1.0	2.0	3.0	4.0	5.0
反応前の全体の質量〔g〕	96.2	94.5	97.9	96.2	99.7
反応後の全体の質量〔g〕	95.7	93.5	96.4	94.7	98.2
発生した気体の質量〔g〕	0.5	1.0	1.5	1.5	1.5

(4) 質量保存の法則より，(発生した気体の質量)＝(反応前の全体の質量)－(反応後の全体の質量)で求められる。うすい塩酸の体積と発生した気体の質量の関係は，次のようになる。

表2

うすい塩酸の体積〔cm^3〕	10	20	30	40	50
反応前の全体の質量〔g〕	78.6	86.4	96.3	107.0	116.2
反応後の全体の質量〔g〕	78.1	85.4	94.8	105.0	114.2
発生した気体の質量〔g〕	0.5	1.0	1.5	2.0	2.0

過不足なく反応↑

この結果から，炭酸水素ナトリウム4.0gの反応により発生する二酸化炭素の質量は，2.0gが上限であり，過不足なく反応するうすい塩酸は40cm^3であることがわかる。よって，炭酸水素ナトリウムが十分にあり，うすい塩酸24cm^3がすべて反応して生じる二酸化炭素の質量xgを求めると，40：2.0＝24：x　x＝1.2〔g〕

(5) 実験1，2のビーカー10個のうち，過不足なく反応したものは，実験1では炭酸水素ナトリウムを3.0g加えた場合，実験2ではうすい塩酸を40cm^3加えた場合である。よって，これ以外の8個のビーカーを混ぜた場合，うすい塩酸が合計で230cm^3，炭酸水素ナトリウムが合計で28.0g混合されることになる。実験1の結果から，うすい塩酸30cm^3と炭酸水素ナトリウム3.0gが過不足なく反応するとわかるので，うすい塩酸230cm^3と過不足なく反応する炭酸水素ナトリウムの質量を求めると，30：3.0＝230：x　x＝23〔g〕　実験1から，3.0gの炭酸水素ナトリウムが完全に反応すると1.5gの気体が発生することから，23gの炭酸水素ナトリウムが完全に反応したときに発生する気体の質量ygを求めると，3.0：1.5＝23：y　y＝11.5〔g〕　このうち，実験1と実験2において，すでに発生した気体の質量の合計を求めると，前述の表1，表2から，0.5＋1.0＋1.5＋1.5＋0.5＋1.0＋1.5＋2.0＝9.5〔g〕　よって，下線部bで新たに発生した気体の質量は，11.5－9.5＝2.0〔g〕

6 (化学変化と熱)

(1) 水酸化バリウムと塩化アンモニウムの化学変化は吸熱反応である。

(2) 酸とアルカリを混合したときに生じる物質は，水と塩である。このうち，酸の陰イオンとアルカリの陽イオンによってできる物質を**塩**という。

(3) ① 水酸化カルシウムは，電離すると水酸化物イオン2個，カルシウムイオン1個を生じる化合物である。　② 水酸化カルシウムは，水に溶けることで次のように電離する。$Ca(OH)_2 \rightarrow Ca^{2+} + 2OH^-$　水酸化物イオンがアルカリ性を示すもとになる物質である。

(4) 活性炭は，表面にある多数の細かな穴から酸素を取り込み，鉄に酸素を渡しやすくするはたらきがある。

7 (ばね，浮力，重さと質量)

(1)　ばねののびる長さは，ばねを引く力の大きさに比例する。これを**フックの法則**という。

(2)　グラフより，このばねは，2Nの力で4cmのびる。質量270gのおもりにはたらく重力は2.7Nなので，このばねに2.7Nの力を加えたときのばねののびxcmを求めると，2：4＝2.7：x　x＝5.4〔cm〕

(3)　月面上では地球上に比べて重力が6分の1になるので，ばねを引く力の大きさも地球上に比べて6分の1になるため，ばねののびも6分の1となる。てんびんは，物質の質量を比べる装置であり，質量は場所により変化しないため，地球上でも月面上でも結果は同じになる。

(4)　この物体Aの空気中での重さは2.7N，Ⅱより，水中に物体Aを入れ，てんびんをつり合わせるためにつるしたおもりXは1.7Nなので，2.7−1.7＝1.0〔N〕より，物体Aにはたらく浮力は1Nである。

(5)　浮力の大きさは，物体の水中の体積によって決まる。水中にある体積が大きいほうが浮力も大きくなるので，てんびんのうでを引く力は，浮力が小さい物体Bのほうが大きかったことになる。

8 (運動とエネルギー)

(1)　物体に力を加えるとき，力を加えた物体からも大きさの等しい逆向きの力を受ける。このことを，**作用・反作用の法則**という。

(2)　図2より，速さがしだいにおそくなっていることから，台車には進行方向と逆向きの力がはたらき続けていることがわかる。

(3)　斜面B上では，台車は等速直線運動を行っていることがわかる。(8.0〔cm〕×4)÷(0.1〔s〕×4)＝80〔cm/s〕

(4)　重力の斜面に沿う分力(P)は，斜面の角度が大きくなるほど大きくなる。重力の斜面に垂直な分力(Q)は，斜面の角度が大きくなるほど小さくなる。

(5)　物体が等速直線運動をしているときは，物体には力がはたらいていないか，力がはたらいていてもつり合った状態になっている。そのため，等速直線運動を行っている物体は，慣性によって運動を行っている。

＜社会解答＞

1　(1)　地中海　(2)　イ　(3)　①　ユーロ　②　(例)(Pグループに比べ，Qグループは，)2017年の一人あたりの国民総所得が低く，2005年からの増加率は高い。　(4)　アフリカ連合[AU]　(5)　ア
(6)　(符号)　イ　(国名)　トルコ

2　(1)　①　イ　②　ア　(2)　エ　(3)　①　Q→S→R
②　(例)原料や製品の輸送に便利である　(4)　①　右図　②　エ

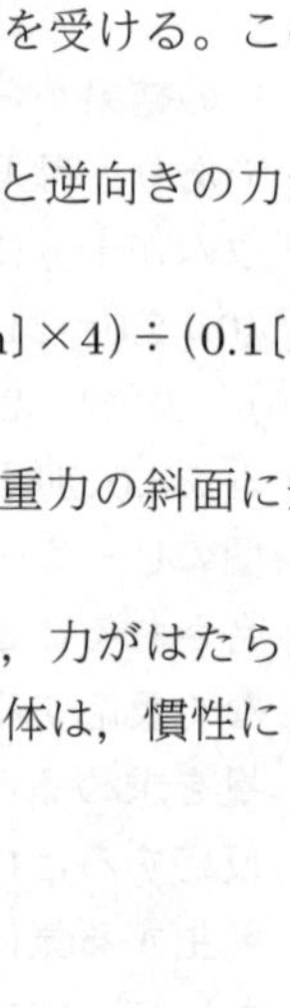

3　(1)　十七条の憲法　(2)　①　万葉集　②　防人　(3)　ア
(4)　勘合　(5)　エ　(6)　ウ→イ→エ→ア
(7)　①　日米修好通商条約　②　イ

4　(1)　①　八幡製鉄所　②　ア→ウ→イ→エ　(2)　①　全国水平社

② (例)直接国税の納税額による制限　(3) ① ア　② ウ　(4) ウ
5 (1) 家計　(2) ① カ　② D ウ　E 株主総会　(3) F エ　I イ
(4) ウ　(5) 環境基本法
6 (1) イ　(2) 住民投票　(3) ① 与党　② ウ　(4) (例)常任理事国のロシアが反対したため，この決議案は採択されなかった。　(5) (例)議員一人あたりの有権者数の差を小さくし，一票の価値をできるだけ等しくするため。

＜社会解説＞

1 (地理的分野—世界—人々のくらし，地形・気候，交通・貿易)

(1) 地中海の沿岸地域は，夏の降水量が少ない地中海性気候。夏の乾燥に強いぶどうやオリーブを栽培する地中海式農業が行われている。

(2) 暖流の**北大西洋海流**によって暖められた空気が**偏西風**によって運ばれてくるため，ロンドンの気候は，年間降水量がほぼ一定しており高緯度な割に温暖な西岸海洋性気候。アはトンブクトゥ，ウはケープタウン，エはモスクワの気候。

(3) ① A国のフランスやB国のドイツなど，EU加盟国の多くは**ユーロ**を使用しているが，デンマークやスウェーデンなど導入していない国もある。　② 表Ⅰから，2005年の一人あたりの国民総所得について，PグループはQグループの少なくとも3.5倍以上の数値であることが読み取れる。また，2017年と比較したときの2015年の一人あたりの国民総所得について，Pグループの国々が1.2倍前後であるのに対して，Qグループの国々が2倍前後であることが読み取れる。

(4) アフリカ連合(AU)は，アフリカの55の国や地域が加盟する世界最大級の地域機関。

(5) C国はアルジェリア，D国はトルコ。**イスラム教**は，アフリカ北部や西アジア，東南アジアの一部地域などに信者が多くみられる。

(6) アラブ首長国連邦やイラクなど，輸出相手国の上位に近隣の西アジア諸国がみられることから判断する。ア…輸出品目の上位に原油がみられることからC。ウ…輸出品目の上位に航空機がみられることからA。エ…輸出総額が最大であることから，EU最大規模の経済力をほこるB。

2 (地理的分野—日本—地形図の見方，日本の国土・地形・気候，人口・都市，農林水産業，工業)

(1) ① 秋田県の八郎潟付近を通過しているaの緯線が**北緯40度線**。赤道から離れるほど緯度の数字が大きくなるので，北半球では南ほど低緯度となることから，bの緯度は40度より小さくなる。　② わが国は，北海道や東北地方の一部地域を除いては温帯気候にあたることから判断する。また，**季節風**(モンスーン)の影響で，日本海沿岸地域は冬の降水量が多く，太平洋沿岸地域では夏の降水量が多くなる。

(2) 東北地方は，北海道に次いで面積の割に人口が少ないことから判断する。アは近畿，イは中部，ウは九州，オは北海道。

(3) ① 地点R付近の「北上南部工業団地」の北側に99.9，また，地点Q付近の「舘」のあたりに94と標高が示されていることから，この辺りが高台になっており，離れるにつれて標高が低くなっていることがわかる。　② 東北地方には余っている土地が多く存在するため工業団地が形成されやすい。また，工業団地で製造したIC(集積回路)が多く輸送されることから，東北地方を南北に縦断する高速道路は「シリコンロード」とよばれる。

(4) ① 青森県を「10%以上」，山形県と福島県を「5～10」，それ以外の県を「5%未満」の凡例に従って塗り分ける。　② **りんご**の生産量が1位の青森県，**さくらんぼ**の生産量が1位の山形県，ももの生産量が2位の福島県の農産物栽培面積に占める割合が高いことから，農産物Yは果実を表す。

3 (歴史的分野―日本史―時代別―古墳時代から平安時代，鎌倉・室町時代，安土桃山・江戸時代，明治時代から現代，日本史―テーマ別―政治・法律，経済・社会・技術，文化・宗教・教育，外交)

(1)　**聖徳太子**は593年に推古天皇の摂政となり，蘇我馬子と協力して政治を行った。**十七条の憲法**制定や**遣隋使**を派遣したほか，家柄にとらわれず能力などで役人を採用する**冠位十二階**の制度も定めた。

(2)　①　**かな文字**が用いられるようになる平安時代中期までは，問題文中にみられる万葉がなとよばれる表記方法が用いられた。奈良時代には**万葉集**のほか，**古事記**や**日本書紀**などの歴史書や，地域ごとの地理について記された**風土記**などの書物が著された。この時代の文化を**天平文化**という。　②　**防人**は**大宰府**の防衛のために九州北部に配備された。このような兵役のほか，人々は**租**・**庸**・**調**などの税をはじめとした重い負担を強いられた。

(3)　平安時代中期の**藤原頼通**とその父である**藤原道長**の頃，**摂関政治**の全盛期をむかえた。この頃に栄えた文化を**国風文化**といい，**浄土信仰**の流行による阿弥陀堂の建立が増えた。イは室町時代，ウは戦国時代，エは飛鳥時代。

(4)　**足利義満**が派遣する正式な貿易船と**倭寇**とよばれる日本人の海賊とを区別し，私貿易を禁止するために，**勘合(符)**が用いられた。

(5)　1639年に**ポルトガル**船の来航を禁止したことで，鎖国が完成した。　ア　織田信長が出した楽市・楽座令。　イ　戦国大名がみずからの領地内に出した分国法。　ウ　豊臣秀吉が出したバテレン追放令。

(6)　アが1853年，イの蛮社の獄が1837年，ウの享保の改革が始まったのが1716年，エの天保の薪水給与令が1842年。

(7)　①　1858年に結ばれた**日米修好通商条約**では，神奈川(横浜)・函館・新潟・兵庫(神戸)・長崎の5港が開港された。しかし，アメリカに**領事裁判権**(治外法権)を認め，日本に**関税自主権**がないなど，わが国にとって不平等な内容も含まれた。　②明治時代初期には**文明開化**がおこり，人力車，レンガ造りの建物，ガス灯などがみられるようなったことから判断する。

4 (歴史的分野―日本史―時代別―明治時代から現代，歴史的分野―日本史―テーマ別―政治・法律，経済・社会・技術，外交)

(1)　①　**日清戦争**に勝利して下関条約で獲得した賠償金の一部をもとに福岡県に建設された**八幡製鉄所**は，わが国の第二次産業革命の中心的役割を果たした。この製鉄所の周辺に関連工場が建てられ，**北九州工業地帯**に発展した。　②　アが1874年，イが1885年，ウが1881年，エが1889年のできごと。

(2)　①　**大正デモクラシー**の風潮のもと，**全国水平社**のほか，**平塚らいてう**らによる女性の地位向上を求める**青鞜社**などの結成も相次いだ。　②　1925年に制定された**普通選挙法**では，有権者の条件が**満25歳以上の男子**に変更された。それ以前は，直接国税の納税額(3円以上)による制限がかけられていた。

(3)　①　**世界恐慌**がおこった1929年以降も鉱工業生産指数が伸びていることから，X国が**五か年計画**を進めていたソ連とわかる。イが日本，ウがアメリカ，エがイギリスの政策。　②　問題文中の「1932年」，資料中の「犬養総理大臣」，文中の「内閣総理大臣を暗殺」などから判断する。

(4)　**高度経済成長**期とは，1950年代後半から1970年代前半を指す。アが1920年，イが1992～1993年，ウが1965年，エが1951年。

5 (公民的分野―財政・消費生活・経済一般)

(1)　経済主体には，消費活動を行う家計，生産・販売活動を行う企業，財政活動を行う政府の3主体が存在する。

(2)　①　日本の製造業において，大企業は製造品出荷額の割に事業所数が少なく，中小企業は製造品出荷額の割に事業所数が多いという特徴がある。　②　**配当金**は，持ち株数に応じて分配されるとともに，企業の利潤に応じて都度変動する。

(3)　ア・イは政府が行う財政政策，ウ・エは日本銀行が行う金融政策。好景気のときは通貨量を減らすアやエの政策，不景気の時は通貨量を増やすイやウの政策をとる。

(4)　消費税は，税を納める人と負担する人が異なる**間接税**に分類される。所得税などの直接税には**累進課税**が適用されるため，所得によって税率が変動するが，所得の多さにかかわらず一定の税が課せられる間接税は，低所得者ほど所得に占める税負担が高くなる逆進性がある。

(5)　**環境基本法**は，新しい人権の一つである環境権を規定するための法律にもなっている。

6 (公民的分野―憲法の原理・基本的人権，三権分立・国の政治の仕組み，地方自治，国際社会との関わり)

(1)　1789年におこった**フランス革命**の際に**人権宣言**が発表されたことから判断する。

(2)　例に表された条例による住民投票には法的拘束力はなく，首長が投票結果と異なる判断を下す場合もある。

(3)　①　政権を担当しない政党のことを**野党**という。　②　予算や法律案の議決，内閣総理大臣の指名，条約の承認に関して，衆議院と参議院の議決が異なった場合，**衆議院の優越**の原則が適用される。なお，衆議院に先議権があるのは予算の議決についてのみ。

(4)　安全保障理事会の常任理事国は**拒否権**を持っており，これが行使された場合は，五大国のうち1か国でも反対すれば採択されない。表Ⅰの投票結果では，常任理事国のうちフランス，イギリス，アメリカが賛成し，中国が棄権したが，ロシアが反対したことから採択されなかったと判断する。

(5)　**「一票の格差」**問題は憲法第14条の「法の下の平等」に反するという意見も出ており，最高裁判所での違憲判決が出た例もあるので，**公職選挙法**の改正が進められている。

<国語解答>

一　1　(1)　おさ(める)　(2)　もよお(す)　(3)　けいさい　(4)　むじゅん
(5)　降(り)　(6)　費(やした)　(7)　筋肉　(8)　専門　2　イ

二　1　ぬぎすて　2　若者の香り　3　ウ　4　エ

三　1　くいぬきて　2　(1)　羽一羽づつ乞へ。　(2)　(例)羽がなくなって，生きていくことができなくなる　(3)　イ

四　1　ウ　2　イ　3　(例)朱里が急に冷たい態度に変わり，自分から離れていくことはつらいが，正直に自分の気持ちを伝えたことを後悔してはいないから。
4　(1)　デザインの一部にする　(2)　(例)おかしいことを言ってしまったのではないか

という恥ずかしさ　5 ア

五 1 オ　2 エ　3 (1) (例)他者の存在を意識して，自分の欲望を制御する
(2) ウ　4 オ　5 (例)対話により相手の思いを理解し，他者とともにある社会で，それぞれが自分らしく生きるためにはどうすればよいかを考えること。

六 (例) 【資料Ⅰ】からわかるように，現在，カタカナ語はごくふつうに使われている。一方，【資料Ⅱ】が示すのは，カタカナ語を好ましくないと感じる人が，全体の三分の一程度存在することである。

このことを踏まえると，現代社会でカタカナ語の使用は避けられない。しかし，何でもカタカナ語にするのではなく，わかりにくいカタカナ語を漢語や和語に置き換えたり，使用するときに説明を入れたりするなどの工夫が必要だと思う。

＜国語解説＞

一 (知識－漢字の読み書き，書写)

1 (1) 「おさ(める)」と読む漢字には，「**収**」の他に「**修**」「**納**」「**治**」があるので，使い方と合わせて覚えておく。 (2) 「**催**」の音読みは「サイ」で，「催促」「開催」などの熟語を作る。 (3) 「**掲載**」は，新聞や雑誌などに文章や写真をのせること。 (4) 「**矛盾**」は，つじつまが合わないという意味の故事成語である。 (5) 「**降**」の右下の形は「ヰ」。 (6) 「**費やす**」は，送りがなも合わせて覚えること。 (7) 「**筋**」は「竹」「月」「力」の組み合わせ。 (8) 「**専門**」の「門」を「問」と書き間違えないように注意すること。

2 行書では，イ「秒」の4画目の省略が見られる。

二 (詩と鑑賞文－内容吟味，文脈把握，脱文・脱語補充)

1 「ぬぎすて」は，「若竹」という人でないものを人のように見立てて表現したものである。このような表現法を**擬人法**という。

2 「**若者の香り**」は，若竹を視覚ではなく，**嗅覚**で捉えた言葉である。

3 「ただ　ひたすらに／かけのぼり／いや　かけぬけ」は，若竹が**いちずに，とどまることなく伸びていく**様子を表現したものなので，ウが正解である。アは「ゆっくり」が不適当。イは「周りの木」にあたるものが詩から読み取れない。エは「何度も繰り返し」が誤り。オは「不安」が詩から読み取れないので不適当である。

4 「あ／若竹が／ない」は，「**若竹の成長の勢い**」を表現したものである。成長した「若竹」は**「竹」になってしまった**のである。このことを説明したエが正解。アは「目では確認することができないほど背丈が伸びた」が「無い」に結びつかない。鑑賞文によれば，この詩は「若竹が自らの意志で～成長しようとしているかのように」描いており，イの「自然の力を借りながら」は不適当。ウの「安心感」，オの「寂しさ」は，詩から読み取れない。

三 (古文－内容吟味，文脈把握，脱文・脱語補充，仮名遣い)

〈口語訳〉 昔，林の中で精神を集中して修行する者がいた。心を静めて修行しようとしたが，林に鳥が集まって，騒々しかったので，仏にこのことを歎き申し上げると，「その鳥に羽を一枚ずつ求めなさい」とおっしゃる。そして帰って(羽を)求めると，(鳥たちは)羽を一枚ずつ口にくわえて抜き取って，(修行者に)取らせた。また次の日に求めたとき，鳥たちが言うことには，「私たちは羽を持っているからこそ，空を飛んで，餌を探し，命をも助けているのに，毎日(羽を)求められた

ら，みな翼がなくなってしまう。この林に住んでいるからこそ，このようなこともあるのだ」と言って，飛び去った。

1　語頭にない「**ひ**」を「**い**」と改めて「**くいぬきて**」とする。

2　(1)　仏の助言は，「その鳥に，**羽一羽づつ乞へ。**」，つまり，羽を一羽につき一枚ずつくれるように鳥たちに頼みなさい」というものであった。　(2)　鳥たちは，「私たちは羽を持っているからこそ生きられるのに，毎日羽を求められたらみな翼がなくなってしまう」と言っている。このままでは**羽がなくなって生きられなくなってしまう**ということである。この内容を制限字数内にまとめる。　(3)　本文だけを読むと「鳥を追い払った話」だが，資料の「人々」を「鳥共」と対応させて読むと，「毎日人々にものの提供を求めたために，人々が嫌がって離れていった話」となる。「仏」はこの話によって，僧が人々に**むやみに金やものを要求することを戒めた**のである。したがって，イが正解となる。アの「粘り強く説得を続けて」は資料の「仏は～戒めた」と一致しない。ウの「柔軟な発想」，エの「すべてを犠牲にして」は本文にない内容。オの動物と人間の対比は，的外れな内容である。

四　(小説－情景・心情，内容吟味，文脈把握，脱文・脱語補充)

1　傍線部1に続く部分に，「大きな刷毛」で塗ると「心にあった**もやもやも～ざあっと流されていく**ような気がした」ことや，「細筆」で「息をつめて」作業したあとは「**急に視界が広くなって，清々しい気持ち**になれる」ことが書いてあるので，「それぞれ**異なる満足感**を得られる」と説明するウが正解である。アの「緊張感」は，「楽しさ」の説明として不適当。イやエのような比較は，それぞれに良さがあることを説明できていない。オの「視界が大きく広がる感覚」は細筆の作業で得られるもので，刷毛の作業とは無関係な内容である。

2　「おずおず」は，怖がったり**ためらったりしている**様子を表す擬態語である。直前に百井くんが言った「上から塗り直せば……」の「……」の部分は，**「修復できる」という意味のことを言おうとした**が，朱里の剣幕に押されて言葉にならなかったことを示している。したがって，イが適当である。アは「修復はしたくない」が誤り。朱里はもともと作業を怠けていたので，ウの「仲間が減る」は不適当。朱里は対応を迫ったというよりは失敗を責めること自体が目的だったと考えられ，百井くんは「誰か」に頼ることを考えていないので，エは不適当。百井くんは応援旗を修復したいと思いながらも，「すぐに」修復できる状態ではなかったので，オは誤りである。

3　「泣きたかった」のは，朱里が葉子に対して**「以前のような親しみ」を見せず**，「日向」である自分の**グループから葉子を締め出し**，「日陰」に追いやったことがわかったからである。それでも「泣かなかった」理由は，「私は今，朱里に**本当の気持ちを言った。そのことに，後悔はなかった**から」と説明されている。この内容を，制限字数内にまとめる。

4　(1)　「隠すんじゃなくて，**デザインの一部にする**のってどうかな」という葉子の言葉から書き抜く。　(2)　葉子の心中を描写した「遅ればせながら**恥ずかしくなって**，かっと頰がほてる。どうしよう。もしかして，**おかしいことを言ってしまっただろうか——**」の内容を，前後につながる形にして制限字数内にまとめる。

5　本文は，「ごめんなさい……。」「……花。」など，「……」を用いて**会話の中に含まれる間**を表現して，松村さんの**言葉に表れない**強い後悔や，葉子のつぶやきの唐突さなどを示している。正解はア。イの「発言の意図を確認する」，ウの「状況を自由に思い描く」は不適当。エの「過去の体験」は繰り返して表現されていない。オは「多様な角度」が不適当な説明である。

五　(論説文－内容吟味，文脈把握，段落・文章構成，脱文・脱語補充，品詞・用法)

1 「欲望のかなう」の「の」は，**主語を表す**。ア「歌うのは」は，「歌うことは」という意味。イ「花の名前」は，内容や対象を表す。ウ「兄のだ」は，「兄のものだ」という意味。エ「練習するの」は，終助詞でやわらかい調子の疑問を表す。オ**「父の訪れた」**は，主語を表す。

2 第三段落の前半に「人によってその理性や倫理の形や中身は違う」とある。それぞれの人の理性や倫理によって，何をどのように押さえ込もうとするかが変わってくるのである。正解はエ。アは，人による違いを説明していない。イとウは，「理性や倫理」の働きや内容が同じという仮定が誤り。オの「他者による手助け」は，本文にない内容である。

3 (1) 第四段落前半に「**欲望のままに行動したい自分を制御していくのは，他者という存在があるから**」とある。人がみな欲望のままに行動していたら衝突は避けられず，長い目で見ればどちらにとっても悪い結果になる。だから，お互いに**他者の存在を意識して，自分の欲望を制御することによって**，利害や感情の衝突を回避しようとするのである。 (2) 本文と**異なっているもの**を選ぶことに注意する。アは第五段落の「ルールとは～本来わたしたち自身によってつくられたもの」と合致する。イは，第四段落後半の内容と合致する。ウの「スピードを出すことを思いとどまった例」は第二段落にあるが，これは理性や倫理の説明として示されたものであり，**「法律を守ることの重要性を示している」とは言えない**。エは第五段落の「ルールとは～だれかがどこかで勝手につくったものという認識を多くの人が持ってしまっています」の内容と合致する。オは第五段落最後の「このこと(＝ルール成立の経緯が誤解されていること)が実は，わたしたちの自由のあり方にとって，とても大きな危機だといえる」をふまえたものである。したがって，正解はウとなる。

4 本文は，第五段落までは社会秩序の成立の経緯について述べ，第六段落ではその内容を受けて「**自由の基本理念**」を示し，第七段落は**「相手も自分もそれぞれの思いを果たす」ための活動である「対話」**について説明している。各段落の働きを正しく説明しているのはオである。ア・イ・ウは，第七段落の「対話」に触れていないので誤り。エは，「自由であることの重要性」「対話の活用を訴える」が不適当な説明である。

5 本文の冒頭で，「人として生きる」ということは「それぞれの個人が**お互いを尊重しつつ，その人らしく生きていく**」ということと定義されている。また，第七段落には「**他者とともに**，この社会で，自分らしく生きること」が「真の自由」であること，そして第八段落には「**対話**」が「自分の思いの実現，つまり，自分にとっての自由，つまり，自分らしく生きるとは何かとわたしたちに**考えさせるような環境をつくりだす**」と書かれている。この内容を制限字数内でまとめる。

六 (作文)

与えられた**条件**を満たして書くこと。2段落構成で，書き始めと段落の初めは1字空ける。

○前段…【資料Ⅰ】と【資料Ⅱ】を読み，**カタカナ語の使用**という観点から**気づいたこと**を書く。解答例では，【資料Ⅰ】からカタカナ語はごくふつうに使われていること，【資料Ⅱ】からカタカナ語を好ましくないと感じる人が全体の三分の一程度いることを読み取っている。

○後段…前段を踏まえて，**カタカナ語の使用**についての**自分の考えや意見**を書く。解答例では，カタカナ語の使用は避けられないが，使用するときには工夫が必要だという考えを述べている。

書き終わったら必ず読み返して，誤字・脱字や表現の不自然なところは書き改めること。

解答用紙集

○月×日　△曜日　天気（合格日和）

◆ご利用のみなさまへ

＊解答用紙の公表を行っていない学校につきましては、弊社の責任において、解答用紙を制作いたしました。

＊編集上の理由により一部縮小掲載した解答用紙がございます。

＊編集上の理由により一部実物と異なる形式の解答用紙がございます。

人間の最も偉大な力とは、その一番の弱点を克服したところから生まれてくるものである。──カール・ヒルティ──

東京学参株式会社

※ 192%に拡大していただくと，解答欄は実物大になります。

受験番号　番

6 Ⅱ 数学解答用紙

注意 ［網掛け］の欄には記入しないこと。

1
(1) ①
②
③
④
(2)

2
(1)
(2)
(3) 度
(4) 個
(5)

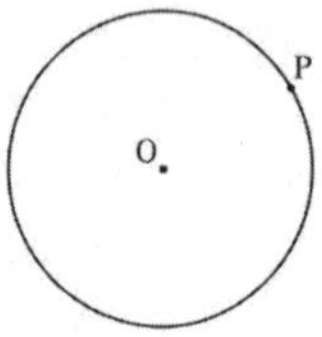

3
(1) ①
②
(2) ① 枚
② [説明]

4
[求める過程]

答 水を移す前のAの水の量 ＿＿＿＿ mL
水を移す前のBの水の量 ＿＿＿＿ mL

5
[証明]

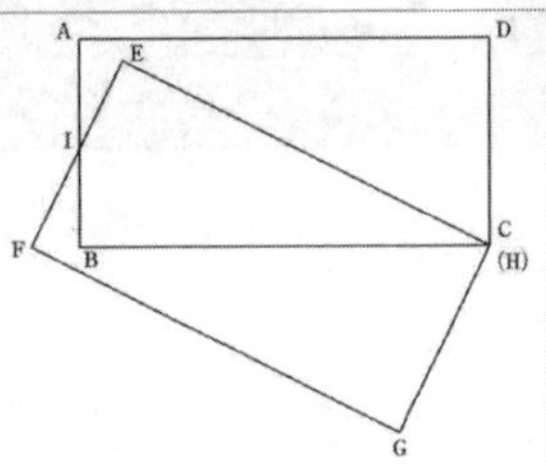

6
(1)
(2)
(3)

7
(1) cm
(2) ① cm^2
② cm^3

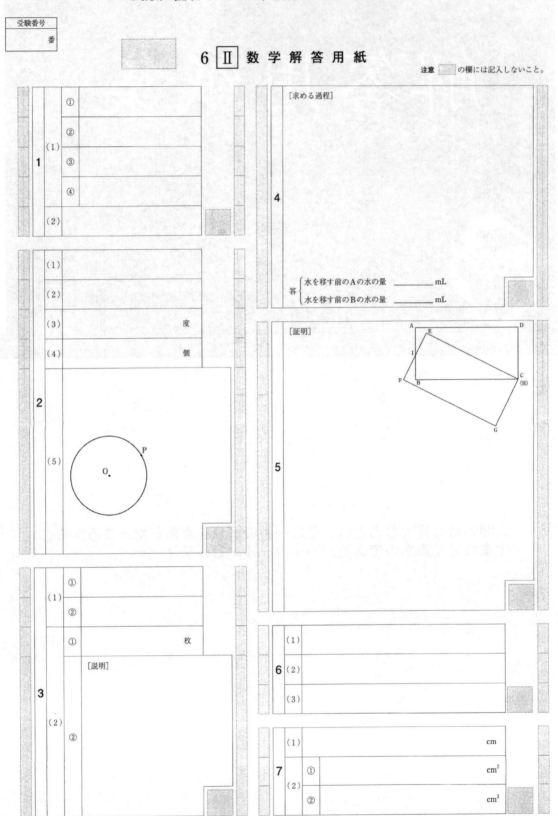

※ 189％に拡大していただくと，解答欄は実物大になります。

受験番号
番

6 Ⅲ 英語解答用紙

注意　□の欄には記入しないこと。

1	放送問題 1	No. 1	
		No. 2	
		No. 3	
		No. 4	
		No. 5	
	放送問題 2	No. 1	
		No. 2	
	放送問題 3	①	
		②	
		③	
		④	
		⑤	

2	（1）	①	
		②	
		③	
	（2）	It (＿＿＿＿＿＿＿＿) ways.	
	（3）	1 ＿ 2 ＿ 3 ＿ 4 ＿	

3	（1）	
	（2）	Yes. I especially ＿＿＿＿＿＿＿＿.

4	（1）		
	（2）	①	
		②	
	（3）		
	（4）		
	（5）		
	（6）	(I agree / I disagree) with the idea because ＿＿＿＿＿＿＿＿.	

5	（1）		
	（2）		
	（3）		
	（4）		
	（5）	①	They became good friends by ＿＿＿＿＿＿＿＿ together.
		②	She uses it when she ＿＿＿＿＿＿＿＿.
	（6）	She feels that she now has ＿＿＿＿＿＿＿＿.	

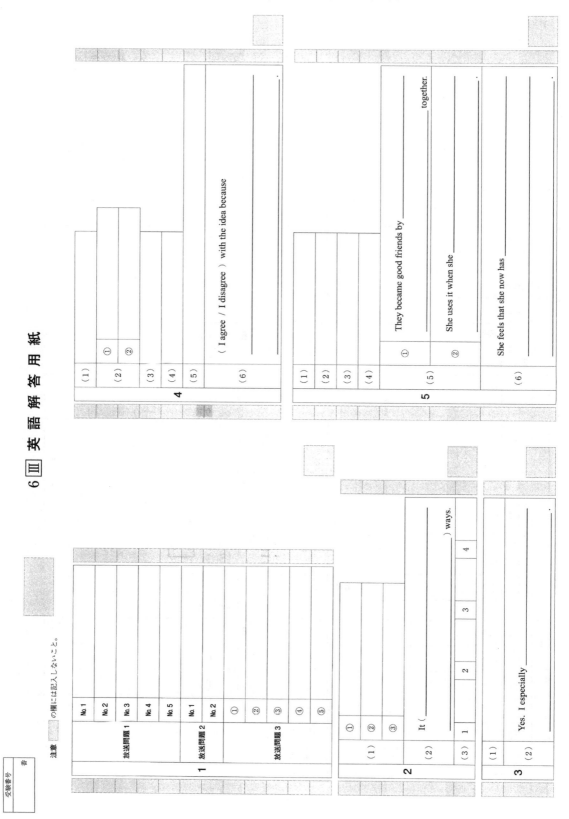

※ 182%に拡大していただくと，解答欄は実物大になります。

受験番号
番

6 Ⅳ 理科解答用紙

注意 ［　］の欄には記入しないこと。

1		
(1)		
(2)	①	
	②	
(3)		
(4)		

2		
(1)		
(2)		
(3)	花粉が，	
(4)	①	
	②	
(5)		

3		
(1)		
(2)		
(3)	①	
	②	km
	③	秒後

4		
(1)	太陽の	
(2)	①	
	②	
(3)		
(4)		

5		
(1)		
(2)		
(3)	水よりもエタノールの方が，	
(4)	①	
	②	g

6		
(1)		
(2)		
(3)	①	
	②	
(4)		g

7		
(1)	①	N
	②	cm
	③	N
(2)		Pa
(3)		

8		
(1)		
(2)		
(3)		J
(4)	①	
	②	℃

※ 182％に拡大していただくと，解答欄は実物大になります。

受験番号　　番

6 V 社会解答用紙

注意　□の欄には記入しないこと。

1

(1)

(2)

(3)

(4)　教

(5)　①

(5)　②　C国では

2

(1)　海峡

(2)

(3)

(4)　①

(4)　②

(5)　①

(5)　②

3

(1)

(2)

(3)

(4)

(5)

(6)

4

(1)

(2)

(3)　→　→　→

(4)　①

(4)　②

(5)

(6)

5

(1)

(2)

(3)　→　→

(4)

(5)

(6)

6

(1)

(2)

(3)

(4)

(5)

(6)

福島県公立高校　2024年度

※189%に拡大していただくと、解答欄は実物大になります。

受験番号　番

6 I 国語解答用紙

注意　▒の欄には記入しないこと。

一
1 (1) ます (2) い (3) (4) (5) める (6) す (7) (8)
2

二
1
2
3 (1) (2)
(4字) (4字)

三
1
2 (1) (11字)
(2) (30字)
(3)

四
1
2
3 (60字)
4 (1) (5字)
(2) (30字)
5

五
1
2 (30字)
3 (60字)
4
5 (1)
(2) (14字)

六
(150字)
(200字)

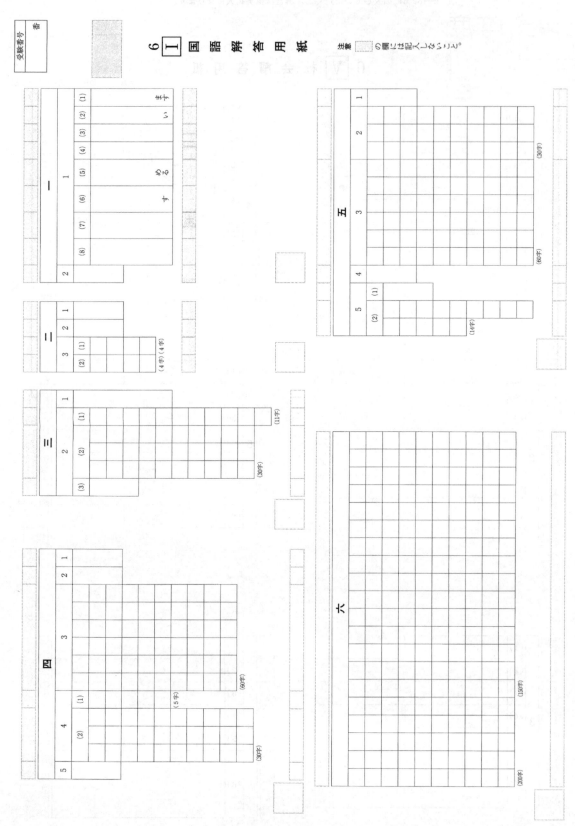

2024年度入試配点表（福島県）

	1	2	3	4	5	6	7	計
数学	各2点×5	各2点×5	(1) 各2点×2 (2)① 1点 (2)② 3点	5点	5点	(1) 1点 (2) 2点 (3) 3点	(1) 1点 (2)① 2点 (2)② 3点	50点

	1	2	3	4	5	計
英語	各1点×12	(1) 各1点×3 他 各2点×2 ((3)完答)	(1) 2点 (2) 3点	(2) 各1点×2 (6) 3点 他 各2点×4	(1) 1点 他 各2点×6	50点

	1	2	3	4	5	6	7	8	計
理科	(4) 2点 他 各1点×4	(5) 2点 他 各1点×5	(3)③ 2点 他 各1点×4	(4) 2点 他 各1点×4	(4)② 2点 他 各1点×4	(3)②,(4) 各2点×2 他 各1点×3	(3) 2点 他 各1点×4	(4)② 2点 他 各1点×4	50点

	1	2	3	4	5	6	計
社会	(3),(5)② 各2点×2 他 各1点×4	(4)②,(5)② 各2点×2 他 各1点×5	(2),(6) 各2点×2 他 各1点×4	(3),(6) 各2点×2 他 各1点×5	(3),(5) 各2点×2 他 各1点×4	(4),(6) 各2点×2 他 各1点×4	50点

	一	二	三	四	五	六	計
国語	各1点×9	各1点×4	2(2) 2点 他 各1点×3	3 4点 4(1) 1点 各2点×4	1 1点 3 4点 他 各2点×4	6点	50点

※ 192%に拡大していただくと，解答欄は実物大になります。

受験番号　　番

5 Ⅱ 数学解答用紙

注意 ▒ の欄には記入しないこと。

1

(1) ①

②

③

④

(2) 倍

2

(1) mL

(2)

(3)

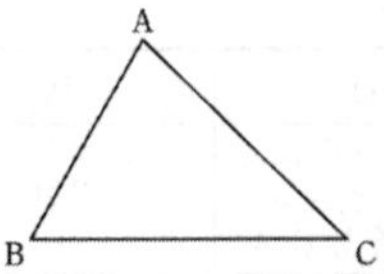

(4)

(5)

3

(1) ①

② ルール ＿＿＿＿，確率 ＿＿＿＿

(2) ①

② (　　　　　)

[理由]

4

[求める過程]

答 { 4人のグループの数 ＿＿＿＿
5人のグループの数 ＿＿＿＿

5

(1) [証明]

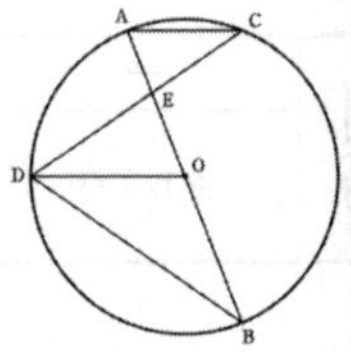

(2)

6

(1)

(2)

(3)

7

(1) cm

(2) cm

(3) cm^3

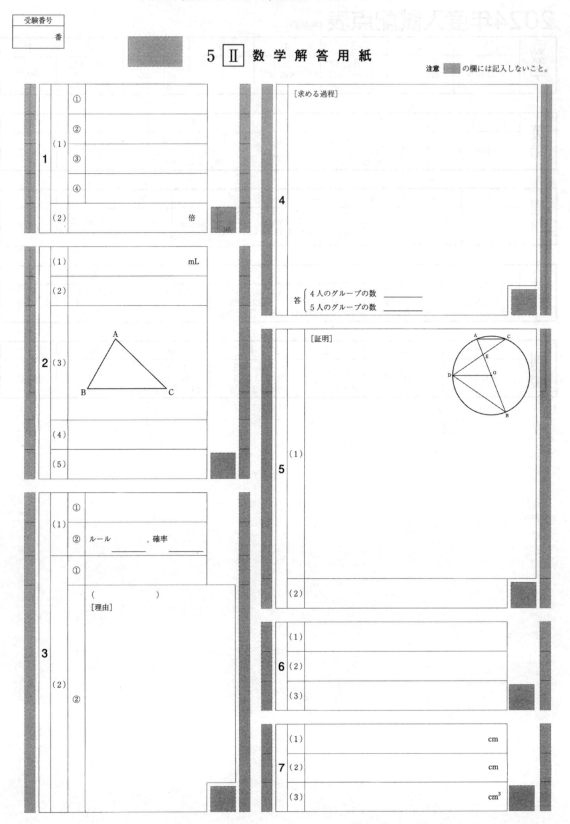

※ 192%に拡大していただくと，解答欄は実物大になります。

受験番号
番

5 Ⅲ 英語解答用紙

注意 ▒ の欄には記入しないこと。

1	放送問題 1	No. 1	
		No. 2	
		No. 3	
		No. 4	
		No. 5	
	放送問題 2	No. 1	
		No. 2	
	放送問題 3	①	
		②	
		③	
		④	
		⑤	

2	(1)	①	
		②	
		③	
	(2)	I think this one (________ ________) better.	
	(3)	1 ___ 2 ___ 3 ___ 4 ___	

3	(1)	
	(2)	________ ________

4	(1)		
	(2)	①	
		②	
	(3)		
	(4)		
	(5)		
	(6)	(Studying in Japan / Studying abroad) is better for me because ________ ________.	

5	(1)		
	(2)		
	(3)		
	(4)		
	(5)	①	________ ________ for the festival.
		②	They said that they should ________ ________ sister.
	(6)	Then he felt ________ ________ ________ with her sister.	

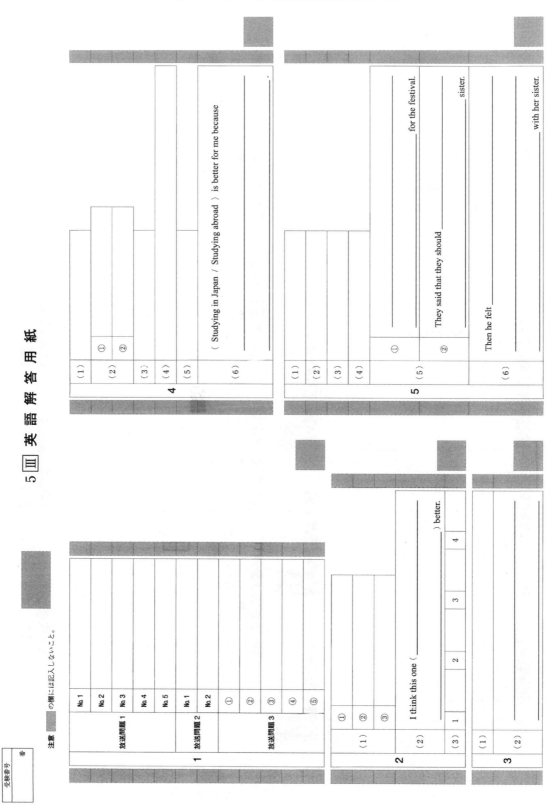

※ 192％に拡大していただくと，解答欄は実物大になります。

受験番号
番

5 Ⅳ 理科解答用紙

注意 の欄には記入しないこと。

1	(1)		動物
	(2)		
	(3)		
	(4)	①	
		②	ブリがふえると,

2	(1)		
	(2)		
	(3)		試験管B～Eの結果が,
	(4)	①	
		②	

3	(1)	①	
		②	化石
	(2)		
	(3)		→ →
	(4)		m

4	(1)		
	(2)		
	(3)		
	(4)	①	%
		②	g

5	(1)		
	(2)		
	(3)		
	(4)		プラスチック
	(5)	①	
		②	g

6	(1)	
	(2)	
	(3)	
	(4)	
	(5)	

7	(1)		
	(2)		
	(3)	①	cm
		②	
	(4)		

8	(1)	エネルギー
	(2)	
	(3)	
	(4)	cm
	(5)	

※ 192％に拡大していただくと，解答欄は実物大になります。

受験番号
番

5 V 社会解答用紙

注意 [網掛け] の欄には記入しないこと。

1		
(1)		造山帯
(2)		
(3)		
(4)		
(5)		
(6)	①	
	②	

2		
(1)		
(2)		
(3)	①	平野
	②	
	③	
(4)		
(5)	①	
	②	

3	
(1)	
(2)	
(3)	
(4)	
(5)	
(6)	
(7)	→ → →

4	
(1)	
(2)	
(3)	
(4)	
(5)	
(6)	
(7)	→ → →

5		
(1)		
(2)		
(3)		
(4)		
(5)		
(6)	①	
	②	

6		
(1)		
(2)		
(3)		衆議院は参議院と比べて
(4)		主義
(5)	①	
	②	
(6)		

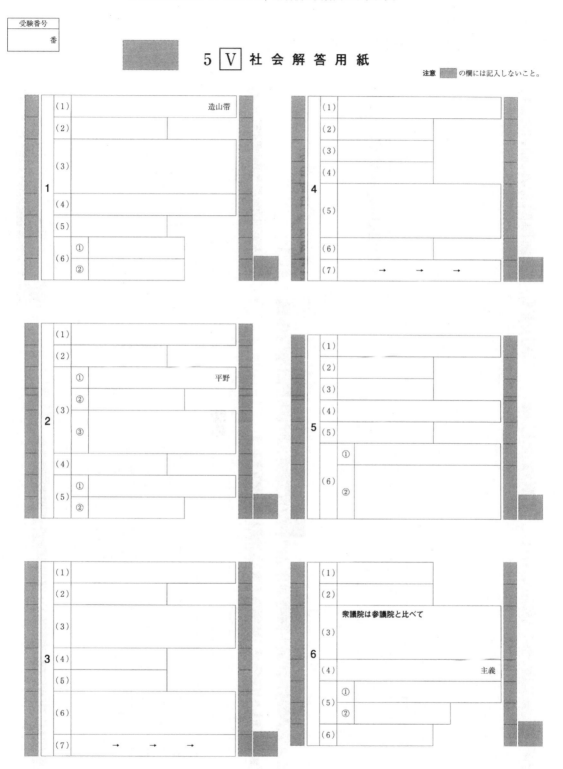

福島県公立高校　2023年度

※192%に拡大していただくと、解答欄は実物大になります。

受験番号　番

5 Ⅰ 国語解答用紙

注意　■の欄には記入しないこと。

一
1 (1) る (2) める (3) (4) (5) る (6) り (7) (8)
2

二
1 （11字）
2
3
4

三
1
2 (1) （7字） (2) （30字） (3)

四
1
2 (1) （6字） (2) （30字）
3 （65字）
4
5

五
1
2 （7字）
3
4 （60字）
5
6

六
（150字）
（200字）

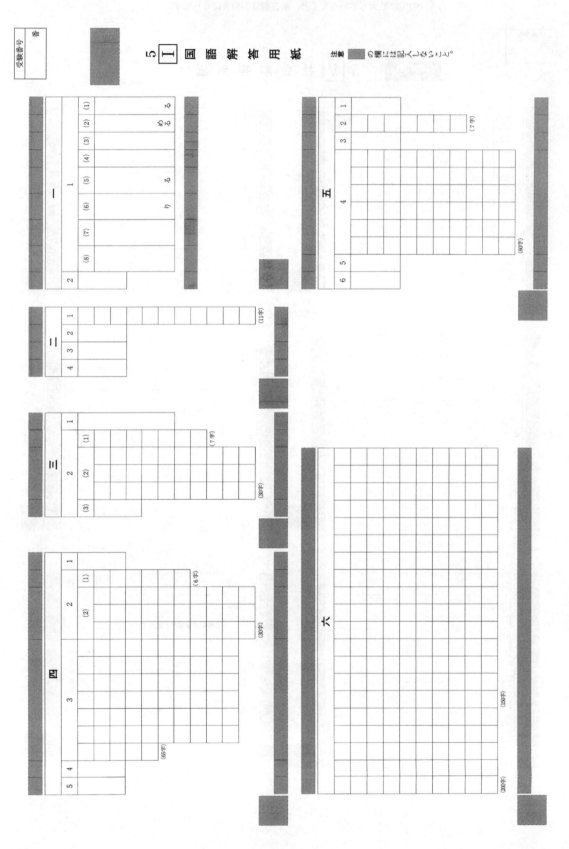

2023年度入試配点表 (福島県)

数学	1	2	3	4	5	6	7	計
	各2点×5	各2点×5	(1) 各2点×2 (2)① 1点 (2)② 3点	5点	(1) 3点 (2) 2点	(1) 1点 (2) 2点 (3) 3点	(1) 1点 (2) 2点 (3) 3点	50点

英語	1	2	3	4	5	計
	各1点×12	(1) 各1点×3 他 各2点×2 ((3)完答)	(1) 2点 (2) 3点	(2) 各1点×2 (6) 3点 他 各2点×4	(1) 1点 他 各2点×6	50点

理科	1	2	3	4	5	6	7	8	計
	(4)② 2点 他 各1点×4	(4)② 2点 他 各1点×4	(4) 2点 他 各1点×4	(4) 各2点×2 他 各1点×3	各1点×6	(3) 2点 他 各1点×4	(3)②, (4) 各2点×2 他 各1点×3	(2) 2点 他 各1点×4	50点

社会	1	2	3	4	5	6	計
	(3) 2点 他 各1点×6	(3)③ 2点 他 各1点×7	(3), (6) 各2点×2 他 各1点×5	(5) 2点 他 各1点×6	(6)② 2点 他 各1点×6	(3) 2点 他 各1点×6	50点

国語	一	二	三	四	五	六	計
	各1点×9	各1点×4	2(2) 2点 他 各1点×3	2(1) 1点 3 4点 各2点×4	1 1点 4 4点 他 各2点×4	6点	50点

※ 192％に拡大していただくと，解答欄は実物大になります。

受験番号　番

4 Ⅱ 数学解答用紙

注意　の欄には記入しないこと。

1

(1) ①
②
③
④

(2) cm^2

2

(1)
(2)
(3)
(4) 分
(5) 度

3

(1) ① 通り
②

(2) ①
② (　　)
[理由]

4

[求める過程]

答 そうたさんが勝った回数 ＿＿＿＿回
ゆうなさんが勝った回数 ＿＿＿＿回

5

[証明]

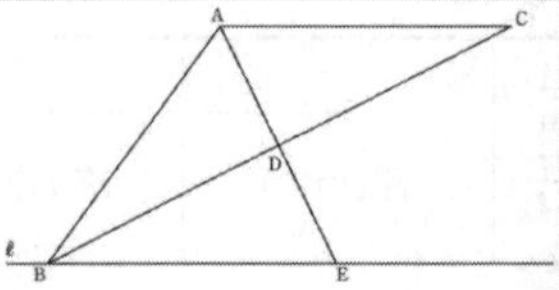

6

(1) C(　　，　　)
(2)
(3)

7

(1) cm
(2) ① cm
② cm

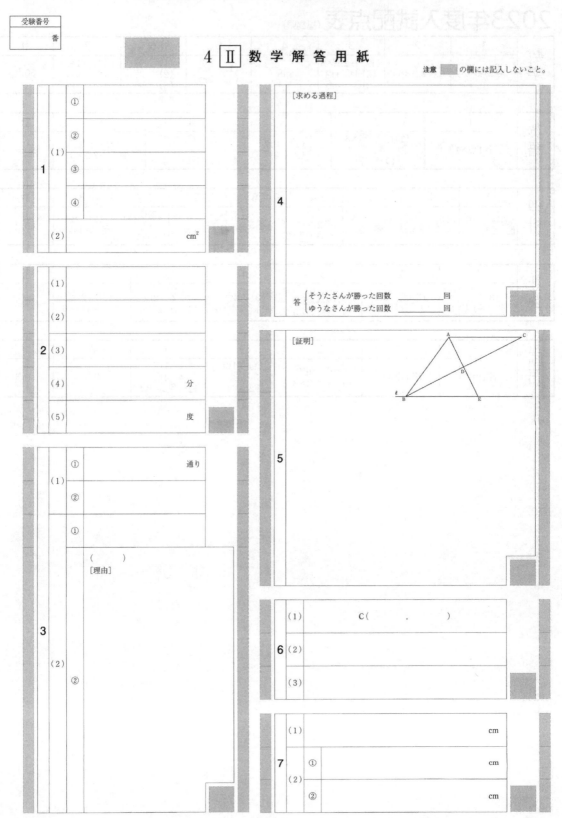

※ 192%に拡大していただくと，解答欄は実物大になります。

受験番号
番

4 Ⅲ 英語解答用紙

注意　□の欄には記入しないこと。

1	放送問題 1	No. 1	
		No. 2	
		No. 3	
		No. 4	
		No. 5	
	放送問題 2	No. 1	
		No. 2	
	放送問題 3	①	
		②	
		③	
		④	
		⑤	

2	(1)	①	
		②	
		③	
	(2)	I think (______) you should put.	
	(3)	1 ___ 2 ___ 3 ___ 4 ___	

3	(1)	
	(2)	______ in the future.

4	(1)		
	(2)		
	(3)	①	
		②	
	(4)		
	(5)		
	(6)	(Time at school / Time at home) is more important to me because ______ .	

5	(1)		
	(2)		
	(3)		
	(4)		
	(5)	①	He says Kuranosuke can ______ with other people if he attends it.
		②	They can live only in ______ .
	(6)		

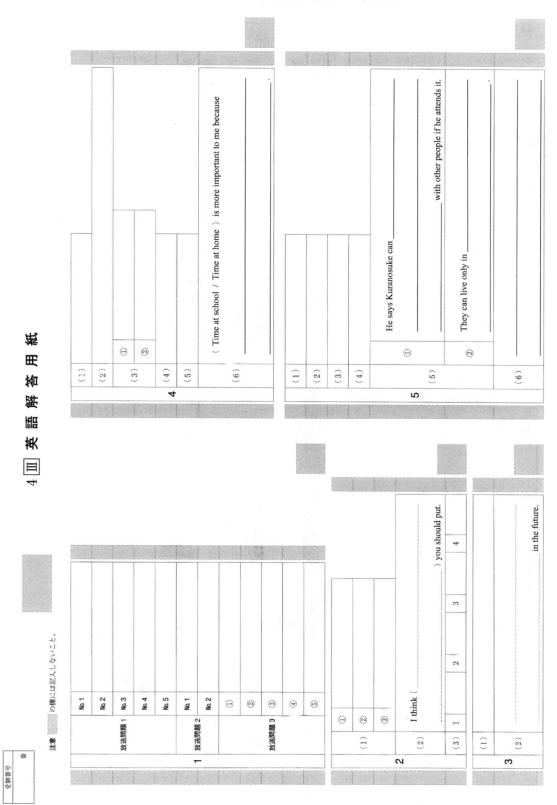

※ 185%に拡大していただくと，解答欄は実物大になります。

受験番号
番

4 Ⅳ 理科解答用紙

注意 ▒ の欄には記入しないこと。

1		
(1)		
(2)		
(3)		
(4)	①	
	②	

2		
(1)		
(2)		
(3)	①	
	②	
(4)		
(5)	体細胞分裂により子がつくられるため，	

3		
(1)	①	
	②	
(2)		
(3)		
(4)		

4	
(1)	hPa
(2)	
(3)	
(4)	
(5)	

5	
(1)	
(2)	
(3)	%
(4)	
(5)	g

6	
(1)	
(2)	$2Ag_2O$ →
(3)	試験管の中にできた赤色の固体が，
(4)	g
(5)	

7		
(1)	①	
	②	
(2)		
(3)		
(4)		mA
(5)		Ω

8		
(1)	①	
	②	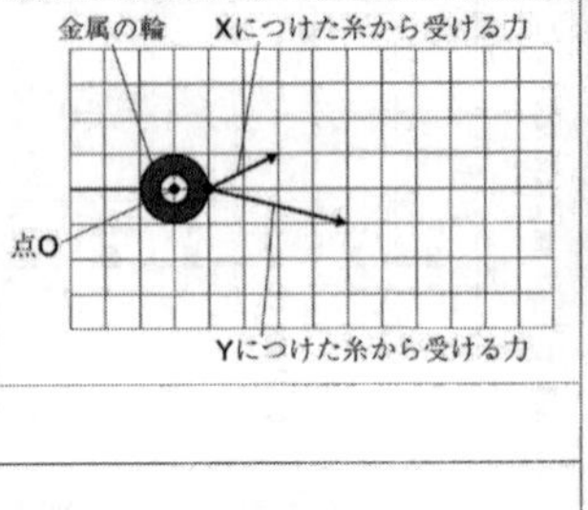
(2)		
(3)		
(4)		

※ 192％に拡大していただくと，解答欄は実物大になります。

受験番号
番

4 V 社会解答用紙

注意　の欄には記入しないこと。

1

(1) ① 大陸
(1) ②
(2)
(3)
(4)
(5) ①

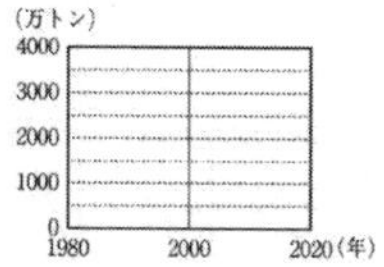

(5) ②

2

(1)
(2) ①
(2) ②
(3)
(4) 東京都内の土地価格は，
(5)
(6) ①
(6) ②

3

(1)
(2)
(3) → → →
(4)
(5)
(6) ①
(6) ②
(7)

4

(1)
(2) → → →
(3)
(4)
(5)
(6)
(7)
(8)

5

(1)
(2)
(3)
(4) 企業が
(5)
(6) ①
(6) ②

6

(1) ①
(1) ②
(2) 議席
(3)
(4)
(5)
(6)

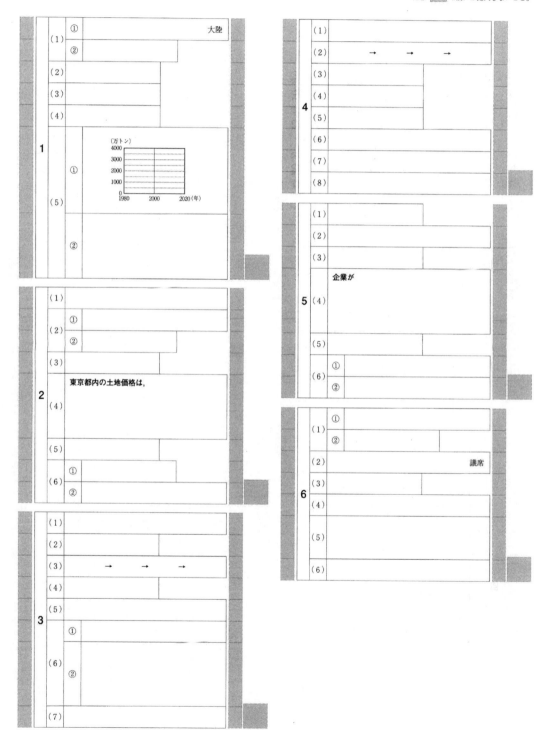

福島県公立高校　2022年度

※189%に拡大していただくと、解答欄は実物大になります。

受験番号　番

4 Ⅰ 国語解答用紙

注意　の欄には記入しないこと。

一
1 (1) れる (2) す (3) (4) (5) める (6) す (7) (8)
2

二
1
2
3 (1) (2字) (2)

三
1
2 (1) (13字) (2) (20字) (3)

四
1
2 (35字)
3
4 (1) (5字) (2) (50字)
5

五
1
2
3 (1) (2) (16字)
4
5 (70字)

六
(150字)
(200字)

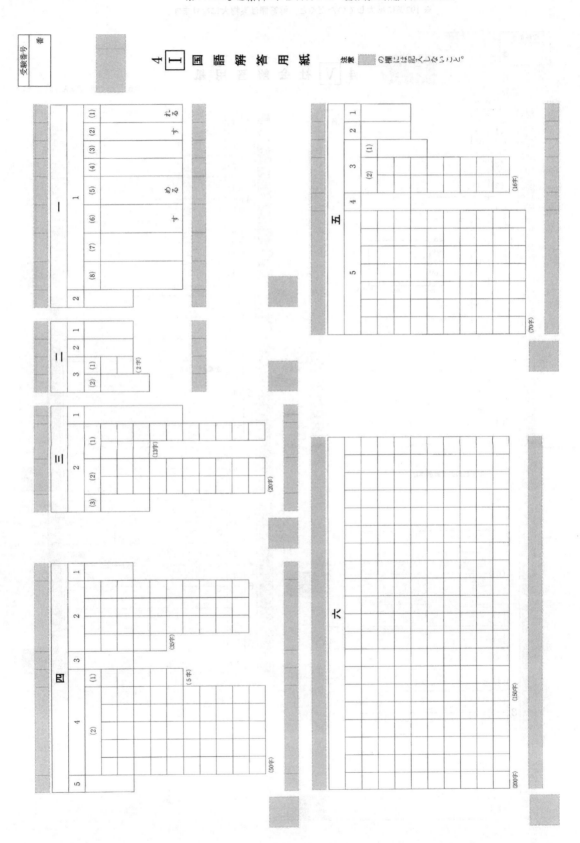

2022年度入試配点表（福島県）

数学	1	2	3	4	5	6	7	計
	各2点×5	各2点×5	(1)　各2点×2 (2)①　1点 (2)②　3点	5点	5点	(1)　1点 (2)　2点 (3)　3点	(1)　1点 (2)①　2点 (2)②　3点	50点

英語	1	2	3	4	5	計
	各1点×12	(1)　各1点×3 他　各2点×2	(1)　2点 (2)　3点	(3)①　1点 他　各2点×6	(2)　1点 他　各2点×6	50点

理科	1	2	3	4	5	6	7	8	計
	(4)①　2点 他　各1点×4	(5)　2点 他　各1点×5	(4)　2点 他　各1点×4	(3)　2点 他　各1点×4	(5)　2点 他　各1点×4	(2)・(4) 各2点×2 他　各1点×3	各1点×6	(2)　2点 他　各1点×4	50点

社会	1	2	3	4	5	6	計
	(5)②　2点 他　各1点×6	(4)　2点 他　各1点×7	(6)②　2点 他　各1点×7	各1点×8	(4)　2点 他　各1点×6	(5)　2点 他　各1点×6	50点

国語	一	二	三	四	五	六	計
	各1点×9	各1点×4	2(2)　2点 他　各1点×3	4(1)　1点 (2)　4点 各2点×4	1・3(2) 各1点×2 5　5点 他　各2点×3	6点	50点

※ 200%に拡大していただくと，解答欄は実物大になります。

受験番号　　番

3 Ⅱ 数学解答用紙

注意 ▒ の欄には記入しないこと。

1
(1) ①
②
③
④
(2) 度

2
(1)
(2) 人
(3)

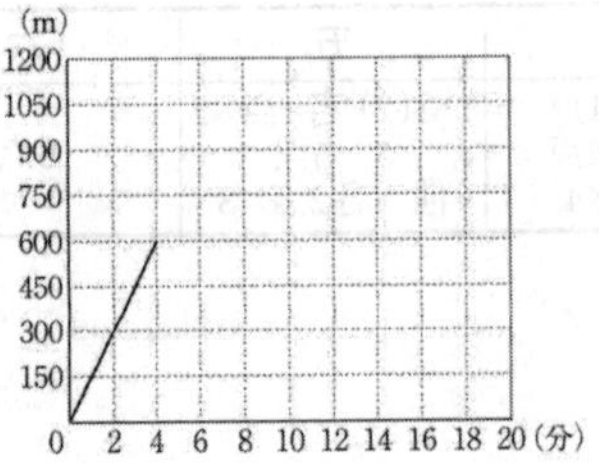

(4)
(5)

3
(1) ① 通り
②
(2) ① m
② 中央値を比べると，（　　）班のほうが大きい。
[理由]

4
[求める過程]

答　はじめの自然数 ＿＿＿＿＿＿

5
[証明]

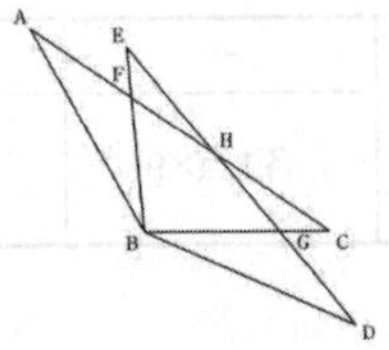

6
(1) P(　　,　　)
(2) ①
②

7
(1) cm
(2) cm^2
(3) cm^3

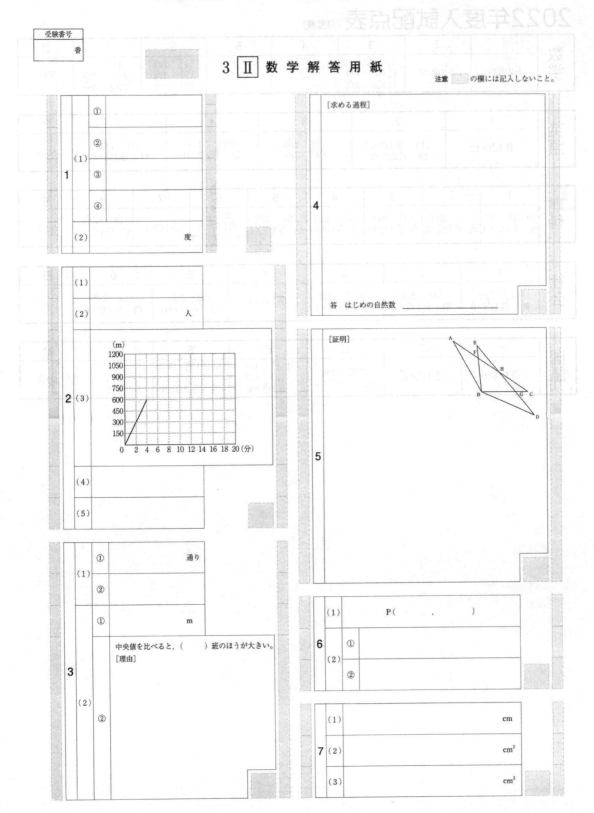

※ 200%に拡大していただくと，解答欄は実物大になります。

3 Ⅲ 英語解答用紙

受験番号
番

注意 　の欄には記入しないこと。

1	放送問題 1	No. 1	
		No. 2	
		No. 3	
		No. 4	
		No. 5	
	放送問題 2	No. 1	
		No. 2	
	放送問題 3	①	
		②	
		③	
		④	
		⑤	

2	(1)	①							
		②							
		③							
	(2)	After that, we'll ( ).							
	(3)	1		2		3		4	

3	(1)	
	(2)	But .

4	(1)	①	
		②	
	(2)		
	(3)		
	(4)		
	(5)	A	
		B	

5	(1)		
	(2)		
	(3)		
	(4)		
	(5)	①	Because Yamato likes to eat ＿＿＿ in *osechi* boxes.
		②	Yamato's father ＿＿＿ to his future child.
	(6)		

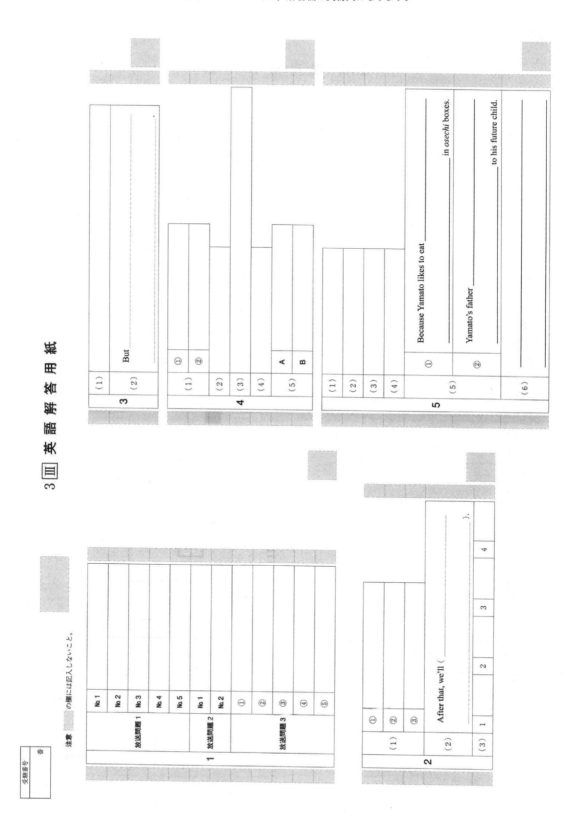

※ 192％に拡大していただくと，解答欄は実物大になります。

受験番号
番

3 Ⅳ 理科解答用紙

注意 □の欄には記入しないこと。

1	(1)		
	(2)		
	(3)		
	(4)	①	
		②	倍

2	(1)	
	(2)	
	(3)	
	(4)	
	(5)	

3	(1)	
	(2)	
	(3)	
	(4)	
	(5)	

4	(1)	
	(2)	
	(3)	
	(4)	北緯　度
	(5)	

5	(1)	
	(2)	
	(3)	銅やマグネシウムが
	(4)	
	(5)	g

6	(1)		
	(2)		
	(3)		cm^3
	(4)		
	(5)	①	
		②	

7	(1)		
	(2)	X	
		Y	
	(3)		
	(4)		
	(5)		

8	(1)	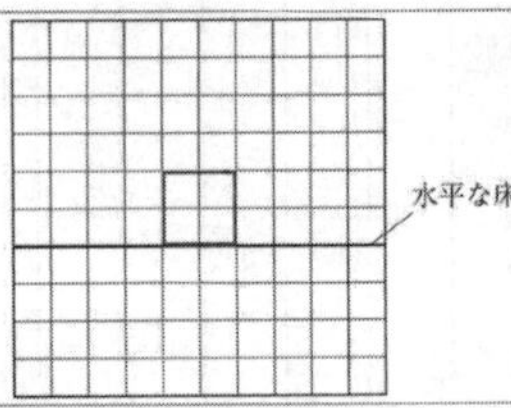
	(2)	
	(3)	
	(4)	
	(5)	J

※ 192％に拡大していただくと，解答欄は実物大になります。

受験番号
番

3 V 社会解答用紙

注意 □ の欄には記入しないこと。

1	(1)			
	(2)	①	S	
			T	
		②		
	(3)			
	(4)	符号		
		国名		
	(5)	①		半島
		②		

4	(1)		
	(2)		
	(3)		
	(4)	→ → →	
	(5)		
	(6)		
	(7)		

2	(1)	①	山地
		②	
	(2)		
	(3)	①	
		②	
	(4)	①	
		②	
		③	海面の標高は

5	(1)		
	(2)		
	(3)		
	(4)		
	(5)	①	
		②	40歳以上の
		③	

3	(1)	①	
		②	
	(2)	①	
		②	
		③	→ → →
	(3)		
	(4)	①	
		②	

6	(1)	
	(2)	
	(3)	
	(4)	
	(5)	
	(6)	

福島県公立高校　２０２１年度

※１９２%に拡大していただくと、解答欄は実物大になります。

受験番号　　番

3 I 国語解答用紙

注意　の欄には記入しないこと。

一
1 (1) やかな　(2) める　(3)　(4)　(5) らす　(6) りる　(7)　(8)
2

二
1
2
3 (1)（6字）　(2)（4字）

三
1
2 (1)（7字）　(2)（20字）
3

四
1
2（30字）
3
4
5 (1)（6字）　(2)（45字）

五
1
2 (1)（15字）　(2)
3
4
5（60字）

六
（150字）
（200字）

2021年度入試配点表 (福島県)

数学	1	2	3	4	5	6	7	計
	各2点×5	各2点×5	(1) 各2点×2 (2)① 1点 (2)② 3点	5点	5点	(1) 1点 (2)① 2点 (2)② 3点	(1) 1点 (2) 2点 (3) 3点	50点

英語	1	2	3	4	5	計
	各1点×12	(1) 各1点×3 他 各2点×2	(1) 2点 (2) 3点	(1)① 1点 他 各2点×6	(2) 1点 他 各2点×6	50点

理科	1	2	3	4	5	6	7	8	計
	(4)② 2点 他 各1点×4	(4) 2点 他 各1点×4	(5) 2点 他 各1点×4	(4)・(5) 各2点×2 他 各1点×3	(5) 2点 他 各1点×4	各1点×6	各1点×6	(1)～(3) 各1点×3 他 各2点×2	50点

社会	1	2	3	4	5	6	計
	各1点×9	各1点×8	(4)② 2点 他 各1点×7	(7) 2点 他 各1点×6	(5)② 2点 他 各1点×6	(3)・(4) 各2点×2 他 各1点×4	50点

国語	一	二	三	四	五	六	計
	各1点×9	各1点×4	2(2) 2点 他 各1点×3	5(1) 1点 (2) 4点 各2点×4	1・2(1) 各1点×2 5 5点 他 各2点×3	6点	50点

福島県公立高校　2020年度

※この解答用紙は200％に拡大していただきますと，実物大になります。

受験番号
番

2 Ⅱ 数学解答用紙

注意 □ の欄には記入しないこと。

1	(1)	①	
		②	
		③	
		④	
	(2)		

2	(1)	
	(2)	個
	(3)	回
	(4)	cm^2
	(5)	A――B

3	(1)	①	通り
		②	
	(2)	①	個
		②	(　　　) ［理由］

4	(1)	［求める過程］ 答 { 50円硬貨の枚数＿＿＿＿枚 10円硬貨の枚数＿＿＿＿枚
	(2)	円

5

［証明］

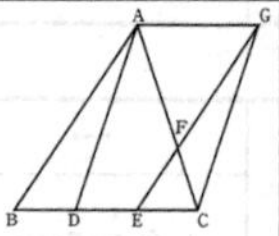

6	(1)		
	(2)	①	
		②	

7	(1)	cm
	(2)	cm^2
	(3)	cm^3

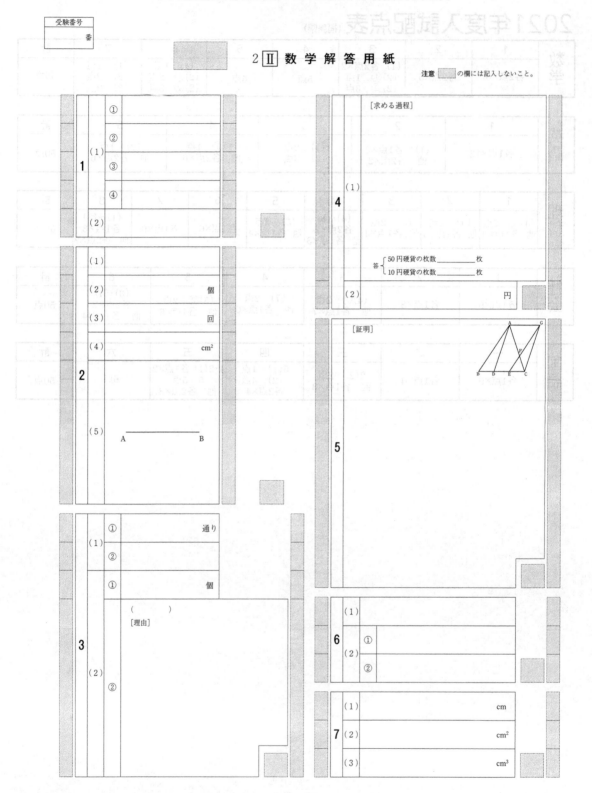

※この解答用紙は200％に拡大していただきますと，実物大になります。

受験番号
番

2 Ⅲ 英語解答用紙

注意 ［網掛け］の欄には記入しないこと。

1	放送問題1	No. 1	
		No. 2	
		No. 3	
		No. 4	
		No. 5	
	放送問題2	No. 1	
		No. 2	
	放送問題3	①	
		②	
		③	
		④	
		⑤	

2	(1)	①	
		②	
		③	
	(2)	But we still have enough (…………).	
	(3)	1　　2　　3　　4	

3	(1)	
	(2)	Second, ………… .

4	(1)	①	
		②	
	(2)		
	(3)		
	(4)		
	(5)	A	
		B	

5	(1)		
	(2)		
	(3)		
	(4)		
	(5)	①	They gave them to the shops and the restaurants ____ .
		②	Emi thinks we can do it by ____ .
	(6)		

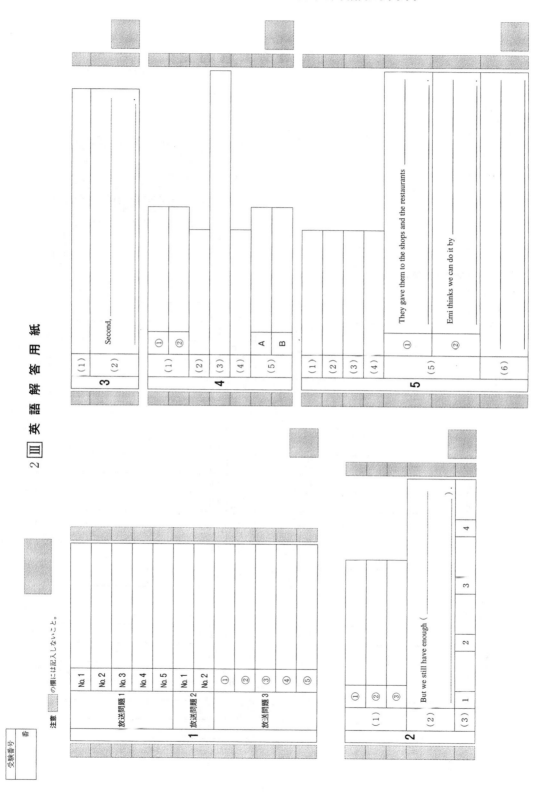

※この解答用紙は200％に拡大していただきますと，実物大になります。

受験番号
番

2 Ⅳ 理科解答用紙

注意 ▢ の欄には記入しないこと。

1	(1)	A	
		B	
	(2)		
	(3)	①	
		②	
	(4)		

2	(1)	
	(2)	ひだや柔毛があることで，
	(3)	
	(4)	
	(5)	

3	(1)	
	(2)	
	(3)	
	(4)	
	(5)	

4	(1)	
	(2)	
	(3)	
	(4)	
	(5)	

5	(1)	→ →
	(2)	
	(3)	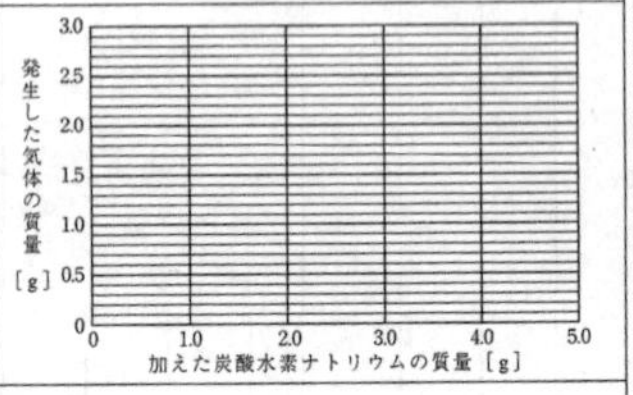
	(4)	g
	(5)	g

6	(1)		
	(2)		
	(3)	①	
		②	
	(4)		

7	(1)	
	(2)	cm
	(3)	
	(4)	N
	(5)	

8	(1)		
	(2)		
	(3)		cm/s
	(4)		
	(5)	①	
		②	

※この解答用紙は200％に拡大していただきますと，実物大になります。

受験番号　　番

2 V 社会解答用紙

注意　□の欄には記入しないこと。

1

(1)
(2)
(3) ①
(3) ② Pグループに比べ，Qグループは，
(4)
(5)
(6) 符号
(6) 国名

2

(1) ①
(1) ②
(2)
(3) ①　→　→
(3) ②
(4) ①

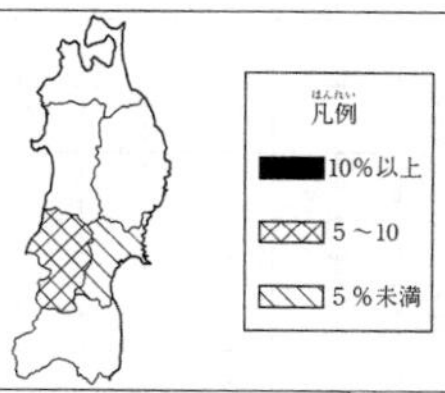

(4) ②

3

(1)
(2) ①
(2) ②
(3)
(4)
(5)
(6)　→　→　→
(7) ①
(7) ②

4

(1) ①
(1) ②　→　→　→
(2) ①
(2) ②
(3) ①
(3) ②
(4)

5

(1)
(2) ①
(2) ② D
(2) ② E
(3) F
(3) I
(4)
(5)

6

(1)
(2)
(3) ①
(3) ②
(4)
(5)

福島県公立高校　２０２０年度

※この解答用紙は２００％に拡大していただきますと、実物大になります。

受験番号　番

2 Ⅰ 国語解答用紙

注意　の欄には記入しないこと。

一
1 (1) める　(2) す　(3)　(4)　(5) り　(6) やした　(7)　(8)
2

二
1　2　3　4
(4字)　(5字)

三
1
2 (1) (8字)　(2) (25字)
(3)

四
1
2
3 (60字)
4 (1) (10字)　(2) (30字)
5

五
1
2
3 (1) (25字)　(2)
4
5 (60字)

六
(150字)　(200字)

2020年度入試推定配点表 (福島県)

数学	1	2	3	4	5	6	7	計
	各1点×5	各2点×5	(2)② 3点 他 各2点×3	(1) 4点 (2) 3点	5点	(2)② 3点 他 各2点×2	(3) 3点 他 各2点×2	50点

英語	1	2	3	4	5	計
	各1点×12	(2) 2点 他 各1点×7	(1) 2点 (2) 4点	(3)・(5) 各2点×3 他 各1点×4	(5) 各2点×2 (6) 5点 他 各1点×4	50点

理科	1	2	3	4	5	6	7	8	計
	各1点×6	(1)・(3)・(5) 各1点×3 他 各2点×2	(5) 2点 他 各1点×4	(5) 2点 他 各1点×4	(3) 2点 他 各1点×4	(3)① 2点 他 各1点×4	(1)~(3) 各1点×3 他 各2点×2	各1点×6	50点

社会	1	2	3	4	5	6	計
	(3)②・(6) 各2点×2 他 各1点×5	(3)② 2点 他 各1点×6	各1点×9	(2)② 2点 他 各1点×6	各1点×8	(4)・(5) 各2点×2 他 各1点×4	50点

国語	一	二	三	四	五	六	計
	各1点×9	各1点×4	1 1点 他 各2点×3	各2点×6	各2点×6	6点	50点

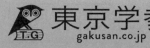

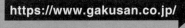

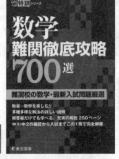

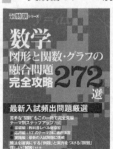

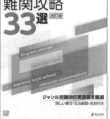

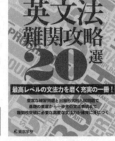

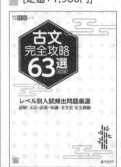

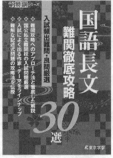

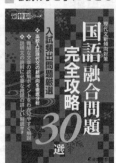

〈ダウンロードコンテンツについて〉

本問題集のダウンロードコンテンツ、弊社ホームページで配信しております。現在ご利用いただけるのは「2025年度受験用」に対応したもので、**2025年3月末日**までダウンロード可能です。弊社ホームページにアクセスの上、ご利用ください。

※配信期間が終了いたしますと、ご利用いただけませんのでご了承ください。

福島県公立高校　2025年度

ISBN978-4-8141-3257-7

[発行所] 東京学参株式会社

〒153-0043　東京都目黒区東山2-6-4

書籍の内容についてのお問い合わせは右のQRコードから　⇒

※書籍の内容についてのお電話でのお問い合わせ、本書の内容を超えたご質問には対応できませんのでご了承ください。

2024年5月31日　初版